맛있는 스쿨 강의 할인쿠폰

HSK 단과 강의 50% 할인

패키지 강의 50,000원 할인

할인 쿠폰 사용 안내

1. 맛있는스쿨(cyberjrc.com)에서 회원가입 및 로그인 후 사용하실 수 있습니다.
2. [쿠폰] 메뉴에서 코드를 입력하면 쿠폰이 발급됩니다.
3. [단과] 또는 [패키지 강의] 신청 시, 결제창에서 [쿠폰 적용하기] 버튼을 통해 등록된 쿠폰을 사용할 수 있습니다.

쿠폰 사용 시 유의 사항

1. 본 쿠폰은 다른 쿠폰과 중복 사용이 불가합니다.
2. 쿠폰 발급 후 60일 내로 사용이 가능합니다.
3. 각 쿠폰 코드는 1회만 사용이 가능합니다.

*쿠폰 사용 문의 : 카카오톡 채널 @맛있는스쿨

맛있는 중국어 新HSK

JRC 중국어연구소 기획 / 장영미 저

5급

맛있는 books

제1판 1쇄 발행	2017년 12월 30일
제2판 1쇄 인쇄	2025년 12월 15일
제2판 1쇄 발행	2026년 1월 2일

기획	JRC 중국어연구소
저자	장영미
발행인	김효정
발행처	맛있는books
등록번호	제2006-000273호

주소	서울시 서초구 명달로 54 JRC빌딩 7층
전화	구입문의 02·567·3861
	내용문의 02·567·3860
팩스	02·567·2471
홈페이지	www.booksJRC.com

ISBN	979-11-6148-168-5 14720
	979-11-6148-085-5 (세트)
정가	27,500원

머리말

★ HSK 5급을 시작하는 학생들이 "선생님, HSK 5급은 너무 어려워요" "HSK 4급과 HSK 5급은 차이가 많이 나는 것 같아요"라고 저에게 고민 상담을 많이 합니다. 저는 항상 학생들에게 HSK 시험은 듣기 원문이나 독해 지문의 모르는 단어를 무조건 외우고 공부한다고 해서 단기간에 점수가 팍팍 오르는 시험이 아니라고 말합니다. 또한 시험 공부는 방향을 제대로 잡는 것이 중요하니 선생님이 가르쳐 주는 대로 하나하나 따라 배우다 보면 어느새 HSK 5급도 어렵지 않게 된다고 격려합니다. 이렇게 HSK 시험은 공부하는 방법과 방향을 명확히 하고 공부하는 것이 중요합니다. 각각의 유형에 대한 정확한 문제 풀이 전략과 순서에 맞춘 학습 방법을 통해 시험을 준비해야 합니다. 저는 10여 년 동안 꾸준히 시험에 참가하여 HSK 시험에 어떤 문제들이 출제되었는지 연구·분석했습니다. 분석 결과는 교재에 바로 적용하여 학생들이 빠른 시간 내에 합격할 수 있게 했습니다. 또한 고득점 비법 자료를 통해 수많은 고득점자를 배출해 냈습니다. 매달 실제 시험과 동일한 형태의 모의고사와 족집게 특강을 통해 시험 준비 마지막까지 노하우를 아낌없이 전수하고 있습니다. 그리고 단순히 HSK 시험만 가르치는 것에 그치지 않고, 학생들에게 끊임없이 동기를 부여하고 원하는 급수를 딸 수 있도록 러닝메이트 역할을 하고 있습니다.

★ 『맛있는 중국어 新HSK 5급』은 학생들이 목표한 급수를 단기간에 취득할 수 있도록 방대한 양의 HSK 시험을 분석한 정확한 데이터를 근거로, HSK의 트렌드를 반영하여 문제 유형을 분리하였습니다. 각 유형별로 가장 최적화된 문제 풀이 방법을 제시하였으며, 이를 적용해 볼 수 있는 많은 실전 문제를 구성하였습니다. 또한 HSK 5급에 대한 끊임없는 연구와 현장에서 수많은 학생들을 가르치며 쌓은 노하우를 이 책에 전부 담았습니다. 이 책의 공략에 따라 정답을 찾는 연습을 하다 보면 자연스럽게 문제를 푸는 방법이 몸에 배어 있을 것입니다. 또한 문제 풀이 노하우를 실제 시험처럼 적용할 수 있도록 2회분의 모의고사를 구성하여 자신의 실력을 확인하고 부족한 점을 보완할 수 있게 하였습니다. 『맛있는 중국어 新HSK 5급』이 HSK 5급을 준비하는 모든 분들께 합격의 지름길이 되길 바라고, 모든 수험생들의 합격과 고득점을 기원합니다.

★ 이 책이 세상에 나올 수 있게 힘써 주신 맛있는중국어학원 김효정 원장님, 이지연 부원장님과 맛있는북스 여러분께 감사드립니다. 또한 이 책을 집필하는 데 아낌없이 도움을 주신 김민철, 홍은혜, 정승아, 이건영, 張鵬님 고생 많으셨습니다. 끝으로 제가 열정으로 수업할 수 있도록 응원해 주고, 열심히 수업을 들어 준 저의 모든 학생들에게 감사합니다.

장영미

듣기

제1·2부분 대화형

제2부분 서술형

HSK, 이제
맛있는 중국어 新HSK로 즐기세요!

맛있는 중국어 新HSK 5급은 기본서(+모의고사 2회), 해설집, 단어장으로 구성되어 있습니다.

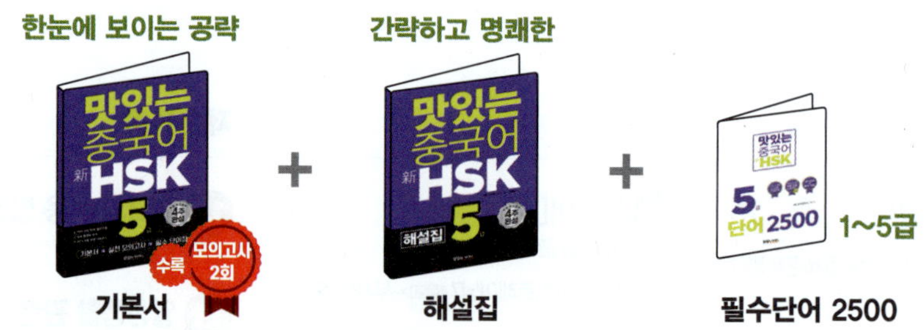

1. 시작에서 합격까지 4주 완성

□ 체계적인 학습 플랜에 따라 핵심 공략 마스터

□ 기본서, 해설집, 모의고사 All In One 구성

2. 최신 경향을 200% 반영한 공략&문제

□ 출제 난이도를 반영한 적중률 높은 공략 및 문제 수록

□ 빈출 표현 및 필수 체크 포인트 제시, 간략한 설명과 도식화로 쉽게 이해할 수 있도록 구성

3. 반복적인 문제 풀이 훈련

핵심 공략 학습 ▶ 공략 트레이닝 ▶ 실전 트레이닝 ▶ 미니 테스트 ▶ 모의고사

4. 영역별 특성에 맞춘 특화된 트레이닝 코너

□ **듣기** | 듣기 실력 향상을 위한 받아쓰기 훈련

□ **독해** | 독해력을 기르는 호응 구조 및 지문 파악 훈련

□ **쓰기** | 문장 구조 분석 훈련, 작문에 유용한 핵심 패턴 수록

5급 이렇게 학습하세요!

Step 1. 출제 비율 및 정답이 보이는 핵심 공략 파악

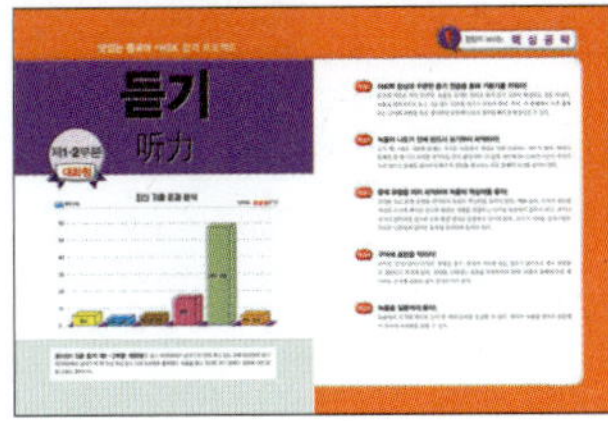
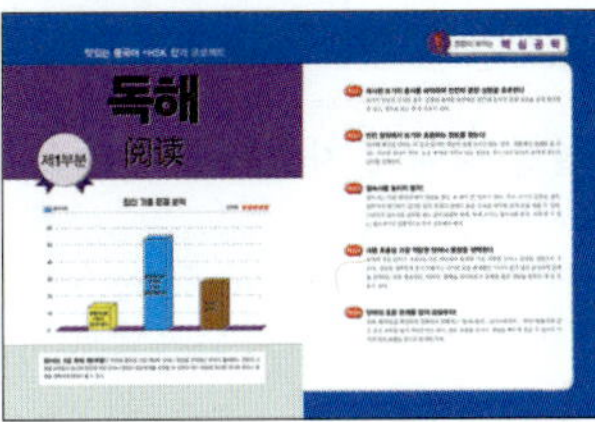
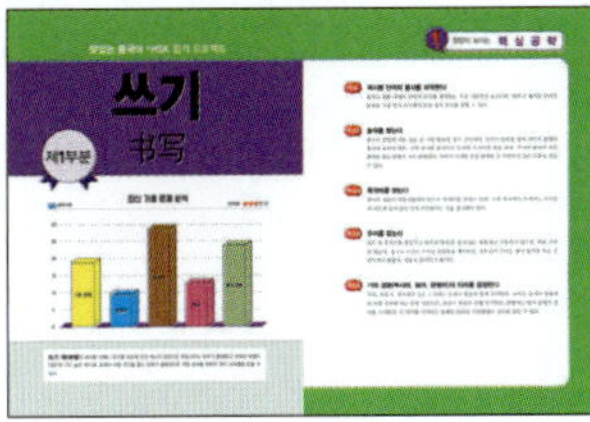

Step 2. 출제 경향 파악

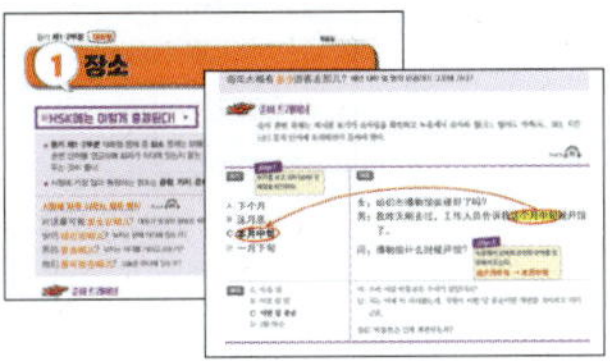
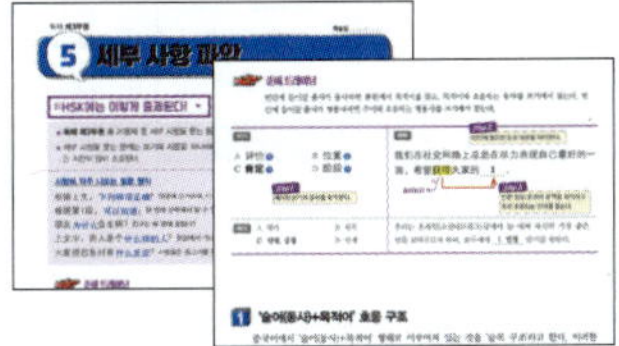
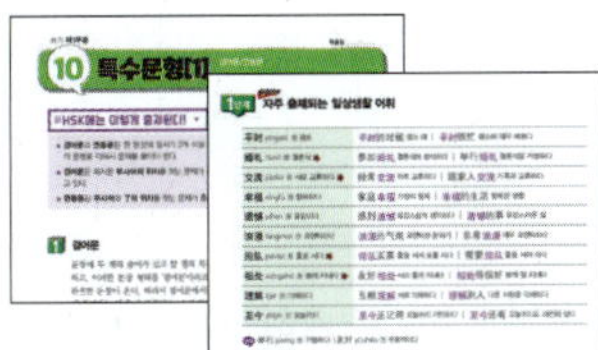

Step 3. 기본 개념 및 핵심 공략 학습

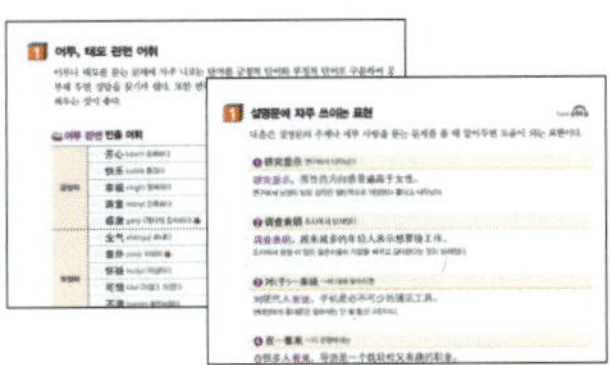
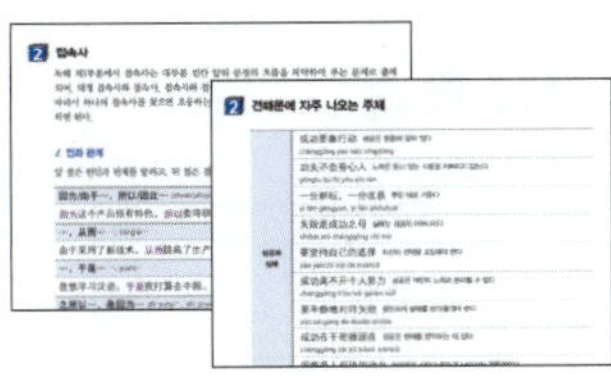

- ✔ 중요 표현 및 단어에는 ❌ 표를 달아 놓았습니다.
- ✔ 빈출 공략에는 **필수체크** 표시를 해놓았습니다. 반드시! 외워 두세요.
- ✔ 듣기 공략의 모든 단어에는 「중국어-한국어」 녹음이 수록되어 있습니다.
- ✔ 중국어 문장 구조를 이해하기 쉽도록 도식화하여 정리했습니다.
- ✔ 쓰기 제2부분에는 작문하는 데 활용도가 높은 핵심 패턴이 제시되어 있습니다.

Step 4. 공략별 문제 트레이닝

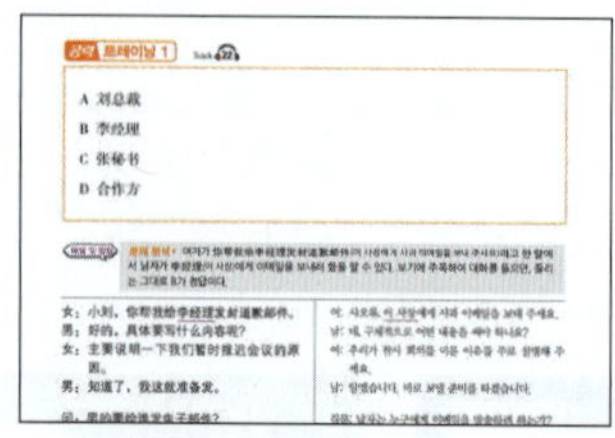 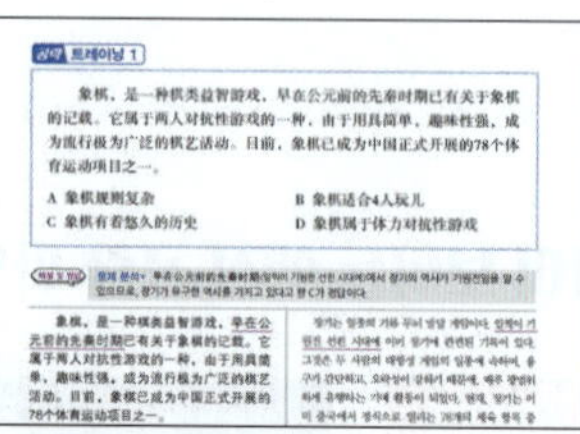 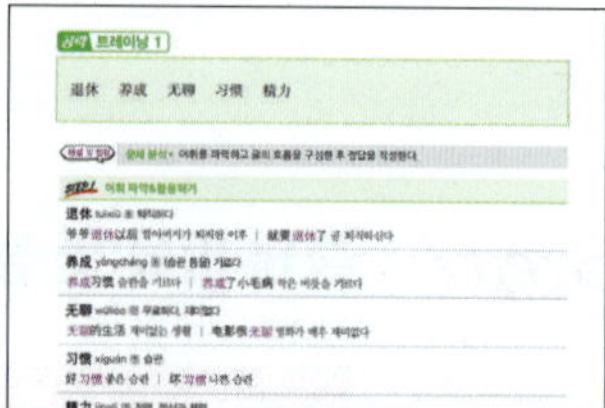

*영역별 특성에 맞게 설명 방식에 차별화를 두었습니다.

Step 5. 시간 적응 훈련을 위한 실전 트레이닝

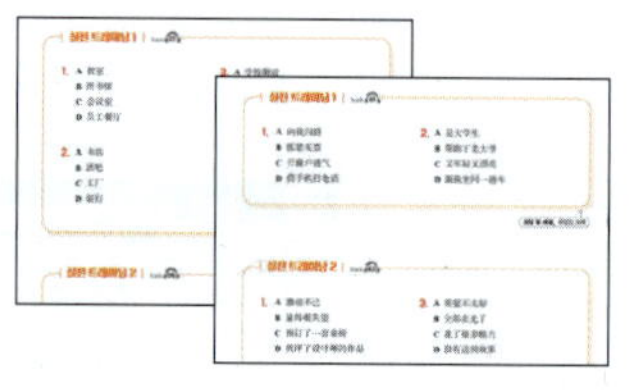 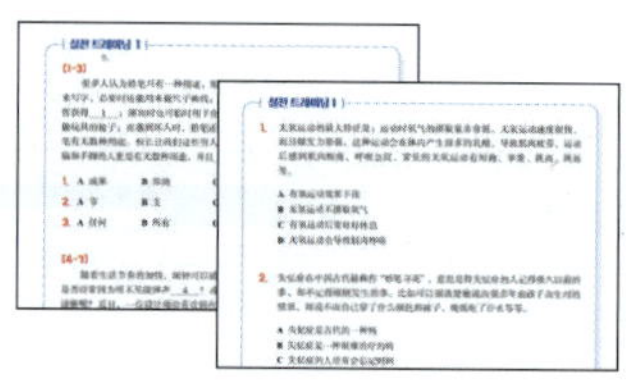 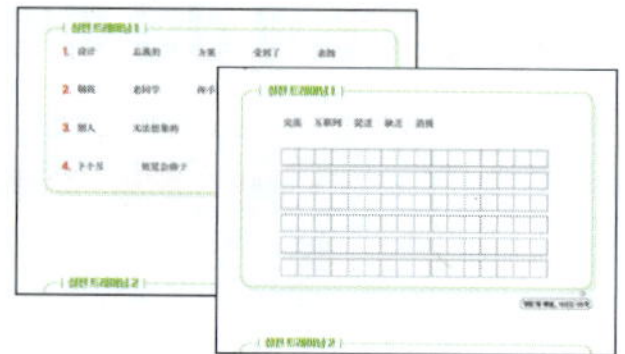

*제한 시간 내에 문제를 풀어 보는 연습을 해보세요.
*해설집에는 간결하고 명쾌한 설명이 제시되어 있습니다.

Step 6. 각 영역별 특성화 코너 학습

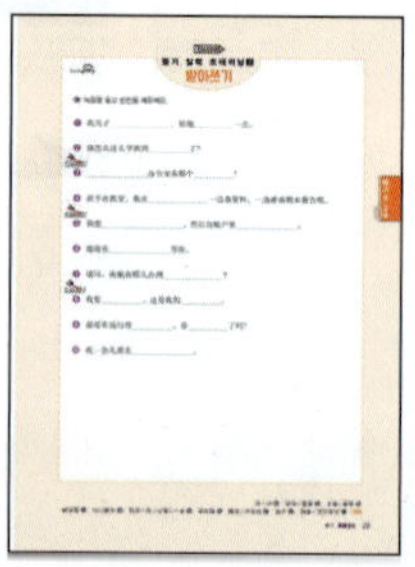 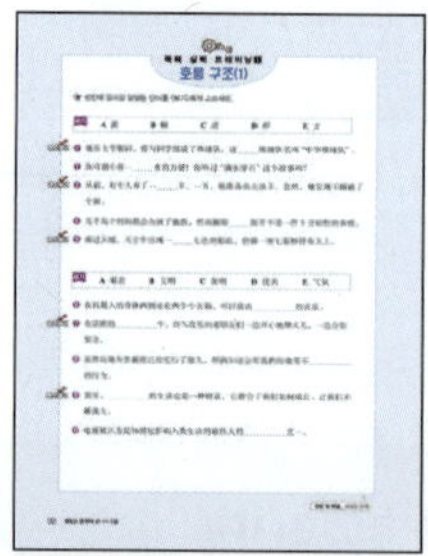 

***듣기** 실력을 향상시킬 수 있는 **받아쓰기** 트레이닝
***독해** 영역에 필요한 **호응 구조 및 지문 파악** 훈련
***쓰기** 제1부분의 **문장 구조 분석** 훈련, 제2부분의 **작문에 유용한 핵심 패턴** 수록

Step 7. 영역별 미니 테스트

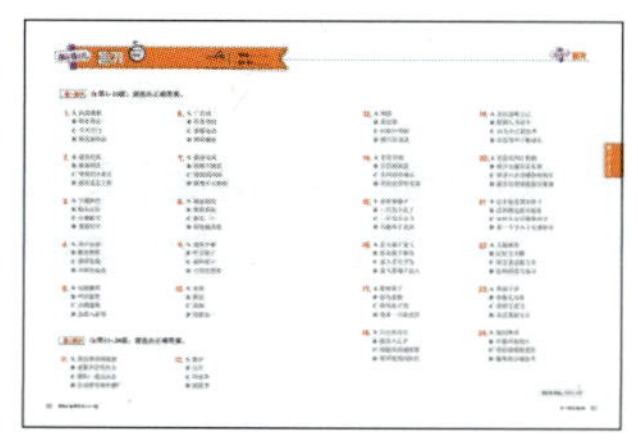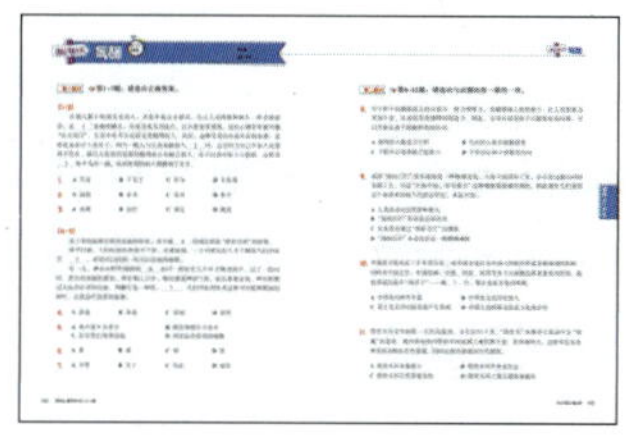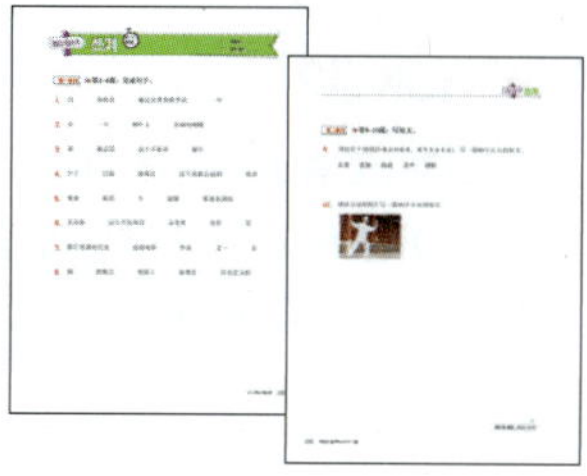

*영역별로 공략을 학습한 후에 미니 테스트로 자신의 실력을 점검해 보세요.

Step 8. 마무리 최신 모의고사 2회 무료 동영상 강의

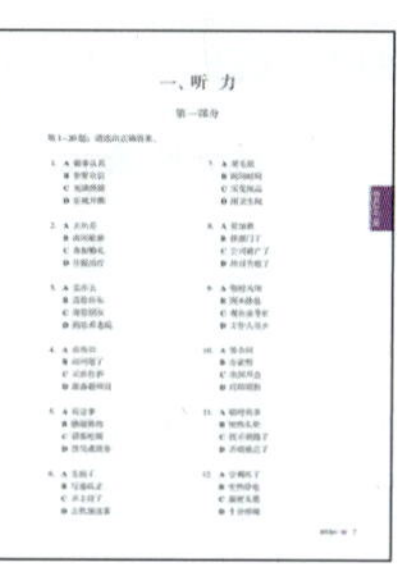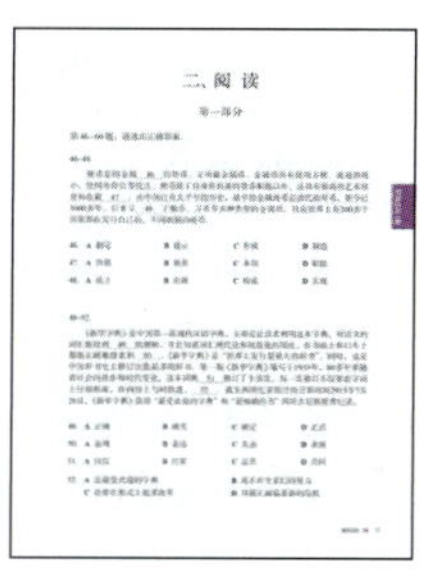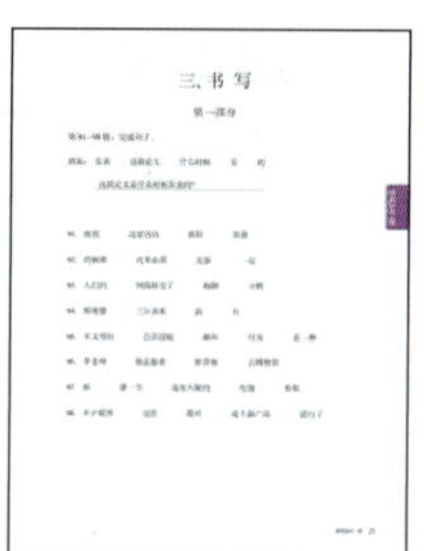

*실제 시험의 문제 형식과 동일하게 구성된 모의고사 2회가 수록되어 있습니다.
*맛있는북스 홈페이지(www.booksJRC.com)에서 모의고사 동영상 강의가 무료로 제공됩니다.

MP3 파일 구성

MP3 파일 다운로드 www.booksJRC.com

기본서 듣기 영역의 공략 단어, 예문, 공략 트레이닝, 실전 트레이닝, 받아쓰기, 미니 테스트 등의 파일이 수록되어 있습니다.

해설집 듣기 영역의 실전 트레이닝과 미니 테스트의 문제별 개별 파일이 수록되어 있습니다.

모의고사 모의고사와 문제별 개별 파일이 수록되어 있습니다.
모의고사 1회의 파일명은 'Test1', 모의고사 2회의 파일명은 'Test2'입니다.
모의고사 1회의 문제별 파일명은 'Test1-01~51', 모의고사 2회의 문제별 파일명은 'Test2-01~51'입니다.

단어장 『5급 단어 2500』의 파일이 수록되어 있습니다.

 新HSK 시험 가이드

1. 新HSK란?

新HSK(汉语水平考试 Hànyǔ Shuǐpíng Kǎoshì)는 제1언어가 중국어가 아닌 사람의 중국어 능력을 평가하기 위해 만들어진 중국 정부 유일의 국제 중국어 능력 표준화 고시로, 생활, 학습, 업무 등 실생활에서의 중국어 운용 능력을 중점적으로 평가합니다.

2. 용도

중국 대학(원) 입학 · 졸업식 평가 기준 / 한국 대학(원) 입학 · 졸업식 평가 기준 / 중국 정부 장학생 선발 기준
한국 특목고 입학 시 평가 기준 / 교양 중국어 학력 평가 기준 / 각급 업체 및 기관의 채용 · 승진을 위한 기준

3. 시험 구성

新HSK는 필기 시험과 회화 시험으로 나뉘며, 회화 시험은 녹음 형식으로 이루어집니다.

필기 시험	新HSK 6급	新HSK 5급	新HSK 4급	新HSK 3급	新HSK 2급	新HSK 1급
회화 시험	HSKK 고급		HSKK 중급		HSKK 초급	

4. 시험 방법

종이 시험지와 답안지를 사용하여 진행하는 **지필 시험**과 컴퓨터를 사용하여 진행하는 온라인 시험인 **IBT 시험**이 있으며, 응시자가 시험 방법을 선택하여 응시할 수 있습니다.

5. 원서 접수

1 **인터넷 접수** : HSK한국사무국 홈페이지(www.hsk.or.kr)에서 접수

2 **우편 접수** : 구비 서류를 동봉하여 HSK한국사무국으로 등기 발송
   + 구비 서류 : 응시원서(최근 6개월 이내에 촬영한 반명함판 사진 1장 부착) 및 별도 사진 1장, 응시비 입금 영수증

3 **방문 접수** : 서울공자아카데미로 방문하여 접수
   + 접수 시간 : 평일 오전 9시 30분~12시, 오후 1시~5시 30분 / 토요일 오전 9시 30분~12시
   + 구비 서류 : 응시원서, 최근 6개월 이내에 촬영한 반명함판 사진 3장

6. 시험 당일 준비물

1 **유효한 신분증** : 주민등록증, 운전면허증, 기간 만료 전의 여권, 군장교 신분증, 현역 사병 휴가증
   + 18세 미만(주민등록증 미발급자) : 기간 만료 전의 여권, 청소년증, HSK신분확인서(한국 내 소재 초 · 중 · 고등학생만 가능)
   + 주민등록증 분실 시 재발급 확인서는 인정하나, 학생증, 사원증, 의료보험증, 주민등록등본, 공무원증 등은 인정되지 않음

2 **수험표, 2B 연필, 지우개**

★ ★ ★

新HSK 5급 유형

新HSK 5급 구성

1. 대상

新HSK 5급은 매주 2~4시간, 2년 이상(400시간 이상) 중국어를 학습하고, 2,500개의 상용 어휘와 관련 어법 지식에 숙달한 학습자를 대상으로 합니다.

2. 구성

新HSK 5급은 총 100문제로, 듣기 · 독해 · 쓰기 세 영역으로 구성되어 있습니다.

영역		문제 유형	문항 수	시험 시간
듣기(听力)	제1부분	두 사람의 대화를 듣고 질문에 답하기	20	약 30분
	제2부분	대화 또는 단문을 듣고 질문에 답하기	25	
듣기 영역 답안지 작성				5분
독해(阅读)	제1부분	빈칸에 들어갈 알맞은 어휘 또는 문장 고르기	15	45분
	제2부분	단문을 읽고 일치하는 내용 고르기	10	
	제3부분	단문을 읽고 질문에 답하기	20	
쓰기(书写)	제1부분	주어진 어휘를 조합하여 문장 만들기	8	40분
	제2부분	제시된 어휘 및 그림을 보고 80자 단문 작성하기	2	
합계			100	약 120분

듣기 영역의 문항 수 합계는 45, 독해 영역의 문항 수 합계는 45, 쓰기 영역의 문항 수 합계는 10입니다.

*응시자 개인 정보 작성 시간(5분)을 포함하여 약 125분간 시험이 진행됩니다.
*듣기 영역의 답안지 작성은 듣기 시간 종료 후, 5분 안에 답안지에 표시해야 합니다.
*각 영역별 중간 휴식 시간이 없습니다.

3. 영역별 점수 및 성적 결과

- 新HSK 5급 성적표는 듣기 · 독해 · 쓰기 세 영역의 점수와 총점이 기재됩니다. 성적표는 **시험일로부터 45일 이후**에 발송됩니다.
- 각 영역별 **만점**은 100점이며, **총점**은 300점 만점입니다. 영역별 점수에 상관없이 총점 180점 이상이면 합격입니다.
- 인터넷 성적 조회는 시험일로부터 **1개월 후**에 중국 고시 센터 홈페이지(www.hanban.org)에서 응시자 개별 성적을 조회할 수 있습니다.
- 新HSK 성적은 시험일로부터 **2년간** 유효합니다.

新 HSK 5급 영역별 세부 구성

⭐ 듣기 (총 45문항, 약 30분)

제1부분 (총 20문항)

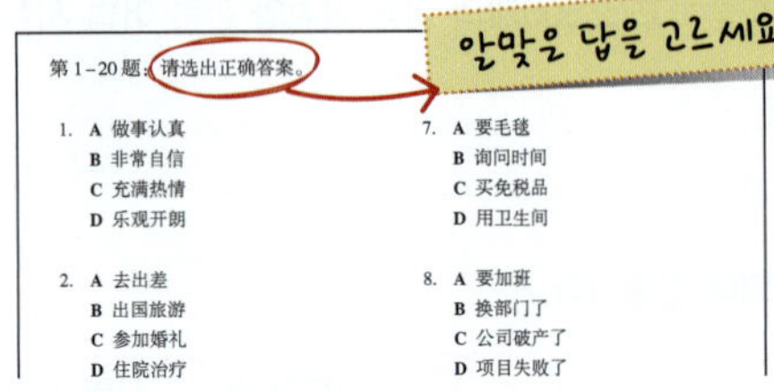

안맞은 답을 고르세요.

두 사람의 대화와 질문을 듣고 보기 ABCD 중에서 알맞은 답을 고르는 문제로, 녹음 내용은 한 번만 들려 줍니다.

제2부분 (총 25문항)

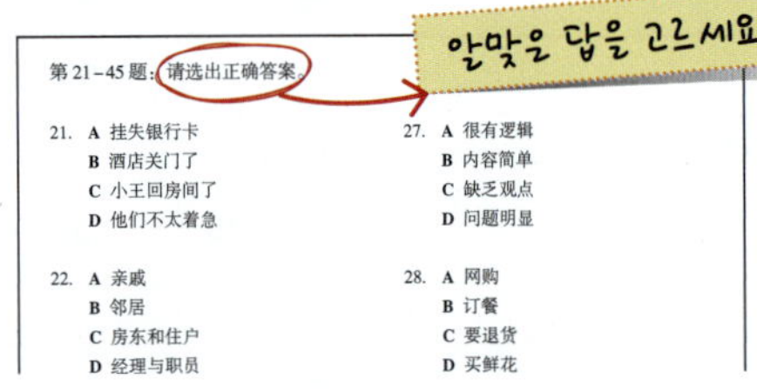

안맞은 답을 고르세요.

두 사람의 비교적 긴 대화(4~5문장) 또는 단문을 듣고 한 개 또는 여러 개의 질문에 알맞은 답을 고르는 문제로, 녹음 내용은 한 번만 들려 줍니다.

⭐ 독해 (총 45문항, 45분)

제1부분 (총 15문항)

안맞은 답을 고르세요.

단문으로 이루어진 문제의 빈칸에 들어갈 알맞은 어휘 또는 문장을 고르는 문제입니다.

제2부분 (총 10문항)

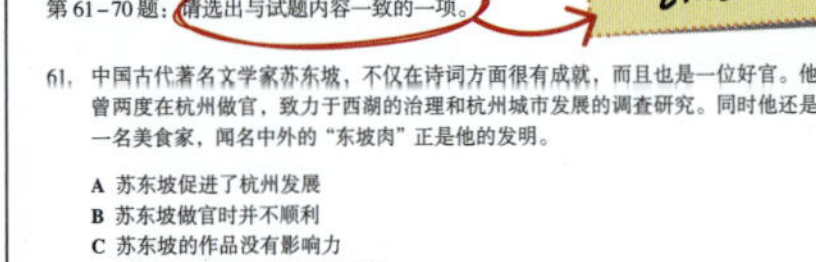

인치하는 내용을 고르세요.

난문을 읽고 일치하는 내용을 보기 ABCD에서 고르는 문제입니다.

제3부분(총 20문항)

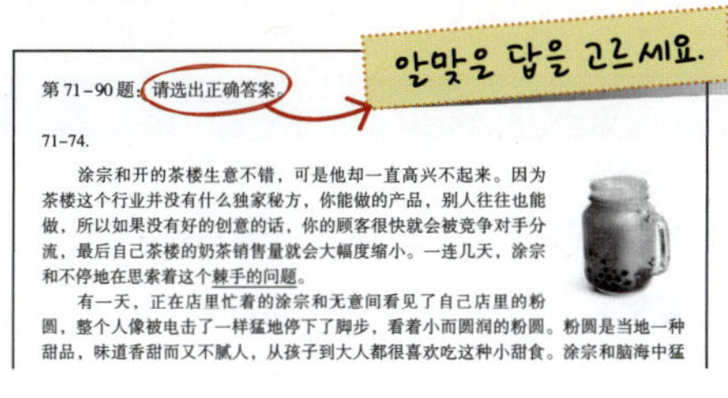

71-74.

涂宗和开的茶楼生意不错，可是他却一直高兴不起来。因为茶楼这个行业并没有什么独家秘方，你能做的产品，别人往往也能做，所以如果没有好的创意的话，你的顾客很快就会被竞争对手分流，最后自己茶楼的奶茶销售量就会大幅度缩小。一连几天，涂宗和不停地在思索着这个棘手的问题。

有一天，正在店里忙着的涂宗和无意间看见了自己店里的粉圆，整个人像被电击了一样地停下了脚步，看着小而圆润的粉圆。粉圆是当地一种甜品，味道香甜而又不腻人，从孩子到大人都很喜欢吃这种小甜食。涂宗和脑海中猛

단문을 읽고 질문에 대한 답을 고르는 문제입니다.

⭐ 쓰기 (총 10문항, 40분)

제1부분(총 8문항)

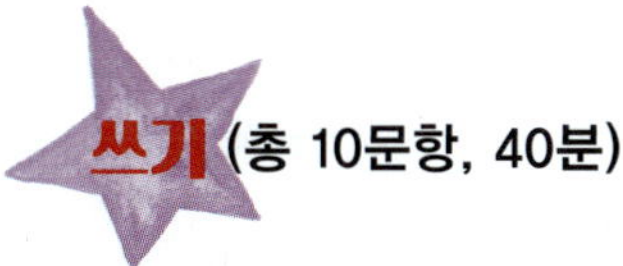

例如:　发表　　这篇论文　　什么时候　　是　　　的

　　　　这篇论文是什么时候发表的?

91.　极其　　　这家店的　　　独特　　　装修

제시된 어휘나 구를 조합하여 어순에 맞는 정확한 문장으로 배열하는 문제입니다.

제2부분(총 2문항)

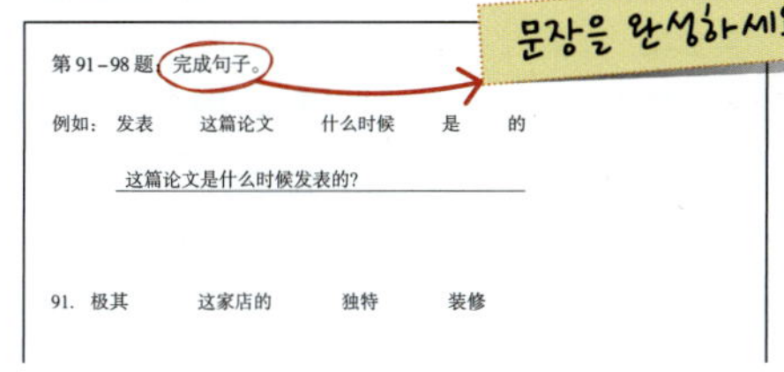

99.　请结合下列词语(要全部使用，顺序不分先后)，写一篇80字左右的短文。

　　　竞争　灰心　应聘　改变　差距

100.　请结合这张图片写一篇80字左右的短文。

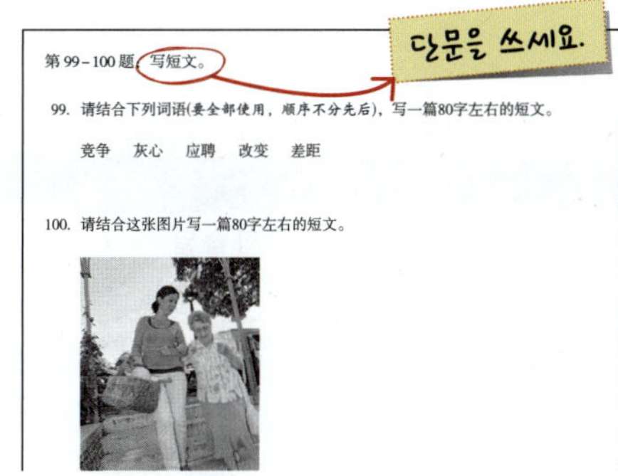

제시된 어휘를 활용하여 80자 내외로 단문을 작성하는 문제 1개와 제시된 그림을 보고 상황에 맞는 내용을 80자 내외로 단문을 작성하는 문제 1개로 구성되어 있습니다.

⚠️ 주의 99번 문제는 제시된 어휘를 반드시 모두 사용해서 작문해야 합니다. 단, 제시 순서는 상관없습니다.

계획을 세우면 합격이 보인다!

30일 학습 플랜

1일	2일	3일	4일	5일
학 습 일　　／	학 습 일　　／	학 습 일　　／	학 습 일　　／	학 습 일　　／
학 습 여부　□□	학 습 여부　□□	학 습 여부　□□	학 습 여부　□□	학 습 여부　□□
듣기 1 공략　18~23p 실전 트레이닝　24p 받아쓰기　25p **쓰기 1** 공략　172~175p	**듣기 2** 공략　26~29p 실전 트레이닝　30p 받아쓰기　31p **쓰기 2** 공략　176~182p 실전 트레이닝　183p	**독해 1** 공략　86~92p **쓰기 3** 공략　184~188p 실전 트레이닝　189p	**독해 1** 실전 트레이닝　93~94p **쓰기 4** 공략　190~194p 실전 트레이닝　195p	**듣기 3** 공략　32~36p 실전 트레이닝　37p 받아쓰기　38p **쓰기 5** 공략　196~205p 실전 트레이닝　206p
6일	**7일**	**8일**	**9일**	**10일**
학 습 일　　／	학 습 일　　／	학 습 일　　／	학 습 일　　／	학 습 일　　／
학 습 여부　□□	학 습 여부　□□	학 습 여부　□□	학 습 여부　□□	학 습 여부　□□
독해 2 공략　95~102p **쓰기 6** 공략　207~213p 실전 트레이닝　214p	**독해 2** 실전 트레이닝　103~104p **쓰기 7** 공략　215~223p 실전 트레이닝　224p	**듣기 4** 공략　39~43p 실전 트레이닝　44p 받아쓰기　45p **쓰기 8** 공략　225~233p 실전 트레이닝　234p	**독해 3** 공략　105~113p **쓰기 9** 공략　235~241p 실전 트레이닝　242p	**독해 3** 실전 트레이닝　114~115p **쓰기 10** 공략　243~247p 실전 트레이닝　248p
11일	**12일**	**13일**	**14일**	**15일**
학 습 일　　／	학 습 일　　／	학 습 일　　／	학 습 일　　／	학 습 일　　／
학 습 여부　□□	학 습 여부　□□	학 습 여부　□□	학 습 여부　□□	학 습 여부　□□
듣기 5 공략　46~49p 실전 트레이닝　50p 받아쓰기　51p **쓰기 11** 공략　249~254p 실전 트레이닝　255p	**독해 4** 공략　118~125p **쓰기 12** 공략　258~259p **쓰기 13** 공략　260~262p	**독해 4** 실전 트레이닝 1, 2, 3 　126~128p **쓰기 13** 공략　263~265p	**독해 4** 실전 트레이닝 4, 5, 6 　129~131p **쓰기 13** 실전 트레이닝　266p	**듣기 6** 공략　52~57p 실전 트레이닝　58p 받아쓰기　59p **쓰기 14** 공략　267~269p

16일	17일	18일	19일	20일
학습일 /	학습일 /	학습일 /	학습일 /	학습일 /
학습 여부 □□	학습 여부 □□	학습 여부 □□	학습 여부 □□	학습 여부 □□
독해 5 공략 134~138p **쓰기 14** 공략 270~272p	**독해 5** 실전 트레이닝 139~143p **쓰기 14** 실전 트레이닝 273p	**듣기 7** 공략 62~66p 실전 트레이닝 67p 받아쓰기 68p **쓰기 15** 공략 274~276p	**독해 6** 공략 144~147p **쓰기 15** 공략 277~279p	**독해 6** 실전 트레이닝 148~152p **쓰기 15** 공략 280p

21일	22일	23일	24일	25일
학습일 /	학습일 /	학습일 /	학습일 /	학습일 /
학습 여부 □□	학습 여부 □□	학습 여부 □□	학습 여부 □□	학습 여부 □□
듣기 8 공략 69~73p 실전 트레이닝 74p 받아쓰기 75p **쓰기 16** 공략 281~283p	**독해 7** 공략 153~158p **쓰기 16** 공략 284~286p	**독해 7** 실전 트레이닝 159~163p **쓰기 16** 실전 트레이닝 287p	**듣기 9** 공략 76~79p 실전 트레이닝 80p 받아쓰기 81p **쓰기 17** 공략 288~290p	**쓰기 17** 공략 291~293p 실전 트레이닝 294p

26일	27일	28일	29일	30일
학습일 /	학습일 /	학습일 /	학습일 /	학습일 /
학습 여부 □□	학습 여부 □□	학습 여부 □□	학습 여부 □□	학습 여부 □□
듣기 + 미니 테스트 82~83p	**독해** + 미니 테스트 164~169p	**쓰기** + 미니 테스트 295~296p	모의고사 1회 + 동영상 강의	모의고사 2회 + 동영상 강의

듣기

최신 기출 문제 분석

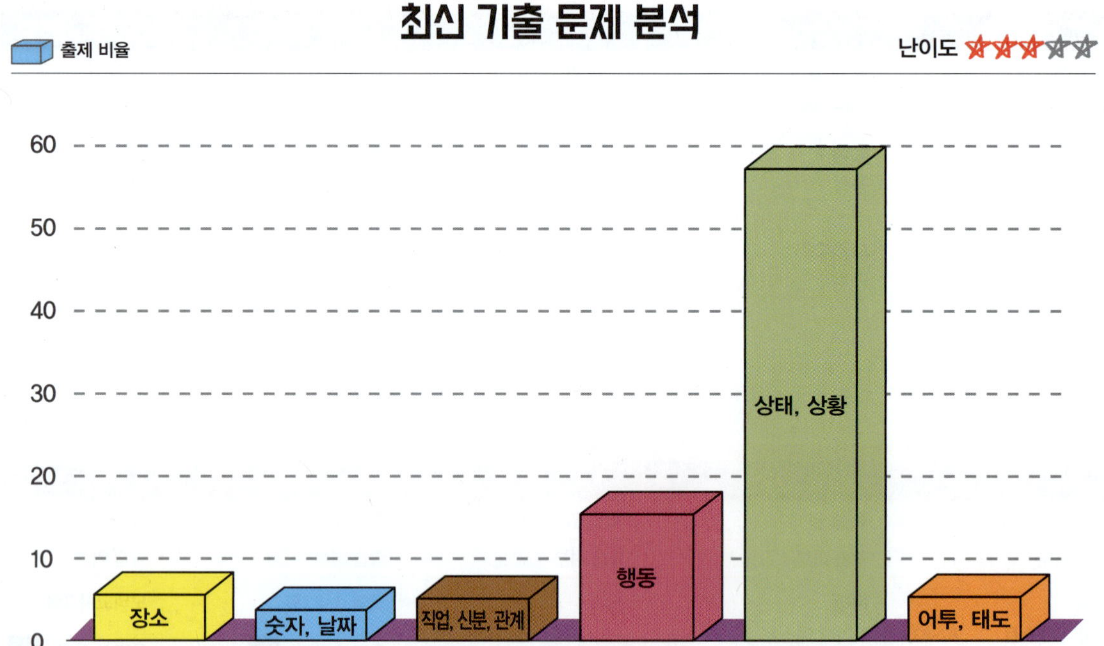

新HSK 5급 듣기 제1·2부분 대화형은 듣기 제1부분에서 남녀가 한 번씩 주고 받는 대화 20문제와 듣기 제2부분에서 남녀가 두 번 이상 주고 받는 대화 10문제로 출제된다. 녹음을 듣고 제시된 보기 중에서 질문에 대한 답을 고르는 형태이다.

핵심1 어휘력 향상과 꾸준한 듣기 연습을 통해 기본기를 키워라!

듣기의 기본은 역시 단어다. 녹음을 듣기만 한다고 해서 듣기 실력이 향상되는 것은 아니다. 녹음을 반복적으로 듣고, 5급 필수 단어를 반드시 외워야 한다. 특히, 각 유형에서 자주 출제되는 단어와 표현을 따로 정리해서 공부해야 듣기 점수를 빠르게 향상시킬 수 있다.

핵심2 녹음이 나오기 전에 반드시 보기부터 파악하자!

듣기 제1·2부분 대화형 문제는 대부분 녹음에서 정답을 직접 언급하는 경우가 많다. 따라서 문제를 풀 때 미리 보기를 파악하는 것이 관건이다. 각 문제 사이에 10~13초의 시간이 주어지므로 반드시 문제를 풀자마자 빠르게 정답을 체크하고 다음 문제의 보기를 읽어야 한다.

핵심3 문제 유형을 미리 파악하여 녹음의 핵심어를 듣자!

보기를 보고 문제 유형을 파악하여 녹음의 핵심어를 들어야 한다. 예를 들어, 보기가 장소명사라면 보기에 제시된 장소와 관련된 상황을 설명하는 단어를 집중해서 들어야 하고, 보기가 숫자나 날짜라면 숫자와 단위 관련 양사를 집중해서 들어야 한다. 보기가 대부분 '동사+명사' 구조로 이루어져 있다면 동사에 유의하며 들어야 한다.

핵심4 구어체 표현을 익히자!

보기가 '주어+술어+목적어' 형태인 경우, 화자의 의도를 묻는 경우가 많으므로 평소 상대방의 제안이나 의견에 동의, 반대를 나타내는 표현을 익혀두어야 한다. 더불어 문제에 주로 제시되는 구어체 표현도 많이 알아두어야 한다.

핵심5 녹음을 질문까지 듣자!

녹음에서 보기에 제시된 단어 중 여러 단어를 언급할 수 있다. 따라서 녹음을 끝까지 집중해서 들어야 오답률을 낮출 수 있다.

학습일 _____ / _____

① 장소

新HSK에는 이렇게 출제된다! ▼

★ **듣기 제1·2부분** 대화형 문제 중 **장소** 문제는 보통 **1–2문제** 정도 출제된다. 대화가 일어나는 장소 또는 관련 단어를 언급하며 화자가 어디에 있는지 묻는 문제가 출제되므로, 장소와 관련된 표현을 함께 익혀 두는 것이 좋다.

★ 시험에 가장 많이 등장하는 장소는 **공항**, **기차**, **은행**, **호텔**, **병원** 등이다.

시험에 자주 나오는 질문 형식   Track 01

对话最可能发生在哪儿？ 대화가 발생한 장소는 어디인가?

女的现在在哪儿？ 여자는 현재 어디에 있는가?

男的要去哪儿？ 남자는 어디를 가려고 하는가?

他们最可能在哪儿？ 그들은 어디에 있는가?

👟 준비 트레이닝

장소 문제는 보기에 제시된 장소를 녹음에서 그대로 들려주거나, 관련 단어를 듣고 장소를 유추하는 문제가 출제된다. 따라서 녹음에서 장소와 관련된 상황을 집중해서 들어야 한다.

Track 02

Step 1. 보기를 보고 장소 문제임을 확인한다.

보기

A 餐厅

B 宿舍

C **理发店**

D 图书馆

녹음

Step 2. 장소 관련 단어와 상황을 집중해서 듣는다.
发型, 头发, 剪短 → 理发店

男：你想换个发型吗?

女：不，我儿子头发太乱，给他剪短一点。

问：他们现在在哪儿?

해석

A 식당

B 기숙사

C **이발소**

D 도서관

남: 당신은 머리 스타일을 바꾸시려고요?

여: 아니요. 제 아들이 머리가 너무 지저분해서, (아들의 머리카락을) 조금 짧게 잘라주시면 돼요.

질문: 그들은 현재 어디에 있는가?

1 장소 관련 어휘

자주 출제되는 장소와 장소별 관련 어휘를 외워두면, 어휘만 듣고도 정답을 쉽게 고를 수 있다.

📁 장소별 관련 빈출 어휘와 문장   필수체크   Track 03

家 jiā 집	□□ 公寓 gōngyù 아파트 ★	□□ 屋子 wūzi 집
	□□ 房间 fángjiān 방	□□ 卧室 wòshì 침실 ★
	□□ 厨房 chúfáng 주방, 부엌	□□ 客厅 kètīng 거실
	□□ 阳台 yángtái 베란다 ★	□□ 装修 zhuāngxiū 인테리어하다 ★

我放你**卧室**了，以后东西不要乱放。
네 침실에 뒀어, 앞으로 물건을 아무데나 놓지 마.

装修完都这么久了，**屋里**的味道怎么还这么大？
인테리어 끝난 지가 이렇게 오래되었는데, 집 안의 냄새가 왜 아직도 이렇게 심해?

商店 shāngdiàn 상점 · 超市 chāoshì 슈퍼마켓	□□ 价钱 jiàqián 값, 가격	□□ 换 huàn 교환하다
	□□ 退货 tuìhuò 반품하다 ★	□□ 刷卡 shuākǎ 카드로 결제하다
	□□ 消费 xiāofèi 소비하다	□□ 付款 fùkuǎn 돈을 지불하다
	□□ 发票 fāpiào 영수증 ★	□□ 打折 dǎzhé 세일하다

打完折后是一千一百九。
세일하면 1190위안입니다.

陪我去趟**超市**吧，去买些日用品。
저와 슈퍼마켓에 가요. 가서 일용품도 좀 사고요.

机场 jīchǎng 공항	□□ 航班 hángbān 정기 항공편 ★	□□ 登机牌 dēngjīpái 탑승권 ★
	□□ 机票 jīpiào 비행기표	□□ 护照 hùzhào 여권
	□□ 签证 qiānzhèng 비자	□□ 起飞 qǐfēi 이륙하다
	□□ 降落 jiàngluò 착륙하다	□□ 托运 tuōyùn (짐·화물을) 탁송하다, 운송을 위탁하다 ★

您的行李箱太大了，不能带上**飞机**，要**托运**。
당신의 캐리어가 너무 크네요, 기내로 가지고 가실 수 없고 탁송하셔야 합니다.

我的**登机牌**不小心弄丢了，我该怎么办呢？
제 탑승권을 부주의해서 분실했는데 어떻게 해야 하죠?

火车(上) huǒchē (shang) 기차 (안)	□□ 火车 huǒchē 기차	□□ 列车 lièchē 열차
	□□ 行李 xíngli 여행 짐	□□ 车厢 chēxiāng 객실 ★
	□□ 餐车 cānchē 식당칸, 식당차	□□ 补票 bǔpiào (차표·배표 등을 분실하여) 표를 다시 사다
	请问餐车是朝这个方向走吗？ 말씀 좀 여쭐게요. 식당차는 이 방향으로 가야 하나요?	
	车厢里太拥挤，请把大行李放到行李架上。 객실 안이 너무 붐비네요. 큰 여행 짐은 짐 선반에 놓아 주세요.	

出租车(上) chūzūchē (shang) 택시 (안)	□□ 师傅 shīfu 기사님	□□ 司机 sījī 운전사
	□□ 打车 dǎchē 택시를 타다	□□ 坐出租车 zuò chūzūchē 택시를 타다
	□□ 停车 tíngchē 차량을 정차하다	□□ 拐弯 guǎi wān 모퉁이(커브)를 돌다
	这儿不能停车，我在前面拐个弯儿给您停一下。 여기는 주차할 수 없습니다. 제가 앞에서 커브를 돌아 세워 드릴게요.	
	那就停在这个路口吧。师傅，一共多少钱？ 그럼 여기 길목에 세워 주세요. 기사님, 모두 얼마인가요?	

医院 yīyuàn 병원	□□ 大夫 dàifu = 医生 yīshēng 의사	□□ 护士 hùshi 간호사
	□□ 内科 nèikē 내과	□□ 外科 wàikē 외과
	□□ 救护车 jiùhùchē 구급차	□□ 挂号 guàhào 접수하다 ★
	□□ 看病 kànbìng 진찰하다	□□ 着凉 zháoliáng = 感冒 gǎnmào 감기에 걸리다 ★
	□□ 发烧 fāshāo 열이 나다	□□ 咳嗽 késou 기침하다
	□□ 打喷嚏 dǎ pēntì 재채기를 하다 ★	□□ 过敏 guòmǐn 알레르기 반응을 보이다
	□□ 手术 shǒushù 수술하다 ★	□□ 住院 zhùyuàn (환자가) 입원하다
	□□ 出院 chūyuàn 퇴원하다	□□ 治疗 zhìliáo 치료하다 ★
	□□ 恢复 huīfù 회복하다 ★	□□ 打针 dǎzhēn 주사를 놓다
	感冒太严重，我得去打一针。 감기가 너무 심해서, 나는 주사를 맞으러 가야 해.	
	您在这儿等一下，我去那边帮您挂号。 당신은 여기서 좀 기다리세요. 내가 저기에 가서 대신 접수하고 올게요.	

银行 yínháng 은행	□□ 账户 zhànghù 계좌 ★	□□ 信用卡 xìnyòngkǎ 신용카드
	□□ 密码 mìmǎ 암호, 비밀번호	□□ 利息 lìxī 이자 ★
	□□ 汇率 huìlǜ 환율 ★	□□ 支票 zhīpiào 수표 ★
	□□ 存钱 cúnqián 저금하다	□□ 取钱 qǔqián 출금하다
	我不小心把信用卡折断了，想重新办理一张。 제가 부주의해서 신용카드를 부러뜨렸습니다. 다시 한 장 만들고 싶습니다.	
	我想把这个账户里的钱都取出来，然后销掉这个账户。 저는 이 계좌에 돈을 모두 인출한 후, 이 계좌를 해지하고 싶습니다.	

宾馆 bīnguǎn (=酒店 jiǔdiàn) 호텔	□□ 标准间 biāozhǔnjiān 일반룸 ★	□□ 商务间 shāngwùjiān 비즈니스룸
	□□ 前台 qiántái 데스크	□□ 房卡 fángkǎ 방 카드키 ★
	□□ 退房 tuìfáng 체크아웃하다	□□ 入住 rùzhù 체크인하다
	标准间没有了，不过还有一个商务间。 일반실은 없어요. 그러나 비즈니스룸은 아직 하나 있습니다.	
	押金会在退房时退给您。 보증금은 퇴실할 때 돌려 드리겠습니다.	
餐厅 cāntīng (=饭店 fàndiàn) 식당	□□ 服务员 fúwùyuán 종업원	□□ 菜单 càidān 메뉴
	□□ 点菜 diǎncài (음식을) 주문하다 ★	□□ 馒头 mántou (소 없는) 찐빵
	所有菜都可以打九折。 모든 요리는 10% 할인됩니다.	
	这家饭店的川菜真地道，和我在四川吃的味道一样。 이 식당의 쓰촨 요리는 정말 제대로다. 내가 쓰촨에서 먹었던 맛과 똑같아.	
理发店 lǐfàdiàn 이발소	□□ 理发师 lǐfàshī 이발사	□□ 理发 lǐfà 이발하다 ★
	□□ 剪 jiǎn (가위로) 자르다	□□ 烫发 tàngfà 파마하다
	你想换个发型吗？ 당신은 머리 스타일을 바꾸시려고요?	
	往上剪短点就行。 위로 약간만 다듬어 주시면 됩니다.	
公司 gōngsī 회사	□□ 同事 tóngshì 동료	□□ 秘书 mìshū 비서
	□□ 经理 jīnglǐ 매니저, 사장	□□ 办公室 bàngōngshì 사무실
	□□ 文件 wénjiàn 문서, 서류 ★	□□ 开会 kāihuì 회의를 열다
	□□ 加班 jiābān 야근하다 ★	□□ 实习 shíxí 인턴 실습하다 ★
	□□ 出差 chūchāi 출장을 가다	□□ 辞职 cízhí 사직하다
	怎么这么晚还在公司加班？ 왜 이렇게 늦은 시간까지 회사에서 야근하세요?	
	你把这份文件给人事部李主任送过去。 이 문서를 인사부 이 주임에게 보내주세요.	
기타	□□ 健身房 jiànshēnfáng 헬스클럽 ★	□□ 法院 fǎyuàn 법원
	□□ 博物馆 bówùguǎn 박물관 ★	□□ 乐器店 yuèqìdiàn 악기점
	□□ 书店 shūdiàn 서점	□□ 邮局 yóujú 우체국
	□□ 幼儿园 yòu'éryuán 유치원 ★	□□ 家具店 jiājùdiàn 가구점
	□□ 车库 chēkù 차고 ★	□□ 停车场 tíngchēchǎng 주차장

단어 乱 luàn 閉 함부로 | 日用品 rìyòngpǐn 몡 일용품 | 弄丢 nòngdiū 잃어버리다 | ★办理 bànlǐ 동 처리하다 | 销 xiāo 동 제거하다, (계좌를) 해지하다 | ★地道 dìdao 혱 진짜의, 본고장의

A 客厅

B 公司

C 打印室

D 美术馆

해설 및 정답　**문제 분석▼**　남자가 你怎么这么早就到公司了?(어째서 이렇게 일찍 회사에 온 거야?)라고 했으므로, 대화가 이루어지고 있는 곳이 회사라는 것을 알 수 있다.

男: 你怎么这么早就到公司了?	남: 어째서 이렇게 일찍 회사에 온 거야?
女: 昨天的方案还要修改一下，我得在九点之前弄好发给客户。	여: 어제의 방안을 아직 수정해야 하거든요. 9시 전에 수정해서 거래처에 발송해야 해요.
问: 女的现在在哪儿呢?	질문: 여자는 지금 어디에 있는가?
A 客厅　　　　　**B 公司** C 打印室　　　　D 美术馆	A 거실　　　　　**B 회사** C 프린트실　　　　D 미술관

단어　★方案 fāng'àn 몡 방안 ｜ ★修改 xiūgǎi 동 수정하다 ｜ 客户 kèhù 몡 거래처 ｜ 客厅 kètīng 몡 거실 ｜ 打印室 dǎyìnshì 몡 프린트실 ｜ 美术馆 měishùguǎn 몡 미술관

A 车库

B 机场

C 火车上

D 公交车上

해설 및 정답　**문제 분석▼**　녹음에서 补票(표를 다시 사다), 列车长(열차 차장), 车厢(객실)을 듣고 대화가 이루어지는 곳이 火车上(기차 안)임을 유추할 수 있다. 또한 기차나 기차역을 유추하는 문제에서 车厢은 항상 출제되므로 반드시 함께 외워야 하다.

女：不好意思，我的票好像丢了。
男：那您得去列车长办公室补票。
女：列车长办公室在哪个车厢？
男：在一号车厢，你再往前走两个车厢就
　　到了。

问：对话最可能发生在哪儿？

A 车库　　　　　　　B 机场
C 火车上　　　　　D 公交车上

여: 죄송합니다. 저의 표를 잃어버린 것 같습니다.
남: 그러면 당신은 열차 차장 사무실로 가서 표를 다
　　시 사셔야 합니다.
여: 열차 차장 사무실은 어느 객실입니까？
남: 1호 객실이에요. 앞쪽으로 2개 객실만 가면, 바로
　　입니다.

질문: 대화가 일어난 장소는 어디인가？

A 차고　　　　　　　B 공항
C 기차 안　　　　　D 버스 안

단어 好像 hǎoxiàng 閉 ～한 것 같다 | 列车长 lièchēzhǎng 閔 열차 차장 | 补票 bǔpiào 圄 표를 다시 사다 |
★车厢 chēxiāng 閔 (기차의) 객실

공략 트레이닝 3　　Track 06

A 衣柜里

B 抽屉里

C 钱包里

D 书架上

해설 및 정답　**문제 분석▼**　남자의 你的电脑桌的抽屉里(당신의 컴퓨터 책상 서랍 안)이라는 말에서 인수증은 서랍 안
에 있다는 것을 알 수 있다.

女：小王，你把收据放在哪儿了？我要拿
　　给老板看。
男：就在你的电脑桌的抽屉里。

问：收据放在哪儿了？

A 衣柜里　　　　　**B 抽屉里**
C 钱包里　　　　　D 书架上

여: 샤오왕, 인수증을 어디에 뒀어？ 내가 사장님에게
　　가져가 보여드려야 해.
남: 바로 당신의 컴퓨터 책상 서랍 안에 있어요.

질문: 인수증은 어디에 두었는가？

A 옷장 안　　　　　**B 서랍 안**
C 지갑 안　　　　　D 책장 위

단어 ★收据 shōujù 閔 인수증 | ★老板 lǎobǎn 閔 사장 | 电脑桌 diànnǎo zhuō 컴퓨터 책상 | ★抽屉 chōuti 閔
서랍 | 衣柜 yīguì 閔 옷장 | ★书架 shūjià 閔 책장

주의　'일반 명사+방위사(上/下/里)'는 장소를 나타낼 수 있다.

　예 桌子 탁자 → 桌子上 탁자 위
　　 抽屉 서랍 → 抽屉里 서랍 안

실전에 강한
체한 시간 4분

문제 적응 훈련

학습일 ______/______

맞은 개수 ________

실전 트레이닝 1 Track 07

1.
A 教室
B 图书馆
C 会议室
D 员工餐厅

2.
A 书店
B 酒吧
C 工厂
D 银行

3.
A 学校附近
B 地铁出口
C 电梯门口
D 停车场旁边

4.
A 机场
B 邮局
C 博物馆
D 地铁站

정답 및 해설_ 해설집 4쪽

실전 트레이닝 2 Track 08

1.
A 出版部
B 广告部
C 销售部
D 人事部

2.
A 宾馆
B 商店
C 操场
D 健身房

3.
A 医院
B 法院
C 餐厅
D 办公室

정답 및 해설_ 해설집 6쪽

듣기 실력 트레이닝 ❶
받아쓰기

★ 녹음을 듣고 빈칸을 채우세요.

❶ 我儿子＿＿＿＿＿＿＿＿，给他＿＿＿＿＿＿一点。

❷ 你怎么这么早就到＿＿＿＿＿＿了？

❸ ＿＿＿＿＿＿＿＿＿办公室在哪个＿＿＿＿＿＿？

❹ 我不在教室，我在＿＿＿＿＿＿＿＿一边查资料，一边准备期末报告呢。

❺ 我想＿＿＿＿＿＿＿＿＿，然后往账户里＿＿＿＿＿＿＿＿。

❻ 那我在＿＿＿＿＿＿＿＿等你。

❼ 请问，南航在哪儿办理＿＿＿＿＿＿＿＿？

❽ 我要＿＿＿＿＿＿，这是我的＿＿＿＿＿＿。

❾ 最近有流行性＿＿＿＿＿＿。你＿＿＿＿＿＿了吗？

❿ 我一会儿要去＿＿＿＿＿＿＿＿。

② 숫자, 날짜

新HSK에는 이렇게 출제된다! ▼

★ 듣기 **제1·2부분** 대화문에서 **숫자**를 듣고 푸는 문제는 난이도가 높지 않지만 가끔 간단한 계산 문제도 출제되므로 대화에서 언급된 숫자를 메모하자.

★ 대화가 이루어지는 **시점**이나 **날짜, 돈, 인원 수** 등과 관련된 문제가 출제된다.

시험에 자주 나오는 질문 형식　Track 10

他们打算**哪天**见面? 그들은 언제 만나려고 하는가?

玩具店**什么时候**能开业? 장난감 가게는 언제 개업하는가?

刘老师在**几号**车厢? 류 선생님은 몇 호 객실에 있는가?

那套房子的押金是**多少**? 그 집의 보증금은 얼마인가?

男的建议先印**多少**份宣传册? 남자는 홍보 책자를 우선 몇 부 인쇄하자고 건의했는가?

每年大概有**多少**游客去那儿? 매년 대략 몇 명의 관광객이 그곳에 가나?

 준비 트레이닝

숫자 관련 문제는 제시된 보기가 숫자임을 확인하고 녹음에서 숫자와 월(月), 일(号), 가격(元、块), 시간 (点) 등의 단어에 유의하면서 들어야 한다.

Track 11

보기 Step 1. 보기를 보고 숫자(날짜) 문제임을 확인한다.	**녹음**
A 下个月 B 这月底 C **本月中旬** D 一月下旬	女：咱们市博物馆装修好了吗? 男：我昨天刚去过，工作人员告诉我这个月中旬就开馆了。 问：博物馆什么时候开馆? Step 2. 녹음에서 날짜와 관련된 단어를 집중해서 듣는다. 这个月中旬 → 本月中旬
해석 A 다음 달 B 이번 달 말 C **이번 달 중순** D 1월 하순	여: 우리 시립 박물관은 수리가 끝났나요? 남: 저는 어제 막 다녀왔는데, 직원이 이번 달 중순이면 개관할 것이라고 하더군요. 질문: 박물관은 언제 개관하는가?

1 숫자 관련 어휘

숫자 관련 문제는 녹음에서 숫자와 양사를 집중해서 들어야 한다.

📁 숫자와 함께 쓰이는 양사

Track 12

단위	□□ **元** yuán = **块** kuài 위안	□□ **角** jiǎo = **毛** máo 마오[1元의 10분의 1에 해당]
	□□ **斤** jīn 근[일반적으로 500g을 나타냄]	□□ **公斤** gōngjīn 킬로그램(kg)
	□□ **吨** dūn 톤(t)[1t은 1000kg에 해당]	□□ **克** kè 그램(g)
	□□ **厘米** límǐ 센티미터(cm)	□□ **米** mǐ 미터(m)
	□□ **公里** gōnglǐ 킬로미터(km)	□□ **度** dù 도(℃)

공략 트레이닝 1　Track 13

> A　2000元
>
> B　3000元
>
> C　4000元
>
> D　5000元

해설 및 정답　**문제 분석▼**　보기의 元을 보고 돈과 관련된 숫자를 유의하여 듣는다. 녹음에서 两千块와 보기 2000元은 동의어이므로 정답은 A이다. 문어체 元과 구어체 块는 같은 단위임을 알아두자.

女：这里交通便利，周围环境也很安静。
男：是的，而且价格也很便宜，租金一个
　　月只有**两千块**。
女：那押金是多少呢？
男：押金就是一个月房租的费用。

问：那套房子的押金是多少？

A **2000元**	B　3000元
C　4000元	D　5000元

여: 이곳은 교통이 편리하고, 주변 환경도 매우 조용하네요.
남: 네, 게다가 가격도 저렴해요. 월세가 <u>2000위안</u>밖에 안 해요.
여: 그럼 보증금은 얼마예요?
남: 보증금은 한 달 월세와 같아요.

질문: 그 집의 보증금은 얼마인가?

A **2000위안**	B　3000위안
C　4000위안	D　5000위안

단어 便利 biànlì 휑 편리하다 | 周围环境 zhōuwéi huánjìng 주변 환경 | 安静 ānjìng 휑 조용하다 | 价格 jiàgé 휑 가격 | ★押金 yājīn 휑 보증금 | 房租 fángzū 휑 집세 | ★费用 fèiyòng 휑 비용

2

② 날짜 관련 어휘

날짜 관련 문제는 주로 동의어가 답이 되는 경우가 많다. 따라서 날짜 관련 어휘와 동의어를 함께 외워두면 정답을 쉽게 찾을 수 있다.

📂 날짜 관련 빈출 어휘 ✨ 필수체크

Track 14

요일	□□ 星期一 = 周一 = 礼拜一 월요일	□□ 星期二 = 周二 = 礼拜二 화요일
	□□ 星期三 = 周三 = 礼拜三 수요일	□□ 星期四 = 周四 = 礼拜四 목요일
	□□ 星期五 = 周五 = 礼拜五 금요일	□□ 星期六 = 周六 = 礼拜六 토요일
	□□ 星期日 = 星期天 = 周日 = 礼拜天 일요일	
주	□□ 上星期 = 上周 지난주	□□ 这星期 = 这周 이번 주
	□□ 下星期 = 下周 다음 주	
월	□□ 月初 월초	□□ 中旬 중순
	□□ 月底 = 月末 월 말	
년	□□ 年初 연초	□□ 年底 = 年末 연말
명절·기념일	□□ 元旦 양력설, 신정[1월 1일]	□□ 春节 음력설, 춘절[음력 1월 1일]
	□□ 劳动节 근로자의 날, 노동절[5월 1일]	□□ 中秋节 추석, 한가위[음력 8월 15일]
	□□ 国庆节 국경절[10월 1일]	□□ 母亲节 어머니의 날[5월 둘째 주 일요일]
	□□ 除夕 섣달 그믐날[음력 12월 31일]	

공략 트레이닝 2 Track 15

A 年初

B 夏季

C 年末

D 春节

해설 및 정답

문제 분석▼ 보기의 年初, 年末를 보고 날짜와 관련된 문제임을 유추하자. 咱们部门每年年底都发奖金(우리 부서에서 매년 연말에 상여금을 나눠준다)에서 예전에 매년 연말에 상여금을 지급했음을 알 수 있다.

女：咱们部门每年<u>年底</u>都发奖金，今年怎么还没发呢？

男：听经理说今年销量不高，公司考虑不发奖金了。

问：以前每年什么时候发奖金？

A 年初   B 夏季

C 年末   D 春节

여: 우리 부서에서 매년 연말에 상여금을 나눠주는데, 올해는 왜 아직 주지 않는 걸까요?

남: 사장님의 얘기를 들어보니 올해 판매량이 낮아서, 회사에서 상여금을 주지 않는 쪽으로 고려하고 있대요.

질문: 예전에는 매년 언제 상여금을 지급했는가?

A 연초   B 여름

C 연말   D 음력설

단어 年底 niándǐ 몡 연말 | ★发奖金 fā jiǎngjīn 상여금을 지급하다 | ★销量 xiāoliàng 몡 판매량 | 考虑 kǎolǜ 동 고려하다 | 年初 niánchū 몡 연초 | 年末 niánmò 몡 연말

문제 적응 훈련

실전에 강한 | 제한 시간 4분

학습일 _____ / _____

맞은 개수 _______

실전 트레이닝 1 | Track 16

1.
A 下周三
B 下个月
C 这星期三
D 明天中午

2.
A 退休后
B 上班时
C 元旦之前
D 工作之余

3.
A 4000
B 15000
C 20000
D 24000

4.
A 春节以后
B 寒假结束
C 半个月后
D 下个月中旬

정답 및 해설_ 해설집 7쪽

실전 트레이닝 2 | Track 17

1.
A 2万
B 3万
C 10万
D 13万

2.
A 3000字
B 4000字
C 5000字
D 6000字

3.
A 6号
B 7号
C 8号
D 9号

정답 및 해설_ 해설집 9쪽

듣기 실력 트레이닝 2
받아쓰기

★ 녹음을 듣고 빈칸을 채우세요.

필수암기

❶ 工作人员告诉我＿＿＿＿＿＿＿＿＿＿＿＿就开馆了。

❷ 而且＿＿＿＿＿＿也很便宜，租金一个月只有＿＿＿＿＿＿＿＿。

필수암기

❸ 咱们部门每年＿＿＿＿＿＿都发奖金，今年怎么还没发呢？

❹ 我＿＿＿＿＿＿＿＿有论文答辩会，昨天熬夜写答辩材料了。

❺ 这些都是他＿＿＿＿＿＿＿＿画的。

❻ 去年的还剩＿＿＿＿＿＿＿＿，这次先＿＿＿＿＿＿＿＿吧，不够再补。

❼ 正在办理签证呢，估计＿＿＿＿＿＿＿＿＿＿＿＿，办好就走。

❽ 那一周下来就有＿＿＿＿＿＿＿＿呢！

❾ 他说主题很吸引人，不过建议我再加点儿内容，＿＿＿＿＿＿＿＿。

❿ 他跟家人现在就在＿＿＿＿＿＿＿＿呢。

정답 | ❶ 这个月中旬 ❷ 价格 / 两千块 ❸ 年底 ❹ 下礼拜三 ❺ 退休后 ❻ 四千多册 / 印一万五 ❼ 需要两个星期 ❽ 3万多人 ❾ 写成3000字 ❿ 八号车厢

3 직업, 신분, 관계

★ 화자나 상대방의 **직업**을 묻거나, 대화하는 사람 간의 **관계**를 묻는 유형으로 매 회 **1—2문제**씩 출제되고 있다.

★ 자주 출제되는 직업, 신분, 관계로는 **종업원, 판매원, 가족, 이웃, 부부, 동료, 학생과 선생님, 사회자와 게스트** 등이 있다.

시험에 자주 나오는 질문 형식   Track 19

男的是**做什么的**? 남자는 무엇을 하는 사람인가?

女的最可能是**做什么的**? 여자는 무슨 일을 하는 사람인가?

男的要**找谁**? 남자는 누구를 찾나?

这个方案需要**征求谁的意见**? 이 방안에 대하여 누구의 의견을 구해야 하나?

他们俩是**什么关系**? 그들 둘은 어떤 관계인가?

 ### 준비 트레이닝

화자의 직업이나 신분을 녹음에서 직접적으로 언급하는 경우가 많으므로, 직업 관련 어휘를 놓치지 않고 들으면 정답을 쉽게 찾을 수 있다. 또한 대화하는 사람 간의 관계를 유추하는 문제도 출제되므로 직업과 관련된 행동을 연관지어 상황을 파악해야 한다.

Track 20

보기	녹음
Step 1. 보기를 보고 관계를 묻는 문제임을 확인한다.	
A 夫妻 B 师生 C 同学 **Step 2.** 녹음에서 관계와 관련된 단어를 집중해서 듣는다. D 同事 结婚 → 夫妻	女：刚才整理抽屉的时候，翻到了这张照片，你看看。 男：这是我们刚结婚时拍的吧，那时你真年轻。 问：他们可能是什么关系？
해석 A 부부 B 스승과 제자 C 학교 친구 D 동료	여: 방금 서랍을 정리할 때, 뒤적이다가 이 사진을 찾았는데, 한번 봐봐요. 남: 이 사진은 우리가 막 결혼했을 때 찍은 거네요. 그때 당신은 정말 젊었네요. 질문: 그들은 어떤 관계인가?

 ## 직업, 신분, 관계 관련 어휘

직업, 신분, 관계를 묻는 문제는 직업, 신분, 관계를 녹음에서 직접적으로 언급하는 경우가
많으므로, 녹음을 들을 때 호칭을 주의 깊게 들어야 한다. 또한 자주 출제되는 직업이나 관
계를 나타내는 어휘를 정리해 두면 쉽게 정답을 찾을 수 있다.

📂 **직업, 신분, 관계 관련** 빈출 어휘 ✏️ 필수체크   Track  21

직업	□□ **服务员** fúwùyuán 종업원✖	□□ **医生** yīshēng = **大夫** dàifu 의사
	□□ **护士** hùshi 간호사	□□ **秘书** mìshū 비서✖
	□□ **老板** lǎobǎn 사장✖	□□ **经理** jīnglǐ 사장, 매니저
	□□ **总裁** zǒngcái (기업의) 회장✖	□□ **编辑** biānjí 편집자✖
	□□ **工程师** gōngchéngshī 엔지니어✖	□□ **记者** jìzhě 기자
	□□ **律师** lǜshī 변호사	□□ **主持人** zhǔchírén 사회자, MC✖
	□□ **演员** yǎnyuán 연기자	□□ **维修工** wéixiūgōng 수리공✖
	□□ **班主任** bānzhǔrèn 학급 담임✖	□□ **教授** jiàoshòu 교수
	□□ **专家** zhuānjiā 전문가✖	□□ **设计师** shèjìshī 디자이너✖
	□□ **摄影师** shèyǐngshī 촬영기사✖	□□ **厨师** chúshī 요리사
	□□ **推销员** tuīxiāoyuán 외판원, 판매원	□□ **售货员** shòuhuòyuán 점원
신분 · 관계	□□ **亲戚** qīnqi 친척✖	□□ **邻居** línjū 이웃✖
	□□ **同学** tóngxué 학교 친구	□□ **同事** tóngshì 동료✖
	□□ **夫妻** fūqī 부부✖	□□ **师生** shīshēng 선생님과 학생
	□□ **服务员和客人** fúwùyuán hé kèrén 종업원과 고객	□□ **售货员和客人** shòuhuòyuán hé kèrén 판매원과 고객
	□□ **司机和乘客** sījī hé chéngkè 기사와 승객	□□ **医生和病人** yīshēng hé bìngrén 의사와 환자
	□□ **主持人和嘉宾** zhǔchírén hé jiābīn 사회자와 게스트	□□ **记者和演员** jìzhě hé yǎnyuán 기자와 배우
가족	□□ **爷爷** yéye 할아버지	□□ **外公** wàigōng 외할아버지
	□□ **奶奶** nǎinai 할머니	□□ **姥姥** lǎolao 외할머니
	□□ **爸爸** bàba 아버지	□□ **妈妈** māma 어머니
	□□ **叔叔** shūshu 삼촌	□□ **舅舅** jiùjiu 외삼촌
	□□ **老公** lǎogōng = **丈夫** zhàngfu 남편	□□ **老婆** lǎopo = **妻子** qīzi = **太太** tàitai 아내✖

A 刘总裁

B 李经理

C 张秘书

D 合作方

해설 및 정답

문제 분석▼ 여자가 你帮我给李经理发封道歉邮件(이 사장에게 사과 이메일을 보내 주세요)라고 한 말에서 남자가 李经理(이 사장)에게 이메일을 보내려 함을 알 수 있다. 보기에 주목하여 대화를 들으면, 들리는 그대로 B가 정답이다.

女：小刘，你帮我给<u>李经理</u>发封道歉邮件。	여: 샤오류, 이 사장에게 사과 이메일을 보내 주세요.
男：好的，具体要写什么内容呢？	남: 네, 구체적으로 어떤 내용을 써야 하나요?
女：主要说明一下我们暂时推迟会议的原因。	여: 우리가 잠시 회의를 미룬 이유를 주로 설명해 주세요.
男：知道了，我这就准备发。	남: 알겠습니다. 바로 보낼 준비를 하겠습니다.
问：男的要给谁发电子邮件？	질문: 남자는 누구에게 이메일을 발송하려 하는가?
A 刘总裁　　　　**B 李经理**	A 류 회장　　　　**B 이 사장**
C 张秘书　　　　D 合作方	C 장 비서　　　　D 협력업체

단어 发邮件 fā yóujiàn 이메일을 보내다 | 封 fēng 양 통[편지를 세는 단위] | ★道歉 dàoqiàn 동 사과하다 | 暂时 zànshí 명 잠시 | 推迟 tuīchí 동 연기하다 | 电子邮件 diànzǐ yóujiàn 명 전자우편, 이메일 | ★总裁 zǒngcái 명 (기업의) 회장 | ★秘书 mìshū 명 비서 | 合作方 hézuòfāng 명 협력업체

Track  23

❶ 邻居 이웃

听说咱们家对面新搬来的邻居是个工程师。
듣자 하니 우리 집 맞은편에 새로 이사 온 이웃은 엔지니어래.

这只狗是隔壁李阿姨家养的，让我帮忙照顾两天。
이 개는 이웃집의 이 아주머니가 키우는 거야. 나한테 이틀 동안 돌봐 달라고 부탁하셨어.

❷ 亲戚 친척

这是我姑姑做的，这是我们家乡的特产。 이것은 우리 고모가 만든 거야. 우리 고향의 특산품이야.

这是舅舅从青海给我们带回来的地毯。
이것은 외삼촌이 칭하이에서 우리에게 주려고 가져온 카펫이야.

❸ 同事 동료

咱们单位的无线网开通了吗？ 우리 회사에 무선 인터넷이 개통됐나요?

你把这份文件给人事部李经理送过去。 이 문서를 인사부 이 사장에게 보내 주세요.

❹ 服务员 종업원

服务员，麻烦把菜单拿给我，我还要点个菜。
종업원, 죄송하지만 메뉴판을 가져다 주세요. 저는 몇 가지 더 주문해야겠어요.

您预订的房间是1016号，这是您的房卡，请拿好。
당신이 예약한 방은 1016호입니다. 이것은 당신의 방 카드입니다. 잘 챙기십시오.

❺ 销售员 판매원

您要买什么保险？ 당신은 어떤 보험을 사려고 하나요?

摆在门口的那些是优惠商品，买一送一。
입구에 배치된 것은 할인 상품으로, 하나를 구입할 시 하나를 무료로 증정합니다.

❻ 设计师 디자이너

我本科的专业就是室内设计。 제 학부 전공은 바로 실내 디자인이에요.

真不愧是搞服装设计的，你的衣服太漂亮了。
역시 의상 디자인을 하는 분이네요. 당신의 옷이 너무 아름다워요.

❼ 演员 연예인

这部电视剧剧情没什么新意，不过男主角非常有魅力。
이 드라마 줄거리가 별로 새로운 것이 없는데, 남자 주인공은 아주 매력이 있네요.

我演的角色是一位地地道道的农民。 제가 맡은 역할은 전형적인 농부입니다.

张师傅，这台机器你有把握**修好**吗？ 장 기사님, 이 기계를 확실히 고칠 수 있으세요?

估计洗衣机的**零件坏**了，我得**拆开看看**才能确定。

세탁기 부품이 망가진 것 같은데, 뜯어서 봐야 확실히 알 수 있겠어요.

단어 地毯 dìtǎn 몡 양탄자, 카펫 | ★单位 dānwèi 몡 직장 | 无线网 wúxiànwǎng 몡 무선 인터넷 | ★摆 bǎi 동 놓다, 배열하다 | ★优惠 yōuhuì 휑 특혜의, 우대의 | 买一送一 mǎi yī sòng yī 1+1 행사 상품 | 不愧 bú kuì 동 ~라고 할 만하다, 손색이 없다 | 剧情 jùqíng 몡 줄거리 | 新意 xīnyì 몡 새로운 내용 | 男主角 nán zhǔjué 남자 주인공 | ★魅力 mèilì 몡 매력 | ★角色 juésè 몡 역할 | ★把握 bǎwò 몡 확신, 자신감 | ★零件 língjiàn 몡 부품 | 拆开 chāikāi 동 뜯다, 떼어내다

공략 트레이닝 2  Track 24

A 同学

B 室友

C 邻居

D 亲戚

해설 및 정답　**문제 분석▼** 녹음에서 隔壁的李奶奶(이웃집 이 씨 할머니)는 여자의 이웃임을 알 수 있다. 따라서 정답은 C이다.

男： 听说你们家春节一起去西安旅游，那家里的小狗怎么办？

女： 我让隔壁的李奶奶帮忙照顾几天，她很喜欢我家的小狗。

问： 女的找谁帮忙？

A 同学　　　　　B 室友

C 邻居　　　　D 亲戚

남: 듣자 하니 당신 가족들은 음력설에 함께 시안으로 여행을 간다면서요? 그럼 집에 강아지는 어떻게 해요?

여: 이웃집 이 씨 할머니에게 며칠 돌봐 달라고 부탁했어요. 할머니가 우리 집 강아지를 아주 좋아하시거든요.

질문: 여자는 누구에게 도움을 청했는가?

A 학교 친구　　　　B 룸메이트

C 이웃　　　　D 친척

단어 ★隔壁 gébì 몡 이웃집 | 照顾 zhàogù 동 돌보다 | 室友 shìyǒu 몡 룸메이트 | 邻居 línjū 몡 이웃 | 亲戚 qīnqi 몡 친척

문제 적응 훈련

실전에 강한

제한 시간 4분

학습일 ____ / ____
맞은 개수 ______

| 실전 트레이닝 1 | Track 25

1. A 姥姥
B 姑姑
C 奶奶
D 父母

2. A 秘书
B 编辑
C 工程师
D 维修工

3. A 总裁
B 专家
C 投资方
D 部门经理

4. A 师生
B 同事
C 领导与员工
D 主持人和嘉宾

정답 및 해설_ 해설집 11쪽

| 실전 트레이닝 2 | Track 26

1. A 导演
B 摄影师
C 设计师
D 班主任

2. A 厨师
B 教练
C 服务员
D 售货员

3. A 护士
B 医生
C 化妆师
D 保险推销员

정답 및 해설_ 해설집 13쪽

★ 녹음을 듣고 빈칸을 채우세요.

❶ 这是我们刚__________时拍的吧，那时你真年轻。

❷ 你帮我给李__________发封道歉邮件。

❸ 我让__________的李__________帮忙照顾几天，她很喜欢我家的小狗。

❹ 这都是我跟__________学的，她做的菜特别棒。

❺ 马__________，这台__________最近总卡纸，到底哪儿__________了？

❻ 你再征求一下__________的意见。

❼ 欢迎__________我们的__________！您是怎么把__________这个 __________得这么真实的呢？

❽ 我毕业后自己开了一家__________，有五年了吧。

❾ 您好，请问，我__________是含早餐的吗？

❿ 您好，您要______什么__________？

4 행동

新HSK에는 이렇게 출제된다! ▼

★ **듣기 제1·2부분** 대화문에서 **행동**을 묻는 문제는 자주 출제되는 유형으로, 화자나 제3자가 이미 한 행동, 지금 하고 있는 행동, 앞으로 하려고 하는 행동을 묻는다.

★ **일상생활, 여가 활동, 업무, 학업** 등과 관련된 행동이 자주 출제된다.

시험에 자주 나오는 질문 형식   Track 28

他们**在做什么**? 그들은 무엇을 하고 있나?

女的**打算做什么**? 여자는 무엇을 할 계획인가?

女的**建议做什么**? 여자는 무엇을 하자고 제안했는가?

男的**提醒女的做什么**? 남자는 여자에게 무엇을 하라고 상기시켜 주었는가?

女的打算**让对方怎么做**? 여자는 상대방에게 어떻게 하라고 할 계획인가?

他们**最可能在做什么**? 그들은 무엇을 하고 있을 가능성이 가장 큰가?

 **준비 트레이닝**

행동을 묻는 문제의 보기는 대부분 '동사' 또는 '동사+명사'의 형태로 이루어져 있다. 동사 위주로 녹음을 듣고, 보기에 등장한 동작 중 두 개 이상이 녹음에 나올 수 있으므로, 보기 옆에 남녀를 구분하여 메모하며 듣는 것이 좋다.

Track 29

Step 1. 보기가 '동사' 또는 '동사+명사'로 제시되어 있으므로, 행동 문제임을 확인한다.

보기

A 退课
B 减肥
C 换教练
D 报健身课程

녹음

女：请问，这个健身课程还能报名吗？

男：可以，下个星期就开课了。我给你张报名表。

问：女的想做什么？

Step 2. 녹음에서 행동과 관련된 동사를 집중해서 듣자.

해석

A 수강 신청한 수업을 취소하다
B 다이어트를 하다
C 트레이너를 바꾸다
D 헬스 수업을 등록하다

여: 말씀 좀 여쭐게요, 이 헬스 수업은 아직 등록할 수 있나요?

남: 가능해요, 다음 주에 바로 개강이에요. 제가 신청서를 드릴게요.

질문: 여자는 무엇을 하려고 하는가?

1 행동 관련 어휘

행동을 묻는 문제는 대개 지금 무엇을 하고 있는지를 묻기 때문에 '동사와 명사'를 함께 외워두면 정답을 찾는 데 많은 도움이 된다.

🗂 행동 관련 **빈출 어휘**

Track 

업무	□□ **面试** miànshì 면접을 보다	□□ **加班** jiābān 야근하다
	□□ **开会** kāihuì 회의를 하다	□□ **应聘** yìngpìn 입사 지원하다 ⭐
	□□ **辞职** cízhí 사직하다 ⭐	□□ **请假** qǐngjià 휴가를 신청하다
	□□ **签合同** qiān hétong 계약을 체결하다 ⭐	□□ **出席** chūxí 참석하다, 출석하다
여가 활동	□□ **旅游** lǚyóu 여행하다	□□ **钓鱼** diàoyú 낚시하다 ⭐
	□□ **打太极拳** dǎ tàijíquán 태극권을 하다	□□ **滑雪** huáxuě 스키를 타다
	□□ **散步** sànbù 산보하다	□□ **下棋** xiàqí 장기를 두다 ⭐
	□□ **爬山** páshān 등산하다	□□ **弹钢琴** tán gāngqín 피아노를 치다
	□□ **打羽毛球** dǎ yǔmáoqiú 배드민턴을 치다	□□ **打网球** dǎ wǎngqiú 테니스를 치다
	□□ **踢足球** tī zúqiú 축구를 하다	□□ **打排球** dǎ páiqiú 배구하다
일상 생활	□□ **报名** bàomíng 접수하다 ⭐	□□ **预订房间** yùdìng fángjiān 방을 예약하다
	□□ **取包裹** qǔ bāoguǒ 소포를 찾아가다 ⭐	□□ **签收** qiānshōu 수령했음을 서명하다 ⭐
	□□ **充电** chōngdiàn 충전하다 ⭐	□□ **租房** zūfáng 집을 빌리다 ⭐
	□□ **约会** yuēhuì 데이트하다	□□ **订票** dìngpiào 표를 예매하다 ⭐
	□□ **取钱** qǔqián 출금하다	□□ **上网** shàngwǎng 인터넷을 하다
	□□ **参加婚礼** cānjiā hūnlǐ 결혼식에 참석하다	□□ **中病毒** zhòng bìngdú 바이러스에 걸리다 ⭐
	□□ **安装系统** ānzhuāng xìtǒng 시스템을 설치하다 ⭐	□□ **下载软件** xiàzài ruǎnjiàn 소프트웨어를 다운로드하다 ⭐
	□□ **删除程序** shānchú chéngxù 프로그램을 삭제하다 ⭐	□□ **改签** gǎiqiān 항공권을 변경하다
학업	□□ **写论文** xiě lùnwén 논문을 쓰다 ⭐	□□ **写报告** xiě bàogào 보고서를 쓰다 ⭐
	□□ **本科毕业** běnkē bìyè 대학교(본과) 졸업 ⭐	□□ **读博士** dú bóshì 박사 과정을 공부하다
쇼핑	□□ **购物** gòuwù 쇼핑하다	□□ **逛街** guàngjiē 아이쇼핑하다
	□□ **开发票** kāi fāpiào 영수증을 발행하다 ⭐	□□ **结账** jiézhàng 계산하다, 결제하다 ⭐
	□□ **付款** fùkuǎn 돈을 지불하다	□□ **刷卡** shuākǎ 카드를 긁다
	□□ **付现金** fù xiànjīn 현금을 지불하다	□□ **退货** tuìhuò (물건을) 반품하다

A 结账

B 面试

C 签合同

D 买房子

해설 및 정답　**문제 분석▼** 녹음에서 租房合同(임대 계약서)와 签字(서명하다)를 듣고 그들이 계약서를 쓰고 있음을 알 수 있으므로 정답은 C이다.

男：租房合同您已经看过了吧？有没有什么问题？

女：我仔细看过了，没什么问题。在这里签字吗？

问：他们在做什么？

A 结账　　　　　　B 面试
C 签合同　　　　D 买房子

남: 임대 계약서는 이미 보셨지요? 문제가 있지는 않나요?

여: 제가 꼼꼼하게 읽어 봤는데요, 별 문제 없네요. 여기에 서명하면 되나요?

질문: 그들은 무엇을 하고 있는가?

A 계산하다　　　　B 면접 시험을 보다
C 계약을 체결하다　D 집을 구입하다

단어　租房 zūfáng 동 임대하다 | ★合同 hétong 명 계약서 | 仔细 zǐxì 형 꼼꼼하다 | ★签字 qiānzì 동 서명하다 | ★结账 jiézhàng 동 계산하다, 결제하다 | 面试 miànshì 동 면접 시험을 보다 | ★签合同 qiān hétong 계약을 체결하다 | 买房子 mǎi fángzi 집을 구입하다

---

② 행동 관련 빈출 문장 ✦*Best 10*✦　　　　Track **32**

❶ **结账** 계산하다, 결제하다 ✖

麻烦你给我开一张发票。죄송하지만 영수증을 좀 끊어 주세요.

您总共消费了747元，您刷卡还是付现金？
모두 747위안을 쓰셨네요. 카드로 결제하실 건가요 아니면 현금으로 지불하실 건가요?

❷ **上学** 학교를 다니다

这次考试报名18号就结束。이번 시험 등록은 18일에 끝납니다.

这个月底要提交论文，我最近一直熬夜改论文。
이번 달 말에 논문을 제출해야 하는데, 나는 요즘 논문을 수정하느라 계속 밤을 샜어요.

❸ **使用电脑** 컴퓨터를 하다 ✦

你的**电脑**没用的**程序**太多，我建议重新**装下系统**。
당신 컴퓨터에 필요 없는 프로그램이 너무 많아요. 나는 새로 시스템을 설치하기를 권해요.

可能是**中病毒**了，赶紧**杀杀毒**。 아마도 바이러스에 감염된 것 같아요. 서둘러 바이러스를 없애요.

❹ **做业余活动** 여가 활동을 하다

我周末打算跟朋友去郊区的湖边**钓鱼**。
나는 주말에 친구와 교외에 있는 호수로 낚시를 하러 갈 예정입니다.

作为一个球迷，我特别期待这次世界杯。 축구 팬으로서, 나는 이번 월드컵이 특별히 기대된다.

❺ **请假** 휴가를 신청하다 ✦

明天我要参加表姐的婚礼，想**请**一天**假**可以吗？
나는 내일 사촌 언니의 결혼식에 참석해야 하는데, 하루 휴가를 내도 될까요?

我向领导请的**年假**批下来了。 내가 대표님께 올렸던 연차 휴가가 승인되었다.

❻ **旅游** 여행을 하다

你去过内蒙古大草原吗？ **国庆节**我们**一起去**吧。
당신은 내몽고 대초원에 가 봤나요? 국경절에 같이 갑시다.

下个月我本科同学在海南举办婚礼，我顺便**在那儿玩**几天。
다음 달에 나의 학부 친구가 하이난에서 결혼식을 치르는데, 간 김에 그곳에서 며칠 놀려고 해.

❼ **收快递** 택배를 받다 ✦

您好，是顺丰**快递**吗？ 我来**取**一个**包裹**。
안녕하세요, SF 택배인가요? 저는 소포를 하나 받으러 왔는데요.

有个**快递**需要您**签收**一下，我在一楼大厅等您。
택배 하나가 있는데 당신의 수취인 서명이 필요합니다. 저는 1층 로비에서 기다리겠습니다.

❽ **面试** 면접을 보다 ✦

我**看**了你的**简历**，你星期三可以来**面试**吗？
당신의 이력서를 봤는데요, 수요일에 면접을 보러 오실 수 있나요?

你之前有过相关的**工作经验**吗？ 당신은 예전에 관련 업무 경력이 있습니까？

❾ **签合同** 계약서를 쓰다 ✦

这是**租房合同**，请在这儿**签个字**。 이것은 집 임대 계약서입니다. 이곳에 서명을 하세요.

你的**合同**就要**到期**了，你打算**续签**吗？ 당신의 계약은 곧 만료되는데, 재계약을 할 건가요？

⑩ 预订 예약하다

请问，现在能**预订**晚上的**座位**吗? 혹시 지금 저녁 좌석을 예약할 수 있나요?

我想**订**北京到上海的**往返机票**。 저는 베이징–상하이 간 왕복 항공권을 예약하고 싶습니다.

단어 ★熬夜 áoyè 图 밤새다 | 程序 chéngxù 図 (컴퓨터) 프로그램 | 赶紧 gǎnjǐn 图 서둘러 | 杀毒 shādú 컴퓨터 바이러스를 없애다 | 湖 hú 図 호수 | 世界杯 Shìjièbēi 図 월드컵 | 表姐 biǎojiě 図 사촌 언니, 사촌 누나 | ★批 pī 图 비준하다, 승인하다 | 续签 xù qiān 재계약하다 | 往返 wǎngfǎn 图 왕복하다

공략 트레이닝 2　Track 33

A 演讲

B 辩论

C 贷款

D 面试

해설 및 정답　**문제 분석▼** 녹음에서 应聘什么职位(어떤 자리에 입사 지원하다), 工作经验(업무 경력), 广告部工作过 (광고부에서 일한 적이 있다)를 듣고 그가 면접을 보고 있다는 것을 알 수 있다.

女: 你要应聘什么职位?
男: 我想应聘广告设计。
女: 你的简历上写着有两年的这方面的<u>工作经验</u>，是吗?
男: 对，我曾在一家杂志社的<u>广告部工作过</u>。

问: 他们可能在做什么?

A 演讲　　　　　B 辩论
C 贷款　　　　　**D 面试**

여: 당신은 어떤 자리에 입사 지원하려 하시나요?
남: 저는 광고 디자인 쪽으로 지원하고 싶습니다.
여: 당신 이력서에는 이 방면으로 업무 경력이 2년이 라고 적혀 있는데, 맞나요?
남: 네, 저는 예전에 한 잡지사의 광고부에서 일했습니다.

질문: 그들은 무엇을 하고 있는가?

A 연설하다　　　　B 변론하다
C 대출하다　　　　**D 면접 시험을 보다**

단어 ★应聘 yìngpìn 图 입사 지원하다 | 职位 zhíwèi 図 자리, 직위 | ★设计 shèjì 図 디자인 | ★简历 jiǎnlì 図 이력서 | 方面 fāngmiàn 図 방면 | 经验 jīngyàn 図 경험 | 曾 céng 图 일전에 | 广告部 guǎnggàobù 광고부 | ★演讲 yǎnjiǎng 图 연설하다 | ★辩论 biànlùn 图 변론하다 | ★贷款 dàikuǎn 图 대출하다

문제 적응 훈련

학습일 ____/____

맞은 개수 ______

실전 트레이닝 1 | Track 34 

1. A 杀病毒
   B 关电脑
   C 重新下载
   D 安装新系统

2. A 排队挂号
   B 准备照片
   C 查考试成绩
   D 抓紧时间报名

3. A 重新印刷
   B 扩大规模
   C 提交报告
   D 修改计划

4. A 忙于工作
   B 申请出差
   C 向主任请假
   D 去医院治疗

정답 및 해설_ 해설집 14쪽

실전 트레이닝 2 | Track 35

1. A 看急诊
   B 订座位
   C 签合同
   D 取消订餐

2. A 寄包裹
   B 取消订单
   C 找人问路
   D 代收快递

3. A 预订酒店
   B 改签机票
   C 挑选座位
   D 换登机牌

정답 및 해설_ 해설집 16쪽

듣기 실력 트레이닝 4
받아쓰기

★ 녹음을 듣고 빈칸을 채우세요.

① 请问，这个＿＿＿＿＿＿＿＿还能＿＿＿＿＿＿吗?

② 我仔细看过了，没什么问题。在这里＿＿＿＿＿吗?

③ 你要＿＿＿＿＿＿＿＿＿＿＿?

④ 估计是＿＿＿＿＿＿了吧，你＿＿＿＿＿试试。

⑤ 这次＿＿＿＿＿＿21号就结束了，你还没申请吧? 该＿＿＿＿＿了。

⑥ 那我给他们打个电话，让他们＿＿＿＿＿一下吧。

⑦ 我奶奶住院了，我想＿＿＿＿＿＿照顾她，可以吗?

⑧ 您好，我想＿＿＿＿＿一下今天晚上的＿＿＿＿＿。

⑨ 您好，是顺丰＿＿＿＿＿吗? 我来＿＿＿＿＿＿＿＿＿＿。

⑩ 我在你们的网站预订了明天的＿＿＿＿＿，可以＿＿＿＿＿＿吗?

정답 | ❶ 健身课程 / 报名 ❷ 签字 ❸ 应聘什么职位 ❹ 中病毒 / 杀杀毒 ❺ 考试报名 / 抓紧 ❻ 重印 ❼ 请两天假
❽ 预订 / 座位 ❾ 快递 / 取一个包裹 ❿ 机票 / 改到后天

5 상태, 상황

新HSK에는 이렇게 출제된다! ▼

★ **듣기 제1·2부분** 대화형에서 **상태, 상황**을 묻는 문제는 주로 대화가 이루어지는 상황이나 대화 속 사물의 상태를 묻는 문제로 출제된다.

★ 두 사람의 대화를 듣고 대화의 **주제**와 **내용**을 **세부적**으로 **파악**해야 하기 때문에 **난이도**가 **높은** 문제에 속한다.

시험에 자주 나오는 질문 형식 Track 37

关于女的，**可以知道什么**? 여자에 관하여 알 수 있는 것은?

关于设计图纸，**可以知道什么**? 설계도에 관하여 알 수 있는 것은?

关于男的，**下列哪项正确**? 남자에 관하여, 다음 중 옳은 것은?

根据对话，**下列哪项正确**? 대화에 근거하여, 다음 중 옳은 것은?

👟 준비 트레이닝

상태나 상황을 묻는 문제의 보기는 대부분 '주어+술어+목적어'의 비교적 짧은 문장 형태로 구성되어 있다. 녹음을 듣기 전에 미리 보기의 의미를 정확히 파악해야 한다. 또한 보기의 유의어로 표현하는 문제도 출제되므로 대화의 내용을 세부적으로 파악하는 것이 중요하다.

Track 38

Step 1.

보기 보기가 짧은 문장 형태이므로, 상태·상황을 묻는 문제임을 확인한다.

A 窗帘太脏
B 外面雾很大
C 邻居家装修
D 楼下有人吵架

Step 3.
정답과 관련된 키워드를 듣는다.
隔壁, 装修 → 邻居家装修

Step 2.

녹음 보기와 녹음에 공통으로 나오는 상황과 관련된 세부 사항을 집중하여 듣는다.

男：外边怎么这么吵啊？都没法专心看书了。

女：是隔壁的小王家装修，昨天她跟我打过招呼了，咱们就体谅一下吧。

问：根据对话，可以知道什么？

해석 A 커튼이 너무 지저분하다
B 밖에 안개가 자욱하다
C 이웃집이 인테리어를 하다
D 아래층에 다투는 사람이 있다

남: 밖이 왜 이렇게 시끄러워? 독서에 몰두할 수가 없네.

여: 이웃집 샤오왕네가 인테리어를 해요. 어제 그녀가 제게 알려줬어요. 우리 그냥 좀 이해해 줍시다.

질문: 대화에 근거하여, 무엇을 알 수 있는가?

1 상태, 상황 관련 유의 표현

Track 39

시험에 자주 출제되는 유의 표현을 익혀두면 상태와 상황 관련 문제를 푸는 데 많은 도움이
된다.

表现很出色 매우 뛰어나다

❶ 我有个师妹是学这个专业的，在学校就**表现很突出**。

이것을 전공한 후배가 있는데, 학교에서도 뛰어났어요.

要涨价了 가격이 오를 것이다

❷ 听说出租车起步价**要上涨了**？

듣자 하니 택시의 기본 요금이 오른다며?

还在修改 아직 수정 중이다 / **改得差不多了** 수정이 거의 다 되다

❸ **基本上改好了**。还剩一两个细节需要再处理一下。

거의 다 수정되었어요. 아직 한두 개 세부 사항은 다시 처리해야 합니다.

航班晚点了 항공편이 연착되었다

❹ **飞机再不起飞**，我们还能赶得上吗？

비행기 출발이 지연되면 우리가 시간 안에 갈 수 있을까요?

还没出来 아직 나오지 않았다

❺ 分析结果**估计下午就能出来**。

분석 결과는 아마도 오후에 나올 것 같아요.

还有两位嘉宾要联系 게스트 두 분을 더 연락해야 한다

❻ 有两位还没回复，**一会儿我打电话再确认一下**。

두 분이 아직 회신이 없네요. 잠시 후에 전화해서 다시 확인할게요.

是新来的职员 새로 온 직원이다

❼ 下周一你直接去**人事部办手续**吧。

다음 주 월요일에 당신은 인사부로 직접 가서 수속을 밟으세요.

可以打折 할인 가능하다

❽ 原价三万元，不过我们现在**有优惠活动**，可以给您**打八五折**。

원래 가격은 3만 위안인데, 지금 할인 혜택이 있어서 15% 할인해 드려요.

正在找工作 일자리를 찾고 있다

❾ 我是来**应聘软件开发工程师**的。

전 소프트웨어 개발 엔지니어에 지원한 사람입니다.

双方都很厉害 양측 모두 대단했다 / **双方都很强** 양측 모두 강하다

❿ 对方的**实力很强**，昨天他们**赢得并不轻松**。

상대방의 실력이 매우 강해서, 어제 그들은 이기기 결코 수월하지 않았어요.

差点儿迟到了 지각할 뻔했다

⓫ 幸亏碰见你了，**要不然我今天肯定要迟到了**。

당신을 만나서 다행이에요. 아니었으면 전 오늘 분명히 지각했을 거예요.

⑫ 我决定以后**每天都去运动**。

打算坚持锻炼 계속해서 단련할 계획이다

나는 앞으로 매일 운동가기로 결정했어.

⑬ **还算**顺利，一些根本性的问题都谈好了。

谈判进行得顺利 협상의 진행은 순조롭다

그런대로 순조로워. 근본적인 문제는 협상이 잘 되었어.

⑭ 还没确定，但他答应会**尽量出席**的。

尽量参加 가능한 한 참가하다

아직 확실하지 않아요, 하지만 최대한 참석하기로 했어요.

⑮ 这张照片是**大学毕业**照的。

本科毕业 (대학교) 본과 졸업

이 사진은 대학 졸업 사진이야.

단어 师妹 shīmèi (여자) 후배｜起步价 qǐbùjià 몡 기본 요금｜回复 huífù 동 회신하다, 답장하다｜★嘉宾 jiābīn 몡 게스트｜手续 shǒuxù 몡 수속, 절차｜★优惠 yōuhuì 휑 특혜의, 우대의｜★软件 ruǎnjiàn 몡 소프트웨어｜★工程师 gōngchéngshī 몡 엔지니어｜幸亏 xìngkuī 뷔 다행히｜碰见 pèngjiàn 동 (우연히) 만나다, 마주치다｜★出席 chūxí 동 참석하다

Track 40

> A 电脑中毒了
>
> B 信号不稳定
>
> C 软件升级了
>
> D 无法重新下载

해설 및 정답 **문제 분석▼** 这个软件已经升级了(이 소프트웨어는 이미 업그레이드되었다)라고 했으므로, 정답은 C이다.

男：为什么我的软件没有一边下载一边播放的功能？	남: 왜 내 소프트웨어는 다운로드 받으면서 재생할 수 있는 기능이 없을까요？
女：这个软件已经升级了，你得重新安装新版本。	여: 이 소프트웨어는 이미 업그레이드되었어요. 당신은 새 버전을 설치해야 해요.
男：在哪里能下载到新版本？	남: 어디에서 새 버전을 다운로드할 수 있나요？
女：你等一下，我把网址发给你吧。	여: 잠시만요, 제가 앱사이트 주소를 보내드릴게요.
问：根据对话，可以知道什么？	질문: 대화에 근거하여, 무엇을 알 수 있는가？

<table>
<tr><td>

A 电脑中毒了
B 信号不稳定
C 软件升级了
D 无法重新下载

</td><td>

A 컴퓨터가 바이러스에 감염되었다
B 신호가 불안정하다
C 소프트웨어가 업그레이드되었다
D 다시 다운로드할 수가 없다

</td></tr>
</table>

단어 ★软件 ruǎnjiàn 명 소프트웨어 | ★下载 xiàzài 동 다운로드하다 | ★播放 bōfàng 동 방송하다, 재생하다 | ★功能 gōngnéng 명 기능 | ★升级 shēngjí 동 업그레이드하다 | 重新 chóngxīn 부 새로, 다시 | ★安装 ānzhuāng 동 설치하다 | 版本 bǎnběn 명 버전 | 网址 wǎngzhǐ 명 웹사이트 주소 | ★中毒 zhòngdú 동 중독되다, (컴퓨터가) 바이러스에 걸리다 | 信号 xìnhào 명 신호 | ★稳定 wěndìng 형 안정되다 | 无法 wúfǎ 동 ~할 수 없다

A 下大雨了

B 航班晚点了

C 他们刚到机场

D 会议已经结束

해설 및 정답 **문제 분석▼** 飞机再不起飞(비행기 출발이 더 지연되면)을 통해 비행기의 이륙이 늦어짐을 유추할 수 있다. 따라서 이 말을 航班晚点了(항공편이 연착되었다)라고 바꾸어 표현한 B가 정답이다.

<table>
<tr><td>

女: 飞机再不起飞，我恐怕就赶不上今天的会议了。

男: 别着急，广播里说我们的飞机正在排队等候，就要起飞了。

问: 根据对话，下面哪项正确？

A 下大雨了
B 航班晚点了
C 他们刚到机场
D 会议已经结束

</td><td>

여: 비행기 출발이 더 지연되면, 아마 오늘 회의에 늦을 거예요.

남: 조급해하지 마세요. 안내 방송에서 우리 비행기가 이륙 대기 중이라고 하잖아요, 곧 이륙할 거예요.

질문: 대화에 근거하여, 다음 중 옳은 것은?

A 큰비가 내리다
B 항공편이 연착되었다
C 그들은 막 공항에 도착했다
D 회의는 이미 끝났다

</td></tr>
</table>

단어 起飞 qǐfēi 동 이륙하다 | 恐怕 kǒngpà 부 아마 ~일 것이다 | 赶不上 gǎn bu shàng 동 (정해진 시간에) 대지 못하다, 늦다 | 着急 zháojí 형 조급해하다 | 广播 guǎngbō 명 방송 | 排队 páiduì 동 줄을 서다 | ★等候 děnghòu 동 기다리다 | 航班 hángbān 명 항공편 | 结束 jiéshù 동 끝나다, 마치다

제한 시간 4분

실전에 강한

문제 적응 훈련

학습일 _____ / _____

맞은 개수 _______

실전 트레이닝 1 | Track 42

1. A 还没装修好
   B 新开了分店
   C 生意十分红火
   D 基本准备好了

2. A 电子邮件有误
   B 女的工作很忙
   C 学术会议推迟了
   D 男的还得联系教授

3. A 要办理签证
   B 觉得很麻烦
   C 是新来的职员
   D 是人事部的负责人

4. A 报名结束了
   B 女的去年参加过
   C 男的想做志愿者
   D 参加电影节的人很多

정답 및 해설_ 해설집 18쪽

실전 트레이닝 2 | Track 43

1. A 房子面积小
   B 交通不方便
   C 女的要租房
   D 他们签合同了

2. A 正在直播
   B 山东落后
   C 双方都很强
   D 结果令人失望

3. A 很复杂
   B 还没批准
   C 被否定了
   D 是宣传方案

정답 및 해설_ 해설집 20쪽

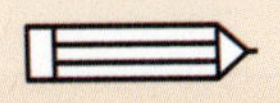

듣기 실력 트레이닝 5
받아쓰기

★ 녹음을 듣고 빈칸을 채우세요.

① 是__________的小王家__________，昨天她跟我________________了，咱们就

体谅一下吧。

② 这个__________已经__________了，你得重新__________新版本。

③ 飞机________________，我恐怕就________________今天的__________了。

④ 准备得________________，只要下周拿到________________就可以__________

了。

⑤ __________下周学术大会的__________ 都________________吗?

⑥ 请问，________________在哪里? 我想办理________________。

⑦ 北京国际电影节正在招外语________________，你知道吗?

⑧ 我今天跟__________去________________了，房子________________________，

离公司也近。

⑨ 对方__________也__________，昨天山东________________________。

❿ 咱们提交的那个________________________吗?

정답 | **①** 隔壁 / 装修 / 打过招呼 **②** 软件 / 升级 / 安装 **③** 再不起飞 / 赶不上 / 会议 **④** 差不多了 / 营业执照 / 开业 **⑤** 出席 / 教授 / 联系好了 **⑥** 人事部 / 入职手续 **⑦** 志愿者 **⑧** 中介 / 看房子 / 面积挺大的 **⑨** 实力 / 不弱 / 赢得并不轻松 **❿** 方案批下来了

6 어투, 태도

★ **듣기 제1·2부분** 대화형에서 **어투·태도** 문제는 화자의 **의도, 태도, 말투** 등을 파악하는 유형이다. 화자가 왜 그 말을 했는지에 대한 의미를 파악하면서 대화를 들어야 한다.

★ 자주 출제되는 어투·태도 관련 주제에는 **감사, 기쁨, 흥분, 후회** 등이 있다.

시험에 자주 나오는 질문 형식　　Track 45

男的现在心情怎么样? 남자는 지금 기분이 어떠한가?

男的是什么意思? 남자는 무슨 의미인가?

女的是什么语气? 여자는 어떤 어투인가?

男的是什么态度? 남자의 태도는 어떠한가?

说话人感觉怎么样? 화자는 어떻게 느끼는가?

 준비 트레이닝

어투나 태도를 물어보는 문제는 감정을 나타내는 감탄사, 어기조사에 유의하면서 화자의 어투나 태도를 체크해야 한다. 또한 감정을 나타내는 어휘와 반어문과 관련된 문제가 출제되므로 평소에 관련 어휘를 익혀 화자의 의도를 파악해야 한다.

Track 46

Step 1.

`보기` 보기가 감정을 나타내는 단어이므로, 어투·태도를 묻는 문제임을 확인한다.

`녹음`

A 感谢

B **抱歉**　**Step 2.**

C 失望　녹음에서 감정을 나타내는 단어를 집중하여 듣자.

D 激动　对不起 → 抱歉

女 : 真对不起，我刚才低头看手机，没看到前边有人。

男 : 没关系，我也常这样，以后走路多注意一下就好了。

问 : 女的是什么语气?

`해석`　A 감사하다

　　　B 미안하다

　　　C 실망하다

　　　D 흥분하다

여: 정말 죄송해요, 제가 고개를 숙이고 휴대폰을 보느라, 앞에 사람이 있는 걸 못 봤어요.

남: 괜찮아요, 저도 자주 그래요. 앞으로 길을 갈 때 조심하면 돼요.

질문: 여자는 어떤 어투인가?

 # 어투, 태도 관련 어휘

어투나 태도를 묻는 문제에 자주 나오는 단어를 긍정적 단어와 부정적 단어로 구분하여 공부해 두면 정답을 찾기가 쉽다. 또한 반복적인 듣기와 따라 읽기를 통해 화자의 어투를 익혀두는 것이 좋다.

📁 어투 관련 빈출 어휘

긍정적	□□ 开心 kāixīn 유쾌하다	□□ 高兴 gāoxìng 기쁘다
	□□ 快乐 kuàilè 즐겁다	□□ 愉快 yúkuài 유쾌하다
	□□ 幸福 xìngfú 행복하다	□□ 轻松 qīngsōng 수월하다, 부담없다
	□□ 满意 mǎnyì 만족하다	□□ 兴奋 xīngfèn (뛸 듯이 기쁘게) 흥분하다
	□□ 感激 gǎnjī (격하게) 감사하다 ✄	□□ 感谢 gǎnxiè 감사하다 ✄
부정적	□□ 生气 shēngqì 화내다	□□ 吃惊 chījīng 놀라다
	□□ 意外 yìwài 의외의 ✄	□□ 竟然 jìngrán 놀랍게도
	□□ 怀疑 huáiyí 의심하다	□□ 紧张 jǐnzhāng 긴장하다
	□□ 可惜 kěxī 아쉽다, 아깝다	□□ 讨厌 tǎoyàn 싫어하다
	□□ 不满 bùmǎn 불만스럽다	□□ 失望 shīwàng 실망하다
	□□ 后悔 hòuhuǐ 후회하다 ✄	□□ 难过 nánguò 슬프다

공략 트레이닝 1 Track  48

A 紧张

B 感动

C 感谢

D 担心

해설 및 정답 **문제 분석▼** 남자가 여자에게 변경된 회의 시간을 알려줘서 고맙다(谢谢)고 말했고, 보기의 **感谢**(감사하다)와 같은 의미이므로 정답은 C이다.

| 男：<u>幸亏你及时跟我说会议改时间了</u>，要
不然我得白跑一趟了，<u>太谢谢你了</u>。
女：我怕你不知道，所以一收到通知就赶
紧告诉你了。

问：男的是什么语气？

A 紧张　　　　　B 感动
C 感谢　　　　　D 担心 | 남: <u>당신이 제때 저에게 변경된 회의 시간을 알려줘서</u>
다행이에요. 그렇지 않으면 제가 헛걸음할 뻔 했
어요. <u>정말 고맙습니다.</u>
여: 당신이 모를까 봐 걱정했어요. 그래서 통지를 받
자마자 서둘러 알려드렸지요.

질문: 남자는 어떤 어투인가?

A 긴장하다　　　　B 감동하다
C 감사하다　　　　D 걱정하다 |

단어 ★幸亏 xìngkuī 凰 다행히 | 及时 jíshí 凰 제때에 | 改 gǎi 图 변경하다 | 要不然 yàobùrán 접 그렇지 않으면 | 白 bái 凰 헛되이 | 趟 tàng 영 차례[왕복을 세는 단위] | 通知 tōngzhī 명图 통지(하다) | ★赶紧 gǎnjǐn 凰 서둘러 | 感动 gǎndòng 图 감동하다 | 感谢 gǎnxiè 图 감사하다

📂 태도 관련 빈출 어휘

긍정적	□□ 放心 fàngxīn 마음 놓다, 안심하다	□□ 同意 tóngyì 동의하다
	□□ 表扬 biǎoyáng 칭찬하다	□□ 肯定 kěndìng 인정하다
	□□ 赞成 zànchéng 찬성하다	□□ 鼓励 gǔlì 격려하다
	□□ 称赞 chēngzàn 칭찬하다 ✯	□□ 谦虚 qiānxū 겸손하다 ✯
	□□ 佩服 pèifú 탄복하다, 감탄하다 ✯	□□ 夸奖 kuājiǎng 칭찬하다
	□□ 支持 zhīchí 지지하다 ✯	□□ 积极 jījí 적극적이다
	□□ 善良 shànliáng 선량하다, 착하다	□□ 虚心 xūxīn 겸허하다
부정적	□□ 担心 dānxīn 걱정하다	□□ 拒绝 jùjué 거절하다
	□□ 批评 pīpíng 비평하다 ✯	□□ 反对 fǎnduì 반대하다 ✯
	□□ 冷淡 lěngdàn 냉담하다, 쌀쌀맞다	□□ 犹豫 yóuyù 망설이다 ✯
	□□ 着急 zháojí 조급해하다	□□ 消极 xiāojí 소극적이다
	□□ 否定 fǒudìng 부정하다	□□ 否认 fǒurèn 부인하다
	□□ 讽刺 fěngcì 풍자하다, 비꼬다	□□ 抱怨 bàoyuàn 원망하다, 불평하다 ✯

A 反对

B 支持

C 允许

D 犹豫

해설 및 정답   **문제 분석▼** 남자가 말한 不赞成(찬성하지 않는다)는 反对(반대하다)와 같은 의미이므로 정답은 A이다.

男：我想做一个职业小说家，但是父母不赞成。

女：你可以好好跟父母商量一下，他们会理解你的。

男：有点儿难，他们说我现在的工作很稳定，不能放弃。

女：那你也可以在晚上或者周末的业余时间写一写。

问：男的想当职业小说家，父母认为怎么样？

A **反对**　　　　B 支持
C 允许　　　　D 犹豫

남: 저는 직업 소설가가 되고 싶지만, 부모님이 찬성하지 않으세요.

여: 부모님과 잘 상의해 보면 되죠. 부모님은 당신을 이해해 줄 거예요.

남: 좀 어려워요. 부모님은 내 현재 직업이 안정적이라 포기하면 안 된대요.

여: 그럼 당신은 밤이나 주말 여가 시간에 좀 쓰면 되잖아요.

질문: 남자는 직업 소설가가 되고 싶어하나 부모는 어떻게 생각하는가?

A **반대하다**　　　　B 지지하다
C 허락하다　　　　D 망설이다

단어 职业小说家 zhíyè xiǎoshuōjiā 몡 직업 소설가 | ★赞成 zànchéng 통 찬성하다 | 商量 shāngliang 통 상의하다 | 理解 lǐjiě 통 이해하다 | ★稳定 wěndìng 혱 안정적이다 | 放弃 fàngqì 통 포기하다 | 或者 huòzhě 젭 ~이든가 아니면 ~이다 | ★业余时间 yèyú shíjiān 몡 여가 시간 | 反对 fǎnduì 통 반대하다 | ★支持 zhīchí 통 지지하다 | 允许 yǔnxǔ 통 허락하다 | ★犹豫 yóuyù 혱 망설이다

❶ 没…吗? ~하지 않았나요?

你**没**把邮件发给我**吗**?
당신은 내게 우편물을 보내지 않았나요?(→ 당신은 내게 우편물을 보냈다.)

❷ 不是…吗? ~인 거 아닌가요?

那个人**不是**李教授的孙子**吗**?
저 사람은 이 교수의 손자가 아닌가요?(→ 저 사람은 이 교수의 손자다.)

❸ 怎么…呢? 왜 ~하지 않았나요?

怎么不早通知他**呢**?
어째서 그에게 일찍 통지하지 않았죠?(→ 그에게 일찍 통지했어야 했다.)

❹ 难道…吗? 설마 ~하겠어요?

难道我听错了**吗**?
설마 내가 잘못 들은 건 아니겠지?(→ 내가 맞게 들었다.)

❺ 哪/哪儿/哪里…(啊)? 어떻게(어디) ~하겠어요?

我**哪儿**有时间玩游戏**啊**?
내가 오락할 시간이 어디 있겠니?(→ 나는 오락할 시간이 없다.)

공략 트레이닝 3  Track 52

A 愿意一起去

B 看不了音乐会

C 需要去医院检查

D 下周末会有时间

문제 분석▼ 남자가 말한 我哪有时间陪你看音乐会啊?(내가 어디 시간이 있어서 너와 함께 음악회를 보러 가겠니?)는 반어적인 표현으로 시간이 없어서 음악회에 갈 수 없다는 뜻이므로 B가 정답이다.

女：这周末跟我一起去看场音乐会怎么样?

男：<u>我哪有时间陪你看音乐会啊</u>? 最近单位加班我都忙死了。

问：男的是什么意思?

A 愿意一起去
B 看不了音乐会
C 需要去医院检查
D 下周末会有时间

여: 이번 주말에 나랑 같이 음악회를 보러 가는 건 어때?

남: 내가 어디 시간이 있어서 너와 함께 음악회를 보러 가겠니? 최근에 회사 야근 때문에 바빠 죽겠어.

질문: 남자는 무슨 의미인가?

A 같이 가기를 원한다
B 음악회를 볼 수 없다
C 병원에 가서 진찰을 받아야 한다
D 다음 주 주말에 시간이 날 수 있다

단어 ★陪 péi 图 ~와 ~을 함께 하다 | 单位 dānwèi 囤 직장 | 加班 jiābān 图 야근하다 | 忙死了 máng sǐ le 바빠 죽겠다(매우 바쁘다) | 愿意 yuànyì 图 원하다 | 检查 jiǎnchá 图 검사하다

문제 적응 훈련

학습일 ____/____

맞은 개수 ______

실전 트레이닝 1 | Track 53 

1.
A 失望
B 放弃
C 满意
D 谦虚

2.
A 羡慕男的
B 比赛前很紧张
C 对自己有信心
D 想看下次比赛

3.
A 今晚要加班
B 要请大家吃饭
C 重新打印材料
D 感谢大家的帮助

4.
A 很紧张
B 很害怕
C 充满热情
D 没有希望

정답 및 해설_ 해설집 22쪽

실전 트레이닝 2 | Track 54

1.
A 相当担心
B 特别自豪
C 没有精神
D 比较轻松

2.
A 怀疑
B 感激
C 得意
D 后悔

3.
A 满不在乎
B 极其兴奋
C 拒绝参加
D 没有丝毫自信

정답 및 해설_ 해설집 24쪽

듣기 실력 트레이닝 ❻
받아쓰기

★ 녹음을 듣고 빈칸을 채우세요.

❶ ＿＿＿＿＿＿＿＿＿＿＿＿＿＿，我刚才低头看手机，没看到前边有人。

❷ ＿＿＿＿＿＿你及时跟我说会议改时间了，要不然我得白跑一趟了，

＿＿＿＿＿＿＿＿＿＿＿。

❸ 我想做一个职业小说家，但是＿＿＿＿＿＿＿＿＿＿＿＿。

❹ 这个房子的＿＿＿＿＿＿＿＿＿＿，客厅的采光也＿＿＿＿＿＿＿＿。

❺ 您太＿＿＿＿＿＿了，打得真精彩，我也＿＿＿＿＿＿＿＿＿＿＿＿

打得那么好。

❻ ＿＿＿＿＿＿有你们的＿＿＿＿＿，否则，我一个人今天又要熬夜了。

❼ 等待的感受太难受了，我现在＿＿＿＿＿＿得手心都是汗。

❽ 医生，我儿子的身体没什么事儿吧？我一直＿＿＿他＿＿＿＿＿＿＿＿。

❾ 我就卖了，没想到它现在涨得特别厉害，我＿＿＿＿＿＿＿＿＿＿＿。

❿ 估计他知道这个消息后一定会＿＿＿＿＿＿＿＿＿＿＿＿。

정답 | ❶ 真对不起　❷ 幸亏 / 太谢谢你了　❸ 父母不赞成　❹ 面积正好 / 挺好的　❺ 厉害 / 希望能像您一样
❻ 多亏 / 帮忙　❼ 紧张　❽ 怕 / 出什么毛病　❾ 不该卖的　❿ 开心得跳起来

듣기

听力

최신 기출 문제 분석

난이도 ☆☆☆☆☆

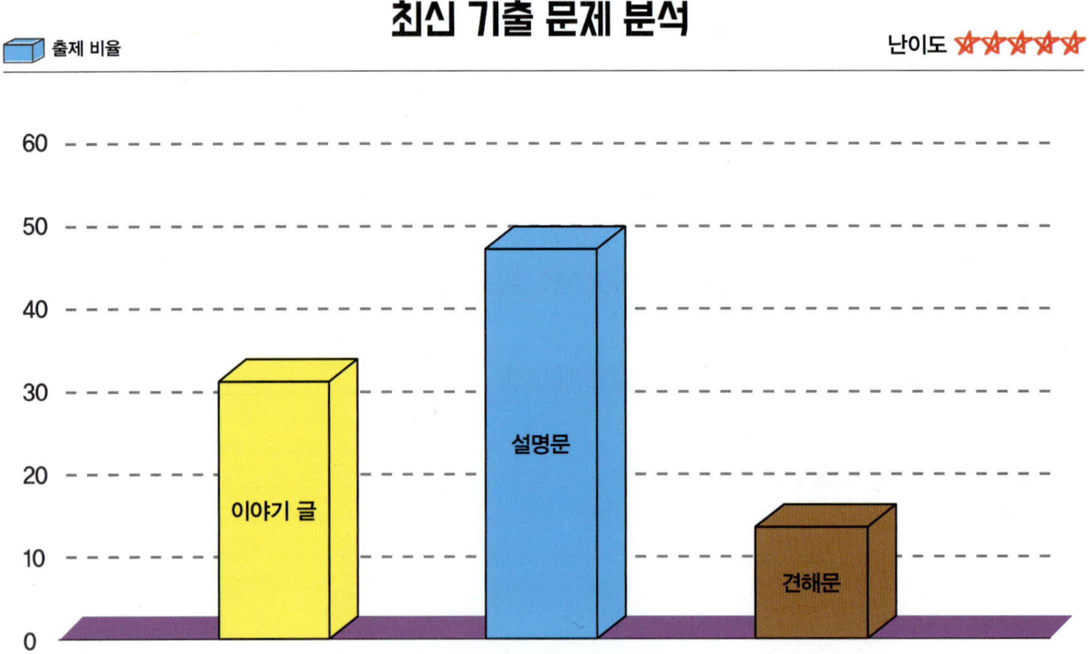

新HSK 5급 듣기 제2부분 서술형은 한 지문을 듣고 2~3개의 질문에 대한 답을 고르는 문제이다. 녹음의 내용이 비교적 길고 다양한 주제의 글이 출제된다.

핵심1 녹음이 나오기 전 보기를 미리 파악하라!

녹음을 듣기 전에 보기를 먼저 보고 글의 유형을 파악해야 한다. 예를 들어, 보기에 他(그), 她(그녀)와 같이 특정한 대상이 나오면 이야기 글임을 파악할 수 있다. 또한 보기에 특정한 대상이 반복적으로 나온다면 설명문임을 알 수 있다.

핵심2 첫 문장을 집중해서 들어라!

녹음의 첫 문장은 글의 유형을 파악할 수 있는 근거가 된다. 이야기 글이라면 글의 흐름에 따라 문제가 제시될 가능성이 높고, 설명문이라면 설명하는 대상의 특징을 잘 들어야 한다.

핵심3 녹음이 끝날 때까지 긴장을 늦추지 마라!

이야기 글이나 견해문의 주제는 대부분 녹음의 뒷부분에 제시되기 때문에, 녹음을 끝까지 집중해서 들어야 주제를 잘 찾을 수 있다.

핵심4 생소한 단어에 집착하지 말자!

출제자가 문제의 난이도를 높이기 위해 고의로 어려운 단어나 문장을 넣는 경우가 있다. 그러나 어려운 단어나 문장은 답을 고르는 데 중요한 단서가 아닐 경우가 대부분이므로, 신경 쓰지 말고 제시된 보기와 연관된 내용을 위주로 들으면 된다.

핵심5 녹음을 들으며 간단히 메모하는 습관을 기르자!

내용의 흐름에 따라 보기 옆에 메모를 하면서 녹음을 듣는 것도 좋은 방법이다. 그러나 들리는 내용을 전부 메모하다 보면 녹음의 결정적인 힌트를 놓치거나 전체 내용의 흐름을 파악하지 못하는 경우가 있다. 따라서 과도한 메모보다는 보기를 미리 파악하고 필요한 내용만 간략하게 메모하는 습관을 기르자.

7 이야기 글

新HSK에는 이렇게 출제된다! ▼

★ **듣기 제2부분** 서술형 문제에서 **이야기 글**은 **높은 출제 비율**을 차지하는 유형이다. 한 지문에 **2−3개**의 **질문**에 대한 대답을 고르는 형태로, **이야기의 흐름**을 **파악**하면서 문제를 풀어야 한다.

★ 마지막 반전을 물어보는 **유머**나 인생을 살아가는 데 있어 **교훈**을 담은 이야기 등이 출제된다.

시험에 자주 나오는 질문 형식 Track 56

关于那个人，可以知道什么? 그 사람에 관해 알 수 있는 것은?

根据这段话，下列哪项正确? 이 글을 근거로, 다음 중 옳은 것은?

理发师为什么表示遗憾? 이발사는 왜 유감을 표시했는가?

客户记录卡里面写的是什么? 고객 기록 카드에 쓴 것은 무엇인가?

很多同学都怎么做? 많은 학우들은 어떻게 했는가?

👟 준비 트레이닝

이야기의 흐름에 따라 정답의 단서가 문제 순서대로 나오는 경우가 많다. 따라서 녹음이 모두 끝난 후에 정답을 선택하는 것이 아니라, 정답의 단서를 들었다면 해당 문제의 보기에 들은 단서를 표시하고 바로 다음 문제로 넘어가야 한다.

Track 57

보기 | Step 1.
보기의 '他'를 보고 이야기 글임을 유추한다.

1. A 听到了喊声
   B 离海岸很近
   C 为了他的父母
   D 想起了老船长

2. A 相信的力量
   B 要勤奋努力
   C 要学会自救
   D 时间的重要性

Step 2.
보기에 녹음에서 들은 단서를 표시하자.
相信他人…带来惊人的力量 → 相信的力量

녹음

　　一艘船在大海上行驶。一个小孩不小心掉进了大海。孩子大喊救命，可是船上的人都没有听见。

　　孩子在海水里游了很久，他实在游不动了，"放弃吧。"他对自己说。这时候，他想起老船长。"船长一定会来救我的!"想到这里，孩子又朝前游去……

　　孩子醒来后，船长问他："孩子，你怎么能坚持这么长时间?

　　孩子回答："我知道您会来救我的!"听到这句话，船长非常感动。其实，相信他人有时候会给人带来惊人的力量。

1. 觉得自己游不动的时候，孩子没有放弃的原因是:
2. 上文主要谈的是什么?

해석

1. A 소리치는 소리를 들어서
    B 해변과 매우 가까워서
    C 그의 부모를 위해서
    D 선장이 생각나서

2. **A 믿음의 힘**
    B 근면하게 노력해야 한다
    C 자신이 자신을 구하는 방법을 배워야 한다
    D 시간의 중요성

　배 한 척이 바다에서 운행하고 있는데, 한 아이가 부주의로 바다에 빠졌다. 아이는 살려 달라고 크게 외쳤지만, 배 위의 사람들은 모두 듣지 못했다.

　아이는 바다에서 오래도록 헤엄을 쳤고, 정말로 더 이상 헤엄을 칠 수 없어서, '포기하자'라고 자신에게 말했다. 이때, 그는 선장님이 생각이 났고, '선장님은 반드시 나를 구하러 올 거야!'라는 생각이 들자, 아이는 다시 앞을 향해서 헤엄쳐 갔다.

　아이가 깨어난 후, 선장이 그에게 '아이야, 너는 어째서 그렇게 긴 시간을 버텨낼 수 있었니?'라고 물었다.

　아이는 '나는 당신이 나를 구하러 올 것을 알았습니다!'라고 대답했고, 이 말을 들은 선장은 매우 감동했다. 사실 어떤 때는 타인을 믿는 것이 놀랄만한 힘을 가져올 수 있다.

1. 자신이 헤엄칠 수 없다고 느꼈을 때, 아이가 포기하지 않은 원인은?
2. 윗글에서 주요하게 이야기하는 것은 무엇인가?

---

① 이야기의 흐름을 파악하는 시간 어휘　　Track 58

이야기 글은 이야기의 흐름을 이해하고 전체적인 내용을 판단하면서 문제를 풀어야 한다. 전체적인 내용의 흐름을 파악하는 데 시간을 나타내는 어휘를 잘 들으면 많은 도움이 된다.

❶ 起初 처음

起初他并不理解父母为什么对他那么严厉。
그는 처음에 부모님이 어째서 그에게 그렇게 엄격한 것인지 이해하지 못했다.

❷ 从前(=以前) 이전

从前这个房子后面有一个漂亮的花园。　이전에 이 집 뒤에는 예쁜 화원이 하나 있었다.
以前来这里旅行的人很多。　예전에 이곳으로 여행을 오는 사람이 아주 많았다.

❸ 前几天 며칠 전

前几天，公司附近新开了一家餐厅。　며칠 전, 회사 근처에 새로운 식당이 하나 개업했다.

❹ 过几天 며칠 후

过几天我会去您家里拜访。　며칠 후 제가 댁으로 찾아 뵙겠습니다.

❺ 过去 과거

过去这里是一个小村庄，如今变成了大都市。
과거에 이곳은 작은 마을이었는데, 지금은 대도시로 변했다.

❻ 现在 현재

现在他还记得当时老师对他的帮助。
그는 지금도 여전히 당시 선생님이 그에게 도움을 주셨던 것을 기억한다.

❼ 后来 나중에

他们曾是最好的朋友，可是**后来**却慢慢地失去了联系。
그들은 정말 좋은 친구였으나, 이후 점차 연락이 끊겼다.

❽ …过去了 ~이 지났다

十年**过去了**，每个人都发生了很大的变化。 10년이 지난 후, 모두에게 큰 변화가 생겼다.

❾ 第二天 이튿날

第二天，花盆里长出了一棵小绿草。 이튿날, 화분 속에서 작은 풀 한 포기가 자라났다.

❿ …以后 ~한 이후

他接过电话**以后**一句话也没说。 그는 전화를 받고서 한 마디도 말하지 않았다.

단어 严厉 yánlì 혱 호되다, 단호하다 | 花园 huāyuán 몡 화원 | 拜访 bàifǎng 툉 방문하다 | 村庄 cūnzhuāng 몡 마을, 시골 | 大都市 dàdūshì 몡 대도시 | 花盆 huāpén 몡 화분 | 棵 kē 양 그루, 포기[식물을 세는 단위]

2 이야기의 흐름을 파악하는 시간 표현

Track 59

❶ 先A，然后/再B 먼저 A하고 다음에 B하다

我们**先**学习生词，**然后**学习课文吧。 우리 먼저 새 단어를 공부하고, 다음에 본문을 공부하자.

❷ 先A，接着B 먼저 A하고 그러고 나서 B하다

我们**先**去银行，**接着**去邮局吧。 우리 먼저 은행에 갔다가 그러고 나서 우체국에 가자.

❸ 一A，就B A하자마자 B하다

你**一**到中国**就**给我发短信。 너 중국에 도착하자마자 나에게 문자를 보내줘.

❹ 等A就/再B A하고 나서 B하다

等我上了车，没多长时间**就**发现我的手机也不见了。
차를 타고 나서 얼마되지 않아 휴대폰이 보이지 않는 것을 발견했다.

공략 트레이닝 Track 60

1. A 怕他睡着了
   B 一天没吃饭
   C 他年纪很大
   D 里面可能太冷

2. A 前几天没画画
   B 来求字的人多
   C 为明天做好准备
   D 不满意自己的作品

[1-2]

第1到2题是根据下面一段话：

　　有一天，齐白石的家人看到他待在画室里一直没出来，很是担心，[1]他毕竟85岁高龄了。平时，他很快就出来活动了，今天怎么在画室里闷了那么久呢？又过去了很久，家人只好推门进去，然而他一个劲儿地喊："出去，别来打扰我。今天任务还没完成呢。"家人看到画桌上已摆了4幅新画，而他每天只画一幅的，今天画了4幅，怎么说"还没完成任务"？原来，齐白石规定自己：不论刮风下雨或者多忙，每天必须画一幅画。可是[2]最近下雨，心绪不宁，[2]没有作画，因此一直在补画。

1~2번 문제는 다음 내용에 근거한다.

　　어느 날, 제백석의 가족은 그가 화실에서 머무르며 계속 나오지 않는 것을 보고, 매우 걱정을 했다. [1]어쨌든 그도 85세의 고령이니 말이다. 평소에, 그는 아주 일찍부터 나와 활동을 했는데 오늘은 어째서 화실 안에 그렇게 오래 틀어박혀 있는 것일까? 또 한참이 지나서 가족들은 하는 수 없이 문을 밀고 들어서는데, 그는 끊임없이 소리를 질렀다. "나가, 방해하지 말고. 오늘 임무를 아직 끝내지 못했어." 가족들은 탁자 위에 이미 새로운 그림 네 폭이 놓여져 있는 것을 보고는, 그는 매일 한 폭만 그리는 걸 오늘은 네 폭이나 그렸는데 어째서 '아직도 임무를 끝내지 못했다'고 하는 건지 의아했다. 알고 보니 그는 자신에게 아무리 바람이 불고 비가 내리고 바빠도, 매일 반드시 그림 한 폭을 그려야 한다는 규정을 만들었던 것이다. 그러나 [2]최근 비가 내려, 마음이 편하지 않아 [2]그림을 그리지 않았고, 그래서 계속 그림을 보충하고 있었던 것이다.

단어 齐白石 Qí Báishí 고유 제백석[인명] | 待 dāi 동 머물다 | 画室 huàshì 명 화실 | 担心 dānxīn 동 걱정하다 | ★毕竟 bìjìng 부 어쨌든 | 高龄 gāolíng 명 고령 | 闷 mēn 동 틀어박히다 | 推门 tuīmén 문을 밀다 | 然而 rán'ér 접 그러나 | 一个劲儿 yí ge jìnr 부 끊임없이 | ★喊 hǎn 동 소리치다 | 打扰 dǎrǎo 동 방해하다 | 任务 rènwu 명 임무 | 完成 wánchéng 동 끝내다 | ★摆 bǎi 동 놓다 | ★幅 fú 양 폭[그림을 세는 단위] | ★规定 guīdìng 동 규정하다 | 不论 búlùn 접 ~에도 상관없이 | 刮风 guāfēng 동 바람이 불다 | 心绪不宁 xīnxù bù níng 마음이 불안하다 | 作画 zuòhuà 동 그림을 그리다 | 补画 bǔhuà 동 그림을 보충하다

문제 분석▼ 녹음에서 도입부에 他毕竟85岁高龄了(어쨌든 그도 85세의 고령이니 말이다)를 통해 그가 나이가 많다는 것을 알 수 있으므로 C가 정답이다.

家人为什么担心齐白石?	가족은 왜 제백석을 걱정하는가?
A 怕他睡着了	A 그가 잠들었을까 봐 걱정되어서
B 一天没吃饭	B 하루 동안 밥을 먹지 않아서
C 他年纪很大	**C 그가 나이가 많아서**
D 里面可能太冷	D 안에 너무 추울 수 있어서

단어 怕 pà 동 걱정하다 | 睡着 shuìzháo 동 잠들다 | ★年纪 niánjì 명 나이

문제 분석▼ 녹음의 후반부에서 最近(최근)과 没有作画(그림을 그리지 않았다)를 듣고 最近을 보기의 前几天으로, 没有作画를 보기의 没画画로 바꾸어 표현한 A가 정답이다.

齐白石为什么说 "还没完成任务"?	제백석은 왜 '아직 임무를 끝내지 않았다'고 했는가?
A 前几天没画画	**A 며칠 동안 그림을 그리지 않아서**
B 来求字的人多	B 글을 구하러 오는 사람이 많아서
C 为明天做好准备	C 내일 준비를 잘 하기 위해서
D 不满意自己的作品	D 자신의 작품에 만족하지 않아서

단어 满意 mǎnyì 형 만족하다 | ★作品 zuòpǐn 명 작품

문제 적응 훈련

학습일 _____ / _____

맞은 개수 _______

| 실전 트레이닝 1 | Track  61

1.
A 向我问路
B 抓紧买票
C 开窗户透气
D 借手机打电话

2.
A 是大学生
B 帮助了老大爷
C 又年轻又漂亮
D 跟我坐同一趟车

정답 및 해설_ 해설집 26쪽

| 실전 트레이닝 2 | Track  62

1.
A 激动不已
B 显得很失望
C 预订了一套桌椅
D 批评了设计师的作品

3.
A 质量不太好
B 全部卖光了
C 花了很多精力
D 没有达到效果

2.
A 买棵大树
B 增加宣传
C 学习新技术
D 把树种成桌椅

정답 및 해설_ 해설집 27쪽

듣기 실력 트레이닝 **7**
받아쓰기

★ 녹음을 듣고 빈칸을 채우세요.

필수듣기

❶ 有一天，齐白石的家人看到他待在画室里一直没出来，很是担心，

他毕竟＿＿＿＿＿＿＿＿＿＿＿了。

❷ 每天必须画一幅画。可是＿＿＿＿＿＿＿＿＿＿，心绪不宁，

＿＿＿＿＿＿＿＿＿＿，因此一直在补画。

❸ 一位＿＿＿＿＿＿＿＿＿＿："小伙子，能帮帮忙吗？…

这是＿＿＿＿＿＿＿＿＿＿，你知道＿＿＿＿＿＿＿吗？"

❹ 一位二十多岁的＿＿＿＿＿＿＿说："大爷，＿＿＿＿＿＿＿＿＿＿吗？

您要去哪儿？我送您。"

❺ 一位顾客来到他的家具店，转了一圈后露出＿＿＿＿＿＿＿＿＿＿。

❻ 他突然想如果直接把树木＿＿＿＿＿＿＿＿＿＿、＿＿＿＿＿＿＿＿＿＿，

然后再制作成家具，一定会很受欢迎。

필수듣기

❼ 从种树到树＿＿＿＿＿＿＿＿＿＿，然后再＿＿＿＿＿成合适的家具，

＿＿＿＿＿将近＿＿＿＿＿＿＿＿＿＿。

8 설명문

新HSK에는 이렇게 출제된다! ▼

★ **듣기 제2부분** 서술형 6개 지문 중 **설명문은 3~4개 지문** 정도 출제되며, 다양한 소재의 정보 전달을 목적으로 하는 글이기 때문에 어휘가 전문적이다. 따라서 학습자들이 듣고 이해하기 가장 어려운 문제 유형이고, 출제 비율이 점점 높아지는 추세이다.

★ 설명문에서는 **특정 대상을 소개**하거나 **설명**하는데, **문화, 교육, 과학, 환경 보호, 동물, 일반 상식** 등 화제가 매우 다양하다.

시험에 자주 나오는 질문 형식　　Track 64

那个现象产生的原因是什么? 그 현상이 나타나는 원인은 무엇인가?

关于这只动物, 可以知道什么? 이 동물에 관해서 알 수 있는 것은?

根据这段话, 下列哪项正确? 이 글에 근거하여, 다음 중 옳은 것은?

出现高原反应后身体会有什么表现? 고산병이 나타난 후 몸에서는 어떤 반응을 보이는가?

🏃 준비 트레이닝

설명문은 크게 주제 파악 문제와 세부적인 사항을 묻는 문제로 나눌 수 있다. 설명문의 주제는 녹음의 앞부분에 잘 나오므로, 앞부분을 놓치지 말고 자세히 들어야 한다. 또한 녹음을 들으면서 보기 옆에 인물, 장소, 동작, 숫자 등을 메모하면 세부 사항을 묻는 문제에 대비할 수 있다.

Track 65

보기

Step 1. 보기를 보고 설명문임을 유추한다.

1. A 黑猩猩互相照顾
   B 黑猩猩喜欢独处
   C 黑猩猩骗了同伴
   D 黑猩猩方向感不好

2. A 同伴没吃到香蕉
   B 动物世界很奇妙
   C 人类天生会说谎
   D 黑猩猩智商很高

Step 2. 보기에 녹음에서 들은 단서를 표시하고 다음 문제로 넘어가자.
吃不到香蕉 → 没吃到香蕉

녹음

　　世界上并非只有人才会说谎, 其实动物们也会说谎。黑猩猩也常用说谎来骗它的同伴。动物学家在研究黑猩猩的过程中, 观察到一只黑猩猩曾多次向其同伴示意, 某个地方有香蕉。它的同伴按照这只黑猩猩的示意走去, 那只说谎的黑猩猩却朝真正有香蕉的地方跑。被骗的黑猩猩吃不到香蕉, 而撒谎的黑猩猩则饱食了一顿。

1. 科学家发现了什么?
2. 根据这段话, 可以知道什么?

1. A 침팬지가 서로 돌본다
    B 침팬지는 혼자 있는 것을 좋아한다
    C 침팬지는 동료를 속였다
    D 침팬지는 방향감이 좋지 않다

2. **A 동료는 바나나를 먹지 못했다**
    B 동물의 세계는 매우 기묘하다
    C 인류는 천성적으로 거짓말을 한다
    D 침팬지의 아이큐가 매우 높다

세상에 결코 사람만 거짓말을 하는 것은 아니고, 사실은 동물들도 거짓말을 할 수 있다. 침팬지 역시 자주 거짓말로 동료들을 속인다. 동물학자들이 침팬지를 연구하는 과정 중에, 침팬지 한 마리가 어떤 곳에 바나나가 있다고 여러 번 다른 동료에게 의사 표시를 했다. 그 동료는 이 침팬지가 알려준 곳으로 가고, 그 거짓말을 한 침팬지는 진짜 바나나가 있는 곳으로 갔다. 속임을 당한 침팬지는 바나나를 먹지 못했지만, 거짓말을 한 침팬지는 배부르게 한 끼를 먹었다.

1. 과학자들이 무엇을 발견했나?
2. 이 글에 근거하여 알 수 있는 것은?

1 설명문에 자주 쓰이는 표현

Track 66

다음은 설명문의 주제나 세부 사항을 묻는 문제를 풀 때 알아두면 도움이 되는 표현이다.

❶ 研究显示 연구에서 나타났다

研究显示，男性的方向感普遍高于女性。
연구에서 남성의 방향 감각은 일반적으로 여성보다 좋다고 나타났다.

❷ 调查表明 조사에서 밝혀졌다

调查表明，越来越多的年轻人表示想要换工作。
조사에서 점점 더 많은 젊은이들이 직업을 바꾸고 싶어한다는 것이 밝혀졌다.

❸ 对(于)…来说 ～에 대해 말하자면

对现代人来说，手机是必不可少的通讯工具。
현대인에게 휴대폰은 없어서는 안 될 통신 수단이다.

❹ 在…看来 ～의 관점에서는

在很多人看来，导游是一个既轻松又有趣的职业。
많은 사람의 관점에서는, 가이드는 수월하고 재미있는 직업이다.

❺ 从…角度看 ~의 관점에서 보면

从文艺术的**角度看**，这部作品价值很高。
문학 예술의 관점에서 보면, 이 작품의 가치는 매우 높다.

❻ 说起 ~을 언급하면

说起春节，不管南方还是北方都有很多传统习俗。
음력설을 언급하면, 남방이든 북방이든 모두 아주 많은 전통 풍습이 있다.

❼ 比如说(=例如) 예를 들면

世界上使用筷子的国家有很多，**比如说**中国、韩国、日本等。
세계적으로 젓가락을 사용하는 나라는 매우 많은데, 예를 들면 중국, 한국, 일본 등이 있다.

❽ 拿…来说 ~를 예로 들면

拿北京**来说**，一年的平均气温大约是10~12摄氏度。
베이징을 예로 들면, 한 해의 평균 기온은 대략 10~12도이다.

❾ 认为 ~로 여기다

科学家**认为**动物间存在着它们自己的语言。
과학자들은 동물들 간에 그들 자신만의 언어가 존재한다고 여긴다.

❿ 觉得 ~로 여기다, ~로 느끼다

大部分人**觉得**天气会影响人的心情。
대부분의 사람들은 날씨가 사람의 기분에 영향을 줄 수 있다고 여긴다.

단어　通讯 tōngxùn 몡 통신 | 不管 bùguǎn 졥 ~에도 관계없이 | 摄氏度 shèshìdù 몡 섭씨, 도(℃)

1. A 可以补充水分
   B 营养价值丰富
   C 减轻身心压力
   D 补充身体能量

2. A 苹果的大小
   B 苹果的口味
   C 苹果的颜色
   D 苹果的新鲜度

[1-2]

第1到2题是根据下面一段话：

　　俗话说"一天吃一个苹果，医生远离你"。¹苹果含有丰富的营养价值，而且又易被人体消化吸收，适合各类人群食用。拿苹果颜色来说：红苹果，对人的心脏很好，可以提高记忆力；青苹果更利于牙齿健康，很适合年轻人食用；黄苹果对人的眼睛有益，保护视力，经常使用电脑的上班族和学习繁忙的学生可适当食用。所以说，²苹果颜色不同，它的功效也大不同。

1~2번 문제는 다음 내용에 근거한다.

　　속담에 '하루에 사과 한 개를 먹으면, 의사와 멀리하게 된다'고 했다. ¹사과는 풍부한 영양 가치를 함유하고 있고, 게다가 쉽게 인체에 소화 흡수되어, 다양한 사람들이 먹기에 적합하다. 사과의 색깔을 예로 들면, 빨간 사과는 사람의 심장에 매우 좋고, 기억력을 높일 수 있다. 풋사과는 치아 건강에 이로워서, 젊은이들이 먹기에 좋다. 노란 사과는 사람의 눈에 좋고 시력을 보호하여, 컴퓨터를 자주 사용하는 직장인과 공부하기 바쁜 학생들이 먹기에 적당하다. 그러니까 ²사과의 색이 다르면, 그 효능도 크게 다르다.

단어 俗话 súhuà 뗑 속담 | 远离 yuǎnlí 통 멀리하다 | 含有 hányǒu 통 함유하다 | 丰富 fēngfù 뒝 풍부하다 | ★营养 yíngyǎng 뗑 영양 | ★价值 jiàzhí 뗑 가치 | 易 yì 뒝 ~하기 쉽다 | 人体 réntǐ 뗑 인체 | ★消化 xiāohuà 통 소화하다 | ★吸收 xīshōu 통 흡수하다 | 适合 shìhé 통 적합하다 | 各 gè 때 각 | ★类 lèi 뗑 종류 | 人群 rénqún 뗑 군중 | 食用 shíyòng 통 먹다, 식용하다 | ★心脏 xīnzàng 뗑 심장 | 提高 tígāo 통 높이다 | ★记忆力 jìyìlì 뗑 기억력 | ★青 qīng 뒝 녹색의 | 利于 lìyú 통 ~에 이롭다 | 牙齿 yáchǐ 뗑 치아 | 年轻人 niánqīngrén 뗑 젊은이 | 有益 yǒuyì 뒝 유익하다 | 保护 bǎohù 통 보호하다 | 视力 shìlì 뗑 시력 | 繁忙 fánmáng 뒝 일이 많고 바쁘다 | 适当 shìdàng 뒝 적당하다 | 颜色 yánsè 뗑 색 | 功效 gōngxiào 뗑 효능

[1] 해설 및 정답

문제 분석▼ 속담은 일반적으로 속담 뒤에 바로 답이 나오기 때문에, 속담을 모른다고 당황하지 말고 속담의 뒷부분을 자세히 들어야 한다. 속담 一天吃一个苹果，医生远离你(하루에 사과 한 개를 먹으면, 의사와 멀리하게 된다) 뒤에 苹果含有丰富的营养价值(사과는 풍부한 영양 가치를 함유하고 있다)라고 직접 들려주었기 때문에 정답은 B이다.

为什么说 "一天吃一个苹果，医生远离你"?	왜 '하루에 사과 한 개를 먹으면, 의사와 멀리하게 된다'고 하는가?
A 可以补充水分 **B 营养价值丰富** C 减轻身心压力 D 补充身体能量	A 수분을 보충할 수 있다 **B 영양 가치가 풍부하다** C 심신의 스트레스를 줄이다 D 신체 에너지를 보충하다

단어 ★补充 bǔchōng 图 보충하다 | 水分 shuǐfèn 图 수분 | 减轻 jiǎnqīng 图 (수량·중량이) 감소하다 | 身心 shēnxīn 图 심신, 몸과 마음 | 能量 néngliàng 图 에너지

[2] 해설 및 정답

문제 분석▼ 녹음의 후반부에 苹果颜色不同，它的功效也大不同(사과의 색이 다르면, 그 효능도 크게 다르다)라고 했으므로, 정답은 C이다.

苹果的功效与什么有关?	사과의 효능은 무엇과 관련이 있는가?
A 苹果的大小 B 苹果的口味 **C 苹果的颜色** D 苹果的新鲜度	A 사과의 크기 B 사과의 맛 **C 사과의 색** D 사과의 신선함

단어 口味 kǒuwèi 图 맛 | 新鲜度 xīnxiāndù 图 신선도

실전에 강한

문제 적응 훈련

학습일 ____ / ____

맞은 개수 ______

실전 트레이닝 1 | Track 68

1. A 不好喝

B 是核心产品

C 一般是免费的

D 最受顾客欢迎

2. A 自助餐厅利润较低

B 自助餐厅食品成本高

C 自助餐厅一般位于市中心

D 自助餐厅不允许自带酒水

정답 및 해설_ 해설집 29쪽

실전 트레이닝 2 | Track 69

1. A 被校长批评

B 破坏同事关系

C 影响学生成绩

D 学生听课不专心

3. A 坚持不放弃

B 重视第一印象

C 出门在外靠朋友

D 习惯是慢慢养成的

2. A 很有礼貌

B 字写得很好

C 生活有规律

D 出色地完成任务

정답 및 해설_ 해설집 31쪽

받아쓰기

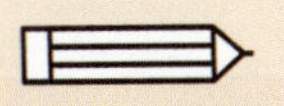

★ 녹음을 듣고 빈칸을 채우세요.

❶ 苹果含有__________的____________________，而且又易被人体

____________________，适合各类人群食用。

❷ 苹果__________不同，它的__________也大不同。

❸ 很多自助餐厅里的__________都是__________的，甚至是成本稍微高一些的

啤酒也是免费的。

❹ 食品的__________显然要____________________，并且饮料很容易让人

__________一种____________________。

❺ 我们经常说"____________________"，其实这是晕轮效应的一种

__________。

❻ 这种差异不仅__________教师____________的__________，而且最终可能

不利于____________________的提高。

❼ 于是就会把他们看得毫无能力。而看到某人的____________________，

就会主观地认为他____________________、可靠等。

9 견해문

新HSK에는 이렇게 출제된다! ▼

★ **듣기 제2부분** 서술형 문제에서 **견해문**은 어떤 일에 대해 화자의 **관점**을 말하거나 자신의 **견해**를 논술한다.

★ 일반적으로 간략한 이야기를 예로 들어 자신의 견해를 논술하는 경우가 많으며, 글의 **주제**나 화자의 **견해**를 묻는다.

시험에 자주 나오는 질문 형식　Track 71

这段话**想告诉我们什么**? 이 글은 우리에게 무엇을 알려주려고 하는가?

这段话**主要想告诉我们什么**? 이 글은 주로 우리에게 무엇을 말하고자 하나?

根据这段话, **下列哪项正确**? 이 글에 근거하여, 다음 중 옳은 것은?

说话人**想告诉我们什么道理**? 화자는 우리에게 무슨 도리를 알려주려고 하는가?

说话人**对教育有什么看法**? 화자는 교육에 대해 어떤 견해를 가지고 있나?

👟 준비 트레이닝

견해문은 화자의 관점을 논술하기 위해 이야기로 실례를 들거나 조사 결과 등을 먼저 제시하고, 글의 주제나 화자의 견해는 뒷부분에 나올 가능성이 높다. 따라서 끝까지 집중해서 마지막에 제시되는 주제나 견해를 놓치지 않고 들어야 한다.

Track 72

Step 1.

보기

2번 보기의 '要'를 보고 견해문임을 유추한다.

1. A 不让水流出去
   B 怕青蛙被蛇吃掉
   C 想让蛇自由生长
   D 蛇会抢青蛙的食物

2. A 应该实事求是
   B 要把握住现在
   C 成功属于坚持者
   D 不要盲目相信别人

Step 3.

견해문의 주제는 마지막에 나올 가능성이 크다.
坚持下去的才是胜利者
→ 成功属于坚持者

Step 2.

녹음

녹음에서 들은 단서를 보기에 표시하고 다음 문제로 넘어가자.
担心蛇会吃了青蛙 → 怕青蛙被蛇吃掉

有个人买回了一条蛇和一只青蛙, 他打算把它们放在池塘里养, 可是如果把它们放在一起, 担心蛇会吃了青蛙。于是他把一个玻璃板放在池塘中间, 把蛇和青蛙隔开了。刚开始的时候, 蛇一直想要吃青蛙, 它一次次冲向青蛙, 却怎么也吃不着。最终, 蛇放弃了吃青蛙的想法。过了几天, 这个人把隔在池塘中间的玻璃板拿掉了。青蛙自由自在地在池塘里游来游去, 可是蛇也不再尝试去吃青蛙了。人生路上, 各种各样的障碍和困难无处不在。克服困难要经历失败, 即使失败无数次, 但能坚持下去的才是胜利者。

1. 那个人为什么在池塘中间放一个玻璃板?
2. 这个故事告诉我们什么?

<table>
<tr><td>

해석

1.   A 물이 흘러나오지 말라고
    B 뱀이 개구리를 잡아 먹을까 봐
    C 뱀이 자유롭게 성장하길 바라서
    D 뱀이 개구리의 먹을 것을 뺏을까 봐

2.   A 마땅히 실사구시해야 한다
    B 현재를 잡아야 한다
    C 성공은 계속하는 사람의 것이다
    D 맹목적으로 다른 사람을 믿으면 안 된다

</td><td>

어떤 사람이 뱀 한 마리와 개구리 한 마리를 사왔다. 그는 뱀과 개구리를 한 연못에서 기르려고 했지만, 만약 그들을 함께 두면 뱀이 개구리를 잡아 먹을까 봐 걱정이 되었다. 그래서 유리판을 연못 중간에 놓고, 뱀과 개구리를 분리시켰다. 처음에는 뱀이 계속 개구리를 잡아먹고 싶어 개구리를 향해서 돌진했지만, 어떻게 해도 잡아먹을 수가 없었다. 결국, 뱀은 개구리를 잡아먹겠다는 생각을 포기했다. 며칠이 지나고 연못 중간을 분리시키고 있던 유리판을 들어냈다. 개구리는 자유롭게 연못에서 이리저리 수영하는데, 뱀은 더 이상 개구리를 잡아먹으려 시도하지 않았다. 인생의 여정에서, 각양각색의 장애물과 어려움은 어디에나 있다. 어려움을 극복하려면 실패를 겪어야 하고, 무수히 실패할 지라도, 계속하는 사람이 승리자이다.

1. 그 사람은 왜 연못 중간에 유리판을 놓았는가?
2. 이 이야기가 우리에게 알려주는 것은?

</td></tr>
</table>

1   견해문에 자주 쓰이는 표현

Track **73**

아래의 견해문에 자주 쓰이는 표현들을 알아두고, 이 표현들 다음에 주제가 나올 가능성이 크므로 뒷부분에 유의하여 듣자.

❶ 俗话说 속담에서 말하길

俗话说，一年之计在于春。 속담에서 말하길 일 년의 계획은 봄에 있다고 한다.

❷ 可以说 ~라고 말할 수 있다

可以说，明天的成功离不开今天的汗水。
오늘의 땀 없이는 내일의 성공도 없다고 말할 수 있다.

❸ 要知道 ~을 알아야 한다

要知道，失败的教训也是我们获得成功的宝贵财富。
실패한 교훈도 우리가 성공할 수 있도록 하는 소중한 자산이라는 것을 알아야 한다.

❹ 应该说 마땅히 ~라고 하다

应该说信任是人际交往的基础。 마땅히 신뢰는 대인 관계의 기초라고 말할 수 있다.

❺ 一般来说 일반적으로 (말하면)

一般来说，经常面带微笑的人更容易获得别人的好感。
일반적으로, 얼굴에 자주 미소를 띠는 사람은 다른 사람의 호감을 더욱 쉽게 얻을 수 있다.

❻ 总的来说 전반적으로 말하면

总的来说，考虑全面有助于我们解决问题。

전반적으로 말하면, 전면적으로 고려하는 것은 우리가 문제를 해결하는 데 도움이 된다.

❼ 说实话 사실대로 말하면

说实话，我不赞同她的意见。 솔직히 말하면, 나는 그녀의 의견에 찬성하지 않는다.

❽ 关键是 관건은 ~이다

商店获取利润的**关键是**抓住消费者的心。

상점에서 이윤을 얻는 관건은 소비자의 마음을 사로잡는 것이다.

❾ 总之 총괄적으로 말하면

总之，只有不断地积累，才会在关键时刻充分发挥出自己的能力。

총괄적으로 말하면, 오직 부단히 축적해야만 결정적인 순간에 자신의 능력을 충분히 발휘할 수 있다.

❿ 由此可见 이로부터 (~를) 알 수 있다

由此可见，努力的过程比最后的结果更重要。

이로부터 노력한 과정이 최후의 결과보다 더 중요하다는 것을 알 수 있다.

단어 汗水 hànshuǐ 몡 땀 | 人际交往 rénjì jiāowǎng 몡 대인 관계 | 考虑 kǎolǜ 통 고려하다 | 赞同 zàntóng 통 찬성하다, 동의하다 | 获取 huòqǔ 통 얻다, 획득하다 | ★利润 lìrùn 몡 이윤 | 抓住 zhuāzhù 통 잡다 | 积累 jīlěi 통 쌓이다, 축적하다 | ★发挥 fāhuī 통 발휘하다

공략 트레이닝  Track **74**

1. A 被卖掉
    B 没有鸡蛋
    C 越用越旧
    D 变得很满

2. A 应学会积累
    B 知错就要改
    C 目标要明确
    D 坚持不放弃

[1-2]

第1到2题是根据下面一段话：

    从前有一位富人，很多人向他寻求致富的方法，富翁拿出了一个篮子，然后说每天清晨向篮子里放十个鸡蛋，当天吃掉九个鸡蛋，最后会怎样呢？有人马上回答，迟早有一天，[1]篮子会被装满的，因为每天放进篮子里的鸡蛋比吃掉的多一个。富人笑着告诉他，是的，就是这样，想要变富的首要原则，就是在你放进钱包里的十个硬币中，最多只能用掉九个。由此可见，[2]当每天的一点累积在一起时，就会创造很多财富。

1~2번 문제는 다음 내용에 근거한다.

    옛날에 어느 부자가 있었는데, 많은 사람들이 그에게 부유해지는 방법을 찾고자 했다. 부자는 바구니를 하나 가지고 나온 뒤, '매일 아침 바구니에 달걀 열 개를 넣고, 당일 아홉 개를 먹으면, 마지막에 어떻게 되나요?'라고 물었더니, 어떤 사람이 바로 '조만간 어느 날에 [1]바구니는 가득 찰 거예요. 왜냐하면 매일 바구니에 넣은 달걀이 먹은 것보다 한 개 더 많을 테니까요'라고 대답했다. 부자는 웃으며 '맞아요. 이처럼 부유해지는 우선 원칙은 바로 당신이 지갑에 넣은 동전 열 개 중에, 최대 아홉 개만 써야 한다는 거예요'라고 그에게 알려주었다. 이로부터 [2]매일 조금씩 모은 것이 뭉치면 큰 부를 만들어 낼 수 있다는 것을 알 수 있다.

단어 ★从前 cóngqián 몡 이전에 | 富人 fùrén 몡 부자 | ★寻求 xúnqiú 동 찾다 | 致富 zhìfù 동 부유해지다 | 富翁 fùwēng 몡 부자 | 篮子 lánzi 몡 바구니 | 然后 ránhòu 젭 그다음에 | 清晨 qīngchén 몡 이른 아침 | 鸡蛋 jīdàn 몡 달걀 | ★迟早 chízǎo 뮈 조만간 | 装满 zhuāng mǎn 가득 채우다 | 首要 shǒuyào 톙 가장 중요하다 | ★原则 yuánzé 몡 원칙 | 钱包 qiánbāo 몡 지갑 | 硬币 yìngbì 몡 동전 | 由此可见 yóu cǐ kě jiàn 이로부터 (~를) 알 수 있다 | 累积 lěijī 동 모으다 | ★创造 chuàngzào 동 창조하다 | 财富 cáifù 몡 부, 재산

[1] **해설 및 정답** **문제 분석▼** 녹음에서 언급된 篮子会被装满的(바구니는 가득 찰 것이다)와 变得很满(가득 차다)는 같은 의미이므로 정답은 D이다.

那个篮子最后会怎么样？

A 被卖掉   B 没有鸡蛋
C 越用越旧   **D 变得很满**

그 바구니는 결국 어떻게 되겠는가？

A 팔렸다   B 달걀이 없다
C 쓸수록 낡다   **D 가득 차다**

[2] **해설 및 정답** **문제 분석▼** 일반적으로 견해문의 주제는 후반부에 나오므로 끝까지 집중해서 들어야 한다. 녹음에서 当每天的一点累积在一起时，就会创造很多财富를 듣고 '매일 조금씩 모은 것이 뭉치면 큰 부를 만들어 낼 수 있다'는 것이 이 글의 주제임을 파악하면 된다. 따라서 정답은 A이다.

这段话想告诉我们什么？

A 应学会积累
B 知错就要改
C 目标要明确
D 坚持不放弃

이 글은 우리에게 무엇을 알려주고 있는가？

A 조금씩 쌓는 것을 할 줄 알아야 한다
B 잘못을 알면 바로 고쳐야 한다
C 목표는 명확해야 한다
D 포기하지 않고 견지하다

단어 ★目标 mùbiāo 몡 목표 | ★明确 míngquè 톙 명확하다 | 坚持 jiānchí 동 견지하다 | 放弃 fàngqì 동 포기하다

실전에 강한

문제 적응 훈련

제한 시간 4분

학습일 ____/____

맞은 개수 ______

실전 트레이닝 1 | Track 75

1.
A 费用较低
B 很有特色
C 效果不明显
D 模仿国外设计

2.
A 提高员工工资
B 扩大服务规模
C 面向国际市场
D 集中核心服务

정답 및 해설_ 해설집 33쪽

실전 트레이닝 2 | Track 76

1.
A 很吃惊
B 无所谓
C 感到后悔
D 非常生气

3.
A 多听建议
B 不要放弃
C 要静下心来
D 要善待他人

2.
A 到处打听
B 趴在地上
C 一眼看见了
D 仔细听声音

정답 및 해설_ 해설집 34쪽

받아쓰기

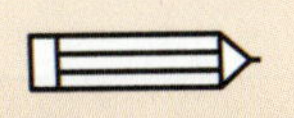

★ 녹음을 듣고 빈칸을 채우세요.

❶ 迟早有一天，篮子会________的，因为每天放进篮子里的鸡蛋

________。

❷ 由此可见，当每天的一点________时，就会________

很多________。

❸ 广告语是"放轻松，我们有联邦快递"，然而结果________。

❹ 可以说，________做好________，成就了联邦快递的

________。

❺ 等父亲回来，看到儿子找到了表，________。

❻ 我就安静地坐在地上，________，一会儿就能听到钟表的声音。

❼ 只有________，才能听到________。

정답 | ❶ 被装满 / 比吃掉的多一个 ❷ 累积在一起 / 创造 / 财富 ❸ 并没有什么效果 ❹ 集中 / 核心业务 / 成功 ❺ 大吃一惊 ❻ 仔细听声音 ❼ 平静下来 / 内心的声音

第一部分 ★ 第1-10题：请选出正确答案。

1. A 内部维修
B 周末营业
C 今天开门
D 展览新作品

2. A 请客吃饭
B 准备回去
C 带男的去景点
D 留在北京工作

3. A 下载软件
B 购买会员
C 注册账号
D 重新打开

4. A 善于运动
B 腰有些疼
C 感冒发烧
D 不再去运动

5. A 还能抽奖
B 可以退货
C 办理退税
D 办收入证明

6. A 广告词
B 传真号码
C 客服电话
D 网店地址

7. A 提前完成
B 经理不满意
C 很快就回国
D 谈判不太顺利

8. A 换连接线
B 重装系统
C 新买一个
D 给电脑杀毒

9. A 浇水不够
B 叶子黄了
C 花快死了
D 土没有营养

10. A 家里
B 教室
C 商场
D 实验室

第二部分 ★ 第11-24题：请选出正确答案。

11. A 男的要出国旅游
B 老板不让男的去
C 他们一起去出差
D 公司要在海外建厂

12. A 除夕
B 元旦
C 母亲节
D 国庆节

13.　A 唱歌
　　　B 看比赛
　　　C 向银行贷款
　　　D 填写申请表

14.　A 非常详细
　　　B 女的很满意
　　　C 女的还没确认
　　　D 男的还没有完成

15.　A 家里被偷了
　　　B 一只鸟不见了
　　　C 一只鸟不会飞
　　　D 鸟破坏了花园

16.　A 农夫骗了富人
　　　B 农夫很了解鸟
　　　C 富人丢失了鸟
　　　D 富人答谢了农夫

17.　A 把树砍了
　　　B 给鸟食物
　　　C 给鸟吃了药
　　　D 找来一只新伙伴

18.　A 自己队伍长
　　　B 超市人太多
　　　C 收银员的速度慢
　　　D 看到更快的队伍

19.　A 往往忽略自己
　　　B 把别人当对手
　　　C 认为自己最优秀
　　　D 在竞争中不断成长

20.　A 更喜欢网上购物
　　　B 很少去超市买东西
　　　C 很多人认为排队时间长
　　　D 超市应增加收银台数量

21.　A 记不起老朋友样子
　　　B 话到嘴边想不起来
　　　C 突然不会写简单的字
　　　D 看一个字久了后很陌生

22.　A 大脑疲劳
　　　B 记忆力下降
　　　C 语言表达能力差
　　　D 长时间没有复习

23.　A 快而干净
　　　B 环保无污染
　　　C 省时又省力
　　　D 无法重新生长

24.　A 如何种田
　　　B 尽量不要用火
　　　C 美好道德很重要
　　　D 做事要仔细思考

정답 및 해설_ 해설집 36쪽

독해

阅读

제1부분

최신 기출 문제 분석

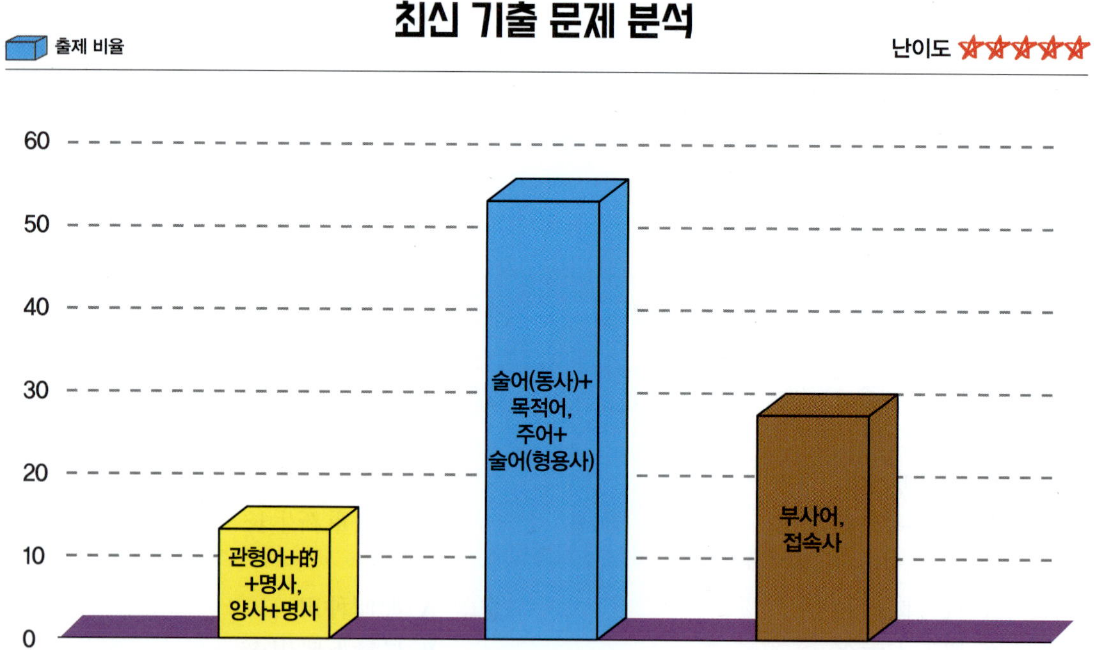

新HSK 5급 독해 제1부분은 빈칸에 들어갈 가장 적당한 단어나 문장을 선택하는 문제가 출제된다. 지문의 내용을 파악함과 동시에 빈칸에 어떤 단어나 문장이 필요한지를 유추할 수 있어야 하기 때문에 제시된 단어의 뜻이나 용법을 정확하게 알아야 풀 수 있다.

핵심1 제시된 보기의 품사를 파악하여 빈칸의 문장 성분을 유추한다

보기가 단어로 구성된 경우, 공통된 품사를 파악하면 빈칸에 들어갈 문장 성분을 쉽게 파악할 수 있고, 힌트를 찾는 데 큰 도움이 된다.

핵심2 빈칸 앞뒤에서 보기와 호응하는 힌트를 찾는다

보기에 제시된 단어는 다 알고 있지만 정답이 쉽게 보이지 않는 경우, 지문에서 문제를 풀 수 있는 힌트를 찾아야 한다. 호응 관계를 이루고 있는 힌트를 찾아 앞뒤 문장의 문맥에 맞도록 단어를 선택하자.

핵심3 접속사를 놓치지 말자!

접속사는 독해 제1부분에서 정답을 찾는 데 매우 큰 힌트가 된다. 특히 보기가 문장일 경우, 접속사가 제시되어 있다면 앞뒤 문장의 관계나 호응 구조를 파악해 쉽게 답을 찾을 수 있다. 그러므로 접속사를 공부할 때는 앞뒤 문장의 관계, 함께 쓰이는 접속사와 부사, 바꿔 쓸 수 있는 접속사까지 일괄적으로 묶어 공부해야 한다.

핵심4 내용 흐름상 가장 적당한 단어나 문장을 선택한다

보기와 호응 단어가 어울리는지를 판단하여 문맥상 가장 적합한 단어나 문장을 정답으로 고른다. 정답을 정확하게 찾기 위해서는 단어의 호응 관계뿐만 아니라 빈칸 앞뒤 문장과의 문맥을 파악하는 것도 중요하다. 따라서, 문맥을 파악하면서 문제를 풀면 정답을 맞히는 데 큰 도움이 된다.

핵심5 단어의 호응 관계를 많이 외워두자!

독해 제1부분을 확실하게 정복하기 위해서는 '양사+명사', '동사+목적어', '주어+형용사'와 같은 호응 표현을 많이 외워두어야 한다. 호응 표현을 단서로 정답을 빠르게 찾을 수 있도록 단어의 뜻과 표현을 통으로 암기해 두자.

1 호응 구조 [1]
관형어+的+명사 / 양사+명사

新HSK에는 이렇게 출제된다! ▼

★ **독해 제1부분**에서 '**관형어+的+명사**' 형태의 문제는 的 앞에 쓰여 뒤의 명사를 수식하는 **관형어**를 묻거나, 的 뒤에 쓰여 관형어의 수식을 받는 **명사**를 찾는 문제가 출제된다.

★ **독해 제1부분**에서 **양사**는 '**지시대명사+수사+양사+명사**'의 형태로 출제되며, 명사의 양을 세는 **명량사**의 출제 빈도가 비교적 높다.

 준비 트레이닝

'관형어+的+명사' 문제는 관형어가 궁극적으로 수식하려고 하는 명사가 무엇인지를 파악하고, 주어진 보기들과 호응이 적당한지 확인하면 쉽게 정답을 찾을 수 있다.

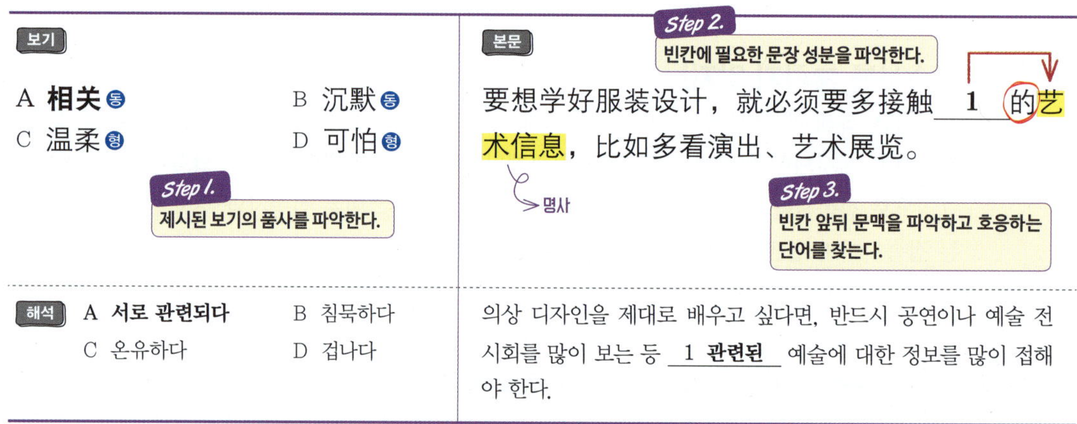

1 '관형어+的+명사' 호응 구조

'관형어+的+명사'의 어순으로, 관형어는 的 뒤에 오는 명사를 수식한다. 거의 매 시험에 빠지지 않고 출제되는 형식으로, 시험에 자주 나오는 '的+명사' 호응 구조를 공식처럼 암기해 두면 관련 문제의 답을 쉽게 찾을 수 있다.

🗂 시험에 자주 출제되는 '관형어+的+명사' 호응 구조 ✍ 필수체크

寒冷 hánlěng 몹시 춥다, 한랭하다	寒冷的冬天 hánlěng de dōngtiān 몹시 추운 겨울 寒冷的季节 hánlěng de jìjié 몹시 추운 계절

合理 hélǐ 합리적이다	合理的条件 hélǐ de tiáojiàn 합리적인 조건 合理的要求 hélǐ de yāoqiú 합리적인 요구
伟大 wěidà 위대하다	伟大的发明 wěidà de fāmíng 위대한 발명 伟大的事业 wěidà de shìyè 위대한 사업
深刻 shēnkè (인상 등이) 깊다 ✯	深刻的印象 shēnkè de yìnxiàng 깊은 인상 深刻的记忆 shēnkè de jìyì 깊은 기억
丰富 fēngfù 풍부하다 ✯	丰富的营养 fēngfù de yíngyǎng 풍부한 영양 丰富的资源 fēngfù de zīyuán 풍부한 자원
意外 yìwài 뜻밖이다 ✯	意外的收获 yìwài de shōuhuò 뜻밖의 수확 意外的事故 yìwài de shìgù 뜻밖의 사고
平衡 pínghéng 균형잡히다	平衡的发展 pínghéng de fāzhǎn 균형적 발전 平衡的关系 pínghéng de guānxi 균형적 관계
温暖 wēnnuǎn 따뜻하다	温暖的话语 wēnnuǎn de huàyǔ 따뜻한 말 温暖的阳光 wēnnuǎn de yángguāng 따뜻한 햇빛
艰苦 jiānkǔ 어렵고 고달프다 ✯	艰苦的生活 jiānkǔ de shēnghuó 어려운 생활 艰苦的条件 jiānkǔ de tiáojiàn 어려운 조건
活泼 huópo 활발하다	活泼的性格 huópo de xìnggé 활발한 성격 活泼的孩子 huópo de háizi 활발한 아이
陌生 mòshēng 낯설다	陌生的环境 mòshēng de huánjìng 낯선 환경 陌生的地方 mòshēng de dìfang 낯선 장소
密切 mìqiè 밀접하다 ✯	密切的关系 mìqiè de guānxi 밀접한 관계 密切的交流 mìqiè de jiāoliú 밀접한 교류
文明 wénmíng 문명적이다	文明的行为 wénmíng de xíngwéi 문명적 행위 文明的发展 wénmíng de fāzhǎn 문명적 발전
严肃 yánsù 엄숙하다	严肃的表情 yánsù de biǎoqíng 엄숙한 표정 严肃的态度 yánsù de tàidu 엄숙한 태도
活跃 huóyuè 활기차다	活跃的气氛 huóyuè de qìfēn 활기찬 분위기 活跃的市场 huóyuè de shìchǎng 활기찬 시장
平静 píngjìng 평온하다 ✯	平静的心情 píngjìng de xīnqíng 평온한 기분 平静的晚上 píngjìng de wǎnshang 평온한 저녁
勤奋 qínfèn 부지런하다 ✯	勤奋的员工 qínfèn de yuángōng 부지런한 직원 勤奋的学生 qínfèn de xuésheng 부지런한 학생
优美 yōuměi 우아하고 아름답다	优美的音乐 yōuměi de yīnyuè 우아하고 아름다운 음악 优美的风景 yōuměi de fēngjǐng 우아하고 아름다운 풍경
严格 yángé 엄격하다	严格的纪律 yángé de jìlǜ 엄격한 규율 严格的规则 yángé de guīzé 엄격한 규칙

　　饮料与人生，有着＿＿1＿＿的关系。少年多喜欢汽水，因为它甜、变化多，世界在他眼中，犹如味道各异的汽水，丰富多彩。进入青年期，他工作了，恋爱了。这时，他的口味转向了咖啡。咖啡亦苦亦甜，有一种成熟的刺激感，符合了他复杂多变的心境。中年以后，人多爱茶。茶有一股淡淡的清香，而且不会刺激味觉，此时的生活也是这样，平淡而又朴实，同时充满着快乐。

A 鲜艳　　　　　　B 密切　　　　　　C 严格　　　　　　D 活泼

해설 및 정답　**문제 분석▼** 빈칸 뒤에 的가 있으므로 关系를 수식하는 형용사가 필요하다. 빈칸 앞 절에서 음료와 인생은 밀접한 관련이 있음을 알 수 있으므로 정답은 B이다.

　　饮料与人生，有着＿1密切＿的关系。少年多喜欢汽水，因为它甜、变化多，世界在他眼中，犹如味道各异的汽水，丰富多彩。进入青年期，他工作了，恋爱了。这时，他的口味转向了咖啡。咖啡亦苦亦甜，有一种成熟的刺激感，符合了他复杂多变的心境。中年以后，人多爱茶。茶有一股淡淡的清香，而且不会刺激味觉，此时的生活也是这样，平淡而又朴实，同时充满着快乐。

A 鲜艳　　　　　　**B 密切**
C 严格　　　　　　D 活泼

음료와 인생은 ＿1 밀접한＿ 관련이 있다. 소년은 대부분 탄산음료를 좋아하는데, 탄산음료는 달고, (맛의) 변화가 많아, 그의 눈에는 세상은 마치 각각 다른 맛의 탄산음료와 같이 다채롭다. 청년기에 접어들면, 그는 일을 시작하고, 연애를 한다. 이때, 그의 입맛은 커피로 향하기 시작한다. 커피는 쓰고 달달한데, 성숙하다는 자극을 주어 그의 복잡하고도 자주 변하는 심리 상태에 부합한다. 중년이 된 이후, 사람은 차 마시기를 더 좋아한다. 차는 엷은 맑은 향이 있고, 미각을 자극시키지 않으며, 이때의 생활 또한 이처럼 평범하고 소박한 동시에 즐거움이 가득하다.

A 화려하다　　　　　　**B 밀접하다**
C 엄격하다　　　　　　D 활발하다

단어　饮料 yǐnliào 몡 음료 | 人生 rénshēng 몡 인생 | 关系 guānxi 몡 관계 | 汽水 qìshuǐ 몡 탄산음료 | 犹如 yóurú 동 마치 ~와(과) 같다 | 异 yì 톙 다르다 | 多彩 duōcǎi 톙 다채롭다 | 青年期 qīngniánqī 몡 청년기 | ★恋爱 liàn'ài 동 연애하다 | ★口味 kǒuwèi 몡 입맛 | 转向 zhuǎnxiàng 동 ~(으)로 향하다 | 亦 yì 뷔 또한 | ★刺激 cìjī 몡 자극 | 符合 fúhé 동 부합하다 | 心境 xīnjìng 몡 심리 상태 | 中年 zhōngnián 몡 중년 | 股 gǔ 얭 줄기[기체·힘을 세는 단위] | ★淡 dàn 톙 엷다 | 清香 qīngxiāng 몡 맑은 향기 | 味觉 wèijué 몡 미각 | 此时 cǐshí 몡 이때 | ★平淡 píngdàn 톙 평범하다 | 朴实 pǔshí 톙 소박하다 | ★充满 chōngmǎn 동 가득 차다 | ★鲜艳 xiānyàn 톙 화려하다 | ★密切 mìqiè 톙 밀접하다 | 严格 yángé 톙 엄격하다 | 活泼 huópo 톙 활발하다

2 '양사+명사' 호응 구조

양사는 사람이나 사물을 셀 때 쓰는 단위이다. 일반적으로 수사(숫자)는 명사를 직접 수식
할 수 없기 때문에 중간에 양사를 넣어 '수사+양사+명사'의 형식으로 쓴다. 양사와 명사를
함께 외워두면 정답을 쉽게 찾을 수 있으므로 꼭 외워두자.

독해 제1부분에 자주 출제되는 양사 

幅 fú 폭 ✶	그림을 세는 단위	一幅画 yì fú huà 그림 한 폭 一幅字 yì fú zì 글씨 한 폭
节 jié 개	여러 개로 나누어진 것을 세는 단위	一节课 yì jié kè 수업 한 교시 一节车厢 yì jié chēxiāng (열차의) 객실 한 칸
滴 dī 방울 ✶	한 방울씩 떨어지는 액체를 세는 단위	一滴水 yì dī shuǐ 물 한 방울 一滴眼泪 yì dī yǎnlèi 눈물 한 방울
场 chǎng 번, 차례 ✶	자연 현상이나 시합의 횟수를 세는 단위	一场雨 yì cháng yǔ 한 차례의 비 一场比赛 yì chǎng bǐsài 한 차례의 시합
阵 zhèn 바탕, 차례 ✶	잠시 동안 지속되는 일이나 동작을 세는 단위	一阵风 yí zhèn fēng 한 바탕 부는 바람 一阵掌声 yí zhèn zhǎngshēng 한 바탕 박수 소리
群 qún 무리, 떼	무리를 세는 단위	一群羊 yì qún yáng 한 무리의 양 一群人 yì qún rén 한 무리의 사람들
笔 bǐ 뭉	금전이나 금액을 세는 단위	一笔钱 yì bǐ qián 한 뭉의 돈 一笔贷款 yì bǐ dàikuǎn 한 뭉의 대출금
道 dào 줄, 선	가늘고 긴 것을 세는 단위	一道题 yí dào tí 한 문제 一道彩虹 yí dào cǎihóng 무지개 한 개
棵 kē 그루, 포기	식물을 세는 단위	一棵树 yì kē shù 나무 한 그루 一棵草 yì kē cǎo 풀 한 포기
只 zhī 마리	동물을 세는 단위	一只狗 yì zhī gǒu 개 한 마리 一只老鼠 yì zhī lǎoshǔ 쥐 한 마리
封 fēng 통, 꾸러미	편지 등을 세는 단위	一封信 yì fēng xìn 편지 한 통 一封情书 yì fēng qíngshū 러브레터 한 통
条 tiáo 줄기, 가닥	가늘고 긴 것을 세는 단위	一条路 yì tiáo lù 한 갈래의 길 一条裤子 yì tiáo kùzi 바지 한 벌
把 bǎ 자루	자루가 있는 기구를 세는 단위	一把钥匙 yì bǎ yàoshi 열쇠 한 자루 一把伞 yì bǎ sǎn 우산 한 자루
片 piàn 조각 ✶	평평한 얇은 평면을 세는 단위	一片草地 yí piàn cǎodì 하나의 초원지대 一片叶子 yí piàn yèzi 나뭇잎 하나

则 zé 조항, 토막	단락을 이루는 문장을 세는 단위	一则故事 yì zé gùshi 하나의 이야기 一则新闻 yì zé xīnwén 하나의 뉴스
颗 kē 알, 방울 ★	둥근 구슬 모양을 세는 단위	一颗心 yì kē xīn 마음 하나 一颗糖 yì kē táng 사탕 한 알
家 jiā 개	영리를 목적으로 하는 가게, 기업 등을 세는 단위	一家公司 yì jiā gōngsī 한 회사 一家餐厅 yì jiā cāntīng 한 식당
顶 dǐng 개 ★	모자 등을 세는 단위	一顶帽子 yì dǐng màozi 한 개의 모자 一顶草帽 yì dǐng cǎomào 한 개의 밀짚모자
座 zuò 동, 채 ★	크고 고정된 물체를 세는 단위	一座城市 yí zuò chéngshì 하나의 도시 一座桥 yí zuò qiáo 하나의 다리
支 zhī 자루 ★	가늘고 긴 것을 세는 단위	一支铅笔 yì zhī qiānbǐ 연필 한 자루 一支足球队 yì zhī zúqiúduì 한 축구팀
位 wèi 분, 명	사람을 세는 단위	一位嘉宾 yí wèi jiābīn 게스트 한 분 一位教授 yí wèi jiàoshòu 교수 한 분
台 tái 대	기계 등을 세는 단위	一台电脑 yì tái diànnǎo 컴퓨터 한 대 一台机器 yì tái jīqì 기계 한 대
首 shǒu 수 ★	시, 노래 등을 세는 단위	一首诗 yì shǒu shī 시 한 수 一首歌 yì shǒu gē 노래 한 곡

단어 车厢 chēxiāng 몡 (기차의) 객실 | 情书 qíngshū 몡 러브레터, 연애편지 | 草帽 cǎomào 몡 밀짚모자

공략 트레이닝 2

可能许多人都有一___1___帽子，因为人的外在美除了我们常说的外貌、身材、举止、气质等特性外，服装配套中的帽子也是这美中不可缺少的一个重要部分。帽子分有很多种，比如小巧美观，既可以打扮，又可以遮阳的棒球帽；针织而成，可以保暖的针织帽；还有阴天遮风，晴天遮阳的太阳帽。

A 条   B 封   C 幅   D 顶

해설 및 정답 **문제 분석▼** '수사+양사+명사'의 어순에 따라 빈칸 앞의 一와 빈칸 뒤의 명사 帽子(모자)를 보면 빈칸이 양사 자리임을 알 수 있다. 명사인 帽子와 어울리는 양사를 고르면 D가 정답이다.

　　可能许多人都有一___1顶___帽子，因为人的外在美除了我们常说的外貌、身材、举止、气质等特性外，服装配套中的帽子也是这美中不可缺少的一个重要部分。帽子分有很多种，比如小巧美观，既可以打扮，又可以遮阳的棒球帽；针织而成，可以保暖的针织帽；还有阴天遮风，晴天遮阳的太阳帽。

A 条
B 封
C 幅
D 顶

　　아마도 많은 사람들이 모자 한 _1개_ 는 가지고 있을 것이다. 왜냐하면 사람의 외면의 아름다움은 우리가 자주 말하는 외모, 몸매, 행동거지, 기질 등 특성을 제외하고, 의상과 맞춰 쓰는 모자도 이 아름다움에서 빼놓을 수 없는 중요한 부분이기 때문이다. 모자에는 여러 종류가 있다. 예를 들면, 작고 깜찍해서 멋도 부릴 수 있고 햇빛도 가릴 수 있는 야구 모자, 바늘로 짜서 보온할 수 있는 니트 모자, 흐린 날씨에 바람을 막고, 맑은 날씨에 햇빛을 가리는 선캡이 있다.

A 줄기, 가닥[긴 형태의 것을 세는 단위]
B 통, 꾸러미[편지 봉투를 세는 단위]
C 폭[그림을 세는 단위]
D 개[모자를 세는 단위]

단어 许多 xǔduō 휑 매우 많다 | 帽子 màozi 명 모자 | 外在美 wàizàiměi 외면의 아름다움 | 外貌 wàimào 명 외모 | ★身材 shēncái 명 몸매 | 举止 jǔzhǐ 명 행동거지 | 气质 qìzhì 명 기질 | 特性 tèxìng 명 특성 | ★服装 fúzhuāng 명 의상 | 配套 pèitào 동 하나의 세트로 만들다 | 不可缺少 bù kě quēshǎo 부족해서는 안 된다, 꼭 필요하다 | 部分 bùfen 명 부분 | 比如 bǐrú 접 예를 들어 | 小巧 xiǎoqiǎo 휑 작고 깜찍하다 | 美观 měiguān 휑 아름답다 | 既…又… jì…yòu… ~하고 ~하다 | 遮阳 zhēyáng 햇빛을 가리다 | 棒球帽 bàngqiúmào 명 야구 모자 | 针织 zhēnzhī 명 니트 | 保暖 bǎonuǎn 동 보온하다 | 阴天 yīntiān 명 흐린 날씨 | 遮风 zhēfēng 동 바람을 막다 | 晴天 qíngtiān 명 맑은 날씨

★ 빈칸에 들어갈 알맞은 단어를 〈보기〉에서 고르세요.

보기	A 滴	B 顿	C 道	D 群	E 支

필수체크 ❶ 他在大学期间，曾与同学组成了棒球队，这______棒球队名叫"中华棒球队"。

❷ 你可别小看一______水的力量！你听过"滴水穿石"这个故事吗?

필수체크 ❸ 从前，有个人养了一______羊。一天，他准备出去放羊，忽然，他发现羊圈破了个洞。

❹ 几乎每个妈妈都会为孩子做饭，然而做那______饭并不是一件十分轻松的事情。

필수체크 ❺ 雨过天晴，天空中出现一______七色的彩虹，仿佛一座七彩桥挂在天上。

보기	A 艰苦	B 文明	C 发明	D 优美	E 气氛

❻ 在机器人的身体两侧还有两个小音箱，可以放出__________的音乐。

필수체크 ❼ 在活跃的__________中，许久没见的老朋友们一边开心地聊天儿，一边合影留念。

❽ 虽然垃圾分类制度已经实行了很久，但偶尔还会有乱扔垃圾等不__________的行为。

필수체크 ❾ 其实，__________的生活也是一种财富，它教会了我们如何成长，让我们不断强大。

❿ 电视被认为是20世纪影响人类生活的最伟大的__________之一。

정답 및 해설_ 해설집 49쪽

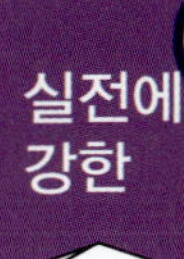

제한 시간 14분

실전에 강한

문제 적응 훈련

학습일 _____ / _____

맞은 개수 _____

| 실전 트레이닝 1 |

[1-3]

　　很多人认为铅笔只有一种用途，那就是写字。但校长告诉我们铅笔不仅能用来写字，必要时还能用来做尺子画线；还能作为礼品送人表示友爱；能当商品出售获得___1___；演出时也可临时用于化妆；削下的木屑可以做成装饰画；可以当做玩具的轮子；在遇到坏人时，铅笔还能作为自卫的武器……总之，一___2___铅笔有无数种用途。校长让我们这些穷人的孩子明白，有着眼睛、鼻子、耳朵、大脑和手脚的人更是有无数种用途，并且___3___一种用途都足以使我们生存下去。

1. **A** 成果　　　　**B** 帮助　　　　**C** 利润　　　　**D** 利息

2. **A** 节　　　　　**B** 支　　　　　**C** 座　　　　　**D** 把

3. **A** 任何　　　　**B** 所有　　　　**C** 全部　　　　**D** 平均

[4-7]

　　随着生活节奏的加快，闹钟可以说是我们生活中不可缺少的一部分，可是你是否经常因为听不见闹钟声___4___？或者被突如其来的闹钟声吵醒后，一天都不清醒呢？近日，一位设计师给喜欢躺在床上的朋友们设计了一款___5___的闹钟。当你设置好起床时间后，到了闹铃响起的时间，它不会通过各种你不喜欢的"噪音"叫醒你，而是触摸、按摩脚底，将你从睡梦中唤醒。除了闹钟___6___，平时带上它做个脚底按摩也很不错。为了让它的使用更加方便，设计师还设计了一___7___与智能手机连接的操作系统，让您轻松进行设置。

4. **A** 而上班迟到　　　　　　　**B** 忘记吃早饭

　　　C 结果被上司批评　　　　**D** 却错过了最佳时间

5. **A** 湿润　　　　**B** 热心　　　　**C** 温柔　　　　**D** 狡猾

6. **A** 功能　　　　**B** 能力　　　　**C** 形式　　　　**D** 项目

7. **A** 棵　　　　　**B** 套　　　　　**C** 盆　　　　　**D** 片

정답 및 해설_ 해설집 50쪽

실전 트레이닝 2

[1-4]

　　"拆屋效应"是在谈判中常用且有效的方法，有时候我们需要在谈判一开始就扔出一个看似不＿＿1＿＿的条件，从而令对方难以接受，但这并不意味着我们不想继续谈判下去，＿＿2＿＿。这是个非常有效的策略，它能让你在谈判一开始就占有着比较主动的＿＿3＿＿，但记住这只是"拆屋"，如果想让谈判真正有所进展，不要忘记"开天窗"。所以，如果你的一个要求令别人很难接受时，在此之前，你不妨试试提出一个对方更不可能接受的要求，或许你会有＿＿4＿＿的收获。

1.　**A** 合理　　　　**B** 密切　　　　**C** 陌生　　　　**D** 寒冷

2.　**A** 大脑灵活十分重要　　　　**B** 我们总是被现实打败
　　C 就是会起到积极作用　　　　**D** 而只是一种谈判的方法

3.　**A** 课程　　　　**B** 权利　　　　**C** 地位　　　　**D** 行动

4.　**A** 温暖　　　　**B** 意外　　　　**C** 平静　　　　**D** 勤奋

[5-7]

　　汉族社会在发展过程中出现过分化和统一，因而使汉语逐渐产生了方言。促使方言形成的＿＿5＿＿很多，有社会、历史、地理等方面的原因，如长期的小农经济、社会的分裂、人口的迁移、山川的阻隔等；也有语言本身的原因，如语言不＿＿6＿＿的发展，不同语言之间的相互抵触、相互影响等。现代汉语有各种不同的方言，他们分布的区域很广。各方言之间的差异表现在语音、词汇、语法各个方面，其中语音方面尤其突出。

　　汉语可以分为官话方言和六大南方方言两大类，官话方言和通用语之间在语音、词汇、语法上十分接近；而其他南方方言在一定程度上都＿＿7＿＿了古代汉语的特征。

5.　**A** 概念　　　　**B** 因素　　　　**C** 风格　　　　**D** 价值

6.　**A** 平衡　　　　**B** 丰富　　　　**C** 沉重　　　　**D** 严肃

7.　**A** 公布　　　　**B** 保留　　　　**C** 控制　　　　**D** 取消

정답 및 해설_ 해설집 54쪽

2 호응 구조[2]

술어(동사)+목적어/주어+술어(형용사)

新HSK에는 이렇게 출제된다! ▼

★ **독해 제1부분**에서 '**술어(동사)+목적어**' 형태로 이루어져 있는 '술목 구조'과 **주어+술어(형용사)** 형태로 이루어져 있는 '주술 구조'의 출제 빈도가 높다.

★ 호응 구조를 잘 알고 있으면, 빈칸 앞뒤의 호응 단어만 보고도 쉽게 정답을 찾을 수 있으므로 자주 호응되는 어휘를 외워두자.

준비 트레이닝

빈칸에 들어갈 품사가 동사라면 본문에서 목적어를 찾고, 목적어와 호응하는 동사를 보기에서 찾는다. 빈칸에 들어갈 품사가 형용사라면 주어와 호응하는 형용사를 보기에서 찾는다.

보기		본문
A 评价 명	B 位置 명	我们在社交网络上总是在尽力表现自己最好的一面，希望获得大家的 __1__ 。
C 肯定 명	D 阶段 명	

Step 1. 제시된 보기의 품사를 파악한다.

Step 2. 빈칸에 필요한 문장 성분을 파악한다.

술어(동사)

Step 3. 빈칸 앞뒤 문장의 문맥을 파악하고 자주 호응되는 단어를 찾는다.

해석	A 평가	B 위치	우리는 온라인(소셜네트워크)상에서 늘 애써 자신의 가장 좋은 면을 보여주고자 하며, 모두에게 __1 인정__ 받기를 원한다.
	C 인정, 긍정	D 단계	

1 '술어(동사)+목적어' 호응 구조

중국어에서 '술어(동사)+목적어' 형태로 이루어져 있는 것을 '술목 구조'라고 한다. 이러한 '술목 구조'와 관련된 문제를 풀 때 보기의 품사가 동사 위주로 되어 있다면, 밑줄 뒤 목적어를 찾아서 목적어와 어울리는 동사를 고른다. 만약 보기의 품사가 명사이면서 빈칸이 문장 끝에 제시되어 있다면, 이 명사는 목적어로 쓰였으므로 술어와 어울리는 명사를 찾아야 한다.

📂 시험에 자주 출제되는 '술어(동사)+목적어' 호응 구조 ✐ 필수체크

达到 dádào 도달하다 ✹	达到目的 dádào mùdì 목적에 도달하다 达到目标 dádào mùbiāo 목표에 도달하다

征求 zhēngqiú (의견 등을) 구하다 ✹	征求意见 zhēngqiú yìjiàn 의견을 구하다 征求同意 zhēngqiú tóngyì 동의를 구하다
寻找 xúnzhǎo 찾다	寻找食物 xúnzhǎo shíwù 음식물을 찾다 寻找方向 xúnzhǎo fāngxiàng 방향을 찾다
促进 cùjìn 촉진하다	促进消化 cùjìn xiāohuà 소화를 촉진하다 促进发展 cùjìn fāzhǎn 발전을 촉진하다
保持 bǎochí 유지하다 ✹	保持安静 bǎochí ānjìng 조용함을 유지하다 保持联系 bǎochí liánxì 연락을 유지하다
面对 miànduì 직면하다, 맞서다 ✹	面对困难 miànduì kùnnan 어려움에 직면하다 面对危险 miànduì wēixiǎn 위험에 직면하다
追求 zhuīqiú 추구하다 ✹	追求完美 zhuīqiú wánměi 완벽을 추구하다 追求梦想 zhuīqiú mèngxiǎng 꿈을 추구하다
耽误 dānwu (시간을) 지체하다 ✹	耽误时间 dānwu shíjiān 시간을 지체하다 耽误工作 dānwu gōngzuò 일을 지체하다
答应 dāying 대답하다, (요구를) 수락하다 ✹	答应要求 dāying yāoqiú 요구를 수락하다 答应请求 dāying qǐngqiú 부탁을 수락하다
失去 shīqù 잃어버리다 ✹	失去信心 shīqù xìnxīn 자신감을 잃어버리다 失去信任 shīqù xìnrèn 믿음을 잃어버리다
担任 dānrèn 맡다, 담당하다 ✹	担任经理 dānrèn jīnglǐ 사장을 맡다 担任导游 dānrèn dǎoyóu 가이드를 맡다
稳定 wěndìng 안정시키다 ✹	稳定情绪 wěndìng qíngxù 정서를 안정시키다 稳定物价 wěndìng wùjià 물가를 안정시키다
发挥 fāhuī 발휘하다	发挥能力 fāhuī nénglì 능력을 발휘하다 发挥优势 fāhuī yōushì 우세를 발휘하다
充满 chōngmǎn 충만하다, 가득 차다	充满信心 chōngmǎn xìnxīn 자신감으로 가득 차다 充满欢乐 chōngmǎn huānlè 즐거움으로 가득 차다
提供 tígōng 제공하다	提供服务 tígōng fúwù 서비스를 제공하다 提供机会 tígōng jīhuì 기회를 제공하다
珍惜 zhēnxī 소중히 여기다 ✹	珍惜时间 zhēnxī shíjiān 시간을 소중히 여기다 珍惜粮食 zhēnxī liángshi 음식물을 소중히 여기다
引起 yǐnqǐ (주의를) 끌다, 불러일으키다	引起注意 yǐnqǐ zhùyì 주의를 끌다 引起反感 yǐnqǐ fǎngǎn 반감을 일으키다
产生 chǎnshēng 생기다, 발생하다	产生兴趣 chǎnshēng xìngqù 흥미가 생기다 产生误会 chǎnshēng wùhuì 오해가 생기다

保留 bǎoliú 남아있다, 보류하다 ✹	保留传统 bǎoliú chuántǒng 전통이 남아있다 保留特征 bǎoliú tèzhēng 특징이 남아있다
克服 kèfú 극복하다 ✹	克服困难 kèfú kùnnan 어려움을 극복하다 克服缺点 kèfú quēdiǎn 단점을 극복하다
获得 huòdé 얻다, 획득하다 ✹	获得冠军 huòdé guànjūn 우승을 하다 获得自信 huòdé zìxìn 자신감을 얻다
培养 péiyǎng 배양하다	培养人才 péiyǎng réncái 인재를 배양하다 培养兴趣 péiyǎng xìngqù 흥미를 배양하다
造成 zàochéng (좋지 않은 결과를) 초래하다, 야기하다 ✹	造成损失 zàochéng sǔnshī 손실을 초래하다 造成事故 zàochéng shìgù 사고를 초래하다
进行 jìnxíng 진행하다 ✹	进行讨论 jìnxíng tǎolùn 토론을 진행하다 进行比赛 jìnxíng bǐsài 시합을 진행하다
从事 cóngshì 종사하다 ✹	从事工作 cóngshì gōngzuò 일에 종사하다 从事行业 cóngshì hángyè 업종에 종사하다
接受 jiēshòu 받아들이다	接受意见 jiēshòu yìjiàn 의견을 받아들이다 接受道歉 jiēshòu dàoqiàn 사과를 받아들이다
发生 fāshēng 발생하다 ✹	发生变化 fāshēng biànhuà 변화가 생기다 发生意外 fāshēng yìwài 의외의 일이 생기다
延长 yáncháng 연장하다	延长时间 yáncháng shíjiān 시간을 연장하다 延长期限 yáncháng qīxiàn 기한을 연장하다
体验 tǐyàn 체험하다	体验生活 tǐyàn shēnghuó 생활을 체험하다 体验文化 tǐyàn wénhuà 문화를 체험하다
缓解 huǎnjiě 완화하다	缓解压力 huǎnjiě yālì 스트레스를 완화하다 缓解紧张 huǎnjiě jǐnzhāng 긴장을 완화하다
保护 bǎohù 보호하다	保护环境 bǎohù huánjìng 환경을 보호하다 保护文物 bǎohù wénwù 문물을 보호하다
游览 yóulǎn 유람하다, 구경하다	游览北京 yóulǎn Běijīng 베이징을 유람하다 游览风景 yóulǎn fēngjǐng 풍경을 구경하다
破坏 pòhuài 파괴하다	破坏环境 pòhuài huánjìng 환경을 파괴하다 破坏规则 pòhuài guīzé 규칙을 파괴하다
把握 bǎwò 장악하다, 잡다	把握命运 bǎwò mìngyùn 운명을 장악하다 把握机会 bǎwò jīhuì 기회를 잡다

단어 ★情绪 qíngxù 뗑 마음, 기분 | ★优势 yōushì 뗑 우세 | ★冠军 guànjūn 뗑 챔피언, 우승

> 民俗旅游是指人们离开惯常住地，到异地去＿＿1＿＿当地民俗的文化旅游行程。民俗文化作为一个地区、一个民族悠久历史文化发展的结晶，蕴含着极其丰富的社会内容，由于地方特色和民俗特色是旅游资源开发的灵魂，具有独特性与不可替代性，因而，从某种意思上来讲，民俗旅游属于高层次的旅游。
>
> A 促进　　　　　B 体验　　　　　C 从事　　　　　D 造成

해설 및 정답 **문제 분석▼** 보기에 동사가 제시되어 있으므로 빈칸은 술어 자리임을 알 수 있다. 빈칸 뒤에 목적어 当地民俗的文化와 호응하는 동사는 B 体验이다.

民俗旅游是指人们离开惯常住地，到异地去＿1体验＿当地民俗的文化旅游行程。民俗文化作为一个地区、一个民族悠久历史文化发展的结晶，蕴含着极其丰富的社会内容，由于地方特色和民俗特色是旅游资源开发的灵魂，具有独特性与不可替代性，因而，从某种意思上来讲，民俗旅游属于高层次的旅游。

A 促进　　　　　**B 体验**
C 从事　　　　　D 造成

민속 여행은 사람들이 평소의 거주지를 떠나 다른 지역에 가서 현지 민속 문화를 ＿1 체험하는＿ 여행 코스이다. 민속 문화는 한 지역, 한 민족의 유구한 역사 문화 발전의 결정으로, 매우 풍부한 사회적 내용을 내포하고 있다. 지방 특색과 민속 특색은 관광 자원 개발의 핵심 요소이기 때문에 독특성과 대체 불가성을 가진다. 따라서 어떤 의미에서 말하면 민속 여행은 고차원의 여행에 속한다.

A 촉진하다　　　　**B 체험하다**
C 종사하다　　　　D 초래하다

호응 구조

A 促进 cùjìn 동 촉진하다 ▶ **促进**消化 소화를 촉진하다
B 体验 tǐyàn 동 체험하다 ▶ **体验**生活 생활을 체험하다
C 从事 cóngshì 동 종사하다 ▶ **从事**工作 일에 종사하다
D 造成 zàochéng 동 (좋지 않은 결과를) 초래하다 ▶ **造成**损失 손실을 초래하다

단어 民俗 mínsú 명 민속 | 指 zhǐ 동 가리키다 | 离开 líkāi 동 떠나다 | 惯常 guàncháng 명 평소, 평시 | 住地 zhùdì 명 거주지 | 异地 yìdì 명 외지 | 行程 xíngchéng 명 여정 | ★作为 zuòwéi 동 ～로서 | ★地区 dìqū 명 지역 | ★悠久 yōujiǔ 형 유구하다 | 发展 fāzhǎn 동 발전하다 | 结晶 jiéjīng 명 결정 | 蕴含 yùnhán 동 내포하다 | ★极其 jíqí 부 아주, 몹시 | ★特色 tèsè 명 특색 | ★资源 zīyuán 명 자원 | ★开发 kāifā 동 개발하다 | 灵魂 línghún 명 영혼, 핵심 요소 | 具有 jùyǒu 동 가지다, 구비하다 | 独特性 dútèxìng 독특성, 개성 | 替代性 tìdàixìng 대체성 | ★因而 yīn'ér 접 그러므로 | 意思 yìsi 명 의미, 뜻 | 属于 shǔyú 동 ～에 속하다 | 高层次 gāocéngcì 명 고차원

2 '주어+술어(형용사)' 호응 구조

중국어에서 '주어+술어(형용사)' 형태로 이루어져 있는 것을 '주술 구조'라고 한다. 이러한 '주술 구조'와 관련된 문제를 풀 때 보기의 품사가 형용사 위주로 되어 있다면, 밑줄 앞에 있는 주어를 찾은 다음, 주어와 어울리는 형용사를 찾아야 한다.

시험에 자주 출제되는 '주어+술어(형용사)' 호응 구조 　필수체크

明显 míngxiǎn 뚜렷하다 ✱	效果**明显** xiàoguǒ míngxiǎn 효과가 뚜렷하다 进步**明显** jìnbù míngxiǎn 진보가 뚜렷하다
精彩 jīngcǎi 훌륭하다	表演**精彩** biǎoyǎn jīngcǎi 공연이 훌륭하다 演讲**精彩** yǎnjiǎng jīngcǎi 강연이 훌륭하다
规律 guīlǜ 규칙적이다 ✱	生活**规律** shēnghuó guīlǜ 생활이 규칙적이다 工作**规律** gōngzuò guīlǜ 일이 규칙적이다
悠久 yōujiǔ 유구하다, 오래되다 ✱	历史**悠久** lìshǐ yōujiǔ 역사가 유구하다 文化**悠久** wénhuà yōujiǔ 문화가 유구하다
深刻 shēnkè (인상 등이) 깊다 ✱	印象**深刻** yìnxiàng shēnkè 인상이 깊다 记忆**深刻** jìyì shēnkè 기억이 깊다
鲜艳 xiānyàn 화려하다 ✱	服装**鲜艳** fúzhuāng xiānyàn 옷이 화려하다 色彩**鲜艳** sècǎi xiānyàn 색채가 화려하다
丰富 fēngfù 풍부하다 ✱	知识**丰富** zhīshi fēngfù 지식이 풍부하다 营养**丰富** yíngyǎng fēngfù 영양이 풍부하다
周到 zhōudào 세심하다, 주도면밀하다	服务**周到** fúwù zhōudào 서비스가 세심하다 照顾**周到** zhàogù zhōudào 돌봄이 세심하다
密切 mìqiè 밀접하다	关系**密切** guānxi mìqiè 관계가 밀접하다 合作**密切** hézuò mìqiè 합작이 밀접하다
艰难 jiānnán 고달프다, 어렵다	日子**艰难** rìzi jiānnán 나날이 고달프다 生活**艰难** shēnghuó jiānnán 생활이 고달프다
灵活 línghuó 융통성이 있다, (빠르게) 잘 돌아간다	手指**灵活** shǒuzhǐ línghuó 손가락이 (빠르게) 잘 돌아간다 头脑**灵活** tóunǎo línghuó 머리가 (빠르게) 잘 돌아간다
明确 míngquè 명확하다	事实**明确** shìshí míngquè 사실이 명확하다 目标**明确** mùbiāo míngquè 목표가 명확하다
拥挤 yōngjǐ 붐비다	交通**拥挤** jiāotōng yōngjǐ 교통이 혼잡하다 人群**拥挤** rénqún yōngjǐ 사람들이 붐비다
单调 dāndiào 단조롭다	颜色**单调** yánsè dāndiào 색깔이 단조롭다 生活**单调** shēnghuó dāndiào 생활이 단조롭다

出色 chūsè 출중하다 ✹	成绩**出色** chéngjì chūsè 성적이 출중하다 表现**出色** biǎoxiàn chūsè 드러난 모습이 출중하다
激烈 jīliè 치열하다	竞争**激烈** jìngzhēng jīliè 경쟁이 치열하다 讨论**激烈** tǎolùn jīliè 토론이 치열하다
巧妙 qiǎomiào 절묘하다 ✹	设计**巧妙** shèjì qiǎomiào 디자인이 절묘하다 方法**巧妙** fāngfǎ qiǎomiào 방법이 절묘하다
恶劣 èliè 열악하다	条件**恶劣** tiáojiàn èliè 조건이 열악하다 环境**恶劣** huánjìng èliè 환경이 열악하다
充分 chōngfèn 충분하다	时间**充分** shíjiān chōngfèn 시간이 충분하다 理由**充分** lǐyóu chōngfèn 이유가 충분하다
干燥 gānzào 건조하다	嗓子**干燥** sǎngzi gānzào 목이 건조하다 空气**干燥** kōngqì gānzào 공기가 건조하다
平静 píngjìng (마음·환경 등이) 고요하다, 평온하다	湖水**平静** húshuǐ píngjìng 호수가 평온하다 情绪**平静** qíngxù píngjìng 정서가 평온하다
热烈 rèliè 열렬하다	反应**热烈** fǎnyìng rèliè 반응이 열렬하다 欢迎**热烈** huānyíng rèliè 환영이 열렬하다
独特 dútè 독특하다	风格**独特** fēnggé dútè 스타일이 독특하다 见解**独特** jiànjiě dútè 견해가 독특하다

단어 嗓子 sǎngzi 뗑 목구멍 | 湖水 húshuǐ 뗑 호수 | 见解 jiànjiě 뗑 견해

色彩影响着人的生理和心理。心理学家对此曾做过许多实验。他们发现，在红色环境中，人的心跳会加快，血压有所升高，情绪兴奋冲动。而处在蓝色环境中，心跳会减缓，情绪也较＿＿1＿＿。有的科学家发现，颜色能影响脑电波，脑电波对红色的反应是警觉，对蓝色的反应是放松。

A 平静　　　　　　B 热烈　　　　　　C 干燥　　　　　　D 鲜艳

해설 및 정답　　**문제 분석▼**　情绪와 어울리는 형용사는 平静 뿐이므로 정답은 A이다.

色彩影响着人的生理和心理。心理学家对此曾做过许多实验。他们发现，在红色环境中，人的心跳会加快，血压有所升高，情绪兴奋冲动。而处在蓝色环境中，心跳会减缓，情绪也较＿1平静＿。有的科学家发现，颜色能影响脑电波，脑电波对红色的反应是警觉，对蓝色的反应是放松。

색채는 사람의 생리와 심리에 영향을 준다. 심리학자는 이에 대해 일찍이 많은 실험을 했다. 그들은 붉은색 환경에서 사람의 심장 박동이 빨라지고, 혈압은 다소 높아지며, 기분이 흥분되고 충동적이라는 사실을 발견했다. 그러나 푸른색 환경에 처하면 심장 박동은 느려지고 기분도 비교적 _1 평온하다_. 어떤 과학자는 색깔이 뇌파에 영향을 줄 수 있는데 붉은색에 대한 뇌파의 반응은 경계심이며, 푸른색에 대한 반응은 이완이라는 것을 발견했다.

A 平静　　　　　B 热烈
C 干燥　　　　　　D 鲜艳

A (마음이) 평온하다　B 열렬하다
C 건조하다　　　　　　D 화려하다

호응 구조

A 平静 píngjìng 휑 (마음이) 평온하다 ▶ **情绪平静** 정서가 평온하다

B 热烈 rèliè 휑 열렬하다 ▶ **欢迎热烈** 환영이 열렬하다

C 干燥 gānzào 휑 건조하다 ▶ **空气干燥** 공기가 건조하다

D 鲜艳 xiānyàn 휑 화려하다 ▶ **颜色鲜艳** 색깔이 화려하다

단어　★色彩 sècǎi 몡 색채 | 生理 shēnglǐ 몡 생리[생물체의 생물학적 기능] | ★心理 xīnlǐ 몡 심리 | ★曾 céng 뷔 일찍이 | 实验 shíyàn 통 실험하다 | 发现 fāxiàn 통 발견하다 | 心跳 xīntiào 통 심장이 뛰다 | 血压 xuèyā 몡 혈압 | 有所 yǒusuǒ 다소 ~하다 | 升高 shēnggāo 위로 오르다 | ★情绪 qíngxù 몡 정서, 기분 | 冲动 chōngdòng 휑 충동하다 | 减缓 jiǎnhuǎn 통 느려지다 | 科学家 kēxuéjiā 몡 과학자 | 脑电波 nǎodiànbō 몡 뇌파 | ★反应 fǎnyìng 몡 반응 | 警觉 jǐngjué 몡 경각, 경계 | 放松 fàngsōng 통 긴장을 풀다, 이완시키다

★ 빈칸에 들어갈 알맞은 단어를 〈보기〉에서 고르세요.

| 보기 | A 损失 | B 发挥 | C 情绪 | D 延长 | E 保留 |

❶ 这让我明白了一个道理：坚持不了就要放弃，不然到了后来可能会造成严重的___________。

❷ 在日常工作中经常鼓励员工，能够充分___________个人的工作能力，有效提高个人素质。

❸ 该地的少数民族一直___________着每年四月过泼水节的传统。

❹ 由于周围新开了两家同样的商店，无奈的他只好___________开店时间来吸引更多的客人。

❺ 让儿童学会控制和稳定自己___________的能力是相当重要的。

| 보기 | A 密切 | B 光滑 | C 鲜艳 | D 周到 | E 规律 |

❻ 爷爷的理发店由于价格便宜、服务___________而受到顾客们的称赞。

❼ 从古至今，动物都与人类关系___________，在将来，人类也依然离不开动物。

❽ 摘桔子要选那些表面___________、饱满的大桔子，这样的桔子水分足，而且也很甜。

❾ 健康生活的前提是保持生活___________，比如每天按时睡觉、起床、吃饭、工作。

❿ 傣族的传统服装历史悠久、图案丰富、色彩___________、风格纯朴。

정답 및 해설_ 해설집 58쪽

문제 적응 훈련

실전에 강한 · 제한 시간 14분

학습일 _____ / _____
맞은 개수 _____

실전 트레이닝 1

[1-3]

《伊索寓言》里有这样一___1___故事：有一只狐狸很想吃葡萄，但由于葡萄长得太高，它怎么都无法吃到，于是便说葡萄是酸的，没有什么好吃的。这就是所谓的"酸葡萄心理"。"酸葡萄心理"是因为自己真正的需求无法得到满足产生挫折感时，为了解除内心不安，编造一些"理由"来进行自我安慰，以___2___紧张，减轻压力，使自己从不满、不安等消极心理状态中解脱出来，保护自己免受___3___。

1. **A** 根　　　　**B** 道　　　　**C** 则　　　　**D** 首

2. **A** 缓解　　　**B** 破坏　　　**C** 稳定　　　**D** 失去

3. **A** 兴趣　　　**B** 欢迎　　　**C** 伤害　　　**D** 命运

[4-7]

水上巴士，指的是水上公交巴士，是城市公共交通系统的___4___部分，是继公共汽车、出租车、地铁后的第四套公交系统。与市民平时接触的过江游船不同，一走上水上巴士，乘客就可以看到前方的驾驶室，走下台阶后就是过道和两排座位，座椅都是___5___的软座，两边还有观光用的窗户，乘客可顺便___6___江中景色。每艘水上巴士上有五名船员，船上还有救生衣、晕船药品，乘客不必担心安全问题。目前包括杭州、广州、上海、湛江等多个城市已经开通了水上公交巴士。水上公交巴士在解决陆路交通拥堵问题的同时，___7___。

4. **A** 组织　　　**B** 形成　　　**C** 具备　　　**D** 组成

5. **A** 适当　　　**B** 老实　　　**C** 舒适　　　**D** 温柔

6. **A** 游览　　　**B** 追求　　　**C** 达到　　　**D** 接受

7. **A** 缩短了运输时间　　　　**B** 离不开市民们的支持

　　C 后来被推广到其他城市　　　**D** 也推动了城市旅游业的发展

정답 및 해설_ 해설집 59쪽

| 실전 트레이닝 2 |

[1-3]

　　著名学者周国平在教育和读书上的见解十分＿＿1＿＿，他曾说过：我不认为读书可以成为一种时尚，对一切成为时尚的读书，我持怀疑的态度。读书属于个人的精神生活，必定是非常＿＿2＿＿化的。那些可以成为时尚的并不是读书，而是买书和谈书。比如说，在媒体的影响下，某一时期有某一本书特别畅销，谈论它会显得特别＿＿3＿＿，插不上嘴则会显得特别落伍。

1. A 悠久　　　　B 独特　　　　C 艰难　　　　D 恶劣

2. A 表面　　　　B 实际　　　　C 人生　　　　D 个性

3. A 时髦　　　　B 明确　　　　C 出色　　　　D 精彩

[4-7]

　　头脑的硬件性能并不是天才的本质特征。头脑速度快的人，其实跟跑得快的人＿＿4＿＿，只是跑得快的人体力比较好，而头脑快的人脑力相对好一些。这是大自然赋予他们的财富，但那并不叫做天才。虽然那种天赋的速度并不常见，＿＿5＿＿，因为过快的速度会让一个人变成机器，然后停止一切的思考，最终走上歧途。而天才喜欢＿＿6＿＿观察前进的方向，然后想办法如何快速地前进，所以他们经常能找到简单便利的方法。天才不仅喜欢简单便利，而且会利用＿＿7＿＿的设计让大家都可以简单便利，少走一些不必要的路，少做一些不必要的事。

4. A 差得远　　　B 差不多　　　C 相当于　　　D 了不起

5. A 无法继续前进　　　　　　　B 天才却更加难得

　　 C 达不到最终的目标　　　　　D 跑得快的人更有优势

6. A 反复　　　　B 果然　　　　C 分别　　　　D 继续

7. A 敏感　　　　B 糊涂　　　　C 结实　　　　D 巧妙

정답 및 해설_ 해설집 63쪽

3 호응 구조[3] 부사어/접속사

新HSK에는 이렇게 출제된다! ▼

★ **독해 제1부분**에서 **부사**나 **부사어로 쓰이는 형용사**는 **술어** 앞에서 술어를 수식하는 부사어의 쓰임을 물어보는 문제로 주로 출제된다. 단, 부사어로 쓰이는 형용사는 동사 술어만 수식할 수 있다.

★ **독해 제1부분**에서 **접속사**는 **글의 흐름**을 파악하여 빈칸에 들어갈 단어를 고르는 문제로 주로 출제된다.

 준비 트레이닝

빈칸에 들어갈 품사가 부사이거나 형용사라면 뒤에 있는 술어와 호응하는 단어를 보기에서 찾는다.

보기	본문
A 格外 부 B 究竟 부 C 陆续 부 D 始终 부 **Step 1.** 제시된 보기의 품사를 파악한다.	**Step 2.** 빈칸에 필요한 문장 성분을 파악한다. 不同国家之间的狗 __1__ 是如何进行交流的呢？狗之间的交流不只限于"汪汪"，它们之间的交流最先始于气味，然后是肢体语言，最后才是我们听到的声音。 **Step 3.** 글의 흐름을 파악하여 정답을 찾는다.
해석 A 각별히 B 도대체 C 끊임없이 D 시종일관	다른 국가 간의 개는 __1 도대체__ 어떻게 교류를 하는 것일까? 개들 사이에서의 교류는 '멍멍'에 국한되지 않으며, 그들 사이의 교류는 가장 먼저 냄새로 시작되고, 그 후에는 신체 언어, 마지막이 되어서야 우리가 듣는 소리이다.

1 부사어

술어 앞에 놓여 술어(동사, 형용사)를 수식하는 문장 성분을 부사어라고 하는데, 부사뿐만 아니라 형용사도 동사를 수식하는 부사어로 쓰일 수 있다. 따라서 보기의 단어가 '부사', '형용사' 또는 '부사+형용사'로 되어 있다면 빈칸 뒤에 있는 술어를 수식하는 단어를 보기에서 찾아야 한다.

📂 시험에 자주 출제되는 부사어 ⚡ 필수체크

从来 cónglái 여지껏, 이제까지 ✖	从来不喝 cónglái bù hē 여지껏 마시지 않았다 从来不去 cónglái bú qù 여지껏 가지 않았다

根本 gēnběn 전혀 ✖	**根本**不听 gēnběn bù tīng 전혀 듣지 않는다 **根本**不会 gēnběn bú huì 전혀 할 줄 모른다
并不 bìng bù 결코 ~하지 않다	**并不**新鲜 bìng bù xīnxiān 결코 신선하지 않다 **并不**了解 bìng bù liǎojiě 결코 잘 알지 못한다
千万 qiānwàn 제발 ✖	**千万**不要 qiānwàn bú yào 제발 그러지 마라 **千万**记住 qiānwàn jìzhù 제발 기억해
始终 shǐzhōng 시종일관, 줄곧 ✖	**始终**不变 shǐzhōng bú biàn 시종일관 변하지 않다 **始终**保持 shǐzhōng bǎochí 시종일관 유지하다
依然 yīrán 여전히	**依然**流行 yīrán liúxíng 여전히 유행한다 **依然**如此 yīrán rúcǐ 여전히 그러하다
陆续 lùxù 연달아 ✖	**陆续**进场 lùxù jìnchǎng 연달아 들어가다 **陆续**走来 lùxù zǒulái 연달아 걸어오다
尽快 jǐnkuài 되도록 빨리 ✖	**尽快**解决 jǐnkuài jiějué 되도록 빨리 해결하다 **尽快**完成 jǐnkuài wánchéng 되도록 빨리 완성하다
相当 xiāngdāng 상당히 ✖	**相当**可观 xiāngdāng kěguān 상당히 대단하다 **相当**不错 xiāngdāng búcuò 상당히 괜찮다
极其 jíqí 아주, 지극히	**极其**豪华 jíqí háohuá 지극히 화려하다 **极其**繁荣 jíqí fánróng 지극히 번영하다
格外 géwài 각별히, 특별히	**格外**漂亮 géwài piàoliang 각별히 예쁘다 **格外**认真 géwài rènzhēn 각별히 진지하다
十分 shífēn 매우	**十分**美丽 shífēn měilì 매우 아름답다 **十分**紧急 shífēn jǐnjí 매우 긴급하다
特别 tèbié 특별히	**特别**突出 tèbié tūchū 특별히 두드러지다 **特别**感动 tèbié gǎndòng 특별히 감동하다
轻易 qīngyì 함부로, 경솔하다 ✖	**轻易**放弃 qīngyì fàngqì 경솔하게 포기하다 **轻易**改变 qīngyì gǎibiàn 경솔하게 바꾸다
逐步 zhúbù 점점	**逐步**发展 zhúbù fāzhǎn 점점 발전하다 **逐步**调整 zhúbù tiáozhěng 점점 조정하다
渐渐 jiànjiàn 점점	**渐渐**消失 jiànjiàn xiāoshī 점점 사라지다 **渐渐**变暗 jiànjiàn biàn'àn 점점 어두워지다
亲自 qīnzì 직접	**亲自**参加 qīnzì cānjiā 스스로 참가하다 **亲自**迎接 qīnzì yíngjiē 스스로 마중하다
亲眼 qīnyǎn 직접, 자신의 눈으로	**亲眼**看见 qīnyǎn kànjiàn 직접 보다 **亲眼**目睹 qīnyǎn mùdǔ 직접 목도하다

互相 hùxiāng 서로, 상호	互相照顾 hùxiāng zhàogù 서로 돌보다 互相鼓励 hùxiāng gǔlì 서로 격려하다
一律 yílǜ (예외없이) 일률적으로	一律平等 yílǜ píngděng 일률적으로 평등하다 一律禁止 yílǜ jìnzhǐ 일률적으로 금지하다
再三 zàisān 재삼, 거듭	再三强调 zàisān qiángdiào 거듭 강조하다 再三推辞 zàisān tuīcí 거듭 거절하다
不断 búduàn 끊임없이 ✖	不断努力 búduàn nǔlì 끊임없이 노력하다 不断进步 búduàn jìnbù 끊임없이 진보하다
完全 wánquán 완전히	完全正确 wánquán zhèngquè 완전히 올바르다 完全同意 wánquán tóngyì 완전히 동의하다
充分 chōngfèn 충분히	充分发挥 chōngfèn fāhuī 충분히 발휘하다 充分准备 chōngfèn zhǔnbèi 충분히 준비하다

단어 豪华 háohuá 형 호화롭다 | 繁荣 fánróng 형 번영하다, 번창하다 | ★调整 tiáozhěng 동 조정하다, 조절하다 | ★消失 xiāoshī 동 없어지다, 사라지다 | 目睹 mùdǔ 동 직접 보다, 목도하다 | 推辞 tuīcí 동 거절하다

공략 트레이닝 1

> 随着时代的发展、服饰的改变以及人们文化心理的变化，如今荷包在城市里已经成了人们的收藏品，然而在乡村和少数民族地区　　1　　流行。布依族青年结婚的主要内容之一就是"要荷包"。荷包文化留给人们的不仅是可以欣赏的民间艺术品，还有丰富且深刻的文化内涵。
>
> A 依然　　　　　　B 千万　　　　　　C 互相　　　　　　D 亲眼

해설 및 정답 **문제 분석▼** 빈칸의 보기가 모두 부사이므로 빈칸 뒤에 형용사 流行을 수식하는 부사가 들어가야 한다. 또한 然而을 힌트로 오늘날 염낭은 도시 사람들의 소장품이 되었지만, 농촌은 여전히 유행하고 있다는 문맥이 되어야 하므로 정답은 A이다.

随着时代的发展、服饰的改变以及人们文化心理的变化，如今荷包在城市里已经成了人们的收藏品，然而在乡村和少数民族地区 __1 依然__ 流行。布依族青年结婚的主要内容之一就是"要荷包"。荷包文化留给人们的不仅是可以欣赏的民间艺术品，还有丰富且深刻的文化内涵。

시대가 발전하고, 복식이 바뀌고 사람들의 문화적 심리가 변화함에 따라, 오늘날 염낭은 도시에서 이미 사람들의 소장품이 되었다. 그러나 농촌과 소수 민족 지역에서는 __1 여전히__ 유행하고 있다. 포의족 청년이 결혼에서 하는 주요 내용 중 하나가 바로 '염낭을 가지고 노는 것'이다. 염낭 문화가 사람들에게 남긴 것은 민간 예술품으로 감상할 수 있을 뿐만 아니라 풍부하고 깊이 있는 문화적 함의도 가지고 있다.

| A 依然 | B 千万 | A 여전히 | B 제발 |
| C 互相 | D 亲眼 | C 서로 | D 직접 |

[단어] 随着 suízhe 圄 ~에 따라 | ★时代 shídài 圀 시대 | 发展 fāzhǎn 圀 발전 | 服饰 fúshì 圀 복식, 의복과 장신구 | ★改变 gǎibiàn 圄 바뀌다 | ★以及 yǐjí 젭 및 | 变化 biànhuà 圀 변화 | ★如今 rújīn 圀 오늘날, 현재 | 荷包 hébāo 圀 염낭 | 城市 chéngshì 圀 도시 | 收藏品 shōucángpǐn 圀 소장품 | 然而 rán'ér 젭 그러나 | 乡村 xiāngcūn 圀 농촌 | 民族 mínzú 圀 민족 | ★地区 dìqū 圀 지역 | 流行 liúxíng 圄 유행하다 | 布依族 Bùyīzú 고유 포의족 | 青年 qīngnián 圀 청년 | 结婚 jiéhūn 圄 결혼하다 | ★耍 shuǎ 圄 가지고 놀다 | ★欣赏 xīnshǎng 圄 감상하다 | 民间 mínjiān 圀 민간 | 艺术品 yìshùpǐn 圀 예술품 | 深刻 shēnkè 圀 깊다 | 内涵 nèihán 圀 함의

2 접속사

독해 제1부분에서 접속사는 대부분 빈칸 앞뒤 문장의 흐름을 파악하여 푸는 문제로 출제되며, 대개 접속사와 접속사, 접속사와 접속 부사가 앞 절과 뒤 절에 서로 호응하여 나온다. 따라서 하나의 접속사를 찾으면 호응하는 접속사나 접속 부사가 있는 보기를 답으로 선택하면 된다.

/. 인과 관계

앞 절은 원인과 전제를 말하고, 뒤 절은 결과나 판단을 나타낸다.

因为/由于…, 所以/因此… yīnwèi/yóuyú…, suǒyǐ/yīncǐ… ✹	~때문에, 그래서 ~하다
因为这个产品很有特色，所以卖得很不错。 이 상품은 매우 특색이 있기 때문에 꽤 잘 팔린다.	
…, 从而… …, cóng'ér…	~, 따라서 ~이다
由于采用了新技术，从而提高了生产力。 새로운 기술을 채택하여 생산성을 향상시켰다.	
…, 于是… …, yúshì…	~, 그래서 ~이다
我想学习汉语，于是我打算去中国。 나는 중국어를 공부하고 싶어서, 중국에 가려고 한다.	
之所以…, 是因为… zhī suǒyǐ…, shì yīnwèi…	~한 것은 ~하기 때문이다
我之所以看了两遍这部电影，是因为我喜欢电影里面的音乐。 내가 이 영화를 두 번 본 것은 내가 이 영화 속의 음악을 좋아하기 때문이다.	
既然…, 那么(就)… jìrán…, nàme(jiù)… ✹	이왕 ~했으니까 ~해라
既然放假了，那么就好好休息吧。 이왕에 방학 했으니 푹 쉬도록 하세요.	

[단어] 采用 cǎiyòng 圄 채택하다

2. 전환 관계

앞뒤의 절이 서로 상반되는 의미를 나타낸다.

虽然/尽管/固然…, 但是/可是/不过/然而…却… ✭ suīrán/jǐnguǎn/gùrán…, dànshì/kěshì/búguò/rán'ér…què…	비록 ~이지만, 그러나 ~하다

今天**虽然**起得很早，**但是**我却没赶上公交车。
비록 오늘은 아주 일찍 일어났지만 나는 버스를 놓쳤다.

…, 而+주어+则… …, ér+주어+zé…	~, 그러나 ~하다

北方人喜欢吃面，**而**南方人**则**喜欢吃米。
북방 사람들은 면 먹는 것을 좋아하지만, 남방 사람들은 밥 먹는 것을 좋아한다.

…, (주어)+反而… …, (주어)+fǎn'ér…	~, 오히려~

雨不但没有停，**反而**更大了。 비가 멈추지 않았을 뿐 아니라 오히려 더 거세졌다.

3. 가정 관계

앞 절이 가정을 제시하고, 뒤 절이 그에 대한 결과나 추론을 나타낸다.

如果/要是/假如/倘若…, 那么+주어+就… ✭ rúguǒ/yàoshi/jiǎrú/tǎngruò…, nàme+주어+jiù…	만약 ~한다면, ~일 것이다

如果给我一次机会，**那么**我**就**想回到十年前。
만약 내게 기회를 한 번 준다면, 나는 십 년 전으로 돌아가고 싶다.

주어+一旦…, (주어)+就… ✭ 주어+yídàn…, (주어)+jiù…	일단 ~하면, ~하다

你**一旦**开始负责这个任务，**就**不能半途而废。
너는 일단 이 임무를 책임지기 시작하면, 중도에 그만둘 수 없다.

没有…, 就没有/就不会… méiyǒu…, jiù méiyǒu/jiù bú huì…	~이 없었다면, ~도 없었을 것이다

没有你的帮助，**就没有**我今天的成功。
당신의 도움이 없었다면 오늘날 나의 성공도 없었을 것이다.

即使/哪怕/就是/就算…, 也/都… ✭ jíshǐ/nǎpà/jiùshì/jiùsuàn…, yě/dōu…	설령 ~할지라도 (변함없이) ~하다

即使遇到一些困难，**也**不要放弃自己的目标。
설령 어려움에 부딪힐지라도 자신의 목표를 포기하지 말아야 한다.

…, 否则/要不/不然… ✭ …, fǒuzé/yàobù/bùrán…	그럴지 않으면 ~하다

有人来帮忙，**否则**我一个人完成不了这个任务。
도와줄 사람이 있어서 다행이지 그렇지 않으면 나 혼자서 이 임무를 끝내지 못했을 거예요.

단어 半途而废 bàn tú ér fèi 〔성〕 일을 중도에 그만두다, 도중에 포기하다 | 遇到 yùdào 〔동〕 (우연히) 만나다, 마주치다

4. 점층 관계

뒤 절이 앞 절보다 진일보 발전하여 동작, 상황 등을 설명한다.

不但/不仅/不只/不单/不光…，而且+주어+还/也… ✹ búdàn/bùjǐn/bùzhǐ/bùdān/bùguāng…, érqiě+주어+hái/yě…	～일 뿐만 아니라, ～이기도 하다

这里的春天**不但**经常下雨，**而且**风**也**很大。
이곳의 봄은 비가 자주 내릴 뿐만 아니라 바람도 크게 분다.

5. 조건 관계

앞 절에서 조건을 제시하고, 뒤 절에서 그 결과를 나타낸다.

不管/不论/无论…，주어+都+… bùguǎn/búlùn/wúlùn…, 주어+dōu+…	～에도 상관없이, ～하다

不管你做什么，我**都**支持你。 당신이 무엇을 하든 상관없이 나는 당신을 응원합니다.

只要…就… zhǐyào…jiù… ✹	～하기만 하면 ～하다

只要坚持下去**就**一定会有收获。 견뎌내기만 한다면 반드시 수확이 있을 것이다.

只有/除非…才… zhǐyǒu/chúfēi…cái… ✹	～해야만 ～하다

只有不断努力**才**能取得成功。 오직 계속해서 노력해야만 성공할 수 있다.

단어 ★支持 zhīchí 〔동〕 응원하다, 지지하다 | 收获 shōuhuò 〔명〕 수확, 성과

6. 선택 관계

두 개 이상의 단어나 단문을 나열하여 그중 한 가지를 선택함을 나타낸다.

或者…或者… huòzhě…huòzhě…	혹은～, 혹은～

你只有两个选择，**或者**努力干**或者**辞职。
당신은 노력하거나 직장을 그만 두거나 두 가지 선택만이 있습니다.

(是)…还是…? (shì)…háishi…?	～아니면(또는) ～이다

我们去吃饺子**还是**面条儿? 우리는 만두를 먹으러 갈까 아니면 면을 먹으러 갈까?

不是…就是… bú shì…jiù shì…	～아니면 ～이다

他周末**不是**去爬山**就是**去散步。 그는 주말에 등산을 가지 않으면 산책을 한다.

| 不是…而是… bú shì…ér shì… ✦ | ~가 아니라 ~이다 |

不是我不帮你，**而是**我现在也没有能力。
내가 당신을 안 돕는 것이 아니라 나는 현재 능력이 없습니다.

| 与其…不如… yǔqí…bùrú… | ~하기보다는 차라리 ~하겠다 |

与其坐着等待，**不如**努力争取。 앉아서 기다리기보다는 차라리 노력해서 쟁취하겠습니다.

| 宁可…也不… níngkě…yě bù… | 차라리 ~할지언정 ~하지 않겠다 |

宁可不吃饭，**也不**自己做饭。 차라리 굶을지언정 스스로 밥을 하지 않겠다.

> **단어** ★等待 děngdài 图 기다리다 | 争取 zhēngqǔ 图 쟁취하다, 얻어 내다

7. 목적 관계

어떠한 목적을 달성하기 위한 행동이나 방법을 나타낸다.

| 为了…, wèile…, ✦ | ~하기 위해서 ~한다 |

为了实现自己的目标，他每天都努力学习。
자신의 목표를 실현하기 위해서 그는 매일 열심히 공부한다.

| …, 以/以便… …, yǐ/yǐbiàn… | ~는 ~하기 위해서이다 |

你要把材料准备好，**以便**发言。 너는 발표하기 편리하도록 자료를 잘 준비해야 한다.

> **단어** 发言 fāyán 图 발표하다

8. 병렬 관계

두 개 이상의 구나 절이 동시에 발생함을 나타내거나, 하나의 사물을 몇몇 방면으로 나누어 설명한다.

| 一边…, 一边… yìbiān…, yìbiān… | ~하면서 ~하다 |

他**一边**工作**一边**听音乐。 그는 일하면서 노래를 듣는다.

| 又…又…/既…又(也)… yòu…yòu…/jì…yòu(yě)… | ~하기도 하고 ~하기도 하다 |

他们的生活**又**幸福**又**浪漫。 그들의 생활은 행복하기도 하고 낭만적이기도 하다.

> 两个人在沙漠行走，要走很远才能回到自己的家，风沙很大，又没有足够的水，也许会成为野兽口中的美味。甲身上带着很多黄金，乙身上带着一大袋面包，此种情形，乙有可能在食物的维持下走出沙漠，而甲尽管有很多黄金，___1___。所以世界上的许多事，取决于特定环境，才能体现出它的价值。有时候，再宝贵的东西也可能没价值。
>
> A 为了获得勇气　　　　　　　B 即使离开了沙漠
>
> C 又没有足够的精力　　　　　D 却面临饿死的危险

해설 및 정답　**문제 분석▼** 빈칸 앞에 쓰인 접속사 尽管과 호응하는 却가 쓰인 D가 정답이다.

两个人在沙漠行走，要走很远才能回到自己的家，风沙很大，又没有足够的水，也许会成为野兽口中的美味。甲身上带着很多黄金，乙身上带着一大袋面包，此种情形，乙有可能在食物的维持下走出沙漠，而甲尽管有很多黄金，__1 却面临饿死的危险__。所以世界上的许多事，取决于特定环境，才能体现出它的价值。有时候，再宝贵的东西也可能没价值。

A 为了获得勇气
B 即使离开了沙漠
C 又没有足够的精力
D 却面临饿死的危险

두 사람이 사막을 걷고 있었다. 멀리 걸어야만 자기 집으로 돌아갈 수 있었다. 모래 바람은 세고, 충분한 물도 없었고, 짐승의 맛있는 먹잇감이 될 수도 있었다. 갑은 많은 황금을 지니고 있었고, 을은 몸에 큰 빵 주머니 하나를 가지고 있었다. 이런 상황에서, 을은 음식물의 유지로 사막에서 벗어날 가능성이 있지만, 갑은 비록 많은 황금이 있어도 __1 오히려 굶어 죽는 위험에 직면한다__. 그래서 세상의 많은 일은 특정 환경에 따라 비로소 그것의 가치를 구현해 낼 수 있다. 어떤 때에는, 가장 귀한 것이 가장 가치가 없을 수 있다.

A 용기를 얻기 위해서
B 설령 사막을 떠나더라도
C 또 충분한 기운이 없었다
D 오히려 굶어 죽는 위험에 직면한다

단어 ★沙漠 shāmò 명 사막 | 风沙 fēngshā 명 모래 바람 | 足够 zúgòu 형 충분하다 | 也许 yěxǔ 부 아마도 | 野兽 yěshòu 명 야수 | 美味 měiwèi 명 맛있는 음식 | 情形 qíngxing 명 상황 | 维持 wéichí 동 유지하다 | 尽管 jǐnguǎn 접 비록 ~이지만 | 取决于 qǔjué yú ~에 달려 있다 | 特定 tèdìng 형 특정한 | 环境 huánjìng 명 환경 | ★体现 tǐxiàn 동 구현하다 | ★价值 jiàzhí 명 가치

★ 빈칸에 들어갈 알맞은 단어를 〈보기〉에서 고르세요.

| 보기 | A 渐渐 | B 充分 | C 一律 | D 再三 | E 轻易 |

❶ 图书馆对所有读者免费开放，进门来的都是读者，信息面前__________平等。

❷ 只要我们把小的时间__________利用起来，抓住每一分，每一秒，便会得到意想不到的收获。

❸ 大量的信息强制性地进入孩子的大脑，导致孩子的好奇心__________消失。

필수체크 **❹** 专家给被实验者宣布了游戏规则，并__________强调不能发出声音，不然的话就算犯规。

필수체크 **❺** 当遇到困难的时候不要__________放弃，因为如果你再试一次的话，也许就可能成功。

| 보기 | A 那么 | B 只有 | C 否则 | D 即使 | E 不论 |

❻ 无论做什么工作，都要预先做好准备，__________必然会事倍功半。

필수체크 **❼** 世界上没有一模一样的两个人，__________是一对双胞胎，在身体和性格上也有所不同。

❽ 人不应该被同化，__________保持个性、做到足够特别，生活才会够有滋有味。

필수체크 **❾** 生活中，如果我们能懂得勤奋努力，__________就没有解决不了的难题。

필수체크 **❿** __________你多么富有，你都无法用金钱买到时间，哪怕是一点点。

정답 및 해설_ 해설집 66쪽

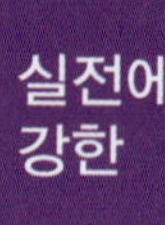

실전에 강한

제한 시간 14분

문제 적응 훈련

학습일 ____/____

맞은 개수 ______

| 실전 트레이닝 1 |

[1-3]

　　刺绣是中国优秀的民族__1__工艺之一。中国是世界上发现与使用蚕丝最早的国家，人们在四五千年前就已经开始养蚕、抽丝了。随着蚕丝的使用，丝织品的产生与发展，刺绣工艺也__2__兴起。如今，中国的刺绣工艺几乎遍于全国，苏州的苏绣、湖南的湘绣、四川的蜀绣、广东的粤绣各具特色，被誉为中国的四大名绣。今天的刺绣艺术品，工艺精细复杂，被__3__于生活和艺术装饰中，如服装、床上用品、台布、舞台、艺术品装饰。

1. **A** 文学　　　　**B** 传统　　　　**C** 秘密　　　　**D** 商品

2. **A** 逐渐　　　　**B** 再三　　　　**C** 始终　　　　**D** 尽快

3. **A** 描写　　　　**B** 显得　　　　**C** 反映　　　　**D** 应用

[4-7]

　　宠物与人的关系越来越密切，最近出现了这样一个__4__的职业——"遛狗人"。一些没有时间遛狗的主人会把自己心爱的宠物交给职业"遛狗人"。"遛狗人"会按照小时来收费。对于遛狗人来说，他们一个月接管的宠物狗数量可达上百只。他们每天会带着宠物狗去公园散步，一次可以遛4到6只狗，这样算起来，每天遛狗的收入__5__可观。而且这份工作不需要穿西装，工作自由，"顾客"也好伺候，在外人看起来是很好的工作。不过，职业遛狗人的工作，__6__。首先，遛狗是一项体力活。其次，这还跟物流方面的学问有关，比如如何妥善管理那么多名客户的房门钥匙。还有，如何同时处理好人与狗的关系才是这一行__7__的真正挑战。

4. **A** 激烈　　　　**B** 特殊　　　　**C** 热情　　　　**D** 艰巨

5. **A** 陆续　　　　**B** 彻底　　　　**C** 相当　　　　**D** 仔细

6. **A** 十分令人好奇　　　　　　　**B** 却更适合年轻人

　　C 发展规模逐渐变小　　　　　**D** 其实并没有那么轻松

7. **A** 面临　　　　**B** 吸引　　　　**C** 导致　　　　**D** 提倡

정답 및 해설_ 해설집 68쪽

| 실전 트레이닝 2 |

[1-3]

　　在四川地区___1___着一种有趣的植物，它的名字叫做毛竹。这种竹子非常高大，它的竿高达二十多米，直径也达到了二十多厘米。然而，在最初的五年里，毛竹的生长十分缓慢，可以说是森林里的"小矮人"。但在第六年雨季来临时，___2___，大约半个月时间，毛竹就能成为林中的身高冠军，并且风吹不倒。更为奇特的是，当毛竹处于生长期时，周围的植物都得为它让行，直到它长大"成人"，其他植物才能___3___到营养成分。

1. A 生长　　　　　**B** 产生　　　　　**C** 显示　　　　　**D** 宣传

2. A 大雨持续几天后　　　　　　　**B** 毛竹突然被风吹倒

　　C 它毫无目的地生长　　　　　　**D** 它却以惊人的速度向上长

3. A 善于　　　　　**B** 吸收　　　　　**C** 期待　　　　　**D** 追求

[4-7]

　　给宝宝念书是一项很好的活动，既能让宝宝学到知识，___4___。

　　反复念孩子喜欢的书，是帮助孩子进入书本世界的方法之一。重复多次之后，孩子对文字与语音的___5___加深了，对内容也会有进一步的了解。因此在听故事时，他们对故事的发展有所期待，___6___也能预测书中的人、动物会有什么样的反应。重复为孩子念一本书，不仅让幼儿从听懂的层次提升到欣赏体会故事的层次，也能让孩子因为自己能预知、控制故事的发展，而在心里___7___安心感和成就感。

4.　　A 可以锻炼父母的表达能力　　　**B** 父母应反复耐心教育孩子
　　　C 还能增进父母与孩子的感情　　　**D** 是孩子不断成长的关键时期

5. A 意义　　　　　**B** 印象　　　　　**C** 形式　　　　　**D** 表达

6. A 不如　　　　　**B** 同时　　　　　**C** 在于　　　　　**D** 立即

7. A 获得　　　　　**B** 宣布　　　　　**C** 发挥　　　　　**D** 分析

정답 및 해설_ 해설집 71쪽

독해
阅读

최신 기출 문제 분석

新HSK 5급 독해 제2부분은 지문의 내용과 일치하는 보기를 고르는 문제가 출제된다. 지문의 주제가 다양해 5급 수준이 아닌 어려운 단어가 제시되는 경우도 있어 내용 파악이 다소 어렵다.

핵심1 핵심 문장을 찾아라!

독해 제2부분은 보기와 지문의 세부 사항을 꼼꼼히 체크해야 하는 문제 유형이다. 독해의 다른 영역보다 한 문제당 문제를 푸는 시간이 더 오래 걸리므로 핵심 문장을 찾아 집중해서 해석해야 시간을 단축할 수 있다.

핵심2 지문보다 보기를 먼저 파악하자!

보기에 동일한 고유명사가 반복될 경우 설명문일 가능성이 높고, **要, 应该** 등의 단어가 많이 사용될 경우 견해문일 가능성이 높다. 그러므로 보기를 먼저 보고 지문의 성격을 파악하면, 정답을 찾는 데 유리하다.

핵심3 설명문일 경우, 세부 사항을 지문과 대조 비교한다

설명문은 설명하는 대상(사람이나 사물)이 하나이므로 보기에 공통적으로 등장한다. 반복된 단어를 제외하고 보기의 세부 사항을 지문과 대조하면서 일치하는지 파악하면 문제 풀이 시간을 줄일 수 있다.

핵심4 견해문일 경우, 지문의 앞부분과 뒷부분을 집중해서 해석한다

글의 주제는 대부분 글의 앞쪽과 뒤쪽에 있을 가능성이 크다. 각 보기의 주제를 파악한 후, 주어진 지문의 앞줄과 뒷줄을 정확하게 해석하면 정답을 더 쉽게 찾을 수 있다.

핵심5 독해의 기본기를 다져라!

독해 제2부분은 정확한 독해 능력을 요구하는 영역이기 때문에 독해의 기본기가 중요하다. 평소에 필수 단어를 외우고 문장 구조를 파악하는 연습을 통해 독해의 기본기를 다져야 한다. 또한 출제된 중국 문화 관련 내용이나 성어, 속담 등은 시험에 다시 출제될 가능성이 높으므로 내용을 기억해 두는 것이 좋다.

新HSK에는 이렇게 출제된다! ▼

- ★ 독해 제2부분 총 10문제는 크게 **설명문**과 **견해문**으로 나눌 수 있다.

- ★ **설명문**은 **8–9문제**가 출제되며, 자주 출제되는 주제는 **과학, 일반 상식, 중국 문화** 등이다. 설명문은 대부분 설명하는 대상의 세부적인 특징과 관련된 보기가 제시되므로, **보기와 본문을 자세히 대조**하며 정답을 찾아야 한다.

- ★ **견해문**은 **1–2문제** 정도 출제되며, 주로 **성공과 실패, 인생의 처세, 자기 관리**에 관련된 내용이다. 견해문의 보기에는 글쓴이의 **삶에 대한 철학이 들어있는 명제**나 要, 应该 등이 많이 제시된다.

준비 트레이닝

보기를 보고 글의 종류를 확인한다. 설명문이라면 보기 내용과 본문 내용을 자세히 비교 대조하면서 문제를 풀고, 견해문이라면 본문 앞뒤에 글의 주제가 있을 가능성이 높다.

[문제]

Step 2.
글의 종류를 생각하며 본문을 읽는다.

…追悔过去，只能失掉现在；失掉现在，怎么可能会有未来！成功的关键就在于抓紧目前的时光，积极地去做，不要等待，否则你可能永远都等不到。

A　要勇敢面对困难

Step 1.
보기를 보고 글의 종류를 확인한다.

B　**成功在于把握现在**

C　失败过后要总结原因

Step 3.
본문의 내용과 일치하는 보기를 선택한다.

D　成功离不开个人的经验

[해석]

…과거를 후회하면 현재를 잃어버릴 수밖에 없다. 현재를 잃어버리면 어떻게 미래가 있을 수 있겠는가! 성공의 관건은 현재의 시간을 장악하고 적극적으로 행동하는 데 있다. 기다리지 말아라, 그렇지 않으면 당신은 아마도 영원히 (성공을) 만나지 못할 것이다.

A　용감하게 어려움에 맞서야 한다

B　**성공은 현재를 장악하는 데 달려 있다**

C　실패한 후 원인을 정리해야 한다

D　성공은 개인의 경험과 떼려야 뗄 수 없다

 **설명문에 자주 나오는 어휘**

物理 wùlǐ · 化学 huàxué 물리·화학	□□ 固体 gùtǐ 고체	□□ 液体 yètǐ 액체 ★
	□□ 物质 wùzhì 물질 ★	□□ 氧气 yǎngqì 산소
	□□ 成分 chéngfèn 성분 ★	□□ 能源 néngyuán 에너지원 ★
	□□ 融化 rónghuà (얼음·눈 따위가) 녹다, 융해되다	□□ 吸收 xīshōu 흡수하다 ★
	□□ 燃烧 ránshāo 연소하다 ★	□□ 阳光 yángguāng 햇빛
医学 yīxué 의학	□□ 病毒 bìngdú 바이러스	□□ 心脏 xīnzàng 심장
	□□ 失忆 shīyì 기억 상실	□□ 寿命 shòumìng 수명 ★
	□□ 传染 chuánrǎn 전염하다 ★	□□ 呼吸 hūxī 호흡하다 ★
	□□ 消化 xiāohuà 소화하다 ★	□□ 急诊 jízhěn 응급 진료
	□□ 肌肉 jīròu 근육 ★	□□ 恢复 huīfù 회복하다 ★
	□□ 疾病 jíbìng 질병	□□ 失眠 shīmián 불면증에 걸리다 ★
	□□ 预防 yùfáng 예방하다 ★	□□ 诊断 zhěnduàn 진단하다 ★
	□□ 治疗 zhìliáo 치료하다 ★	□□ 疲劳 píláo 피로하다 ★
天文 tiānwén 천문	□□ 天空 tiānkōng 하늘	□□ 雷 léi 천둥 ★
	□□ 雾 wù 안개 ★	□□ 彩虹 cǎihóng 무지개
	□□ 闪电 shǎndiàn 번개 ★	□□ 星星 xīngxing 별
文化 wénhuà 문화	□□ 习俗 xísú 풍속 ★	□□ 遗产 yíchǎn 유산
	□□ 象棋 xiàngqí 중국 장기 ★	□□ 围棋 wéiqí 바둑 ★
	□□ 戏曲 xìqǔ 희극[중국의 전통극]	□□ 京剧 jīngjù 경극 ★
	□□ 诗歌 shīgē 시가[시의 일종] ★	□□ 朝代 cháodài 왕조의 연대 ★
	□□ 三国 Sānguó 삼국	□□ 宋代 Sòngdài 송대
	□□ 清朝 Qīngcháo 청조[청나라 시기]	□□ 明朝 Míngcháo 명조[명나라 시기]

　　象棋，是一种棋类益智游戏，早在公元前的先秦时期已有关于象棋的记载。它属于两人对抗性游戏的一种，由于用具简单，趣味性强，成为流行极为广泛的棋艺活动。目前，象棋已成为中国正式开展的78个体育运动项目之一。

A　象棋规则复杂 　　　　　　　　　B　象棋适合4人玩儿
C　象棋有着悠久的历史 　　　　　　D　象棋属于体力对抗性游戏

해설 및 정답 **문제 분석▼** 早在公元前的先秦时期(일찍이 기원전 선진 시대에)에서 장기의 역사가 기원전임을 알 수 있으므로, 장기가 유구한 역사를 가지고 있다고 한 C가 정답이다.

　　象棋，是一种棋类益智游戏，<u>早在公元前的先秦时期</u>已有关于象棋的记载。它属于两人对抗性游戏的一种，由于用具简单，趣味性强，成为流行极为广泛的棋艺活动。目前，象棋已成为中国正式开展的78个体育运动项目之一。

A　象棋规则复杂
B　象棋适合4人玩儿
C　象棋有着悠久的历史
D　象棋属于体力对抗性游戏

　　장기는 일종의 기류 두뇌 발달 게임이다. <u>일찍이 기원전 선진 시대에</u> 이미 장기에 관련된 기록이 있다. 그것은 두 사람의 대항성 게임의 일종에 속하며, 용구가 간단하고, 오락성이 강하기 때문에, 매우 광범위하게 유행하는 기예 활동이 되었다. 현재, 장기는 이미 중국에서 정식으로 열리는 78개의 체육 항목 중 하나가 되었다.

A　장기의 규칙은 복잡하다
B　장기는 네 사람이 놀기에 적합하다
C　장기는 유구한 역사를 가지고 있다
D　장기는 체력 대항성 게임에 속한다

단어 ★象棋 xiàngqí 몡 중국 장기 | 棋类 qí lèi 바둑·장기·체스 등의 총칭 | 益智游戏 yìzhì yóuxì 몡 두뇌 발달 게임 | ★公元前 gōngyuán qián 기원전 | 先秦时期 Xiānqín shíqī 선진 시기 | ★记载 jìzǎi 몡 기록 | ★属于 shǔyú 동 ~에 속하다 | 对抗性 duìkàngxìng 대항성 | 趣味性 qùwèixìng 오락성 | 极为 jíwéi 뷔 매우, 대단히 | ★广泛 guǎngfàn 톙 광범(위)하다 | 棋艺 qíyì 몡 장기·바둑을 두는 솜씨, 기예 | ★规则 guīzé 몡 규칙 | ★悠久 yōujiǔ 톙 유구하다 | 体力 tǐlì 몡 체력

　　自然界里有这样一种神奇的现象：当一株植物单独生长时，会显得矮小、单调，而当它与众多同类植物一起生长时，则会根深叶茂，生机勃勃。人们把植物界中这种相互影响、相互促进的现象，称之为"共生效应"。

A　自然界中植物多共同生长　　　　B　共生效应对植物有积极作用
C　共生效应下的植物营养更丰富　　D　共生效应不存在于人际关系中

해설 및 정답　**문제 분석▼**　相互影响、相互促进的现象，称之为"共生效应"(서로 영향을 주고 받는 것과 서로 발전을 촉진하는 현상을 '공생 효과'라고 한다)라고 했으므로 '공생 효과는 식물에 긍정적인 역할을 한다'라고 한 B가 정답이다.

　　自然界里有这样一种神奇的现象：当一株植物单独生长时，会显得矮小、单调，而当它与众多同类植物一起生长时，则会根深叶茂，生机勃勃。人们把植物界中这种相互影响、相互促进的现象，称之为"共生效应"。

A　自然界中植物多共同生长
B　共生效应对植物有积极作用
C　共生效应下的植物营养更丰富
D　共生效应不存在于人际关系中

　　자연계에는 이러한 신기한 현상이 하나 있다. 한 그루의 식물이 단독으로 자랄 때 아주 작고 단조로워 보이나, 그 식물이 많은 같은 종류의 식물과 성장하면, 뿌리를 깊이 내리고 가지와 잎이 무성해지며, 생명력이 왕성해진다. 사람들은 식물계에서 이렇게 서로 영향을 주고 받는 것과 서로 발전을 촉진하는 현상을 '공생 효과'라고 한다.

A　자연계에서 많은 식물이 함께 성장한다
B　공생 효과는 식물에 긍정적인 역할을 한다
C　공생 효과에 있는 식물은 영양이 더욱 풍부하다
D　공생 효과는 대인 관계에는 존재하지 않는다

단어　自然界 zìránjiè 몡 자연계 | 神奇 shénqí 혱 신기하다 | ★现象 xiànxiàng 몡 현상 | 株 zhū 양 그루 | 植物 zhíwù 몡 식물 | ★单独 dāndú 단독으로 | ★生长 shēngzhǎng 동 자라다 | ★显得 xiǎnde 동 ~하게 보이다 | 矮小 ǎixiǎo 혱 작다 | ★单调 dāndiào 혱 단조롭다 | 众多 zhòngduō 혱 아주 많다 | 同类 tónglèi 혱 같은 종류의 | 根深叶茂 gēn shēn yè mào 솅 뿌리가 깊이 내리면 가지와 잎이 무성하다 | 生机勃勃 shēngjī bóbó 솅 생명력이 왕성하다 | 相互 xiānghù 분 서로 | ★促进 cùjìn 동 촉진하다 | 称 chēng 동 ~(이)라고 부르다 | 共生效应 gòngshēng xiàoyìng 공생 효과 | ★共同 gòngtóng 분 함께 | 积极 jījí 혱 긍정적이다 | 营养 yíngyǎng 몡 영양 | 丰富 fēngfù 혱 풍부하게 하다 | ★存在 cúnzài 동 존재하다 | ★人际关系 rénjì guānxi 몡 대인 관계

　　晋商一般是指明清年间的山西商人，主要经营盐业、票号等商业。他们为中国留下了丰富的建筑遗产，比如著名的乔家大院、常家庄园、曹家三多堂等等。晋商成功的根本原因在于"诚信"和"团结"的商帮政策。

A　山西商人讲究诚信　　　　　　B　盐业在明清时期发展快
C　乔家大院是古代皇宫建筑　　　D　晋商最大的贡献是建筑遗产

해설 및 정답　**문제 분석▼** 晋商成功的根本原因在于"诚信"(산서 상인이 성공한 근본적인 원인은 '신용'에 있다)라고 하였으므로 내용과 일치하는 보기는 A이다.

　　晋商一般是指明清年间的山西商人，主要经营盐业、票号等商业。他们为中国留下了丰富的建筑遗产，比如著名的乔家大院、常家庄园、曹家三多堂等等。晋商成功的根本原因在于"诚信"和"团结"的商帮政策。

A 山西商人讲究诚信
B 盐业在明清时期发展快
C 乔家大院是古代皇宫建筑
D 晋商最大的贡献是建筑遗产

　　산서 상인은 일반적으로 명·청 시기 산서성의 상인을 일컬으며, 주로 제염업, 금융업 등 상업에 종사했다. 그들은 중국에 풍부한 건축 유산을 남겼다. 예를 들면 유명한 교가대원, 상가장원, 조가삼다당 등이다. 산서 상인이 성공한 근본적인 원인은 '신용'과 '단결'의 상인 연합 정책에 있다.

A 산서 상인은 신용을 중시 여긴다
B 제염업은 명·청 시기에 빠르게 발전했다
C 교가대원은 고대 황궁 건축이다
D 산서 상인의 최대 공헌은 건축 유산이다

단어 晋商 Jìnshāng 몡 산서 상인 | 明清年间 Míng Qīng niánjiān 명·청 시기 | ★经营 jīngyíng 동 경영하다 | 盐业 yányè 몡 제염업, 소금업 | 票号 piàohào 몡 표호[옛날 산시성 상인이 경영하던 개인 금융 기관] | ★商业 shāngyè 몡 상업 | ★建筑 jiànzhù 몡 건축 | 遗产 yíchǎn 몡 유산 | 乔家大院 Qiáojiā Dàyuàn 고유 교가대원 | 常家庄园 Chángjiā Zhuāngyuán 고유 상가장원 | 诚信 chéngxìn 몡 신용 | 团结 tuánjié 몡 단결 | 商帮政策 shāngbāng zhèngcè 상인 연합 정책 | ★讲究 jiǎngjiu 동 중요시하다 | 皇宫 huánggōng 몡 황궁 | ★贡献 gòngxiàn 몡 공헌

성공과 실패	成功要靠行动　성공은 행동에 달려 있다 chénggōng yào kào xíngdòng	
	功夫不负有心人　노력은 뜻이 있는 사람을 저버리지 않는다 gōngfu bú fù yǒu xīn rén	
	一分耕耘，一分收获　뿌린 대로 거둔다 yì fēn gēngyún, yì fēn shōuhuò	
	失败是成功之母　실패는 성공의 어머니이다 shībài shì chénggōng zhī mǔ	
	要坚持自己的选择　자신의 선택을 고집해야 한다 yào jiānchí zìjǐ de xuǎnzé	
	成功离不开个人努力　성공은 개인의 노력과 분리될 수 없다 chénggōng lí bu kāi gèrén nǔlì	
	要平静地对待失败　평온하게 실패를 받아들여야 한다 yào píngjìng de duìdài shībài	
	成功在于把握现在　성공은 현재를 장악하는 데 있다 chénggōng zài yú bǎwò xiànzài	
	困难是人前进的动力　어려움은 사람이 앞으로 나아가는 원동력이다 kùnnan shì rén qiánjìn de dònglì	
인생의 처세	知足常乐　만족함을 알면 항상 즐겁다 zhī zú cháng lè	
	放下也是一种智慧　내려놓는 것도 하나의 지혜이다 fàngxià yě shì yì zhǒng zhìhuì	
	谦虚才能学到更多　겸손해야 더 많은 것을 배울 수 있다 qiānxū cái néng xué dào gèng duō	
	做人要有诚信　사람은 신용을 지켜야 한다 zuò rén yào yǒu chéngxìn	
	要勇于承认错误　용감하게 잘못을 인정해야 한다 yào yǒng yú chéngrèn cuòwù	
	不要过分看重细节　세부적인 것을 지나치게 중시하면 안 된다 bú yào guòfèn kànzhòng xìjié	
	应该学会自信　자신감을 가져야 한다 yīnggāi xué huì zìxìn	

자기 관리	目标要明确 목표가 명확해야 한다 mùbiāo yào míngquè	
	要充分利用业余时间 여가 시간을 충분히 활용해야 한다 yào chōngfèn lìyòng yèyú shíjiān	
	一寸光阴一寸金 시간은 금이다 yí cùn guāngyīn yí cùn jīn	
	读万卷书，行万里路 만 권의 책을 읽으면 만 리 길을 다닌 것과도 같다 dú wàn juǎn shū, xíng wàn lǐ lù	
	要合理分配收入 합리적으로 수입을 분배해야 한다 yào hélǐ fēnpèi shōurù	
	事先做好计划可提高工作效率 사전에 계획을 잘 하면 업무 효율을 높일 수 있다 shìxiān zuòhǎo jìhuà kě tígāo gōngzuò xiàolǜ	
	做好小事是成就大事业的基础 작은 일을 잘 해 놓는 것이 큰 일의 기초이다 zuòhǎo xiǎo shì shì chéngjiù dà shìyè de jīchǔ	

如果想有幸福的生活，首先应有一个明确的方向。一个懂得给生活确定目标的人，会更靠近幸福。给自己的人生做个整体的规划，结合实际情况，才能使目标发挥出最大的效用，生活也会变得充实而有意义。

A 目标要明确　　　　　　　B 幸福生活靠奋斗
C 凡事都有不确定性　　　　D 要发挥自己的水平

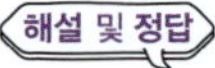

문제 분석▼ 应有一个明确的方向。一个懂得给生活确定目标的人(명확한 방향이 있어야 한다. 삶에 목표를 세울 줄 아는 사람)에서 명확한 방향과 삶의 목표를 이야기하고 있으므로 보기 A와 내용이 일치한다.

如果想有幸福的生活，首先应有一个明确的方向。一个懂得给生活确定目标的人，会更靠近幸福。给自己的人生做个整体的规划，结合实际情况，才能使目标发挥出最大的效用，生活也会变得充实而有意义。

A 目标要明确
B 幸福生活靠奋斗
C 凡事都有不确定性
D 要发挥自己的水平

만약 행복하게 살고 싶다면, 우선 명확한 방향이 있어야 한다. 삶에 목표를 세울 줄 아는 사람은 행복에 더 가까워질 것이다. 자신의 인생에 전체적인 계획을 세우고 실제 상황을 결합해야 목표가 가장 큰 가치를 발휘할 수 있고, 삶 또한 더 충실하고 의미있게 될 것이다.

A 목표가 명확해야 한다
B 행복한 생활은 노력에 달려 있다
C 모든 일에는 불확실성이 있다
D 자신의 실력을 발휘해야 하다

단어 幸福 xìngfú 형 행복하다 | 首先 shǒuxiān 부 우선 | ★明确 míngquè 형 명확하다 | 懂得 dǒngdé 통 알다 | ★确定 quèdìng 통 확정하다 | ★目标 mùbiāo 명 목표 | ★靠近 kàojìn 통 가까이 가다 | ★整体 zhěngtǐ 명 전체 | 规划 guīhuà 명 계획 | ★结合 jiéhé 통 결합하다 | 实际 shíjì 형 실제적이다 | 情况 qíngkuàng 명 상황 | ★发挥 fāhuī 통 발휘하다 | 效用 xiàoyòng 명 효과 | 充实 chōngshí 형 충실하다 | ★意义 yìyì 명 의미 | ★靠 kào 통 ～에 달려 있다 | ★奋斗 fèndòu 통 분투하다, 노력하다 | 凡事 fánshì 모든 일

공략 트레이닝 5

坚持梦想需要有一颗为梦想不断追求的心、吃苦耐劳的精神，更重要的是，在坚持梦想的过程中，我们要学会以苦为乐，把一切磨难当作一种享受，乐观地看待生活，化梦想为动力，不断提高自己的能力去实现梦想，而不是虚度人生。

A 梦想面前要学会放手　　　　B 困难是人前进的动力
C 劳动可以不断创造财富　　　　D 悲观的人不懂得如何生活

해설 및 정답　문제 분석▼　磨难(고난, 어려움)은 困难과 같은 뜻이고, 化梦想为动力(꿈을 원동력으로 삼는다)는 뜻이므로 '어려움은 사람이 앞으로 나아가는 원동력이다'라고 한 보기 B와 내용이 일치한다.

坚持梦想需要有一颗为梦想不断追求的心、吃苦耐劳的精神，更重要的是，在坚持梦想的过程中，我们要学会以苦为乐，把一切磨难当作一种享受，乐观地看待生活，化梦想为动力，不断提高自己的能力去实现梦想，而不是虚度人生。

A 梦想面前要学会放手
B 困难是人前进的动力
C 劳动可以不断创造财富
D 悲观的人不懂得如何生活

꿈을 지키려면 꿈을 위해 끊임없이 추구하는 마음과 고생을 참고 견디는 정신이 필요하다. 더욱 중요한 것은, 꿈을 지키는 과정에서 우리는 고생을 즐거움으로 여길 줄 알고, 모든 고난을 즐거움으로 삼고, 낙관적으로 삶을 대하고, 꿈을 원동력으로 삼아 끊임없이 자신의 능력을 향상시켜 꿈을 이루고 인생을 헛되이 보내지 않는 것이다.

A 꿈 앞에서 포기할 줄 알아야 한다
B 어려움은 사람이 앞으로 나아가는 원동력이다
C 노동은 끊임없이 부를 창출할 수 있다
D 비관적인 사람은 어떻게 살아야 하는지 모른다

단어 ★梦想 mèngxiǎng 명 꿈 | ★颗 kē 양 동그란 모양을 세는 단위 | ★不断 búduàn 부 끊임없이 | ★追求 zhuīqiú 통 추구하다 | 吃苦耐劳 chī kǔ nài láo 성 고통과 어려움을 참고 견디다 | ★精神 jīngshén 명 정신 | 过程 guòchéng 명 과정 | 一切 yíqiè 대 전부, 모든 | 磨难 mónàn 명 고난, 어려움 | 当作 dàngzuò 통 ～(으)로 삼다 | 乐观 lèguān 형 낙관적이다 | 看待 kàndài 통 대하다 | ★提高 tígāo 통 향상시키다 | ★实现 shíxiàn 통 실현하다 | 面前 miànqián 명 앞, 면전 | 放手 fàngshǒu 통 포기하다 | 前进 qiánjìn 통 앞으로 나아가다 | 劳动 láodòng 명 노동 | ★创造 chuàngzào 통 창조하다 | ★财富 cáifù 명 부 | ★悲观 bēiguān 형 비관적이다

문제 적응 훈련

학습일 _____ / _____

맞은 개수 _______

실전 트레이닝 1

1. 无氧运动的最大特征是：运动时氧气的摄取量非常低。无氧运动速度很快，而且爆发力很强，这种运动会在体内产生很多的乳酸，导致肌肉疲劳，运动后感到肌肉酸痛，呼吸急促。常见的无氧运动有短跑、举重、跳高、跳远等。

A 有氧运动效果不佳

B 无氧运动不摄取氧气

C 有氧运动后要好好休息

D 无氧运动会导致肌肉疼痛

2. 失忆症在中国古代被称作"妙笔寻花"，意思是得失忆症的人记得很久以前的事，却不记得刚刚发生的事。比如可以很清楚地说出很多年前孩子出生时的情景，却说不出自己穿了什么颜色的袜子，晚饭吃了什么等等。

A 失忆症是古代的一种病

B 失忆症是一种很难治疗的病

C 失忆症的人经常会忘记时间

D 失忆症患者能记住多年前的事

3. 陕西历史悠久，自古是帝王建都之地，中国历史上的九个大一统王朝中，有五个王朝的都城都在这里。陕西省的一个代称是"秦"，春秋战国时陕西是秦国治地，所以后人将陕西简称为"秦"，将陕西中部的主要山脉称"秦岭"，将渭河平原称"秦川"。

A 秦岭位于陕西省的西部

B 陕西省的地形十分复杂

C 历史上有九个王朝在陕西建都

D 陕西省代称"秦"来自古代秦国

정답 및 해설_ 해설집 75쪽

| 실전 트레이닝 2 |

1. 变温动物的体温随着冬季的到来与外界温度一起下降，以至很快变得不能进行生活活动，所以需要"冬眠"。但在这之前，它们要向避风和温度下降不剧烈的地方移动，从而进入冬眠，一般多选择阳坡的地下或石头下面等处。

  A 变温动物需要"冬眠"

  B 变温动物生活活动缓慢

  C 变温动物对环境的适应能力很强

  D 变温动物喜欢在阴冷的地方冬眠

2. 李清照是中国宋代女词人，被称为"千古第一才女"。她出生于书香门第，小时候就在良好的家庭环境中打下了文学基础。出嫁后与丈夫共同搜集、整理书画金石。她的词可分为两个时期，前期多写悠闲生活，后期多感叹身世，充满感伤。

  A 李清照是清代女词人

  B 李清照是中国的千古美女

  C 李清照的丈夫也喜欢写词

  D 李清照后期的词变得感伤

3. 每一种仙人掌类植物都能开花，其中很多种类只要栽培适当，很快就可开花。仙人掌开花有个特点，即越是充分接受阳光的地方，越容易开花。花的颜色除了蓝色和黑色外，其他各种颜色的花也都有，而且千变万化。

  A 仙人掌离不开水

  B 仙人掌易在沙漠中生长

  C 阳光有助于仙人掌开花

  D 开花的仙人掌可以食用

정답 및 해설_ 해설집 77쪽

| 실전 트레이닝 3 |

1. 成都锦里曾是历史上最古老、最具有商业气息的街道之一，早在秦汉、三国时期便闻名全国。今天这条街上，浓缩了成都生活的精华：有茶楼、客栈、酒楼、酒吧、戏台、风味小吃、工艺品、土特产，充分展现了三国文化和四川民风民俗的独特魅力。

A 成都锦里位于四川北部

B 成都锦里极具文化特色

C 成都锦里是一条美食街

D 成都锦里未被充分开发

2. "权威效应"是指一个人要是地位高、有威信、受人敬重，那他所说的话及所做的事就容易引起别人重视，让人相信。"权威效应"的普遍存在，首先是由于人们有"安全心理"，即人们总认为权威人物往往是正确的，服从他们会使自己具备安全感，减少犯错的机率。

A 地位高的人心态好

B 权威人物不会犯错误

C 安全心理不受人们重视

D 听从权威人物可减少出错

3. 中国戏曲是一种高度综合的民族艺术。它不仅融会了各个艺术门类，比如舞蹈、杂技，而且还具有精彩丰富的表演艺术。各种不同的艺术元素与表演艺术紧密结合，通过演员的表演实现戏曲的全部功能。其中，唱、念、做、打便是戏曲的综合性的最集中、最突出的体现。

A 中国戏曲历史悠久

B 唱是戏曲最突出的部分

C 戏曲艺术离不开演员表演

D 各民族都有自己独特的戏曲文化

정답 및 해설_ 해설집 79쪽

실전 트레이닝 4

1. 在这个时代，有用的阅读当然是重要的。但是，比这更美好的境界是无用的阅读，就是为生命、为成长的阅读，它不见得给你一个直接的学历，不一定给你专业的技能，但是它让你的心灵开阔，给你幸福感和安全感。

  A 要合理安排时间
  B 读书不分有用无用
  C 高学历离不开读书
  D 幸福感来源于专业技能

2. 人拥有太多用不到也享受不到的东西，却还是要拼命地满足心里的那个无法实现的梦。所以，拥有一个东西，你其实就失去两个自由——一个是被物质捆绑，一个是面临被金钱支配。人生各方面，只有放下，你才能自如地生活。

  A 放手也是一种智慧
  B 要放慢生活的节奏
  C 人应坚持自己的方向
  D 梦想的实现需要努力

3. 有人说，设计师的作品只有达到了没什么可以删除的程度，而非再没什么可以添加的程度，才可以说实现了完美。这句话是告诉我们要学会把复杂的内容简单化，过于在乎细节，有时可能会让我们远离目标。

  A 设计师要学会变通
  B 细节造就完美作品
  C 不要过分看重细节
  D 目标的实现在于坚持

정답 및 해설_ 해설집 81쪽

실전 트레이닝 5

1. 当有人向你提问时，很多谦虚的人总会有意无意地说"我也不清楚"、"我也没有把握"这样的话。时间长了，他们反而会失去了挑战的精神。因此，我们不妨暂时忘记谦虚，在心里给自己加油：我也可以！

   A 虚心使人进步

   B 做事不要骄傲

   C 应该学会自信

   D 回答前要仔细考虑

2. 《礼记》中有这样一句话："凡事预则立，不预则废"，说的是不管什么事情，事先有准备就可以成功，没有准备就要失败。说话前做好准备，就不会因词穷理屈而站不住脚；行事前做好计划，就不会发生因犯了错误而后悔的事。

   A 说话做事要有原则

   B 成功之路并不一帆风顺

   C 任何事情都有不确定性

   D 提前做计划可避免出错

3. 每个人都希望过上幸福快乐的生活，可是人生不如意者十有八九。人要想生活过得愉快，首先必须要有个好心态，与别人相处不争强好胜、不斤斤计较等等，只有这样，你的人生之路才会越走越宽广。正所谓"知足常乐，能忍自安"。

   A 人要学会满足

   B 与别人交流很关键

   C 人生之路难免有困难

   D 成功源于不断的努力

정답 및 해설_ 해설집 83쪽

| 실전 트레이닝 6 |

정답 및 해설_ 해설집 85쪽

1. 成语 "未雨绸缪" 指的是趁着天没下雨，先修好房屋门窗，以免大雨来临时被淋湿。比喻事先做好准备工作，预防不必要的事发生。生活中，我们要经历千千万万的事，总要面对无数次的成功与失败。事先做好准备，就会减少失败带来的风险。

A 要平静地面对失败

B 临时改变计划有风险

C 提前做准备十分必要

D 谦虚的人更值得人尊重

2. 生活中，谁都难免会犯这样或那样的错误。犯了错误之后，该做什么、如何去做则非常重要，因为怨天尤人是没有任何作用的，而如果能在错误中发现机会，让错误开成一朵花，那么你的人生也许就会因此峰回路转，阳光灿烂。

A 要尽量避免犯错误

B 不要忽视工具的作用

C 坚持是走向未来的关键

D 错误可以为人生提供机会

3. 人对待业余时间的态度主要有两种。第一种，视业余时间如命，充分利用。第二种，视业余时间为泥土，随意弃之。怎样对待 "业余时间" 这片田就决定了你有怎样的收获。有的人生灿烂辉煌，有的人生暗淡无光，那是因为他们对 "业余时间" 的态度不同。

A 要学会享受独立生活

B 人要学会利用业余时间

C 积极的性格可以改变人生

D 业余时间不能决定人的未来

독해

최신 기출 문제 분석

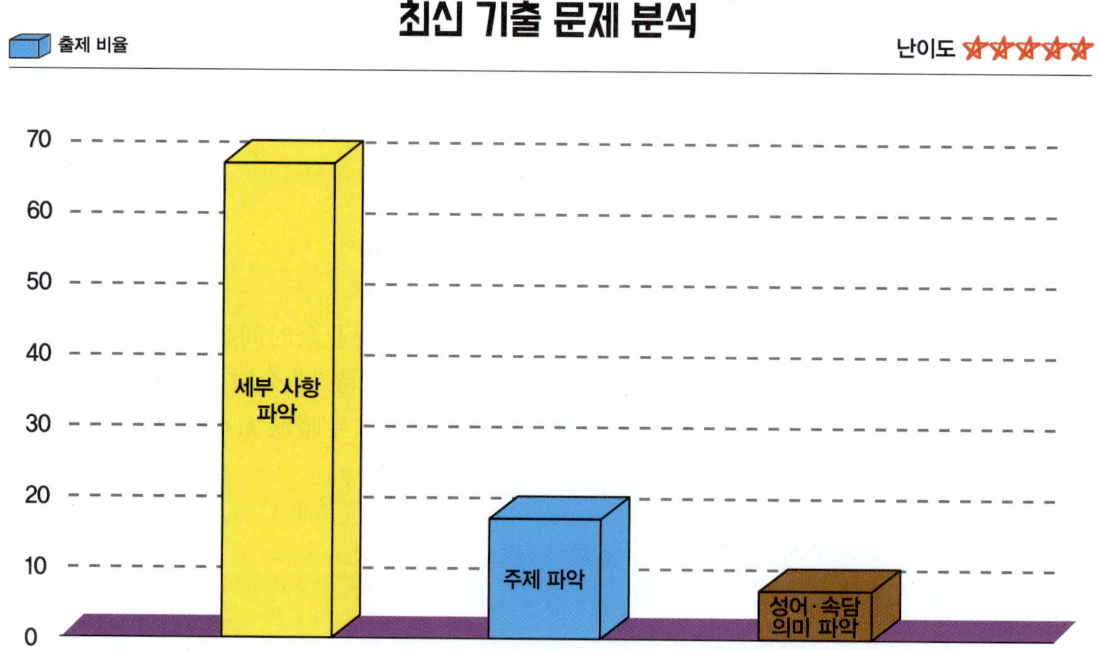

新HSK 5급 독해 제3부분은 총 5개의 비교적 긴 지문에 각 4개의 문제가 출제되고, 지문과 관련된 내용을 보기에서 선택하는 문제이다.

핵심1 질문의 유형을 파악한다

질문을 보고 질문의 유형을 파악해야 한다. 질문에 **下列哪项正确, 可以知道, 为什么**가 있다면 세부 사항을 묻는 문제이고, 질문에 **主要谈的是, 上文标题的是** 등이 있다면 주제를 묻는 문제이다.

핵심2 질문을 분석한 후 지문에서 답을 찾는다

세부 사항을 묻는 문제는 질문에서 핵심 단어를 찾은 후 지문에서 답을 찾는다. 지문에 핵심 단어를 중심으로 앞뒤 문장에서 보기에 그대로 쓰였거나 유의어로 바뀌어 있다면, 빠르고 정확하게 정답을 찾을 수 있다. 주제를 묻는 문제는 각 보기의 핵심 단어와 본문의 주제가 일치하는지 확인하고 정답을 찾는다. 성어 · 속담의 의미 파악 문제는 밑줄 친 앞뒤 문장에서 보기와 일치하는 내용이 있는지 대조하면서 문제를 풀어야 한다.

핵심3 속독과 정독을 동시에 해라!

독해 제3부분은 해석을 하지 않고 답을 찾으려 하면 안 된다. 문제 분석을 통해서 핵심 단어를 찾았다면, 지문에서 속독으로 핵심 단어를 찾는다. 그런 후에 핵심 단어가 있는 부분을 정독하면서 정답을 찾아야 한다.

핵심4 소거법으로 보기를 선택해라!

지문에서 정답을 바로 찾을 수 없을 때, 정답이 아닌 것부터 소거해 나가면서 문제를 푼다.

5 세부 사항 파악

新HSK에는 이렇게 출제된다! ▼

★ **독해 제3부분** 총 20문제 중 세부 사항을 묻는 문제는 **10–12문제** 정도가 출제된다.

★ 세부 사항을 묻는 문제는 보기와 지문을 하나하나 대조하면서 문제를 풀어야 하기 때문에, 문제를 푸는 시간이 많이 소요된다.

시험에 자주 나오는 질문 형식

根据上文，<u>下列哪项正确</u>？ 윗글에 근거하여, 다음 중 맞는 것은?

根据第1段，<u>可以知道</u>： 첫 번째 단락에서 알 수 있는 것은?

朋友<u>为什么会生病</u>？ 친구는 왜 병에 걸렸나?

上文中，穷人是个<u>什么样的人</u>？ 윗글에서 가난한 사람은 어떤 사람인가?

大家捞起鱼时有<u>什么反应</u>？ 사람들은 물고기를 건졌을 때 어떤 반응이었는가?

 준비 트레이닝

질문을 먼저 읽고 세부 사항을 묻는 문제임을 파악하였다면, 보기의 내용을 파악한 후 본문을 해석하면서 본문과 보기를 꼼꼼히 대조하여 문제를 풀어야 한다.

문제

　有一天，父亲带他外出，途经一个小站时，父亲下车买东西，时间长了，汽车开走了。他很害怕。但到终点站一看，父亲却在不远处微笑着等着他。…

Step 1.
질문을 보고 세부 사항을 묻는 문제임을 확인한다.

Step 3.
보기의 세부 내용과 본문을 비교하며 답을 찾는다.

根据上文，下列哪项正确？

A 他骗了父亲　　　　　　　　B 父亲比他早到

Step 2.
보기 내용을 읽고 해석한다.

C 他路上下了车　　　　　　　D 父亲是个很诚实的人

해석

　어느 날, 아버지가 그를 데리고 나갔다. 작은 역을 지날 때, 아버지는 차에서 내려 물건을 샀다. 시간이 오래 지나 차가 출발했고, 그는 무서웠다. 그러나 종점에 도착해 보니, 아버지는 멀지 않은 곳에서 웃으며 그를 기다리고 있었다. …

윗글에 근거하여, 다음 중 맞는 것은?

A 그가 아버지를 속였다　　　　B 아버지는 그보다 먼저 도착했다

C 그는 가는 길에 차에서 내렸다　　D 아버지는 매우 진실한 사람이다

1 자주 호응되는 전치사

다음 전치사들과 호응하는 단어를 익혀두면 해석할 때 문장의 구조를 쉽게 파악할 수 있을 뿐만 아니라 정확히 해석할 수 있다. 다음 전치사를 꼭 외우고, 예문을 반복해서 읽으며 숙지하자.

독해 실력에 도움이 되는 전치사

跟(与/和)…相比 gēn(yǔ/hé)…xiāngbǐ ✹	~와 비교하면

跟去年相比，公司的销售额上升了很多。 작년에 비하면 회사 매출액이 매우 많이 올랐다.

跟(与/和)…有关(无关) gēn(yǔ/hé)…yǒuguān(wúguān) ✹	~와 관계가 있다(없다)

这件事与你无关，请不要担心。 이 일은 당신과 관계가 없으니 걱정하지 마세요.

跟(与/和)…不同 gēn(yǔ/hé)…bù tóng ✹	~와 다르다

跟北方人不同，南方人更喜欢吃甜食。
북방 사람과 다르게 남방 사람은 달달한 음식 먹기를 좋아한다.

由…组成 yóu…zǔchéng ✹	~으로 구성되다

这个团队由12名年轻的大学生组成。 이 단체는 12명의 젊은 대학생으로 구성되어 있다.

由…构成 yóu…gòuchéng	~으로 구성되다

这次招聘由笔试和面试两部分构成。 이번 채용은 필기와 면접 두 영역으로 구성되어 있다.

由…引起 yóu…yǐnqǐ	~이(가) 야기하다

一个大错误往往是由无数个小失误引起的。
하나의 큰 잘못은 종종 수많은 작은 잘못에서 야기된다.

由…负责 yóu…fùzé	~가 책임지다

公司的新项目由宣传部负责。 회사의 새로운 프로젝트는 홍보부에서 책임진다.

对(于)…来说 duì(yú)…lái shuō ✹	~한테는

对(于)这些年轻人来说，没有克服不了的困难。
이 젊은이들한테는, 극복하지 못할 어려움은 없다.

对…有害 duì…yǒu hài	~에 해롭다

乱扔塑料袋对城市环境有害。 비닐봉지를 함부로 버리는 것은 도시 환경에 해롭다.

对…有好处 duì…yǒu hǎochu ✹	~에 좋은 점이 있다

梨能降火，吃了对嗓子有好处。 배가 열을 내리게 해서 먹으면 목에 좋다.

| 据···消息 jù···xiāoxi | ~의 소식에 따르면 |

据气象台最新**消息**，明天本市将有大雪。
기상청의 최신 소식에 따르면, 내일 이 도시에 큰 눈이 내릴 것이라고 한다.

| 据···报道 jù···bàodào | ~의 보도에 따르면 |

据电视台**报道**，渤海有22%的海水被污染。
방송국 보도에 따르면 보하이의 바닷물 22%가 오염되었다고 한다.

| 在···看来 zài···kànlái | ~가 보기에 |

在我**看来**，公司的决定是合理的。
내가 보기에 회사의 결정은 합리적이다.

| 拿···来说 ná···lái shuō | ~을 예를 들어 말하면 |

拿苹果**来说**，吃苹果可以预防心脏病。
사과로 예를 들어 말하면, 사과를 먹으면 심장병을 예방할 수 있다.

| 从···(角度)来看 cóng···(jiǎodù) lái kàn ✿ | ~의 (관점·각도·측면)에서 보면 |

从技术、经济**角度来看**，新可再生能源尚无替代核能。
기술적, 경제적 측면에서 신재생 에너지는 아직까지 원자력의 대안이 될 수 없다.

| 以···为··· yǐ···wéi··· ✿ | ~를 ~로 삼다(여기다) |

这部小说**以**上世纪的大上海**为**背景。
이 소설은 지난 세기의 상하이를 배경으로 삼고 있다.

| 以···身份 yǐ···shēnfen | ~의 신분으로 |

这位不知名的演员**以**导演的**身份**被观众熟知。
이름도 모르는 이 연기자는 감독의 신분으로 대중에게 알려져 있다.

단어 销售额 xiāoshòu'é 몡 매출액 | ★招聘 zhāopìn 동 채용하다, 모집하다 | 失误 shīwù 몡 실수, 잘못 | 宣传部 xuānchuán bù 몡 홍보부 | 塑料袋 sùliàodài 몡 비닐봉지 | 嗓子 sǎngzi 몡 목구멍 | 气象台 qìxiàngtái 몡 기상청 | 渤海 Bó Hǎi 고유 보하이[산둥 반도와 랴오둥 반도 사이의 바다 이름] | 污染 wūrǎn 동 오염시키다 | 摄氏度 shèshìdù 몡 섭씨, 도(℃) | 新可再生能源 xīn kě zàishēng néngyuán 신재생 에너지 | 背景 bèijǐng 몡 배경 | 导演 dǎoyǎn 몡 감독 | 熟知 shúzhī 동 잘 알다

> 一般情况下，每年清明节的这个时候，总是下雨。可是为什么清明节总是下雨呢？首先，每年的清明节都在四月五日前后，正是冬去春来的时候，冷空气显得不那么强大，并且逐渐减弱。这时候，海洋上的暖湿空气开始北上，冷暖空气经常在南方交汇，因此形成了阴雨绵绵的天气。
>
> 根据第1段，清明节：
>
> A 阳光充足　　　　　　　　B 发生在冬季
> C 可能是四月四日　　　　　D 冷暖空气北方交汇

해설 및 정답 **문제 분석▼** 每年的清明节都在四月五日前后(매년 청명절은 4월 5일 전후)라고 하였으므로 정답은 C이다. 冬去春来的时候(겨울이 가고 봄이 올 때)라고 하였으므로 '겨울철에 발생한다'라고 한 B는 오답이다. 冷暖空气经常在南方交汇(냉온기류는 자주 남방에서 모인다)라고 하였으므로 '냉온기류는 북방에서 모인다'라고 한 D는 오답이다.

一般情况下，每年清明节的这个时候，总是下雨。可是为什么清明节总是下雨呢？首先，<u>每年的清明节都在四月五日前后</u>，正是冬去春来的时候，冷空气显得不那么强大，并且逐渐减弱。这时候，海洋上的暖湿空气开始北上，冷暖空气经常在南方交汇，因此形成了阴雨绵绵的天气。	일반적인 상황에서, 매년 청명절의 이때는 항상 비가 온다. 하지만 왜 청명절에는 항상 비가 올까? 우선, <u>매년 청명절은 4월 5일 전후이고</u>, 겨울이 가고 봄이 올 때여서, 찬 공기는 그다지 강하지 않고, 게다가 점점 약해진다. 이때, 해양의 따뜻하고 습한 공기가 북상하기 시작해 냉온기류는 자주 남방에서 모인다. 그래서 장마가 계속되는 날씨가 되는 것이다.

根据第1段，清明节：	첫 번째 단락에 따르면, 청명절은?
A 阳光充足	A 햇빛이 충분하다
B 发生在冬季	B 겨울철에 발생한다
C 可能是四月四日	**C 아마도 4월 4일이다**
D 冷暖空气北方交汇	D 냉온 기류는 북방에서 모인다

단어 清明节 Qīngmíngjié 몡 청명절 | ★显得 xiǎnde 동 ～하게 보이다 | 强大 qiángdà 톙 강대하다 | ★逐渐 zhújiàn 뷰 점점 | 减弱 jiǎnruò 동 약화되다 | 海洋 hǎiyáng 몡 해양 | ★湿 shī 톙 습하다 | 交汇 jiāohuì 동 합류하다, 모이다 | ★形成 xíngchéng 동 형성되다 | 阴雨绵绵 yīnyǔ miánmián 장마가 계속되다 | 阳光 yángguāng 몡 햇빛 | 充足 chōngzú 톙 충족하다

★ 단문을 빠르게 읽고 질문에 답하세요.

❶ 位于山东半岛的青岛，又称小青岛，别名琴岛，地处黄河流域下游、黄海之滨，不仅景色非常秀丽，而且还有着悠久的文化历史，是山东省的文化中心和中国北方的一个著名文化城市。

★青岛的风景怎么样？　　　　　　　　　　　　　　　（　　　　　　　　）

❷ "张小泉"剪刀是中国手工业的传统名牌，已有300多年的历史。"张小泉"剪刀有五款，因钢铁分明、样式精美、经久耐用、物美价廉而闻名海内外。

★"张小泉"剪刀有多少年的历史？　　　　　　　　　（　　　　　　　　）

❸ 打火机使用起来很方便，但打火机致命的缺点是不耐保存。打火机里面的气体易蒸发，放上数月或一年半载，里面的气体多蒸发尽了，自然也打不着火了。而火柴耐于存放，放个十几年仍然同新的一样。

★打火机的缺点是什么？　　　　　　　　　　　　　（　　　　　　　　）

❹ 拖延症是指自我调节失败，在能够预料后果有害的情况下，仍然把计划要做的事情往后推迟的一种行为。严重的拖延症会对个体的身心健康带来消极影响，如出现强烈的自责情绪、不断地自我否定，一旦出现这种状态，需要引起重视。

★拖延症有什么消极影响？　　　　　　　　　　　　（　　　　　　　　）

❺ 移动支付，是利用手机付款的一种支付方式，主要分为近场支付和远程支付两种。所谓近场支付，就是用手机刷卡的方式，如坐车、买东西等。远程支付，是指通过发送支付指令进行的支付方式，如用手机上网购物付款。

★移动支付的两种分类是什么？　　　　　　　　　　（　　　　　　　　）

정답 및 해설_ 해설집 87쪽

문제 적응 훈련

실전에 강한 · 제한 시간 16분

학습일 ＿＿＿ / ＿＿＿
맞은 개수 ＿＿＿

| 실전 트레이닝 1 |

[1-4]

　　汽车为人们的出行提供了方便，然而传统燃油车辆在使用过程中产生了大量的有害废气，并加剧了对不可再生石油资源的依赖。电动汽车与传统的汽车相比，可以减少污染物排放，是一种清洁型汽车。

　　尽管电动汽车本身是清洁的，但发电厂在发电的过程中却不一定是一点污染没有的。如果发电厂是用清洁能源发电，如太阳能发电或水力发电，则其污染物排放是微乎其微的；但如果发电厂使用传统燃料进行燃烧发电，就会产生污染。

　　但是，从某种意义上讲，在发电厂控制污染要比对每辆车分别控制污染容易一些。同时，发电厂经常是位于空气污染严重的城市中心以外。更重要的是，将越来越多地使用可再生的能源进行发电，如生物能、风能、地热或太阳能，这些能源都将是清洁的能源。对于纯电动汽车来说，它是零排放、无污染的新型汽车。

　　除了清洁无污染这一优点之外，电动汽车在运行中停车时还不消耗能源，在制动过程中电动机自动转化成发电机，反过来给蓄电池充电补充能量，因此电动汽车具有很高的能源利用率。

1. 与传统汽车相比，电动汽车有什么特点？

　　A 速度快　　　　　　　　**B** 更安全

　　C 价格便宜　　　　　　　**D** 更加环保

2. 关于发电厂，可以知道什么？

　　A 可能产生污染物　　　　**B** 主要建在市中心

　　C 不容易控制污染　　　　**D** 只能使用传统燃料

3. 下列不属于清洁能源的是：

    A 风能   **B** 太阳能

    C 生物能   **D** 石油资源

4. 最后一段主要讲的是什么？

    A 电动汽车的优点   **B** 电动汽车的问题

    C 电动汽车的发展前景   **D** 电动汽车的驾驶方法

정답 및 해설_ 해설집 88쪽

실전 트레이닝 2

[1-4]

中国的扇子，品种甚多，其中苏工折扇历史悠久、制作精巧，享誉中外。

苏工折扇有着它自己的特点，和北方的折扇相比，苏工折扇大部分为9.5寸18方，做工精美、雅致，特别是对牛角钉的处理比较好。苏工折扇的扇骨制作以变化丰富和做工细致闻名，加工后的竹折扇骨非常细腻光滑，高雅古朴，因此也有"苏州雅扇"的称号。

古人说过一句叫"苏白杭黑"的话，很多不研究扇子的人，也许并不明白这是什么意思，其实它说的就是"扇面"。"苏白"就是说的苏州折扇的宣纸白扇面。这种扇面的最大好处就是书画比较方便，可以用彩色绘画。而且这种扇面非常薄，被叫做"超薄扇面"。

现在苏工超薄扇面逐渐被一种叫"日本仿宣纸"的扇面所代替了，这种日本仿宣纸扇面里面没有隔条，比苏工超薄还要薄，牢度也比前者要大，无论是书法还是绘画，都非常方便和实用，因此它比较受书画家们的喜爱。苏工折扇之所以出名，和那些书画家们的宣传也是分不开的。如果没有他们的宣传，也不可能有苏扇今天的市场。

1. 苏州折扇的扇骨制作有什么特点？

    A 尺寸较小   **B** 变化多样

    C 表面粗糙   **D** 做工复杂

2. 根据第3段，"苏白"指的是什么？

    A 白丝绸   **B** 光线较亮

    C 彩色的图案   **D** 扇面是白色的

3. 日本仿宣纸扇面为什么受书画家的喜爱？

    A 价格便宜   **B** 便于保存

    C 实用性高   **D** 制作技术先进

4. 根据上文，下列哪项正确？

    A 北方折扇扇面大   **B** 苏州扇扇面更厚

    C 如今苏扇市场不广   **D** 书画家推广了苏扇

정답 및 해설_ 해설집 91쪽

| 실전 트레이닝 3 |

[1-4]

    想投篮，但没有篮球？在雨中，没有雨伞？智能手机没电了？遇到这种情况，目前迅速扩张的"共享经济"可以提供帮助。用智能手机扫描一个二维码，从球场边上的一台自动售货机那里租一个篮球，每小时只需2元。在中国多雨的南方，约有两万把雨伞投放到某城市的街道上用于出租。用户利用智能手机扫描二维码后，即可使用这些雨伞，半小时只需0.5元。目前"共享经济"发展的规模不断增长，预计到2025年，汽车、旅游、金融、音乐及视频等共享部门的收入将增长2倍。

    虽然人们欢迎这些创新，但一些批评者质疑是否有那么大的需求、是否具有可持续性。他们表示，目前某些共享经济的企业收入其实很低，无法收回成本。比如，"共享篮球"这一项目，篮球只是被人们偶尔使用，所以人们租篮球的需求是微不足道的。用户需要一次性存入押金，这虽然减轻了共享公司财务上的压力；但如果迟迟不能实现盈利，这些资金从长远来说是不够的。

共享经济出现的投资热潮，让人回想起几年前团购应用软件的兴起和衰落。经过激烈的价格战之后，大多数团购应用最终倒闭，投资者遭受巨大的损失。因此共享经济的发展也不要过度，避免再发生类似的情况。

1. 想打篮球而没有篮球时，可以：

    A 找人借   **B** 用手机租

    C 花钱购买   **D** 向学校申请

2. 根据第1段，未来共享经济：

    A 保持现状   **B** 扩大到农村

    C 很有发展前途   **D** 加快现代化速度

3. 批评者担心什么？

    A 需求不够   **B** 用户压力大

    C 商品易被破坏   **D** 产品生产成本过大

4. 举团购应用软件的例子，是为了说明什么？

    A 共享经济是暂时的   **B** 以前的投资热潮效果好

    C 顾客的利益是最重要的   **D** 应该谨慎发展共享经济

정답 및 해설_ 해설집 93쪽

실전 트레이닝 4

[1-4]

某学校每年新生入学，学校都会对他们进行一次特殊的道德教育。教授提出一个问题：火车在火车道上行驶，由于某种原因无法减速或者停车，只能变换方向。火车正常行驶的正前方有5个人在铁路上玩，而距离5人不远的地方有另外一条铁路，这条铁路上有一个人正在维修铁路。问，如果你是火车司机，你会怎么选?

　　大多人会选择将火车开向另外一条铁路，牺牲一个人，来救那5个人的生命……看似合理又正义的做法就真的是标准答案么？有人说，其他5人在火车正常行驶的危险地段玩，而另一条路上那个人在工作，所以撞向5个人属于受不可抗因素影响，而撞向另一个人却属于故意为之！就生命的公平性而言，那5个不遵守规定的人应受到惩罚，可是这也将会有5个家庭面临着巨大的悲伤。

　　所以到底该怎么选，几乎很难得出一个标准答案。心理学家用火车玩具模拟了这个问题，对幼儿园的小孩子也做了一次这个实验。结果有的孩子直接就撞到了那5个人；甚至有的孩子会返回来再将另外一个人撞掉。孩子对生命和玩具并没有具体的概念，他们的答案当然不需要我们进行道德性批评。不过也有一些可爱的孩子把铁路上的小人都拿走了，完美解决了全世界思考了许久的难题。

1. 关于教授的问题，下列哪项正确?

 A 火车上没有乘客   **B** 火车运行速度很快

 C 铁路上有一个工作人员 **D** 司机看不到铁路上的人

2. 大部分人会怎么做?

 A 改变火车方向   **B** 放弃选择的机会

 C 凭经验做出判断   **D** 打电话向上司报告

3. 选择撞5个人，是因为:

 A 他们违反了规定   **B** 生命都是平等的

 C 司机讨厌那5个人   **D** 紧急情况下很难决定

4. 根据最后一段，可以知道:

 A 孩子们都很善良   **B** 要善于教育孩子

 C 孩子们的答案很多样 **D** 心理学影响孩子健康

정답 및 해설_ 해설집 96쪽

6 주제 파악

新HSK에는 이렇게 출제된다! ▼

★ **독해 제3부분**에서 **주제 파악** 문제는 20문제 중에 **3~4문제** 정도가 출제된다.

★ **설명문의 주제**는 지문의 **앞 단락**에 있을 가능성이 높고, **이야기 글의 주제**는 **마지막 단락**에 있을 가능성이 높다.

★ 보기의 핵심 주제 단어와 본문의 핵심 주제가 일치하는지 확인해야 한다.

시험에 자주 나오는 질문 형식

第2段主要谈的是: 두 번째 단락에서 주로 이야기하는 것은?

最适合做上文标题的是: 윗글의 제목으로 가장 적당한 것은?

最后一段主要想告诉我们什么? 마지막 단락에서 우리에게 알려주고자 하는 것은?

준비 트레이닝

질문을 먼저 보고 주제를 묻는 문제임을 파악하고 본문에서 주제를 찾는다.

Step 2. 본문 내용을 해석하면서 보기에 제시된 주제를 확인하며 답을 찾는다.

문제

一个忙碌的人，你给他再多时间也没有用，因为他不会管理自己的时间，不能正确合理安排自己的日程；一个缺钱的人，你给他再多金钱他也会缺钱，因为他没有理财的习惯，也不知道怎样管理资金。

Step 1. 질문을 보고 주제를 묻는 문제임을 확인한다.

这段话主要想告诉我们什么?

A 金钱不是万能的　　　　　　B 成功离不开努力

C **要合理利用时间与金钱**　　D 时间是解决问题的良药

해석

바쁜 사람에게는 당신이 그에게 아무리 많은 시간을 주어도 소용이 없다. 그는 자신의 시간을 관리할 줄 모르기에 바르고 합리적으로 자신의 일정을 안배할 수 없기 때문이다. 돈이 부족한 사람에게는 당신이 그에게 아무리 많은 돈을 주어도 그는 돈이 부족할 것이다. 그는 재정을 관리하는 습관이 없고, 자금을 어떻게 관리하는지 모르기 때문이다.

이 글은 우리에게 무엇을 말해주고 있는가?

A 돈은 만능이 아니다　　　　　　B 성공은 노력 없이 불가능하다

C **시간과 돈은 합리적으로 사용해야 한다**　　D 시간은 문제를 해결하는 좋은 약이다

> "换一种方式试试"常常是说着容易，做起来难。因为我们往往会被某种社会习惯和思维定势所束缚。比如，"孩子不能输在起跑线上"。于是，孩子从小就应当上好的幼儿园，念重点小学……今后才能考上名牌大学，有个好前途。可是，"尺有所短，寸有所长"。不是每个孩子学习成绩都是优秀的。所以，关键是教师和家长要真正了解孩子，然后要有勇气，冲破各种思想束缚，换一种适合孩子的方式去教育他。
>
> 上文主要谈的是什么？
>
> A 做人应诚信　　　　　　　　B 要把握住现在
> C 要善于改变方法　　　　　　D 与优秀的人交朋友

해설 및 정답　**문제 분석▼** 이야기 글의 주제를 묻고 있으므로 换一种方式试试(다른 방식으로 바꾸어 해보세요)를 근거로 이 글의 주제가 방법을 바꾸는 것을 잘해야 한다는 것을 유추할 수 있다.

"换一种方式试试"常常是说着容易，做起来难。因为我们往往会被某种社会习惯和思维定势所束缚。比如，"孩子不能输在起跑线上"。于是，孩子从小就应当上好的幼儿园，念重点小学……今后才能考上名牌大学，有个好前途。可是，"尺有所短，寸有所长"。不是每个孩子学习成绩都是优秀的。所以，关键是教师和家长要真正了解孩子，然后要有勇气，冲破各种思想束缚，换一种适合孩子的方式去教育他。

"다른 방식으로 바꾸어 해보세요."라는 말은 항상 말은 쉽지만 하기는 어렵다. 우리는 자주 어떤 사회 습관과 사유 방식에 얽매여 있기 때문이다. 예를 들면, "아이는 출발선에서 지면 안 된다"처럼 말이다. 그래서 아이들은 어렸을 때부터 좋은 유치원, 좋은 초등학교에 다녀야만 앞으로 좋은 대학에 다닐 수 있고, 전도유망하기 때문이다. 그러나 "한 자의 길이도 짧을 때가 있고, 한 치의 길이도 길 때가 있다". 모든 아이들의 학업 성적이 우수한 것은 아니다. 그래서 관건은 교사와 학부모가 아이를 진정으로 잘 알아야 한다는 것이다. 그러고 나서 용기 있게 각종 사고의 속박을 깨고 아이에게 맞는 방식으로 바꾸어 그를 교육해야 한다.

上文主要谈的是什么？

A 做人应诚信
B 要把握住现在
C 要善于改变方法
D 与优秀的人交朋友

윗글에서 주로 이야기하는 것은?

A 사람은 신용을 지켜야 한다
B 현재를 붙잡아야 한다
C 방법을 바꾸는 것을 잘해야 한다
D 우수한 친구와 사귀어야 한다

★ 본문을 읽고 〈보기〉에서 알맞은 주제를 고르세요.

보기		
A 正确对待错误	**B** 平静面对成与败
C 面对困难不应放手	**D** 小事是成功的基础
E 成功离不开个人努力	

❶ 其实，无论是植物还是人，要想出人头地，就必须学会忍耐，学会苦干。当你的努力达到一定程度时，就会迅速地将自己推向成功的顶峰。　　（　　　）

❷ 人生的路就像海上航行的船，总是在左右摇摆中前进，不知道什么时候会遇上困难。不过，只要不放弃，就一定能战胜它，实现自己的理想。　　（　　　）

❸ 如果我们能够重视每一件小事并努力做好，对待大事我们则会更认真。如果我们能够注意到每一个细节，那么对于每一件大事，我们也会认真对待。

（　　　）

❹ 金无足赤，人无完人。能够清晰地看到自己的缺点并不是一件容易的事情。如果犯了错误，就应该敢于听取和接受大家的批评，认认真真地改正。（　　　）

❺ 成功让我们欣喜，失败令我们伤神。但无论是哪一种结果，其实都不是人生的结束。因为失败了那就从头再来，成功了还需要继续努力，成败面前，关键在于保持心态平静。

（　　　）

정답 및 해설_ 해설집 99쪽

제한 시간 16분

문제 적응 훈련

학습일 _____ / _____

맞은 개수 _____

실전 트레이닝 1

[1-4]

　　一个年轻人去买碗，来到店里他顺手拿起一只碗，然后依次与其他碗轻轻碰撞，碗与碗之间相碰时立即发出沉闷、浑浊的声响，他失望地摇摇头。然后去试下一只碗……他几乎挑遍了店里所有的碗，竟然没有一只满意的，就连老板自认为是店里碗中精品也被他摇着头失望地放回去了。

　　老板很是纳闷，问他老是拿手中的这只碗去碰别的碗是什么意思？他得意地告诉老板，这是一位长者告诉他的挑碗的秘密，当一只碗与另一只碗轻轻碰撞时，发出清脆、悦耳好听声响的，一定是只好碗。老板<u>恍然大悟</u>，拿起一只碗递给他，笑着说："小伙子，你拿这只碗去试试，保证你能挑中自己满意的碗。"他半信半疑地试了一试。奇怪！他手里拿着的每一只碗都在轻轻地碰撞下发出清脆的声响，他不明白这是怎么回事。

　　老板笑着说，道理很简单，你刚才拿来试碗的那只碗本身就是一只次品，你用它试碗，那声音必然浑浊，你想得到一只好碗，首先要保证自己拿的那只也是只好碗。

　　其实每个人都可能成为自己生命中的"贵人"，前提是你应该与人为善。你付出了真诚就会得到相应的信任，你献出爱心就会得到尊重。做最好的自己，才能碰撞出最好的别人！

1. 根据第1段，年轻人：

 A 没有买到碗   **B** 为师父买碗

 C 不满意店员态度   **D** 看中了老板推荐的碗

2. 第2段画线词语"恍然大悟"可能是什么意思？

 A 难以理解   **B** 突然明白

 C 有点失望   **D** 非常后悔

3. 用老板递给的碗敲其他碗后：

    A 结果并无变化   **B** 没有找到好碗

    C 发出好听的声响   **D** 年轻人感到很羞愧

4. 上文主要告诉我们：

    A 要尊老爱幼   **B** 挑选的智慧

    C 如何获得财富   **D** 要善良对待他人

정답 및 해설_ 해설집 100쪽

실전 트레이닝 2

[1-4]

　　有个很聪明的学生叫周聪，每次考试都是第一名。有次他去参加考试，试卷一发下来，他大致浏览了一下，便像往常一样满怀自信地开始作答。这次考试一共有100道选择题，以他的实力，大约30分钟就可以做完。过了两分钟，有人满面笑容地交卷，周聪心中暗笑："又是交白卷的家伙，真是太傻了。"

　　又过了5分钟，又有七八个人交卷，同样是笑容满面，看来不像是交白卷的模样。周聪看看自己只答了20几道题，连忙加快速度，埋头作答。那几个同学交卷时的笑脸一直让周聪觉得有些不安："他们为什么笑得那么开心？不可能在那么短的时间内都做完啊？"

　　等他答到第76题时，赫然发现题目上写着"本次考试不需要作答，只要签上姓名交卷便可得满分，多答一题多扣一分"。

　　他满脸疑惑地举手想向监考老师发问，只见同时有数名考生迷惑地四处张望。这时周聪才看到试卷的最上面有一行说明：请先看完所有题目之后，再开始作答。此刻，他觉得自己才是真的傻。所以千万不要自以为是，不管做什么事情都要一步一步，只有虚心地去做，脚踏实地，才能在人生的道路上不断前进。

1. 根据第1段，这次考试：

    A 十分容易   **B** 题出错了

    C 都是选择题   **D** 很多学生不会做

2. 看到又有七八个人交卷，周聪：

    A 仍然很轻松   **B** 向老师提问

    C 觉得他们太傻   **D** 开始紧张起来

3. 为什么很多学生提前交卷?

    A 不太聪明   **B** 不用答题

    C 提前知道答案   **D** 受第一个同学影响

4. 上文主要想告诉我们：

    A 要善于理解   **B** 要实话实说

    C 凡事要谦虚   **D** 不要盲目相信别人

정답 및 해설_ 해설집 102쪽

실전 트레이닝 3

[1-4]

　　有一个人，他生前善良且热心助人，所以在他死后升上天堂，做了天使。他当了天使后，仍时常到人间帮助人，希望让人们感觉到幸福的味道。有一日，他遇见了一个诗人，诗人很年轻，英俊、有才华且富有，妻子貌美而温柔，但他却过得不快乐。天使问他："你不快乐吗?"诗人对天使回答说："我什么都有，只欠一样东西，你能给我吗?"诗人直直地望着天使，"我要的是幸福。"这下子把天使难倒了，不过他想了想说："我明白了。"然后把诗人所拥有的都拿走了。天使拿走了诗人的才华，毁去了他的容貌，夺去了他的财富和他妻子的生命。天使做完这些事后，便离开了。

　　一个月后，天使再回到诗人的身边，他那时饿得半死，衣衫破旧地躺在地上。于是，天使把他的一切还给他。然后，又离去了。半个月后，天使再去看诗人。这次，诗人抱着妻子，不停地向天使道谢。因为，他得到了幸福。

生活中，有的人总是这样，拥有某种东西的时候往往浑然不觉，而一旦失去才知道它的宝贵。俗话说知足者常乐，珍惜你现在所拥有的，怀着一颗满足的心，就会感到幸福和快乐。

1. 关于那个诗人，下列哪项正确？

  A 年纪有些大   B 作品不受欢迎

  C 觉得缺少什么   D 妻子对他不满意

2. 听了诗人的话，天使做了什么？

  A 给他一笔钱   B 救活了他的妻子

  C 觉得太难而离开   D 拿走了诗人的一切

3. 根据第2段，下列哪项正确？

  A 诗人很感激天使   B 天使很想念诗人

  C 诗人失去了爱人   D 诗人感到很后悔

4. 上文主要想告诉我们什么？

  A 不要放弃希望   B 要合理分配收入

  C 要学会互相理解   D 懂得珍惜才会幸福

정답 및 해설_ 해설집 105쪽

| 실전 트레이닝 4 |

[1-4]

在著名的石林风景区里有两个有意思的洞。其中一个是连环洞：上面的洞小，只能容得下一个人的脑袋；下面的洞大，可以容得下整个人的身子。在两个洞之间，有一条胳膊粗细的空间。在这个连环洞旁边有一个大而矮的洞，只需要弯一下腰便可过去。

导游说："这个连环洞叫'十全十美洞'，穿过去你就会成为一个十全十美的人；如果你的头太大或脖子太粗，就弯腰从旁边的'礼貌洞'走过去，你也会成为一个懂礼貌的人！"一个游客偏偏脖子粗，而他却想成为一个"十全十美"的人。经过艰难的努力，他如愿地成为"十全十美"的人，而他的脖子上多了几道深深的伤口，血流不止，最后只好匆匆去了医院。

同样在一个著名的佛学院的正门一旁，有一个只有1.5米高的小门，一个成年人要想过去，必须弯腰侧身。凡是新来的人，教师都会引导他们到这个小门旁，让他们走一次。教师们说，只有学会了弯腰和侧身的人，只有暂时放下尊贵和体面的人，才能够出入。困难面前，正是我们一次次的弯腰，才有了之后一次次的站立，正是我们一次次的低头，才有了之后的一帆风顺。

1. 关于"连环洞"，可以知道：

    A 十分危险   B 长达数十米

    C 成年人无法通过   D 由上下两个洞组成

2. 根据第2段，那个游客：

    A 脖子受伤了   B 没通过连环洞

    C 被别人看不起   D 是一个完美的人

3. 根据第3段，下列哪项正确？

    A 小门比较矮   B 教师每天走小门

    C 通过正门需要弯腰   D 小门是专门为孩子准备的

4. 上文主要告诉我们什么？

    A 要多听别人的意见   B 不要只看事物的表面

    C 面对困难要学会低头   D 乐观的心态助人前进

정답 및 해설_ 해설집 108쪽

7 성어 및 속담의 의미 파악

新HSK에는 이렇게 출제된다! ▼

★ **독해 제3부분**에서 **성어, 속담의 의미 파악 문제**는 지문에서 **밑줄 친 단어나 문장이 지니고 있는 속뜻**을 파악할 수 있는지 묻는 문제이다.

★ **사자성어**나 **속담**이 주로 출제되며, 앞뒤 문장과 보기를 대조하면서 밑줄 친 부분의 의미를 파악한다면 단어의 뜻을 유추해 낼 수 있다.

시험에 자주 나오는 질문 형식

第3段中，"这样"指的是什么？ 세 번째 단락에서 "这样"이 가리키는 것은?

最后一段画线词语"七嘴八舌"意思是： 마지막 단락에 밑줄 친 "七嘴八舌"의 의미는?

"眉头拧成了一个结"的意思是： "眉头拧成了一个结"의 의미는?

"千方百计"最可能是什么意思？ "千方百计"는 무슨 의미인가?

👟 준비 트레이닝

질문을 보고 속담이나 성어의 의미 파악을 묻는 문제임을 확인한다. 그런 후에 제시된 보기를 해석한 후 본문에서 속담이나 성어의 앞뒤 문맥을 파악하여 의미를 유추한다.

문제

> **Step 4.**
> 보기와 본문을 비교하며 단어의 의미를 유추한다.

有一些树木的成长周期很慢，但却长得结实，有时也会被做成珍贵的物品，长久保存。人也一样，不急于求成，一步一步地积累，最终一定会实现自身的价值。

> **Step 3.**
> 단어 한 글자씩 의미를 파악해 본다.

> **Step 1.**
> 질문을 보고 성어의 의미를 묻는 문제임을 확인한다.

画线词语"急于求成"是什么意思？

A 及时完成任务

B 不追求流行文化

C 不在乎事情的结果

D **着急快速取得成功**

> **Step 2.**
> 보기를 해석한다.

해석

어떤 나무들은 성장 주기가 느리지만 매우 튼실하게 자라서 종종 진귀한 물품으로 만들어져 오래도록 보관되기도 한다. 사람도 마찬가지로 서둘러 목적을 달성하려 하지 말고, 한 걸음 한 걸음 쌓으면 결국 자신의 가치를 실현시킬 수 있을 것이다.

밑줄 친 "急于求成"은 무슨 뜻인가?

A 임무를 제때 마치다

B 유행 문화를 좇지 않는다

C 일의 결과에 개의치 않는다

D **성공을 서둘러 얻으려고 급급해하다**

🗂️_시험에 자주 출제되는 성어 및 속담

성어	数不胜数 shǔ bú shèng shǔ (너무 많아서) 세려야 셀 수 없다 ✖
	成千上万 chéng qiān shàng wàn 수천수만, 매우 많다 ✖
	必不可少 bì bù kě shǎo 절대적으로 필요하다, 없어서는 안 되다 ✖
	取之不尽 qǔ zhī bú jìn 아무리 써도 없어지지 않는다 ✖
	恍然大悟 huǎngrán dà wù 문득 모든 것을 깨치다, 갑자기 모두 알게 되다 ✖
	出乎意料 chū hū yì liào 예상 밖이다, 뜻밖이다 ✖
	千方百计 qiān fāng bǎi jì 갖은 방법을 다 생각하다
	犹豫不决 yóuyù bù jué 결단을 내리지 못하고 망설이다 ✖
	不可思议 bù kě sī yì 이해할 수 없다 ✖
	议论纷纷 yìlùn fēn fēn 의견이 분분하다, 왈가왈부하다
	与众不同 yǔ zhòng bù tóng 남 다르다, 남보다 뛰어나다
	如虎添翼 rú hǔ tiān yì 범이 날개를 얻은 격이다
	司空见惯 sī kōng jiàn guàn 늘 보아서 신기하지 않다, 흔히 있는 일이다
	得意洋洋 dé yì yáng yáng 득의양양하다
	梦想成真 mèng xiǎng chéng zhēn 꿈은 이루어진다
	一帆风顺 yì fān fēng shùn 일이 순조롭게 진행되다 ✖
	坚持不懈 jiānchí bú xiè 쉬지 않고 꾸준하게 하다 ✖
	熟能生巧 shú néng shēng qiǎo 숙련되면 요령이 생긴다 ✖
	一举两得 yì jǔ liǎng dé 일거양득, 일석이조 ✖
	沉默是金 chénmò shì jīn 침묵은 금이다
	供不应求 gōng bù yīng qiú 공급이 수요를 따르지 못하다
	事倍功半 shì bèi gōng bàn 많은 노력을 들이고도 성과는 적다
	半途而废 bàn tú ér fèi 중도에서 그만두다
	急于求成 jí yú qiú chéng 성공을 서둘러 얻으려고 급급해 하다

	捡了芝麻，丢了西瓜 jiǎn le zhīma, diū le xīguā
	참깨는 주웠으나 수박을 잃다(얻는 것보다 잃는 것이 더 많다) ✖
	三天打鱼，两天晒网 sān tiān dǎ yú, liǎng tiān shài wǎng
	공부나 일을 꾸준히 하지 못하다
	三人行，必有我师 sān rén xíng, bì yǒu wǒ shī
	세 사람이 길을 걸으면, 그 가운데에는 반드시 자신의 스승이 될 만한 사람이 있다
	在家靠父母，出门靠朋友 zài jiā kào fùmǔ, chū mén kào péngyou
	집에서는 부모에게 의지하고 집을 떠나서는 친구에게 의지하다
	近朱者赤，近墨者黑 jìn zhū zhě chì, jìn mò zhě hēi
속담	좋은 사람을 가까이하면 좋게 변하고, 나쁜 사람과 가까이하면 나쁘게 변한다 ✖
	活到老，学到老 huó dào lǎo, xué dào lǎo
	살아있는 한 배우기를 멈추지 않는다
	一方水土养一方人 yì fāng shuǐtǔ yǎng yì fāng rén
	한 지역의 풍토는 그 지역의 사람을 기른다 ✖
	一分钱一分货 yì fēn qián yì fēn huò
	한 푼으로는 한 푼 어치의 물건밖에 살 수 없다
	车到山前必有路 chē dào shān qián bì yǒu lù
	일정한 단계까지 노력하면 결국은 해결책이 있게 마련이다 ✖
	种瓜得瓜，种豆得豆 zhòng guā dé guā, zhòng dòu dé dòu
	콩 심은 데 콩 나고 팥 심은 데 팥 난다

有一座金矿，堆满了闪光的金子，吸引着成千上万的人。通往金矿的路只有一条，位于一处危险的峡谷，谷底的水流很急，峡谷间只有一座铁桥，据说有很多人不小心掉下去。

这天，来了四个人，一个是呆子、一个是聋子、一个是盲人，只有一个是健康的人。

呆子看着眼前的一切，脑子里只有白纸一张，什么都没想，唱着歌，便轻松地过去了。聋子看着这座桥，有点害怕，但他听不到水流的声音，用眼睛看着脚步，十分顺利地通过了。瞎子不知峡谷的危险，显得心平气和，像平常一样，慢慢地移动到达了对面，他们都得到了<u>梦寐以求</u>的金子，那是他们做梦都在强烈追求的东西。

第四个聪明的健康人，犹豫了好久，又舍不得那座山上的金子，只好走上铁桥。然而，他看着脚下危险的水流，听着峡谷里的巨大的声音，早已两腿发软，一下子掉了下去。

第3段中画线词语"梦寐以求"是什么意思？

A 空想

B 梦想成真

C 顺利地完成

D 强烈地追求

문제 분석▼ 梦寐以求 뒤에 那是他们做梦都在强烈追求的东西(그것은 그들이 꿈에도 강하게 원하던 것이었다)에서 금은 그들이 꿈에도 강하게 원하던 것임을 알 수 있다. 따라서 梦寐以求와 같은 의미는 보기 D이다.

有一座金矿，堆满了闪光的金子，吸引着成千上万的人。通往金矿的路只有一条，位于一处危险的峡谷，谷底的水流很急，峡谷间只有一座铁桥，据说有很多人不小心掉下去。

这天，来了四个人，一个是呆子、一个是聋子、一个是盲人，只有一个是健康的人。

번쩍이는 금이 가득 쌓여 있는 금광이 하나 있었는데, 이곳은 많은 사람들을 끌어 들였다. 금광으로 통하는 길은 딱 하나밖에 없는데, 위험한 협곡에 위치하고 있었다. 골짜기 밑바닥의 물살이 급하게 흐르고 협곡 사이에는 철교가 하나 있는데, 많은 사람들이 조심하지 못하고 아래로 떨어졌다고 한다.

이날 4명이 왔는데, 한 명은 바보이고, 한 명은 귀머거리, 한 명은 맹인이었고, 딱 한 사람만이 건강한 사람이었다.

　　呆子看着眼前的一切，脑子里只有白纸一张，什么都没想，唱着歌，便轻松地过去了。聋子看着这座桥，有点害怕，但他听不到水流的声音，用眼睛看着脚步，十分顺利地通过了。瞎子不知峡谷的危险，显得心平气和，像平常一样，慢慢地移动到达了对面，他们都得到了 <u>梦寐以求的金子，那是他们做梦都在强烈追求的东西</u>。

　　第四个聪明的健康人，犹豫了好久，又舍不得那座山上的金子，只好走上铁桥。然而，他看着脚下危险的水流，听着峡谷里的巨大的声音，早已两腿发软，一下子掉了下去。

바보는 눈 앞의 모든 것을 보았지만 머릿속은 백지밖에 없어 아무것도 생각하지 않고 노래를 부르면서, 가볍게 지나갔다. 귀머거리는 이 다리를 보고 조금 무서웠다. 하지만 그는 물살이 흐르는 소리를 들을 수가 없었고, 눈으로 걷는 것을 보며 매우 순조롭게 지나갔다. 장님은 협곡의 위험함을 모르니 마음이 평온한 것처럼 보였다. 평소처럼 천천히 움직여서, 맞은편에 도착했다. 그들은 모두 <u>꿈에 그리던</u> 금을 얻었는데, <u>그것은 그들이 꿈에도 강렬히 원하던 것이었다.</u>

네 번째 똑똑하고 건강한 사람은 매우 오랫동안 망설였고 그 산에 있는 금에 미련이 남아 어쩔 수 없이 철교에 올랐다. 하지만 그는 발 아래 위험한 물살을 보았고, 협곡 사이의 거대한 소리를 들었다. 벌써부터 두 다리가 후들거렸고, 일순간 아래로 떨어졌다.

第3段中画线词语 "梦寐以求" 是什么意思?

A 空想
B 梦想成真
C 顺利地完成
D 强烈地追求

세 번째 단락에서 밑줄 친 "梦寐以求"는 무슨 뜻인가?

A 생각이 없다
B 꿈은 이루어진다
C 순조롭게 완성하다
D 강렬히 원하다

단어 座 zuò 양 좌, 동, 채[건축물·다리·산 등을 세는 단위] | 金矿 jīnkuàng 명 금광 | ★堆 duī 동 쌓여 있다 | 闪光 shǎnguāng 동 번쩍이다, 빛나다 | 金子 jīnzi 명 금 | 吸引 xīyǐn 동 끌어당기다, 매료시키다 | 成千上万 chéngqiān shàngwàn 성 수천수만, 대단히 많다 | 通往 tōngwǎng 동 ~로 통하다 | ★位于 wèiyú 동 ~에 위치하다 | 危险 wēixiǎn 형 위험하다 | 峡谷 xiágǔ 명 협곡 | 谷底 gǔdǐ 명 골짜기의 밑바닥 | 水流 shuǐliú 명 물의 흐름, 물살 | 急 jí 형 급하다, 빠르다 | 铁桥 tiěqiáo 명 철교 | 据说 jùshuō 동 전해지는 말에 의하면 ~라 한다 | 呆子 dāizi 명 바보 | 聋子 lóngzi 명 귀머거리 | 盲人 mángrén 명 눈 먼 사람 | 脑子 nǎozi 명 머리 | 白纸 báizhǐ 명 백지, 흰 종이 | 脚步 jiǎobù 명 발걸음 | 瞎子 xiāzi 명 장님 | ★显得 xiǎnde 동 ~인 것처럼 보이다 | 心平气和 xīn píng qì hé 성 마음이 평온하고 태도가 온화하다 | 移动 yídòng 동 움직이다 | ★到达 dàodá 동 도착하다 | 梦寐以求 mèng mèi yǐ qiú 성 꿈에 그리다, 꿈 속에서도 바라다 | ★强烈 qiángliè 형 강렬하다 | ★追求 zhuīqiú 동 추구하다 | ★犹豫 yóuyù 형 머뭇거리다, 망설이다 | ★舍不得 shěbude 동 미련이 남다 | 发软 fāruǎn 동 후들거리다 | 空想 kōngxiǎng 동 생각이 없다, 공상하다 | 梦想成真 mèngxiǎng chéngzhēn 꿈은 이루어진다 | 顺利 shùnlì 형 순조롭다

의미 파악

★ 본문을 읽고 밑줄 친 부분과 같은 의미를 〈보기〉에서 고르세요.

보기

A 因小失大　　　　　　B 更加强大
C 来的人很多　　　　　D 把事情做到一半就中止了
E 让人难以理解

필수체크

❶ 中国是文化、习俗、惯例等味道浓厚的社会，它们几乎渗透到每一个人的身心上。然而有些现象确实<u>不可思议</u>，用一般的思维方式是无法解释的。　（　　　　）

❷ 学会与对手竞争，并且进而与他成为合作伙伴，则会使我们<u>如虎添翼</u>，变得越来越强。因此正确对待竞争是我们应有的态度。　（　　　　）

❸ 在生活中，我们不管做什么事情都不要轻言放弃，要坚持到底，学习也是如此，每天都要积累学问，从书本中获得知识，从书本以外也要获得知识，不能<u>半途而废</u>。　（　　　　）

❹ 下课铃响了，接孩子的家长们<u>黑压压一片</u>走向了学校紧闭的大铁门。学生们陆陆续续从教室里走出来，在操场上按年级排好队，走出校门。　（　　　　）

필수체크

❺ 如果快递员只是一味地追求速度，从而忽略了服务质量，那速度就毫无意义了，因为快递行业还会存在很大的安全隐患，可谓"<u>捡了芝麻，丢了西瓜</u>"。

（　　　　）

정답 및 해설_ 해설집 110쪽

문제 적응 훈련

실전 트레이닝 1

[1-4]

　　在马拉松赛中，比赛的起点和终点都提供水和其他饮料，而在比赛路线上，每隔2.5公里有一个饮料站。水和饮料放在运动员经过时容易拿到的地方，运动员也可自备饮用水，并且可以在他们要求的地方设置饮料站。饮用水和湿海绵提供站设置在两个饮料站之间。在那里，长跑运动员和竞走运动员经过时可以取到饮用水，还可以从海绵中挤水冲洗头部，起到冷却作用。除此之外，运动员不能从比赛线路上其他地方获得饮料。

　　如此辛苦的比赛项目，为何那么受欢迎呢？

　　马拉松的魅力之一，是比赛场地的开放。其他体育项目，只要是可以用来比赛的，要么是似曾相识的一块地，要么是<u>司空见惯</u>的一个圈，而马拉松赛的场地多从城市道路选取，对参赛者来说，每跑一步、每过一段都是不同的风景。

　　马拉松的魅力之二，是对参赛者的包容。其他体育项目，只有同等选手才能同场竞技，业余爱好者几乎不可能与专业运动员比拼，而马拉松赛不同，无论专业运动员还是业余爱好者，大家都可以挤在一起比赛。

　　马拉松的魅力显然不止两个，但不可否认，正是开放与包容这两个原因，让马拉松给人们带来了更多欢乐。

1. 根据第一段，可以知道：

　　A 饮料站可供运动员休息　　　　**B** 马拉松对速度要求严格

　　C 运动员可以自己准备水　　　　**D** 比赛现场只提供两个饮料站

2. 第3段中的"司空见惯"是什么意思？

　　A 很常见　　　　　　　　　　　**B** 远离生活

　　C 比较特殊　　　　　　　　　　**D** 空闲时间多

3. 根据上文，下列哪项正确？

A 饮料站数量有限　　　　　　　B 马拉松的场地是固定的

C 专业马拉松运动员不多　　　　D 马拉松多在城市道路举行

4. 下列哪项不是马拉松受欢迎的原因：

A 场地开放　　　　　　　　　　B 奖金丰厚

C 欣赏不同风景　　　　　　　　D 参赛条件包容

정답 및 해설_ 해설집 111쪽

실전 트레이닝 2

[1-4]

　　冻梨、冻柿子一直是东北人传统的冬季水果。过去由于食品缺乏，加上没有水果保鲜技术和储藏条件，因此新鲜水果可谓<u>供不应求</u>，而冻梨、冻柿子几乎成了普通人家冬天能吃到的唯一水果。

　　冻梨，是将普通白梨冰冻变成乌黑色、硬邦邦的。食用方法很简单，将冻梨放入凉水中一段时间，等到冰完全消失后，把梨拿出来洗净便可。像这样，把几个冻梨放在水盆里化冻，东北人把这个"化冻"的过程叫做"缓"或"消"，并因此形成一句歇后语：年三十晚上的冻秋梨——你找消呀！这句话的意思是"你找打呀"，因为"消"与"削"同音，而"削"又是东北方言中"打"的意思。

　　对于喜好饮酒的人来说，酒后能吃上个冻梨，既解酒，又助消化。而且如今，很多人会选择在夏天吃"冻梨"。因为夏天把水果在常温下存放，维生素很容易流失，低温保存不仅可以减缓微生物繁殖，也能抑制一些酶的分解，减缓食物变质的速度，有利于食物的长时间存放。因此，冷冻水果基本不会影响它的营养价值。

　　夏日炎热，适当地食用冻梨并不是坏事。不过，不能吃得太多、太快。同时，食用者还要注意自己的体质，如果是肠胃虚寒者则需要当心，慎重食用，否则可能会引起肠胃不适。

1. 第1段画线词语 "供不应求" 的意思是：

    A 公司规模小   **B** 顾客意见多

    C 产品需求量不多   **D** 需要的多提供的少

2. 关于冻梨，下列哪项正确？

    A 呈白色   **B** 促进消化

    C 营养价值低   **D** 食用步骤复杂

3. 为什么有些人在夏天吃 "冻梨"？

    A 食用方便   **B** 帮助解暑

    C 有益于保存   **D** 东北人的传统

4. 最后一段主要说的是：

    A 东北的冻梨文化   **B** 夏季制作冻梨的方法

    C 如何挑选质量好的冻梨   **D** 夏季食用冻梨的注意事项

정답 및 해설_ 해설집 114쪽

실전 트레이닝 3

[1-4]

　　手写是一种不可替代的重要学习方法，然而随着电脑的普及，特别是智能手机的大众化，这种学习方法受到了严重的威胁。现在的手机也是相机，很多人就用手机代替手写，把它作为一种记录信息的工具，看起来手机的 "记录功能" 准确无误，而实际上严重威胁学习效率。自从有了电脑以后，人们用手写的机会就越来越少了。

　　现在不少学生课堂上用手机拍摄教学内容，不想用笔记。很多世界知名的大学有明确规定，课堂上禁止用手机拍摄教学内容。在一所著名大学里，很多学科的教学完全不用电脑，仍然坚持传统的教授方式，就是老师在黑板上用粉笔板书，学生记笔记。在一些课上，老师明确规定，只能以手写方式记笔记，不能用笔记本电脑记录，更不允许用手机拍照。

　　老师过度依赖电脑会影响教学效果，而黑板板书会强迫老师不能偷懒，每次上课都要认真备课。这所学校的老师通常能把教学内容记于心，一堂课下来，不看一眼教案。因为他们每次手写都会再熟悉一遍内容，正所谓<u>熟能生巧</u>。试想一下，假如老师用电脑，只用准备一次，然后年复一年地用，老师自己是轻松省事了，结果他可能对教学内容越来越模糊、越来越陌生。

1. 关于手机的"记录功能"，可以知道：

    A 使用方法复杂   **B** 可以代替手写

    C 不影响学习效率   **D** 不受年轻人的欢迎

2. 根据第2段，一些大学使用什么教学方式？

    A 户外体验学习   **B** 网络互相交流

    C 老师学生都手写   **D** 分组讨论式教学

3. 最后一段画线词语的意思是：

    A 多和熟悉的人往来   **B** 常练习会有好办法

    C 能力与个人性格有关   **D** 努力是成功的前提条件

4. 关于使用电脑教学，下列哪项正确？

    A 利于学习观看   **B** 只能使用一次

    C 教学效果相对差   **D** 准备教案很麻烦

정답 및 해설_ 해설집 117쪽

실전 트레이닝 4

[1-4]

　　一家酒店要招聘一名厨师长，通过比赛最后留下了五个人。老板告诉他们："我只能录取一个人，所以接下来一周，请你们到几家著名的酒店，去观察和品尝那里的厨师们的手艺，回来后把自己的感受告诉我。"

　　一周后，五人如约来到酒店汇报。第一名厨师说："我参观的那家酒店的厨师拿手菜是烤鱼，虽然这道菜的颜色十分悦目，但是用料却不敢恭维。如果让我去做，我会做得比他更好。"接下来的三名候选厨师，和第一位厨师一样，都指出了自己品尝到的每一道菜的缺点。只有最后一名厨师小王说："这一周，我吃到了一道'夏日微笑'，我可以肯定地说，那是一道我今生吃过的最美味的菜，它清爽可口，色泽鲜亮，很多优点无法用语言去形容。"

听了五位厨师的陈述，老板最后说："恭喜你，小王！你被录用了。"老板进一步解释说："我让你们去品尝菜，是要你们去发现别人的优点。正所谓'<u>三人行，必有我师</u>'，别人的优点一定值得我们学习，使我们不断进步。"

与人交往犹如厨师品菜，多看别人的长处和好的一面，才能知道自己还有哪些不足，才可以在以后的交往中逐步改掉这些缺点，从而成为一个令食客们满意的"好厨师"。

1. 酒店老板给应聘者什么任务？

    A 尝别人做的菜   **B** 告诉他实习感受

    C 思考如何做出美味   **D** 观察厨师宣传方式

2. 关于前四名厨师，可以知道什么？

    A 手艺高超   **B** 只看到了缺点

    C 语言表达能力不足   **D** 品尝了最好吃的菜

3. 第3段画线词语的意思是：

    A 人多力量大   **B** 最好结伴而行

    C 虚心向别人学习   **D** 缺点也能使人进步

4. 最适合做上文标题的是：

    A 忘记不如意   **B** 交往如品菜

    C 学习的重要性   **D** 如何成为好厨师

정답 및 해설_ 해설집 119쪽

第一部分 ★ 第1-7题：请选出正确答案。

[1-3]

在别人眼中特别完美的人，无意中犯点小错误，会让人觉得他和别人一样会犯错误，这___1___是他的缺点，反而会成为其优点，让人更加喜爱他。这在心理学中被叫做"出丑效应"。生活中有不少比较完美精明的人。其实，这种完美往往是外在的表演，这样就未必讨人喜欢了。因为一般人与完美无缺的人___2___时，总会因为自己不如人而感到不自在。最讨人喜欢的是那些精明而小有缺点的人，在不经意中犯个小错误，这样会___3___他平凡的一面，从而使周围的人都感到了安全。

1.　　A 毕竟　　　　B 不至于　　　　C 作为　　　　D 不见得

2.　　A 说服　　　　B 思考　　　　C 交往　　　　D 集合

3.　　A 表现　　　　B 治疗　　　　C 满足　　　　D 挑战

[4-7]

关于茶的起源有很多美丽的传说，其中最___4___的说法就是"神农尝茶"的故事。

很早以前，人们吃的东西很不干净，经常闹病。一个叫神农的人为了解除人们的痛苦，___5___，希望可以找到一些可以治病的植物。

有一天，神农在野外用铁锅___6___水时，刚好有几片叶子飘进锅中。过了一段时间，煮好的水颜色微黄，神农喝入口中，顿时感觉神清气爽，而且非常止渴。神农根据过去品尝百草的经验，判断它是一种药。___7___，人们开始用水煮这种可以提神醒脑的树叶，这就是中国茶的起源。

4.　　A 普通　　　　B 普遍　　　　C 深刻　　　　D 显然

5.　　A 离开家乡去求学　　　　　　B 跟着师傅学习技术
　　　　C 给百姓们免费治病　　　　　D 到处品尝看到的植物

6.　　A 煮　　　　B 涨　　　　C 划　　　　D 装

7.　　A 尽管　　　　B 至于　　　　C 从此　　　　D 通常

第二部分 ★ **第8-12题：请选出与试题内容一致的一项。**

8. 学下棋不仅能提高人的注意力、耐力和智力，还能锻炼人的想象力，让人的想象力更加丰富，从而培养出独特的创造力。因此，父母在培养孩子兴趣爱好的时候，可以考虑让孩子接触棋类的活动。

A 聪明的人最适合下棋　　　　B 外向的人很少接触棋类

C 下棋可以培养孩子想象力　　D 下棋会让孩子性格变内向

9. 成语"海枯石烂"原本说的是一种物理变化，大海干枯没有了水，岩石经过很长时间变成了土。不过"大海干枯，岩石成土"这种现象是很难出现的，因此现在人们多用这个成语来比喻人的意志坚定，永远不变。

A 人类活动对自然影响很大

B "海枯石烂"形容意志易改变

C 从来没出现过"海枯石烂"的现象

D "海枯石烂"本意其实是一种物理现象

10. 中国花文化有近三千年的历史，对中国文化以及中国人性格的形成有很深刻的影响。同时在中国文学、中国绘画、宗教、民俗、医药等各个方面都发挥着重要的作用。我们常说的花中"四君子"——梅、兰、竹、菊正是花文化的体现。

A 中国花的种类丰富　　　　　B 中国花文化历史悠久

C 花文化未对中国文化产生影响　D 中国人的性格是由花文化决定的

11. 塔里木河是中国第一大的内流河，全长2137千米。"塔里木"在维吾尔族语中是"田地"的意思。被沙漠包围的塔里木河流域土地资源丰富，农田面积大，这里不仅有各种美丽奇特的自然景观，同时还保存着很多古代建筑。

A 塔里木河水量很少　　　　　B 塔里木河养鱼业发达

C 塔里木河自然景观奇特　　　D 塔里木河大量古建筑被破坏

12. 金银花具有很好的清热解毒的作用，经常服用金银花能够很好地治疗各种热性病，增
强人的免疫力，比如治疗风热感冒、夏季中暑、嗓子肿痛等。但是服用过量很容易导
致身体出现不适应的情况，因此不要一次性大量地服用金银花。

A 金银花分布广泛

B 金银花不能做成茶饮用

C 金银花能提高人体免疫力

D 可以一次性大量服用金银花

 ★ 第13–24题：请选出正确答案。

[13-16]

多年前，一个年轻人在广告营销公司工作。一天，一位
总裁找到他，说自己的公司想做一个调查。希望年轻人来做
这个业务，最后的调查报告结果也由年轻人来检查。当然，
这位总裁会给年轻人一笔费用。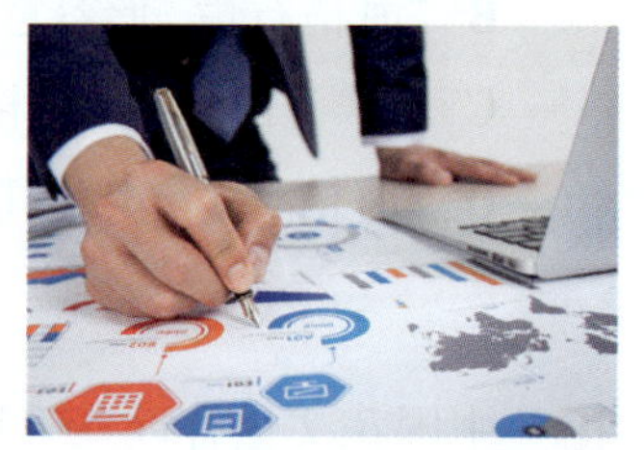

那是一笔很小的业务，没什么大的问题。市场调查报告
出来后，年轻人很明显地看出其中有一些问题，但他只是做了些文字加工和改动，就
把它交了上去。

几年后的一天，年轻人与别人组成一个项目小组，一块儿去完成北京新开业的
一家大型商场的整体营销方案。不料，对方的业务主管明确提出，对年轻人的印象不
好，要求换人。原来，该主管正是当年市场调查项目的那个委托人。

也许，年轻人只是偶然地遇到这两件事，从而失去了自己的机会；但这种偶然性
当中其实已包含了必然性，因为越是微不足道的小事，越能看出一个人的本质。一个
对自己经手的事情不负责任的人，怎么可能是认真、敬业的人呢？这样的人，怎么能
够赢得别人的信任与赏识呢？年轻人最初的行为，已注定他日后将丧失良机。反之，
一个人若是对自己所做的每一件事都尽心尽力，那他必将为自己赢得越来越多的机
会。

13. 总裁让年轻人做什么?

    A 运作公司　　　　　　　　**B** 做调查问卷

    C 每天专心练字　　　　　　**D** 负责调查业务

14. 根据第2段,可以知道:

    A 业务规模不大　　　　　　**B** 年轻人很认真

    C 报告写得很出色　　　　　**D** 报告结果让人很满意

15. 业务主管为什么提出换人?

    A 他们是商业对手　　　　　**B** 年轻人要很高的费用

    C 年轻人给他的印象差　　　**D** 他不相信年轻人的能力

16. 上文主要谈的是:

    A 不要与人为敌　　　　　　**B** 做事要尽力认真

    C 每个人都有缺点　　　　　**D** 小细节决定成与败

[17-20]

　　在云南热带植物园里,偶尔会遇到一种怪怪的树:整个树身不见一片叶子,满树尽是绿绿的枝条,如果折断一小根枝条或刮破一点树皮,就会有白色的乳汁流出。

　　这种树被叫做"光棍树",高可达4-9米,原产非洲的热带沙漠地区。光棍树的白色乳汁有剧毒,观赏或栽培时需特别小心,千万不能让乳汁进入人的口、耳、眼、鼻或伤口中。但这种有毒的乳汁却能抵抗病毒和害虫的侵袭,从而起到保护树体的作用。

　　为什么光棍树仅有绿色的枝条而没有叶片呢?原来,在漫长的岁月中,植物为适应环境,都会发生变异。光棍树的故乡——非洲沙漠地区,那里雨量极其稀少,由于严重缺水,许多动植物大量死亡,甚至灭绝。适者生存,为适应恶劣的自然环境,保水抗旱,原来茂盛的光棍树为减少水分蒸发,叶片就慢慢退化了,消失了,而枝干变成了绿色,用绿色密集的枝干代替叶子进行光合作用。植物不进行光合作用,是不能成活生长的，而绿色是进行光合作用的重要条件。这样，光棍树就得以生存了。但是，如果把光棍树种植在温暖潮湿的地方，它不仅会很容易地生长，而且还可能会长出一些小叶片。

17. 根据第1段，这种植物为什么叫"光棍树"？

    A 从不开花　　　　　　　　**B** 寿命很长

    C 从来不结果实　　　　　　**D** 只有枝条无叶子

18. 根据第2段，光棍树：

    A 含有毒　　　　　　　　　**B** 根部发达

    C 树干很矮　　　　　　　　**D** 能净化空气

19. 光棍树不长叶子的原因是什么？

    A 适应自然环境　　　　　　**B** 为了抵抗天敌

    C 喜欢潮湿的地方　　　　　**D** 叶子容易受破坏

20. 上文主要谈的是什么？

    A 光棍树的生长　　　　　　**B** 光棍树的特点

    C 光棍树侵入的危害　　　　**D** 光棍树的种植方法

[21-24]

    每年的4月22日是"世界地球日"，这是一个专为世界环境保护而设立的节日，旨在提高人们对于现有环境问题的意识，并动员人们参与到环保运动中，通过绿色低碳生活，改善地球的整体环境。

    "世界地球日"的前身是"地球日"，由美国著名环境主义者于1970年发起。现今，地球日的庆祝活动已发展至全球192个国家，每年有超过10亿人参与其中，已成为世界上最大的民间环保节日。

    中国各地每年也在这一天开展各种系列环保主题活动。其中"亿绿行动"联合国内

高校，推广环保教育，在各大高校开展"环保沙龙"、"环保电影之夜"等一系列活动。"亿绿行动"鼓励个人在日常生活中关注环境问题，做出生活习惯上的小改变，从而共同减少环境压力。例如，就餐时不使用或少用一次性碗筷等消费品，装修多用绿色环保型材料，随手关灯，多选择大众交通等。"节约利用资源、倡导绿色生活"，是全社会的共同责任，它需要每一个人的理解、支持和积极参与。只有大家携手行动起来，善待地球，把每天都当成"地球日"来过，才能实现经济社会协调、持续发展，实现人与自然的和谐共处。

21. 设立"世界地球日"的目的是什么？

    A 促进经济发展　　　　　　　　　**B** 改善地球环境

    C 鼓励集体合作　　　　　　　　　**D** 保护社会安全

22. 关于"地球日"，下列哪项正确？

    A 受到民间反对　　　　　　　　　**B** 需要很多资金

    C 活动规模较大　　　　　　　　　**D** 由联合国发起

23. 如何参与到"亿绿行动"中？

    A 向公益团体捐款　　　　　　　　**B** 加入动物保护组织

    C 开展历史文化活动　　　　　　　**D** 养成环保的生活习惯

24. 最适合做上文标题的是：

    A 地球的明天　　　　　　　　　　**B** 如何节约水资源

    C 保护地球，从我做起　　　　　　**D** 绿色出行离不开每个人

정답 및 해설_ 해설집 122쪽

쓰기 书写

최신 기출 문제 분석

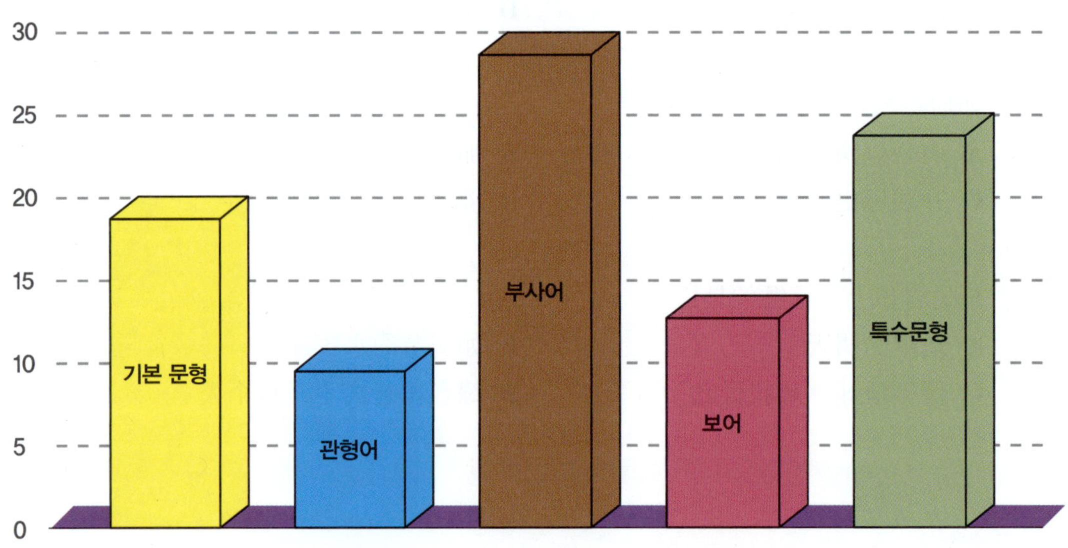

쓰기 제1부분은 제시된 단어나 어구를 어순에 맞게 하나의 문장으로 완성시키는 문제가 출제된다. 문제당 배점이 5점으로 다소 높은 편이며, 중국어 어법 지식을 묻는 문제가 출제되므로 어법 공부를 탄탄히 해야 고득점을 받을 수 있다.

핵심1 제시된 단어의 품사를 파악한다

품사는 문장 내에서 단어의 위치를 결정하는 가장 기본적인 요소이다. 따라서 제시된 단어의 품사를 가장 먼저 파악해야 문장 내의 위치를 정할 수 있다.

핵심2 술어를 찾는다

중국어 문장의 기본 성분 중 가장 중요한 것이 술어이다. 따라서 술어를 먼저 찾아서 문장의 중심에 놓아야 한다. 이때 술어를 중심으로 동사와 목적어의 호응 관계, 주어와 술어의 호응 관계를 묻는 문제가 자주 출제된다. 따라서 이러한 호응 관계를 잘 외워두면 많은 도움을 받을 수 있다.

핵심3 목적어를 찾는다

술어의 성분이 타동사였다면 반드시 목적어를 찾아야 한다. 또한 중국어의 목적어는 우리말과 다르게 동사 술어 뒤에 위치한다는 것을 명심해야 한다.

핵심4 주어를 찾는다

술어 뒤 목적어를 찾았거나 목적어(명사)를 갖지 않는 형용사나 자동사가 있으면, 바로 주어를 찾는다. 장소나 시간이 주어인 존현문을 제외하면, 대부분의 주어는 술어 동작을 하는 주체이거나 형용사, 자동사 술어의 주체이다.

핵심5 기타 성분(부사어, 보어, 관형어)의 자리를 결정한다

부사, 조동사, 전치사구 등은 수식하는 동사나 형용사 앞에 위치한다. 보어는 동사나 형용사를 보충 설명해 주는 문장 성분으로, 동사나 형용사 뒤에 위치한다. 관형어는 명사 앞에서 명사를 수식한다. 이 위치를 기억하고 문제를 푼다면 시험장에서 실수를 줄일 수 있다.

① 품사 및 문장 성분

新HSK에는 이렇게 출제된다! ▼

★ 중국어는 단어의 **품사**에 따라 단어가 위치하는 자리인 **문장 성분**이 결정된다. 따라서 품사와 문장 성분은 문장을 배열하는 문제가 출제되는 쓰기 제1부분에서 가장 기본적으로 공부해야 하는 내용이다.

1 품사

품사는 의미를 가진 가장 작은 단위로, 구와 문장을 구성한다. 품사는 단어가 가지는 공통된 성질에 따라 다음과 같이 나눌 수 있다.

명사	사람이나 사물의 명칭, 장소, 방위를 나타낸다.
	蔬菜 야채 ｜ 国家 국가 ｜ 科学 과학 ｜ 前面 앞면
대명사	명사를 가리키거나 대신하는 명사로 인칭대명사, 지시대명사, 의문대명사가 있다.
	我 나 ｜ 我们 우리 ｜ 这 이것 ｜ 那 그것 ｜ 谁 누구 ｜ 什么 무엇
동사	행위나 동작, 심리 활동, 혹은 사물의 존재, 소실, 변화 등을 나타내고 크게 동작동사와 심리동사로 나뉜다.
	동작동사 동작이나 변화를 나타내는 동사 看 kàn 보다 ｜ 变 biàn 변하다 ｜ 摇 yáo 흔들다 **심리동사** 감정, 심리 활동을 나타내는 동사 喜欢 xǐhuan 좋아하다 ｜ 讨厌 tǎoyàn 싫어하다 ｜ 担心 dānxīn 걱정하다
조동사	동사의 의지와 능력, 판단과 허가를 나타내며, 단독으로 쓰이지 못하고 동사 앞에서 동사를 수식한다.
	会 ~할 수 있다 ｜ 能 ~할 수 있다 ｜ 想 ~하고 싶다 ｜ 要 ~해야 한다 ｜ 应该 마땅히 ~해야 한다 ｜ 可以 ~해도 좋다
형용사	형용사는 사람이나 사물의 성질과 상태를 나타낸다.
	黑 검다 ｜ 胖 뚱뚱하다 ｜ 巨大 거대하다 ｜ 出色 특출나다
수사	숫자를 나타낸다.
	一 하나 ｜ 十 열 ｜ 百 백 ｜ 千 천 ｜ 万 만 ｜ 亿 억

양사	수를 세는 단위로, 양사에는 사람이나 사물 등의 명사를 세는 명량사와 동작의 횟수를 세는 동량사 등이 있다.
	个 개 | 件 벌 | 届 회 | 遍 차례 | 次 번
부사	동사나 형용사 앞에서 수식하는 동사나 형용사의 성질, 상태 등의 지속, 시간, 범위, 정도 등을 나타낸다.
	十分 매우 | 已经 이미 | 逐渐 점점 | 立刻 즉시
전치사 (개사)	명사, 대명사와 함께 전치사구를 만들어 술어 앞에서 동작의 시간, 장소, 대상, 방향, 방식 등을 나타낸다.
	在 ~에서 | 对 ~에 대해서 | 朝 ~을 향해서 | 为 ~을 위해서
조사	단어나 구, 문장 뒤에 결합하여 각종 부가적인 의미를 나타내고, 구조조사, 동태조사, 어기조사로 나눌 수 있다.
	구조조사 的, 地, 得 | **동태조사** 了, 着, 过 | **어기조사** 了, 吧, 吗

2 문장 성분

중국어는 품사를 기준으로 문장 내에서 단어의 위치가 정해지며, 이 단어의 위치를 문장 성분이라고 부른다. 중국어의 문장 성분은 주어, 술어, 목적어, 관형어, 부사어, 보어로 총 6가지이다.

1. 중국어 문장의 기본 구조 필수체크

관형어 + 주어 + 부사어 + 술어 + 보어 + 관형어 + 목적어

2. 중국어의 문장 성분

주어	주어는 일반적으로 동사의 행위 주체이고, 형용사의 서술 및 묘사되는 주체이다.
	我每天都写日记。 나는 매일 일기를 쓴다.
술어	술어는 주어에 대한 서술과 묘사를 담당한다.
	妈妈正在做饭。 엄마는 밥을 하고 계신다. 这本书很有意思。 이 책은 매우 재미있다.

목적어	목적어는 동사 뒤에 위치하는 명사, 대명사로 동작을 받는 대상이다.
	我和哥哥吃了**面包**。 나와 형은 빵을 먹었다.
관형어	관형어는 명사(주어, 목적어)를 앞에서 수식해 주는 단어이다.
	成都是**一座美丽**的城市。 청두는 아름다운 도시이다.
부사어	부사어는 동사, 형용사 앞에서 수식해 주는 단어로, 주로 부사, 조동사, 전치사구 등이 부사어로 쓰인다.
	他**偶尔会**去公园散步。 그는 가끔 공원에 가서 산책한다.
보어	보어는 동사, 형용사를 뒤에서 보충해 주는 단어로, 주로 결과, 방향, 가능, 정도, 수량을 보충 설명한다.
	他早就写**完**了这份报告。 그는 일찍이 이 보고서를 다 썼다.

단어 座 zuò 양 좌, 동, 채[건축물·다리·산 등을 세는 단위] | 偶尔 ǒu'ěr 부 가끔 | 份 fèn 양 부[문서·신문 등을 세는 단위]

★ 다음 문장을 보고 품사와 문장 성분을 분석해 보세요.

❶　　北京　的　　　交通　　　非常　　　方便。

품사 ＿＿＿＿ ＿＿＿＿　＿＿＿＿　＿＿＿＿　＿＿＿＿

문장 성분 ＿＿＿＿＿＿＿＿　＿＿＿＿　＿＿＿＿　＿＿＿＿

❷　　弟弟　　　经常　　　玩　　　电子游戏。

품사 ＿＿＿＿　＿＿＿＿　＿＿＿＿　＿＿＿＿

문장 성분 ＿＿＿＿　＿＿＿＿　＿＿＿＿　＿＿＿＿

❸　　她　　在　商店　　买了　　一　件　　衣服。

품사 ＿＿＿＿　＿＿＿＿ ＿＿＿＿　＿＿＿＿ ＿＿＿＿　＿＿＿＿

문장 성분 ＿＿＿＿　＿＿＿＿＿＿＿＿　＿＿＿＿＿＿＿＿　＿＿＿＿

❹　　奶奶　　　感动　　　得　　　哭　了。

품사 ＿＿＿＿　＿＿＿＿　＿＿＿＿　＿＿＿＿

문장 성분 ＿＿＿＿　＿＿＿＿　＿＿＿＿　＿＿＿＿

❺　　他们　　　已经　　　约　　　好　　　了。

품사 ＿＿＿＿　＿＿＿＿　＿＿＿＿　＿＿＿＿ ＿＿＿＿

문장 성분 ＿＿＿＿　＿＿＿＿　＿＿＿＿　＿＿＿＿＿＿＿＿

정답 및 해설_ 해설집 137쪽

② 술어와 목적어

新HSK에는 이렇게 출제된다! ▼

★ **술어**는 주어의 동작과 상황을 설명하는 성분이면서 **문장의 중심**이다.

★ 중국어의 술어는 대부분 **동사**나 **형용사**인데, 시험에서는 **동사**와 자주 어울리는 **목적어**를 알아야 풀 수 있는 문제가 많이 출제된다.

1 동사 술어

동사는 사람과 사물의 동작 행위, 심리 활동, 변화, 존재, 소유 등을 나타내며, 일반적으로 문장에서 술어 역할을 한다.

> 他们都**参加**了今天的聚会。 그들은 모두 오늘 모임에 참석했다. (동작 행위)
> 我很**喜欢**看足球比赛。 나는 축구 시합 보는 것을 매우 좋아한다. (심리 활동)
> 车库里**有**两辆车。 차고에 두 대의 차가 있다. (존재)

단어 聚会 jùhuì 명 모임 | 车库 chēkù 명 차고

✓ 동사+了, 着, 过

중국어는 시제가 없고 동사 뒤에 동태조사 了, 着, 过를 붙여 동작의 완료, 지속, 경험을 나타낸다. 모르는 단어에 了, 着, 过가 붙어 있다면 그 단어가 술어일 가능성이 높다.

① 동작의 완료(완성)

동사 뒤에 了(완료의 了)를 써서 동작의 완료(=완성/실현)를 나타낸다.

> 那本书**创造**了销售奇迹。 저 책은 판매 기적을 창조했다.
> 那家公司**购买**了一批新设备。 저 회사는 새 설비들을 구입했다.

단어 奇迹 qíjì 명 기적 | 设备 shèbèi 명 설비

② 동작이나 상태의 지속
동사 뒤에 **着**를 써서 동작의 지속을 나타낸다.

동사 + **着**

她**承受**着很大的压力。 그녀는 매우 큰 스트레스를 감당하고 있다.
这里**流传**着许多传说。 이곳에 많은 전설이 전해지고 있다.

단어 承受 chéngshòu 통 받아들이다 | 流传 liúchuán 통 전하다, 퍼지다

③ 동작의 경험
동사 뒤에 **过**를 써서 과거 동작의 경험을 나타낸다.

동사 + **过**

他曾经**做**过主持人。 그는 사회자를 해 본 적이 있다.
他们已经**征求**过双方的意见。 그들은 이미 쌍방의 의견을 구한 적이 있다.

단어 曾经 céngjīng 부 일찍이, 이전에 | 主持人 zhǔchírén 명 사회자, 진행자 | ★征求 zhēngqiú 통 (의견을) 구하다

2. 동사 술어와 목적어

형용사와 구별되는 동사의 가장 큰 특징은 동사 뒤에 목적어를 붙일 수 있다는 것이다. 동사는 주로 명사, 대명사로 된 목적어를 갖지만 일부 동사들은 동사구, 주술구를 목적어로 갖기도 한다.

주어 + 술어(동사) + 목적어

명사/대명사
동사구
주술구

① 명사 · 대명사 목적어

你　　违反　　了　　规定。 너는 규정을 위반했다.
주어　술어(동사)　동태조사　목적어(명사)

我　能　说服　他们。 나는 그들을 설득할 수 있다.
주어　부사어(조동사)　술어(동사)　목적어(대명사)

단어 ★违反 wéifǎn 통 위반하다 | 说服 shuōfú 통 설복하다, 설득하다

② 동사구·주술구 목적어

동사구는 동작, 행위, 판단 등을 나타내는 동사와 이것의 대상이 되는 명사나 대명사로 이루어진 구를 가리킨다. '주어+술어+목적어' 문장으로 이루어진 것을 주술구라고 한다.

我　　喜欢　　看电影。 나는 영화 보는 것을 좋아한다.
주어　술어(동사)　목적어(동사구)

妈妈　　希望　　我上大学。 엄마는 내가 대학에 다니는 것을 희망하신다.
주어　술어(동사)　목적어(주술구)

③ 이중 목적어

일부 동사의 뒤에는 두 개의 목적어가 올 수 있다. 하나의 동사 뒤에 간접 목적어로 사람이 오고, 직접 목적어로 사물이 온다.

주어　+　술어(동사)　+　간접 목적어(사람)　+　직접 목적어(사물)

我朋友　　给　　我　　生日礼物。 내 친구가 나에게 생일 선물을 주었다.
주어　　술어(동사)　간접 목적어　직접 목적어

他　　告诉　　我　　这个消息。 그가 나에게 이 소식을 알려줬다.
주어　술어(동사)　간접 목적어　직접 목적어

이중 목적어를 취하는 동사

□□ 给 gěi ~에게 ~을 주다 ✖	□□ 送 sòng ~에게 ~을 선물하다
□□ 告诉 gàosu ~에게 ~을 말해주다 ✖	□□ 交 jiāo ~에게 ~을 건네다
□□ 问 wèn ~에게 ~을 묻다	□□ 教 jiāo ~에게 ~을 가르치다 ✖
□□ 通知 tōngzhī ~에게 ~을 통지하다	□□ 借 jiè ~에게 ~을 빌리다

3. 목적어를 쓸 수 없는 이합동사

이합동사란 하나의 동사가 '동사+목적어(명사)'로 이루어진 것인데, 이합동사 뒤에는 목적어를 쓸 수 없다.

주어　+　술어(이합동사)　+　목적어

他帮忙同事。(×)
⇒ 他帮同事的忙。(○) 그는 동료를 돕는다.

我马上就要毕业大学了。(×)
⇒ 我马上就要**大学毕业**了。(〇) 나는 곧 대학을 졸업한다.

🗂 이합동사

□□ **见面** jiànmiàn 서로 만나다	□□ **毕业** bìyè 졸업하다 ★
□□ **睡觉** shuìjiào 잠을 자다	□□ **散步** sànbù 산책하다
□□ **聊天** liáotiān 이야기하다	□□ **理发** lǐfà 이발하다
□□ **抽烟** chōuyān 담배 피우다	□□ **报名** bàomíng 접수하다
□□ **罚款** fákuǎn 벌금을 부과하다	□□ **点头** diǎntóu 고개를 끄덕이다
□□ **握手** wòshǒu 악수하다	□□ **打折** dǎzhé (상품을 판매할 때) 할인하다

4. 동사의 중첩

동사를 중첩하면 어떤 동작이 가볍거나 시간이 짧음을 나타내며, 술어로 쓰일 수 있다. 일반적으로 1음절 동사의 중첩은 'AA' 형식으로, 2음절 동사의 중첩은 'ABAB' 형식으로 나타낸다.

我**看看**你的照片，好吗？ 내가 너의 사진을 좀 봐도 되지?
我们**商量商量**这个问题。 우리 이 문제에 대해 상의를 좀 합시다.

공략 **트레이닝 1**

调整	学校对	做了	录取人数	又

(해설 및 정답) **문제 분석▼** 做 뒤에 동태조사 了가 붙어 있으므로, 做가 동사 술어임을 알 수 있다.

Step 1. 술어 찾기　　　　　　　　　　　做了
Step 2. 술어+목적어　　　　　　　　　做了+调整
Step 3. 주어+술어+목적어　　　　　　学校对+做了+调整
Step 4. 주어+부사어+술어+목적어　　学校对+录取人数+又+做了+调整
　　↳ 对는 '对+대상' 형태로 쓰는 전치사이므로 对 뒤에 录取人数를 놓아야 한다. 또한 又는 부사이므로 수식하는 동사 做 앞에 놓는다.

(정답) 学校对录取人数又做了调整。 학교는 채용 인원에 대해서 또 조정을 했다.

(단어) 调整 tiáozhěng 图 조정하다 | 录取人数 lùqǔ rénshù 채용 인원

2 형용사 술어

형용사는 사람이나 사물의 성질과 상태를 묘사한다. 형용사는 주로 정도부사의 수식을 받으며 술어가 될 수 있지만, 형용사 술어 뒤에 목적어(명사)를 쓸 수 없다.

1. 목적어(명사)를 쓸 수 없는 형용사 술어

형용사 술어는 목적어(명사)를 가질 수 없기 때문에 형용사 뒤에 명사를 쓰지 않도록 주의해야 한다.

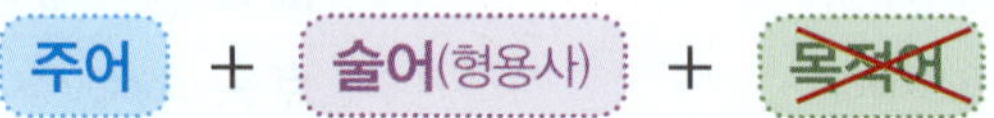

这条裙子**合适**<u>她的身材</u>。(×)
这条裙子**适合**<u>她的身材</u>。(○) 이 치마는 그녀의 체형에 잘 맞는다.

⚠ 合适는 형용사이기 때문에 뒤에 명사를 쓸 수 없다. 형용사 合适와 같은 뜻인 适合는 동사이므로 适合로
주의 바꿔야 한다.

2. 형용사 중첩

일반적으로 1음절 형용사의 기본적인 중첩은 'AA' 형식이고, 2음절 형용사의 중첩은 'AABB' 형식이다. 형용사를 중첩하면 형용사의 정도와 묘사성이 강해진다.

这个**红红**的苹果真好吃。 이 새빨간 사과는 참 맛있다.
他们**高高兴兴**地跑出去了。 그들은 매우 기쁘게 뛰어 나갔다.

3 술어 앞에서 수식하는 부사어

부사나 조동사, 전치사구는 술어 앞에서 술어를 수식하는 부사어로 쓰인다. 또한 형용사는 일반적으로 단독으로 쓰지 않고 정도부사의 수식을 받는다. 형용사를 수식하는 정도부사는 很, 非常, 十分, 更, 比较, 格外 등이 있다.

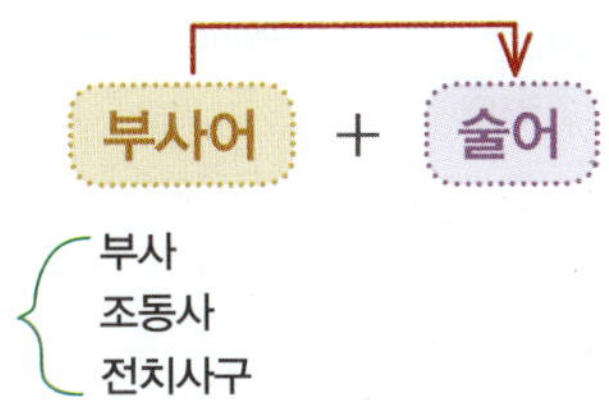

嘉宾	陆续	进入	会场。 게스트들이 연이어 회의장으로 들어갔다.
주어	부사어(부사)	술어(동사)	목적어

你	还在为那件事	发愁	吗? 너 아직도 그 일 때문에 근심하고 있는 거야?
주어	부사어(부사)	술어(동사)	조사

学生	要	养成	课前预习的	习惯。 학생은 수업 전에 예습하는 습관을 길러야 한다.
주어	부사어(조동사)	술어(동사)	관형어	목적어

他的	经验	特别	丰富。 그의 경험은 매우 풍부하다.
관형어	주어	부사어	술어(형용사)

他的	语言表达能力	格外	好。 그의 언어 표현 능력은 특히 좋다.
관형어	주어	부사어	술어(형용사)

단어 发愁 fāchóu 통 골치 아파하다, 걱정하다 | ★格外 géwài 부 각별히, 특별히

공략 트레이닝 2

状态	这位选手比赛	不错	相当

해설 및 정답 | **문제 분석▼** 제시된 단어 중에서 술어가 될 수 있는 것은 형용사 不错이다. 相当은 정도부사이므로 술어인 不错 앞에 놓는다.

Step 1. 술어 찾기	不错
Step 2. 주어+술어	这位选手比赛状态+不错
Step 3. 주어+부사어+술어	这位选手比赛状态+相当+不错

정답 这位选手比赛状态相当不错。 이 선수의 경기 상태가 상당히 좋다.

단어 状态 zhuàngtài 명 상태 | 选手 xuǎnshǒu 명 선수 | 比赛 bǐsài 명 경기 | 相当 xiāngdāng 부 상당히

★ 다음 문장의 문장 성분을 분석해 보세요.

예　这辆车　可　乘坐　两个人。 이 차에는 두 명이 탑승 가능하다.
　　주어　　부사어　술어　목적어

● 1 当地还保留着一些传统风俗。

● 2 这多亏了你的热情招待。

● 3 这座城市不具备举办奥运会资格。

● 4 我们要学会控制自己的脾气。

● 5 这里的风景值得摄影留念。

● 6 新开发区的住房价格在不断上涨。

● 7 李教授的知识面特别广。

● 8 他提出的解决方案非常巧妙。

● 9 哪种减肥方法的效果最明显?

● 10 那位运动员的身体协调能力格外好。

정답 및 해설_ 해설집 138쪽

실전에 강한 문제 적응 훈련

제한 시간 8분

학습일 ＿＿＿＿/＿＿＿＿
맞은 개수 ＿＿＿＿＿

| 실전 트레이닝 1 |

1. 设计　　　　总裁的　　　　方案　　　　受到了　　　　表扬

2. 朝我　　　　老同学　　　　挥手　　　　挥了

3. 别人　　　　无法想象的　　　　着　　　　那位导演承受　　　　压力

4. 下个月　　　　展览会将于　　　　举行　　　　中旬

정답 및 해설_ 해설집 139쪽

| 실전 트레이닝 2 |

1. 表情　　　　显得　　　　导游的　　　　格外无奈

2. 比赛的胜利　　　　极大的　　　　给了我们队　　　　鼓舞

3. 效果　　　　的　　　　很明显　　　　这种减肥方法

4. 态度　　　　他　　　　有些不耐烦　　　　对人的

정답 및 해설_ 해설집 141쪽

3 주어

新**HSK에는 이렇게 출제된다!** ▼

★ 술어가 나타내는 **동작이나 상태의 주체**가 되는 문장 성분을 **주어**라고 한다.

★ 명사, 동사(구), 주술구 등이 **주어 역할을 하는 경우**뿐만 아니라, **주어가 생략되는 경우**도 시험에 출제되므로 주어를 찾을 때 한 번 더 확인하자.

1 주어

주어는 술어(동사/형용사) 앞에 위치하는 특정한 대상이다. 여기서 특정한 대상은 말하는 이나 듣는 이가 서로 알고 있는 확실한 명사나 대명사를 말한다. 또한 '어느 장소나 시간에 어느 사물이 존재·출현·소실하다'라는 의미를 갖는 존현문에서는 장소명사나 시간명사가 주어로 쓰인다.

李教授对汉语语法很熟悉。 이 교수는 중국어 어법에 대해서 잘 안다.

→ 행위 주어: 동작(熟悉)을 하는 주체

房间整理好了。 방은 정리가 잘 되었다.

→ 수동 주어: 동작(整理)을 받는 대상

桌子上摆着很多瓶子。 탁자 위에 많은 병들이 놓여 있다.

→ 장소 주어: 우리말에서는 부사어로 해석되는 桌子上이 중국어에서는 위치상 주어가 된다

단어 熟悉 shúxī 형 잘 알다 | ★摆 bǎi 통 놓다

2 주어가 되는 성분

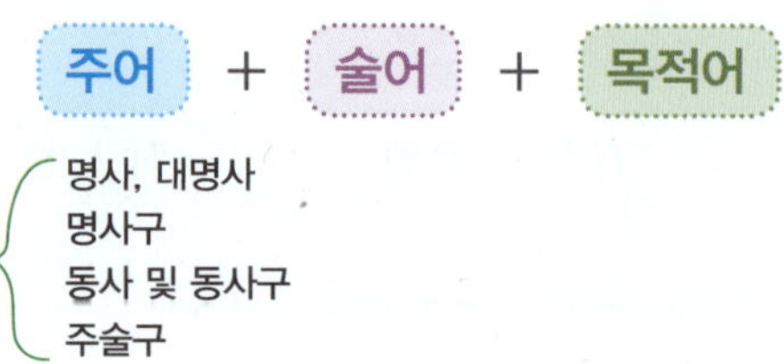

1. 명사 · 대명사 주어

妈妈　　　每天八点　　　上班。엄마는 매일 8시에 출근한다.
주어　　　　부사어　　　술어

我们　　应该　　遵守　　交通规则。우리는 마땅히 교통 규칙을 준수해야 한다.
주어　　부사어　　술어　　목적어

2. 명사구 주어

명사, 대명사, 수사 등이 둘 이상 결합되어 주어가 된다.

这种电影　　很　　值得　　看。이런 영화는 볼 가치가 있다.
주어　　　부사어　　술어　　목적어

那些设备　　得　　换　　新的。그 설비들은 새것으로 바꿔야 한다.
주어　　　부사어　　술어　　목적어

3. 동사 및 동사구 주어

동작이나 행위가 진술의 대상이 되는 동사나 '동사+명사'도 주어가 된다.

尊重　　是　　一种美德。존중은 일종의 미덕이다.
주어　　술어　　목적어

保护环境　　是　　我们每个人的　　责任。환경을 보호하는 것은 우리 모두의 책임이다.
주어　　　술어　　관형어　　　목적어

4. 주술구 주어

주어 자체가 '주어+술어' 형태로, 보통 '~하는 것은'으로 해석된다.

我爬山　　是　　为了身体健康。내가 등산하는 것은 건강을 위해서이다.
주어　　술어　　목적어

孩子高兴　　是　　父母希望的　　事情。아이들이 기뻐하는 것은 부모가 희망하는 것이다.
주어　　　술어　　관형어　　　목적어

> 任务　　　　艰巨的　　　　他承担着　　　　工作

해설 및 정답　**문제 분석▼** 他承担着의 他가 주어, 承担이 술어이다.

Step 1. 주어+술어　　　　　　　　　　　他+承担着
Step 2. 관형어 완성하기　　　　　　　　艰巨的+工作+任务
Step 3. 주어+술어+목적어　　　　　　　他+承担着+艰巨的工作任务

정답　他承担着艰巨的工作任务。그는 막중한 작업 임무를 맡고 있다.

단어　任务 rènwu 명 임무 | 艰巨 jiānjù 형 막중하다 | 承担 chéngdān 동 맡다, 부담하다

> 能培养　　　　学生的　　　　参加志愿者活动　　　　责任心

해설 및 정답　**문제 분석▼** 중국어에서 동사나 동사구가 주어가 될 수 있다는 것을 기억하고, 이 문장에서 동사구 参加志愿者活动을 주어로 쓰면 된다.

Step 1. 부사어+술어　　　　　　　　　　　　　　能+培养
Step 2. 부사어+술어+관형어+목적어　　　　　　能+培养+学生的+责任心
　　↳ '관형어+的+명사'의 형식으로 쓰여야 하므로 学生的责任心을 만든다.
Step 3. 주어+부사어+술어+관형어+목적어　　　参加志愿者活动+能+培养+学生的+责任心

정답　参加志愿者活动能培养学生的责任心。
자원 봉사 활동에 참가하는 것은 학생들의 책임감을 기를 수 있다.

단어　★培养 péiyǎng 동 배양하다, 기르다 | 志愿者活动 zhìyuànzhě huódòng 자원 봉사 활동 | 责任心 zérènxīn 명 책임감

> 合理安排　　　如何　　　一门　　　学问　　　时间是

해설 및 정답　**문제 분석▼** 중국어에서 주술구나 문장이 주어가 될 수 있다는 것을 기억하고, 이 문장에서 如何合理安排时间을 주어로 쓰면 된다.

Step 1. 술어 찾기	时间是
Step 2. 목적어 완성하기	时间是＋一门＋学问

↳ 门은 학문을 세는 양사이므로 一门学问으로 써야 한다.

Step 3. 주어 완성하기	合理安排＋时间是＋一门学问

↳ 合理安排의 대상은 时间이므로 合理安排时间을 만든다.

Step 4. 문장 완성하기	如何＋合理安排＋时间是＋一门学问

↳ 如何는 의문대명사로 문맥상 合理安排时间 앞에 위치하는 것이 가장 적당하다.

(정답) 如何合理安排时间是一门学问。 어떻게 시간을 합리적으로 안배하느냐는 것은 일종의 학문이다.

(단어) 合理 hélǐ 형 합리적이다 | 安排 ānpái 동 안배하다 | 如何 rúhé 대 어떻게 | ★学问 xuéwen 명 학문

3 주어가 생략되는 경우

중국어에서 주어를 생략해도 문장이 성립되는 경우가 있는데, 이를 비술어문이라고 한다. HSK 쓰기 제1부분에서 주어가 생략되는 문제는 대부분 명령문이나 권유문으로 출제된다.

(你)小心一点儿。 (너) 조심해라.

(你们)好好儿休息吧。 (너희) 잘 쉬어라.

(你)不要忽视每个细节。 (너는) 모든 세부 사항을 소홀히 해서는 안 된다.

공략 트레이닝 4

怀疑	轻易	不要	别人

(해설 및 정답) **문제 분석▼** 주어는 술어의 주체여야 하는데, 别人(다른 사람)은 의심을 받는 대상이지 주체가 아니므로 주어가 될 수 없다. 따라서 이 문장은 주어가 생략된 문장이다.

Step 1. 술어 찾기	怀疑
Step 2. 술어＋목적어	怀疑＋别人
Step 3. 부사어 완성하기	不要＋轻易＋怀疑＋别人

(정답) 不要轻易怀疑别人。 함부로 다른 사람을 의심하지 마라.

(단어) 怀疑 huáiyí 동 의심하다 | 轻易 qīngyì 형 경솔하다, 함부로 하다

문장 구조 분석(2)

정답 및 해설_ 해설집 143쪽

★ 다음 문장의 문장 성분을 분석해 보세요.

> 예　这辆车　可　乘坐　两个人。 이 차에는 두 명이 탑승 가능하다.
> 　　　주어　부사어　술어　목적어

---

❶ 缺点有时也会变成优点。

❷ 要把目标放得长远。

❸ 他按照爸爸的建议选择了留学。

❹ 这家公司的总裁年纪很小。

❺ 这张名片的设计非常有特色。

❻ 这次地震造成的影响很大。

❼ 遵守交通规则是我们每个人的责任。

❽ 应该学会合理利用业余时间。

❾ 队员取得好成绩是教练最大的幸福。

❿ 他离开家乡是为了寻找更好的未来。

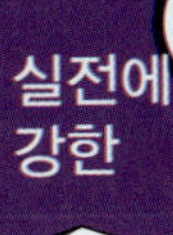

실전에 강한 | 제한 시간 8분

문제 적응 훈련

학습일 _____ / _____

맞은 개수 _______

실전 트레이닝 1

1. 设计师的　　　　这位　　　　独特　　　　非常　　　　作品

2. 复杂　　　　很　　　　驾驶执照　　　　办理手续　　　　的

3. 从根本上　　　　不能　　　　沉默　　　　解决矛盾

4. 结果将在　　　　公布　　　　下月初　　　　面试

정답 및 해설_ 해설집 144쪽

실전 트레이닝 2

1. 灵活　　　　面对难题　　　　要　　　　思考

2. 享受其他优惠　　　　打折机票　　　　服务　　　　不能

3. 夫妻吵架　　　　伤害　　　　对孩子心理　　　　极大

4. 谨慎地　　　　要　　　　自己的未来　　　　决定

정답 및 해설_ 해설집 146쪽

★ 관형어 문제를 푸는 관건은 관형어를 **순서에 맞게 만들 수 있는가**와, 관형어 的 뒤에 **수식하는 명사를 찾을 수 있느냐**이다.

★ 관형어 어순과 **수식하는 명사**를 찾는 방법을 잘 공부해 놓는 것이 중요하다.

1 관형어

명사를 수식해 주는 단어를 관형어라고 한다. 한 단어가 명사를 수식할 때도 있지만, 여러 단어가 함께 명사를 수식할 때도 있다. 이때 관형어와 수식을 받는 명사 사이에 일반적으로 구조조사 的가 쓰이고, 的는 주로 '~의, ~한'의 뜻으로 해석된다.

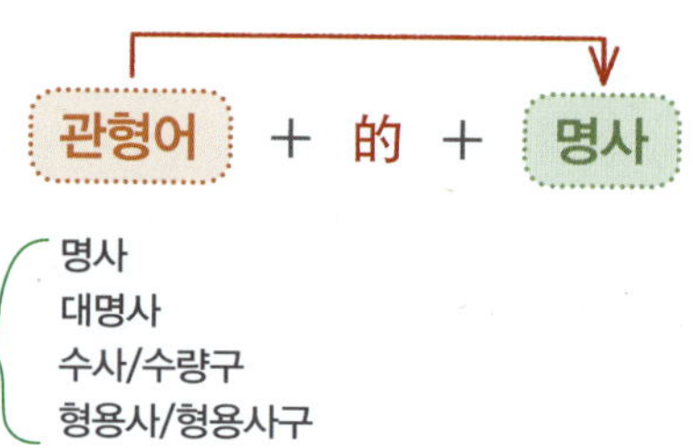

/. 구조조사 的가 반드시 필요한 경우

수량사를 제외한 피수식어와 관형어 사이에는 보통 **的**를 첨가한다.

小李 是 **个很热情的** 人。 샤오리는 매우 친절한 사람이다.
주어 술어 관형어 목적어

看电视的 人 是 谁? TV를 보는 사람은 누구야?
관형어 주어 술어 목적어

我最喜欢的 人 是 妈妈。 내가 가장 좋아하는 사람은 엄마이다.
관형어 주어 술어 목적어

这 是 **一个关于顾客和售货员的** 笑话。
주어 술어 관형어 목적어

이것은 손님과 판매원에 관한 유머이다.

2. 구조조사 的를 생략하는 경우 ★ 필수체크

관형어와 수식을 받는 명사가 고정된 경우 的를 쓰지 않고 관형어가 될 수 있다. 특히 한 단어처럼 쓰이는 고정구는 시험에 자주 출제되므로 반드시 익혀두어야 한다.

① (지시대명사) + 수사 + 양사 + 명사

我昨天买了**这台**电脑。 나는 어제 이 컴퓨터를 샀다.
我要买**一条**裤子。 나는 바지 한 벌을 사려고 한다.

주의 지시대명사(这/那)가 수사와 함께 쓰일 때 一는 일반적으로 생략된다.

② 1음절 형용사 + 명사

他们俩是**老**同学。 그들 둘은 오랜 학교 친구이다.
请给我一杯**热**茶。 제게 뜨거운 차 한 잔 주세요.

③ 很多/许多/不少/很少 + 명사

很多年轻人都习惯了网上购物。 많은 젊은이들이 인터넷으로 구매하는 것이 익숙해졌다.
不少人都向我推荐这家店。 적지 않은 사람들이 나에게 이 상점을 추천했다.

④ 고정구

请您登记一下**个人信息**。 개인 정보를 기재해 주세요.
这周末一定要完成**设计方案**。 이번 주말에 반드시 디자인 방안을 완성해야 한다.

단어 ★推荐 tuījiàn 동 추천하다 | 登记 dēngjì 동 등기하다, 기재하다 | 设计方案 shèjì fāng'àn 디자인 방안

📖 시험에 자주 출제되는 고정구

☐☐ **优惠活动** 우대 행사	☐☐ **风俗习惯** 풍속 습관
☐☐ **个人信息** 개인 정보	☐☐ **联系方式** 연락 방법
☐☐ **设计方案** 디자인 방안	☐☐ **投资方案** 투자 방안
☐☐ **本月中旬** 이번 달 중순	☐☐ **相关资料** 관련 자료
☐☐ **录取结果** 채용 결과	☐☐ **营业执照** 영업 허가증
☐☐ **驾驶执照** 운전면허증	☐☐ **培训计划** 훈련 계획
☐☐ **打折商品** 할인 상품	☐☐ **登机手续** 탑승 수속
☐☐ **入住手续** (호텔 등의) 체크인 수속	☐☐ **股票市场** 주식 시장
☐☐ **服装行业** 패션업계	☐☐ **职业作家** 직업 작가

관형어는 여러 단어와 함께 쓰여 명사를 수식하는 경우가 있다. 그중에서 시험에 가장 많이 출제되는 어순은 '지시대명사+수사+양사+기타 수식어+的+명사'이고, 기타 수식어에서는 형용사가 가장 많이 출제된다.

수사 + 양사 + 명사

一**本**词典 사전 한 권

지시대명사 + 수사 + 양사 + 명사

这(一)**本**词典 이 사전 한 권

소유/소속 + 지시대명사 + 수사 + 양사 + 명사

我**的**这(一)**本**词典 나의 이 사전 한 권

소유/소속 + 지시대명사 + 수사 + 양사 + 기타 수식어+的 + 명사

我**的**这(一)**本**新买**的**词典 나의 이 새로 산 사전 한 권
这是我**的**那两**本**新汉语词典。 이것은 나의 저 두 권의 새 중국어 사전이다.
他是我们单位**的**一位负责宣传**的**经理。 그는 우리 회사에서 홍보를 책임지고 있는 매니저이다.

단어 ★宣传 xuānchuán 圄 홍보하다

爱情的	这是	诗	一首赞美

해설 및 정답 **문제 분석▼** 관형어로 쓰인 赞美의 대상은 爱情이므로 一首赞美와 爱情을 붙여서 관형어를 완성시킨다.

Step 1. 주어+술어 　　　　　　　　　这+是

Step 2. 관형어 완성하기 　　　　　　一首赞美+爱情的

Step 3. 주어+술어+목적어 　　　　　这+是+一首赞美爱情的诗
　　↳一首赞美爱情的는 诗를 수식한다.

정답 这是一首赞美爱情的诗。 이것은 사랑을 찬양하는 시이다.

단어 爱情 àiqíng 몡 사랑 | 诗 shī 몡 시 | 首 shǒu 양 편 | 赞美 zànměi 동 찬양하다

공략 **트레이닝 2**

邀请了	许多	这次电影节	明星

해설 및 정답 **문제 분석▼** 许多는 명사를 수식할 때 的를 사용하지 않는다.

Step 1. 술어 찾기 　　　　　　　　邀请了

Step 2. 술어+관형어+목적어 　　　　邀请了+许多+明星

Step 3. 주어+술어+목적어 　　　　　这次电影节+邀请了+许多明星

정답 这次电影节邀请了许多明星。 이번 영화제는 많은 스타를 초대했다.

단어 邀请 yāoqǐng 동 초대하다 | 许多 xǔduō 형 매우 많다 | 明星 míngxīng 몡 스타

정답 및 해설_ 해설집 148쪽

★ 다음 문장에서 관형어에 밑줄로 표시하세요.

① 他每天早上都喝一杯热咖啡。

② 不少家长并不了解孩子真正需要什么。

③ 她设计的那个方案非常出色。

④ 飞往西安的航班被临时取消了。

⑤ 真心的鼓励会带给人温暖的力量。

⑥ 蜜蜂是一种有益的昆虫。

⑦ 丽江是一个风景优美的旅游胜地。

⑧ 应该培养孩子独立解决问题的能力。

⑨ 色彩能影响人们的身体健康。

⑩ 这家餐厅有很多特色菜。

실전에 강한

문제 적응 훈련

학습일 ______ / ______

맞은 개수 ______

실전 트레이닝 1

1. 很光滑　　　这件　　　丝绸　　　内衣

2. 这幅　　　作品　　　少数民族　　　反映了　　　的生活

3. 有午餐　　　优惠活动　　　吗　　　店　　　这　　　家

4. 套　　　欢迎　　　装修方案　　　这　　　尤其　　　受

정답 및 해설_ 해설집 148쪽

실전 트레이닝 2

1. 一定的　　　这种投资方式　　　存在　　　风险

2. 的　　　不平衡　　　资源分布　　　该地区

3. 摄影作品　　　他们的　　　参赛要求　　　不符合

4. 书架　　　占　　　新买的　　　太　　　地方了

정답 및 해설_ 해설집 150쪽

5 부사어[1]
부사/조동사

新HSK에는 이렇게 출제된다! ▼

★ **부사어**는 수식어로, 주로 술어 앞에서 수식하는 단어이다. 주로 **부사, 조동사, 전치사구, 형용사** 등이 부사어로 쓰인다.

★ HSK 시험에서 **부사의 위치**를 물어보는 문제의 **출제 빈도**가 **가장 높으므로** 꼼꼼히 공부해야 한다.

1 부사어로 쓰이는 부사

부사란 동사나 형용사 앞에서 수식하는 단어로, 시간·정도·범위·빈도·부정·가능·어기 등을 나타낸다.

/. 부사의 위치

부사는 일반적으로 술어 앞에 쓰인다. 부사가 조동사나 전치사구(전치사+명사) 등 다른 부사어와 함께 쓰일 때는 일반적으로 '부사→조동사→전치사구' 순으로 쓴다.

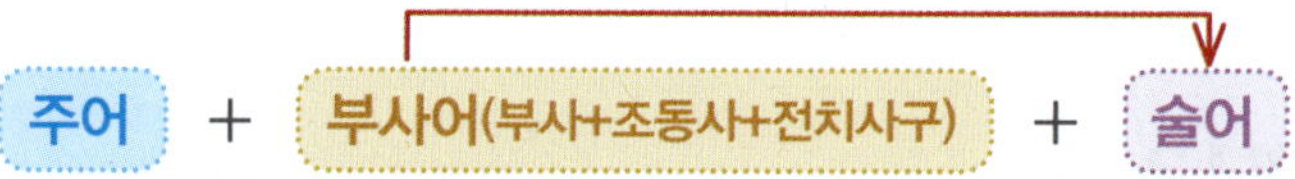

我**偶尔**去中国。 나는 가끔 중국에 간다.

名单**将在月初**公布。 명단은 월 초에 공포될 것이다.

警察**还会对**行李箱进行调查。 경찰은 여행 가방에 대해서도 조사를 진행할 것이다.

단어 公布 gōngbù 图 공포하다 | 行李箱 xínglixiāng 여행 가방 | 调查 diàochá 图 조사하다

网络信号	地下室的	弱	比较

해설 및 정답 ▷ **문제 분석▼** 比较는 부사이므로 수식하는 술어 弱 앞에 놓는다.

Step 1. 술어 찾기   弱

Step 2. 주어+술어   地下室的网络信号+弱

    ↳ 관형어 地下室的는 수식하는 명사 网络信号 앞에 놓는다.

Step 3. 주어+부사어+술어   地下室的网络信号+比较+弱

정답 地下室的网络信号比较弱。 지하실의 인터넷 신호가 비교적 약하다.

단어 网络信号 wǎngluò xìnhào 인터넷 신호 | 地下室 dìxiàshì 몡 지하실 | 弱 ruò 톙 약하다

2. 부사가 2개 이상 함께 출현할 경우

① 술어의 의미를 부정하는 부정부사(不/没/别…)와 일반부사가 함께 쓰였을 때는 일반부사가 부정부사 앞에 온다.

주어 + **일반부사** + **부정부사** + **술어**

我们**根本不**知道这些情况。 우리는 이러한 상황을 전혀 몰랐다.

姥姥**从来没**喝过咖啡。 외할머니는 여지껏 커피를 마셔 본 적이 없다.

你**最好别**打扰他。 너는 그를 방해하지 않는 게 좋다.

단어 打扰 dǎrǎo 통 방해하다

② 부사를 의미에 따라 분류하면 '어기, 시간, 빈도, 범위, 정도 · 상태'로 나눌 수 있다. 이들 부사가 2개 이상씩 출현할 경우 어순에 맞게 배열해야 한다.

주어 + **부사**(어기→시간→빈도→범위→정도·상태) + **술어**

总裁的判断力**一直很**准确。 회장의 판단력은 항상 매우 정확하다.

化学成绩**正在逐渐**提高。 화학 성적이 점점 향상되고 있다.

1. 어기부사: 문장의 분위기, 말투를 나타내는 부사

好像 ★ hǎoxiàng	마치 ~인 듯하다	这个塑料袋好像破了。 이 비닐봉투가 아마도 터진 것 같다.
千万 qiānwàn	부디, 제발, 절대로	今天千万不能迟到。 오늘은 절대로 늦으면 안 돼.
简直 jiǎnzhí	그야말로	教室里冷得简直呆不住。 교실 안이 추워서 정말 (앉아) 있지 못하겠다.
一定 ★ yídìng	반드시	我们一定要完成。 우리는 반드시 완성해야 한다.
根本 ★ gēnběn	전혀[뒤에 부정부사와 함께 쓰임]	他根本不喝酒。 그는 전혀 술을 마시지 않아요.
幸亏 ★ xìngkuī	다행히	幸亏打车了，要不我就迟到了。 택시를 타서 다행이야. 그렇지 않으면 지각했을거야.
并 ★ bìng	결코[뒤에 부정부사와 함께 쓰임]	说得容易，做起来并不简单。 말하기는 쉽지만, 하기에는 결코 간단하지 않다.
是否 ★ shìfǒu	~인지 아닌지	这个报告是否可靠呢？ 이 보고는 믿을 만한 거야?
终于 zhōngyú	마침내, 드디어	我终于大学毕业了。 나는 마침내 대학을 졸업했다.
到底 dàodǐ	도대체	你到底几点来？ 너는 도대체 몇 시에 오는 거야?
毕竟 bìjìng	어쨌든	他毕竟是个老工人，有丰富的经验。 그는 어쨌든 숙련공이야, 풍부한 경험이 있어.
难道 ★ nándào	설마 ~하겠는가?	这么重要的事，难道你忘了吗？ 이렇게 중요한 일을 설마 너 잊은 거야?
竟然 jìngrán	뜻밖에, 의외로	这个外国人竟然会功夫。 이 외국인은 뜻밖에도 쿵후를 할 줄 안다.
居然 jūrán	뜻밖에, 의외로	上午还是晴天，下午居然下雨了。 오전에 맑은 날씨더니 오후에 뜻밖에도 비가 내린다.

단어 ★呆 dāi 동 머물다 | 可靠 kěkào 형 믿을 만하다, 믿음직하다 | 功夫 gōngfu 명 쿵후

正(在) zhèng(zài)	~하고 있는 중이다	这家商店**正在**打折。 이 상점은 할인 중이다.
已经 yǐjing	이미	他**已经**获得了硕士学位。 그는 이미 석사 학위를 받았다.
曾经 ★ céngjīng	이전에 (~한 적이 있다)	我**曾经**使用过这辆车。 나는 이전에 이 차를 사용한 적이 있다.
往往 wǎngwǎng	자주, 종종	那里冬天**往往**不下雪。 그곳의 겨울은 종종 눈이 오지 않는다.
刚 gāng	막, 방금	我**刚**看了一份你发的材料。 나는 방금 네가 보내준 자료를 봤다.
仍然 réngrán	여전히	他**仍然**住在学校附近的公寓里。 그는 여전히 학교 근처의 아파트에 살고 있다.
将 ★ jiāng	장차, 곧	产量**将**下降10%。 생산량이 10 퍼센트 감소할 것이다.
从来 ★ cónglái	지금까지, 이제껏	我上学的时候**从来**不迟到。 나는 학교 다닐 때 이제껏 지각한 적이 없다.
偶尔 ǒu'ěr	간혹, 이따금	我们经常踢足球，**偶尔**打网球。 우리는 자주 축구를 하고, 가끔 테니스를 친다.
还 ★ hái	여전히	你的耳朵**还**疼吗？ 너의 귀는 아직도 아프니?
及时 ★ jíshí	제때에	我们能**及时**到达机场吗？ 우리는 제때에 공항에 도착할 수 있습니까?
赶紧 gǎnjǐn	서둘러, 재빨리	这个消息要**赶紧**通知大家。 이 소식을 서둘러 모든 사람들한테 알려야 한다.
尽量 ★ jǐnliàng	가능한 한, 최대한	**尽量**不要喝酒。 가능한 한 술을 마시지 마.
尽快 ★ jǐnkuài	되도록 빨리	我会**尽快**回来。 가능한 한 빨리 돌아올게요.
一直 ★ yìzhí	계속	他的电话**一直**占线。 그의 전화가 계속 통화 중이다.

단어 ★公寓 gōngyù 阌 아파트 ｜ 产量 chǎnliàng 阌 생산량 ｜ 下降 xiàjiàng 匽 하락하다 ｜ 到达 dàodá 匽 도착하다, 이르다 ｜ 占线 zhànxiàn 匽 통화 중이다

3. 빈도부사: 동작의 횟수를 나타내는 부사

又 yòu	또, 다시	最近汽油的价格**又**涨了。 요즘 휘발유의 가격은 또 인상되었다.
再 zài	다시	他不在办公室，你下午**再**来吧。 그는 사무실에 없어요. 오후에 다시 오세요.
也 yě	~도 또한	西红柿**也**是一种蔬菜。 토마토 역시 야채의 일종이다.
再三 zàisān	재삼, 거듭	教授**再三**强调不能迟到。 교수님은 지각하지 말라고 거듭 강조했다.

단어 汽油 qìyóu 몡 휘발유 | ★涨 zhǎng 동 (수위·물가 등이) 오르다 | 西红柿 xīhóngshì 몡 토마토 | 蔬菜 shūcài 몡 채소, 야채 | ★强调 qiángdiào 동 강조하다

4. 범위부사: 동작의 범위를 제한하는 부사

都 ✹ dōu	모두, 전부	他们**都**很出色。 그들은 모두 뛰어나다.
全部 ✹ quánbù	모두, 전부	他写的答案**全部**对了。 그가 쓴 답안은 모두 맞았다.
几乎 jīhū	거의	他**几乎**三天没睡。 그는 거의 사흘 밤을 자지 않았다.
到处 ✹ dàochù	도처에, 곳곳에	她的房间里**到处**都是书。 그녀의 방 안은 온통 책이다.
大约 ✹ dàyuē	대략	这里**大约**有100平方米。 여기는 대략 100 평방미터이다.
只 zhǐ	겨우, 단지	我**只**有一个哥哥。 나는 한 명의 형만 있다.
光 guāng	겨우, 단지	别**光**知道看电视，你也帮帮我呀! TV만 보지 말고, 너 역시 나를 도와야지.

단어 答案 dá'àn 몡 답안 | 房间 fángjiān 몡 방

5. 정도부사: 형용사나 심리 동사의 정도를 나타내는 부사

很 hěn	아주	小刚说话**很**幽默。 샤오강이 말하는 것은 매우 유머러스하다.
十分 ✦ shífēn	굉장히	双方竞争得**十分**激烈。 쌍방이 매우 격렬하게 경쟁한다.
最 zuì	제일	我**最**喜欢吃妈妈做的菜。 나는 엄마가 만든 음식을 먹는 것을 가장 좋아한다.
真 zhēn	확실히, 진실로	这个小孩**真**可爱。 이 아이는 정말 귀엽다.
特别 tèbié	특별히	北方的气候**特别**干燥。 북방의 기후는 특히 건조하다.
非常 fēicháng	아주	他是个**非常**优秀的人物。 그는 아주 훌륭한 인물이다.
比较 bǐjiào	비교적	地铁里的信号**比较**弱。 지하철 안의 신호가 비교적 약하다.
有些 yǒuxiē	약간	他的观点**有些**片面。 그의 관점은 약간 편파적이다.
有点(儿) yǒudiǎn(r)	약간	今天**有点(儿)**阴。 오늘은 날씨가 약간 흐리다.
太 tài	너무	最近的工作日程**太**紧。 최근의 업무 일정은 매우 빠듯하다.
更 gèng	더욱	他们的关系**更**密切了。 그들의 관계가 더욱 밀접해졌다.
稍微 shāowēi	약간	请大家**稍微**等一会儿。 모두들 조금만 기다려 주세요.
格外 ✦ géwài	각별히, 특별히	她今天看起来**格外**漂亮。 그녀는 오늘따라 특별히 예뻐 보인다.
相当 ✦ xiāngdāng	상당히	他在赛场上的表现**相当**不错。 그의 시합장에서의 모습은 매우 좋다.
极其 ✦ jíqí	(지)극히	沙漠地区环境**极其**恶劣。 사막 지역의 환경은 지극히 열악하다.

단어 幽默 yōumò 형 유머러스하다 | 双方 shuāngfāng 명 쌍방 | ★激烈 jīliè 형 격렬하다, 치열하다 | 干燥 gānzào
형 건조하다 | 优秀 yōuxiù 형 우수하다, 뛰어나다 | 人物 rénwù 명 인물 | 信号 xìnhào 명 신호 | 片面
piānmiàn 형 편파적이다 | 关系 guānxi 명 관계 | 密切 mìqiè 형 밀접하다 | 赛场 sàichǎng 명 경기장 | 表现
biǎoxiàn 명 (드러낸) 모습 | 沙漠地区 shāmò dìqū 사막 지역 | 恶劣 èliè 형 열악하다

6. 상태부사: 동작의 상태를 나타내는 부사

逐渐 ✖ zhújiàn	점점, 조금씩	大家的意见逐渐得到了统一。 모두의 의견이 점차 통일됐다.
亲自 ✖ qīnzì	직접, 친히	你亲自去说。 당신이 직접 가서 얘기하세요.
互相 hùxiāng	서로	同学之间要互相帮助。 학우들 간에는 서로 도와야 한다.
陆续 ✖ lùxù	연이어, 잇달아	录取新生陆续报到。 신입생이 연이어 도착을 보고한다.
不断 ✖ búduàn	끊임없이	物价在不断上涨。 물가가 끊임없이 오르고 있다.
纷纷 fēnfēn	분분히	同学们纷纷提出问题。 학우들은 계속하여 문제를 제기한다.

단어 报到 bàodào 图 도착하였음을 알리다 | 上涨 shàngzhǎng 图 (수위·물가 등이) 오르다

7. 부정부사: 술어를 부정하는 부사

不 bù	~가 아니다	年轻人不愿放弃。 젊은이는 포기를 원하지 않는다.
没(有) méi(yǒu)	~하지 않았다	这篇文章当时没发表。 이 문장은 당시에 발표되지 않았다.
别 bié	~하지 마라	要热情招待，别冷淡了客人。 따뜻하게 접대해야지 손님에게 쌀쌀하게 대하지 마세요.
非 fēi	~이 아니다	阅读并非是对作品的简单再现。 독해는 작품에 대한 단순한 재현이 아니다.
勿 ✖ wù	~하지 마라	在医院请勿吸烟。 병원에서 담배를 피우지 마세요.

단어 放弃 fàngqì 图 포기하다 | 发表 fābiǎo 图 발표하다 | 热情 rèqíng 혱 친절하다 | 招待 zhāodài 图 접대하다 | 冷淡 lěngdàn 图 냉대하다, 쌀쌀하게 대하다 | 简单 jiǎndān 혱 간단하다 | 再现 zàixiàn 图 재현하다

부사어로 쓰이는 조동사

조동사는 술어 앞에 쓰여 가능, 추측, 허가, 당위, 바람 등의 뜻을 나타낸다. 조동사는 단독으로 술어 역할을 할 수 없으며, 술어 앞에서 술어를 수식한다. 조동사에는 会, 能, 要, 应该, 可以, 得(děi) 등이 있다.

1. 조동사의 위치

조동사는 술어 앞에서 술어를 수식한다.

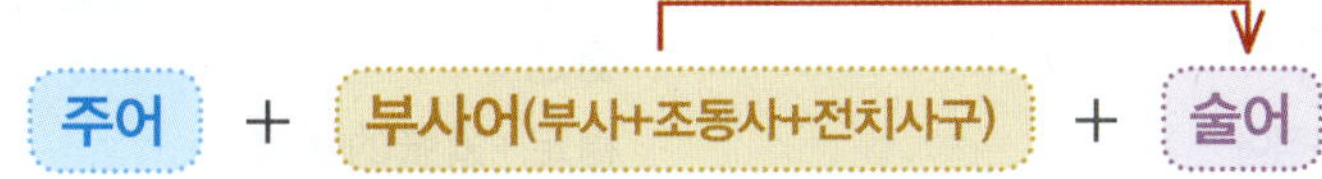

2. 조동사의 종류

会	① (학습을 통하여) ~할 수 있다
	他会说四种外语。 그는 4개의 외국어를 말할 줄 안다.
	② ~일 것이다(추측/짐작)
	我们的新部长会是谁呢？ 우리의 새로운 부장은 누구일까요?
能	① ~할 수 있다(능력)
	我一个人能做完这些工作。 나는 혼자서 이 모든 일을 끝낼 수 있다.
	② ~할 수 있다(가능)
	你这样天天不学习，能考上大学吗？ 너는 이렇게 매일 공부하지 않는데 대학에 합격할 수 있겠니?
可以	① ~할 수 있다(가능)
	这辆车可以乘坐五个人。 이 차에는 다섯 명이 탈 수 있다.
	② ~해도 된다(허가)
	这件衣服不可以试穿。 이 옷은 입어볼 수 없다.
要	① ~해야 한다(당위)
	不要轻易否定别人的想法。 다른 사람의 생각을 쉽게 부정하지 마세요.
	② ~하려고 한다(바람)
	儿子要考电影学院。 아들이 영화학과 시험을 보려고 한다.

공략 트레이닝 2

| 古典音乐 | 紧张的情绪 | 能 | 稳定 |

해설 및 정답

문제 분석▼ 能은 조동사이므로 수식하는 동사 稳定 앞에 놓는다.

Step 1. 술어 찾기 — 稳定

Step 2. 술어+목적어 — 稳定+紧张的情绪

Step 3. 주어+술어+목적어 — 古典音乐+稳定+紧张的情绪

Step 4. 주어+부사어+술어+목적어 — 古典音乐+能+稳定+紧张的情绪

정답 古典音乐能稳定紧张的情绪。고전 음악은 긴장한 마음을 안정시킬 수 있다.

부사어 분석(1)

★ 괄호 안의 부사(어)를 적합한 위치에 넣으세요.

❶ 这道问题没有正确答案。（似乎）

❷ 他说服了投资方投资这个项目。（终于）

❸ 公司购买一套新设备。（将）

❹ 他拒绝对方的请求。（一再）

❺ 出了国的人都想留在外国。（未必）

❻ 江南地区一到夏天就潮湿。（极其）

❼ 新开发的软件受欢迎。（格外）

❽ 他取得了巨大的进步。（逐步）

❾ 员工们表达了自己的观点。（纷纷）

❿ 请勿妨碍警察工作。（正常）

정답 및 해설_ 해설집 152쪽

실전에 강한 문제 적응 훈련

제한 시간 8분

학습일 _____ / _____
맞은 개수 _______

실전 트레이닝 1

1. 是否　　　领导　　　批准了他的　　　方案

2. 这个项目　　　我们　　　一定会　　　完成　　　尽快

3. 福利制度　　　这座城市的　　　不够　　　还　　　完善

4. 破坏环境　　　再三　　　总理　　　强调　　　不能

정답 및 해설_ 해설집 153쪽

실전 트레이닝 2

1. 取得成功　　　我希望　　　手术　　　会

2. 影响　　　公司业绩　　　忽视产品质量　　　将

3. 健康问题　　　营养不平衡　　　会　　　带来　　　很多

4. 我　　　这个领域的　　　从事过　　　工作　　　从来没

정답 및 해설_ 해설집 155쪽

6 부사어[2]

전치사/형용사地+동사

新**HSK에는 이렇게 출제된다!** ▾

★ 부사어에 속하는 **전치사구**는 주로 **술어 앞**에 **위치**하여 술어를 수식한다.

★ '**형용사地+동사**'도 술어(동사) 앞에서 술어(동사)를 수식하는 부사어로 쓰일 수 있다는 것을 알아두자.

1 전치사(개사)

1. 전치사구 부사어

명사나 대명사와 결합하여, 술어 혹은 문장 전체를 수식해 주는 단어를 전치사라고 한다. 전치사는 단독으로는 쓸 수 없으며, 항상 뒤에 명사(성) 단어와 함께 쓰이는데 이를 전치사구라고 한다. 전치사와 전치사 뒤에 결합하는 명사(성) 단어의 특징까지 함께 기억해야 쓰기 문제를 풀 때 활용할 수 있다.

 일부 전치사는 동사 뒤에서 전치사구 결과보어로 사용될 수 있는데, 이는 결과보어(p.225)를 참고하자.

2. 전치사구 부사어의 위치

전치사구는 일반적으로 술어 앞에서 술어를 수식하는 부사어로 쓰인다. 전치사구가 다른 부사어와 함께 쓰일 때는 일반적으로 '주어+부사+조동사+전치사구+술어' 순으로 쓴다.

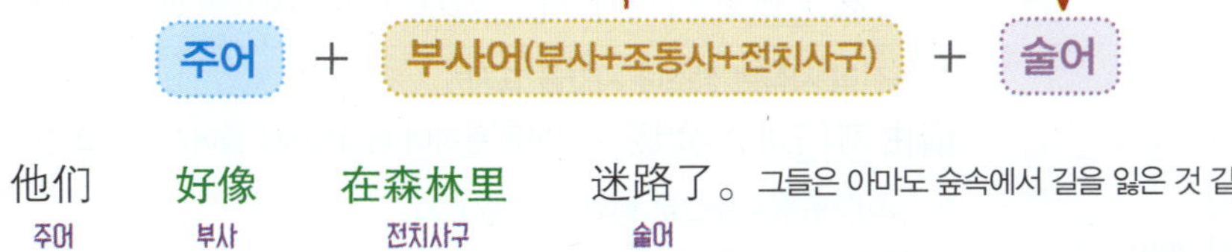

他们　　好像　　在森林里　　迷路了。그들은 아마도 숲속에서 길을 잃은 것 같다.
주어　　부사　　전치사구　　술어

那小姑娘　　给我　　留下了　　好印象。그 아가씨는 나에게 좋은 인상을 남겼다.
주어　　전치사구　　술어　　목적어

단어 迷路 mílù 동 길을 잃다 | 留下 liúxià 동 남기다 | 印象 yìnxiàng 명 인상

3. 전치사의 종류

① 시간 · 장소

在 zài ~에, ~에서	동작이 발생한 장소나 시간을 표시 他**在**农村生活过一年。 그는 농촌에서 1년 산 적이 있다. (장소) 人**在**生病的时候，常常想念父母。 사람은 병이 났을 때, 자주 부모를 그리워한다. (시간)
于 yú ~에서	동작이 처한 장소나 시간을 표시 他毕业**于**北京大学。 그는 베이징 대학을 졸업했다. (장소) 运动会将**于**9月5日举行。 운동회는 9월 5일에 열린다. (시간)
从 cóng ~(에서)부터	동작이 시작된 장소나 시간을 표시 你**从**上海来吗？ 너는 상하이에서 온 거야? (장소) 我们**从**昨天开始放暑假了。 우리는 어제부터 여름 방학이 시작되었다. (시간)
自 zì ~부터	동작이 시작된 장소나 시간을 표시하며, 주로 서면어로 쓰임 这个班的大部分学生来**自**亚洲。 이 반의 대부분의 학생들은 아시아에서 왔다. (장소) 图书馆每天**自**9点开到6点。 도서관은 매일 9시에서 6시까지 연다. (시간)
到 dào ~로, ~까지	도착 장소나 도달 시간을 표시 你**到**学校需要多长时间？ 너는 학교까지 얼마나 걸리니? (장소) 你**到**下星期一给我资料。 너는 다음 주 월요일까지 나에게 자료를 줘. (시간)
离 lí ~로부터, ~까지	공간적·시간적 간격을 표시 我家**离**学校有3公里。 우리 집에서 학교까지 3km이다. (장소) 今天**离**考试还有一个月。 오늘부터 시험까지 아직 한 달 남았다. (시간)
由 yóu ~로부터, ~가	① 동작이 시작된 장소나 시간을 표시 请**由**南门进入会场。 남문을 통하여 회의장으로 들어가 주세요. (장소) ② '~이(가)'라는 뜻으로 행위 주체를 표시 这件事**由**我负责。 이 일은 내가 책임진다. (행위 주체) ③ '~로'라는 뜻으로 구성 요소를 표시 新HSK考试**由**三个部分组成。 신HSK 시험은 세 부분으로 구성되어 있다. (구성 요소)

단어 想念 xiǎngniàn 통 그리워하다 | 举行 jǔxíng 통 거행하다 | 亚洲 Yàzhōu 명 아시아 | 资料 zīliào 명 자료 | 会场 huìchǎng 명 회의장 | 负责 fùzé 통 책임지다 | ★组成 zǔchéng 통 구성하다

② 방향

向 xiàng ~을 향해서, ~쪽으로	동작이 향하는 방향을 표시
	他**向**观众表示感谢。 그는 관중에게 감사를 표했다.
往 wǎng ~을 향해서, ~쪽으로	동작의 움직임이 향하는 방향을 표시
	游客们**往**家带了很多纪念品。 여행객들은 집으로 아주 많은 기념품을 가져갔다.
朝 cháo ~을 향해서, ~쪽으로	동작이 마주하는 방향을 표시
	小狗**朝**主人摇了尾巴。 강아지가 주인에게 꼬리를 흔들었다.

단어 表示 biǎoshì 통 표시하다 | 摇 yáo 통 흔들다 | 尾巴 wěiba 명 꼬리

③ 대상

跟 gēn (=和/与) ~와	동작을 함께 하는 대상을 표시
	他的业务水平**跟**我差不多。 그의 업무 수준은 나와 비슷하다. 这件事**和**你没关系。 이 일은 너와 관계가 없다. 我**与**你必须参加这次考试。 나와 너는 반드시 이번 시험에 참가해야 한다.
对 duì ~에 대해, ~에게	동작의 대상이나 관련자를 표시
	他**对**工作很负责。 그는 일에 대해 책임을 진다. 他**对**邻居非常友好。 그는 이웃에게 매우 우호적이다.
给 gěi ~에게	수여 받는 대상을 표시
	家里**给**小张寄来了一个包裹。 집에 샤오장에게 소포 하나가 왔다.
为 wèi ~을 위해, ~때문에	혜택을 받는 대상을 표시
	公司**为**职员办理了保险。 회사는 직원들을 위해 보험을 들었다.

단어 业务 yèwù 명 업무 | 包裹 bāoguǒ 명 소포 | 职员 zhíyuán 명 직원 | ★办理 bànlǐ 통 처리하다, 취급하다 | 保险 bǎoxiǎn 명 보험

④ 방법, 근거

按照 ànzhào ~에 따라	행동의 기준을 표시
	这件事情要**按照**规定处理。 이 일은 규정에 따라 처리해야 한다.
根据 gēnjù ~을 근거로	판단의 근거를 표시
	根据这段话，我们可以知道什么? 이 말을 근거로 우리가 알 수 있는 것은?

以 yǐ ~으로	동작의 근거나 방식을 표시
	他**以**优秀的成绩考进了北京大学。 그는 우수한 성적으로 베이징 대학에 합격했다. (근거) 他**以**正确的方法完成了工作。 그는 올바른 방법으로 일을 완성했다. (방식)
凭 píng ~에 의거하여	동작의 근거를 표시
	要**凭**证据下结论。증거를 근거로 결론을 내려야 한다.
通过 tōngguò ~을 통해서	동작의 매개체와 수단을 표시
	我们**通过**专家的介绍学到了很多知识。 우리는 전문가들의 소개를 통해 많은 지식을 배웠다.

단어 规定 guīdìng 몡 규정 | 处理 chǔlǐ 동 처리하다 | 优秀 yōuxiù 혱 우수하다 | 成绩 chéngjì 몡 성적 | 正确 zhèngquè 혱 올바르다 | 证据 zhèngjù 몡 증거 | 结论 jiélùn 몡 결론

공략 트레이닝 1

潮湿环境中 　　饼干 　　不易在 　　保存

해설 및 정답 **문제 분석▼** '在+장소/시간' 형태로 쓰이는 전치사이므로 在 뒤에 장소명사인 潮湿环境中을 붙여 전치사구를 만든다.

Step 1. 술어 찾기 　　保存
Step 2. 주어+술어 　　饼干+保存
Step 3. 주어+부사어+술어 　　饼干+不易在潮湿环境中+保存
↳ 不易在潮湿环境中은 부사어이므로 수식하는 동사 保存 앞에 위치시킨다.

정답 饼干不易在潮湿环境中保存。과자는 습한 환경에서 보관하기 쉽지 않다.

단어 ★潮湿 cháoshī 혱 습하다 | 环境 huánjìng 몡 환경 | 饼干 bǐnggān 몡 과자 | 易 yì 혱 쉽다 | ★保存 bǎocún 동 보관하다

공략 트레이닝 2

以 　　为主题 　　北京传统特色小吃 　　这次美食大赛

해설 및 정답 **문제 분석▼** 'A(의 근거나 방식)을 B로 삼다'라는 의미의 '以A为B' 형식이 쓰였다.

Step 1. 술어+목적어   为+主题

Step 2. 주어+술어+목적어   这次美食大赛+为+主题

Step 3. 주어+부사어+술어+목적어   这次美食大赛+以北京传统特色小吃+为+主题

        ↳ '以+동작의 근거나 방식' 형태로 쓰이는 전치사이다.

(정답) 这次美食大赛以北京传统特色小吃为主题。
이번 미식 대전은 베이징 전통 특색 간식을 주제로 한다.

(단어) 以A为B yǐ A wéi B A(의 근거나 방식)을 B로 삼다 | 主题 zhǔtí 몡 주제 | 传统 chuántǒng 몡 전통 | 特色 tèsè 몡 특색 | 小吃 xiǎochī 몡 간단한 음식, 간식 | 美食大赛 měishí dàsài 미식 대전

② 부사어로 쓰이는 형용사地+동사

부사어 자리에 오는 품사의 순서는 일반적으로 '시간→부사→조동사→전치사구→형용사地'인데 형용사도 동사를 꾸미는 부사어로 쓸 수 있다는 것을 명심하자. 또한 구조조사 地는 '地+동사' 형태로 地 앞의 단어를 부사어로 만들어 동사를 앞에서 수식한다.

1. 형용사구/동사구

형용사구/동사구가 동사를 수식할 때 **地**를 써야 한다.

张老师**热情地**教我们。 장 선생님은 우리를 열정적으로 가르친다.
领导**对员工不停地**强调。 사장님은 직원한테 끊임없이 강조하신다.

2. 1음절 형용사

1음절 형용사가 부사어가 될 때 **地**를 쓰지 않는다.

快跑啊，火车就要出发了。 빨리 뛰어. 기차가 곧 출발하려고 해.
她**早**来了，在办公室等着你呢! 그녀가 벌써 와서, 사무실에서 너를 기다리고 있어.

3. 동작을 묘사하는 부사어

부사어가 동작을 묘사할 때 **地**를 써도 되고 안 써도 된다.

电梯已经可以**正常**使用了。 엘리베이터는 이미 정상적으로 사용할 수 있다.
他**详细**说明了一遍。 그는 상세하게 한 번 설명했다.

上	匆忙地	列车了	高律师

해설 및 정답 **문제 분석▼** 匆忙地는 부사어이므로 동사 上 앞에 위치시킨다.

Step 1. 술어+목적어   上+列车了
Step 2. 주어+술어+목적어   高律师+上+列车了
Step 3. 주어+부사어+술어+목적어   高律师+匆忙地+上+列车了

정답 高律师匆忙地上列车了。고 변호사는 급하게 기차를 탔다.

단어 ★匆忙 cōngmáng 혱 매우 바쁘다, 총망하다 | ★列车 lièchē 몡 열차

挥着	观众	双手	激动地

해설 및 정답 **문제 분석▼** 激动地는 부사어이므로 동사 挥着 앞에 위치시킨다.

Step 1. 술어+목적어   挥着+双手
Step 2. 주어+술어+목적어   观众+挥着+双手
Step 3. 주어+부사어+술어+목적어   观众+激动地+挥着+双手

정답 观众激动地挥着双手。관중은 격정적으로 두 손을 흔들었다.

단어 ★挥 huī 됭 (크게 좌우로) 흔들다 | 双手 shuāngshǒu 두 손 | 激动 jīdòng 혱 흥분하다, 감동하다, (감정 등이) 격하게 움직이다

★ 빈칸에 들어갈 단어를 〈보기〉에서 고르세요.

| 보기 | A 在   B 按照   C 彻底地   D 向   E 专心地 |

❶ 请您（　　　　）租房合同上签字。

❷ 校长（　　　　）同学表示了祝贺。

❸ 他（　　　　）约定赔偿了资金。

❹ 他（　　　　）改掉了这个坏毛病。

❺ 经过（　　　　）研究，医生找到了治疗方法。

| 보기 | A 从   B 给   C 顺利地   D 朝   E 凭 |

❻ 他去年（　　　　）那家杂志社辞职了。

❼ 他（　　　　）经验完成了这项任务。

❽ 公司（　　　　）工作人员换了新电脑。

❾ 我们都（　　　　）他指点的方向看。

❿ 弟弟（　　　　）通过了研究生入学考试。

정답 및 해설_ 해설집 157쪽

제한 시간 8분

실전에 강한

문제 적응 훈련

학습일 _____/_____

맞은 개수 _______

실전 트레이닝 1

1. 为我们　　　　明亮的色彩　　　　能　　　　带来　　　　好心情

2. 该机器　　　　组成　　　　由多　　　　零件　　　　个

3. 内　　　　如何在　　　　提高口语水平　　　　短时间

4. 关系　　　　他跟邻居的　　　　一直　　　　亲密　　　　非常

정답 및 해설_ 해설집 158쪽

실전 트레이닝 2

1. 进行了　　　　检查　　　　行李　　　　对　　　　海关

2. 否定　　　　轻易　　　　不应　　　　别人

3. 海岸　　　　轮船　　　　靠在了　　　　缓缓地

4. 公司　　　　从那家　　　　退休了　　　　已经　　　　爷爷

정답 및 해설_ 해설집 160쪽

7 부사어[3]　비교문/把자문/被자문

1 비교문

비교문은 두 개의 사물의 특징이나 성질을 비교하는 문장이다. HSK 시험에서는 比를 쓰는 비교문과 有를 쓰는 비교문이 자주 출제된다.

1. 比자문

① 'A比B+술어'의 형태는 'A가 B보다 ~하다'의 뜻으로 A의 정도가 B보다 높음을 나타낸다.

$$ \boxed{A} \ + \ \boxed{比} \ + \ \boxed{B} \ + \ \boxed{술어} $$

这座城市**比**那座城市有名。 이 도시가 그 도시보다 유명하다.
中国北方的冬天**比**南方的冬天冷。 중국 북방의 겨울은 남방의 겨울보다 춥다.

② 'A가 B보다 더 ~하다'라는 뜻으로 정도를 강조할 때 형용사 술어 앞에 **更**이나 **还**를 사용한다.

$$ \boxed{A} \ + \ \boxed{比} \ + \ \boxed{B} \ + \ \boxed{更/还} \ + \ \boxed{술어} $$

这件衣服**比**那件衣服**更**贵。 이 옷은 저 옷보다 더 비싸다.
妹妹**比**弟弟**还**高。 여동생은 남동생보다 더 크다.

③ 'A가 B보다 ~만큼 ~하다'라는 뜻으로 두 가지 사물의 구체적인 차이를 수량으로 설명할 때, 술어 뒤에 비교의 차이(수량)를 쓴다.

$$ \boxed{A} \ + \ \boxed{比} \ + \ \boxed{B} \ + \ \boxed{술어} \ + \ \boxed{비교의 차이(수량)} $$

这双鞋**比**那双鞋便宜2**块**。이 신발은 저 신발보다 2위안 싸다.

今年的学生人数**比**去年增加了<u>五十个</u>。올해의 학생 인원수는 작년보다 50명 증가했다.

④ 'A가 B보다 좀 ~하다'라는 의미로 술어 뒤에 '조금'이라는 뜻의 **一点儿**이나 **一些**를 사용하여 두 단어의 차이가 적음을 나타낸다.

A + 比 + B + 술어 + 一点儿/一些

我的房子**比**他的小<u>一点儿</u>。나의 집은 그의 집보다 조금 작다.

广州的冬天**比**上海暖和<u>一些</u>。광저우의 겨울은 상하이보다 조금 따뜻하다.

⑤ 'A가 B보다 훨씬 ~하다'라는 의미로 술어 뒤에 **得多**를 사용하여 두 단어의 차이가 많음을 나타낸다.

A + 比 + B + 술어 + 得多

苹果**比**香蕉便宜<u>得多</u>。사과가 바나나보다 훨씬 싸다.

海洋的面积**比**陆地大<u>得多</u>。해양의 면적은 육지보다 훨씬 크다.

공략 트레이닝 1

比木头	价格	钢铁的	贵	还

해설 및 정답 **문제 분석▼** 比木头는 전치사구이므로 부사어로 쓰여야 한다. 비교의 정도를 강조할 때 술어 바로 앞에 更이나 还를 사용한다.

Step 1. 술어 찾기 · · · · · · 贵

Step 2. 주어+술어 · · · · · · 钢铁的价格+贵

Step 3. 부사어 완성하기 · · · · · · 钢铁的价格+比木头+还+贵

정답 钢铁的价格比木头还贵。강철의 가격이 나무보다 더 비싸다.

단어 木头 mùtou 圐 나무 | 价格 jiàgé 圐 가격 | ★钢铁 gāngtiě 圐 강철 | 贵 guì 圐 비싸다

2. 有자 비교문

有는 두 사물을 비교할 때 쓸 수 있다. 이때 有는 '~만큼'의 뜻으로 쓰인다.

A + **有/没有** + B + **这么/那么** + 술어

你弟弟**有**你(<u>这么</u>)高吗? 너의 남동생이 너만큼 (이렇게) 크니?

小张**没有**老王(<u>那么</u>)有经验。 샤오장은 라오왕만큼 (그렇게) 경험이 있지 않다.

공략 트레이닝 2

好几米	那个建筑	高	竟然	有

해설 및 정답 **문제 분석▼** 有는 '~만큼'의 의미로 비교를 나타내므로, '有+비교 대상'의 형식을 사용하여 有好几米를 만든다.

Step 1. 술어 찾기 　　　　　　　　　　高

Step 2. 주어+술어 　　　　　　　　　那个建筑+高

Step 3. 부사어 완성하기 　　　　　　那个建筑+竟然+有+好几米+高

　↳ 有好几米도 부사어이므로, 부사 竟然은 有好几米의 앞에 놓아야 한다.

정답 那个建筑竟然有好几米高。 그 건축물은 놀랍게도 몇 미터가 된다.

단어 ★建筑 jiànzhù 圐 건축물 | 竟然 jìngrán 囝 놀랍게도

把자문은 기본 문장에서 술어 뒤에 놓이는 목적어를 술어 앞으로 도치시켜, '목적어가 행위자의 행위를 받아 어떻게 변했다'라는 결과를 강조한다.

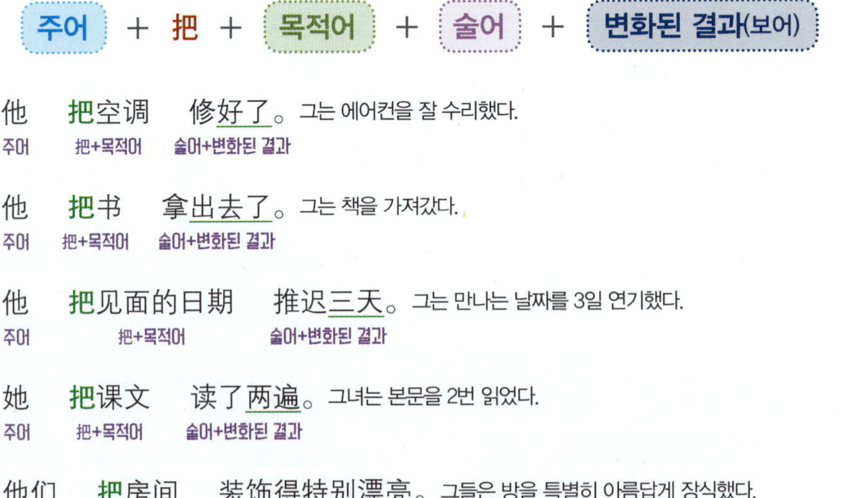

1. '把+목적어'는 전치사구이므로 부사나 조동사는 把 앞이 일반적이다.

我　不小心　**把**杯子　打**破**了。 나는 조심하지 않아 컵을 깼다.
주어　　부사　　把+목적어　술어+변화된 결과

她　能　**把**这本书　看**完**。 그녀는 이 책을 다 볼 수 있다.
주어　조동사　把+목적어　술어+변화된 결과

2. 把의 술어는 목적어를 갖는 타동사이며, 뒤에 각종 보어가 변화된 결과를 나타낸다.

他　**把**空调　修**好**了。 그는 에어컨을 잘 수리했다.
주어　把+목적어　술어+변화된 결과

他　**把**书　拿**出去**了。 그는 책을 가져갔다.
주어　把+목적어　술어+변화된 결과

他　**把**见面的日期　推迟**三天**。 그는 만나는 날짜를 3일 연기했다.
주어　　把+목적어　　술어+변화된 결과

她　**把**课文　读了**两遍**。 그녀는 본문을 2번 읽었다.
주어　把+목적어　술어+변화된 결과

他们　**把**房间　装饰**得特别漂亮**。 그들은 방을 특별히 아름답게 장식했다.
　주어　把+목적어　　술어+변화된 결과

3. 把자문 술어 뒤에 나오는 변화된 결과로 '在/到/给/成…+명사'의 형태로 쓸 수 있다.

주어 + 把 + 목적어 + 술어 + 在/到/给/成… + 명사

老师 把书 放在桌子上了。선생님은 책을 탁자 위에 놓아두었다.
주어　把+목적어　술어+변화된 결과

爸爸 把箱子 搬到客厅里了。아버지는 상자를 거실로 옮겨두었다.
주어　把+목적어　술어+변화된 결과

他 把礼物 交给我了。그는 선물을 나에게 건네주었다.
주어　把+목적어　술어+변화된 결과

공략 **트레이닝 3**

删除了　　　那张照片　　　把　　　他

해설 및 정답 **문제 분석▼** '把+목적어' 형태로 쓰이므로 把那张照片을 만들고, '把+목적어'는 전치사구이므로 수식하는 동사 删除 앞에 놓는다.

Step 1. 술어 찾기　　　　　　　　　删除了
Step 2. 주어+술어　　　　　　　　他+删除了
Step 3. 주어+부사어+술어　　　　　他+把那张照片+删除了

정답 他把那张照片删除了。그는 그 사진을 삭제했다.

3 被字문

被字문은 피동문이라고도 하는데, 주어가 행위 주체에 의해서 어떤 동작을 당했다는 것을 나타낸다. 被字문은 동작을 당한 명사가 주어가 된다.

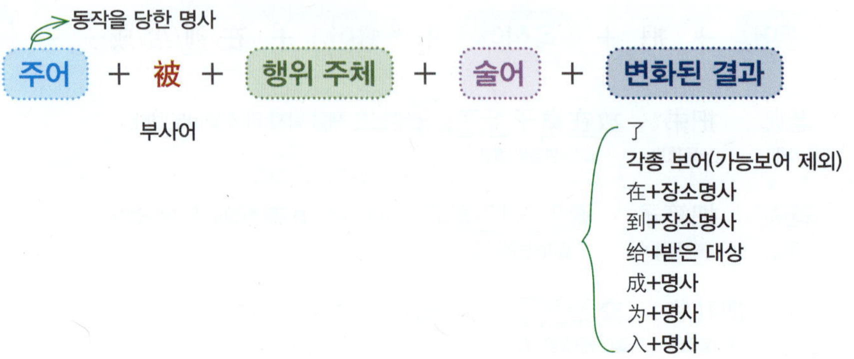

1. '被+행위 주체'는 전치사구이므로 부사나 조동사는 被 앞이 일반적이다.

주어 + 부사/조동사 + 被 + 행위 주체 + 술어 + 변화된 결과

他　也　被自行车　撞倒了。 그도 역시 자전거에 부딪혀 넘어졌다.
주어　부사　被+행위 주체　술어+변화된 결과

他　能　被银行　录取　吗? 그는 은행에 채용될 수 있을까요?
주어　조동사　被+행위 주체　술어　조사

단어 撞 zhuàng 图 부딪치다 | 录取 lùqǔ 图 채용하다, 뽑다

2. 被 뒤에 나오는 행위 주체는 생략 가능하므로 被 뒤에 바로 술어가 올 수 있다.

주어 + 被 + (행위 주체 생략) + 술어 + 변화된 결과

雨伞　　被　　拿走了。 우산을 누군가가 가져갔다.
주어　被(행위 주체 생략)　술어+변화된 결과

他的手机　　被　　偷走了。 그의 휴대폰은 도둑맞았다.
주어　被(행위 주체 생략)　술어+변화된 결과

3. 변화된 결과로 각종 보어가 쓰일 수 있다.

주어 + 被 + 행위 주체 + 술어 + 변화된 결과(보어)

玩具　　　　被儿子　　　　弄坏了。완구는 아들에 의해서 망가졌다.
주어　　　　被+행위 주체　　술어+변화된 결과(결과보어)

他　　　　　被家人　　　　赶出去了。그는 가족들에 의해서 쫓겨났다.
주어　　　　被+행위 주체　　술어+변화된 결과(방향보어)

他　　　　　被　　　　　　冻了一个小时。그는 한 시간 동안 추위에 떨었다.
주어　　　　被(행위 주체 생략)　술어+변화된 결과(시량보어)

这部小说　　　　已经　　　　被我　　　读了三遍。이 소설은 내가 이미 세 번 읽었다.
주어　　　　　　부사　　　　被+행위 주체　술어+변화된 결과(동량보어)

脏衣服　　　　被妈妈　　　　洗得很干净。더러운 옷은 엄마에 의해서 깨끗하게 빨렸다.
주어　　　　被+행위 주체　　술어+변화된 결과(정도보어)

단어 玩具 wánjù 몡 장난감, 완구 | 脏 zāng 혱 더럽다

4. 변화된 결과로 '在/到/给/成/为/入+명사'의 형태로 쓸 수 있다.

주어 + 被 + 행위 주체 + 술어 + 在/到/给/成/为/入… + 명사

那只狗　　　被主人　　　关在房间了。그 개는 주인에 의해서 방 안에 가둬졌다.
주어　　　被+행위 주체　술어+변화된 결과

旧衣服　　　被妈妈　　　扔到垃圾袋里了。낡은 옷은 엄마에 의해서 쓰레기봉투에 버려졌다.
주어　　　被+행위 주체　술어+변화된 결과

我的手机　　被老师　　　交给家长了。나의 휴대폰은 선생님에 의해서 학부모에게 전해졌다.
주어　　　被+행위 주체　술어+변화된 결과

这本书　　　已经　　　被他　　　翻译成英文了。이 책은 이미 그가 영어로 번역했다.
주어　　　부사　　　被+행위 주체　술어+변화된 결과

他　　　　被专家　　　评为最佳男演员。그는 전문가에 의해서 최우수 남자 연기자로 뽑혔다.
주어　　　被+행위 주체　술어+변화된 결과

5. 感到, 认识, 认为, 发现, 知道 등의 감각, 인지를 나타내는 동사도 被와 함께 쓰일 수 있다.

주어 + 被 + 행위 주체 + 술어(감각 인지 동사)

我的秘密被人家发现了。 내 비밀을 다른 사람이 알아버렸다.
他们被这部电影感动了。 그들은 이 영화에 감동받았다.

6. '被…所…' 구문에서는 동사 뒤에 변화된 결과가 쓰이지 않는다.

주어 + 被 + 행위 주체 + 所 + 2음절 동사 + (변화결과 생략)

很多人往往被周围的人所改变。 많은 사람들은 종종 주위 사람에 의해 변한다.
这种心理被广告商所利用。 이런 심리는 광고주들에 의해 이용된다.

공략 트레이닝 4

收据被	女儿	撕破了	不小心

해설 및 정답 **문제 분석▼** '被+행위 주체'의 형태로 쓰이므로 被女儿을 만들고 수식하는 撕破了 앞에 쓴다.

Step 1. 술어 찾기   撕破了

Step 2. 주어+술어   收据被+女儿+撕破了

Step 3. 부사어 완성하기   收据被+女儿+不小心+撕破了
 ↳ 부사 不小心은 수식하는 동사 撕 앞에 놓는다.

정답 收据被女儿不小心撕破了。 인수증은 딸이 부주의해서 찢어졌다.

단어 ★收据 shōujù 몡 인수증 | ★撕 sī 동 (손으로) 찢다 | 破 pò 동 찢어지다 | 不小心 bù xiǎoxīn 부주의하다

부사어 분석(3)

★ 빈칸에 들어갈 알맞은 단어를 〈보기〉에서 고르세요.

보기	A 把	B 被	C 比	D 没有

❶ 请（　　　　）手机调成振动或者静音。

❷ 该地区白天的温度（　　　　）晚上高得多。

❸ 大家都（　　　　）她美丽的外表吸引了。

❹ 公司（　　　　）上班的时间推迟了一个小时。

❺ 儿子（　　　　）伙伴喊了出去。

❻ 手机付款（　　　　）信用卡还方便。

❼ 他（　　　　）隔壁装修的声音吵醒了。

❽ 你能帮我（　　　　）那件行李拿下来吗?

❾ 山东省的面积（　　　　）四川省大。

❿ 我（　　　　）受伤的朋友及时地送到了医院。

정답 및 해설_ 해설집 161쪽

실전에 강한

문제 적응 훈련

제한 시간 8분

학습일 _____ / _____

맞은 개수 _______

실전 트레이닝 1

1. 白天的　　　傍晚的温度　　　明显比　　　冷

2. 比零食　　　营养　　　水果的　　　高得多

3. 没有想象的　　　那么　　　糟糕　　　并　　　结果

4. 阳光强烈的　　　别　　　环境中　　　把这种植物　　　摆在

정답 및 해설_ 해설집 162쪽

실전 트레이닝 2

1. 你能　　　梳子　　　把　　　我吗　　　递给

2. 这篇论文的　　　简单概括　　　请把　　　内容　　　一下

3. 他制定的　　　否定了　　　被　　　方案

4. 被　　　他连续两年　　　评为　　　员工　　　优秀

정답 및 해설_ 해설집 164쪽

8 보어[1] 결과보어/방향보어/가능보어

★ **결과보어**는 **전치사구**가 **결과보어**로 쓰였을 때의 문제 **출제** 비중이 **높고**, **把자문**이나 **被자문**과 함께 쓰여 변화된 결과로 출제되고 있다.

★ **방향보어**, **가능보어**는 '**술어+방향보어**', '**술어+가능보어**'의 **형태**를 완성하는 문제가 출제되며 출제 비중이 높은 편은 아니지만, 중국어 학습에 반드시 필요하므로 잘 공부해 두어야 한다.

1 결과보어

결과보어는 술어 바로 뒤에서 동작의 결과를 설명하는 보어로, 동사나 형용사가 결과보어로 쓰인다. 또한 결과보어가 쓰인 문장은 이미 동작이 실행되어 나타난 그 결과를 강조하기 때문에 부정문을 만들 때 不가 아닌 没(有)를 사용한다.

/. 결과보어의 기본 형식

没 + 술어 + 결과보어

> 동사(完, 到, 懂…)
> 형용사(好, 清楚, 错…)
> 일부 전치사구(在+장소/시간, 到+장소/시간…)

⚠ **주의** 전치사구(전치사+명사)가 술어 뒤에서 결과보어로 쓰일 수 있는데, 모든 전치사가 다 결과보어가 될 수 없고, '在/到/给/向/往/自/于/以'의 8개 전치사로 이루어진 전치사구만 결과보어가 될 수 있다.

他　终于　写完　毕业论文　了。 그는 드디어 졸업 논문을 다 썼다.
주어　부사어　술어+결과보어　목적어　조사

奶奶　经常　打错　电话。 할머니는 자주 전화를 잘못 거신다.
주어　부사어　술어+결과보어　목적어

爸爸　把车　停在门口　了。 아버지는 차를 입구에 세웠다.
주어　부사어　술어+결과보어　조사

我　根本没　听懂　他说的　话。 나는 그의 말을 전혀 못 알아 들었다.
주어　부사어　술어+결과보어　관형어　목적어

2. 결과보어의 종류

동사+完	완성
	说完 다 말했다 ㅣ 吃完 다 먹었다
동사+到	① 목적 달성 표시
	找到 찾았다 ㅣ 学到 배웠다
	② 결과가 있음
	看到 보았다 ㅣ 闻到 냄새를 맡았다
동사+见	대상을 감지
	听见 들었다 ㅣ 遇见 우연히 만났다
동사+住	안정, 고정
	站住 섰다 ㅣ 记住 기억했다
동사+掉	~해 버리다
	卖掉 팔아버리다 ㅣ 吃掉 먹어버리다
동사+好	동작이 잘 되었음을 나타냄
	看好 잘 봐두다 ㅣ 约好 약속을 잘 해놓다
동사+错	틀렸음을 나타냄
	打错 (전화를) 잘못 걸었다 ㅣ 记错 잘못 기억했다
동사+清楚	분명함을 나타냄
	听清楚 분명히 들었다 ㅣ 看清楚 분명히 봤다
동사+上	① 결합
	关上 닫았다 ㅣ 合上 덮다
	② 좋은 결과
	考上 합격하다 ㅣ 爱上 사랑하게 되다
동사+光	조금도 남아있지 않음
	喝光 다 마셔버리다 ㅣ 花光 (돈·시간을) 다 써버리다
동사+着(zháo)	결과·목적에 다달음
	猜着 추측해냈다 ㅣ 找着 찾아냈다
동사+满	(상소가) 가득 참
	放满 가득 놓여 있다 ㅣ 坐满 가득 앉았다

동사+成+명사	동작 후 명사가 됨
	翻译成+명사 ~으로 번역되다 ｜ 变成+명사 ~으로 변하다
동사+进/入+장소	동작 후 장소에 들어감
	掉进+장소 ~로 떨어져 들어가다 ｜ 带入+장소 ~로 데리고 들어가다
동사+为+명사	동작 후 명사가 됨
	评为+명사 ~로 선정되다 ｜ 选为+명사 ~로 뽑히다
동사+在+장소/시간	동작 후 장소/시간에 존재·있음
	放在+장소 ~에 놓아두었다 ｜ 挂在+장소 ~에 걸어두었다
동사+到+장소/시간	동작 후 장소/시간에 도착하였음
	放到+장소 ~로 놓았다 ｜ 发到+장소 ~로 보냈다
동사+给+받은 대상	동작 후 '~가 받았다'는 것을 나타냄
	送给+받은 대상 ~에게 선물했다 ｜ 借给+받은 대상 ~에게 빌려주었다

공략 트레이닝 1

他事先	详细的	市场调查	做完了

해설 및 정답 **문제 분석▼** 做完了는 동사 뒤에 결과보어 完이 결합된 형태로 이 문장에서 술어로 쓰인다.

Step 1. 술어＋결과보어 　　　　　　　　做＋完了

Step 2. 술어＋목적어 　　　　　　　　做完了＋详细的市场调查

Step 3. 주어＋부사어＋술어＋목적어 　　他＋事先＋做完了＋详细的市场调查

정답 他事先做完了详细的市场调查。 그는 사전에 상세한 시장 조사를 다 했다.

단어 事先 shìxiān 명 사전(에) ｜ 详细 xiángxì 형 상세하다 ｜ 调查 diàochá 동 조사하다

술어 뒤에서 来나 去를 이용해 술어의 방향을 표시하는데, 이를 방향보어라고 한다. 방향보어에 쓰이는 来는 화자의 방향으로 이동하는 경우에 쓰이고, 去는 화자로부터 멀어지는 경우에 쓰인다.

/. 방향보어의 기본 형식

방향보어는 술어 뒤에 来나 去를 사용하는 단순 방향보어와 보어 上/下/进/出/回/起/过와 来/去를 결합한 복합방향보어로 나눌 수 있다.

2. 방향보어의 위치

① 자동사나 형용사가 술어로 쓰여 목적어가 없을 때

자동사나 형용사가 술어로 쓰여 목적어가 필요 없는 경우 방향보어는 아래 두 형식 모두 위치할 수 있다.

주어 + 술어 + 了 + 방향보어

她哭了起来。 그녀는 울기 시작했다.
班里的气氛活跃了起来。 반 분위기가 활기차지기 시작했다.

주어 + 술어 + 방향보어 + 了

她哭起来了。 그녀는 울기 시작했다.
班里的气氛活跃起来了。 반 분위기가 활기차지기 시작했다.

방향보어가 장소 목적어를 제외한 일반 목적어와 결합할 경우 목적어는 **来/去** 앞이나 뒤에 모두 위치할 수 있다.

> 주어 + 술어(上/下/进/出/回/起/过) + **来/去** + **了** + 일반 목적어

爸爸带回来了很多纪念品。 아버지가 많은 기념품을 가지고 돌아오셨다.
妈妈买回来了一只烤鸭了。 엄마는 오리구이 한 마리를 사왔다.

> 주어 + 술어(上/下/进/出/回/起/过) + 일반 목적어 + **来/去** + **了**

爸爸带回很多纪念品来了。 아버지가 많은 기념품을 가지고 돌아오셨다.
妈妈买回一只烤鸭来了。 엄마는 오리구이 한 마리를 사왔다.

3. 자주 쓰는 방향보어

下来	① 높은 곳→낮은 곳(기준은 아래) 走**下来** 걸어 내려오다 ┃ 滚**下来** 굴러 내려오다
	② 동작이 위→아래로 행해짐 记**下来** 기록하다 ┃ 背**下来** 암기하다
	③ 과거→현재까지 지속됨 传**下来** 전해져 내려오다 ┃ 坚持**下来** 지속해 오다
	④ 상태 변화 黑**下来** 깜깜해지다 ┃ 冷静**下来** 침착해지다
下去	① 높은 곳→낮은 곳(기준은 위) 走**下去** 걸어 내려가다 ┃ 滚**下去** 굴러 내려가다
	② 현재→미래까지 지속됨 传**下去** 전해져 내려가다 ┃ 坚持**下去** 지속해 나가다
出来	① (안쪽→바깥쪽) 나오다 跑**出来** 뛰어나오다 ┃ 逃**出来** 도망나오다
	② 무→유(새로 생겨남) 算**出来** 계산해내다 ┃ 写**出来** 써내다
	③ 인지, 인식, 분별해 냄 看**出来** (보고) 알아차리다 ┃ 听**出来** (듣고) 알아차리다

起来	① ~하기 시작하다
	笑**起来** 웃기 시작했다 ㅣ 热闹**起来** 활기차지다
	② 분산→한 곳에 모음
	存**起来** 저금하다 ㅣ 积累**起来** (경험을) 쌓다
过来	① 먼 곳→가까운 곳
	走**过来** 걸어오다 ㅣ 开**过来** 운전해 오다
	② 비정상→정상
	醒**过来** 깨어나다 ㅣ 恢复**过来** 회복하다

공략 트레이닝 2

| 稳定 | 病人的 | 逐渐 | 情绪 | 下来了 |

해설 및 정답 **문제 분석▼** 방향보어는 '술어+방향보어' 형태로 쓰이므로 稳定下来了를 만든다.

Step 1. 술어+방향보어　　　　　　　　　　稳定+下来了
Step 2. 주어+술어+방향보어　　　　　　　病人的情绪+稳定+下来了
Step 3. 주어+부사어+술어+방향보어　　　病人的情绪+逐渐+稳定+下来了

정답 病人的情绪逐渐稳定下来了。 환자의 정서가 점차 안정되었다.

단어 ★稳定 wěndìng 휑 안정되다 ㅣ 病人 bìngrén 휑 환자 ㅣ ★逐渐 zhújiàn 휑 점차 ㅣ ★情绪 qíngxù 휑 기분, 정서

가능보어의 긍정형은 동사와 결과보어 사이에 得를 사용하고, 부정형은 不를 사용하여 동작의 진행이나 실현 가능 여부를 나타낸다.

1. 가능보어의 기본 형식

주어 + 술어 + 得/不 + 결과보어/방향보어

你**听得懂**老师的话吗? 너는 선생님의 말씀을 이해할 수 있니?
我实在**想不起来**那个卡的密码。 나는 정말로 그 카드의 비밀번호가 생각나지 않는다.

2. 자주 쓰는 가능보어

동사+得/不+到	결과를 얻을 수 있는지 여부를 나타냄
	找**得到** 찾아낼 수 있다 ┃ 找**不到** 찾아낼 수 없다
동사+得/不+懂	이해할 수 있는지 여부를 나타냄
	看**得懂** 보고 이해할 수 있다 ┃ 看**不懂** 보고 이해할 수 없다
동사+得/不+着(zháo)	결과를 얻을 수 있는지 여부를 나타냄
	猜**得着** 추측해 낼 수 있다 ┃ 猜**不着** 추측해 낼 수 없다
동사+得/不+了(liǎo)	완료할 수 있는 능력의 여부를 나타냄
	去**得了** 갈 수 있다 ┃ 去**不了** 갈 수 없다
동사+得/不+动	움직일 수 있는지의 여부를 나타냄
	拿**得动** 들 수 있다 ┃ 拿**不动** 들 수 없다
동사+得/不+过来	반전, 전환 등의 상황으로 변하거나 초과, 능가함을 나타냄
	忙**得过来** 돌볼 겨를이 있다 ┃ 忙**不过来** 돌볼 겨를이 없다
동사+得/不+起来	결과가 일어날 수 있는지의 여부를 나타냄
	想**得起来** 기억해 낼 수 있다 ┃ 想**不起来** 기억해 낼 수 없다

他	不	实在	出答案	算

해설 및 정답

문제 분석▼ 가능보어는 '술어+得/不+결과보어' 형태로 쓰이므로 算不出(계산해 낼 수 없다)를 만든다.

Step 1. 술어+가능보어+목적어   算+不出+答案

Step 2. 주어+술어+가능보어+목적어   他+算+不出+答案

Step 3. 주어+부사어+술어+가능보어+목적어   他+实在+算+不出+答案

정답 他实在算不出答案。 그는 정말로 답을 계산해 낼 수 없다.

단어 实在 shízài 🖁 정말로 | 答案 dá'àn 🖁 답

보어 분석(1)

★ 빈칸에 들어갈 알맞은 단어를 〈보기〉에서 고르세요.

보기	A 不出来　　B 在　　C 清楚　　D 到　　E 起来

❶ 他的家搬（　　　　）了公司附近。

❷ 姥姥把收据放（　　　　）信封里了。

❸ 一到傍晚，这里就会热闹（　　　　）。

❹ 我怎么也看（　　　　）这两张照片的不同。

❺ 我根本没听（　　　　）老师讲的内容。

보기	A 完　　B 满　　C 过来　　D 给　　E 得住

❻ 我的新家终于装修（　　　　）了。

❼ 一位老太太慢慢地从对面走（　　　　）。

❽ 行驶的列车车厢里挤（　　　　）了人。

❾ 你记（　　　　）幼儿园时的事情吗?

❿ 他将把个人财产全部捐（　　　　）学校。

정답 및 해설_ 해설집 166쪽

문제 적응 훈련

실전에 강한

제한 시간 8분

학습일 ____ / ____

맞은 개수 ______

┤ 실전 트레이닝 1 ├

1. 办好了　　　离职手续　　　你的　　　吗

2. 家里　　　待在　　　都　　　他一整个暑假

3. 资料　　　硬盘里了　　　复制　　　到　　　我把

4. 猜不到　　　项链的　　　谁也　　　这条　　　价格

정답 및 해설_ 해설집 167쪽

┤ 실전 트레이닝 2 ├

1. 停车位　　　小区内的　　　租出去了　　　都

2. 这些旧家电　　　捐　　　吧　　　把　　　给敬老院

3. 员工们　　　搞糊涂了　　　都　　　被他的话

4. 服务员　　　垃圾桶里　　　过期的食品　　　被　　　扔进了

정답 및 해설_ 해설집 168쪽

학습일 _____ / _____

9 보어[2] 정도보어/수량보어

新HSK에는 이렇게 출제된다! ▼

★ **정도보어**는 **보어** 중에서 **출제 비중**이 **가장 높고**, 알맞은 정도보어의 형식을 만들 수 있는지를 평가하는 문제가 가장 많이 출제된다.

★ **동량보어**나, **시량보어**, **수량보어**의 위치를 물어보는 문제도 **출제 비율**이 **점차 높아지는 추세**이므로 각각의 형식을 익히면서 그 용법을 기억해야 한다.

1 정도보어

동사나 형용사 뒤에서 상태가 도달한 정도를 설명하는 성분을 정도보어라고 한다. 주로 구조조사 得를 써서 뒤에 오는 성분이 정도보어임을 표시한다.

/. 정도보어의 기본 형식

정도보어는 주로 得를 쓰고, 得 뒤에서 술어의 정도를 보충 설명한다.

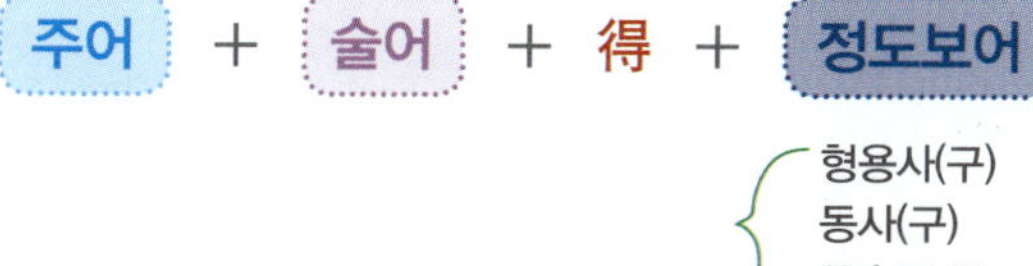

方案　设计得　很详细。 방안은 매우 상세하게 설계되었다.
주어　　술어+得　정도보어(형용사구)

他　高兴得　跳了起来。 그는 뛰어오를 듯이 기뻤다.
주어　술어+得　정도보어(동사구)

朋友的　手机铃声　吵得　我无法专心学习。
관형어　　주어　　술어+得　정도보어(주술구)

친구의 휴대폰 벨소리는 내가 공부에 전념할 수 없게 시끄럽다.

2. 정도보어와 목적어

정도보어가 쓰인 문장에서 명사 목적어가 있을 경우 술어를 목적어 뒤에 한 번 더 쓰는데, 앞에 쓰인 술어는 생략할 수 있다.

주어 + 술어 + 목적어 + 술어 + 得 + 정도보어

他 (唱) 歌 唱得 很好。 그는 노래를 매우 잘 부른다.
주어 술어 목적어 술어+得 정도보어

小王 (说) 英语 说得 比我流利。 샤오왕은 영어를 나보다 유창하게 말한다.
주어 술어 목적어 술어+得 정도보어

3. 정도보어의 부정

정도보어의 부정은 정도 자체를 부정해야 하므로, 정도보어로 쓰인 형용사 앞에 부정부사 不를 사용하여 정도를 부정한다.

姐姐 骑 自行车 骑得 不太好。 언니는 자전거를 잘 못 탄다.
주어 술어 목적어 술어+得 정도보어

他 打 网球 打得 不好。 그는 테니스를 잘 못 친다.
주어 술어 목적어 술어+得 정도보어

공략 트레이닝 1

恢复	奶奶出院后	很好	得

해설 및 정답

문제 분석▼ '술어+得+형용사(구)'는 정도보어 문제 중 가장 많이 출제되는 형태이다. 恢复는 술어로, 很好는 정도보어로 쓰였으므로 恢复得很好를 만든다.

Step 1. 술어+정도보어   恢复+得+很好

Step 2. 주어+술어+정도보어   奶奶出院后+恢复+得很好

정답 奶奶出院后恢复得很好。 할머니는 퇴원 후에 잘 회복했다.

단어 ★恢复 huīfù 통 회복하다 | 奶奶 nǎinai 명 할머니 | 出院 chūyuàn 통 퇴원하다

这两个词语	不	用得	准确

해설 및 정답 **문제 분석▼** 정도보어의 부정은 정도 자체를 부정하여야 하므로 不를 准确 앞에 사용해야 한다.

Step 1. 술어+정도보어   用得+准确

Step 2. 주어+술어+정도보어   这两个词语+用得+准确

Step 3. 주어+술어+부정부사+정도보어   这两个词语+用得+不+准确

정답 这两个词语用得不准确。 이 두 단어는 정확하지 않게 쓰였다.

단어 准确 zhǔnquè 형 정확하다

2 수량보어

동량보어, 시량보어, 비교 수량보어를 통틀어 수량보어라고 하는데, 수량보어는 상황에 따라 위치가 조금씩 다르지만, HSK 시험에는 술어 뒤에 쓰이는 수량보어의 위치 관련 문제가 출제된다.

1. 동량보어, 시량보어

동사 뒤에서 동작의 횟수를 보충 설명하는 말을 동량보어라고 한다. 주로 사용되는 동량사로는 次, 遍, 下, 趟 등이 있다. 동사 뒤에서 동작이 지속된 시간을 보충 설명하는 말을 시량보어라고 한다.

주어 + 술어(了/过) + 동량보어/시량보어 + 목적어

他 给我 打过 **两次** 电话。그는 나에게 두 차례 전화를 걸었다.
주어 부사어 술어+过 동량보어 목적어

他 把数据 计算了 **三遍**。그는 데이터를 세 번 계산했다.
주어 부사어 술어+了 동량보어

晚会 开了 **五个小时**。저녁 파티는 5시간 열렸다.
주어 술어+了 시량보어

她 打了 **十分钟**(的) 电话。그녀는 10분간 전화 통화를 했다.
주어 술어+了 시량보어 목적어

주어 + 술어 + 대명사 목적어 + 동량보어/시량보어

他　　曾经　　骗过　　我　　一次。그는 예전에 나를 한 번 속인 적이 있다.
주어　　부사어　　술어+过　　대명사 목적어　　동량보어

你　　等　　我　　一会儿。너 나 좀 잠깐 기다려줘.
주어　　술어　　대명사 목적어　　시량보어

📖 동량사의 종류

次	동작의 횟수 我只去过一**次**西安。나는 시안에 한 번 가봤다.
遍	시작부터 끝까지 전 과정의 횟수 考试之前，他把单词背了三**遍**。시험 전, 그는 단어를 세 번 외웠다.
趟	왕복하는 동작의 횟수 上个月我去了**趟**广州。나는 지난달에 광저우에 한 번 갔었다.
(一)下	가볍고 짧은 동작의 횟수 请帮我关**一下**窗户。창문을 좀 닫아 주세요.
番(=次)	동작의 횟수 他们针对这个问题讨论了一**番**。그들은 이 문제에 초점을 맞추어 토론을 한 번 했다.
回(=次)	동작의 횟수 我原谅你一**回**，下次不许再做错了。 나는 당신을 한 번 용서해 줄 테니, 다음부터는 다시는 잘못하지 마세요.
阵	짧은 시간, 잠시 지속되는 동작의 횟수 今天突然下了一**阵**大雨。오늘 갑자기 큰비가 잠시 내렸다.
顿	욕, 비평 등을 세는 횟수 他犯了错误，被父亲批评了一**顿**。 그는 잘못을 하여 아버지에게 크게 한 번 혼났다.

단어 背 bèi 图 외우다 | 犯 fàn 图 저지르다, 범하다 | 批评 pīpíng 图 비평하다

2. 비교 수량보어

술어 뒤에서 비교의 결과로 차이가 나는 수량을 비교 수량보어라고 하고, 문장의 구조상 비교 수량보어는 문장의 끝에 쓰이게 된다.

[주어] + [술어] + 了 + [비교 수량보어]

物价涨了近一倍。 물가가 거의 2배가 올랐다.

她最近瘦了7公斤。 그녀는 최근 7킬로그램이 빠졌다.

공략 트레이닝 3

请根据	一下	修改	这个要求

해설 및 정답 **문제 분석▼** 一下는 동량사이므로, 술어 修改 뒤에 동량보어를 써야 한다.

Step 1. 술어+동량보어   修改+一下

Step 2. 술어1+부사어+술어2+동량보어   请根据+这个要求+修改+一下

↳ '根据+판단의 근거' 형태로 쓰이는 전치사이므로 根据 뒤에 这个要求를 붙여 전치사구를 만든다.

정답 请根据这个要求修改一下。 이 요구를 근거로 수정해 주세요.

단어 根据 gēnjù 전 ~을 근거로 | ★修改 xiūgǎi 동 수정하다

공략 트레이닝 4

在欧洲	他	过	留学	一段时间

해설 및 정답 **문제 분석▼** 一段时间은 시량보어로 유학을 지속한 일정 기간을 의미하므로 留学过 뒤에 위치시켜야 한다.

Step 1. 술어+시량보어   留学+过+一段时间

↳ 过는 동작의 경험을 설명하는 동태조사이므로 '동사+过'로 써야 한다.

Step 2. 주어+술어+시량보어   他+留学过+一段时间

Step 3. 주어+부사어+술어+시량보어   他+在欧洲+留学过+一段时间

정답 他在欧洲留学过一段时间。 그는 유럽에서 한동안 유학한 적이 있다.

단어 ★欧洲 Ōuzhōu 명 유럽 | 留学 liúxué 동 유학하다 | 一段时间 yí duàn shíjiān 어느 일정 시간, 한동안

| 3% | 利息 | 住房贷款 | 下调了 |

해설 및 정답

문제 분석▼ 3%는 이자의 인하 폭으로 인하한 수량의 차이를 나타내므로, 下调了 뒤에 위치시켜 비교 수량보어로 쓴다.

Step 1. 술어+수량보어   下调了+3%

Step 2. 주어+술어+수량보어   住房贷款利息+下调了+3%

↳ 住房贷款利息는 주택 대출 이자로 한 단어이다.

정답 住房贷款利息下调了3%。 주택 대출 이자가 3% 인하되었다.

단어 ★利息 lìxī 명 이자 | 住房 zhùfáng 명 주택 | ★贷款 dàikuǎn 명 대출, 대부금 | 下调 xiàtiáo 동 인하하다

보어 분석(2)

★ 다음 문장에서 보어(정도보어, 동량보어, 시량보어, 수량보어)에 밑줄로 표시하세요.

필수체크
❶ 这个句子翻译得不对。

❷ 晚饭已经准备得差不多了。

❸ 我给嘉宾打了三次电话。

필수체크
❹ 恭喜你们部门的销售业绩提升了一倍。

❺ 孩子们高兴得又唱又跳。

필수체크
❻ 这道题老师曾经讲过两遍。

필수체크
❼ 今天的手术进行得相当顺利。

❽ 他的普通话说得不太标准。

❾ 这些菜放在冰箱里可以保存几天。

필수체크
❿ 他激动得连话都说不出来了。

정답 및 해설_ 해설집 170쪽

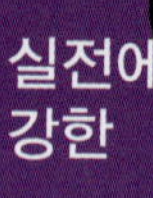

실전에 강한 제한 시간 8분

문제 적응 훈련

학습일 ____ / ____
맞은 개수 ______

| 실전 트레이닝 1 |

1. 全身发抖　　猫　　老鼠被　　吓　　得

2. 格外充分　　准备　　得　　他　　把资料

3. 吵得他　　无法　　隔壁装修的声音　　睡懒觉

4. 那个小伙子　　跳了　　激动得　　起来

정답 및 해설_ 해설집 171쪽

| 실전 트레이닝 2 |

1. 教授　　我一会儿　　找一下　　去实验室

2. 你把　　再重新　　数据　　一遍　　分析

3. 降雨　　这次　　将　　一周　　持续

4. 增加了　　数量　　游客的　　近一倍

정답 및 해설_ 해설집 173쪽

10 특수문형[1] 겸어문/연동문

新HSK에는 이렇게 출제된다! ▼

★ **겸어문**과 **연동문**은 한 문장에 동사가 2개 이상 쓰이지만, 접속사로 연결되는 것이 아니기 때문에 각각의 문형을 익혀서 문제를 풀어야 한다.

★ **겸어문**은 제시된 **부사어의 위치**를 찾는 문제가 자주 출제되며, 최근 들어 겸어문의 출제 비중이 높아지고 있다.

★ **연동문**은 **부사어**와 **了의 위치**를 찾는 문제가 출제되며, 출제 비중이 상당히 높다.

1 겸어문

문장에 두 개의 술어가 있고 앞 절의 목적어가 뒤 절의 주어를 겸하고 있는 것을 '겸어'라고 하고, 이러한 문장 형태를 '겸어문'이라고 한다. 겸어문은 첫 번째 술어 뒤에 구조상 하나의 완전한 문장이 온다. 따라서 겸어문에서는 주어2(겸어)가 술어1의 목적어라는 것보다 술어2의 주어라는 점에 더 주목하고, 쓰기 문제를 풀 때는 첫 번째 술어 뒤에 오는 뒤 문장을 먼저 만들면 문제를 쉽게 풀 수 있다.

주어1 ＋ 술어1 ＋ [목적어1 / 주어2] ＋ 술어2 ＋ 목적어2
                         겸어

父母	让	我	学	外语。 부모님은 나에게 외국어를 배우게 했다.
주어1	술어1	목적어1=주어2(겸어)	술어2	목적어2

/ 사역동사

겸어문을 만드는 대표적인 동사로는 사역(~하게 만들다, 시키다)의 의미인 **让, 使, 叫, 请, 令** 등이 있다.

주어 ＋ 술어1(사역동사) ＋ 겸어 ＋ 술어2 ＋ …

医生	让	他	吃	药。 의사가 그에게 약을 먹게 했다.
주어1	술어1	목적어1=주어2(겸어)	술어2	목적어2

这个消息	使	我们	高兴起来。이 소식은 우리를 기쁘게 했다.
주어1	술어1	목적어1=주어2(겸어)	술어2

他的成绩	令	父母	很	失望。그의 성적은 부모를 매우 실망하게 했다.
주어1	술어1	목적어1=주어2(겸어)	부사어	술어2

2. 심리 동사

佩服, 欣赏, 称赞, 原谅, 鼓励, 劝 등의 심리 활동을 나타내는 동사가 겸어문에 쓰일 수 있다.

주어1 + 술어1(심리 동사) + 겸어 + 술어2 + …

老师鼓励我学游泳。선생님은 나에게 수영을 배우라고 격려하셨다.
旅客们都称赞这个酒店服务周到。여행객들이 모두 이 호텔의 서비스가 세심하다고 칭찬한다.

단어 鼓励 gǔlì 통 격려하다 | ★称赞 chēngzàn 통 칭찬하다 | 周到 zhōudào 형 세심하다, 꼼꼼하다

3. 부사어의 위치

겸어문에서 부사어는 일반적으로 술어1 앞에 쓰이지만, 의미에 따라서는 술어2 앞에 쓰이기도 한다.

주어 + 부사어 + 술어1 + 겸어 + 술어2 + 목적어

他不让我喝酒。그는 나에게 술을 마시지 말라고 했다.
挫折能使你看清自己。좌절은 네가 자신을 분명히 볼 수 있게 한다.

주어 + 술어1 + 겸어 + 부사어 + 술어2 + …

她的微笑让人觉得很温暖。그녀의 미소는 따뜻함을 느끼게 한다.
那新闻令所有人都吃惊了。그 뉴스는 모든 사람을 놀라게 했다.

공략 트레이닝 1

运动员的	让	很佩服	大家	坚强精神

해설 및 정답 **문제 분석▼** 겸어문은 첫 번째 동사 뒤에 완벽한 형태의 문장이 오기 때문에 뒤 문장을 먼저 만들면 더 정확히 문제를 풀 수 있다.

Step 1. 주어2+술어2　　　　　　　　　　　　　　大家＋很佩服

　　　↳ 첫 번째 동사 뒤에 오는 뒤 문장을 먼저 만들자.

Step 2. 주어1+술어1　　　　　　　　　　　　　　运动员的坚强精神＋让
Step 3. 문장 완성하기　　　　　　　　　　　　　运动员的坚强精神＋让＋大家＋很佩服

（정답） 运动员的坚强精神让大家很佩服。 운동 선수의 굳센 정신은 모두를 탄복하게 했다.

（단어） ★佩服 pèifú 圖 탄복하다 | ★坚强 jiānqiáng 圖 굳세다 | ★精神 jīngshén 圖 정신

② 연동문

주어가 하나인 문장에 두 개 혹은 두 개 이상의 동사 혹은 동사(구)가 술어 역할을 하는 형식을 연동문이라고 한다. 이때, 일반적으로 연동문은 앞 동사의 상황이 끝나고, 두 번째 동작의 상황이 발생하므로 동작이 일어난 순서를 기준으로 동사를 배열한다.

1. 연동문은 각 동사의 목적어를 찾아 동작이 일어난 순서대로 나열하는데 동사의 목적어는 생략될 수 있다. 연동문의 부사어는 일반적으로 술어1 앞에 쓰이지만 경우에 따라서는 술어2 앞에도 쓰일 수 있다.

주어 ＋ 부사어 ＋ 술어1 ＋ 목적어1 ＋ 술어2 ＋ 목적어2

他明天要去大使馆办签证。 그는 내일 대사관에 가서 비자를 만들려고 한다.
我们并没有选他做代表。 우리는 결코 그를 대표로 뽑지 않았다.
我们有机会重新开始了。 우리는 다시 시작할 기회가 있다.

2. 첫 번째 동작을 지속하면서 두 번째 동작을 할 때 지속하는 동사에 着를 붙여 지속을 나타낸다.

주어 ＋ 술어1 ＋ 着 ＋ 목적어1 ＋ 술어2 ＋ 목적어2

他背着书包去上学。 그는 책가방을 메고 학교에 간다.
他带着狗去公园散步。 그는 개를 데리고 공원으로 산책하러 간다.

3. 연동문의 了는 일반적으로 마지막 동사 뒤에 온다.

주어 + 술어1 + 목적어1 + 술어2 + 了 + 목적어2

他去商店买了东西。 그는 상점에 가서 물건을 샀다.
舅舅移民去了德国。 외삼촌은 독일로 이민가셨다.

4. 첫 번째 동사가 有인 연동문은 有가 연동문의 첫 번째 동사 자리에 쓰이며, 두 번째 동사의
원인이나 조건을 나타낸다.

주어 + (没)有 + 목적어1 + 술어2 + 목적어2

我有一个问题请教你。 나는 너한테 가르침을 청할 문제가 있다. (원인)
他没有资格参加这次活动。 그는 이번 활동에 참가할 자격이 없다. (조건)

공략 트레이닝 2

传统市场	买丝绸	我打算	去

해설 및 정답 **문제 분석▼** 연동문은 각 술어의 목적어를 찾아 짝을 지은 후 동작의 순서대로 배열한다.

Step 1. 주어+술어1	我打算
Step 2. 술어2+목적어2	去+传统市场
Step 3. 술어3+목적어3	买丝绸
Step 4. 문장 완성하기	我打算+去+传统市场+买丝绸

정답 我打算去传统市场买丝绸。 나는 전통 시장에 가서 비단을 사고자 한다.

단어 ★传统 chuántǒng 몡 전통 | ★丝绸 sīchóu 몡 비단 | 打算 dǎsuan 동 ～하려고 하다

특수문형 분석(1)

★ 다음 문장의 동사와 목적어를 찾아 괄호로 표시하세요.

필수체크

❶ 你快去前台登记一下。

❷ 我去北京参观过天安门。

❸ 学生们拿着鲜花和水果去拜访老师。

필수체크

❹ 爸爸经常带着工具去池塘钓鱼。

❺ 现在还有不少中国人骑自行车上下班。

★ 괄호 안의 让, 使, 令을 적합한 위치에 넣으세요.

❻ 他被录取的消息家人们都非常激动。（让）

필수체크

❼ 比赛结果观众们非常失望。（令）

❽ 经理不我去机场接客户。（让）

❾ 突然的大雪交通变得十分拥挤。（使）

❿ 观众们的鼓励我重新站了起来。（让）

실전에 강한

제한 시간 8분

문제 적응 훈련

학습일 ____/____

맞은 개수 ______

실전 트레이닝 1

1. 她的　　　很亲切　　　让人　　　态度　　　觉得

2. 启发　　　深受　　　令人　　　教授的演讲

3. 对方　　　使　　　感到　　　不耐烦　　　她的疑问

4. 很意外　　　比赛的　　　令人　　　结果

정답 및 해설_ 해설집 176쪽

실전 트레이닝 2

1. 嘉宾　　　请各位　　　掌声　　　用热烈的　　　欢迎

2. 课程　　　我要等　　　结束后　　　去做志愿者

3. 太阳的位置　　　蜜蜂　　　靠　　　来识别方向

4. 围绕　　　辩论会将　　　展开　　　环保主题

정답 및 해설_ 해설집 178쪽

11 특수문형[2] 존현문/是자문/是…的 강조 구문

新HSK에는 이렇게 출제된다! ▼

★ HSK 시험에서는 사람이 아닌 장소나 시간이 주어로 쓰이는 **존현문**이 **자주 출제**되고 있다.

★ 동사 **是**와 **是…的 강조 구문**은 다소 어려운 유형이기 때문에 각 문형의 특징을 익혀 시험에 대비해야 한다.

1 존현문

사람이나 사물의 존재와 출현 또는 소실을 나타내는 문장을 존현문이라고 한다. 존현문의 술어인 동사는 주로 동작을 설명하는 것이 아니라, 사람이나 사물이 어떤 장소 혹은 어떤 시간에 어떠한 상태나 방식으로 존재나 출현 혹은 소실하는가를 설명한다. 존현문은 장소나 시간이 주어가 되기 때문에 쓰기 문제를 풀 때 장소나 시간도 주어가 될 수 있다고 생각하고 문제에 접근해야 한다.

1. 존재

주어(장소명사/시간명사) + 술어 + 着 + 목적어(존재하는 사람이나 사물)

阳台上放着一盆花。 베란다에 화분이 하나 놓여 있다.
客厅里摆着很多花盆。 거실에 많은 화분이 놓여 있다.

주어(장소명사/시간명사) + 有 + 목적어(존재하는 사람이나 사물)

姑姑家门口有一个小池塘。 고모집 입구에 작은 연못이 하나 있다.
古代有一位著名的诗人。 고대에 유명한 한 시인이 있다.

2. 출현

주어(장소명사/시간명사) + 술어 + 了 + 목적어(출현하는 사람이나 사물)

我们宿舍里来**了**一个新同学。 우리 기숙사에 새로운 친구가 왔다.
昨天晚上发生**了**一件事儿。 어제저녁에 한 가지 일이 발생했다.

3. 소실

주어(장소명사/시간명사) + **술어** + **了** + **목적어**(소실하는 사람이나 사물)

邻居家死**了**一只猫。 이웃집에 고양이 한 마리가 죽었다.
昨天搬走**了**一个中国朋友。 어제 중국 친구 한 명이 이사 갔다.

4. 존현문의 특징

① 장소, 시간 앞에 전치사를 쓰지 않는다.
존현문의 주어는 장소명사 또는 시간명사가 쓰이며, 목적어는 일반적으로 불특정한 사람이나 사물이
온다. 장소명사가 아닌 일반 명사 뒤에는 위치를 나타내는 방위사 **上, 下, 里, 外, 内, 中** 등을 덧붙여서
桌子上, 椅子下, 书包里 등과 같이 쓴다.

冰箱里有一瓶饮料。 (○) 냉장고에 한 병의 음료가 있다.
在冰箱里有一瓶饮料。 (×)

② 목적어는 불특정한 사람이나 사물이 온다. 지시대명사 这, 那를 사용하지 않는다.

桌子上放着**三本书**。 (○) 탁자 위에 세 권의 책이 놓여 있다.
桌子上放着这三本书。 (×)

공략 트레이닝 1

一些旧书   堆   门口   着

해설 및 정답 | **문제 분석▼** 장소명사가 주어가 되는 존현문은 '장소명사＋동사＋着＋존재하는 사람이나 사물'의 형식으로 쓰이므로 门口를 주어로, 존재하는 사물인 一些旧书를 목적어로 써야 한다.

Step 1. 술어 찾기   堆＋着
↳ 着는 동작의 상태를 설명하는 동태조사이므로 '동사＋着'로 써야 한다.

Step 2. 주어＋술어＋목적어   门口＋堆着＋一些旧书

정답 门口堆着一些旧书。 입구에 한 더미 낡은 책이 쌓여 있다.

2 是자문

/. 판단 동사로 쓰인 是

판단 동사로 쓰인 是는 주로 '〜이다'라는 뜻이고, 'A(주어)+是+B(목적어)' 형태로 주어의 신분이나 가치, 존재를 판단 또는 설명하는 작용을 한다. 이때 是 앞에 쓰이는 주어는 말하는 이나 듣는 이가 서로 알고 있는 특정한 대상이고, 是 뒤에 위치하는 목적어는 주어의 동격이거나 주어의 특징을 설명한다.

A(주어) + 是 + B(목적어)

他是个相当自信的人。 그는 상당히 자신 있는 사람이다.
信任是合作的基础。 믿음은 협력의 기초다.

2. 존재 동사로 쓰인 是

是가 장소명사와 함께 쓰여 어떤 장소에 임의의 사물이 존재하는 것을 나타내기도 한다.

주어(장소명사) + 是 + 목적어(존재하는 사람이나 사물)

后面是一个网球场。 뒤쪽은 테니스장이다.
厨房的地上都是水。 주방 바닥이 모두 물이다.

3 강조 구문으로 쓰인 是…的

是…的 강조 구문은 문장 내에서 과거형 문장의 의미 중심이 어디 있느냐를 강조하는 역할과 시제와 상관없이 강조와 긍정의 느낌을 나타내는 역할로 나눌 수 있다.

주어 + 是 + 강조 내용 + 술어(+목적어) + 的

강조 내용:
- 시간
- 장소
- 방식
- 목적
- 행위자
- 화자의 어기

1. 시간/장소/대상/목적/방식 강조

是 뒤에 위치하는 목적어는 주어의 동격이거나 주어의 특징을 설명한다. 이때 是 앞에 쓰이는 주어는 말하는 이나 듣는 이가 서로 알고 있는 특정한 대상이다.

주어 + 是 + 시간/장소/대상/목적/방식… + 술어 + 的

他**是**一年前来**的**。 그는 1년 전에 왔다. (시간 강조)
他**是**从四川来**的**。 그는 쓰촨에서 왔다. (장소 강조)
他**是**坐火车来**的**。 그는 기차를 타고 왔다. (방식 강조)
这朵花**是**为你买**的**。 이 꽃은 너를 위해 산 것이다. (목적 강조)
我**是**来找他**的**，**不是**来找你**的**。 나는 그를 찾아온 것이지, 너를 찾아온 것이 아니다. (대상 강조)

2. 동작 행위의 주체 강조

목적어 + 是 + 동작 행위의 주체 강조 + 술어 + 的

办公室的门**是**谁锁**的**? 사무실의 문은 누가 잠갔지?
这个代表团**是**经理请来**的**。 이 대표단은 사장님이 초청한 것이다.

3. 화자의 어기 강조

술어 부분의 어기를 강조하며 화자의 견해를 강조한다.

주어 ＋ 是 ＋ 화자의 어기 강조 ＋ 的

欧洲的风景**是**很美**的**。 유럽의 풍경은 매우 아름답다.
这里**是**禁止抽烟**的**。 이곳은 담배 피우는 것을 금지한다.

공략 트레이닝 2

老板 　　　 她 　　　 的 　　　 是 　　　 一家化妆品店

해설 및 정답 | **문제 분석▼** 是가 동사로 쓰였고, 주로 'A+是+B(A는 B이다)' 형식으로 쓰이므로, 이 형식에 맞게 주어와 목적어를 찾는다.

Step 1. 술어 찾기 　　　　　　　　　　　　　　 是

Step 2. 주어+술어+목적어 　　　　　　　　　　 她+是+老板

Step 3. 관형어 완성하기 　　　　　　　　　　 一家化妆品店+的+老板
　↳ '的+명사'의 형식으로 쓰여야 하므로 一家化妆品店的老板을 만든다.

Step 4. 문장 완성하기 　　　　　　　　　　　 她+是+一家化妆品店+的+老板

정답 她是一家化妆品店的老板。 그녀는 한 화장품 가게의 사장이다.

단어 ★老板 lǎobǎn 阌 사장 | ★化妆品店 huàzhuāngpǐn diàn 화장품 가게

공략 트레이닝 3

要 　　　 罚款的 　　　 是 　　　 闯红灯

해설 및 정답 | **문제 분석▼** 'A+是+B(A는 B이다)'가 성립되지 않으므로 是…的 강조 구문임을 알 수 있다. 따라서 罚款이 술어이다.

Step 1. 술어 찾기 　　　　　　　　　　　　　　 是+罚款的

Step 2. 주어+술어 　　　　　　　　　　　　　 闯红灯+是…罚款的

Step 3. 是…的 채우기 　　　　　　　　　　　 闯红灯+是+要+罚款的
　↳ 조동사 要는 罚款을 수식해야 하므로 罚款 앞에 놓는다.

정답 闯红灯是要罚款的。 빨간 신호에 길을 건너는 것은 벌금을 물린다.

단어 ★罚款 fákuǎn 阍 벌금을 물리다 | 闯红灯 chuǎng hóngdēng 빨간 신호에 길을 건너다

특수문형 분석(2)

정답 및 해설_ 해설집 180쪽

★ 다음 문장의 문장 성분을 표시해 보세요.

> **예** 这辆车　可　乘坐　两个人。 이 차에는 두 명 탑승이 가능하다.
> 　　주어　부사어　술어　목적어

❶ 办公桌上堆着很多文件。

❷ 墙上写着一首诗。

❸ 武汉有很多大大小小的湖。

❹ 去年出现了这种新技术。

❺ 他是个充满活力的年轻人。

❻ 青春是我最难忘的记忆。

❼ 煤炭是一种不可再生资源。

❽ 风险是无法避免的。

❾ 这部电影是禁止下载的。

❿ 战争带给我们的灾害是巨大的。

실전에 강한
문제 적응 훈련

제한 시간 8분

학습일 ______/______

맞은 개수 ______

| 실전 트레이닝 1 |

1. 桌子上　　　　那　　　　张　　　　摆满了　　　　零食

2. 的　　　　牌子　　　　贴着　　　　欢迎光临　　　　门上

3. 挂　　　　湿衣服　　　　阳台上　　　　满了

4. 传统的小店　　　　这座大楼　　　　有许多　　　　里面

정답 및 해설_ 해설집 181쪽

| 실전 트레이닝 2 |

1. 这种花　　　　植物　　　　是一种　　　　有毒的

2. 美术家　　　　是　　　　她　　　　我采访过的　　　　之一

3. 这种产品　　　　上班族　　　　为　　　　设计的　　　　是专门

4. 是难以　　　　的　　　　有些小毛病　　　　改正

정답 및 해설_ 해설집 183쪽

쓰기

书写

최신 기출 문제 분석

출제 비율

난이도 ★★★★☆

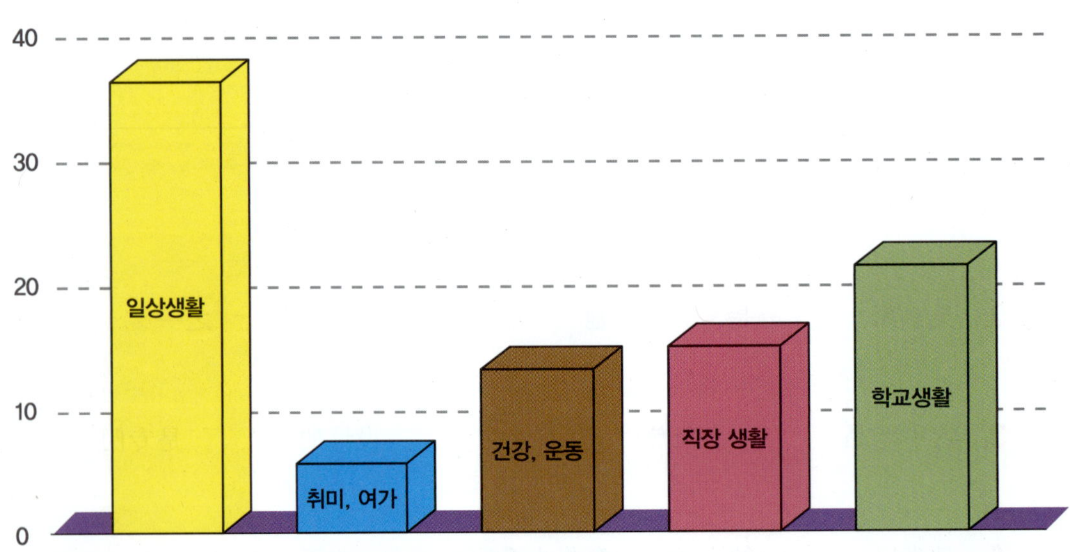

쓰기 제2부분은 제시된 5개의 단어를 활용하여 80자의 한 편의 짧은 글을 작문하는 문제와 제시된 사진을 보고 사진과 관련된 80자의 한 편의 짧은 글을 작문하는 문제가 출제된다.

핵심1 자주 나오는 주제별로 표현력을 기른다

자신의 생각을 효과적으로 작문하기 위해서는 문장 표현력이 뒷받침되어야 한다. 실제 작문에 유용하게 활용할 수 있는 기본적인 표현들을 익혀 두면 표현력을 기를 수 있다. 또한 쓰기 영역에 출제되는 사진이나 표현들은 반복되어 출제되기 때문에 자주 나오는 유형을 분류하여 상황별로 단어와 표현들을 익히는 것이 중요하다.

핵심2 문장의 기본 문법 사항을 완벽하게 숙지해라!

쓰기 문제에 대응하기 위해서는 품사와 문장 구조 등 문법의 기본기가 탄탄해야 한다. 평소에 단어의 뜻만 외우는 것이 아니라, 예문이나 짧은 문장을 작문해 보면서 어휘력을 길러야 한다. 쓰기 영역은 어려운 단어를 써서 점수를 높이는 것보다, 쉬운 문장으로 작문하더라도 문장에 오류가 없는 것이 더욱 중요하다. 따라서 어려운 문장을 쓰려고 하기 보다는 쉬운 문장부터 문장의 기본 문법 사항을 차근차근 연습하는 것이 좋다.

핵심3 자주 쓰이는 패턴을 반복 훈련하고 외우자!

오로지 단어와 문법만으로 중국어를 말할 수 있는 것은 아니다. 자주 사용되는 패턴을 통해 문법에 익숙해지도록 반복적인 연습이 필요하다. 또한 상황에 맞는 패턴을 알고 있다면 긴 문장도 한번에 오류 없이 쉽고 정확하게 쓸 수 있으므로, 패턴을 사용하여 작문하는 연습을 하자.

핵심4 서론→본론→결론으로 글의 흐름을 구상한다

글을 쓸 때 글의 흐름을 생각하지 않고 바로 원고지에 글을 쓰는 학생들이 있다. 문장 자체에 오류가 없다고 하더라도 글의 흐름을 채점자가 이해할 수 없다면 결코 좋은 글이 될 수 없다. 따라서 원고지에 쓰기 전에 2~3분 정도 글의 흐름을 간략하게 구상하고 작문하는 것이 좋다.

핵심5 틀린 문장을 꼼꼼히 분석하고 내 것으로 만들어라!

평소에 연습한 작문은 반드시 피드백을 받아야 한다. 틀린 문장은 왜 틀렸는지 정확히 분석하고 바로잡아 확실히 자신의 것으로 만들어야만 실제 시험에서 실수를 줄여 점수 향상에 도움이 될 수 있다.

12 원고지 사용 방법

新HSK에는 이렇게 출제된다! ▼

★ 쓰기 99번과 100번은 **80자 작문**이다.

★ 쓰기 답안지의 원고지 규격은 가로 16칸, 세로 6행으로 **96자 원고지**이며, 원고지 쓰기 양식에 맞춰 써야 한다. 원고지의 80자 기준인 **다섯째 줄** 이상을 쓸 수 있도록 해야 한다.

★ **문장 부호**도 글쓰기 점수에 포함되므로 원고지와 문장 부호를 올바르게 사용해 감점을 받지 않도록 주의해야 한다.

1 문장 부호의 명칭과 용법

문장 부호의 명칭과 용법을 이해하고 문장 부호를 올바르게 사용할 수 있도록 익혀 두자.

- **쉼표(,)**: 문장이 끝나지 않고 문장 중간에서 잠깐 쉴 때 사용한다.
- **마침표(。)**: 문장 끝에서 문장을 완결지을 때 사용한다.
- **모점(、)**: 단어 사이에서 단어를 나열할 때 사용한다.
- **물음표(？)**: 의문을 나타내는 의문문에 사용한다.
- **느낌표(！)**: 감정을 표현하는 감탄문 뒤에 사용한다.
- **쌍점(:)**: 인용 또는 부연 설명을 할 때 사용한다.
- **쌍반점(;)**: 문장과 문장을 병렬로 나열할 때 사용한다.
- **따옴표(" ")**: 직접 대화를 표시할 때나 남의 말을 인용하는 경우 사용한다.
- **말줄임표(…)**: 문장에서 생략되는 부분을 나타낼 때 사용한다.
- **책이름표(《 》)**: 문장에 제시되는 서적, 작품 등의 제목에 사용한다.
- **줄표(——)**: 서로 관련된 사람이나 사물, 숫자를 연결시킬 때 사용한다.

2 중국어 원고지 쓰기의 기본 양식

1) 문단의 첫머리는 두 칸을 비워야 한다.

2) 원고지에 작성할 때 문장 부호 하나가 한 칸을 차지한다.

3) 문장 부호를 행의 첫머리(즉, 첫 번째 글자의 위치)에 쓸 수 없다.

　　(단, " " 나 《 》 등 쌍을 이루는 문장 부호는 예외)

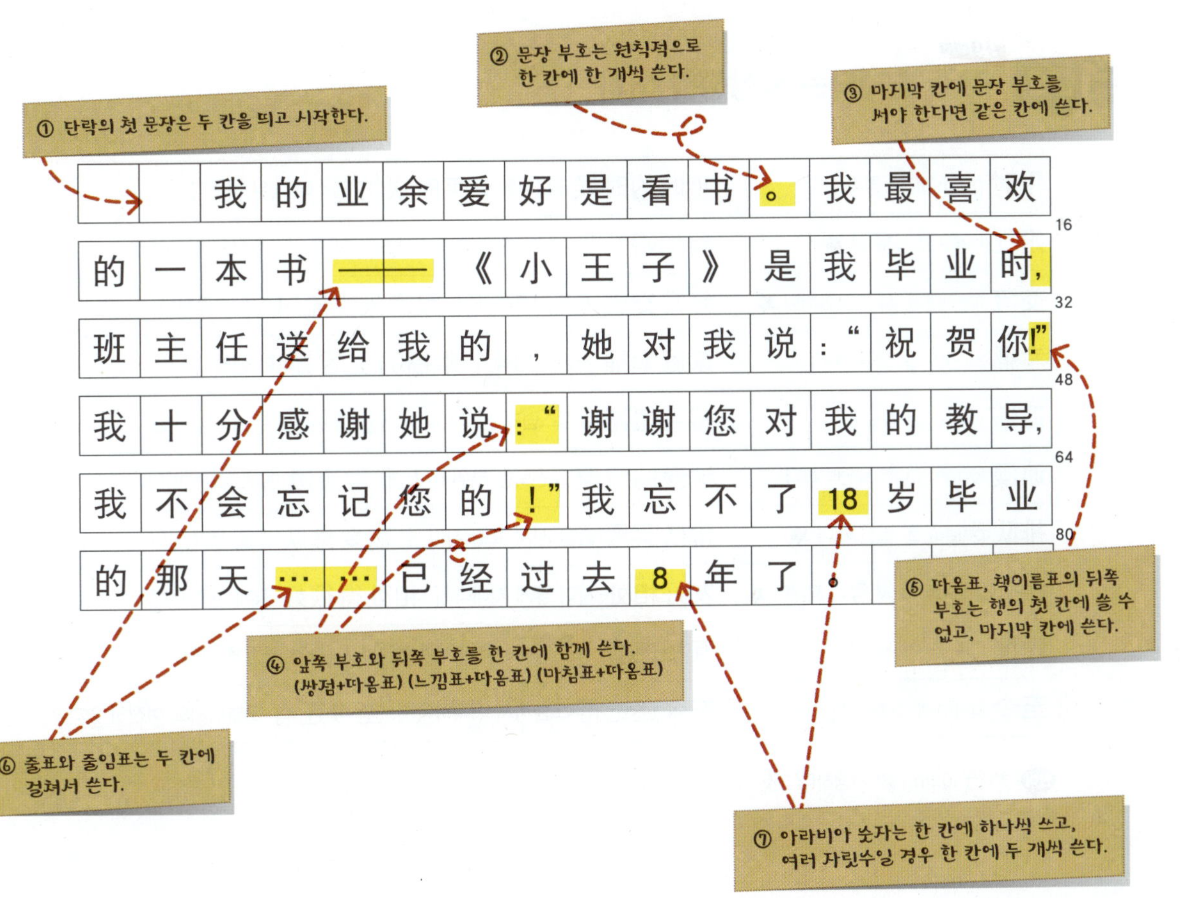

13 일상생활 관련 작문하기

★ **일상생활**에서 겪을 수 있는 다양한 작문 소재들이 시험에 **가장 많이 출제**된다.

★ **결혼식, 이사, 사람들의 만남, 소통** 등과 관련된 주제의 문제가 자주 출제된다.

1단계 _99번에_ 자주 출제되는 일상생활 어휘

平时 píngshí 몡 평소	平时的时候 평소 때 | 平时很忙 평소에 매우 바쁘다
婚礼 hūnlǐ 몡 결혼식 ✱	参加婚礼 결혼식에 참석하다 | 举行婚礼 결혼식을 거행하다
交流 jiāoliú 동 서로 교류하다 ✱	经常交流 자주 교류하다 | 跟家人交流 가족과 교류하다
幸福 xìngfú 톙 행복하다	家庭幸福 가정의 행복 | 幸福的生活 행복한 생활
遗憾 yíhàn 동 유감이다	感到遗憾 유감스럽게 생각하다 | 遗憾的事 유감스러운 일
浪漫 làngmàn 톙 로맨틱하다	浪漫的气氛 로맨틱한 분위기 | 非常浪漫 매우 로맨틱하다
排队 páiduì 동 줄을 서다 ✱	排队买票 줄을 서서 표를 사다 | 需要排队 줄을 서야 하다
相处 xiāngchǔ 동 함께 지내다 ✱	友好相处 사이 좋게 지내다 | 相处得很好 함께 잘 지내다
理解 lǐjiě 동 이해하다	互相理解 서로 이해하다 | 理解别人 다른 사람을 이해하다
至今 zhìjīn 부 오늘까지	至今还记得 오늘까지 기억하다 | 至今还有 오늘까지도 여전히 있다

단어 举行 jǔxíng 동 거행하다 | 友好 yǒuhǎo 톙 우호적이다

2단계 _100번에_ 자주 출제되는 일상생활 관련 사진과 문장

1

인물 丈夫和妻子 (남편과 아내)

사물 窗帘 (커튼)

장소 家 (집)

동작 挂窗帘 (커튼을 걸다)

▶ 上个周末，我和妻子搬了新家。지난 주말에 나와 아내는 새집으로 이사했다.

今天我们把新买的窗帘挂起来了。오늘 우리는 새로 산 커튼을 걸었다.

인물	爸爸 (아빠)、女儿 (딸)、妻子 (아내)
사물	行李箱 (여행 가방)
동작	接 (마중하다)、跑 (뛰다)
장소	机场 (공항)

▶ 今天爸爸从北京出差回来了。오늘 아빠는 베이징 출장에서 돌아오셨다.

我跟妈妈一起去机场接爸爸了。나는 엄마와 같이 공항으로 아빠를 마중 갔다.

女儿一看见爸爸就向爸爸那边跑过去了。

딸은 아빠를 보자마자 아빠가 있는 곳을 향해 뛰어갔다.

인물	丈夫和妻子 (남편과 아내)
장소	家 (집)
동작	吵架 (싸우다)

▶ 结婚典礼上，因为丈夫迟到了，所以他们吵架了。

결혼식에 남편이 지각해서, 그들은 싸웠다.

丈夫向妻子道歉以后，他们的关系变好了。

남편이 아내에게 사과한 후에, 그들의 관계는 좋아졌다.

다양한 작문 주제에 사용할 수 있는 표현을 활용하여 작문 연습을 해보세요. 표현을 외우고 시험에 적용하면 고득점을 받을 수 있습니다.

❶ …的时候, S+V+O ~할 때 ★

上班**的时候**，地铁站里有很多人排队。 출근할 때, 지하철역에는 아주 많은 사람들이 줄을 서 있었다.

> 도전! 방학 때, 이곳에는 매우 많은 관광객이 있다.
>
> ✎ ____

❷ 既…又… ~하고 (또) ~하다 ★

他**既**聪明**又**能干。 그는 총명하고 유능하다.

> 도전! 그들의 생활은 낭만적이고도 행복하다.
>
> ✎ ____

❸ 在…中, 跟…交流 ~(과정) 중에, ~와 교류하다 ★

在工作**中**，要经常**跟**同事**交流**。 일하는 (과정) 중에 동료와 자주 교류해야 한다.

> 도전! 생활 (과정) 중에서 친구와 자주 교류해야 한다.
>
> ✎ ____

❹ 把…送给… ~을 ~에게 선물하다

我**把**准备的礼物**送给**朋友了。 나는 준비한 선물을 친구에게 주었다.

> 도전! 아버지는 목걸이를 어머니에게 선물하셨다.
>
> ✎ ____

❺ 好久没…了 오래도록 ~

他**好久没**打扫房间**了**。 그는 오랫동안 방 청소를 하지 않았다.

> 도전! 나는 그들과 아주 오랫동안 만나지 않았다.
>
> ✎ ____

정답 | ❶ 放假的时候，这里有很多游客。 ❷ 他们的生活既浪漫又幸福。 ❸ 在生活中，要经常跟朋友交流。 ❹ 爸爸把项链送给妈妈了。 ❺ 我跟他们好久没见了。

微笑　至今　姥姥　浪漫　耳环

해설 및 정답 **문제 분석▼** 어휘를 파악하고 글의 흐름을 구성한 후 정답을 작성한다.

STEP 1 어휘 파악&활용하기

微笑 wēixiào 圐 미소 圄 미소 짓다
面带着微笑 얼굴에 미소를 띠고 있다 ｜ 她微笑着说 그녀는 웃으며 말했다

至今 zhìjīn 圄 지금까지
至今还记得 지금까지 기억하고 있다 ｜ 至今无法忘记 지금까지도 잊지 못하다

姥姥 lǎolao 圐 외할머니
姥姥的年纪 외할머니의 연세 ｜ 姥姥经常对我说 외할머니는 늘 나에게 말했다

浪漫 làngmàn 圐 낭만적이다
浪漫的爱情故事 낭만적인 사랑 이야기 ｜ 浪漫的一件事 낭만적인 일

耳环 ěrhuán 圐 귀걸이
一对很漂亮的耳环 예쁜 귀걸이 한 쌍 ｜ 他送给我的耳环 그가 나에게 선물한 귀걸이

STEP 2 글의 흐름 구성하기

주제어	耳环
서론 핵심어: 姥姥/耳环	我帮＿＿＿＿＿＿＿＿＿房间。 나는 외할머니를 도와 방 정리를 했다. 看到了一对很＿＿＿＿＿＿＿。 매우 예쁜 귀걸이 한 쌍을 보았다.
본론 핵심어: 至今/微笑	＿＿＿＿＿她仍然＿＿＿＿＿＿＿＿。 그녀는 지금까지도 여전히 그 귀걸이를 간직하고 있다. 姥姥总是＿＿＿＿＿＿＿＿＿。 외할머니는 늘 얼굴에 미소를 띠고 계신다.
결론 핵심어: 浪漫	我觉得他们的爱情＿＿＿＿＿＿＿＿＿。 나는 그들의 사랑이 매우 낭만적이라고 생각한다.

STEP 3 작문 완성하기

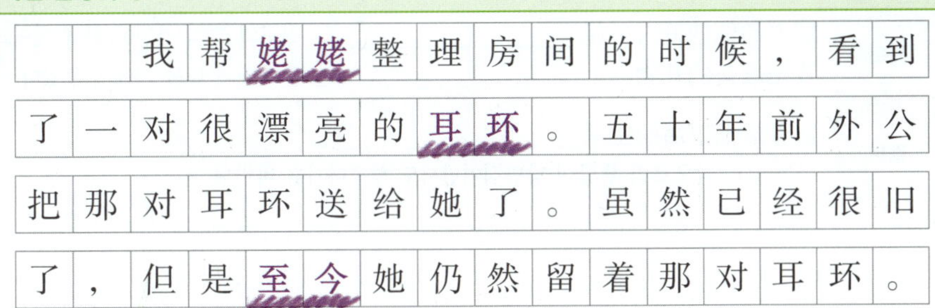

<table>
<tr><td>姥</td><td>姥</td><td>总</td><td>是</td><td>面</td><td>带</td><td>着</td><td>微</td><td>笑</td><td>对</td><td>我</td><td>讲</td><td>她</td><td>跟</td><td>外</td><td>公</td></tr>
<tr><td>年</td><td>轻</td><td>时</td><td>的</td><td>事</td><td>情</td><td>。</td><td>我</td><td>觉</td><td>得</td><td>他</td><td>们</td><td>的</td><td>爱</td><td>情</td><td>非</td></tr>
<tr><td>常</td><td>浪</td><td>漫</td><td>。</td><td></td><td></td><td></td><td></td><td></td><td></td><td></td><td></td><td></td><td></td><td></td><td></td></tr>
</table>

내가 외할머니를 도와 방을 정리할 때, 매우 예쁜 귀걸이가 한 쌍을 보았다. 50년 전 외할아버지께서 그 귀걸이를 그녀에게 선물해 준 것이다. 비록 이미 낡았지만, 그녀는 지금까지도 여전히 그 귀걸이를 간직하고 있다. 외할머니는 늘 얼굴에 미소를 띠며 나에게 그녀와 외할아버지가 젊었을 때의 일을 이야기해 준다. 나는 그들의 사랑이 매우 낭만적이라고 생각한다.

단어 仍然 réngrán 🇫 여전히 | 留 liú 🇩 보관하다, 간수하다 | 对 duì 🇫 짝, 쌍

해설 및 정답 **문제 분석▼** 사진을 보고 떠오르는 단어를 활용해 글의 흐름을 구성한 후 정답을 작성한다.

STEP 1 단어 연상하기

인물 | 朋友 (친구)

동작 | 参加婚礼 (결혼식에 참가하다), 切蛋糕 (케이크를 자르다)

장소 | 婚礼现场 (결혼식장)

STEP 2 글의 흐름 구성하기

주제어	婚礼
서론	上周末，我＿＿＿＿＿了朋友的＿＿＿＿＿。 지난 주말에 나는 친구의 **결혼식**에 **참석**했다.
본론	朋友和他的爱人一起＿＿＿＿＿＿＿＿＿。 친구와 그의 부인이 함께 **케이크를 잘랐다.** 我把准备的礼物＿＿＿＿＿＿＿＿＿。 나는 준비한 선물을 **그에게 주었다.**
결론	我希望他以后的生活＿＿＿＿＿＿＿＿＿。 나는 그의 앞으로의 생활이 **낭만적이면서도 행복하기를 바란다.**

上周末，我参加了朋友的婚礼。他是我小时候的朋友，我们已经好久没见了，看到他结婚，我非常开心。在婚礼上，朋友和他的爱人一起切了蛋糕，然后分给我们吃。结束后，我把准备的礼物送给了他。我希望他以后的生活既浪漫又幸福。

지난 주말에, 나는 친구의 결혼식에 참석했다. 그는 나의 어렸을 적 친구이고, 우리는 이미 아주 오랫동안 만나지 못했다. 그가 결혼하는 걸 보니, 나는 매우 기뻤다. 결혼식에서, 친구와 그의 부인이 함께 케이크를 자르고, 우리들이 먹을 수 있도록 나누어 주었다. 결혼식이 끝난 후, 나는 준비한 선물을 그에게 주었다. 나는 그의 앞으로의 생활이 낭만적이면서도 행복하기를 바란다.

단어 ★婚礼 hūnlǐ 몡 결혼식 | 结婚 jiéhūn 됭 결혼하다 | ★切 qiē 됭 자르다 | 蛋糕 dàngāo 몡 케이크 | 分 fēn 됭 나누다 | 结束 jiéshù 됭 끝나다, 마치다 | 准备 zhǔnbèi 됭 준비하다 | 礼物 lǐwù 몡 선물 | 既…又… jì…yòu… ~하고 (또) ~하다 | 浪漫 làngmàn 혱 낭만적이다 | 幸福 xìngfú 혱 행복하다

실전에 강한

제한 시간 32분

문제 적응 훈련

학습일 ____/____

맞은 개수 ______

실전 트레이닝 1

交流　互联网　促进　缺乏　消极

정답 및 해설_ 해설집 185쪽

실전 트레이닝 2

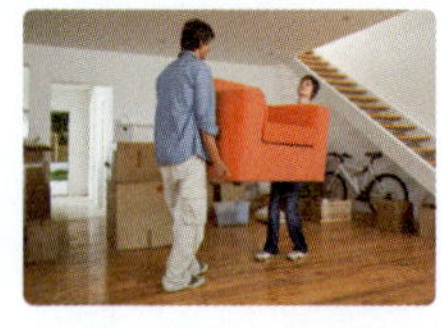

정답 및 해설_ 해설집 186쪽

14 취미, 여가 관련 작문하기

新HSK에는 이렇게 출제된다! ▼

★ **취미, 여가 활동** 관련 작문은 **여행, 음악 감상, 낚시, 장기** 등과 관련된 문제가 자주 출제된다.

1단계 *99%에* 자주 출제되는 취미, 여가 활동 어휘

习惯 xíguàn 몡 버릇, 습관 ✘	养成习惯 습관을 기르다 ❘ 不好的习惯 안 좋은 습관
空闲 kòngxián 휑 한가하다 ✘	空闲的时候 한가할 때 ❘ 空闲时间 한가한 시간
激动 jīdòng 동 감동하다, 흥분하다	感到激动 감동하다 ❘ 激动地说 흥분하여 말하다
热爱 rè'ài 동 뜨겁게 사랑하다	热爱生活 생활을 즐기다 ❘ 热爱读书 독서를 즐기다
熬夜 áoyè 동 밤새다 ✘	熬夜学习 밤을 새워 공부하다 ❘ 熬夜工作 밤을 새워 일하다
养成 yǎngchéng 동 (습관 등을) 기르다 ✘	养成好习惯 좋은 습관을 기르다 ❘ 养成读书的习惯 독서하는 습관을 기르다
引起 yǐnqǐ 동 야기하다, 불러 일으키다	引起兴趣 흥미를 불러 일으키다 ❘ 引起怀疑 의심을 불러 일으키다
有利 yǒulì 휑 유리하다, 이롭다	有利于身体 몸에 이롭다 ❘ 有利于工作 일에 이롭다
逐渐 zhújiàn 뷔 점점	逐渐成长 점점 성장하다 ❘ 逐渐变化 점점 변하다
偶尔 ǒu'ěr 뷔 간혹, 이따금	偶尔休息 간혹 쉬다 ❘ 偶尔见朋友 이따금 친구를 만나다

1

- 인물　同学 (학우)、朋友 (친구)
- 사물　包 (가방)、地图 (지도)
- 동작　背包旅行 (배낭여행)

▶ 我每年暑假都跟朋友去背包旅行。 나는 매년 여름 방학에 친구와 함께 배낭여행을 간다.

每次迷路的时候，我们会一边看地图一边找目的地。
매번 길을 잃을 때마다, 우리는 지도를 보면서 목적지를 찾곤 했다.

这次旅行给我留下了难忘的印象。 이번 여행은 내게 잊지 못할 인상을 남겨주었다.

2

- 인물　我 (나)、摄影师 (포토그래퍼)
- 사물　照相机 (사진기)
- 동작　拍照 (사진을 찍다)

▶ 周末的时候，只要有时间，我就出去拍照。 주말에 시간만 있으면 나는 나가서 사진을 찍는다.

我一看到美丽的风景，就想拍照。 나는 아름다운 풍경을 보기만 하면 사진을 찍고 싶다.

摄影师正在给模特拍照。 사진사가 모델을 찍고 있다.

3

- 인물　女朋友 (여자 친구)、姐姐 (언니)、妹妹 (여동생)
- 사물　耳机 (이어폰)
- 동작　听音乐 (음악을 듣다)

▶ 每当她心情不好的时候，她就会听音乐。 그녀는 기분이 안 좋을 때마다 음악을 듣곤 한다.

听音乐可以缓解压力。 음악을 듣는 것은 스트레스를 완화시킬 수 있다.

我的女朋友正戴着耳机听音乐。 내 여자 친구는 이어폰을 끼고 음악을 듣고 있다.

쓰기에 자주 나오는 핵심 패턴 

다양한 작문 주제에 사용할 수 있는 표현을 활용하여 작문 연습을 해보세요. 표현을 외우고 시험에 적용하면 고득점을 받을 수 있습니다.

❶ 业余爱好是… (여가) 취미는~ ★

他的**业余爱好是**写小说。 그의 취미는 소설을 쓰는 것이다.

> 도전! 나의 취미는 축구 시합을 보는 것이다.
>
> ✎ _______________________________

❷ 养成…的习惯 ~의 습관을 기르다

他**养成**了熬夜**的坏习惯**。 그는 밤을 새는 나쁜 습관을 길렀다.

> 도전! 나는 일찍 일어나고 일찍 자는 습관을 길렀다.
>
> ✎ _______________________________

❸ 有利于… ~에 유익하다

经常锻炼身体**有利于**身体健康。 몸을 자주 단련하는 것은 건강에 유익하다.

> 도전! 친구와 자주 교류하는 것은 심리적인 건강에 유익하다.
>
> ✎ _______________________________

❹ S+带着+대상+V ~을 데리고~ ★

叔叔偶尔**带着**我去河边钓鱼。 삼촌은 가끔 나를 데리고 강가로 낚시를 간다.

> 도전! 아버지는 한가할 때면 아이를 도서관에 데려간다.
>
> ✎ _______________________________

❺ 一…就… ~하기만 하면 ~하다 ★

我**一**有时间**就**跟朋友们踢足球。 나는 시간만 나면 친구들과 축구를 하러 간다.

> 도전! 그는 방학만 하면 사진기를 가지고 여행을 간다.
>
> ✎ _______________________________

정답 | ❶ 我的业余爱好是看足球比赛。 ❷ 我养成了早起早睡的习惯。 ❸ 经常跟朋友交流有利于心理健康。 ❹ 爸爸空闲的时候会带着孩子去图书馆。 ❺ 他一放假就拿着照相机去旅行。

退休　养成　无聊　习惯　精力

해설 및 정답　**문제 분석▼** 어휘를 파악하고 글의 흐름을 구성한 후 정답을 작성한다.

STEP 1　어휘 파악&활용하기

退休 tuìxiū 통 퇴직하다
爷爷**退休**以后 할아버지가 퇴직한 이후 ｜ 就要**退休**了 곧 퇴직하신다

养成 yǎngchéng 통 (습관 등을) 기르다
养成习惯 습관을 기르다 ｜ **养成**了小毛病 작은 버릇을 기르다

无聊 wúliáo 형 무료하다, 재미없다
无聊的生活 재미없는 생활 ｜ 电影很**无聊** 영화가 매우 재미없다

习惯 xíguàn 명 습관
好**习惯** 좋은 습관 ｜ 坏**习惯** 나쁜 습관

精力 jīnglì 명 정력, 정신과 체력
集中**精力** 정력을 집중하다 ｜ 充满**精力** 정력이 충만하다

STEP 2　글의 흐름 구성하기

주제어	养成
서론 핵심어: 退休/无聊	我的爷爷＿＿＿＿＿＿＿＿＿＿了。나의 할아버지는 작년에 퇴직하셨다. 他觉得退休以后的＿＿＿＿＿＿＿＿＿＿。 그는 퇴직 이후의 생활이 매우 무료하다고 생각한다.
본론 핵심어: 养成/习惯	他一有时间就＿＿＿＿＿＿＿＿＿＿。그는 시간만 있으면 공원에 가서 장기를 둔다. 现在爷爷已经＿＿＿＿＿＿＿了每天下棋的＿＿＿＿＿＿。 지금 할아버지는 이미 매일 장기 두는 습관이 생겼다.
결론 핵심어: 精力	下棋的时候可以＿＿＿＿＿＿＿＿＿＿。 장기를 둘 때 정력을 집중시킬 수 있다.

STEP 3　작문 완성하기

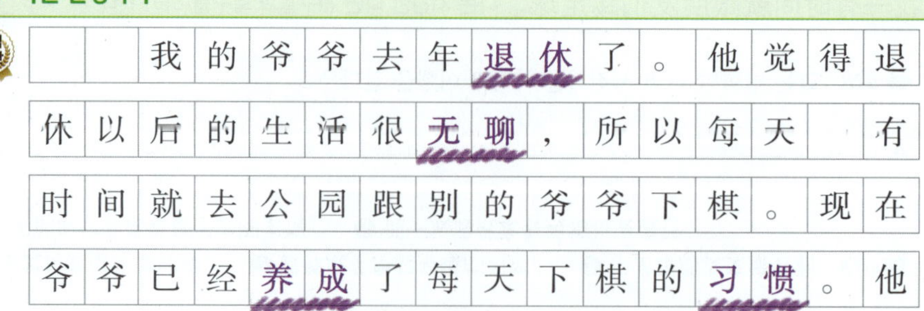

<table>
<tr><td>说</td><td>:</td><td>"</td><td>下</td><td>棋</td><td>的</td><td>时</td><td>候</td><td>可</td><td>以</td><td>集</td><td>中</td><td>精 力</td><td>,</td><td>每</td><td>天</td></tr>
<tr><td>下</td><td>棋</td><td>的</td><td>时</td><td>间</td><td>最</td><td>有</td><td>意</td><td>思</td><td>。</td><td>"</td><td></td><td></td><td></td><td></td><td></td></tr>
</table>

나의 할아버지는 작년에 퇴직했다. 그는 퇴직 이후의 생활이 매우 무료하다고 생각해서, 매일 시간만 있으면, 공원에 가서 다른 할아버지들과 장기를 두었다. 지금 할아버지는 이미 매일 장기 두는 습관이 생겼다. 할아버지는 장기를 둘 때 정력을 집중할 수 있고, 매일 장기를 두는 시간이 가장 즐겁다고 말했다.

단어 ★下棋 xiàqí 동 장기를 두다 | ★集中 jízhōng 동 집중하다 | 有意思 yǒu yìsi 형 재미있다

공략 트레이닝 2

해설 및 정답 **문제 분석▼** 사진을 보고 떠오르는 단어를 활용해 글의 흐름을 구성한 후 정답을 작성한다.

STEP 1 단어 연상하기

인물 | 朋友 (친구)

동작 | 看足球比赛 (축구 시합을 보다)

장소 | 家 (집)

STEP 2 글의 흐름 구성하기

주제어	看足球比赛
서론	我是一个＿＿＿＿＿＿。나는 축구 팬이다.
본론	小时候爸爸总＿＿＿＿＿＿＿＿＿。어릴 적에 아버지는 늘 나를 데리고 시합을 보러 갔다. 我跟朋友们经常聚在一起＿＿＿＿＿＿。나는 친구들과 자주 어울려 경기를 본다.
결론	这个球队＿＿＿＿，我们感到＿＿＿＿＿＿。 이 축구팀이 이겨서 우리는 너무 기쁘다.

STEP 3 작문 완성하기

<table>
<tr><td></td><td></td><td>我</td><td>是</td><td>一</td><td>个</td><td>足</td><td>球</td><td>球</td><td>迷</td><td>,</td><td>我</td><td>的</td><td>业</td><td>余</td><td>爱</td></tr>
<tr><td>好</td><td>是</td><td>看</td><td>足</td><td>球</td><td>比</td><td>赛</td><td>。</td><td>小</td><td>时</td><td>候</td><td>爸</td><td>爸</td><td>总</td><td>带</td><td>我</td></tr>
</table>

去看比赛。长大后，我跟朋友们经常聚在一起，通过电视看比赛。今天我们支持的球队有比赛，比赛非常精彩，最后这个球队赢了，我们感到非常开心。

나는 축구 팬이고, 나의 취미는 축구 시합을 보는 것이다. 어렸을 때 아버지는 늘 나를 데리고 축구 시합을 보러 갔다. 자란 후에는, 나는 친구들과 자주 모여 TV로 시합을 본다. 오늘은 우리가 응원하는 축구 팀의 시합이 있다. 시합은 매우 훌륭했고, 마지막에 이 팀이 이겨서, 우리는 매우 기뻤다.

단어 ★足球球迷 zúqiú qiúmí 축구팬 | ★业余爱好 yèyú àihào 몡 (여가) 취미 | 足球比赛 zúqiú bǐsài 축구 시합 | 总 zǒng 믠 늘, 항상 | 带 dài 동 데리다 | 长大 zhǎngdà 동 자라다 | ★聚 jù 동 모이다 | 通过 tōngguò 젠 ~을 통해서 | ★支持 zhīchí 동 지지하다 | 球队 qiúduì 몡 축구팀 | 精彩 jīngcǎi 혱 훌륭하다 | 赢 yíng 동 이기다

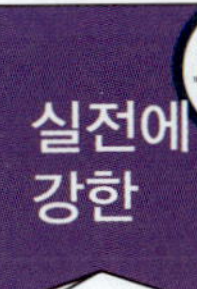

문제 적응 훈련

학습일 _____ / _____

맞은 개수 _______

실전 트레이닝 1

忍不住　熬夜　保证　批评　决赛

정답 및 해설_ 해설집 187쪽

실전 트레이닝 2

정답 및 해설_ 해설집 188쪽

학습일 _____ / _____

15 건강, 운동 관련 작문하기

新HSK에는 이렇게 출제된다! ▼

★ **건강, 운동** 관련 작문은 **입원, 아픈 표정, 다이어트, 체중계, 헬스장, 달리기**와 관련된 문제가 자주 출제된다.

1단계 *99번에* 자주 출제되는 건강, 운동 어휘

冠军 guànjūn 몡 챔피언, 우승 ✖	获得冠军 우승하다 | 取得冠军 우승을 획득하다
比赛 bǐsài 몡 시합 ✖	赢得比赛 시합에 이기다 | 足球比赛 축구 시합
竞争 jìngzhēng 통 경쟁하다	竞争激烈 치열한 경쟁 | 竞争对手 경쟁 상대
体重 tǐzhòng 몡 체중	体重太重 체중이 너무 무겁다 | 体重很轻 체중이 가볍다
激烈 jīliè 혭 치열하다 ✖	激烈的比赛 치열한 경기 | 激烈的环境 치열한 환경
住院 zhùyuàn 통 입원하다 ✖	住院治疗 입원해서 치료하다 | 住院手续 입원 수속
采访 cǎifǎng 통 인터뷰하다 ✖	采访演员 배우를 취재하다 | 接受采访 취재에 응하다
坚持 jiānchí 통 견지하다, (~하는 것을) 지속하다	坚持锻炼 꾸준히 단련하다 | 坚持学习 꾸준히 공부하다
减肥 jiǎnféi 통 다이어트하다	减肥成功 다이어트에 성공하다 | 需要减肥 다이어트가 필요하다
受伤 shòushāng 통 부상당하다	胳膊受伤 팔을 다치다 | 受伤严重 부상이 심하다

1

인물	爷爷 (할아버지)、奶奶 (할머니)、医生 (의사)
사물	病床 (병상)
장소	医院 (병원)
동작	说话 (말하다)、问 (묻다)

▶ 我的爷爷突然住院了。우리 할아버지가 갑자기 입원하셨다.

他的身体终于恢复了，出院了。그의 몸은 드디어 회복되었고, 퇴원했다.

医生让我按时吃药，好好休息。의사 선생님은 내게 제때에 약을 먹고, 푹 쉬라고 했다.

2

인물	男朋友 (남자 친구)、哥哥 (형, 오빠)
동작	跑步 (달리다)
장소	公园 (공원)

▶ 我决定开始减肥，于是我每天都去公园跑步。
나는 다이어트를 하기로 결심해서, 매일 공원에 가서 달린다.

跑步之前，你要放松身体。달리기 전에 몸의 긴장을 풀어야 한다.

虽然每天跑步很累，但我一定会坚持下去。
비록 매일 달리기가 힘들지만, 나는 반드시 계속해 나갈 것이다.

3

인물	爸爸 (아빠)、儿子 (아들)
장소	滑雪场 (스키장)
동작	滑雪 (스키를 타다)

▶ 爸爸正在滑雪场教儿子怎样滑雪。
아빠는 스키장에서 아들에게 어떻게 스키를 타는지 가르치고 있다.

我从小就非常喜欢滑雪。나는 어린 시절부터 스키 타는 것을 매우 좋아했다.

다양한 작문 주제에 사용할 수 있는 표현을 활용하여 작문 연습을 해보세요. 표현을 외우고 시험에 적용하면 고득점을 받을 수 있습니다.

---

❶ 坚持+V ~하는 것을 계속하다

虽然受伤了，但他仍然坚持比赛。 비록 다쳤지만, 그는 원래대로 시합을 계속했다.

> 도전! 비록 힘들지만 그는 다이어트를 계속했다.
>
> ✎ ______________________________________

---

❷ 一边…一边… ~하면서 ~하다(동시 동작) ✖

我一边听音乐，一边写作业。 나는 음악을 들으면서, 숙제를 했다.

> 도전! 그들은 산책을 하면서 풍경을 감상했다.
>
> ✎ ______________________________________

---

❸ 通过…，S+V+O ~을 통하여, ~하다 ✖

通过这次失败，我学到了很多东西。 이번 실패를 통해, 나는 아주 많은 것을 배웠다.

> 도전! 이번 경기를 통해, 그는 자신의 실력을 알았다.
>
> ✎ ______________________________________

---

❹ …结束后，S+V+O ~이 끝난 후, ~하다

表演结束后，大家热烈地鼓掌。 공연이 끝나고, 모두 열렬히 박수를 쳤다.

> 도전! 경기가 끝나고 나는 그를 병원에 데려다 주었다.
>
> ✎ ______________________________________

---

❺ 我希望… 나는 ~하기를 희망한다 ✖

我希望我的成绩越来越好。 나는 나의 성적이 점점 좋아지기를 바란다.

> 도전! 나는 그의 몸이 얼른 회복되기를 바란다.
>
> ✎ ______________________________________

정답 | ❶ 虽然很辛苦，但他要坚持减肥。 ❷ 他们一边散步，一边欣赏风景。 ❸ 通过这次比赛，他知道了自己的实力。 ❹ 比赛结束后，我把他送到了医院。 ❺ 我希望他的身体能快点儿恢复。

体重　坚持　目标　减肥　健康

해설 및 정답 | **문제 분석▼** 어휘를 파악하고 글의 흐름을 구성한 후 정답을 작성한다.

STEP 1 어휘 파악&활용하기

体重 tǐzhòng ᠀ 체중
体重太重了 체중이 너무 무겁다 | **体重**增加了 체중이 증가했다 | 量**体重** 체중을 재다

坚持 jiānchí ᠀ (어떤 상태나 행위를) 계속 지속하게 하다, 견지하다
坚持学习 계속해서 공부하다 | 一直**坚持**下去 줄곧 계속해 나가다

目标 mùbiāo ᠀ 목표
实现我的**目标** 나의 목표를 실현하다 | 为了我的**目标** 나의 목표를 위해서

减肥 jiǎnféi ᠀ 다이어트하다
减肥成功 다이어트에 성공하다 | 我打算**减肥** 나는 다이어트를 할 것이다

健康 jiànkāng ᠀ 건강
为了自己的**健康** 자신의 건강을 위해서 | **健康**的身体 건강한 몸

STEP 2 글의 흐름 구성하기

주제어	减肥
서론 핵심어: 体重	昨天我＿＿＿＿了自己的＿＿＿＿。어제 나는 몸무게를 측정했다.
본론 핵심어: 健康/减肥	为了自己的健康，我＿＿＿＿。자신의 건강을 위해, 나는 살을 뺄 것이다. 我打算一边＿＿＿＿，一边＿＿＿＿。 나는 밥을 적게 먹으면서 운동을 많이 했다.
결론 핵심어: 坚持/目标	我一定会＿＿＿＿减下去，实现我的＿＿＿＿。 나는 반드시 계속해서 빼고, 나의 목표를 실현할 것이다.

STEP 3 작문 완성하기

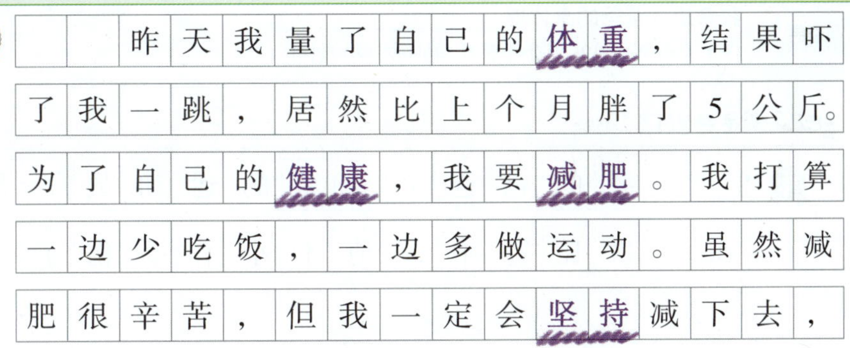

<table>
<tr><td>实</td><td>现</td><td>我</td><td>的</td><td>目</td><td>标</td><td>。</td><td></td><td></td><td></td><td></td><td></td><td></td><td></td></tr>
</table>

어제 나는 체중을 쟀는데, 결과를 보고 깜짝 놀랐다. 뜻밖에도 지난달보다 5kg이나 살이 쪘다. 내 자신의 건강을 위해서, 나는 다이어트를 하려고 한다. 나는 밥을 적게 먹으면서, 많이 운동할 계획이다. 비록 다이어트가 매우 고생스럽겠지만, 나는 반드시 계속 감량해 나갈 것이며, 나의 목표를 실현할 것이다.

단어 量 liáng 图 재다 | ★吓一跳 xià yí tiào 깜짝 놀랐다 | ★居然 jūrán 團 뜻밖에도 | 辛苦 xīnkǔ 휑 고생스럽다 | ★实现 shíxiàn 图 실현하다

공략 트레이닝 2

해설 및 정답 **문제 분석▼** 사진을 보고 떠오르는 단어를 활용해 글의 흐름을 구성한 후 정답을 작성한다.

STEP 1 단어 연상하기

인물 | 运动员 (운동선수)

사물 | 球 (공)

동작 | 受伤 (다치다)、摔倒 (넘어지다)

STEP 2 글의 흐름 구성하기

주제어	运动员/受伤
서론	我的爸爸___________运动员。우리 아버지는 **유명한** 운동선수이다.
본론	最近_______________, 他不小心_________了。 최근에 **어떤 시합에서** 그는 잘못하여 **부상을 입었다.** 医生说需要___________。의사가 **입원 치료가** 필요하다고 말했다.
결론	我希望我爸爸的身体能___________________。 나는 우리 아버지의 건강이 **빨리 회복하기를** 바란다.

STEP 3 작문 완성하기

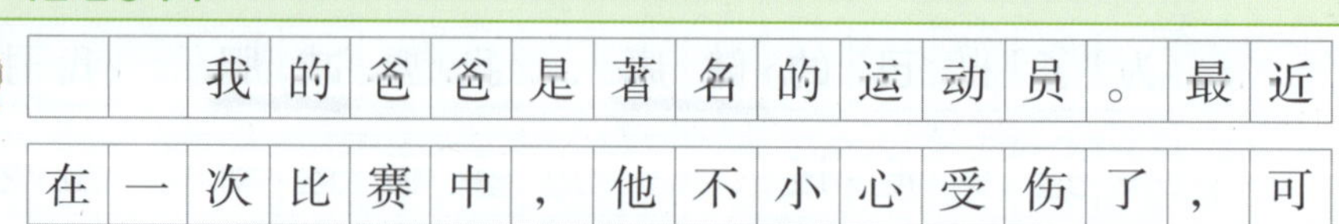

<table>
<tr><td></td><td>我</td><td>的</td><td>爸</td><td>爸</td><td>是</td><td>著</td><td>名</td><td>的</td><td>运</td><td>动</td><td>员</td><td>。</td><td>最</td><td>近</td></tr>
<tr><td>在</td><td>一</td><td>次</td><td>比</td><td>赛</td><td>中</td><td>，</td><td>他</td><td>不</td><td>小</td><td>心</td><td>受</td><td>伤</td><td>了</td><td>，</td><td>可</td></tr>
</table>

是他仍然坚持比赛。比赛结束后，我把他送到了医院，医生说需要住院治疗。我希望我爸爸的身体能快点儿恢复。

우리 아버지는 유명한 운동선수이다. 최근에 한 경기에서 부주의해서 다쳤는데 그는 여전히 경기를 계속했다. 경기가 끝난 후, 나는 아버지를 병원에 모시고 갔는데, 의사 선생님께서는 입원 치료를 해야 한다고 했다. 나는 우리 아버지의 건강이 빨리 회복되기를 희망한다.

단어 著名 zhùmíng 혱 유명하다 | 不小心 bù xiǎoxīn 뷔 부주의하다 | ★受伤 shòushāng 동 다치다 | 仍然 réngrán 뷔 여전히 | 坚持 jiānchí 동 (어떤 상태나 행위를) 계속하다, 견지하다 | 结束 jiéshù 동 끝나다, 마치다 | 送 sòng 동 데려다주다 | ★住院 zhùyuàn 동 입원하다 | ★治疗 zhìliáo 동 치료하다 | ★恢复 huīfù 동 회복하다

실전에 강한

제한 시간 32분

쓰기 | 제2부분

문제 적응 훈련

학습일 ____/____

맞은 개수 ______

실전 트레이닝 1

检查　治疗　恢复　营养　平时

정답 및 해설_ 해설집 189쪽

실전 트레이닝 2

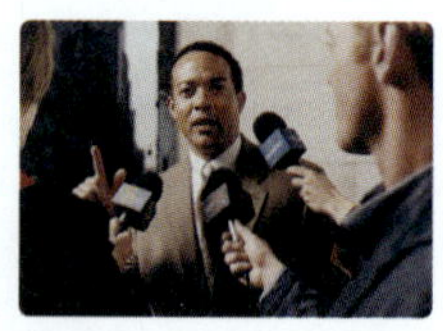

정답 및 해설_ 해설집 190쪽

학습일 _____ / _____

16 직장 생활 관련 작문하기

新HSK에는 이렇게 출제된다! ▼

★ **직장 생활** 관련 작문은 직장 생활에서 흔히 발생할 수 있는 **동료들 간의 소통, 토론, 전화, 야근** 등 다양한 소재로 문제가 출제된다.

1단계 *99번에* 자주 출제되는 직장 생활 어휘

材料 cáiliào 명 재료, 자료	查找材料 자료를 찾다 ㅣ 复印材料 자료를 복사하다
经验 jīngyàn 명 경험 ✖	很有经验 경험이 있다 ㅣ 学习经验 학습 경험
压力 yālì 명 스트레스	压力很大 스트레스가 크다 ㅣ 缓解压力 스트레스를 풀다
建议 jiànyì 동 건의하다 ✖	提出建议 의견을 제시하다 ㅣ 一项建议 한 가지 건의
疲劳 píláo 형 피곤하다	身体疲劳 몸이 피곤하다 ㅣ 眼睛疲劳 눈이 피로하다
制定 zhìdìng 동 제정하다	制定计划 계획을 세우다 ㅣ 制定方法 방법을 마련하다
负责 fùzé 동 책임지다 형 책임감이 강하다	负责项目 프로젝트를 책임지다 ㅣ 非常负责 책임감이 강하다
重视 zhòngshì 동 중시하다	重视比赛 시합을 중시하다 ㅣ 重视结果 결과를 중시하다
应聘 yìngpìn 동 입사 지원하다 ✖	应聘记者 기자로 입사 지원하다 ㅣ 应聘出版社 출판사에 입사 지원하다
发言 fāyán 명동 발언(하다) ✖	积极发言 적극적으로 발언하다 ㅣ 精彩的发言 훌륭한 발표

2단계 *100번에* 자주 출제되는 직장 생활 관련 사진과 문장

인물	同事 (동료)、经理 (사장)
사물	资料 (자료)、文件 (문서)
장소	公司 (회사)、会议室 (회의실)
동작	开会 (회의하다)、讨论 (토론하다)

▶ 今天早上公司开会的时候，同事们都积极地讨论。
오늘 오전 회사 업무회의에서 동료들이 모두 적극적으로 토론했다.

我认真准备了会议资料，所以会议进行得很顺利。
내가 열심히 회의 자료를 준비해서 회의가 순조롭게 진행되었다.

2

인물	同事 (동료)、老板 (사장)
사물	电话 (전화)
장소	办公室 (사무실)
동작	接电话 (전화를 받다)、打电话 (전화를 걸다)、加班 (야근하다)

▶ 我的同事业务能力很强，每天接很多电话。
나의 동료는 업무 능력이 좋고, 매일 많은 전화를 받는다.

老板下班后还常常在办公室加班。
사장님은 퇴근 후에도 자주 사무실에서 야근을 한다.

3

인물	合作方 (협력업체)、投资方 (투자측)、客户 (고객)
장소	会议室 (회의실)
동작	握手 (악수하다)

▶ 这次的谈判很顺利，两家公司成功地签了合同。
이번 회담이 매우 순조로웠고, 두 회사가 성공적으로 계약을 체결했다.

合作方和投资方的代表微笑着握手。
협력업체와 투자자 측의 대표가 미소를 지으며 악수한다.

다양한 작문 주제에 사용할 수 있는 표현을 활용하여 작문 연습을 해보세요. 표현을 외우고 시험에 적용하면 고득점을 받을 수 있습니다.

❶ 由…负责+V+N ~가 ~하는 것을 책임지다

由他负责宣传新产品。 그가 새 상품의 홍보를 책임진다.

> 📣도전! 우리 부서가 새 방안의 제정을 책임진다.
>
> ✎ ____

❷ 向…提出…建议 ~에게 ~의견을 제시하다

他向经理提出了一项建议。 그는 사장에게 의견을 하나 제시했다.

> 📣도전! 나는 사장님에게 나의 의견을 제시했다.
>
> ✎ ____

❸ 为了…, S+V+O ~을 위해, ~하다 ✖

为了吸引新顾客，我们最近一直开会。 새 고객을 끌기 위해, 우리는 요즘 계속 회의를 한다.

> 📣도전! 자신의 목표를 실현하기 위해, 그는 매일 열심히 일한다.
>
> ✎ ____

❹ S+给…带来… ~가 ~에게 ~을 가져오다 ✖

同事的鼓励给我带来了自信。 동료의 응원은 나에게 자신감을 가져다 주었다.

> 📣도전! 새로운 상품은 고객에게 많은 편리를 가져다 주었다.
>
> ✎ ____

❺ 经过…, (S)+终于… ~을 거쳐, (S는) 드디어~ ✖

经过一个小时的讨论，他们终于找到了办法。 한 시간의 토론을 거쳐 그들은 드디어 방법을 찾았다.

> 📣도전! 반 년의 노력을 통해 나는 드디어 이 프로젝트를 완성했다.
>
> ✎ ____

정답 | ❶ 由我们部门负责制定新方案。 ❷ 我向老板(经理)提出了自己的建议。 ❸ 为了实现自己的目标, 他每天都努力工作。 ❹ 新产品给顾客带来了很多便利。 ❺ 经过半年的努力, 我终于完成了这个项目。

利润　方案　吸引　积极　终于

해설 및 정답 **문제 분석▼** 어휘를 파악하고 글의 흐름을 구성한 후 정답을 작성한다.

STEP 1 어휘 파악&활용하기

利润 lìrùn 명 이윤
获得**利润** 이윤을 얻다 ｜ **利润**增加了 이윤이 증가했다

方案 fāng'àn 명 방안
制定新**方案** 새로운 방안을 제정하다 ｜ 修改**方案** 방안을 수정하다

吸引 xīyǐn 동 매료시키다
吸引新顾客 새로운 고객을 매료시키다 ｜ **吸引**读者 독자를 매료시키다

积极 jījí 형 적극적이다
积极发言 적극적으로 발언하다 ｜ **积极**工作 적극적으로 일하다

终于 zhōngyú 부 마침내
终于实现了 마침내 실현되다 ｜ **终于**完成了 마침내 성공하다

STEP 2 글의 흐름 구성하기

주제어	方案
서론 핵심어: 吸引	为了＿＿＿＿＿更多的新＿＿＿＿＿，我们部门最近一直开会讨论。 새 고객을 더 많이 끌기 위해, 우리 부서에서는 요즘 계속 회의하고 토론했다.
본론 핵심어: 积极/终于/方案	我们每个人都＿＿＿＿＿＿＿＿＿。우리 모두 적극적으로 발언했다. 我们＿＿＿＿＿＿＿＿了新的＿＿＿＿＿＿。 우리는 드디어 새로운 판매 방안을 정했다.
결론 핵심어: 利润	新的方案会给公司＿＿＿＿＿很多＿＿＿＿＿。 새로운 방안은 회사에 많은 이윤을 가져올 것이다.

STEP 3 작문 완성하기

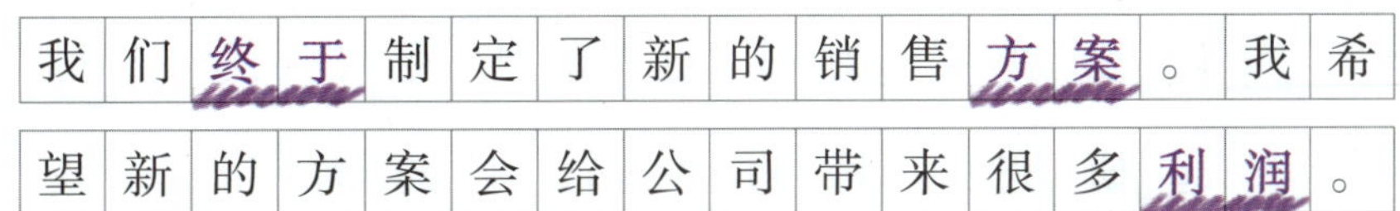

| 我 | 们 | 终于 | 制 | 定 | 了 | 新 | 的 | 销 | 售 | 方案 | 。 | 我 | 希 |
| 望 | 新 | 的 | 方 | 案 | 会 | 给 | 公 | 司 | 带 | 来 | 很 | 多 | 利润 | 。 |

새 고객을 더 많이 유치하기 위해, 우리 부서는 최근 계속해서 회의를 열어 토론했다. 회의에서 우리 모두는 적극적으로 발언했고 사장님에게 자신의 의견을 제시했다. 일주일의 토론을 거쳐, 우리는 드디어 새로운 판매 방안을 세웠다. 나는 새로운 방안이 회사에 더 많은 이윤을 가져다 주기를 바란다.

단어 顾客 gùkè 몡 고객 | 开会 kāihuì 통 회의를 하다 | 讨论 tǎolùn 통 토론하다 | 会议 huìyì 몡 회의 | ★发言 fāyán 통 발언하다 | 老板 lǎobǎn 몡 사장 | 提出 tíchū 통 제기하다 | 建议 jiànyì 몡 건의 | 经过 jīngguò 통 ~을 거쳐서 | ★制定 zhìdìng 통 제정하다 | ★销售 xiāoshòu 통 판매하다 | 带来 dàilái 통 가져오다

공략 트레이닝 2

해설 및 정답 **문제 분석▼** 사진을 보고 떠오르는 단어를 활용해 글의 흐름을 구성한 후 정답을 작성한다.

STEP 1 단어 연상하기

인물 | 我跟同事们 (나와 동료들)

사물 | 奖杯 (우승컵)

동작 | 举 (들어올리다)、拿 (들다)

STEP 2 글의 흐름 구성하기

주제어	冠军/奖杯
서론	我跟我的同事________了一个产品设计________。 나는 동료와 한 상품 디자인 **대회**에 **참가**했다.
본론	为了这场比赛，我们每天____________。 이 대회를 위해 우리는 매일 **함께 연구**했다. 我们共同____________了一个产品。 우리는 함께 **협력**하여 상품을 하나 **완성**했다.
결론	我们的产品____________。 우리 상품은 **우승**을 **획득**했다.

STEP 3 작문 완성하기

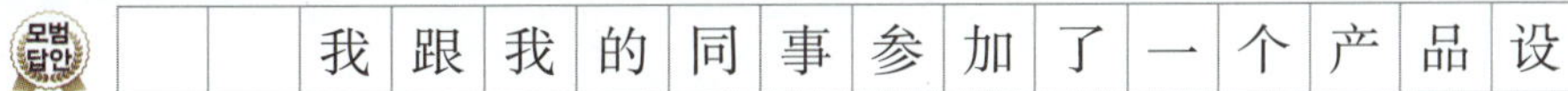

| | | 我 | 跟 | 我 | 的 | 同 | 事 | 参 | 加 | 了 | 一 | 个 | 产 | 品 | 设 |

计比赛。为了这场比赛，我们每天一起研究。经过两个月的时间，我们共同合作完成了一个产品。今天是宣布结果的日子，我们的产品获得了第一名，并且得到了冠军奖杯。我和同事们非常开心，一起举着奖杯合了影。

나는 동료와 함께 한 상품 디자인 대회에 참가했다. 이 대회를 위해, 우리는 매일 함께 연구했다. 두 달의 시간이 지나고, 우리는 함께 협력하여 상품을 하나 완성시켰다. 오늘은 결과 발표일인데, 우리의 상품이 우승을 하고 우승컵도 획득했다. 나와 동료들은 너무 기뻐서 함께 트로피를 들고 사진을 찍었다.

단어 ★产品 chǎnpǐn 몡 상품, 제품 | ★设计 shèjì 동 디자인하다 | 比赛 bǐsài 몡 시합 | 经过 jīngguò 동 ~을 거쳐서 | ★共同 gòngtóng 혱 공통의 | ★合作 hézuò 동 합작하다, 협력하다 | 完成 wánchéng 동 완성하다 | ★宣布 xuānbù 동 공표하다, 발표하다 | 日子 rìzi 몡 날, 날짜 | 获得 huòdé 동 획득하다 | ★冠军 guànjūn 몡 챔피언, 우승 | 奖杯 jiǎngbēi 몡 우승컵 | 举 jǔ 동 들어올리다 | ★合影 héyǐng 동 함께 사진을 찍다

문제 적응 훈련

실전에 강한

제한 시간 32분

학습일 ____ / ____
맞은 개수 ______

실전 트레이닝 1

效率　疲勞　业务　投入　逐渐

정답 및 해설_ 해설집 191쪽

실전 트레이닝 2

정답 및 해설_ 해설집 192쪽

 학교생활 관련 작문하기

新HSK에는 이렇게 출제된다! ▼

★ **학교생활** 관련 작문은 **공부, 시험, 논문, 졸업** 등과 관련된 작문이 자주 출제된다.

1단계 99번에 자주 출제되는 학교생활 어휘

学历 xuélì 몡 학력	高**学历** 고학력 ㅣ **学历**很好 학력이 좋다
能力 nénglì 몡 능력	**能力**优秀 능력이 뛰어나다 ㅣ 有**能力** 능력이 있다
志愿者 zhìyuànzhě 몡 자원봉사자 ✬	做**志愿者** 자원봉사자를 하다 ㅣ 参加**志愿者**活动 자원 봉사 활동에 참가하다
优秀 yōuxiù 혱 우수하다	**优秀**的人 우수한 사람 ㅣ 成绩**优秀** 성적이 우수하다
热烈 rèliè 혱 열렬하다	**热烈**地欢迎 열렬한 환영 ㅣ **热烈**的掌声 열렬한 박수
演讲 yǎnjiǎng 몡 강연	**演讲**比赛 웅변 대회 ㅣ 精彩的**演讲** 훌륭한 강연
毕业 bìyè 동 졸업하다 ✬	大学**毕业** 대학을 졸업하다 ㅣ **毕业**论文 졸업 논문
表现 biǎoxiàn 동 (어떠한 모습이) 드러나다 ✬	**表现**得很优秀 훌륭하게 활약하다 ㅣ **表现**突出 활약이 돋보이다
掌握 zhǎngwò 동 (어떤 분야에) 정통하다, 마스터하다 ✬	**掌握**知识 지식을 쌓다 ㅣ **掌握**技术 기술에 통달하다
成绩 chéngjì 몡 성적	**成绩**好 성적이 좋다 ㅣ 取得好**成绩** 좋은 성적을 받다

1 

인물	妈妈 (엄마)、 女儿 (딸)、 孩子 (아이)
장소	家 (집)
동작	辅导 (과외 지도하다)、 教 (가르치다)、 学习 (공부하다)

▶ 每天下班以后，妈妈教女儿数学。 매일 퇴근 후에, 엄마는 딸에게 수학을 가르친다.

最近我一直在辅导孩子学习英语。 최근에 나는 줄곧 아이에게 영어 과외를 하고 있다.

2 

인물	同学 (학우)、 朋友 (친구)
장소	学校 (학교)、 教室 (교실)
동작	参加考试 (시험에 응시하다)、 答题 (시험 문제를 풀다)

▶ 我的朋友在教室里答题。 나의 친구는 교실에서 시험 문제를 풀고 있다.

我的同学们都说这次期中考试的题非常难。

나의 학우들이 모두 이번 중간고사 문제는 매우 어려웠다고 말했다.

为了这次期末考试，我每天在教室学习很长时间。

이번 기말고사를 위해서 나는 매일 교실에서 오랜 시간 공부했다.

3 

인물	同学 (학우)
사물	毕业证 (졸업증)
동작	毕业 (졸업)、 合影 (함께 사진을 찍다)

▶ 在毕业典礼上，我和同学们一起合了影。

졸업식에서 나는 학우들과 함께 사진을 찍었다.

弟弟毕业那天，家人都祝贺他顺利地毕业了。

남동생의 졸업식 날, 가족들은 모두 남동생이 순조롭게 졸업한 것을 축하했다.

다양한 작문 주제에 사용할 수 있는 표현을 활용하여 작문 연습을 해보세요. 표현을 외우고 시험에 적용하면 고득점을 받을 수 있습니다.

❶ S+掌握了… S는 ~에 정통하다/마스터하다

他**掌握了**很多专业知识。 그는 많은 전문 지식에 정통하다.

> 🔊도전! 그는 새로운 기술 하나를 마스터했다.
>
> ✎ ____

❷ S+在…中，表现得… ~가 ~(과정)에서, ~(모습을) 드러내다 ★

他**在**比赛**中**，**表现得**十分优秀。 그는 경기에서 아주 우수했다.

> 🔊도전! 그녀는 이번 자원 봉사 활동에서 매우 두드러졌다.
>
> ✎ ____

❸ S1+让+S2+V2 S1이 S2를 ~하도록 만들다

这次考试成绩**让**他很失望。 이번 시험 성적은 그를 매우 실망하게 만들었다.

> 🔊도전! 선생님의 교육 방법은 그를 크게 향상시켰다.
>
> ✎ ____

❹ S+给+대상+留下了… (대상)에게 ~을 남기다 ★

她的演讲**给**我**留下了**深刻的印象。 그녀의 연설은 내게 깊은 인상을 남겼다.

> 🔊도전! 대학 생활은 내게 잊지 못할 추억을 남겼다.
>
> ✎ ____

❺ 不但…而且… ~뿐(만)아니라 ~하기도 하다 ★

他**不但**性格好，**而且**能力也很强。 그는 성격이 좋을 뿐만 아니라 능력도 있다.

> 🔊도전! 나는 많은 중국인 친구를 사귀었을 뿐만 아니라 중국어 실력 또한 향상되었다.
>
> ✎ ____

 정답 | ❶ 他掌握了一项新技术。 ❷ 她在这次志愿者活动中，表现得很突出。 ❸ 老师的教育方法让他进步很大。 ❹ 大学生活给我留下了难忘的回忆。 ❺ 我不但交了很多中国朋友，而且也提高了汉语水平。

学历　掌握　能力　论文　毕业

해설 및 정답　**문제 분석▼** 어휘를 파악하고 글의 흐름을 구성한 후 정답을 작성한다.

STEP 1 어휘 파악&활용하기

学历 xuélì 몡 학력
学历很高 학력이 매우 높다 ｜ 有一个好**学历** 좋은 학력이 있다

掌握 zhǎngwò 통 (어떤 분야에) 정통하다
掌握了两门外语 2개의 외국어를 마스터하다 ｜ **掌握**了技术 기술을 마스터하다

能力 nénglì 몡 능력
能力很强 능력이 매우 강하다 ｜ 很有**能力**的人 매우 능력 있는 사람이다

论文 lùnwén 몡 논문
毕业**论文** 졸업 논문 ｜ 写**论文** 논문을 쓰다 ｜ **论文**通过了 논문이 통과되다

毕业 bìyè 통 졸업하다
就要**毕业**了 곧 졸업이다 ｜ **毕业**以后 졸업 이후 ｜ 顺利**毕业**了 순조롭게 졸업하다

STEP 2 글의 흐름 구성하기

주제어	论文
서론 핵심어: 掌握/能力	他不但________了很多专业知识，而且______________。 그는 많은 전공 지식을 **마스터했을** 뿐만 아니라, **능력**도 뛰어나다.
본론 핵심어: 论文/毕业	最近他正在努力地____________。 최근에 그는 열심히 **논문을 쓰고 있다**. 只要______________，他就能______________。 **논문**만 통과하면 그는 무사히 **졸업**할 수 있다.
결론 핵심어: 学历	他获得了一个______________。 그는 좋은 **학력**을 얻었다.

STEP 3 작문 완성하기

<table>
<tr><td>毕</td><td>业</td><td>以</td><td>后</td><td>他</td><td>想</td><td>去</td><td>贸</td><td>易</td><td>公</td><td>司</td><td>工</td><td>作</td><td>。</td><td></td><td></td></tr>
</table>

나의 형은 현재 대학교 4학년이다. 그는 매우 많은 전공 지식을 마스터했을 뿐만 아니라 능력도 있다. 최근 그는 열심히 논문을 쓰고 있다. 논문만 통과하면 바로 순조롭게 졸업하고, 매우 좋은 학력도 얻을 수 있다. 그는 졸업한 후에 무역회사에서 일하고 싶다고 나에게 말했다.

단어 专业 zhuānyè 휑 전문적인, 전공의 | 顺利 shùnlì 휑 순조롭다 | 获得 huòdé 통 획득하다, 얻다 | ★贸易 màoyì 명 무역

공략 트레이닝 2

해설 및 정답 **문제 분석▼** 사진을 보고 떠오르는 단어를 활용해 글의 흐름을 구성한 후 정답을 작성한다.

STEP 1 단어 연상하기

인물 | 同学 (학우)、姐姐 (누나, 언니)

장소 | 学校 (학교)

동작 | 演讲 (강연하다)

STEP 2 글의 흐름 구성하기

주제어	**演讲**
서론	我的姐姐＿＿＿＿＿了学校举办的＿＿＿＿＿＿＿＿＿。 우리 언니는 학교에서 개최한 **강연 시합**에 **참가**했다.
본론	她虽然有点儿紧张，但是＿＿＿＿＿十分＿＿＿＿＿。 그녀는 비록 조금 긴장했지만, 아주 **우수했다**. 演讲结束以后，所有人都向她＿＿＿＿＿＿＿。 강연이 끝난 후, 사람들은 모두 그녀에게 **열렬하게 박수갈채**를 보냈다.
결론	她的演讲内容给大家＿＿＿＿＿＿＿＿＿＿＿。 그녀의 강연 내용은 사람들에게 **깊은 인상을 남겼다**.

上个周末，我的姐姐参加了学校举办的演讲比赛。在这次演讲比赛中，她虽然有点儿紧张，但是表现得十分优秀。演讲结束以后，所有人都向她热烈地鼓掌。她的演讲内容给大家留下了深刻的印象。

지난주 주말에 우리 언니는 학교에서 개최한 강연 시합에 참가했다. 이 강연 시합에서 그녀는 비록 조금 긴장했지만, 매우 우수했다. 강연이 끝난 후, 모든 사람들이 그녀를 향해 박수갈채를 보냈다. 그녀의 강연 내용은 모두에게 깊은 인상을 남겼다.

단어 参加 cānjiā 图 참가하다 | 举办 jǔbàn 图 거행하다, 개최하다 | ★演讲 yǎnjiǎng 图 강연하다 | 比赛 bǐsài 명 시합 | ★表现 biǎoxiàn 图 (모습이) 드러나다 | 优秀 yōuxiù 혱 우수하다 | 结束 jiéshù 图 끝나다, 마치다 | ★热烈 rèliè 혱 열렬하다 | ★鼓掌 gǔzhǎng 图 손뼉을 치다 | 留下 liúxià 图 남기다 | ★深刻 shēnkè 혱 (인상 등이) 깊다 | 印象 yìnxiàng 명 인상

실전에 강한

제한 시간 32분

문제 적응 훈련

학습일 ____ / ____

맞은 개수 ________

실전 트레이닝 1

围绕　辩论　对方　激烈　事先

정답 및 해설_ 해설집 193쪽

실전 트레이닝 2

정답 및 해설_ 해설집 194쪽

第一部分 ★ 第1–8题：完成句子。

1. 内　　如何在　　通过法律资格考试　　一年

2. 有　　一只　　树叶上　　美丽的蝴蝶

3. 谁　　做总结　　这个月轮到　　报告

4. 少了　　以前　　游客比　　这个名胜古迹的　　很多

5. 观众　　取消　　令　　遗憾　　那场表演的

6. 关注的　　这个开发项目　　是非常　　市民　　受

7. 那位导演的代表　　这部电影　　作品　　之一　　是

8. 别　　把精力　　事情上　　浪费在　　没有意义的

정답 및 해설_ 해설집 195쪽

第二部分 　★ 第9–10题：写短文。

9. 请结合下列词语(要全部使用，顺序不分先后)，写一篇80字左右的短文。

赶紧　　遗憾　　提前　　意外　　理解

10. 请结合这张图片写一篇80字左右的短文。

모의고사
模拟考试

 **미리 체크하세요!**

1 모의고사 듣기 파일을 준비해 주세요.

  + 듣기 파일은 맛있는북스 홈페이지(www.booksJRC.com)에서 무료로 다운로드 할 수 있습니다.

2 답안지는 본책 337쪽에 수록되어 있습니다. 답안지를 잘라 실제 시험처럼 답을 기입하세요.

3 2B 연필, 지우개, 시계를 준비해 주세요.

  + 2B 연필은 두 개를 준비하여 하나는 마킹용, 다른 하나는 작문할 때 사용하세요.
  + 듣기 영역은 약 35분, 독해 영역은 45분, 쓰기 영역은 40분입니다.

무료 동영상 강의

『맛있는 중국어 新HSK 5급』 모의고사의 동영상 강의는
맛있는북스 홈페이지(www.booksJRC.com)에서 **무료**로
제공됩니다.

新汉语水平考试
HSK(五级)

注　意

一、HSK (五级) 分三部分：

    1.　听力 (45题，约30分钟)

    2.　阅读 (45题，45分钟)

    3.　书写 (10题，40分钟)

二、**听力结束后，有5分钟填写答题卡。**

三、全部考试约125分钟 (含考生填写个人信息时间5分钟)。

一、听 力

第一部分

第 1-20 题：请选出正确答案。

1. **A** 做事认真
   B 非常自信
   C 充满热情
   D 乐观开朗

2. **A** 去出差
   B 出国旅游
   C 参加婚礼
   D 住院治疗

3. **A** 卖出去
   B 送给房东
   C 寄给朋友
   D 捐给养老院

4. **A** 有些旧
   B 出问题了
   C 正在打折
   D 准备新项目

5. **A** 有急事
   B 感谢男的
   C 请客吃饭
   D 没完成任务

6. **A** 生病了
   B 写通讯录
   C 不主持了
   D 去机场送客

7. **A** 要毛毯
   B 询问时间
   C 买免税品
   D 用卫生间

8. **A** 要加班
   B 换部门了
   C 公司破产了
   D 项目失败了

9. **A** 暂时关闭
   B 周末休息
   C 现在业务忙
   D 工作人员少

10. **A** 签合同
    B 办证明
    C 出国开会
    D 打印资料

11. **A** 临时有事
    B 突然头晕
    C 找不到路了
    D 弄错地点了

12. **A** 空调坏了
    B 突然停电
    C 温度太低
    D 十分吵闹

13. **A** 重启电脑
    B 删除游戏
    C 关闭大写键
    D 打开小键盘

14. **A** 非常辣
    B 很清淡
    C 十分鲜美
    D 不太地道

15. **A** 宿舍半夜很吵
    B 不愿意住宿舍
    C 想搬到公司附近
    D 公司宿舍很舒服

16. **A** 网线断了
    B 电池没电
    C 网速不太快
    D 需要买网卡

17. **A** 银行
    B 机场
    C 服装店
    D 化妆品店

18. **A** 很有特色
    B 画面精美
    C 拍摄复杂
    D 比较无聊

19. **A** 关窗
    B 锁门
    C 收衣服
    D 拉窗帘

20. **A** 有很多种颜色
    B 深受老年人喜爱
    C 保修时间是两年
    D 去年的销量很好

第 21–45 题：请选出正确答案。

21.　**A** 挂失银行卡
　　B 酒店关门了
　　C 小王回房间了
　　D 他们不太着急

22.　**A** 亲戚
　　B 邻居
　　C 房东和住户
　　D 经理与职员

23.　**A** 编辑
　　B 部门经理
　　C 辅导老师
　　D 射击运动员

24.　**A** 14元
　　B 18元
　　C 28元
　　D 48元

25.　**A** 钱包找不到了
　　B 担心上班迟到
　　C 怕赶不上高铁
　　D 朋友的腿受伤了

26.　**A** 做手术
　　B 去拿药
　　C 锻炼身体
　　D 去公园赏花

27.　**A** 很有逻辑
　　B 内容简单
　　C 缺乏观点
　　D 问题明显

28.　**A** 网购
　　B 订餐
　　C 要退货
　　D 买鲜花

29.　**A** 电脑关机了
　　B 咖啡弄洒了
　　C 电源没连上
　　D 女的很细心

30.　**A** 银行存款
　　B 出院手续
　　C 毕业证明
　　D 手机套餐

31.　**A** 促进消化
　　B 帮助睡眠
　　C 缓解压力
　　D 稳定情绪

32.　**A** 用餐时勿喝水
　　B 不要吃得过饱
　　C 饭后要经常运动
　　D 饭前喝汤有好处

33. **A** 一目十行
 B 阅读速度快
 C 根本没看书
 D 别人给他读

34. **A** 出去散步
 B 坐着等护士
 C 躺床上看书
 D 开窗看风景

35. **A** 巴金工作繁忙
 B 巴金记忆力不好
 C 护士每天来打针
 D 巴金读过很多书

36. **A** 紧张起来
 B 思考很久
 C 让女朋友点
 D 想去洗手间

37. **A** 他点得太少
 B 看不清他的字
 C 没有他点的菜
 D 他点的不是菜

38. **A** 餐馆的饭菜很贵
 B 年轻人不会法语
 C 年轻人非常骄傲
 D 表演歌曲是免费的

39. **A** 商场的价格贵
 B 电商产品多样
 C 商场经常涨价
 D 电商产品不保真

40. **A** 运输过程复杂
 B 购买大于需求
 C 需要多种费用
 D 产品质量更好

41. **A** 商场经常打折
 B 商场欺骗消费者
 C 电商不需手续费
 D 电商有价格优势

42. **A** 树枝修得整齐
 B 种植很多花草
 C 老人集体晨练
 D 树干被涂成白色

43. **A** 减少水分流失
 B 让树更加美观
 C 充分吸收阳光
 D 防止虫病传染

44. **A** 摘水果
 B 看比赛
 C 锻炼身体
 D 欣赏美景

45. **A** 不要怕吃苦
 B 梦想总会实现
 C 换个角度看问题
 D 坚持到底就是胜利

二、阅 读

第一部分

第 46-60 题：请选出正确答案。

46-48.

　　硬币是用金属＿＿46＿＿的货币，又叫做金属币。金属币具有使用方便、流通损耗小、使用寿命长等优点。硬币除了自身所具备的货币职能以外，还具有很高的艺术欣赏和收藏＿＿47＿＿。在中国已有几千年的历史，最早的金属铸币是商代的贝币，距今已3000多年。后来又＿＿48＿＿了铜币、刀币等多种类型的金属币。目前世界上有200多个国家都在发行自己的、不同面值的硬币。

46. **A** 制定　　　　　　**B** 建立　　　　　　**C** 形成　　　　　　**D** 制造

47. **A** 价值　　　　　　**B** 效果　　　　　　**C** 本领　　　　　　**D** 职能

48. **A** 成立　　　　　　**B** 出现　　　　　　**C** 构成　　　　　　**D** 实现

49-52.

　　《新华字典》是中国第一部现代汉语字典，主要是让读者利用这本字典，对语文的词汇能得到＿＿49＿＿的理解，并且知道词汇现代化和规范化的用法，在书面上和口头上都能正确地搜索和＿＿50＿＿。《新华字典》是"世界上发行量最大的辞书"，同时，也是中国辞书史上修订次数最多的辞书。第一版《新华字典》编写于1953年，60多年来随着社会的进步和时代变化，这本词典＿＿51＿＿修订了十多次。每一次修订不仅要在字词上仔细推敲，在内容上与时俱进，＿＿52＿＿。截至两项纪录统计的计算时间2015年7月28日，《新华字典》获得"最受欢迎的字典"和"最畅销的书"两项吉尼斯世界纪录。

49. **A** 正确　　　　　　**B** 确实　　　　　　**C** 确定　　　　　　**D** 正式

50. **A** 表现　　　　　　**B** 表达　　　　　　**C** 发表　　　　　　**D** 表演

51. **A** 仅仅　　　　　　**B** 经常　　　　　　**C** 总共　　　　　　**D** 共同

52. **A** 是最受欢迎的字典　　　　　　　　　**B** 离不开专家们的努力

　　　C 还要在形式上追求改革　　　　　　**D** 目前正面临着新的危机

53-56.

　　中国有"南米北面"的饮食___53___，即南方人喜欢吃大米，___54___，这跟中国南北方的气候息息相关。这里所说的"北"其实是指除了以米饭为主食的"东北"以外的北方。

　　中国的北方大部分是半湿润的气候，因此___55___种"喜干耐寒"的粮食，比如小麦，北方人因而喜欢吃馒头、面条等面食，尤其是华北一带的面食小吃特别有名，例如北京的炸酱面、陕西的臊子面、山西刀削面以及兰州的牛肉拉面等。而南方大部分为___56___的亚热带、热带气候，河湖密布，热量和水分充足，主要粮食作物为水稻，所以南方人以大米为主食，湖南的竹筒饭、广东的荷叶饭、扬州炒饭等米食都是闻名全国的小吃。

53. A 特点　　　　　B 规模　　　　　C 范围　　　　　D 成分

54. A 而且温度适合　　　　　　　　B 从而大量种水稻
　　 C 而北方人喜欢吃面　　　　　　D 北方大米产量少

55. A 适合　　　　　B 延长　　　　　C 移动　　　　　D 适应

56. A 寒冷　　　　　B 光滑　　　　　C 清淡　　　　　D 湿润

57-60.

　　最近某设计工作室设计出了一张可以上下升降的睡床，白天它可以升起到天花板上，从而有效赚取空间，这样卧室___57___就能变成客厅或书房；而到了晚间，睡床又可以轻松降落到地面，为夜晚的睡眠提供一个___58___、放松的地方。

　　该床设有活动轨道，轨道与柜子连在一起，一般不会造成危险，不仅安全方便，更重要的是___59___了房间内的空间，而且简约的设计看起来也非常优雅。

　　这样的可升降的睡床，尤其适合于小户型空间，再加上由于各种木料和大小版本可以选择，___60___。

57. A 立即　　　　　B 再三　　　　　C 不断　　　　　D 似乎

58. A 恶劣　　　　　B 舒适　　　　　C 单调　　　　　D 灵活

59. A 缓解　　　　　B 逃避　　　　　C 节省　　　　　D 缺乏

60. A 很多市民没有选择它　　　　　　B 从而破坏了整体的平衡
　　 C 所以适合很多风格的房间　　　　D 消费者们纷纷对此表达不满

<h1 style="text-align:center">第二部分</h1>

第61-70题：请选出与试题内容一致的一项。

61. 中国古代著名文学家苏东坡，不仅在诗词方面很有成就，而且也是一位好官。他曾两度在杭州做官，致力于西湖的治理和杭州城市发展的调查研究。同时他还是一名美食家，闻名中外的"东坡肉"正是他的发明。

    A 苏东坡促进了杭州发展
    B 苏东坡做官时并不顺利
    C 苏东坡的作品没有影响力
    D "东坡肉"是纪念苏东坡的美食

62. 近日，有快递公司推出了"无人机快递"，即通过无人机将包裹直接送给客户，而不再需要快递员在拥挤的马路上奔波。虽然目前还处于小范围使用，但毫无疑问，它的出现必将给我们的生活带来巨大的方便。

    A 无人机会影响交通安全
    B 无人机快递未大面积使用
    C 重包裹也可通过无人机运送
    D 快递公司大力发展无人机快递

63. 科学家通过研究发现，一个人的手指长短反映了大脑的结构：其中无名指比食指长的人想象力更加丰富，并且有较强的方向辨认能力；而食指比无名指长的人，吸收自然科学知识和数学知识的能力较强。

    A 锻炼手指很关键
    B 大脑结构与手指长短有关
    C 无名指长的人更适合做科学家
    D 方向感好的人学习吸收能力差

64. "物以稀为贵"是说事物因为稀少而且有益，从而显得十分珍贵。在经济学上，"稀"不是指物品数量少，而是指供小于求，有需要的"稀"才有价值。生活中，我们有时并没有认识到事物的珍贵，总是在失去之后才知道珍惜。

    A 生活中要学会节约
    B 经济学重视供求关系
    C 供大于求说明人气高
    D 有些事物越少越宝贵

65. 《平凡的世界》是中国作家路遥创作的一部长篇小说。这部小说刻画了众多普通人的形象，表现了劳动与爱情、痛苦与欢乐、日常生活与巨大社会冲突等复杂、丰富的故事。1993年《平凡的世界》获中国第三届茅盾文学奖。

A 路遥一生十分平凡
B 《平凡的世界》内容丰富
C 茅盾文学奖是最高的文学奖
D 爱情是《平凡的世界》唯一主题

66. "路怒"指的是路上的司机情绪失控、出现对抗或愤怒的行为，比如突然开口大骂，打出敌意手势，或者故意用不安全的方式来驾驶，对别人和自己都可能造成安全威胁。一项调查显示，有六成司机认为自己有路怒症。

A 司机素养普遍不高
B 路怒症患者并不少见
C 酒驾是路怒症的一种表现
D 交通事故多由路怒症造成

67. "秦岭——淮河"一线是我们常说的中国北方和南方的地理分界线，这条线的南与北，无论是在自然条件、农业生产方式，还是地理风貌以及人们的生活习俗上，都有着非常明显的不同。位于这条线上的一些城市也为发展旅游业，纷纷建设南北分界线标志。

A 中国南北分界线的由来已久
B 位于分界线的城市很受欢迎
C "秦岭——淮河"的南北差异很大
D "秦岭——淮河"分别位于南北方

68. 一些人总是不敢做决定，因为他们害怕将来会后悔，害怕承担事件的不利因素。然而，事件总是利弊并存的，我们不应该只看到不利的一面。正所谓"塞翁失马，安知非福"，虽然一时受到损失，但因此也能得到好处。所以，大胆地去选择吧。

A 不要害怕做选择
B 凡事要谨慎思考
C 后果是无法预测的
D 后悔并不能解决问题

69. 笑树的果子成熟时，会落到地上，果壳相碰发出"哈！哈!"的声音，就像人的笑声。笑树这种会笑的功能，被人们巧妙地利用起来，把它种植在田边，每当鸟儿飞来的时候，听到阵阵笑声，以为是人来了，不敢降落，从而保护了农作物不受损害。

A 笑树影响水果产量
B 笑树被用于吓小鸟
C 笑树生长在深山里
D 笑树果子会发出气味

70. 俗话说："路遥知马力，日久见人心。"公司里，评价一个员工价值的高低，不能仅看表面，或仅依靠管理者一时的观察，而是应该通过持续不断地观察，只有这样，才能正确评估出一个人的价值。

A 第一印象很重要
B 评估员工价值很容易
C 管理者很难改变看法
D 正确评价需要长时间观察

<h1 style="text-align:center">第三部分</h1>

第71-90题：请选出正确答案。

71-74.

涂宗和开的茶楼生意不错，可是他却一直高兴不起来。因为茶楼这个行业并没有什么独家秘方，你能做的产品，别人往往也能做，所以如果没有好的创意的话，你的顾客很快就会被竞争对手分流，最后自己茶楼的奶茶销售量就会大幅度缩小。一连几天，涂宗和不停地在思索着这个<u>棘手的问题</u>。

有一天，正在店里忙着的涂宗和无意间看见了自己店里的粉圆，整个人像被电击了一样猛地停下了脚步，看着小而圆润的粉圆。粉圆是当地一种甜品，味道香甜而又不腻人，从孩子到大人都很喜欢吃这种小甜食。涂宗和脑海中猛然冒出一个念头——如果把这种小甜点放到奶茶中，会不会有些意想不到的效果呢？

涂宗和是个敢想敢做的人，想到这点之后立刻动手尝试，并且很快就将这种奶茶推向了市场，前来消费的客人们惊奇地品尝着这种外观美丽、口感特别的奶茶，都惊叹不已。由于客人们口口相传，所以这种奶茶很快就成了家喻户晓的饮品。这就是"珍珠奶茶"。

正如往奶茶里加点珍珠，给人生加点勇气和光辉，你的人生就将与众不同。

71. 第一段画线词语"棘手的问题"是指什么？

    A 缺少人手   **B** 技术难题

    C 如何扩大市场   **D** 产品失去竞争力

72. 根据第2段，粉圆：

    A 香甜可口   **B** 光滑油腻

    C 柔软鲜嫩   **D** 坚硬难咬

73. 关于涂宗和制作的珍珠奶茶，可以知道：

    A 大受欢迎   **B** 尚未推出

    C 很快被复制   **D** 获得了技术

74. 适合做上文标题的是：

    A 节约之道   **B** 给奶茶加珍珠

    C 竞争的优缺点   **D** 发明源于生活

75–78.

在香格里拉的白地村，纳西族人还保留着一种原始的造纸术——东巴纸制作技艺。

东巴纸是现存最古老的纸，采用造纸术发明时代的最原始工艺制成，是纯手工制作的，所使用的工具古老简单，却工艺复杂，其神秘的制作工艺，全靠先人代代相传延续下来。先采来特定植物的树皮，然后加入其他原料熬煮七八十个小时，再经过沉淀，制模，晾晒等等工艺才能成为成品，历经三个月之久。

其纸厚实，纤维粗、抗蛀性强，经久耐用，在自然条件下保存近千年而不朽，是当今世界上最古老、最原始的手工造纸，有人类手工造纸"活化石"之称。

东巴纸的神奇之处是任何其他纸张所无法比的：用东巴纸写的书籍，千年不腐，字迹如新。因为作为原料的树皮含有剧毒，经各种工序去除其绝大部分毒性之后，对人已无伤害，但任何蠹虫和霉菌都无法在其上生存，这才造就了东巴纸的神话。

东巴纸由和圣文老师的祖先在300年前发明自制的，失传10多年后，又由和老师重新恢复了东巴纸的生产，并在传统基础上发展了书画纸、高档名片、压花书签等系列，它工艺精美的质地、防虫蛀的特点，深受国内外用户好评。

75. 第二段主要告诉我们什么？

    A 东巴纸的价格　　　　　　　　**B** 东巴纸的由来
    C 东巴纸的优点　　　　　　　　**D** 东巴纸的制作过程

76. 东巴纸有人类手工造纸"活化石"之称的原因是：

    A 用石头做的　　　　　　　　　**B** 色彩鲜明多样
    C 可以保存很久　　　　　　　　**D** 现存数量极少

77. 关于东巴纸，可以知道什么？

    A 原料无毒　　　　　　　　　　**B** 已恢复生产
    C 制作工艺简单　　　　　　　　**D** 可以两面使用

78. 最适合本文的标题是什么？

    A 苏州折扇的分类　　　　　　　**B** 纳西族人的造纸术
    C 景德镇的陶瓷文明　　　　　　**D** 山东剪纸的商业化

79–82.

　　一位生物学家出海进行海钓时，钓上了一条造型奇特的"鞋印鱼"。一开始，他还以为就是一条很普通的海鱼，并没有过多注意它。然而，当他把这条鱼拉出水面后，却对其怪异的样貌感到十分好奇，连忙叫人来一起研究，想弄明白这到底是条什么鱼？

　　这条鱼的鱼体呈暗褐色，鱼背比较宽大，与其他鱼类很不一样。最为奇怪的是其头部竟然有着一个奇特的印子，看起来很像人类的鞋底印，难道它曾被人用力踩过？

　　一番研究之后，他们发现这条鱼竟然可以依靠头部的"鞋印"吸附在人们身上而不会往下掉，而且其吸附力很强，实在是太惊奇了。经过多处询问后，得知这是一种名叫"粘船鱼"的鱼类。

　　粘船鱼，又名懒汉鱼。之所以会有此称号，是因为这种鱼游泳能力较差，经常靠头部的吸盘吸在游泳能力强的鲨鱼或其他大鱼腹部或船底，全靠这些大动物或船带着它去周游世界各大洋。

　　这种鱼主要以浮游生物和大鱼吃剩下的残渣为食，每当到食物丰富的海区，它们便会"下车"，去摄取食物。吃饱了以后再"上新车"，继续向另外海区转移。它们依靠头部吸盘在大海中乘"船"旅行，不仅省力，而且还免受敌害攻击。

79. 关于"鞋印鱼"，可以知道：

　　A 刺很多　　　　　　　　　　　**B** 寿命短
　　C 背部宽大　　　　　　　　　　**D** 被鞋踩过

80. "鞋印鱼"为什么又被称为"懒汉鱼"？

　　A 吃得多　　　　　　　　　　　**B** 肉较多
　　C 睡得很久　　　　　　　　　　**D** 靠大鱼游泳

81. 最后一段的"下车"是什么意思？

　　A 被天敌攻击　　　　　　　　　**B** 失去游泳能力
　　C 被其他鱼类甩开　　　　　　　**D** 离开大动物或船底

82. 上文主要谈的是什么？

　　A 鞋印鱼的特点　　　　　　　　**B** 鱼的不断进化
　　C 人类对海洋的污染　　　　　　**D** 鞋印鱼的成长规律

83–86.

　　充足的睡眠、均衡饮食和适当的运动是健康生活的三个必要条件。少睡了，就像欠了债，你得付出代价。

　　以前对睡眠的研究都集中在睡眠的长短对健康的影响，一般人如果两三天没睡好，他们会在几天内补过来而恢复正常。但最近的研究则注意到，如果每天少睡一个或半个小时，那长期累积下来的"睡债"对一个人会有很大影响。

　　睡眠不足不仅会导致人思考能力会下降、判断力会减弱，还会引起人皮肤干燥、出现黑眼圈，加速人的老化，同时免疫力的降低也会导致种种疾病的发生。

　　研究表明，青少年的生长发育除了遗传、营养、锻炼等因素外，还与生长素的分泌有一定关系。由于生长素的分泌与睡眠密切相关，即在人熟睡后有一个大的分泌高峰，随后又有几个小的分泌高峰，而在非睡眠状态，生长素分泌减少。所以，青少年要发育好，长得高，睡眠必须充足。

　　大多数人需要6到8小时的睡眠来获得充足的运动能量、保证健康的饮食和保持苗条的身材。每天都在同一个时间段睡觉，这样身体代谢才会更加有规律，排毒活动才能顺利进行。周末也不要很晚起床，甚至整天睡觉，这样很有可能造成生物钟被打乱，影响平时的正常睡眠。

83. 根据上文，不是健康生活的必要条件的是：

    A 饮食均衡　　　　　　　　　　**B** 工作稳定
    C 运动适当　　　　　　　　　　**D** 睡眠充足

84. 第2段中的"睡债"指的是：

    A 欠的钱　　　　　　　　　　　**B** 睡得晚
    C 睡眠不足　　　　　　　　　　**D** 工作时睡觉

85. 根据第4段，可以知道什么？

    A 青少年要努力学习　　　　　　**B** 青少年业余时间很少
    C 青少年发育与遗传无关　　　　**D** 青少年要有足够的睡眠

86. 根据最后一段，为什么周末不要很晚起床？

    A 早起锻炼　　　　　　　　　　**B** 出去游玩
    C 生物钟会被打乱　　　　　　　**D** 利用周末学习

87-90.

　　从前有个叫崔桐的书生，有一次他在外出回家的途中，把身上所带的银子弄丢了，以至于没钱吃饭，只能饿着肚子往家走。可是此时离家还有一天的路程，他实在饿得没有什么力气了，就在一个人家的屋檐下休息，那家的老汉看到了他，就问他是不是病了，他就把自己的情况如实地告诉了老汉，老汉就回屋拿了些干粮和一碗水给他，他饱餐了一顿，有了力气，向老汉表示了感谢，告辞离去。

　　三年后，崔桐考中了进士。他上任前，亲自挑选了礼物来到当初那个老汉家，向那个老汉一家表示了真挚的感谢，他说："如果没有您当初对我的施舍，就没有我今天的成功，我永远不会忘记您的帮助。"之后，崔桐每次回老家的时候，总不忘带上礼物去看望老汉。

　　很多年过去了，老汉已经去世，而崔桐也已经成了一个老年人，但他每次回乡，还是要带上精心准备的礼物去看望老汉的儿子一家，老汉的儿子感动地说："我父亲只是做了一件小事，却被崔大人记住了这么多年!"

　　别人对自己的好，哪怕只是一点点好，也要牢牢记住，而且在多年以后还不忘感激，这种处世方式，是一种难得的境界，值得我们心向往之。

87. 根据第一段，可以知道崔桐：

 A 上京考试   **B** 出了远门
 C 病得严重   **D** 忘记带钱

88. 上任前，崔桐做了什么?

 A 答谢老汉   **B** 拜别家人
 C 精心制定计划   **D** 挑选家乡特产

89. 老汉的儿子：

 A 年纪很大   **B** 为父亲自豪
 C 继续帮助别人   **D** 被崔桐打动了

90. 上文主要告诉我们：

 A 要学会感恩   **B** 要坚持到底
 C 不要忘记痛苦   **D** 应该奋斗学习

三、书 写

第一部分

第91-98题：完成句子。

例如： 发表　　这篇论文　　什么时候　　是　　的

　　　 这篇论文是什么时候发表的?

91. 极其　　　这家店的　　　独特　　　装修

92. 的困难　　　改革必须　　　克服　　　一定

93. 人们的　　　网络转变了　　　购物　　　习惯

94. 那座楼　　　三百多米　　　高　　　有

95. 不文明的　　　公共设施　　　破坏　　　行为　　　是一种

96. 李老师　　　做志愿者　　　推荐她　　　去博物馆

97. 很　　　像一节　　　这座大厦的　　　电池　　　形状

98. 不少媒体　　　宣传　　　都对　　　这个新产品　　　进行了

第二部分

第 99–100 题：写短文。

99. 请结合下列词语(要全部使用，顺序不分先后)，写一篇80字左右的短文。

    竞争　　灰心　　应聘　　改变　　差距

100. 请结合这张图片写一篇80字左右的短文。

新汉语水平考试
HSK(五级)

注　意

一、HSK (五级) 分三部分：

    1.　听力 (45题，约30分钟)

    2.　阅读 (45题，45分钟)

    3.　书写 (10题，40分钟)

二、**听力结束后，有5分钟填写答题卡。**

三、全部考试约125分钟 (含考生填写个人信息时间5分钟)。

一、听 力

第一部分

第 1-20 题：请选出正确答案。

1. **A** 参加晚会
   B 准备出差
   C 临时有事
   D 要见朋友

2. **A** 卖出去
   B 送给别人
   C 留作纪念
   D 去邮局寄

3. **A** 房子没装修完
   B 花盆十分漂亮
   C 他们买了地毯
   D 客厅空间不够大

4. **A** 常查字典
   B 复习课文
   C 多读一读杂志
   D 多跟中国人交流

5. **A** 质量不好
   B 电池没电了
   C 参赛人员多
   D 怕出现失误

6. **A** 电梯坏了
   B 楼道太暗
   C 电话占线
   D 外边有垃圾

7. **A** 打电话
   B 查资料
   C 补交推荐信
   D 去办公室问

8. **A** 价格便宜
   B 节省时间
   C 货到付款
   D 服务质量好

9. **A** 实习生
   B 办公室秘书
   C 各部门主任
   D 开发部同事

10. **A** 丢了钥匙
    B 忘了密码
    C 打算离婚
    D 年纪大了

11. **A** 想环游世界
    B 要参加婚礼
    C 计划旅行过年
    D 选好了旅行地点

12. **A** 生病很久
    B 做过手术
    C 出去散步了
    D 身体状况不好

13. **A** 约会吃饭
    B 找不到地方
    C 想参加会议
    D 忘了朋友地址

14. **A** 看报纸的人少了
    B 手机越来越便宜
    C 上网购物很流行
    D 纸质报纸更准确

15. **A** 看电影
    B 参加比赛
    C 看音乐会
    D 买新产品

16. **A** 会议迟到了
    B 马上要面试
    C 找不到合同了
    D 经理一直催她

17. **A** 客厅
    B 市场
    C 电梯里
    D 地铁里

18. **A** 电视坏了
    B 没买到门票
    C 没赶上火车
    D 比赛失败了

19. **A** 喜剧片
    B 恐怖片
    C 纪录片
    D 历史片

20. **A** 换工作了
    B 钱花光了
    C 觉得很委屈
    D 得到领导表扬

第二部分

第 21-45 题：请选出正确答案。

21. **A** 猫生病了
    B 女的不喜欢猫
    C 男的带狗散步
    D 男的妻子怀孕了

22. **A** 翻译
    B 警察
    C 教授
    D 主持人

23. **A** 不要献血
    B 注重营养
    C 多喝热水
    D 重视保暖

24. **A** 生病了
    B 腿受伤了
    C 有重要任务
    D 要照顾奶奶

25. **A** 今天晚上
    B 雨停以后
    C 午睡醒来后
    D 晒完被子后

26. **A** 李律师
    B 李教授
    C 书法家
    D 指挥家

27. **A** 他们常常约会
    B 男的跟小云不熟
    C 小云七月初结婚
    D 女的无法参加婚礼

28. **A** 很害羞
    B 身体不好
    C 感觉很意外
    D 获得第一名

29. **A** 下载节目
    B 采访市民
    C 整理材料
    D 搜索信号

30. **A** 现在很饿
    B 打算辞职
    C 被老板骂了
    D 跟儿子生气了

31. **A** 石头
    B 木头
    C 钢铁
    D 植物

32. **A** 那个人很后悔
    B 老子教训了那个人
    C 社会价值易被忘记
    D 人的价值在于是否有用

33. **A** 随机决定胜者
　　B 通过专家的评价
　　C 以行人投票决定
　　D 以价格的高低决定

34. **A** 能赢乙
　　B 进步很大
　　C 很有价值
　　D 路人不会欣赏

35. **A** 还没准备好
　　B 心里没有底
　　C 他画的是画布
　　D 觉得不如甲画得好

36. **A** 忘记要说什么
　　B 精神非常集中
　　C 突然紧张不安
　　D 声音大影响别人

37. **A** 觉得浪费电话费
　　B 喜欢当面说清楚
　　C 不了解通话对方
　　D 电话解释比较麻烦

38. **A** 深呼吸三秒钟
　　B 打电话前做草稿
　　C 找明自己害怕的原因
　　D 打电话时最好保持微笑

39. **A** 极度怀疑
　　B 十分抱怨
　　C 模糊不清
　　D 印象深刻

40. **A** 继续躺下
　　B 走来走去
　　C 微笑地听着
　　D 悲伤地离开

41. **A** 狗的鼻子很灵
　　B 狗对声音很敏感
　　C 狗不喜欢被批评
　　D 狗的方向感很强

42. **A** 财富滚滚
　　B 健康长寿
　　C 永远快乐
　　D 梦想成真

43. **A** 江南风景独特
　　B 四川人讲究吃辣
　　C 南北方饮食差异大
　　D 不同地区有不同的风俗

44. **A** 普及率过低
　　B 应用领域过少
　　C 技术的实用化
　　D 技术的创新化

45. **A** 农业生产
　　B 体育行业
　　C 脑力劳动
　　D 自由职业

二、阅 读

第一部分

第 46–60 题：请选出正确答案。

46–48.

　　很多人都会在跑步的时候戴耳机，边跑边听。一方面音乐会__46__我们的心情，使单纯的跑步运动不那么枯燥，另一方面提高了时间的利用率，例如听的是外语单词。但是，边听边跑其实是一种错误的__47__。因为跑步的环境比较吵闹，这时我们会不自觉地提高音量，这样很损伤听力。同时由于我们的外耳道的皮肤很嫩，戴耳机特别容易造成擦伤，导致耳朵疼痛。而且，听音乐还会分散人的注意力，使人不能完全__48__在运动上，影响锻炼的效果。

46. **A** 改善	**B** 改变	**C** 转动	**D** 启发
47. **A** 表达	**B** 信号	**C** 行为	**D** 项目
48. **A** 担任	**B** 展开	**C** 训练	**D** 集中

49–52.

　　一些变温动物在寒冷冬季时，其体温可降低到__49__环境温度，全身呈麻痹状态，这种现象被叫做"冬眠"。冬眠时，动物的神经已经进入麻痹状态。有人曾用蜜蜂进行试验，当气温在7~9℃时，蜜蜂翅和足就停止了活动，__50__，它的翅和足还能微微抖动；当气温下降到4~6℃时，再触动它却__51__没有反应，显然它已进入了深沉的麻痹状态；当气温下降到0.5℃时，它则进入更深沉的睡眠状态。由此可见，冬眠时神经的麻痹深度与温度有__52__关系。

49. **A** 相似　　　　　**B** 接近　　　　　**C** 平均　　　　　**D** 广泛

50. **A** 但轻轻触动它时　　　　　　　**B** 等待春天的到来
　　　C 它会不断拍动翅膀　　　　　　**D** 像失去了生命一样

51. **A** 无法　　　　　**B** 丝毫　　　　　**C** 干脆　　　　　**D** 偶然

52. **A** 密切　　　　　**B** 意外　　　　　**C** 迅速　　　　　**D** 无数

53–56.

我们现在穿的鞋子都是分左脚和右脚的，但是其实，中国的鞋子分左右脚的时间并不长，中国第一双分左右的皮鞋诞生于1876年。几千年__53__，中国人穿鞋子都是用一个叫"鞋楦"的工具，做出两只一模一样的鞋子的，这些不分左右脚的鞋子被__54__为"正脚鞋"。古代人为何穿鞋不分左右呢？因为在古人眼里，__55__，不一样的"鸳鸯鞋"则被视为不洁、不整齐。但是这些两只一样的鞋子会不会不舒服？其实不会的，因为古代的鞋子大多比较宽松，而且__56__一般是草或动物皮革，它们会处理得很柔软，不会出现磨脚的现象。

53. A 以外　　　　　B 此外　　　　　C 以来　　　　　D 近来

54. A 装　　　　　　B 锁　　　　　　C 甩　　　　　　D 称

55. A 送礼有送一双　　　　　　　　B 男女鞋是有别的
　　 C 穿衣方法十分讲究　　　　　　D 两只鞋必须一模一样

56. A 色彩　　　　　B 原料　　　　　C 内部　　　　　D 设计

57–60.

在古代，特别会种花的人被称为"种花师"，相当于现在园艺业界的"职业园艺师"。古代种花师们的技术__57__先进，今天我们很多的栽培技术其实在古代就已经出现，比如催花技术，就是让植物在反季节开花，__58__观赏的目的。其中牡丹的催花技术在历史上就有记载，将牡丹花放在土窖里，烧火增加环境温度，让原本在春末开放的牡丹在天气最冷的冬季盛开。

前面说了古代的园艺师叫"种花师"，那么卖花的叫什么呢？他们叫"卖花郎"，在明清时代，山东的花农每年将牡丹苗__59__到华南，利用温暖的自然条件催花，在春节前夕销售。可见当时古人不仅善于种花，__60__。

57. A 相当　　　　　B 独特　　　　　C 良好　　　　　D 高级

58. A 造成　　　　　B 引发　　　　　C 达到　　　　　D 忽视

59. A 违反　　　　　B 运输　　　　　C 追求　　　　　D 制造

60. A 却不会赏花　　　　　　　　　　B 更善于消费花
　　 C 就错过了花季　　　　　　　　　D 才会投入大量金钱

<h1 style="text-align:center">第二部分</h1>

第 61－70 题：请选出与试题内容一致的一项。

61. 《女医杂言》为明代传奇女医、中国古代四大女医之一的谈允贤所写，成书于明武宗正德五年，采用追忆的方式记录了谈氏三十一则医案。不仅反映了谈氏高超的医学水平，还反映了明代社会妇女阶层的生活场景。

  A 谈允贤医术突出
  B 《女医杂言》已失传
  C 明代妇女社会地位不高
  D 《女医杂言》是一本散文集

62. 土掌房为彝族先民的传统民居，已有500多年的历史，层层叠落，相互连通，远远看去甚是壮观。后期彝汉混居，结合了部分汉族民居的特点，逐步形成具有鲜明地方特色的民居建筑，称得上是民居建筑文化与建造技术发展史上的"活化石"。

  A 土掌房如今已不复存在
  B 土掌房兼有彝汉建筑特点
  C 土掌房建筑小而毫无特色
  D 土掌房多见于中国南方地区

63. 每个人的一生都会得到很多快乐，但在快乐的时候，往往都不懂得珍惜。很多人只在乎最终的结果，却不珍惜沿途的风景。但其实人生最宝贵的，并不是最终的目的地，而是我们一路走来所经历的事和不一样的情绪。

  A 要不断明确人生的目标
  B 要学会珍惜人生的经历
  C 快乐的人需要做好人生计划
  D 要充分利用自己的业余时间

64. 雪桃，是桃子的一种，其果实在每年的十到十一月份前后成熟，收获时已值下雪季节，因此被叫做雪桃。它的果实大、品质好、水分充足。雪桃的向阳面为鲜艳的紫红色，背阳面为金黄色，红黄相间十分美观。

  A 雪桃果皮既厚又硬
  B 雪桃一般在冬季收获
  C 雪桃药用价值相当高
  D 雪桃春季开花夏季成熟

65. 经济学家根据购买的产品将消费分为实物消费和服务消费。实物消费，就是我们说的买东西，购买到的是服装、家具、房子等实物，而服务消费是体验型的消费，比如去餐馆用餐，外出旅行，去健身房锻炼等。研究表明，后者带给消费者的幸福体验比前者更强烈。

A 服务消费不真实
B 实物消费存在风险
C 服务消费让人更幸福
D 实物消费所需费用更高

66. 各个国家对交通规则、驾照管理有不同的要求，妨碍了国际间的运输交流。联合国为了方便国际间的运输交流，制定了联合国道路交通公约，对交通规则、交通标志、驾驶员管理等制定了一系列统一要求，以方便驾驶员和车辆在各国间用统一的规则通行。

A 各国交通规则完全统一
B 道路交通公约尚不完善
C 出国时应办理国际驾照
D 道路交通公约有利于运输

67. 人们常说兔子的尾巴长不了，其实，兔子的短尾巴可以在紧急情况下帮助兔子逃命。当兔子被猛兽咬住时，兔子立刻使用"脱皮计"，将尾巴的"皮套"脱下，从而赢得逃命的刹那间。因此，兔子的尾巴又被叫做"逃命的尾巴"。

A 兔子靠耳朵寻找方向
B 兔子尾巴只有十厘米长
C 兔子尾巴能帮助其赢得比赛
D 兔子尾巴在逃命时起到关键作用

68. "晚上最好不要做决定"，有心理专家指出，人在晚上往往更感性，这也是文艺工作者喜欢在晚上工作的原因，但此时做决定难免不合适。还有人白天工作太辛苦，到了晚上，大脑转得慢，观念也容易变得消极，可能做出令人后悔的决定。

A 要勇于承担责任
B 要避免晚上做决定
C 不要坚持错误的选择
D 不要轻易改变自己的决定

69. 现代人工作忙，很难每天都能抽出固定的时间锻炼身体。于是，"微运动"理念就
    应运而生。所谓微运动，即动作幅度不大，可利用零碎时间开展的运动。它通过
    "化零为整"，与大量运动时产生的效果是一致的。也可以让运动者在足不出户的
    情况下，全身得到锻炼。

    A "微运动"可以在家进行
    B "微运动"可缓解工作压力
    C "微运动"的运动效果并不明显
    D "微运动"无法使全身得到锻炼

70. 中国剪纸是一种用剪刀在纸上剪刻花纹的民间艺术。在中国，剪纸具有广泛的群
    众基础，是各种民俗活动的重要组成部分。新春佳节时，中国许多地区的人们喜
    欢在窗户上贴上各种剪纸窗花，不仅烘托了喜庆的气氛，而且也为人们带来了美
    的享受。

    A 剪纸艺术历史悠久
    B 剪纸作品广泛流传海内外
    C 剪纸是春节的传统活动之一
    D 剪纸丰富了现代人的业余生活

<h1 style="text-align:center">第三部分</h1>

第 71-90 题：请选出正确答案。

71-74.

　　著名文学家梁实秋有糖尿病，不能多吃甜的食物。有一次，他和朋友共餐时，建议朋友不点带糖的饭菜。朋友是个幽默风趣的人，爱搞玩笑，故意点了自己喜欢的"冰肠肘子"、"什锦炒饭"和"八宝饭"。

　　当"冰肠肘子"上来时，朋友热情地给他夹了一块。梁实秋连连摇头说："不，'冰肠肘子'里含有冰糖，我不能吃!"朋友故意翻弄着"冰肠肘子"，笑着说："哪来的糖？您不吃太可惜了，让我一个人吃太有点儿对不住您了。不过，为了不浪费，我还是吃了吧。"说完，朋友大口大口地吃起来，然而梁实秋并没有丝毫嘴馋的意思。

　　过了一会儿，"什锦炒饭"端上来了，梁实秋又摇摇头说："我还是不能吃，因为它含有淀粉，会转化成糖。"朋友故意惊讶地说："别那么挑了，您再不吃，难道让我一个人吃？这太不好意思了。"说完，朋友又大口大口地吃起来。

　　如此看来，朋友想"八宝饭"梁实秋也不会吃。谁知，"八宝饭"端上来时，梁实秋大口地吃起来。朋友这回可被他吓住，连忙说："'八宝饭'您不能吃，里面含有大量的糖。"梁实秋呵呵地笑着说："我前面不吃，节制自己，是为了后面吃啊，把肚子留给我最爱的。"

71. 关于梁实秋，下列哪项正确?

 A 很少吃甜食　　　　　　　　　**B** 生活很规律
 C 经常不吃午饭　　　　　　　　**D** 习惯晚上工作

72. 前两道菜上来时，梁实秋：

 A 并不感觉饿　　　　　　　　　**B** 流出了口水
 C 翻弄着筷子　　　　　　　　　**D** 一点儿也没吃

73. 当梁实秋大口吃"八宝饭"时，朋友：

 A 大吃一惊　　　　　　　　　　**B** 跟他抢着吃
 C 突然感到愤怒　　　　　　　　**D** 觉得非常害羞

74. 根据上文，可以知道：

 A 梁实秋做人很诚实　　　　　　**B** 梁实秋对朋友发脾气了
 C 染实秋病情变得很严重　　　　**D** 梁实秋最爱吃"八宝饭"

75–78.

最近，一种"静音咖啡馆"开始流行起来。在安静的环境中享受读书喝茶的轻松时光，成为人们对此趋之若鹜的理由。一家店的店长表示，在当年开店的时候就想为顾客创造一个能够相互尊重的时间和空间。但是，由于客人数量的增加，大声喧哗的客人也渐渐变多，那些想要安安静静享受自己时间的老客户变得越来越没有容身之处。

为了使顾客能够安静地度过属于自己的时间，该店决定在限定时间段内实施"静音咖啡馆"。咖啡店规定，在每周五、周六下午6点半到晚上10点，禁止客人之间交谈。这样的消息一经传出，反而吸引了众多客人前来光顾。

据调查，该店70%左右的客人为年轻女性，她们的平均逗留时间大约为一个半小时。大部分客人都选择在静音时间段来店读书，享受自己的时光。

也有和朋友一起来的客人，他们互相并不交谈，只是各自享受属于自己的时间。不过90%左右的客人都是一个人。除了读书之外，还有不少客人从开门到闭门一直在店里发呆。一位顾客每周都要来一次，她说："连锁店的人太多了，这里比图书馆还要安静，可以清闲舒适地享受读书的乐趣。"在"静音咖啡馆"，人们可以解放心灵、放松自我。

75. 客人越来越多后，咖啡馆：

A 变得吵起来　　　　　　　　　　B 收入不断增加
C 推迟关门时间　　　　　　　　　D 商品数量不足

76. 那家咖啡馆采取了什么措施？

A 赶走吵闹的顾客　　　　　　　　B 延长周末营业时间
C 为顾客提供特别服务　　　　　　D 固定时间内禁止说话

77. 为什么客人喜欢来"静音咖啡馆"？

A 一个人很孤独　　　　　　　　　B 享受个人时间
C 不喜欢与人交谈　　　　　　　　D 可以边看书边吃饭

78. 关于"静音咖啡馆"，下列哪项正确？

A 不适合老年人　　　　　　　　　B 不允许情侣进入
C 目前已有多家连锁店　　　　　　D 一个人客人占大多数

79–82.

目前，某城市的公园里开始出现一种"智能棕榈树"。这种"棕榈树"不仅可以供市民和游客休息，还可以向人们提供城市信息查询、无线网络和手机充电等多种多样的服务，而且这些服务全部都是免费的，不需要市民花费一分钱。

据报道，这种"智能棕榈树"高达6米，安装有九块太阳能电池板。当天气晴朗时，它们白天可以充分吸收太阳光，到了晚上再把储存的能量释放出来，足以<u>自给自足</u>，完全不需要格外的能量供应。每棵树都拥有无线网络热点、八个手机和平板电脑的充电插口，以及一个能提供天气和交通等当地信息的触摸屏幕。

除了以上的功能之外，这款智能棕榈树还在内部安装了监控摄像头，并且在夜间能发光，可以用作监控和路灯。可以说是一举多得，一树多用。生产这种新型"智能棕榈树"的厂商称，无线网络、充电和信息查询功能只是"智能棕榈树"潜在用途的开端，后续的"智能棕榈树"还将配备自动取款机和公用事业费账单缴费机，以充分利用这棵"树"。

不过，目前这种"智能棕榈树"还没有大规模的生产，原因就在于它的制造成本比较高。相关研发者表示，他们正在考虑通过3D打印等方式来降低制作成本。

79. 这种"智能棕榈树"：

    A 有查询功能　　　　　　　　　　**B** 城市需求量大
    C 散发出一股香气　　　　　　　　**D** 是一种绿色植物

80. 第2段画线词语"自给自足"是什么意思？

    A 完全靠自己　　　　　　　　　　**B** 数量持续增加
    C 本身足够强大　　　　　　　　　**D** 满足各种要求

81. 根据第3段，可以知道"智能棕榈树"：

    A 浪费电资源　　　　　　　　　　**B** 晚上能发光
    C 充电需要排队　　　　　　　　　**D** 功能十分有限

82. 为什么没有大规模生产？

    A 技术十分落后　　　　　　　　　**B** 投入费用较高
    C 政府的政策原因　　　　　　　　**D** 制作过程非常复杂

83–86.

他来到这座城市，定居在46号街，靠收集学校食堂的剩饭剩菜加工成饲料和肥料起家，然后进军房地产市场，创建了家族企业。创建之初，他在报纸上做了一条广告，占一个手指宽的版面，就一句话"这条街必火"。

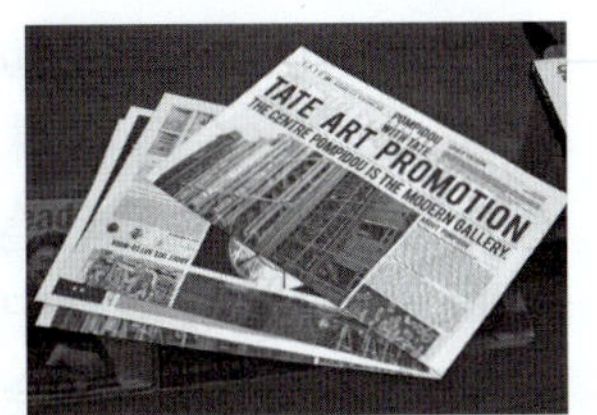

绝大多数人搞不懂这条广告是何用意，"这条街"是哪条街啊？朋友问他："为什么不写'46号街必火'呢？你这样的广告不明不白，不是白费劲儿吗？再说，46号街这个破烂样儿，你有什么神力让它火呢？"他不加解释，说："我自己明白就行。我坚信，这条街一定能火。"朋友耸耸肩，又摇了摇头，觉得他怪怪的。

从此以后，他订了报纸，每天必看，而看他那条"这条街必火"的广告足足要花上一分钟。这条广告一做就是30年。30年来，他一直没有离开这条街，一直围绕这条街做文章。年事已高之时，家人问他："你那广告还要继续做下去吗？"

他说："做不做不重要，关键要有坚持下去的毅力。我做广告不是做给别人看的，而是做给自己看的。我坚持每天都看，就是让它每天都激励我，鼓舞我，坚持下去！"由于他和家族的不懈奋斗，46号街果真火了。现在，整条街的产权都是他们家的，整个城市的房地产界，他们家就占了一大半儿。

83. 他来到这座城市后：

    A 成立了公司   **B** 无固定住所

    C 被广告公司录取   **D** 以加工服装为生

84. 根据第2段，可以知道：

    A 广告是免费的   **B** 那条街发展不错

    C 朋友不懂他的意思   **D** 那条广告吸引了很多人

85. 关于那条广告，可以知道什么？

    A 做了很长时间   **B** 价格一直没有上涨

    C 许多投资商很感兴趣   **D** 给公司带来了巨大利润

86. 这段话主要想告诉我们：

    A 成功贵在坚持   **B** 做事要分轻重缓急

    C 要多听别人的意见   **D** 做好小事是成就大事业的基础

87–90.

　　太空笔是为宇航员设计的专用笔。早期的宇航员都使用铅笔，因为钢笔、圆珠笔在失重条件下都无法使用，铅笔是唯一的选择。但是铅笔笔芯有时候会断，在失重的环境中会飘进鼻子、眼睛中或电器中，成了危险品。此外，铅笔的笔芯和木头在纯氧的环境中还会快速燃烧。

　　人们意识到宇航员使用安全、可靠的书写工具的迫切性，因此曾经的圆珠笔发明者花了两年时间和两百万元费用，于1965年研制成了能在太空环境下使用的圆珠笔——太空笔。其原理很简单，采用密封式气压笔芯，上部充有氮气，靠气体压力把油墨推向笔尖。经过严格的测试后，太空笔被宇航局采用。

　　除了太空环境，太空笔还可以在其他各种极端恶劣的条件下使用，如寒冷的高山上和深海底，并且在如油污、潮湿、粗糙、光滑的表面上，也可以轻松书写。因其使用寿命长达几十年，深受登山运动员、户外活动者、技工、士兵、警察的喜爱。同时，这项发明本身体现着人类对于太空事业、对于科学的不断追求，体现了人类的不断发展，很有内涵。所以，不少人士将它看作追求品质的个性化消费品，长辈送给晚辈可鼓励其努力学习，大中型企业也将之作为礼品及纪念品。

87. 为什么说在太空中铅笔成了危险品?

 A 长度过长   **B** 极易破碎
 C 可能会燃烧   **D** 材料中含有毒

88. 太空笔有什么特点?

 A 产生历史悠久   **B** 原料成本很高
 C 既可靠又安全   **D** 制作周期时间短

89. 下列哪种条件下不能使用太空笔?

 A 高山上   **B** 海洋里
 C 失重条件下   **D** 高温环境中

90. 根据上文，下列哪项正确?

 A 太空笔仍需改进   **B** 太空笔很受欢迎
 C 公司给员工发太空笔   **D** 太空笔的发展很迅速

三、书 写

第一部分

第 91–98 题：完成句子。

例如：发表　　这篇论文　　什么时候　　是　　的

<u>这篇论文是什么时候发表的?</u>

91. 新招聘了　　　出版社　　　编辑　　　一名

92. 被　　　取消了　　　那个运动员的　　　射击成绩

93. 那位　　　咨询一下　　　股票专家　　　我要　　　去找

94. 挑战这么　　　我第一次　　　难的　　　任务　　　这是

95. 这座　　　岛屿　　　面积　　　的　　　不到50平方千米

96. 人类　　　进步　　　不断地　　　好奇心　　　促使

97. 阳台上　　　把　　　姥姥　　　晒在了　　　被子

98. 期待与各位　　　我们　　　展开　　　交流　　　非常

第 99 – 100 题：写短文。

99. 请结合下列词语(要全部使用，顺序不分先后)，写一篇80字左右的短文。

作家　　微笑　　签名　　激动　　宣传

100. 请结合这张图片写一篇80字左右的短文。

■ 汉语水平考试 HSK（五级）答题卡 ■

응시자 정보를 기입해 주세요   고시장 정보를 기입해 주세요

请填写考生信息   请填写考点信息

按照考试证件上的姓名填写：

수험표상의 이름을 기입해 주세요

| 姓名 / 이름 | LEE DONG MIN |

如果有中文姓名，请填写： 중국어 이름이 있으면 기입해 주세요

| 中文姓名 / 중국어 이름 | 李東民 |

考生序号 / 수험 번호:
5 [0] [1] [2] [3] [4] ■ [6] [7] [8] [9]
2 [0] [1] ■ [3] [4] [5] [6] [7] [8] [9]
3 [0] [1] [2] ■ [4] [5] [6] [7] [8] [9]
0 ■ [1] [2] [3] [4] [5] [6] [7] [8] [9]
8 [0] [1] [2] [3] [4] [5] [6] [7] ■ [9]

고시장 번호 / 考点代码:
8 [0] [1] [2] [3] [4] [5] [6] [7] ■ [9]
1 [0] ■ [2] [3] [4] [5] [6] [7] [8] [9]
5 [0] [1] [2] [3] [4] ■ [6] [7] [8] [9]
0 ■ [1] [2] [3] [4] [5] [6] [7] [8] [9]
3 [0] [1] [2] ■ [4] [5] [6] [7] [8] [9]
0 ■ [1] [2] [3] [4] [5] [6] [7] [8] [9]
0 ■ [1] [2] [3] [4] [5] [6] [7] [8] [9]

国籍 / 국적:
5 [0] [1] [2] [3] [4] ■ [6] [7] [8] [9]
2 [0] [1] ■ [3] [4] [5] [6] [7] [8] [9]
3 [0] [1] [2] ■ [4] [5] [6] [7] [8] [9]

年龄 / 나이:
2 [0] [1] ■ [3] [4] [5] [6] [7] [8] [9]
3 [0] [1] [2] ■ [4] [5] [6] [7] [8] [9]

性别 / 성별: 男 ■   女 [2]

注意 / 주의   请用2B铅笔这样写： ■
2B 연필로 ■ 이렇게 칠하세요

一、听力 듣기 (듣기 영역 시험 종료 후, 5분 동안 기입)

*답안지의 번호 순서에 주의하세요

1. ■ [B] [C] [D]
2. [A] ■ [C] [D]
3. [A] [B] ■ [D]
4. ■ [B] [C] [D]
5. ■ [B] [C] [D]

6. [A] [B] [C] [D]
7. [A] [B] [C] [D]
8. [A] [B] [C] [D]
9. [A] [B] [C] [D]
10. [A] [B] [C] [D]

11. [A] [B] [C] [D]
12. [A] [B] [C] [D]
13. [A] [B] [C] [D]
14. [A] [B] [C] [D]
15. [A] [B] [C] [D]

16. [A] [B] [C] [D]
17. [A] [B] [C] [D]
18. [A] [B] [C] [D]
19. [A] [B] [C] [D]
20. [A] [B] [C] [D]

21. [A] [B] [C] [D]
22. [A] [B] [C] [D]
23. [A] [B] [C] [D]
24. [A] [B] [C] [D]
25. [A] [B] [C] [D]

26. [A] [B] [C] [D]
27. [A] [B] [C] [D]
28. [A] [B] [C] [D]
29. [A] [B] [C] [D]
30. [A] [B] [C] [D]

31. [A] [B] [C] [D]
32. [A] [B] [C] [D]
33. [A] [B] [C] [D]
34. [A] [B] [C] [D]
35. [A] [B] [C] [D]

36. [A] [B] [C] [D]
37. [A] [B] [C] [D]
38. [A] [B] [C] [D]
39. [A] [B] [C] [D]
40. [A] [B] [C] [D]

41. [A] [B] [C] [D]
42. [A] [B] [C] [D]
43. [A] [B] [C] [D]
44. [A] [B] [C] [D]
45. [A] [B] [C] [D]

二、阅读 독해 (독해 영역 시험 시간 내에 답 기입)

*답안지의 번호 순서에 주의하세요

46. ■ [B] [C] [D]
47. [A] ■ [C] [D]
48. [A] [B] ■ [D]
49. ■ [B] [C] [D]
50. ■ [B] [C] [D]

51. [A] [B] [C] [D]
52. [A] [B] [C] [D]
53. [A] [B] [C] [D]
54. [A] [B] [C] [D]
55. [A] [B] [C] [D]

56. [A] [B] [C] [D]
57. [A] [B] [C] [D]
58. [A] [B] [C] [D]
59. [A] [B] [C] [D]
60. [A] [B] [C] [D]

61. [A] [B] [C] [D]
62. [A] [B] [C] [D]
63. [A] [B] [C] [D]
64. [A] [B] [C] [D]
65. [A] [B] [C] [D]

66. [A] [B] [C] [D]
67. [A] [B] [C] [D]
68. [A] [B] [C] [D]
69. [A] [B] [C] [D]
70. [A] [B] [C] [D]

71. [A] [B] [C] [D]
72. [A] [B] [C] [D]
73. [A] [B] [C] [D]
74. [A] [B] [C] [D]
75. [A] [B] [C] [D]

76. [A] [B] [C] [D]
77. [A] [B] [C] [D]
78. [A] [B] [C] [D]
79. [A] [B] [C] [D]
80. [A] [B] [C] [D]

81. [A] [B] [C] [D]
82. [A] [B] [C] [D]
83. [A] [B] [C] [D]
84. [A] [B] [C] [D]
85. [A] [B] [C] [D]

86. [A] [B] [C] [D]
87. [A] [B] [C] [D]
88. [A] [B] [C] [D]
89. [A] [B] [C] [D]
90. [A] [B] [C] [D]

三、书写 쓰기 (쓰기 영역 시험 시간 내에 답 기입)

91. 饭后散步对身体有好处。

92. ___________

93. ___________

94. ___________

不要写到框线以外！
칸 밖에 쓰지 마세요!

95-100题接背面
95~100번 문제는 뒷면에 이어집니다

汉语水平考试 HSK（五级）答题卡

95.

96.

97.

98.

99.

48

80

100.

48

80

汉语水平考试 HSK（五级）答题卡

按照考试证件上的姓名填写：

姓名	

如果有中文姓名，请填写：

中文姓名	

考生序号

[0] [1] [2] [3] [4] [5] [6] [7] [8] [9]
[0] [1] [2] [3] [4] [5] [6] [7] [8] [9]
[0] [1] [2] [3] [4] [5] [6] [7] [8] [9]
[0] [1] [2] [3] [4] [5] [6] [7] [8] [9]
[0] [1] [2] [3] [4] [5] [6] [7] [8] [9]

考点代码

[0] [1] [2] [3] [4] [5] [6] [7] [8] [9]
[0] [1] [2] [3] [4] [5] [6] [7] [8] [9]
[0] [1] [2] [3] [4] [5] [6] [7] [8] [9]
[0] [1] [2] [3] [4] [5] [6] [7] [8] [9]
[0] [1] [2] [3] [4] [5] [6] [7] [8] [9]
[0] [1] [2] [3] [4] [5] [6] [7] [8] [9]
[0] [1] [2] [3] [4] [5] [6] [7] [8] [9]

国籍

[0] [1] [2] [3] [4] [5] [6] [7] [8] [9]
[0] [1] [2] [3] [4] [5] [6] [7] [8] [9]
[0] [1] [2] [3] [4] [5] [6] [7] [8] [9]

年龄

[0] [1] [2] [3] [4] [5] [6] [7] [8] [9]
[0] [1] [2] [3] [4] [5] [6] [7] [8] [9]

性别　　男 [1]　　　　女 [2]

注意　请用2B铅笔这样写：■

一、听力

1. [A] [B] [C] [D]
2. [A] [B] [C] [D]
3. [A] [B] [C] [D]
4. [A] [B] [C] [D]
5. [A] [B] [C] [D]
6. [A] [B] [C] [D]
7. [A] [B] [C] [D]
8. [A] [B] [C] [D]
9. [A] [B] [C] [D]
10. [A] [B] [C] [D]
11. [A] [B] [C] [D]
12. [A] [B] [C] [D]
13. [A] [B] [C] [D]
14. [A] [B] [C] [D]
15. [A] [B] [C] [D]
16. [A] [B] [C] [D]
17. [A] [B] [C] [D]
18. [A] [B] [C] [D]
19. [A] [B] [C] [D]
20. [A] [B] [C] [D]
21. [A] [B] [C] [D]
22. [A] [B] [C] [D]
23. [A] [B] [C] [D]
24. [A] [B] [C] [D]
25. [A] [B] [C] [D]

26. [A] [B] [C] [D]
27. [A] [B] [C] [D]
28. [A] [B] [C] [D]
29. [A] [B] [C] [D]
30. [A] [B] [C] [D]
31. [A] [B] [C] [D]
32. [A] [B] [C] [D]
33. [A] [B] [C] [D]
34. [A] [B] [C] [D]
35. [A] [B] [C] [D]
36. [A] [B] [C] [D]
37. [A] [B] [C] [D]
38. [A] [B] [C] [D]
39. [A] [B] [C] [D]
40. [A] [B] [C] [D]
41. [A] [B] [C] [D]
42. [A] [B] [C] [D]
43. [A] [B] [C] [D]
44. [A] [B] [C] [D]
45. [A] [B] [C] [D]

二、阅读

46. [A] [B] [C] [D]
47. [A] [B] [C] [D]
48. [A] [B] [C] [D]
49. [A] [B] [C] [D]
50. [A] [B] [C] [D]
51. [A] [B] [C] [D]
52. [A] [B] [C] [D]
53. [A] [B] [C] [D]
54. [A] [B] [C] [D]
55. [A] [B] [C] [D]
56. [A] [B] [C] [D]
57. [A] [B] [C] [D]
58. [A] [B] [C] [D]
59. [A] [B] [C] [D]
60. [A] [B] [C] [D]
61. [A] [B] [C] [D]
62. [A] [B] [C] [D]
63. [A] [B] [C] [D]
64. [A] [B] [C] [D]
65. [A] [B] [C] [D]
66. [A] [B] [C] [D]
67. [A] [B] [C] [D]
68. [A] [B] [C] [D]
69. [A] [B] [C] [D]
70. [A] [B] [C] [D]

71. [A] [B] [C] [D]
72. [A] [B] [C] [D]
73. [A] [B] [C] [D]
74. [A] [B] [C] [D]
75. [A] [B] [C] [D]
76. [A] [B] [C] [D]
77. [A] [B] [C] [D]
78. [A] [B] [C] [D]
79. [A] [B] [C] [D]
80. [A] [B] [C] [D]
81. [A] [B] [C] [D]
82. [A] [B] [C] [D]
83. [A] [B] [C] [D]
84. [A] [B] [C] [D]
85. [A] [B] [C] [D]
86. [A] [B] [C] [D]
87. [A] [B] [C] [D]
88. [A] [B] [C] [D]
89. [A] [B] [C] [D]
90. [A] [B] [C] [D]

三、书写

91.

92.

93.

94.

汉语水平考试 HSK（五级）答题卡 ■

95.
96.
97.
98.

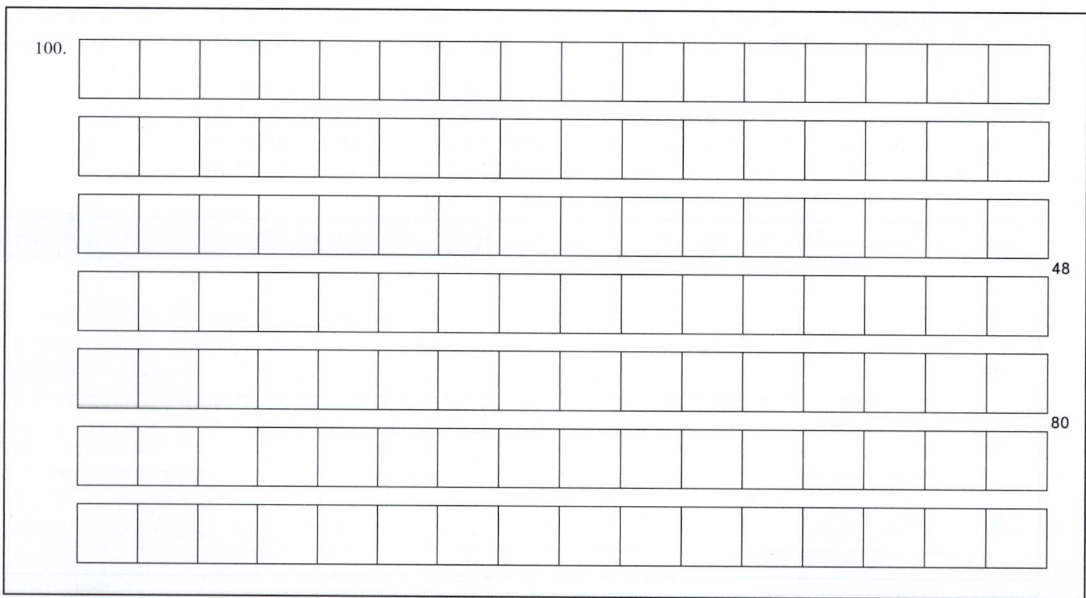

99.

48

80

100.

48

80

不要写到框线以外！

汉 语 水 平 考 试 HSK（五级）答 题 卡

一、听力

1. [A] [B] [C] [D]	6. [A] [B] [C] [D]	11. [A] [B] [C] [D]	16. [A] [B] [C] [D]	21. [A] [B] [C] [D]
2. [A] [B] [C] [D]	7. [A] [B] [C] [D]	12. [A] [B] [C] [D]	17. [A] [B] [C] [D]	22. [A] [B] [C] [D]
3. [A] [B] [C] [D]	8. [A] [B] [C] [D]	13. [A] [B] [C] [D]	18. [A] [B] [C] [D]	23. [A] [B] [C] [D]
4. [A] [B] [C] [D]	9. [A] [B] [C] [D]	14. [A] [B] [C] [D]	19. [A] [B] [C] [D]	24. [A] [B] [C] [D]
5. [A] [B] [C] [D]	10. [A] [B] [C] [D]	15. [A] [B] [C] [D]	20. [A] [B] [C] [D]	25. [A] [B] [C] [D]
26. [A] [B] [C] [D]	31. [A] [B] [C] [D]	36. [A] [B] [C] [D]	41. [A] [B] [C] [D]	
27. [A] [B] [C] [D]	32. [A] [B] [C] [D]	37. [A] [B] [C] [D]	42. [A] [B] [C] [D]	
28. [A] [B] [C] [D]	33. [A] [B] [C] [D]	38. [A] [B] [C] [D]	43. [A] [B] [C] [D]	
29. [A] [B] [C] [D]	34. [A] [B] [C] [D]	39. [A] [B] [C] [D]	44. [A] [B] [C] [D]	
30. [A] [B] [C] [D]	35. [A] [B] [C] [D]	40. [A] [B] [C] [D]	45. [A] [B] [C] [D]	

二、阅读

46. [A] [B] [C] [D]	51. [A] [B] [C] [D]	56. [A] [B] [C] [D]	61. [A] [B] [C] [D]	66. [A] [B] [C] [D]
47. [A] [B] [C] [D]	52. [A] [B] [C] [D]	57. [A] [B] [C] [D]	62. [A] [B] [C] [D]	67. [A] [B] [C] [D]
48. [A] [B] [C] [D]	53. [A] [B] [C] [D]	58. [A] [B] [C] [D]	63. [A] [B] [C] [D]	68. [A] [B] [C] [D]
49. [A] [B] [C] [D]	54. [A] [B] [C] [D]	59. [A] [B] [C] [D]	64. [A] [B] [C] [D]	69. [A] [B] [C] [D]
50. [A] [B] [C] [D]	55. [A] [B] [C] [D]	60. [A] [B] [C] [D]	65. [A] [B] [C] [D]	70. [A] [B] [C] [D]
71. [A] [B] [C] [D]	76. [A] [B] [C] [D]	81. [A] [B] [C] [D]	86. [A] [B] [C] [D]	
72. [A] [B] [C] [D]	77. [A] [B] [C] [D]	82. [A] [B] [C] [D]	87. [A] [B] [C] [D]	
73. [A] [B] [C] [D]	78. [A] [B] [C] [D]	83. [A] [B] [C] [D]	88. [A] [B] [C] [D]	
74. [A] [B] [C] [D]	79. [A] [B] [C] [D]	84. [A] [B] [C] [D]	89. [A] [B] [C] [D]	
75. [A] [B] [C] [D]	80. [A] [B] [C] [D]	85. [A] [B] [C] [D]	90. [A] [B] [C] [D]	

三、书写

91.

92.

93.

94.

汉语水平考试 HSK（五级）答题卡

95.

96.

97.

98.

不要写到框线以外！

99.

48

80

100.

48

80

맛있는 중국어 新HSK

5급

단어 2500

JRC 중국어연구소 기획·저

맛있는 중국어 新HSK 5급 단어 2500

기획·저	JRC 중국어연구소
발행인	김효정
발행처	맛있는books
등록번호	제2006-000273호

주소	서울시 서초구 명달로 54 JRC빌딩 7층
전화	구입문의 02·567·3861
	내용문의 02·567·3860
팩스	02·567·2471
홈페이지	www.booksJRC.com

5급 단어 2500, 이렇게 학습하세요

맛있는 중국어 新HSK 5급 단어 2500은 40일 완성으로, 〈단어 학습 → 확인 학습〉의 학습과 복습이 가능하도록 체계적으로 구성되어 있습니다.

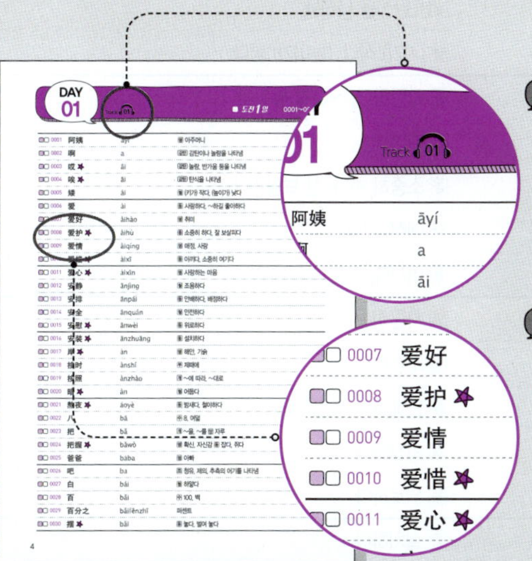

1 단어 먼저 들어 보기

학습하기 전에 먼저 MP3 파일을 들으며 눈으로 단어를 익혀 보세요.

2 단어 익히기

2013 한반(汉办) 개정 단어가 정확하게 정리되어 있어요. 잘 외워지지 않는 단어는 체크란에 표시해 두고, 시험 전에 체크되어 있는 단어만 집중적으로 확인해 보세요.

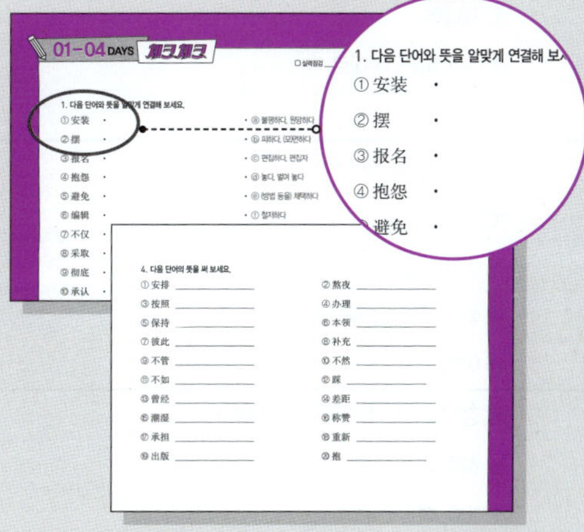

3 학습 단어 확인하기

5급 단어 중, 꼭 외워야 하는 중요 단어만 골라 체크체크 문제를 구성했습니다. 틀린 단어는 꼭 확인하고 넘어가세요.

4 녹음을 다시 들으며 복습하기

모든 단어는 '중국어-한국어-중국어'로 녹음되어 있습니다. 중국어를 들으며 한국어 뜻을 말해 보고, 한국어를 들으며 중국어 단어를 말해 보세요.

☐☐ 0001	阿姨	āyí	명 아주머니
☐☐ 0002	啊	a	감탄 감탄이나 놀람을 나타냄
☐☐ 0003	哎 ✭	āi	감탄 놀람, 반가움 등을 나타냄
☐☐ 0004	唉 ✭	āi	감탄 탄식을 나타냄
☐☐ 0005	矮	ǎi	형 (키가) 작다, (높이가) 낮다
☐☐ 0006	爱	ài	동 사랑하다, ~하길 좋아하다
☐☐ 0007	爱好	àihào	명 취미
☐☐ 0008	爱护 ✭	àihù	동 소중히 하다, 잘 보살피다
☐☐ 0009	爱情	àiqíng	명 애정, 사랑
☐☐ 0010	爱惜 ✭	àixī	동 아끼다, 소중히 여기다
☐☐ 0011	爱心 ✭	àixīn	명 사랑하는 마음
☐☐ 0012	安静	ānjìng	형 조용하다
☐☐ 0013	安排	ānpái	동 안배하다, 배정하다
☐☐ 0014	安全	ānquán	형 안전하다
☐☐ 0015	安慰 ✭	ānwèi	동 위로하다
☐☐ 0016	安装 ✭	ānzhuāng	동 설치하다
☐☐ 0017	岸 ✭	àn	명 해안, 기슭
☐☐ 0018	按时	ànshí	부 제때에
☐☐ 0019	按照	ànzhào	개 ~에 따라, ~대로
☐☐ 0020	暗 ✭	àn	형 어둡다
☐☐ 0021	熬夜 ✭	áoyè	동 밤새다, 철야하다
☐☐ 0022	八	bā	수 8, 여덟
☐☐ 0023	把	bǎ	개 ~을, ~를 양 자루
☐☐ 0024	把握 ✭	bǎwò	명 확신, 자신감 동 잡다, 쥐다
☐☐ 0025	爸爸	bàba	명 아빠
☐☐ 0026	吧	ba	조 청유, 제의, 추측의 어기를 나타냄
☐☐ 0027	白	bái	형 하얗다
☐☐ 0028	百	bǎi	수 100, 백
☐☐ 0029	百分之	bǎifēnzhī	퍼센트
☐☐ 0030	摆 ✭	bǎi	동 놓다, 벌여 놓다

■□ 0031	班	bān	명 반, 학급
■□ 0032	搬	bān	동 옮기다, 이사하다
■□ 0033	办法	bànfǎ	명 방법
■□ 0034	办公室	bàngōngshì	명 사무실
■□ 0035	办理 ✿	bànlǐ	동 처리하다
■□ 0036	半	bàn	수 1/2, 절반
■□ 0037	帮忙	bāngmáng	동 돕다
■□ 0038	帮助	bāngzhù	동 돕다
■□ 0039	棒	bàng	형 (수준·성적이) 높다, 좋다
■□ 0040	傍晚 ✿	bàngwǎn	명 저녁 무렵
■□ 0041	包	bāo	동 (물건을) 싸다
■□ 0042	包裹 ✿	bāoguǒ	명 소포, 보따리
■□ 0043	包含 ✿	bāohán	동 (내용이나 의미를) 내포하다
■□ 0044	包括 ✿	bāokuò	동 (범위에) 포함하다
■□ 0045	包子	bāozi	명 만두, 찐빵[소가 들어 있음]
■□ 0046	薄 ✿	báo	형 엷다, 얇다
■□ 0047	饱	bǎo	형 배부르다
■□ 0048	宝贝 ✿	bǎobèi	명 보배, 보물
■□ 0049	宝贵 ✿	bǎoguì	형 진귀하다, 귀중하다
■□ 0050	保持 ✿	bǎochí	동 (좋은 상태, 원래 상태를) 유지하다
■□ 0051	保存 ✿	bǎocún	동 보존하다
■□ 0052	保护	bǎohù	동 보호하다
■□ 0053	保留 ✿	bǎoliú	동 남겨 두다, 간직하다
■□ 0054	保险 ✿	bǎoxiǎn	명 보험
■□ 0055	保证	bǎozhèng	동 보장하다, 보증하다
■□ 0056	报到 ✿	bàodào	동 도착하였음을 알리다
■□ 0057	报道 ✿	bàodào	명 (뉴스 등의) 보도
■□ 0058	报告 ✿	bàogào	명 보고서, 리포트
■□ 0059	报名	bàomíng	동 신청하다
■□ 0060	报社 ✿	bàoshè	명 신문사
■□ 0061	报纸	bàozhǐ	명 신문
■□ 0062	抱	bào	동 안다, 포옹하다

Track 02

□□ 0063	抱歉	bàoqiàn	동 미안해하다
□□ 0064	抱怨 ✦	bàoyuàn	동 불평하다, 원망하다
□□ 0065	杯子	bēizi	명 잔, 컵
□□ 0066	背 ✦	bèi	명 등 동 외우다
□□ 0067	悲观 ✦	bēiguān	형 비관하다, 비관적이다
□□ 0068	北方	běifāng	명 북방, 북부
□□ 0069	北京	Běijīng	고유 베이징
□□ 0070	背景 ✦	bèijǐng	명 배경, 배후
□□ 0071	倍	bèi	양 배, 곱절
□□ 0072	被	bèi	개 ~에 의해[피동]
□□ 0073	被子 ✦	bèizi	명 이불
□□ 0074	本	běn	양 권[책을 세는 단위]
□□ 0075	本科 ✦	běnkē	명 (대학교의) 학부 (과정)
□□ 0076	本来	běnlái	부 본래, 원래
□□ 0077	本领 ✦	běnlǐng	명 기량, 능력, 수완
□□ 0078	本质 ✦	běnzhì	명 본성, 본질
□□ 0079	笨	bèn	형 멍청하다, 어리석다
□□ 0080	鼻子	bízi	명 코
□□ 0081	比	bǐ	개 ~보다 동 비교하다
□□ 0082	比较	bǐjiào	부 비교적 동 비교하다
□□ 0083	比例 ✦	bǐlì	명 비례
□□ 0084	比如	bǐrú	접 예를 들어
□□ 0085	比赛	bǐsài	명 경기, 시합
□□ 0086	彼此 ✦	bǐcǐ	대 피차, 상호, 서로
□□ 0087	笔记本	bǐjìběn	명 노트, 공책
□□ 0088	必然 ✦	bìrán	부 분명히, 반드시, 꼭
□□ 0089	必须	bìxū	부 반드시, 꼭
□□ 0090	必要 ✦	bìyào	형 필요하다
□□ 0091	毕竟 ✦	bìjìng	부 어차피, 결국
□□ 0092	毕业	bìyè	동 졸업하다

☐☐ 0093	避免 ✹	bìmiǎn	통 피하다, (모)면하다
☐☐ 0094	编辑 ✹	biānjí	통 편집하다 명 편집자
☐☐ 0095	鞭炮 ✹	biānpào	명 폭죽
☐☐ 0096	变化	biànhuà	명 변화 통 변화하다
☐☐ 0097	便 ✹	biàn	부 곧, 바로
☐☐ 0098	遍	biàn	양 번, 차례
☐☐ 0099	辩论 ✹	biànlùn	통 변론하다
☐☐ 0100	标点 ✹	biāodiǎn	명 문장 부호
☐☐ 0101	标志 ✹	biāozhì	명 상징, 표지
☐☐ 0102	标准	biāozhǔn	명 표준, 기준
☐☐ 0103	表达 ✹	biǎodá	통 나타내다, 표현하다
☐☐ 0104	表格	biǎogé	명 표, 양식, 서식
☐☐ 0105	表面 ✹	biǎomiàn	명 표면, 겉, 외관
☐☐ 0106	表明 ✹	biǎomíng	통 분명하게 밝히다
☐☐ 0107	表情 ✹	biǎoqíng	명 표정
☐☐ 0108	表示	biǎoshì	통 표시하다
☐☐ 0109	表现 ✹	biǎoxiàn	통 (모습을) 드러내다, 나타내다
☐☐ 0110	表演	biǎoyǎn	통 공연하다
☐☐ 0111	表扬	biǎoyáng	통 칭찬하다
☐☐ 0112	别	bié	부 ~하지 마라
☐☐ 0113	别人	biéren	명 다른 사람
☐☐ 0114	宾馆	bīnguǎn	명 호텔
☐☐ 0115	冰激凌 ✹	bīngjīlíng	명 아이스크림
☐☐ 0116	冰箱	bīngxiāng	명 냉장고
☐☐ 0117	饼干	bǐnggān	명 과자
☐☐ 0118	并且	bìngqiě	접 게다가, 또한
☐☐ 0119	病毒 ✹	bìngdú	명 (컴퓨터) 바이러스
☐☐ 0120	玻璃 ✹	bōli	명 유리
☐☐ 0121	播放 ✹	bōfàng	통 방영하다, 방송하다
☐☐ 0122	脖子 ✹	bózi	명 목
☐☐ 0123	博士	bóshì	명 박사
☐☐ 0124	博物馆 ✹	bówùguǎn	명 박물관
☐☐ 0125	补充 ✹	bǔchōng	통 보충하다

b

☐☐ 0126	不	bù	閉	부정을 나타냄
☐☐ 0127	不安 ✬	bù'ān	형	불안하다
☐☐ 0128	不但…而且…	búdàn…érqiě…	접	~뿐만 아니라 게다가~
☐☐ 0129	不得不	bùdébù	閉	부득이하게, 어쩔 수 없이
☐☐ 0130	不得了 ✬	bùdéliǎo	형	(정도가) 심하다
☐☐ 0131	不断 ✬	búduàn	閉	계속해서, 끊임없이
☐☐ 0132	不管	bùguǎn	접	~에 관계없이
☐☐ 0133	不过	búguò	접	그러나, 하지만
☐☐ 0134	不见得 ✬	bújiàndé	閉	반드시 ~한 것은 아니다
☐☐ 0135	不仅	bùjǐn	접	~뿐만 아니라
☐☐ 0136	不客气	bú kèqi		천만에요
☐☐ 0137	不耐烦 ✬	búnàifán	형	귀찮다, 성가시다
☐☐ 0138	不然 ✬	bùrán	접	그렇지 않으면
☐☐ 0139	不如 ✬	bùrú	동	~만 못하다, ~하는 편이 낫다
☐☐ 0140	不要紧 ✬	búyàojǐn	형	괜찮다, 문제될 것이 없다
☐☐ 0141	不足 ✬	bùzú	형	부족하다, 충분하지 않다
☐☐ 0142	布 ✬	bù	명	천, 베, 포
☐☐ 0143	步骤 ✬	bùzhòu	명	(일의 진행) 순서, 절차
☐☐ 0144	部分	bùfen	명	부분
☐☐ 0145	部门 ✬	bùmén	명	부문, 부서
☐☐ 0146	擦	cā	동	닦다, 문지르다
☐☐ 0147	猜	cāi	동	추측하다
☐☐ 0148	材料	cáiliào	명	재료, 자료
☐☐ 0149	财产 ✬	cáichǎn	명	재산, 자산
☐☐ 0150	采访 ✬	cǎifǎng	동	인터뷰하다
☐☐ 0151	采取 ✬	cǎiqǔ	동	(방법 등을) 채택하다
☐☐ 0152	彩虹 ✬	cǎihóng	명	무지개
☐☐ 0153	踩 ✬	cǎi	동	밟다, 딛다
☐☐ 0154	菜	cài	명	채소, 요리
☐☐ 0155	菜单	càidān	명	메뉴

☐☐ 0156	参观	cānguān	동 참관하다
☐☐ 0157	参加	cānjiā	동 참가하다
☐☐ 0158	参考 ✦	cānkǎo	동 참고하다
☐☐ 0159	参与 ✦	cānyù	동 참여하다
☐☐ 0160	餐厅	cāntīng	명 식당
☐☐ 0161	惭愧 ✦	cánkuì	형 부끄럽다, 면목없다
☐☐ 0162	操场 ✦	cāochǎng	명 운동장
☐☐ 0163	操心 ✦	cāoxīn	동 마음을 쓰다, 걱정하다
☐☐ 0164	草	cǎo	명 풀
☐☐ 0165	册 ✦	cè	양 권, 책[책을 세는 단위]
☐☐ 0166	厕所	cèsuǒ	명 화장실
☐☐ 0167	测验 ✦	cèyàn	동 시험하다, 테스트하다
☐☐ 0168	层	céng	양 층[건물의 층을 세는 단위]
☐☐ 0169	曾经 ✦	céngjīng	부 이전에, 일전에
☐☐ 0170	叉子 ✦	chāzi	명 포크
☐☐ 0171	差距 ✦	chājù	명 격차, 차이, 갭(gap)
☐☐ 0172	插 ✦	chā	동 끼우다, 꽂다, 삽입하다
☐☐ 0173	茶	chá	명 차
☐☐ 0174	差	chà	형 나쁘다 동 부족하다
☐☐ 0175	差不多	chàbuduō	형 비슷하다 부 대체로, 거의
☐☐ 0176	拆 ✦	chāi	동 뜯다, 떼어 내다
☐☐ 0177	产品 ✦	chǎnpǐn	명 생산품, 제품
☐☐ 0178	产生 ✦	chǎnshēng	동 생기다, 발생하다
☐☐ 0179	长	cháng	형 길다
☐☐ 0180	长城	Chángchéng	고유 만리장성
☐☐ 0181	长江	Chángjiāng	고유 장강
☐☐ 0182	长途 ✦	chángtú	형 장거리의
☐☐ 0183	尝	cháng	동 맛보다
☐☐ 0184	常识 ✦	chángshí	명 상식, 일반 지식
☐☐ 0185	场	chǎng	양 번, 차례[문예·오락·체육 활동 등에 쓰임]
☐☐ 0186	唱歌	chànggē	동 노래 부르다
☐☐ 0187	抄 ✦	chāo	동 베끼다, 베껴 쓰다

☐☐ 0188	超过	chāoguò	동 초과하다
☐☐ 0189	超级 ✶	chāojí	형 슈퍼의, 최상급의
☐☐ 0190	超市	chāoshì	명 슈퍼마켓, 마트
☐☐ 0191	朝 ✶	cháo	개 ~을 향하여, ~쪽으로 명 왕조
☐☐ 0192	潮湿 ✶	cháoshī	형 습하다, 축축하다
☐☐ 0193	吵 ✶	chǎo	형 시끄럽다
☐☐ 0194	吵架 ✶	chǎojià	동 말다툼하다, 다투다
☐☐ 0195	炒 ✶	chǎo	동 볶다
☐☐ 0196	车库 ✶	chēkù	명 차고
☐☐ 0197	车厢 ✶	chēxiāng	명 객실, 화물칸
☐☐ 0198	彻底 ✶	chèdǐ	형 철저하다
☐☐ 0199	沉默 ✶	chénmò	동 침묵하다
☐☐ 0200	衬衫	chènshān	명 셔츠, 블라우스
☐☐ 0201	趁 ✶	chèn	개 ~을 틈타, ~을 이용하여
☐☐ 0202	称 ✶	chēng	동 부르다, 칭하다, 일컫다
☐☐ 0203	称呼 ✶	chēnghu	동 ~라고 부르다
☐☐ 0204	称赞 ✶	chēngzàn	동 칭찬하다
☐☐ 0205	成分 ✶	chéngfèn	명 성분, 요소
☐☐ 0206	成功	chénggōng	동 성공하다
☐☐ 0207	成果 ✶	chéngguǒ	명 성과, 결과
☐☐ 0208	成绩	chéngjì	명 성적
☐☐ 0209	成就 ✶	chéngjiù	명 성취, 성과, 업적
☐☐ 0210	成立 ✶	chénglì	동 창립하다, 설립되다
☐☐ 0211	成人 ✶	chéngrén	명 성인, 어른
☐☐ 0212	成熟 ✶	chéngshú	동 성숙하다
☐☐ 0213	成为	chéngwéi	동 ~이 되다
☐☐ 0214	成语 ✶	chéngyǔ	명 성어, 관용어
☐☐ 0215	成长 ✶	chéngzhǎng	동 성장하다, 자라다
☐☐ 0216	诚恳 ✶	chéngkěn	형 진실하다, 간절하다, 성의있다
☐☐ 0217	诚实	chéngshí	형 진실하다

☐☐ 0218	承担 ✿	chéngdān	통 (책임, 비용 등을) 맡다, 담당하다
☐☐ 0219	承认 ✿	chéngrèn	통 인정하다
☐☐ 0220	承受 ✿	chéngshòu	통 감당하다, 견디다
☐☐ 0221	城市	chéngshì	명 도시
☐☐ 0222	乘坐	chéngzuò	통 (차·배 등을) 타다
☐☐ 0223	程度 ✿	chéngdù	명 정도
☐☐ 0224	程序 ✿	chéngxù	명 (컴퓨터) 프로그램
☐☐ 0225	吃	chī	통 먹다
☐☐ 0226	吃惊	chījīng	통 놀라다
☐☐ 0227	吃亏 ✿	chīkuī	통 손해를 보다, 손해를 입다
☐☐ 0228	池塘 ✿	chítáng	명 연못
☐☐ 0229	迟到	chídào	통 지각하다
☐☐ 0230	迟早 ✿	chízǎo	부 조만간, 머지않아
☐☐ 0231	持续 ✿	chíxù	통 지속하다
☐☐ 0232	尺子 ✿	chǐzi	명 자
☐☐ 0233	翅膀 ✿	chìbǎng	명 날개
☐☐ 0234	冲 ✿	chōng	통 돌진하다
☐☐ 0235	充电器 ✿	chōngdiànqì	명 충전기
☐☐ 0236	充分 ✿	chōngfèn	형 충분하다
☐☐ 0237	充满 ✿	chōngmǎn	통 충만하다
☐☐ 0238	重复 ✿	chóngfù	통 반복하다
☐☐ 0239	重新	chóngxīn	부 다시, 재차
☐☐ 0240	宠物 ✿	chǒngwù	명 애완동물
☐☐ 0241	抽屉 ✿	chōuti	명 서랍
☐☐ 0242	抽象 ✿	chōuxiàng	형 추상적이다
☐☐ 0243	抽烟	chōuyān	통 담배를 피우다
☐☐ 0244	丑 ✿	chǒu	형 추하다, 못생기다
☐☐ 0245	臭 ✿	chòu	형 (냄새가) 지독하다
☐☐ 0246	出	chū	통 (안에서 밖으로) 나다, 내다
☐☐ 0247	出版 ✿	chūbǎn	통 출판하다
☐☐ 0248	出差	chūchāi	통 출장 가다
☐☐ 0249	出发	chūfā	통 출발하다
☐☐ 0250	出口 ✿	chūkǒu	통 수출하다 명 출구

□ 실력점검 _____ /50   □ 오답확인

1. 다음 단어와 뜻을 알맞게 연결해 보세요.

① 安装 •

② 摆 •

③ 报名 •

④ 抱怨 •

⑤ 避免 •

⑥ 编辑 •

⑦ 不仅 •

⑧ 采取 •

⑨ 彻底 •

⑩ 承认 •

• ⓐ 불평하다, 원망하다

• ⓑ 피하다, (모)면하다

• ⓒ 편집하다, 편집자

• ⓓ 놓다, 벌여 놓다

• ⓔ (방법 등을) 채택하다

• ⓕ 철저하다

• ⓖ 신청하다

• ⓗ 설치하다

• ⓘ 인정하다

• ⓙ ~뿐만 아니라

2. 다음 단어를 중국어로 써 보세요.

① 제때에

② 비관하다, 비관적이다

③ 예를 들어

④ 공연하다

⑤ (컴퓨터) 바이러스

⑥ 귀찮다, 성가시다

⑦ 참고하다

⑧ 초과하다

⑨ 성취, 성과, 업적

⑩ 놀라다

3. 녹음을 듣고 해당 단어를 중국어로 써 보세요. **Test 01**

① __________________ ② __________________

③ __________________ ④ __________________

⑤ __________________ ⑥ __________________

⑦ __________________ ⑧ __________________

⑨ __________________ ⑩ __________________

4. 다음 단어의 뜻을 써 보세요.

① 安排 __________________ ② 熬夜 __________________

③ 按照 __________________ ④ 办理 __________________

⑤ 保持 __________________ ⑥ 本领 __________________

⑦ 彼此 __________________ ⑧ 补充 __________________

⑨ 不管 __________________ ⑩ 不然 __________________

⑪ 不如 __________________ ⑫ 踩 __________________

⑬ 曾经 __________________ ⑭ 差距 __________________

⑮ 潮湿 __________________ ⑯ 称赞 __________________

⑰ 承担 __________________ ⑱ 重新 __________________

⑲ 出版 __________________ ⑳ 抱 __________________

☐☐ 0251	出色 ✦	chūsè	쥉 대단히 뛰어나다
☐☐ 0252	出生	chūshēng	됨 출생하다
☐☐ 0253	出示 ✦	chūshì	됨 내보이다, 제시하다
☐☐ 0254	出席 ✦	chūxí	됨 출석하다
☐☐ 0255	出现	chūxiàn	됨 출현하다, 나타나다
☐☐ 0256	出租车	chūzūchē	명 택시
☐☐ 0257	初级 ✦	chūjí	쥉 초급의
☐☐ 0258	除非 ✦	chúfēi	쥅 오로지 ~하여야 비로소
☐☐ 0259	除了	chúle	쥐 ~을 제외하고
☐☐ 0260	除夕 ✦	chúxī	명 섣달 그믐날 밤
☐☐ 0261	厨房	chúfáng	명 주방
☐☐ 0262	处理 ✦	chǔlǐ	됨 처리하다
☐☐ 0263	穿	chuān	됨 (옷·신발 등을) 입다, 신다
☐☐ 0264	传播 ✦	chuánbō	됨 널리 퍼뜨리다
☐☐ 0265	传染 ✦	chuánrǎn	됨 전염하다
☐☐ 0266	传说 ✦	chuánshuō	명 전설
☐☐ 0267	传统 ✦	chuántǒng	명 전통
☐☐ 0268	传真	chuánzhēn	명 팩스
☐☐ 0269	船	chuán	명 배
☐☐ 0270	窗户	chuānghu	명 창문
☐☐ 0271	窗帘 ✦	chuānglián	명 커튼
☐☐ 0272	闯 ✦	chuǎng	됨 돌진하다, 맹렬하게 돌격하다
☐☐ 0273	创造 ✦	chuàngzào	됨 창조하다, 만들다
☐☐ 0274	吹 ✦	chuī	됨 바람이 불다
☐☐ 0275	春	chūn	명 봄
☐☐ 0276	词典	cídiǎn	명 사전
☐☐ 0277	词汇 ✦	cíhuì	명 어휘
☐☐ 0278	词语	cíyǔ	명 어휘, 단어
☐☐ 0279	辞职 ✦	cízhí	됨 사직하다, 직장을 그만두다
☐☐ 0280	此外 ✦	cǐwài	명 이 외에, 이 밖에

☐☐ 0281	次	cì	양 번, 차례[횟수를 세는 단위]
☐☐ 0282	次要 ✿	cìyào	형 부차적인, 다음으로 중요한
☐☐ 0283	刺激 ✿	cìjī	동 자극하다
☐☐ 0284	匆忙 ✿	cōngmáng	형 매우 바쁘다
☐☐ 0285	聪明	cōngming	형 똑똑하다
☐☐ 0286	从	cóng	개 ~로부터
☐☐ 0287	从此 ✿	cóngcǐ	부 지금부터, 이제부터
☐☐ 0288	从而 ✿	cóng'ér	접 따라서, 이리하여, 그리하여
☐☐ 0289	从来	cónglái	부 여태껏, 지금까지
☐☐ 0290	从前 ✿	cóngqián	명 이전, 예전
☐☐ 0291	从事 ✿	cóngshì	동 종사하다
☐☐ 0292	粗糙 ✿	cūcāo	형 (질감이) 거칠다, (일하는 데 있어) 어설프다
☐☐ 0293	粗心	cūxīn	형 세심하지 못하다
☐☐ 0294	促进 ✿	cùjìn	동 촉진하다, 촉진시키다
☐☐ 0295	促使 ✿	cùshǐ	동 ~하도록 (재촉)하다
☐☐ 0296	醋 ✿	cù	명 식초
☐☐ 0297	催 ✿	cuī	동 재촉하다, 독촉하다
☐☐ 0298	存	cún	동 저축하다, 보존하다
☐☐ 0299	存在 ✿	cúnzài	동 존재하다
☐☐ 0300	措施 ✿	cuòshī	명 조치, 대책
☐☐ 0301	错	cuò	형 틀리다
☐☐ 0302	错误	cuòwù	명 착오, 잘못
☐☐ 0303	答应 ✿	dāying	동 대답하다, 수락하다
☐☐ 0304	达到 ✿	dádào	동 달성하다, 도달하다
☐☐ 0305	答案	dá'àn	명 답안
☐☐ 0306	打扮	dǎban	동 꾸미다, 치장하다
☐☐ 0307	打电话	dǎ diànhuà	전화를 걸다
☐☐ 0308	打工 ✿	dǎgōng	동 아르바이트 하다, 일하다
☐☐ 0309	打交道 ✿	dǎ jiāodao	동 왕래하다, 교제하다
☐☐ 0310	打篮球	dǎ lánqiú	농구를 하다
☐☐ 0311	打喷嚏 ✿	dǎ pēntì	재채기를 하다
☐☐ 0312	打扰	dǎrǎo	동 방해하다

☐☐ 0313	打扫	dǎsǎo	통 청소하다
☐☐ 0314	打算	dǎsuan	통 ~할 생각이다, 계획하다
☐☐ 0315	打听 ✿	dǎting	통 물어보다, 탐문하다
☐☐ 0316	打印	dǎyìn	통 프린트하다
☐☐ 0317	打招呼	dǎ zhāohu	통 인사하다
☐☐ 0318	打折	dǎzhé	통 할인하다
☐☐ 0319	打针	dǎzhēn	통 주사를 놓다
☐☐ 0320	大	dà	형 크다
☐☐ 0321	大方 ✿	dàfang	형 시원시원하다, 대범하다
☐☐ 0322	大概	dàgài	부 대략, 아마
☐☐ 0323	大家	dàjiā	대 모두, 모든 사람
☐☐ 0324	大厦 ✿	dàshà	명 빌딩
☐☐ 0325	大使馆	dàshǐguǎn	명 대사관
☐☐ 0326	大象 ✿	dàxiàng	명 코끼리
☐☐ 0327	大型 ✿	dàxíng	형 대형의
☐☐ 0328	大约	dàyuē	부 대략, 대충
☐☐ 0329	呆 ✿	dāi	형 멍청하다, 멍하다 통 머무르다
☐☐ 0330	大夫	dàifu	명 의사
☐☐ 0331	代表 ✿	dàibiǎo	통 대표하다
☐☐ 0332	代替 ✿	dàitì	통 대신하다, 대체하다
☐☐ 0333	带	dài	통 휴대하다, 인솔하다, 데리다
☐☐ 0334	贷款 ✿	dàikuǎn	통 대출하다
☐☐ 0335	待遇 ✿	dàiyù	명 대우, 대접
☐☐ 0336	戴	dài	통 착용하다, 쓰다, 끼다
☐☐ 0337	担任 ✿	dānrèn	통 (직책 등을) 맡다, 담당하다
☐☐ 0338	担心	dānxīn	통 걱정하다, 염려하다
☐☐ 0339	单纯 ✿	dānchún	형 단순하다
☐☐ 0340	单调 ✿	dāndiào	형 단조롭다
☐☐ 0341	单独 ✿	dāndú	부 단독으로, 혼자서
☐☐ 0342	单位 ✿	dānwèi	명 직장, 단위

☐☐ 0343	单元 ✬	dānyuán	몡 아파트의 라인, (교재 등의) 단원
☐☐ 0344	耽误 ✬	dānwu	동 (시간을) 지체하다
☐☐ 0345	胆小鬼 ✬	dǎnxiǎoguǐ	몡 겁쟁이
☐☐ 0346	淡 ✬	dàn	혱 싱겁다, (색깔이) 연하다
☐☐ 0347	蛋糕	dàngāo	몡 케이크
☐☐ 0348	当	dāng	동 되다, 맡다 갠 ~할 때
☐☐ 0349	当地 ✬	dāngdì	몡 현지, 그 지방
☐☐ 0350	当然	dāngrán	혱 당연하다, 물론이다
☐☐ 0351	当时	dāngshí	몡 당시, 그때
☐☐ 0352	当心 ✬	dāngxīn	동 조심하다, 주의하다
☐☐ 0353	挡 ✬	dǎng	동 막다, 저지하다
☐☐ 0354	刀	dāo	몡 칼
☐☐ 0355	导演 ✬	dǎoyǎn	몡 감독
☐☐ 0356	导游	dǎoyóu	몡 가이드
☐☐ 0357	导致 ✬	dǎozhì	동 야기하다, 초래하다
☐☐ 0358	岛屿 ✬	dǎoyǔ	몡 섬
☐☐ 0359	倒霉 ✬	dǎoméi	혱 운수 사납다
☐☐ 0360	到	dào	갠 ~까지 동 도착하다
☐☐ 0361	到处	dàochù	부 도처에, 곳곳에
☐☐ 0362	到达 ✬	dàodá	동 도착하다, 이르다
☐☐ 0363	到底	dàodǐ	부 도대체
☐☐ 0364	倒	dào	동 따르다, 붓다, 쏟다 *dǎo 동 쓰러지다, 넘어지다
☐☐ 0365	道德 ✬	dàodé	몡 도덕
☐☐ 0366	道理 ✬	dàolǐ	몡 도리, 일리
☐☐ 0367	道歉	dàoqiàn	동 사과하다
☐☐ 0368	得意	déyì	혱 득의하다, 의기양양하다
☐☐ 0369	地	de	조 동사 앞에서 부사어를 연결함
☐☐ 0370	的	de	조 명사 앞에서 관형어를 연결함
☐☐ 0371	得	de	조 동사와 형용사 뒤에서 정도와 가능을 보충함
☐☐ 0372	得	děi	조동 마땅히 ~해야 한다
☐☐ 0373	灯	dēng	몡 등
☐☐ 0374	登机牌	dēngjīpái	몡 탑승권
☐☐ 0375	登记 ✬	dēngjì	동 등기하다, 등록하다

☐☐ 0376	等	děng	조 등, 따위[명사 나열 후 한정을 나타냄]
☐☐ 0377	等	děng	동 기다리다
☐☐ 0378	等待 ✹	děngdài	동 기다리다
☐☐ 0379	等于 ✹	děngyú	동 (수·수량 등이) 같다
☐☐ 0380	低	dī	형 낮다
☐☐ 0381	滴 ✹	dī	동 (액체 등이) 떨어지다 양 방울[둥글게 맺힌 액체 덩이를 세는 단위]
☐☐ 0382	的确 ✹	díquè	부 확실히, 정말
☐☐ 0383	敌人 ✹	dírén	명 적
☐☐ 0384	底	dǐ	명 바닥, 밑
☐☐ 0385	地道 ✹	dìdao	형 진짜의, 본고장의
☐☐ 0386	地点	dìdiǎn	명 지점
☐☐ 0387	地方	dìfang	명 곳, 장소
☐☐ 0388	地理 ✹	dìlǐ	명 지리
☐☐ 0389	地球	dìqiú	명 지구
☐☐ 0390	地区 ✹	dìqū	명 지역
☐☐ 0391	地毯 ✹	dìtǎn	명 양탄자, 카펫
☐☐ 0392	地铁	dìtiě	명 지하철
☐☐ 0393	地图	dìtú	명 지도
☐☐ 0394	地位 ✹	dìwèi	명 지위, 위치
☐☐ 0395	地震 ✹	dìzhèn	명 지진
☐☐ 0396	地址	dìzhǐ	명 주소
☐☐ 0397	弟弟	dìdi	명 남동생
☐☐ 0398	递 ✹	dì	동 전하다, 건네주다
☐☐ 0399	第一	dì-yī	수 첫 번째, 제일
☐☐ 0400	点	diǎn	양 시[시간을 세는 단위] 동 주문하다
☐☐ 0401	点心 ✹	diǎnxin	명 디저트
☐☐ 0402	电池 ✹	diànchí	명 전지, 배터리
☐☐ 0403	电脑	diànnǎo	명 컴퓨터
☐☐ 0404	电视	diànshì	명 텔레비전
☐☐ 0405	电台 ✹	diàntái	명 라디오 방송국

□□ 0406	电梯	diàntī	몡 엘리베이터
□□ 0407	电影	diànyǐng	몡 영화
□□ 0408	电子邮件	diànzǐ yóujiàn	몡 전자우편, 이메일
□□ 0409	钓 ✦	diào	동 낚시하다
□□ 0410	调查	diàochá	동 조사하다
□□ 0411	掉	diào	동 떨어지다
□□ 0412	顶 ✦	dǐng	몡 꼭대기, 정수리
□□ 0413	丢	diū	동 잃어버리다
□□ 0414	东	dōng	몡 동쪽
□□ 0415	东西	dōngxi	몡 물건, 것
□□ 0416	冬	dōng	몡 겨울
□□ 0417	懂	dǒng	동 알다, 이해하다
□□ 0418	动画片 ✦	dònghuàpiàn	몡 만화영화, 애니메이션
□□ 0419	动物	dòngwù	몡 동물
□□ 0420	动作	dòngzuò	몡 동작
□□ 0421	冻 ✦	dòng	동 얼다
□□ 0422	洞 ✦	dòng	몡 구멍, 동굴
□□ 0423	都	dōu	뷔 모두
□□ 0424	豆腐 ✦	dòufu	몡 두부
□□ 0425	逗 ✦	dòu	동 놀리다, 약 올리다
□□ 0426	独立 ✦	dúlì	동 홀로 서다, 독립하다
□□ 0427	独特 ✦	dútè	혱 독특하다
□□ 0428	读	dú	동 읽다, 공부하다
□□ 0429	堵车	dǔchē	동 교통이 막히다
□□ 0430	肚子	dùzi	몡 (사람이나 동물의) 배, 복부
□□ 0431	度过 ✦	dùguò	동 보내다, 지내다
□□ 0432	短	duǎn	혱 (길이가) 짧다
□□ 0433	短信	duǎnxìn	몡 문자 메시지
□□ 0434	段	duàn	양 (한)동안, 기간, 구간
□□ 0435	断 ✦	duàn	동 자르다, 끊다
□□ 0436	锻炼	duànliàn	동 단련하다
□□ 0437	堆 ✦	duī	동 쌓다 양 무더기, 무리, 떼

☐☐ 0438	对	duì	형 맞다, 정확하다
☐☐ 0439	对	duì	개 ~에 대해
☐☐ 0440	对比 ✹	duìbǐ	동 대조 비교하다
☐☐ 0441	对不起	duìbuqǐ	동 미안하다, 죄송하다
☐☐ 0442	对待 ✹	duìdài	동 대하다
☐☐ 0443	对方 ✹	duìfāng	명 상대방, 상대
☐☐ 0444	对话	duìhuà	명 대화
☐☐ 0445	对面	duìmiàn	명 맞은편
☐☐ 0446	对手 ✹	duìshǒu	명 (시합) 상대
☐☐ 0447	对象 ✹	duìxiàng	명 대상
☐☐ 0448	对于	duìyú	개 ~에 대해
☐☐ 0449	兑换 ✹	duìhuàn	동 환전하다, 화폐로 바꾸다
☐☐ 0450	吨 ✹	dūn	양 톤(ton)
☐☐ 0451	蹲 ✹	dūn	동 쭈그려 앉다, 쪼그리고 앉다
☐☐ 0452	顿 ✹	dùn	동 잠시 멈추다
☐☐ 0453	多	duō	형 (수량이) 많다
☐☐ 0454	多亏 ✹	duōkuī	동 덕분이다, 덕택이다
☐☐ 0455	多么	duōme	부 얼마나[의문문에서 정도를 나타냄]
☐☐ 0456	多少	duōshao	부 얼마나[의문문에서 수량을 나타냄]
☐☐ 0457	多余 ✹	duōyú	형 나머지의, 여분의
☐☐ 0458	朵 ✹	duǒ	양 송이[구름·꽃 등을 세는 단위]
☐☐ 0459	躲藏 ✹	duǒcáng	동 숨기다, 숨다
☐☐ 0460	恶劣 ✹	èliè	형 매우 나쁘다, 열악하다
☐☐ 0461	饿	è	형 배고프다
☐☐ 0462	儿童	értóng	명 아동, 어린이
☐☐ 0463	儿子	érzi	명 아들
☐☐ 0464	而	ér	접 그리고, 그러나
☐☐ 0465	耳朵	ěrduo	명 귀
☐☐ 0466	耳环 ✹	ěrhuán	명 귀고리
☐☐ 0467	二	èr	수 2, 둘

☐☐ 0468	发	fā	동 보내다, 발송하다
☐☐ 0469	发表 ✖	fābiǎo	동 발표하다
☐☐ 0470	发愁 ✖	fāchóu	동 골치 아파하다, 걱정하다
☐☐ 0471	发达 ✖	fādá	형 발달하다
☐☐ 0472	发抖 ✖	fādǒu	동 떨다
☐☐ 0473	发挥 ✖	fāhuī	동 발휘하다
☐☐ 0474	发明 ✖	fāmíng	동 발명하다
☐☐ 0475	发票 ✖	fāpiào	명 영수증
☐☐ 0476	发烧	fāshāo	동 열이 나다
☐☐ 0477	发生	fāshēng	동 발생하다, 생기다
☐☐ 0478	发现	fāxiàn	동 발견하다
☐☐ 0479	发言 ✖	fāyán	동 발언하다, 말하다
☐☐ 0480	发展	fāzhǎn	명 발전 동 발전하다
☐☐ 0481	罚款 ✖	fákuǎn	동 벌금을 물리다, 벌금을 부과하다
☐☐ 0482	法律	fǎlǜ	명 법률
☐☐ 0483	法院 ✖	fǎyuàn	명 법원
☐☐ 0484	翻 ✖	fān	동 뒤집다, 뒤집히다
☐☐ 0485	翻译	fānyì	명 번역(사), 통역(사) 동 번역(통역)하다
☐☐ 0486	烦恼	fánnǎo	형 고민하다
☐☐ 0487	繁荣 ✖	fánróng	형 번영하다, 번창하다
☐☐ 0488	反对	fǎnduì	동 반대하다
☐☐ 0489	反而 ✖	fǎn'ér	부 오히려, 도리어
☐☐ 0490	反复 ✖	fǎnfù	부 반복하여, 되풀이해서
☐☐ 0491	反应 ✖	fǎnyìng	동 반응하다
☐☐ 0492	反映 ✖	fǎnyìng	동 반영하다
☐☐ 0493	反正 ✖	fǎnzhèng	부 결국, 어차피, 어쨌든
☐☐ 0494	饭店	fàndiàn	명 호텔
☐☐ 0495	范围 ✖	fànwéi	명 범위
☐☐ 0496	方 ✖	fāng	형 사각형의, 입방체의
☐☐ 0497	方案 ✖	fāng'àn	명 방안, 방식, 계획
☐☐ 0498	方便	fāngbiàn	형 편리하다 동 편리하게 하다
☐☐ 0499	方法	fāngfǎ	명 방법
☐☐ 0500	方面	fāngmiàn	명 방면

05—08 DAYS 체크체크

1. 다음 단어와 뜻을 알맞게 연결해 보세요.

① 出席 •
② 从事 •
③ 促进 •
④ 达到 •
⑤ 贷款 •
⑥ 窗帘 •
⑦ 登记 •
⑧ 敌人 •
⑨ 度过 •
⑩ 朵 •

• ⓐ 달성하다, 도달하다
• ⓑ 출석하다
• ⓒ 대출하다
• ⓓ 등기하다, 등록하다
• ⓔ 커튼
• ⓕ 촉진하다, 촉진시키다
• ⓖ 적
• ⓗ 보내다, 지내다
• ⓘ 송이
• ⓙ 종사하다

2. 다음 단어를 중국어로 써 보세요.

① 바람이 불다
② 사직하다, 직장을 그만두다
③ 프린트하다
④ 할인하다
⑤ 대우, 대접
⑥ 도리, 일리
⑦ 지구
⑧ 알다, 이해하다
⑨ 단련하다
⑩ 영수증

정답

1. ①ⓑ ②ⓙ ③ⓕ ④ⓐ ⑤ⓒ ⑥ⓔ ⑦ⓓ ⑧ⓖ ⑨ⓗ ⑩ⓘ 2. ①吹 ②辞职 ③打印 ④打折 ⑤待遇 ⑥道理 ⑦地球 ⑧懂 ⑨锻炼 ⑩发票

3. 녹음을 듣고 해당 단어를 중국어로 써 보세요. **Test 02**

① ⬜
② ⬜
③ ⬜
④ ⬜
⑤ ⬜
⑥ ⬜
⑦ ⬜
⑧ ⬜
⑨ ⬜
⑩ ⬜

4. 다음 단어의 뜻을 써 보세요.

① 出色 _______________
② 传播 _______________
③ 粗心 _______________
④ 措施 _______________
⑤ 代替 _______________
⑥ 打喷嚏 _______________
⑦ 导致 _______________
⑧ 得意 _______________
⑨ 等于 _______________
⑩ 钓 _______________
⑪ 丢 _______________
⑫ 独立 _______________
⑬ 躲藏 _______________
⑭ 恶劣 _______________
⑮ 发愁 _______________
⑯ 罚款 _______________
⑰ 烦恼 _______________
⑱ 反而 _______________
⑲ 发展 _______________
⑳ 方案 _______________

☐☐ 0501	方式 ✖	fāngshì	몡 방식
☐☐ 0502	方向	fāngxiàng	몡 방향
☐☐ 0503	妨碍 ✖	fáng'ài	동 방해하다, 지장을 주다
☐☐ 0504	房东	fángdōng	몡 집주인
☐☐ 0505	房间	fángjiān	몡 방
☐☐ 0506	仿佛 ✖	fǎngfú	부 마치 ~과 같다, 마치 ~인 듯하다
☐☐ 0507	放	fàng	동 두다, 놓다
☐☐ 0508	放弃	fàngqì	동 포기하다
☐☐ 0509	放暑假	fàng shǔjià	여름 방학을 하다
☐☐ 0510	放松	fàngsōng	동 긴장을 풀다, 느슨하게 하다
☐☐ 0511	放心	fàngxīn	동 안심하다, 마음을 놓다
☐☐ 0512	飞机	fēijī	몡 비행기
☐☐ 0513	非 ✖	fēi	동 ~이(가) 아니다 부 기필코, 꼭
☐☐ 0514	非常	fēicháng	부 매우, 대단히
☐☐ 0515	肥皂 ✖	féizào	몡 비누
☐☐ 0516	废话 ✖	fèihuà	동 쓸데없는 말을 하다
☐☐ 0517	分	fēn	양 (시간의) 분 동 나누다
☐☐ 0518	分别 ✖	fēnbié	부 각각
☐☐ 0519	分布 ✖	fēnbù	동 분포하다
☐☐ 0520	分配 ✖	fēnpèi	동 분배하다
☐☐ 0521	分手 ✖	fēnshǒu	동 헤어지다
☐☐ 0522	分析 ✖	fēnxī	동 분석하다
☐☐ 0523	分钟	fēnzhōng	몡 분[시간의 길이를 나타냄]
☐☐ 0524	纷纷 ✖	fēnfēn	부 잇달아 형 분분하다
☐☐ 0525	份	fèn	양 부, 통, 권[문서·신문 등을 세는 단위]
☐☐ 0526	奋斗 ✖	fèndòu	동 분투하다, 노력하다
☐☐ 0527	丰富	fēngfù	형 풍부하다
☐☐ 0528	风格 ✖	fēnggé	몡 풍격, 품격, 스타일
☐☐ 0529	风景 ✖	fēngjǐng	몡 풍경
☐☐ 0530	风俗 ✖	fēngsú	몡 풍속

☐☐ 0531	风险 ✸	fēngxiǎn	몡 위험(risk)
☐☐ 0532	疯狂 ✸	fēngkuáng	휑 미친 듯하다, 미치다
☐☐ 0533	讽刺 ✸	fěngcì	통 풍자하다
☐☐ 0534	否定 ✸	fǒudìng	통 부정하다
☐☐ 0535	否认 ✸	fǒurèn	통 부인하다
☐☐ 0536	否则	fǒuzé	젭 그렇지 않으면
☐☐ 0537	扶 ✸	fú	통 (손으로) 받치다, 부축하다
☐☐ 0538	服务员	fúwùyuán	몡 종업원
☐☐ 0539	服装 ✸	fúzhuāng	몡 의복, 의상
☐☐ 0540	符合	fúhé	통 부합하다
☐☐ 0541	幅 ✸	fú	양 폭[직물·그림 등을 세는 단위]
☐☐ 0542	辅导 ✸	fǔdǎo	통 (과외) 지도하다, 스터디하다
☐☐ 0543	父亲	fùqīn	몡 부친, 아버지
☐☐ 0544	付款	fùkuǎn	통 돈을 지불하다
☐☐ 0545	负责	fùzé	통 책임지다, 맡다
☐☐ 0546	妇女 ✸	fùnǚ	몡 부녀자
☐☐ 0547	附近	fùjìn	몡 부근, 근처
☐☐ 0548	复习	fùxí	통 복습하다
☐☐ 0549	复印	fùyìn	통 복사하다
☐☐ 0550	复杂	fùzá	휑 복잡하다
☐☐ 0551	复制 ✸	fùzhì	통 복제하다
☐☐ 0552	富	fù	휑 부유하다
☐☐ 0553	改变	gǎibiàn	통 변하다, 바뀌다, 달라지다
☐☐ 0554	改革 ✸	gǎigé	통 개혁하다
☐☐ 0555	改进 ✸	gǎijìn	통 개선하다, 개진하다
☐☐ 0556	改善 ✸	gǎishàn	통 개선하다
☐☐ 0557	改正 ✸	gǎizhèng	통 개정하다, 바르게 고치다
☐☐ 0558	盖 ✸	gài	통 덮다
☐☐ 0559	概括 ✸	gàikuò	통 개괄하다, 요약하다
☐☐ 0560	概念 ✸	gàiniàn	몡 개념
☐☐ 0561	干杯	gānbēi	통 건배하다
☐☐ 0562	干脆 ✸	gāncuì	튄 차라리, 아예 휑 (대답 등이) 명쾌하다, 흔쾌하다

0563	干净	gānjìng	형 깨끗하다
0564	干燥 ✬	gānzào	형 건조하다, 마르다
0565	赶	gǎn	동 서둘러 ~하다
0566	赶紧 ✬	gǎnjǐn	부 서둘러, 얼른
0567	赶快 ✬	gǎnkuài	부 재빨리, 속히
0568	敢	gǎn	조동 과감하게 ~하다
0569	感动	gǎndòng	동 감동하다
0570	感激 ✬	gǎnjī	동 감사하다
0571	感觉	gǎnjué	명 감각 동 (~라고) 느끼다
0572	感冒	gǎnmào	동 감기에 걸리다 명 감기
0573	感情	gǎnqíng	명 감정
0574	感受 ✬	gǎnshòu	명 느낌
0575	感想 ✬	gǎnxiǎng	명 감상
0576	感谢	gǎnxiè	동 고맙다
0577	感兴趣	gǎn xìngqù	관심이 있다, 흥미 있다
0578	干	gàn	동 하다
0579	干活儿 ✬	gànhuór	동 일하다
0580	刚	gāng	부 막, 방금
0581	刚才	gāngcái	명 방금 전
0582	钢铁 ✬	gāngtiě	명 강철
0583	高	gāo	형 높다
0584	高档 ✬	gāodàng	형 고품질의, 고급의
0585	高级 ✬	gāojí	형 고급의
0586	高速公路	gāosù gōnglù	명 고속도로
0587	高兴	gāoxìng	형 기쁘다, 유쾌하다
0588	搞 ✬	gǎo	동 ~을 하다, 종사하다
0589	告别 ✬	gàobié	동 이별을 고하다
0590	告诉	gàosu	동 알리다
0591	哥哥	gēge	명 형, 오빠
0592	胳膊	gēbo	명 팔

☐☐ 0593	格外 ✿	géwài	🖪 특히, 더욱, 유달리
☐☐ 0594	隔壁 ✿	gébì	🖪 이웃, 이웃집
☐☐ 0595	个	gè	🖪 명, 개[사람이나 사물을 세는 단위]
☐☐ 0596	个别 ✿	gèbié	🖪 개별적인, 개개의
☐☐ 0597	个人 ✿	gèrén	🖪 개인
☐☐ 0598	个性 ✿	gèxìng	🖪 개성
☐☐ 0599	个子	gèzi	🖪 키
☐☐ 0600	各	gè	🖪 각, 여러 가지
☐☐ 0601	各自 ✿	gèzì	🖪 각자, 각각의
☐☐ 0602	给	gěi	🖪 ~에게 ~을 주다 🖪 ~에게
☐☐ 0603	根 ✿	gēn	🖪 (식물의) 뿌리 🖪 개, 가닥
☐☐ 0604	根本 ✿	gēnběn	🖪 근본 🖪 전혀, 아예
☐☐ 0605	根据	gēnjù	🖪 ~에 근거하여
☐☐ 0606	跟	gēn	🖪 ~와, ~과
☐☐ 0607	更	gèng	🖪 더, 더욱
☐☐ 0608	工厂 ✿	gōngchǎng	🖪 공장
☐☐ 0609	工程师 ✿	gōngchéngshī	🖪 기술자, 엔지니어
☐☐ 0610	工具 ✿	gōngjù	🖪 도구, 공구
☐☐ 0611	工人 ✿	gōngrén	🖪 노동자, 근로자
☐☐ 0612	工业 ✿	gōngyè	🖪 공업
☐☐ 0613	工资	gōngzī	🖪 월급
☐☐ 0614	工作	gōngzuò	🖪 일하다 🖪 일
☐☐ 0615	公布 ✿	gōngbù	🖪 공포하다
☐☐ 0616	公共汽车	gōnggòng qìchē	🖪 버스
☐☐ 0617	公斤	gōngjīn	🖪 킬로그램(kg)
☐☐ 0618	公开 ✿	gōngkāi	🖪 공개하다
☐☐ 0619	公里	gōnglǐ	🖪 킬로미터(km)
☐☐ 0620	公平 ✿	gōngpíng	🖪 공평하다
☐☐ 0621	公司	gōngsī	🖪 회사
☐☐ 0622	公寓 ✿	gōngyù	🖪 아파트
☐☐ 0623	公元 ✿	gōngyuán	🖪 서기(西紀)
☐☐ 0624	公园	gōngyuán	🖪 공원
☐☐ 0625	公主 ✿	gōngzhǔ	🖪 공주

☐☐ 0626	功夫	gōngfu	몡 쿵후, 무술, 시간, 재주, 솜씨
☐☐ 0627	功能 ✖	gōngnéng	몡 기능, 효능, 작용
☐☐ 0628	恭喜 ✖	gōngxǐ	통 축하하다
☐☐ 0629	共同	gòngtóng	혱 공동의, 공통의
☐☐ 0630	贡献 ✖	gòngxiàn	통 공헌하다, 이바지하다
☐☐ 0631	沟通 ✖	gōutōng	통 소통하다
☐☐ 0632	狗	gǒu	몡 개
☐☐ 0633	构成 ✖	gòuchéng	통 구성하다, 형성하다
☐☐ 0634	购物	gòuwù	통 구매하다
☐☐ 0635	够	gòu	통 (수량·기준 등을) 만족시키다 혱 충분하다
☐☐ 0636	估计	gūjì	통 추측하다
☐☐ 0637	姑姑 ✖	gūgu	몡 고모
☐☐ 0638	姑娘 ✖	gūniang	몡 아가씨, 처녀
☐☐ 0639	古代 ✖	gǔdài	몡 고대
☐☐ 0640	古典 ✖	gǔdiǎn	몡 고전
☐☐ 0641	股票 ✖	gǔpiào	몡 주식
☐☐ 0642	骨头 ✖	gǔtou	몡 뼈
☐☐ 0643	鼓励	gǔlì	통 격려하다
☐☐ 0644	鼓舞 ✖	gǔwǔ	통 격려하다, 분발하게 하다
☐☐ 0645	鼓掌 ✖	gǔzhǎng	통 손뼉을 치다, 박수 치다
☐☐ 0646	固定 ✖	gùdìng	혱 고정적이다
☐☐ 0647	故事	gùshi	몡 이야기
☐☐ 0648	故意	gùyì	붿 고의로, 일부러
☐☐ 0649	顾客	gùkè	몡 고객
☐☐ 0650	刮风	guāfēng	통 바람이 불다
☐☐ 0651	挂	guà	통 걸다
☐☐ 0652	挂号 ✖	guàhào	통 등록하다, 접수하다
☐☐ 0653	乖 ✖	guāi	혱 말을 잘 듣다
☐☐ 0654	拐弯 ✖	guǎiwān	통 방향을 바꾸다, 커브를 돌다
☐☐ 0655	怪不得 ✖	guàibude	붿 어쩐지

☐☐ 0656	关	guān	통 닫다, 끄다
☐☐ 0657	关闭 ✦	guānbì	통 닫다
☐☐ 0658	关键	guānjiàn	명 관건
☐☐ 0659	关系	guānxi	명 관계
☐☐ 0660	关心	guānxīn	명 관심 통 관심을 갖다
☐☐ 0661	关于	guānyú	개 ~에 관해서
☐☐ 0662	观察 ✦	guānchá	통 관찰하다
☐☐ 0663	观点 ✦	guāndiǎn	명 관점, 입장
☐☐ 0664	观念 ✦	guānniàn	명 관념, 의식
☐☐ 0665	观众	guānzhòng	명 관중
☐☐ 0666	官 ✦	guān	명 관, 정부, 관청
☐☐ 0667	管理	guǎnlǐ	통 관리하다
☐☐ 0668	管子 ✦	guǎnzi	명 관, 파이프
☐☐ 0669	冠军 ✦	guànjūn	명 1등, 챔피언, 우승
☐☐ 0670	光	guāng	명 빛 부 단지, 다만
☐☐ 0671	光滑 ✦	guānghuá	형 반들반들하다, 매끄럽다
☐☐ 0672	光临 ✦	guānglín	통 왕림하다
☐☐ 0673	光明 ✦	guāngmíng	명 광명, 빛 형 밝게 빛나다
☐☐ 0674	光盘 ✦	guāngpán	명 콤팩트디스크, CD
☐☐ 0675	广播	guǎngbō	통 방송하다
☐☐ 0676	广场 ✦	guǎngchǎng	명 광장
☐☐ 0677	广大 ✦	guǎngdà	형 넓다
☐☐ 0678	广泛 ✦	guǎngfàn	형 광범하다, 범위가 넓다
☐☐ 0679	广告	guǎnggào	명 광고
☐☐ 0680	逛	guàng	통 거닐다
☐☐ 0681	归纳 ✦	guīnà	통 귀납하다, 종합하다
☐☐ 0682	规定	guīdìng	명 규정 통 규정하다
☐☐ 0683	规矩 ✦	guīju	명 (예의) 범절
☐☐ 0684	规律 ✦	guīlǜ	형 규칙적이다 명 법칙
☐☐ 0685	规模 ✦	guīmó	명 규모
☐☐ 0686	规则 ✦	guīzé	명 규칙
☐☐ 0687	柜台 ✦	guìtái	명 카운터, 계산대

☐☐ 0688	贵	guì	형	비싸다
☐☐ 0689	滚 ✭	gǔn	동	구르다, 뒹굴다
☐☐ 0690	锅 ✭	guō	명	솥, 냄비
☐☐ 0691	国籍	guójí	명	국적
☐☐ 0692	国际	guójì	형	국제적인
☐☐ 0693	国家	guójiā	명	국가
☐☐ 0694	国庆节 ✭	Guóqìngjié	명	국경절
☐☐ 0695	国王 ✭	guówáng	명	국왕
☐☐ 0696	果然 ✭	guǒrán	부	과연
☐☐ 0697	果实 ✭	guǒshí	명	과실
☐☐ 0698	果汁	guǒzhī	명	과일 주스
☐☐ 0699	过	guò	동	건너다, 지나가다
☐☐ 0700	过程	guòchéng	명	과정
☐☐ 0701	过分 ✭	guòfèn	형	넘어서다, 지나치다
☐☐ 0702	过敏 ✭	guòmǐn	동	알레르기 반응을 보이다
☐☐ 0703	过期 ✭	guòqī	동	기한을 넘기다, 기한이 지나다
☐☐ 0704	过去	guòqù	명	과거
☐☐ 0705	过	guo	조	동사 뒤에서 경험을 나타냄
☐☐ 0706	哈 ✭	hā	동	하하(크게 웃는 소리)
☐☐ 0707	还	hái	부	여전히, 아직도
☐☐ 0708	还是	háishi	부	여전히, (아무래도) ~가 낫다
☐☐ 0709	孩子	háizi	명	아이
☐☐ 0710	海关 ✭	hǎiguān	명	세관
☐☐ 0711	海鲜 ✭	hǎixiān	명	해산물, 해물
☐☐ 0712	海洋	hǎiyáng	명	해양
☐☐ 0713	害怕	hàipà	동	두려워하다, 무서워하다
☐☐ 0714	害羞	hàixiū	형	부끄러워하다, 수줍어하다
☐☐ 0715	寒假	hánjià	명	겨울 방학
☐☐ 0716	喊 ✭	hǎn	동	소리치다, 큰 소리로 부르다
☐☐ 0717	汉语	Hànyǔ	명	중국어

□□ 0718	汗	hàn	명 땀
□□ 0719	行业 ✿	hángyè	명 업계
□□ 0720	航班	hángbān	명 (배·비행기의) 정기편
□□ 0721	豪华 ✿	háohuá	형 호화롭다
□□ 0722	好	hǎo	형 좋다
□□ 0723	好吃	hǎochī	형 맛있다
□□ 0724	好处	hǎochu	명 장점, 좋은 점
□□ 0725	好像	hǎoxiàng	부 (마치) ~과 같다
□□ 0726	号	hào	명 번호, 사이즈, 일[날짜를 나타냄]
□□ 0727	号码	hàomǎ	명 번호
□□ 0728	好客 ✿	hàokè	형 손님 접대를 좋아하다
□□ 0729	好奇 ✿	hàoqí	형 호기심이 많다
□□ 0730	喝	hē	동 마시다
□□ 0731	合法 ✿	héfǎ	형 합법적이다
□□ 0732	合格	hégé	동 합격하다
□□ 0733	合理 ✿	hélǐ	형 합리적이다, 도리에 맞다
□□ 0734	合适	héshì	형 알맞다, 적합하다
□□ 0735	合同 ✿	hétong	명 계약
□□ 0736	合影 ✿	héyǐng	동 함께 (사진을) 찍다
□□ 0737	合作 ✿	hézuò	동 협력하다
□□ 0738	何必 ✿	hébì	부 ~할 필요가 있는가
□□ 0739	何况 ✿	hékuàng	접 하물며, 더군다나
□□ 0740	和	hé	개 ~와, ~과
□□ 0741	和平 ✿	hépíng	명 평화
□□ 0742	核心 ✿	héxīn	명 핵심, 중심
□□ 0743	盒子	hézi	명 상자
□□ 0744	黑	hēi	형 검다, 어둡다
□□ 0745	黑板	hēibǎn	명 칠판
□□ 0746	很	hěn	부 매우
□□ 0747	恨 ✿	hèn	동 원망하다, 증오하다
□□ 0748	红	hóng	형 붉다
□□ 0749	猴子 ✿	hóuzi	명 원숭이
□□ 0750	后背 ✿	hòubèi	명 등

☐ 실력점검 _____ /50   ☐ 오답확인

1. 다음 단어와 뜻을 알맞게 연결해 보세요.

① 仿佛 •

② 风险 •

③ 付款 •

④ 改善 •

⑤ 感激 •

⑥ 格外 •

⑦ 功能 •

⑧ 购物 •

⑨ 鼓励 •

⑩ 过期 •

• ⓐ 개선하다

• ⓑ 마치 ~과 같다, 마치 ~인 듯하다

• ⓒ 특히, 더욱, 유달리

• ⓓ 기능, 효능, 작용

• ⓔ 구매하다

• ⓕ 격려하다

• ⓖ 위험(risk)

• ⓗ 기한을 넘기다, 기한이 지나다

• ⓘ 감사하다

• ⓙ 돈을 지불하다

2. 다음 단어를 중국어로 써 보세요.

① 포기하다

② 풍부하다

③ 그렇지 않으면

④ 건조하다, 마르다

⑤ 이웃, 이웃집

⑥ 공헌하다, 이바지하다

⑦ 주식

⑧ 어쩐지

⑨ 규모

⑩ 과정

3. 녹음을 듣고 해당 단어를 중국어로 써 보세요. **Test 03**

① __________ ② __________

③ __________ ④ __________

⑤ __________ ⑥ __________

⑦ __________ ⑧ __________

⑨ __________ ⑩ __________

4. 다음 단어의 뜻을 써 보세요.

① 妨碍 __________ ② 放松 __________

③ 符合 __________ ④ 赶紧 __________

⑤ 干活儿 __________ ⑥ 搞 __________

⑦ 工资 __________ ⑧ 估计 __________

⑨ 故意 __________ ⑩ 关键 __________

⑪ 广泛 __________ ⑫ 果然 __________

⑬ 过敏 __________ ⑭ 喊 __________

⑮ 航班 __________ ⑯ 好像 __________

⑰ 合适 __________ ⑱ 合影 __________

⑲ 分手 __________ ⑳ 核心 __________

☑☐ 0751	后果 ✨	hòuguǒ	몡 (나쁜) 결과
☑☐ 0752	后悔	hòuhuǐ	통 후회하다
☑☐ 0753	后来	hòulái	몡 그 후, 그다음
☑☐ 0754	后面	hòumiàn	몡 뒤, 뒤쪽
☑☐ 0755	厚	hòu	톙 두껍다
☑☐ 0756	呼吸 ✨	hūxī	통 호흡하다
☑☐ 0757	忽然 ✨	hūrán	뷔 갑자기
☑☐ 0758	忽视 ✨	hūshì	통 소홀히 하다
☑☐ 0759	胡说 ✨	húshuō	통 헛소리하다
☑☐ 0760	胡同 ✨	hútòng	몡 골목 고유 후퉁
☑☐ 0761	壶 ✨	hú	몡 주전자, 항아리, 냄비
☑☐ 0762	蝴蝶 ✨	húdié	몡 나비
☑☐ 0763	糊涂 ✨	hútu	톙 어리석다, 멍청하다
☑☐ 0764	互联网	hùliánwǎng	몡 인터넷
☑☐ 0765	互相	hùxiāng	뷔 서로, 상호
☑☐ 0766	护士	hùshi	몡 간호사
☑☐ 0767	护照	hùzhào	몡 여권
☑☐ 0768	花	huā	몡 꽃
☑☐ 0769	花生 ✨	huāshēng	몡 땅콩
☑☐ 0770	花	huā	통 (돈·시간 등을) 쓰다, 소비하다
☑☐ 0771	划 ✨	huá	통 배를 젓다
☑☐ 0772	华裔 ✨	huáyì	몡 외국의 중국인 후예, 화교
☑☐ 0773	滑 ✨	huá	톙 미끄럽다, 반들반들하다
☑☐ 0774	化学 ✨	huàxué	몡 화학
☑☐ 0775	画	huà	몡 그림 통 그리다
☑☐ 0776	话题 ✨	huàtí	몡 화제, 논제
☑☐ 0777	怀念 ✨	huáiniàn	통 그리다, 그리워하다
☑☐ 0778	怀疑	huáiyí	통 의심하다
☑☐ 0779	怀孕 ✨	huáiyùn	통 임신하다
☑☐ 0780	坏	huài	톙 나쁘다 통 상하다, 고장 나다

0781	欢迎	huānyíng	동 환영하다
0782	还	huán	동 돌려주다
0783	环境	huánjìng	명 환경
0784	缓解 ✄	huǎnjiě	동 풀어지다, 느슨해지다
0785	幻想 ✄	huànxiǎng	동 환상을 가지다
0786	换	huàn	동 교환하다, 바꾸다
0787	慌张 ✄	huāngzhāng	형 허둥대다
0788	黄河	Huáng Hé	고유 황허
0789	黄金 ✄	huángjīn	명 황금
0790	灰 ✄	huī	명 재
0791	灰尘 ✄	huīchén	명 먼지
0792	灰心 ✄	huīxīn	동 낙담하다, 낙심하다
0793	挥 ✄	huī	동 휘두르다, 흔들다
0794	恢复 ✄	huīfù	동 회복하다, 회복되다
0795	回	huí	동 돌다, 되돌아가다
0796	回答	huídá	동 대답하다
0797	回忆	huíyì	동 회상하다
0798	汇率 ✄	huìlǜ	명 환율
0799	会	huì	조동 (배워서) ~할 수 있다, ~할 가능성이 있다
0800	会议	huìyì	명 회의
0801	婚礼 ✄	hūnlǐ	명 결혼식, 혼례
0802	婚姻 ✄	hūnyīn	명 혼인, 결혼
0803	活动	huódòng	명 활동, 행사 동 (몸을) 움직이다, 활동하다
0804	活泼	huópo	형 활발하다
0805	活跃 ✄	huóyuè	형 활동적이다, 활기 있다 동 활기를 띠게 하다
0806	火	huǒ	명 불
0807	火柴 ✄	huǒchái	명 성냥
0808	火车站	huǒchēzhàn	명 기차역
0809	伙伴 ✄	huǒbàn	명 동료, 동업자
0810	或许 ✄	huòxǔ	부 아마, 어쩌면
0811	或者	huòzhě	접 ~이든가 아니면 ~이다[선택을 나타냄]
0812	获得	huòdé	동 얻다, 획득하다

☐☐ 0813	几乎	jīhū	閉 거의, 하마터면
☐☐ 0814	机场	jīchǎng	圕 공항
☐☐ 0815	机会	jīhuì	圕 기회
☐☐ 0816	机器 ✹	jīqì	圕 기계, 기기
☐☐ 0817	肌肉 ✹	jīròu	圕 근육
☐☐ 0818	鸡蛋	jīdàn	圕 계란
☐☐ 0819	积极	jījí	圀 적극적이다, 긍정적이다
☐☐ 0820	积累	jīlěi	圐 쌓이다, 축적하다
☐☐ 0821	基本 ✹	jīběn	圀 기본의, 기본적인
☐☐ 0822	基础	jīchǔ	圕 기초
☐☐ 0823	激动	jīdòng	圐 감격하다, 흥분하다
☐☐ 0824	激烈 ✹	jīliè	圀 격렬하다, 치열하다
☐☐ 0825	及格 ✹	jígé	圐 합격하다
☐☐ 0826	及时	jíshí	閉 즉시, 곧바로
☐☐ 0827	极	jí	閉 극히, 몹시
☐☐ 0828	极其 ✹	jíqí	閉 매우, 대단히
☐☐ 0829	即使	jíshǐ	阇 설령 ~일지라도
☐☐ 0830	急忙 ✹	jímáng	閉 급히, 황급히
☐☐ 0831	急诊 ✹	jízhěn	圕 응급 진료
☐☐ 0832	集合 ✹	jíhé	圐 집합하다
☐☐ 0833	集体 ✹	jítǐ	圕 집단, 단체
☐☐ 0834	集中 ✹	jízhōng	圐 집중하다, 모으다
☐☐ 0835	几	jǐ	囹 몇[수를 묻는 데 쓰임]
☐☐ 0836	计划	jìhuà	圕 계획 圐 계획하다
☐☐ 0837	计算 ✹	jìsuàn	圐 계산하다, 셈하다
☐☐ 0838	记得	jìde	圐 기억하고 있다
☐☐ 0839	记录 ✹	jìlù	圐 기록하다
☐☐ 0840	记忆 ✹	jìyì	圐 기억하다, 떠올리다
☐☐ 0841	记者	jìzhě	圕 기자
☐☐ 0842	纪录 ✹	jìlù	圕 기록

☐☐ 0843	纪律 ✦	jìlǜ	몡 규율
☐☐ 0844	纪念 ✦	jìniàn	통 기념하다
☐☐ 0845	技术	jìshù	몡 기술
☐☐ 0846	系领带 ✦	jì lǐngdài	통 넥타이를 메다
☐☐ 0847	季节	jìjié	몡 계절
☐☐ 0848	既然	jìrán	젭 기왕 이렇게 된 바에야
☐☐ 0849	继续	jìxù	통 계속하다
☐☐ 0850	寄	jì	통 (우편으로) 부치다
☐☐ 0851	寂寞 ✦	jìmò	혱 외롭다, 쓸쓸하다
☐☐ 0852	加班	jiābān	통 초과근무 하다, 야근하다
☐☐ 0853	加油站	jiāyóuzhàn	몡 주유소
☐☐ 0854	夹子 ✦	jiāzi	몡 집게, 클립
☐☐ 0855	家	jiā	몡 집 떙 집, 점포 등을 세는 단위
☐☐ 0856	家具	jiājù	몡 가구
☐☐ 0857	家庭 ✦	jiātíng	몡 가정
☐☐ 0858	家务 ✦	jiāwù	몡 가사, 집안일
☐☐ 0859	家乡 ✦	jiāxiāng	몡 고향
☐☐ 0860	嘉宾 ✦	jiābīn	몡 귀빈
☐☐ 0861	甲 ✦	jiǎ	몡 갑(甲)
☐☐ 0862	假	jiǎ	혱 거짓의, 가짜의
☐☐ 0863	假如 ✦	jiǎrú	젭 만약, 만일, 가령
☐☐ 0864	假设 ✦	jiǎshè	통 가정하다 몡 가설
☐☐ 0865	假装 ✦	jiǎzhuāng	통 가장하다, ~인 체하다
☐☐ 0866	价格	jiàgé	몡 가격
☐☐ 0867	价值 ✦	jiàzhí	몡 가치
☐☐ 0868	驾驶 ✦	jiàshǐ	통 운전하다
☐☐ 0869	嫁 ✦	jià	통 시집가다
☐☐ 0870	坚持	jiānchí	통 견지하다, (어떤 상태나 행위를) 지속하다
☐☐ 0871	坚决 ✦	jiānjué	혱 단호하다, 결연하다
☐☐ 0872	坚强 ✦	jiānqiáng	혱 굳세다, 굳고 강하다, 꿋꿋하다
☐☐ 0873	肩膀 ✦	jiānbǎng	몡 어깨
☐☐ 0874	艰巨 ✦	jiānjù	혱 어렵고 힘들다, 막중하다
☐☐ 0875	艰苦 ✦	jiānkǔ	혱 고달프다, 고생스럽다

☐☐ 0876	兼职 ✹	jiānzhí	몡 겸직 통 겸직하다
☐☐ 0877	捡 ✹	jiǎn	통 줍다
☐☐ 0878	检查	jiǎnchá	통 검사하다
☐☐ 0879	减肥	jiǎnféi	통 살을 빼다
☐☐ 0880	减少	jiǎnshǎo	통 감소하다
☐☐ 0881	剪刀 ✹	jiǎndāo	몡 가위
☐☐ 0882	简单	jiǎndān	혱 간단하다
☐☐ 0883	简历 ✹	jiǎnlì	몡 이력서
☐☐ 0884	简直 ✹	jiǎnzhí	뷔 그야말로
☐☐ 0885	见面	jiànmiàn	통 만나다
☐☐ 0886	件	jiàn	얭 건, 개[옷·사건 등을 세는 단위]
☐☐ 0887	建立 ✹	jiànlì	통 창설하다, 건립하다
☐☐ 0888	建设 ✹	jiànshè	통 건설하다
☐☐ 0889	建议	jiànyì	통 건의하다
☐☐ 0890	建筑 ✹	jiànzhù	몡 건축물
☐☐ 0891	健康	jiànkāng	몡 건강 혱 건강하다
☐☐ 0892	健身 ✹	jiànshēn	통 신체를 건강하게 하다
☐☐ 0893	键盘 ✹	jiànpán	몡 키보드
☐☐ 0894	将来	jiānglái	몡 장래
☐☐ 0895	讲	jiǎng	통 말하다, ~에 대해 논하다
☐☐ 0896	讲究 ✹	jiǎngjiu	통 중요시하다
☐☐ 0897	讲座 ✹	jiǎngzuò	몡 강좌
☐☐ 0898	奖金	jiǎngjīn	몡 상금, 보너스
☐☐ 0899	降低	jiàngdī	통 내려가다
☐☐ 0900	降落	jiàngluò	통 착륙하다
☐☐ 0901	酱油 ✹	jiàngyóu	몡 간장
☐☐ 0902	交	jiāo	통 건네다, 제출하다
☐☐ 0903	交换 ✹	jiāohuàn	통 교환하다
☐☐ 0904	交际 ✹	jiāojì	통 교제하다, 서로 사귀다
☐☐ 0905	交流	jiāoliú	통 교류하다

☐☐ 0906	交通	jiāotōng	몡 교통
☐☐ 0907	交往 ✹	jiāowǎng	동 왕래하다
☐☐ 0908	郊区	jiāoqū	명 변두리, 시외, 외곽
☐☐ 0909	浇 ✹	jiāo	동 (액체를) 뿌리다
☐☐ 0910	骄傲	jiāo'ào	형 오만하다, 거만하다
☐☐ 0911	胶水 ✹	jiāoshuǐ	명 풀
☐☐ 0912	教	jiāo	동 가르치다
☐☐ 0913	角	jiǎo	명 모서리, 구석 양 자오[중국의 화폐 단위]
☐☐ 0914	角度 ✹	jiǎodù	명 각도
☐☐ 0915	狡猾 ✹	jiǎohuá	형 교활하다
☐☐ 0916	饺子	jiǎozi	명 만두
☐☐ 0917	脚	jiǎo	명 발
☐☐ 0918	叫	jiào	동 부르다
☐☐ 0919	教材 ✹	jiàocái	명 교재
☐☐ 0920	教练 ✹	jiàoliàn	명 감독, 코치
☐☐ 0921	教室	jiàoshì	명 교실
☐☐ 0922	教授	jiàoshòu	명 교수
☐☐ 0923	教训 ✹	jiàoxùn	동 교훈하다
☐☐ 0924	教育	jiàoyù	명 교육
☐☐ 0925	阶段 ✹	jiēduàn	명 단계
☐☐ 0926	结实 ✹	jiēshi	형 견고하다
☐☐ 0927	接	jiē	동 마중하다
☐☐ 0928	接触 ✹	jiēchù	동 닿다, 접촉하다
☐☐ 0929	接待 ✹	jiēdài	동 접대하다, 응접하다
☐☐ 0930	接近 ✹	jiējìn	동 접근하다, 가까이하다
☐☐ 0931	接受	jiēshòu	동 받아들이다
☐☐ 0932	接着	jiēzhe	부 이어서, 뒤따라
☐☐ 0933	街道	jiēdào	명 거리
☐☐ 0934	节	jié	명 기념일, (식물의) 마디 양 여러 개로 나누어진 것을 세는 단위
☐☐ 0935	节目	jiémù	명 프로그램
☐☐ 0936	节日	jiérì	명 기념일, 경축일
☐☐ 0937	节省 ✹	jiéshěng	동 아끼다, 절약하다

☐☐ 0938	节约	jiéyuē	통 절약하다
☐☐ 0939	结构 ✹	jiégòu	명 구조
☐☐ 0940	结果	jiéguǒ	명 결과
☐☐ 0941	结合 ✹	jiéhé	통 결합하다
☐☐ 0942	结婚	jiéhūn	통 결혼하다
☐☐ 0943	结论 ✹	jiélùn	명 결론
☐☐ 0944	结束	jiéshù	통 끝나다
☐☐ 0945	结账 ✹	jiézhàng	통 장부를 결산하다, 계산하다
☐☐ 0946	姐姐	jiějie	명 누나, 언니
☐☐ 0947	解决	jiějué	통 해결하다
☐☐ 0948	解释	jiěshì	통 설명하다, 해명하다
☐☐ 0949	介绍	jièshào	통 소개하다
☐☐ 0950	戒 ✹	jiè	통 (좋지 못한 습관을) 끊다
☐☐ 0951	戒指 ✹	jièzhi	명 반지
☐☐ 0952	届 ✹	jiè	양 회[회의 등을 세는 단위]
☐☐ 0953	借	jiè	통 빌리다, 빌려주다
☐☐ 0954	借口 ✹	jièkǒu	명 구실, 핑계
☐☐ 0955	今天	jīntiān	명 오늘
☐☐ 0956	金属 ✹	jīnshǔ	명 금속
☐☐ 0957	尽管	jǐnguǎn	접 비록 ~라 할지라도
☐☐ 0958	尽快 ✹	jǐnkuài	부 되도록 빨리
☐☐ 0959	尽量 ✹	jǐnliàng	부 가능한 한, 최대한
☐☐ 0960	紧急 ✹	jǐnjí	형 긴급하다
☐☐ 0961	紧张	jǐnzhāng	형 긴장하다
☐☐ 0962	谨慎 ✹	jǐnshèn	형 신중하다
☐☐ 0963	尽力 ✹	jìnlì	통 온 힘을 다하다
☐☐ 0964	进	jìn	통 나아가다
☐☐ 0965	进步 ✹	jìnbù	통 진보하다 명 진보, 향상
☐☐ 0966	进口 ✹	jìnkǒu	통 수입하다
☐☐ 0967	进行	jìnxíng	통 진행하다

0968	近	jìn	형 가깝다
0969	近代 ✿	jìndài	명 근대
0970	禁止	jìnzhǐ	통 금지하다
0971	京剧	jīngjù	명 경극
0972	经常	jīngcháng	부 자주
0973	经典 ✿	jīngdiǎn	명 경전, 고전
0974	经过	jīngguò	통 (과정을) 거치다 명 (일의) 과정, 경과
0975	经济	jīngjì	명 경제
0976	经理	jīnglǐ	명 사장, 매니저
0977	经历	jīnglì	통 겪다
0978	经商 ✿	jīngshāng	통 장사하다
0979	经验	jīngyàn	명 경험
0980	经营 ✿	jīngyíng	통 경영하다
0981	精彩	jīngcǎi	형 훌륭하다
0982	精力 ✿	jīnglì	명 정력
0983	精神 ✿	jīngshén	명 정신
0984	景色	jǐngsè	명 경치
0985	警察	jǐngchá	명 경찰
0986	竞争	jìngzhēng	명 경쟁 통 경쟁하다
0987	竟然	jìngrán	부 뜻밖에도
0988	镜子	jìngzi	명 거울
0989	究竟	jiūjìng	부 도대체
0990	九	jiǔ	수 9, 아홉
0991	久	jiǔ	형 (시간이) 오래다
0992	酒吧 ✿	jiǔbā	명 술집, 바
0993	旧	jiù	형 낡다, 오래다
0994	救 ✿	jiù	통 구하다, 구제하다
0995	救护车 ✿	jiùhùchē	명 구급차
0996	就	jiù	부 바로, 곧
0997	舅舅 ✿	jiùjiu	명 외숙, 외삼촌
0998	居然 ✿	jūrán	부 뜻밖에
0999	桔子 ✿	júzi	명 귤
1000	举	jǔ	통 들다, 들어올리다

☐ 실력점검 _____ /50 ☐ 오답확인

1. 다음 단어와 뜻을 알맞게 연결해 보세요.

① 滑 ·
② 缓解 ·
③ 获得 ·
④ 积累 ·
⑤ 激烈 ·
⑥ 即使 ·
⑦ 假装 ·
⑧ 兼职 ·
⑨ 降低 ·
⑩ 解释 ·

· ⓐ 격렬하다, 치열하다
· ⓑ 쌓이다, 축적하다
· ⓒ 가장하다, ~인 체하다
· ⓓ 얻다, 획득하다
· ⓔ 겸직(하다)
· ⓕ 미끄럽다, 반들반들하다
· ⓖ 내려가다
· ⓗ 설령 ~일지라도
· ⓘ 설명하다, 해명하다
· ⓙ 풀어지다, 느슨해지다

2. 다음 단어를 중국어로 써 보세요.

① 후회하다
② 소홀히 하다
③ 인터넷
④ 회복하다, 회복되다
⑤ 기본의, 기본적인
⑥ 초과근무 하다
⑦ 살을 빼다
⑧ 이력서
⑨ 오만하다, 거만하다
⑩ 구실, 핑계

정답

1. ①ⓕ ②ⓙ ③ⓓ ④ⓑ ⑤ⓐ ⑥ⓗ ⑦ⓒ ⑧ⓔ ⑨ⓖ ⑩ⓘ 2. ①后悔 ②忽视 ③互联网 ④恢复 ⑤基本 ⑥加班 ⑦减肥 ⑧简历 ⑨骄傲 ⑩借口

3. 녹음을 듣고 해당 단어를 중국어로 써 보세요. `Test 04`

① ____________________　　② ____________________

③ ____________________　　④ ____________________

⑤ ____________________　　⑥ ____________________

⑦ ____________________　　⑧ ____________________

⑨ ____________________　　⑩ ____________________

4. 다음 단어의 뜻을 써 보세요.

① 后果 ____________________　　② 忽然 ____________________

③ 怀疑 ____________________　　④ 灰心 ____________________

⑤ 积极 ____________________　　⑥ 激动 ____________________

⑦ 及格 ____________________　　⑧ 寂寞 ____________________

⑨ 假如 ____________________　　⑩ 驾驶 ____________________

⑪ 坚持 ____________________　　⑫ 捡 ____________________

⑬ 减少 ____________________　　⑭ 简直 ____________________

⑮ 郊区 ____________________　　⑯ 节省 ____________________

⑰ 结构 ____________________　　⑱ 尽管 ____________________

⑲ 经验 ____________________　　⑳ 居然 ____________________

1001	举办	jǔbàn	통 거행하다
1002	举行	jǔxíng	통 거행하다
1003	巨大 ✦	jùdà	형 아주 크다
1004	句子	jùzi	명 문장
1005	拒绝	jùjué	통 거절하다
1006	具备 ✦	jùbèi	통 갖추다, 구비하다
1007	具体 ✦	jùtǐ	형 구체적이다
1008	俱乐部 ✦	jùlèbù	명 클럽, 동호회
1009	据说 ✦	jùshuō	통 말하는 바에 의하면 ~라 한다
1010	距离	jùlí	명 거리 통 (~로부터) 떨어지다
1011	聚会	jùhuì	명 모임
1012	捐 ✦	juān	통 헌납하다, 기부하다
1013	决定	juédìng	통 결정하다
1014	决赛 ✦	juésài	명 결승
1015	决心 ✦	juéxīn	명 결심
1016	角色 ✦	juésè	명 배역, 역, 역할
1017	觉得	juéde	통 ~라고 여기다
1018	绝对 ✦	juéduì	형 절대적인 부 절대로
1019	军事 ✦	jūnshì	명 군사
1020	均匀 ✦	jūnyún	형 균등하다
1021	咖啡	kāfēi	명 커피
1022	卡车 ✦	kǎchē	명 트럭
1023	开	kāi	통 열다, 켜다
1024	开发 ✦	kāifā	통 개발하다
1025	开放 ✦	kāifàng	통 개방하다
1026	开幕式 ✦	kāimùshì	명 개막식
1027	开始	kāishǐ	통 시작하다
1028	开水 ✦	kāishuǐ	명 끓인 물
1029	开玩笑	kāi wánxiào	통 농담하다
1030	开心	kāixīn	형 기쁘다, 즐겁다

☐☐ 1031	砍 ✬	kǎn	동 (도끼 등으로) 패다
☐☐ 1032	看	kàn	동 보다
☐☐ 1033	看不起 ✬	kànbuqǐ	동 얕보다, 깔보다
☐☐ 1034	看法	kànfǎ	명 견해, 생각
☐☐ 1035	看见 ✬	kànjiàn	동 보다
☐☐ 1036	看望 ✬	kànwàng	동 찾아가 뵙다
☐☐ 1037	考虑	kǎolǜ	동 고려하다
☐☐ 1038	考试	kǎoshì	명 시험 동 시험을 치다
☐☐ 1039	烤鸭	kǎoyā	명 오리구이
☐☐ 1040	靠 ✬	kào	동 기대다, 의지하다, 닿다, 대다
☐☐ 1041	科学	kēxué	명 과학
☐☐ 1042	棵	kē	양 그루
☐☐ 1043	颗 ✬	kē	양 알[과립 모양의 물건을 세는 단위]
☐☐ 1044	咳嗽	késou	동 기침하다
☐☐ 1045	可爱	kě'ài	형 귀엽다
☐☐ 1046	可见 ✬	kějiàn	접 ~을 알 수 있다
☐☐ 1047	可靠 ✬	kěkào	형 믿을 만하다
☐☐ 1048	可怜	kělián	형 불쌍하다
☐☐ 1049	可能	kěnéng	부 아마도, 어쩌면
☐☐ 1050	可怕 ✬	kěpà	형 두렵다, 무섭다
☐☐ 1051	可是	kěshì	접 그러나
☐☐ 1052	可惜	kěxī	형 아쉽다, 섭섭하다
☐☐ 1053	可以	kěyǐ	조동 ~할 수 있다
☐☐ 1054	渴	kě	형 목마르다
☐☐ 1055	克 ✬	kè	양 그램(g)
☐☐ 1056	克服 ✬	kèfú	동 극복하다
☐☐ 1057	刻	kè	양 15분 명 (어느 특정한) 때, 순간
☐☐ 1058	刻苦 ✬	kèkǔ	형 몹시 애를 쓰다
☐☐ 1059	客观 ✬	kèguān	형 객관적인
☐☐ 1060	客人	kèrén	명 손님
☐☐ 1061	客厅	kètīng	명 객실
☐☐ 1062	课	kè	명 수업

DAY 18

Track 18

☐☐ 1063	课程 ✖	kèchéng	몡 교과 과정, 교육 과정, 커리큘럼
☐☐ 1064	肯定	kěndìng	튀 분명히, 확실히 몡 긍정, 인정
☐☐ 1065	空	kōng	혱 (속이) 비다, 텅 비다
☐☐ 1066	空间 ✖	kōngjiān	몡 공간
☐☐ 1067	空气	kōngqì	몡 공기
☐☐ 1068	空调	kōngtiáo	몡 에어컨
☐☐ 1069	恐怕	kǒngpà	튀 아마도
☐☐ 1070	空闲 ✖	kòngxián	혱 한가하다
☐☐ 1071	控制 ✖	kòngzhì	동 제어하다
☐☐ 1072	口	kǒu	몡 입 양 식구
☐☐ 1073	口味 ✖	kǒuwèi	몡 (음식의) 맛
☐☐ 1074	哭	kū	동 울다
☐☐ 1075	苦	kǔ	혱 (맛이) 쓰다
☐☐ 1076	裤子	kùzi	몡 바지
☐☐ 1077	夸 ✖	kuā	동 과장하다, 칭찬하다
☐☐ 1078	夸张 ✖	kuāzhāng	동 과찬하다, 과장하여 말하다
☐☐ 1079	会计 ✖	kuàijì	몡 회계
☐☐ 1080	块	kuài	양 조각, 덩어리, 위안[중국의 화폐 단위]
☐☐ 1081	快	kuài	혱 빠르다 튀 빨리
☐☐ 1082	快乐	kuàilè	혱 즐겁다
☐☐ 1083	筷子	kuàizi	몡 젓가락
☐☐ 1084	宽 ✖	kuān	혱 넓다
☐☐ 1085	矿泉水	kuàngquánshuǐ	몡 광천수
☐☐ 1086	昆虫 ✖	kūnchóng	몡 곤충
☐☐ 1087	困	kùn	혱 졸리다
☐☐ 1088	困难	kùnnan	몡 곤란, 어려움 혱 곤란하다, 어렵다
☐☐ 1089	扩大 ✖	kuòdà	동 확대하다, 넓히다
☐☐ 1090	垃圾桶	lājītǒng	몡 쓰레기통
☐☐ 1091	拉	lā	동 끌다, 당기다
☐☐ 1092	辣	là	혱 맵다

☐☐ 1093	辣椒 ✿	làjiāo	명	고추
☐☐ 1094	来	lái	동	오다
☐☐ 1095	来不及	láibují	동	늦다, 시간에 댈 수 없다
☐☐ 1096	来得及	láidejí	동	늦지 않다, 시간에 댈 수 있다
☐☐ 1097	来自	láizì	동	~(으로)부터 오다, ~에서 나오다
☐☐ 1098	拦 ✿	lán	동	막다, 가로막다
☐☐ 1099	蓝	lán	형	파란색의
☐☐ 1100	懒	lǎn	형	게으르다
☐☐ 1101	烂 ✿	làn	형	부식되다, 썩다
☐☐ 1102	朗读 ✿	lǎngdú	동	낭독하다
☐☐ 1103	浪费	làngfèi	동	낭비하다
☐☐ 1104	浪漫	làngmàn	형	낭만적이다
☐☐ 1105	劳动 ✿	láodòng	명	노동, 일
☐☐ 1106	劳驾 ✿	láojià	동	실례합니다[인사말]
☐☐ 1107	老	lǎo	형	늙다
☐☐ 1108	老百姓 ✿	lǎobǎixìng	명	일반인, 민간인, 국민
☐☐ 1109	老板 ✿	lǎobǎn	명	주인, 사장
☐☐ 1110	老虎	lǎohǔ	명	호랑이
☐☐ 1111	老婆 ✿	lǎopo	명	아내, 처
☐☐ 1112	老师	lǎoshī	명	선생님
☐☐ 1113	老实 ✿	lǎoshi	형	진실하다, 솔직하다
☐☐ 1114	老鼠 ✿	lǎoshǔ	명	쥐, 생쥐
☐☐ 1115	姥姥 ✿	lǎolao	명	외할머니, 외조모
☐☐ 1116	乐观 ✿	lèguān	형	낙관적이다
☐☐ 1117	了	le	조	동작의 완료나 상태의 변화를 나타냄
☐☐ 1118	雷 ✿	léi	명	우레, 천둥
☐☐ 1119	类型 ✿	lèixíng	명	유형
☐☐ 1120	累	lèi	형	피곤하다
☐☐ 1121	冷	lěng	형	춥다
☐☐ 1122	冷淡 ✿	lěngdàn	형	냉담하다, 냉정하다
☐☐ 1123	冷静	lěngjìng	형	조용하다, 침착하다, 냉정하다
☐☐ 1124	厘米 ✿	límǐ	양	센티미터(cm)
☐☐ 1125	离	lí	개	~에서, ~까지

☐☐ 1126	离婚 ✹	líhūn	동 이혼하다
☐☐ 1127	离开	líkāi	동 떠나다
☐☐ 1128	梨 ✹	lí	명 배, 배나무
☐☐ 1129	礼拜天	lǐbàitiān	명 일요일
☐☐ 1130	礼貌	lǐmào	형 예의 바르다
☐☐ 1131	礼物	lǐwù	명 선물
☐☐ 1132	里	lǐ	명 안 양 리[길이의 단위, 1리는 500미터]
☐☐ 1133	理发	lǐfà	동 이발하다
☐☐ 1134	理解	lǐjiě	동 이해하다, 알다
☐☐ 1135	理论 ✹	lǐlùn	명 이론
☐☐ 1136	理想	lǐxiǎng	명 이상, 꿈
☐☐ 1137	理由 ✹	lǐyóu	명 이유, 까닭
☐☐ 1138	力量 ✹	lìliang	명 힘, 역량
☐☐ 1139	力气	lìqi	명 힘
☐☐ 1140	历史	lìshǐ	명 역사
☐☐ 1141	厉害	lìhai	형 대단하다, 심각하다
☐☐ 1142	立即 ✹	lìjí	부 즉시, 즉각, 바로
☐☐ 1143	立刻 ✹	lìkè	부 즉시, 당장, 곧
☐☐ 1144	利润 ✹	lìrùn	명 이윤
☐☐ 1145	利息 ✹	lìxī	명 이자
☐☐ 1146	利益 ✹	lìyì	명 이익
☐☐ 1147	利用 ✹	lìyòng	동 이용하다
☐☐ 1148	例如	lìrú	동 예를 들다
☐☐ 1149	俩	liǎ	둘, 두 사람
☐☐ 1150	连	lián	개 ~조차
☐☐ 1151	连忙 ✹	liánmáng	부 서둘러, 급히
☐☐ 1152	连续 ✹	liánxù	동 연속하다
☐☐ 1153	联合 ✹	liánhé	동 연합하다, 단결하다
☐☐ 1154	联系	liánxì	동 연락하다
☐☐ 1155	脸	liǎn	명 얼굴

☐☐ 1156	练习	liànxí	동 연습하다
☐☐ 1157	恋爱 ✿	liàn'ài	동 연애하다
☐☐ 1158	良好 ✿	liánghǎo	형 양호하다
☐☐ 1159	凉快	liángkuai	형 시원하다
☐☐ 1160	粮食 ✿	liángshi	명 곡물, 양식
☐☐ 1161	两	liǎng	수 2, 둘
☐☐ 1162	亮 ✿	liàng	형 밝다, 빛나다
☐☐ 1163	辆	liàng	양 대, 량[차량을 세는 단위]
☐☐ 1164	聊天	liáotiān	동 이야기를 나누다, 한담하다
☐☐ 1165	了不起 ✿	liǎobuqǐ	형 대단하다
☐☐ 1166	了解	liǎojiě	동 잘 알다
☐☐ 1167	列车 ✿	lièchē	명 열차
☐☐ 1168	邻居	línjū	명 이웃
☐☐ 1169	临时 ✿	línshí	부 임시로, 때가 임박해서
☐☐ 1170	灵活 ✿	línghuó	형 민첩하다, 융통성이 있다
☐☐ 1171	铃 ✿	líng	명 방울, 벨
☐☐ 1172	零	líng	수 0, 영
☐☐ 1173	零件 ✿	língjiàn	명 부속품
☐☐ 1174	零钱	língqián	명 잔돈, 용돈
☐☐ 1175	零食 ✿	língshí	명 군것질, 주전부리
☐☐ 1176	领导 ✿	lǐngdǎo	명 지도자, 영도자 동 이끌다, 지도하다
☐☐ 1177	领域 ✿	lǐngyù	명 영역
☐☐ 1178	另外	lìngwài	접 그밖에, 게다가
☐☐ 1179	浏览 ✿	liúlǎn	동 대충 훑어보다
☐☐ 1180	留	liú	동 남다, 머무르다
☐☐ 1181	留学	liúxué	동 유학하다
☐☐ 1182	流传 ✿	liúchuán	동 전하다, 퍼지다
☐☐ 1183	流泪 ✿	liúlèi	동 눈물을 흘리다
☐☐ 1184	流利	liúlì	형 (말·문장이) 유창하다
☐☐ 1185	流行	liúxíng	동 유행하다
☐☐ 1186	六	liù	수 6, 여섯
☐☐ 1187	龙 ✿	lóng	명 용

□□ 1188	楼	lóu	양 층
□□ 1189	漏 ✿	lòu	동 새다
□□ 1190	陆地 ✿	lùdì	명 육지
□□ 1191	陆续 ✿	lùxù	부 끊임없이, 계속해서
□□ 1192	录取 ✿	lùqǔ	동 채용하다, 뽑다
□□ 1193	录音 ✿	lùyīn	동 녹음하다
□□ 1194	路	lù	명 길
□□ 1195	旅行	lǚxíng	동 여행하다
□□ 1196	旅游	lǚyóu	동 여행하다
□□ 1197	律师	lǜshī	명 변호사
□□ 1198	绿	lǜ	형 초록색의
□□ 1199	乱	luàn	형 어지럽다, 무질서하다 부 제멋대로, 마구
□□ 1200	轮流 ✿	lúnliú	동 교대로 하다, 돌아가면서 하다
□□ 1201	论文 ✿	lùnwén	명 논문
□□ 1202	逻辑 ✿	luójí	명 논리
□□ 1203	落后 ✿	luòhòu	동 뒤처지다
□□ 1204	妈妈	māma	명 엄마
□□ 1205	麻烦	máfan	형 귀찮다, 번거롭다
□□ 1206	马	mǎ	명 말
□□ 1207	马虎	mǎhu	형 부주의하다, 조심성이 없다
□□ 1208	马上	mǎshàng	부 바로, 곧
□□ 1209	骂 ✿	mà	동 욕하다
□□ 1210	吗	ma	조 문장 끝에서 의문의 어기를 나타냄
□□ 1211	买	mǎi	동 사다
□□ 1212	麦克风 ✿	màikèfēng	명 마이크
□□ 1213	卖	mài	동 팔다
□□ 1214	馒头 ✿	mántou	명 만두, 찐빵[소가 없는 것을 말함]
□□ 1215	满	mǎn	형 가득 차다
□□ 1216	满意	mǎnyì	형 만족하다
□□ 1217	满足 ✿	mǎnzú	동 만족시키다

■☐	1218	慢	màn	형 느리다
■☐	1219	忙	máng	형 바쁘다
■☐	1220	猫	māo	명 고양이
■☐	1221	毛	máo	명 털
■☐	1222	毛病 ✹	máobìng	명 고장, 문제점
■☐	1223	毛巾	máojīn	명 수건
■☐	1224	矛盾 ✹	máodùn	명 모순
■☐	1225	冒险 ✹	màoxiǎn	동 모험하다, 위험을 무릅쓰다
■☐	1226	贸易 ✹	màoyì	명 무역, 교역
■☐	1227	帽子	màozi	명 모자
■☐	1228	没关系	méi guānxi	괜찮다, 문제없다
■☐	1229	没有	méiyǒu	동 없다 부 ~하지 않다[과거 부정]
■☐	1230	眉毛 ✹	méimao	명 눈썹
■☐	1231	媒体 ✹	méitǐ	명 대중매체, 매스컴
■☐	1232	煤炭 ✹	méitàn	명 석탄
■☐	1233	每	měi	대 매, 각, ~마다
■☐	1234	美丽	měilì	형 아름답다
■☐	1235	美术 ✹	měishù	명 미술
■☐	1236	妹妹	mèimei	명 여동생
■☐	1237	魅力 ✹	mèilì	명 매력
■☐	1238	门	mén	명 문
■☐	1239	梦	mèng	명 꿈
■☐	1240	梦想 ✹	mèngxiǎng	명 꿈, 이상
■☐	1241	迷路	mílù	동 길을 잃다
■☐	1242	米	mǐ	명 쌀 양 미터(m)
■☐	1243	米饭	mǐfàn	명 밥, 쌀밥
■☐	1244	秘密 ✹	mìmì	형 비밀의
■☐	1245	秘书 ✹	mìshū	명 비서
■☐	1246	密码	mìmǎ	명 비밀번호
■☐	1247	密切 ✹	mìqiè	형 밀접하다
■☐	1248	蜜蜂 ✹	mìfēng	명 꿀벌
■☐	1249	免费	miǎnfèi	동 무료로 하다
■☐	1250	面包	miànbāo	명 빵

□ 실력점검 _____ /50　□ 오답확인

1. 다음 단어와 뜻을 알맞게 연결해 보세요.

① 具备　　　　　　　　　　　• ⓐ 기대다, 의지하다, 닿다, 대다

② 靠　　　　　　　　　　　　• ⓑ 이혼하다

③ 控制　　　　　　　　　　　• ⓒ 이상, 꿈

④ 来得及　　　　　　　　　　• ⓓ 즉시, 즉각, 바로

⑤ 离婚　　　　　　　　　　　• ⓔ 이익

⑥ 理想　　　　　　　　　　　• ⓕ 제어하다

⑦ 立即　　　　　　　　　　　• ⓖ 임시로, 때가 임박해서

⑧ 利益　　　　　　　　　　　• ⓗ 갖추다, 구비하다

⑨ 临时　　　　　　　　　　　• ⓘ 늦지 않다, 시간에 댈 수 있다

⑩ 领域　　　　　　　　　　　• ⓙ 영역

2. 다음 단어를 중국어로 써 보세요.

① 거절하다　　　　　　　② 결정하다

③ 아쉽다, 섭섭하다　　　④ (음식의) 맛

⑤ 곤란, 어렵다　　　　　⑥ 낙관적이다

⑦ 예의 바르다　　　　　⑧ 연애하다

⑨ 모순　　　　　　　　　⑩ 무료로 하다

3. 녹음을 듣고 해당 단어를 중국어로 써 보세요. **Test 05**

① ________________   ② ________________

③ ________________   ④ ________________

⑤ ________________   ⑥ ________________

⑦ ________________   ⑧ ________________

⑨ ________________   ⑩ ________________

4. 다음 단어의 뜻을 써 보세요.

① 举行 ________________   ② 聚会 ________________

③ 肯定 ________________   ④ 恐怕 ________________

⑤ 宽 ________________   ⑥ 来不及 ________________

⑦ 离开 ________________   ⑧ 理解 ________________

⑨ 力量 ________________   ⑩ 厉害 ________________

⑪ 邻居 ________________   ⑫ 灵活 ________________

⑬ 零食 ________________   ⑭ 漏 ________________

⑮ 落后 ________________   ⑯ 满足 ________________

⑰ 冒险 ________________   ⑱ 魅力 ________________

⑲ 梦想 ________________   ⑳ 媒体 ________________

1251	面对 ✹	miànduì	통 직면하다
1252	面积 ✹	miànjī	명 면적
1253	面临 ✹	miànlín	통 직면하다, 당면하다
1254	面条	miàntiáo	명 국수
1255	苗条 ✹	miáotiao	형 (여성의 몸매가) 늘씬하다
1256	描写 ✹	miáoxiě	통 묘사하다
1257	秒	miǎo	양 초[시간의 단위]
1258	民族	mínzú	명 민족
1259	敏感 ✹	mǐngǎn	형 민감하다
1260	名牌 ✹	míngpái	명 유명 상표
1261	名片 ✹	míngpiàn	명 명함
1262	名胜古迹 ✹	míngshèng gǔjì	명 명승고적
1263	名字	míngzi	명 이름
1264	明白	míngbai	통 이해하다, 알다
1265	明确 ✹	míngquè	형 명확하다 통 명확하게 하다
1266	明天	míngtiān	명 내일
1267	明显 ✹	míngxiǎn	형 분명하다, 뚜렷하다
1268	明星 ✹	míngxīng	명 스타
1269	命令 ✹	mìnglìng	통 명령하다
1270	命运 ✹	mìngyùn	명 운명
1271	摸 ✹	mō	통 만지다, 어루만지다
1272	模仿 ✹	mófǎng	통 모방하다, 흉내 내다
1273	模糊 ✹	móhu	형 모호하다, 뚜렷하지 않다
1274	模特 ✹	mótè	명 모델
1275	摩托车 ✹	mótuōchē	명 오토바이
1276	陌生 ✹	mòshēng	형 낯설다, 생소하다
1277	某 ✹	mǒu	대 어느, 모(某), 아무개
1278	母亲	mǔqīn	명 모친
1279	木头 ✹	mùtou	명 목재
1280	目标 ✹	mùbiāo	명 목표

☐☐ 1281	目的	mùdì	몡	목적
☐☐ 1282	目录 ✹	mùlù	몡	목록
☐☐ 1283	目前 ✹	mùqián	몡	지금, 현재
☐☐ 1284	拿	ná	동	(손으로) 쥐다, 잡다
☐☐ 1285	哪	nǎ	대	무엇, 어느
☐☐ 1286	哪儿	nǎr	대	어디
☐☐ 1287	哪怕 ✹	nǎpà	접	설령 ~할지라도
☐☐ 1288	那	nà	대	그, 저
☐☐ 1289	奶奶	nǎinai	몡	할머니
☐☐ 1290	耐心	nàixīn	형	인내심 있다
☐☐ 1291	男	nán	몡 남자 형 남자의
☐☐ 1292	南	nán	몡	남쪽
☐☐ 1293	难	nán	형	어렵다
☐☐ 1294	难道	nándào	부	설마 ~란 말인가?
☐☐ 1295	难怪 ✹	nánguài	부	어쩐지, 과연
☐☐ 1296	难过	nánguò	형	괴롭다, 참을 수 없다, 힘들다
☐☐ 1297	难免 ✹	nánmiǎn	동	면하기 어렵다, 피하기 어렵다
☐☐ 1298	难受	nánshòu	형	아프다, 참을 수 없다, 괴롭다
☐☐ 1299	脑袋 ✹	nǎodai	몡	머리
☐☐ 1300	呢	ne	조	문장 끝에서 의문의 어기를 나타냄
☐☐ 1301	内	nèi	몡	내부, 안
☐☐ 1302	内部 ✹	nèibù	몡	내부
☐☐ 1303	内科 ✹	nèikē	몡	내과
☐☐ 1304	内容	nèiróng	몡	내용
☐☐ 1305	嫩 ✹	nèn	형	부드럽다, 연하다
☐☐ 1306	能	néng	조동	~할 수 있다
☐☐ 1307	能干 ✹	nénggàn	형	유능하다
☐☐ 1308	能力	nénglì	몡	능력
☐☐ 1309	能源 ✹	néngyuán	몡	에너지원
☐☐ 1310	嗯 ✹	ǹg	감탄	응, 그래
☐☐ 1311	你	nǐ	대	너, 당신
☐☐ 1312	年	nián	몡	년, 해

□□ 1313	年代 ✬	niándài	몡 시기, 년대
□□ 1314	年级	niánjí	몡 학년
□□ 1315	年纪 ✬	niánjì	몡 나이, 연세
□□ 1316	年龄	niánlíng	몡 연령
□□ 1317	年轻	niánqīng	혱 젊다
□□ 1318	念 ✬	niàn	동 그리워하다, 생각하다, (소리 내어) 읽다
□□ 1319	鸟	niǎo	몡 새
□□ 1320	您	nín	대 당신
□□ 1321	宁可 ✬	nìngkě	접 차라리 ~할지언정
□□ 1322	牛奶	niúnǎi	몡 우유
□□ 1323	牛仔裤 ✬	niúzǎikù	몡 청바지
□□ 1324	农村 ✬	nóngcūn	몡 농촌
□□ 1325	农民 ✬	nóngmín	몡 농민
□□ 1326	农业 ✬	nóngyè	몡 농업
□□ 1327	浓 ✬	nóng	혱 짙다, 진하다
□□ 1328	弄	nòng	동 하다
□□ 1329	努力	nǔlì	동 노력하다
□□ 1330	女	nǔ	몡 여자 혱 여성의
□□ 1331	女儿	nǔ'ér	몡 딸
□□ 1332	女士 ✬	nǔshì	몡 여사
□□ 1333	暖和	nuǎnhuo	혱 따뜻하다
□□ 1334	欧洲 ✬	Ōuzhōu	몡 유럽
□□ 1335	偶尔	ǒu'ěr	부 때때로, 가끔
□□ 1336	偶然 ✬	ǒurán	혱 우연히
□□ 1337	爬山	páshān	동 등산하다
□□ 1338	拍 ✬	pāi	동 때리다, 치다, (사진을) 찍다
□□ 1339	排队	páiduì	동 줄 서다
□□ 1340	排列	páiliè	동 배열하다
□□ 1341	派 ✬	pài	동 파견하다
□□ 1342	盘子	pánzi	몡 접시, 쟁반

1343	判断	pànduàn	동 판단하다
1344	盼望 ✿	pànwàng	동 절실히 기대하다, 간절히 바라다
1345	旁边	pángbiān	명 옆, 곁
1346	胖	pàng	형 뚱뚱하다
1347	跑步	pǎobù	동 달리다
1348	陪	péi	동 모시다
1349	培训 ✿	péixùn	동 양성하다, 교육 훈련하다
1350	培养 ✿	péiyǎng	동 기르다, 양성하다
1351	赔偿 ✿	péicháng	동 배상하다, 변상하다
1352	佩服 ✿	pèifu	동 감탄하다, 탄복하다
1353	配合 ✿	pèihé	동 협력하다, 협조하다
1354	盆 ✿	pén	양 개[화분 등을 세는 단위]
1355	朋友	péngyou	명 친구
1356	碰 ✿	pèng	동 부딪치다, (우연히) 만나다, 마주치다
1357	批 ✿	pī	양 무리, 떼, 무더기
1358	批评	pīpíng	동 비평하다
1359	批准 ✿	pīzhǔn	동 비준하다, 허가하다
1360	披 ✿	pī	동 걸치다
1361	皮肤	pífū	명 피부
1362	皮鞋	píxié	명 구두
1363	疲劳 ✿	píláo	형 고단하다, 피로하다
1364	啤酒	píjiǔ	명 맥주
1365	脾气	píqi	명 성격, 성질
1366	匹 ✿	pǐ	양 필[말이나 천을 세는 단위]
1367	篇	piān	양 편[글을 세는 단위]
1368	便宜	piányi	형 싸다
1369	片 ✿	piàn	양 조각, 편[조각난 물건을 세는 단위]
1370	片面 ✿	piànmiàn	형 일방적이다, 단편적이다
1371	骗	piàn	동 속이다
1372	飘 ✿	piāo	동 날리다, 나부끼다
1373	票	piào	명 표, 티켓
1374	漂亮	piàoliang	형 예쁘다
1375	拼音 ✿	pīnyīn	명 병음

□□ 1376	频道 ✄	píndào	몡 채널
□□ 1377	乒乓球	pīngpāngqiú	몡 탁구
□□ 1378	平 ✄	píng	혱 평평하다
□□ 1379	平安 ✄	píng'ān	혱 평안하다
□□ 1380	平常 ✄	píngcháng	몡 평소, 평상시, 보통 때
□□ 1381	平等 ✄	píngděng	혱 평등하다, 대등하다
□□ 1382	平方 ✄	píngfāng	몡 제곱, 평방미터
□□ 1383	平衡 ✄	pínghéng	혱 균형이 맞다, 평형하다
□□ 1384	平静 ✄	píngjìng	혱 평온하다, 차분하다
□□ 1385	平均 ✄	píngjūn	동 균등하게 하다, 고르게 하다 혱 평균의
□□ 1386	平时	píngshí	몡 평소, 평상시
□□ 1387	评价 ✄	píngjià	동 평가하다
□□ 1388	苹果	píngguǒ	몡 사과
□□ 1389	凭 ✄	píng	개 ~을 근거로 해서, ~에 따라
□□ 1390	瓶子	píngzi	몡 병
□□ 1391	迫切 ✄	pòqiè	혱 절박하다, 절실하다
□□ 1392	破	pò	동 찢어지다, 깨지다
□□ 1393	破产 ✄	pòchǎn	동 파산하다, 도산하다
□□ 1394	破坏 ✄	pòhuài	동 파괴하다, 훼손하다
□□ 1395	葡萄	pútáo	몡 포도
□□ 1396	普遍	pǔbiàn	혱 보편적인
□□ 1397	普通话	pǔtōnghuà	몡 보통화, 표준어
□□ 1398	七	qī	수 7, 일곱
□□ 1399	妻子	qīzi	몡 아내
□□ 1400	期待 ✄	qīdài	동 바라다, 기대하다
□□ 1401	期间 ✄	qījiān	몡 기간
□□ 1402	其次	qícì	대 다음, 그 다음
□□ 1403	其实	qíshí	부 사실
□□ 1404	其他	qítā	대 기타, 그 외
□□ 1405	其余 ✄	qíyú	대 그 외의 것

☐☐	1406	其中	qízhōng	몡 그중
☐☐	1407	奇怪	qíguài	혱 이상하다, 기이하다
☐☐	1408	奇迹 ✸	qíjì	몡 기적
☐☐	1409	骑	qí	통 (자전거·말 등을) 타다
☐☐	1410	企业 ✸	qǐyè	몡 기업
☐☐	1411	启发 ✸	qǐfā	통 일깨우다, 깨닫게 하다
☐☐	1412	起床	qǐchuáng	통 (잠자리에서) 일어나다
☐☐	1413	起飞	qǐfēi	통 이륙하다
☐☐	1414	起来	qǐlái	통 일어나다
☐☐	1415	气氛 ✸	qìfēn	몡 분위기
☐☐	1416	气候	qìhòu	몡 기후
☐☐	1417	汽油 ✸	qìyóu	몡 휘발유
☐☐	1418	千	qiān	주 1,000, 천
☐☐	1419	千万	qiānwàn	뷔 부디, 제발
☐☐	1420	铅笔	qiānbǐ	몡 연필
☐☐	1421	谦虚 ✸	qiānxū	혱 겸손하다
☐☐	1422	签 ✸	qiān	통 사인하다
☐☐	1423	签证	qiānzhèng	몡 비자
☐☐	1424	前面	qiánmian	몡 앞쪽
☐☐	1425	前途 ✸	qiántú	몡 앞길, 전도
☐☐	1426	钱	qián	몡 돈
☐☐	1427	浅 ✸	qiǎn	혱 얕다
☐☐	1428	欠 ✸	qiàn	통 빚지다
☐☐	1429	枪 ✸	qiāng	몡 총
☐☐	1430	强调 ✸	qiángdiào	통 강조하다
☐☐	1431	强烈 ✸	qiángliè	혱 강렬하다
☐☐	1432	墙 ✸	qiáng	몡 벽, 담
☐☐	1433	抢 ✸	qiǎng	통 빼앗다, 약탈하다
☐☐	1434	悄悄 ✸	qiāoqiāo	뷔 (소리나 행동을) 은밀하게, 몰래
☐☐	1435	敲	qiāo	통 두드리다
☐☐	1436	桥	qiáo	몡 다리
☐☐	1437	瞧 ✸	qiáo	통 보다

1438	巧克力	qiǎokèlì	명 초콜릿
1439	巧妙 ✬	qiǎomiào	형 절묘하다, 기발하다
1440	切 ✬	qiē	동 썰다, 자르다
1441	亲爱 ✬	qīn'ài	형 사랑하는, 친애하는
1442	亲戚	qīnqi	명 친척
1443	亲切 ✬	qīnqiè	형 친절하다
1444	亲自 ✬	qīnzì	부 자기 스스로, 몸소
1445	勤奋 ✬	qínfèn	형 근면하다
1446	青 ✬	qīng	형 푸르다
1447	青春 ✬	qīngchūn	명 청춘
1448	青少年 ✬	qīngshàonián	명 청소년
1449	轻	qīng	형 가볍다
1450	轻视 ✬	qīngshì	동 경시하다, 얕보다
1451	轻松	qīngsōng	형 수월하다, 편안하다, 부담없다
1452	轻易 ✬	qīngyì	형 경솔하다
1453	清楚	qīngchu	형 분명하다, 뚜렷하다
1454	清淡 ✬	qīngdàn	형 (맛이) 담백하다
1455	情景 ✬	qíngjǐng	명 정경
1456	情况	qíngkuàng	명 상황
1457	情绪 ✬	qíngxù	명 정서, 기분
1458	晴	qíng	형 하늘이 맑다
1459	请	qǐng	동 부탁하다
1460	请假	qǐngjià	동 휴가를 신청하다
1461	请求 ✬	qǐngqiú	동 부탁하다
1462	庆祝 ✬	qìngzhù	동 축하하다
1463	穷	qióng	형 빈곤하다
1464	秋	qiū	명 가을
1465	球迷 ✬	qiúmí	명 축구팬
1466	区别	qūbié	명 구별, 차이
1467	趋势	qūshì	명 추세

☐☐ 1468	取	qǔ	통 찾다, 취하다, 가지다
☐☐ 1469	取消 ✿	qǔxiāo	통 취소하다
☐☐ 1470	娶 ✿	qǔ	통 장가가다
☐☐ 1471	去	qù	통 가다
☐☐ 1472	去年	qùnián	명 작년
☐☐ 1473	去世 ✿	qùshì	통 세상을 떠나다
☐☐ 1474	圈 ✿	quān	명 권, 범위, 둘레[한정된 범위를 뜻함] 통 동그라미를 그리다
☐☐ 1475	权力 ✿	quánlì	명 권력
☐☐ 1476	权利 ✿	quánlì	명 권리
☐☐ 1477	全部	quánbù	형 전부의
☐☐ 1478	全面 ✿	quánmiàn	명 전면, 각 방면
☐☐ 1479	劝 ✿	quàn	통 설득하다
☐☐ 1480	缺点	quēdiǎn	명 결점
☐☐ 1481	缺乏 ✿	quēfá	통 부족하다
☐☐ 1482	缺少	quēshǎo	통 모자라다
☐☐ 1483	却	què	부 도리어, 오히려
☐☐ 1484	确定 ✿	quèdìng	통 확정하다
☐☐ 1485	确认 ✿	quèrèn	통 확인하다
☐☐ 1486	确实	quèshí	형 확실하다, 분명하다
☐☐ 1487	裙子	qúnzi	명 치마
☐☐ 1488	群 ✿	qún	명 무리, 떼
☐☐ 1489	然而	rán'ér	접 그러나
☐☐ 1490	然后	ránhòu	접 그런 후에
☐☐ 1491	燃烧 ✿	ránshāo	통 연소하다
☐☐ 1492	让	ràng	통 ~하게 시키다
☐☐ 1493	绕 ✿	rào	통 감다, 휘감다, 우회하다
☐☐ 1494	热	rè	형 덥다
☐☐ 1495	热爱 ✿	rè'ài	통 열렬히 사랑하다
☐☐ 1496	热烈 ✿	rèliè	형 열렬하다
☐☐ 1497	热闹	rènao	형 번화하다
☐☐ 1498	热情	rèqíng	명 열정 형 친절하다
☐☐ 1499	热心 ✿	rèxīn	형 열성적이다, 열심의, 마음씨가 따뜻하다
☐☐ 1500	人	rén	명 사람

1. 다음 단어와 뜻을 알맞게 연결해 보세요.

① 面对 •
② 陌生 •
③ 难怪 •
④ 能源 •
⑤ 培训 •
⑥ 碰 •
⑦ 平衡 •
⑧ 破坏 •
⑨ 气氛 •
⑩ 请求 •

• ⓐ 에너지원
• ⓑ 직면하다
• ⓒ 양성하다, 교육 훈련하다
• ⓓ 어쩐지, 과연
• ⓔ 부딪치다, (우연히) 만나다, 마주치다
• ⓕ 파괴하다, 훼손하다
• ⓖ 낯설다, 생소하다
• ⓗ 분위기
• ⓘ 부탁하다
• ⓙ 균형이 맞다, 평형하다

2. 다음 단어를 중국어로 써 보세요.

① 모호하다, 뚜렷하지 않다
② 목표
③ 연령
④ 때때로, 가끔
⑤ 피부
⑥ 채널
⑦ 비자
⑧ 상황
⑨ 취소하다
⑩ 속이다

3. 녹음을 듣고 해당 단어를 중국어로 써 보세요. Test 06

① ____________________ ② ____________________

③ ____________________ ④ ____________________

⑤ ____________________ ⑥ ____________________

⑦ ____________________ ⑧ ____________________

⑨ ____________________ ⑩ ____________________

4. 다음 단어의 뜻을 써 보세요.

① 描写 ____________________ ② 敏感 ____________________

③ 哪怕 ____________________ ④ 耐心 ____________________

⑤ 难道 ____________________ ⑥ 难免 ____________________

⑦ 派 ____________________ ⑧ 培养 ____________________

⑨ 佩服 ____________________ ⑩ 疲劳 ____________________

⑪ 评价 ____________________ ⑫ 期待 ____________________

⑬ 企业 ____________________ ⑭ 千万 ____________________

⑮ 轻视 ____________________ ⑯ 情绪 ____________________

⑰ 劝 ____________________ ⑱ 缺乏 ____________________

⑲ 然而 ____________________ ⑳ 让 ____________________

1501	人才 ✫	réncái	몡 인재
1502	人口 ✫	rénkǒu	몡 인구
1503	人类 ✫	rénlèi	몡 인류
1504	人民币 ✫	rénmínbì	몡 인민폐
1505	人生 ✫	rénshēng	몡 인생
1506	人事 ✫	rénshì	몡 인사[직원의 임용·해임·평가 등의 행정적인 일]
1507	人物 ✫	rénwù	몡 인물
1508	人员 ✫	rényuán	몡 인원
1509	忍不住 ✫	rěnbuzhù	동 참을 수 없다, 억누르지 못하다
1510	认识	rènshi	동 알다, 인식하다
1511	认为	rènwéi	동 ~라 여기다
1512	认真	rènzhēn	형 진지하다, 성실하다
1513	任何	rènhé	대 어떠한, 무슨
1514	任务	rènwu	몡 임무
1515	扔	rēng	동 던지다, 버리다
1516	仍然	réngrán	부 여전히, 변함없이
1517	日	rì	몡 날, 일
1518	日常 ✫	rìcháng	형 일상적인, 일상의
1519	日程 ✫	rìchéng	몡 일정
1520	日记	rìjì	몡 일기
1521	日历 ✫	rìlì	몡 일력(日曆)
1522	日期 ✫	rìqī	몡 날짜
1523	日用品 ✫	rìyòngpǐn	몡 일용품
1524	日子 ✫	rìzi	몡 날, 나날, 기간
1525	容易	róngyì	형 쉽다
1526	如果	rúguǒ	접 만약
1527	如何 ✫	rúhé	대 어떻다, 어떠하다
1528	如今 ✫	rújīn	몡 현재, 지금
1529	入口	rùkǒu	몡 입구
1530	软 ✫	ruǎn	형 부드럽다, 연하다

☐☐ 1531	软件 ✖	ruǎnjiàn	명	소프트웨어
☐☐ 1532	弱 ✖	ruò	형	약하다
☐☐ 1533	洒 ✖	sǎ	동	엎지르다
☐☐ 1534	三	sān	수	3, 셋
☐☐ 1535	伞	sǎn	명	우산
☐☐ 1536	散步	sànbù	동	산보하다
☐☐ 1537	嗓子 ✖	sǎngzi	명	목구멍
☐☐ 1538	色彩 ✖	sècǎi	명	색채
☐☐ 1539	森林	sēnlín	명	삼림
☐☐ 1540	杀 ✖	shā	동	죽이다
☐☐ 1541	沙发	shāfā	명	소파
☐☐ 1542	沙漠 ✖	shāmò	명	사막
☐☐ 1543	沙滩 ✖	shātān	명	해변
☐☐ 1544	傻 ✖	shǎ	형	어리석다, 둔하다
☐☐ 1545	晒 ✖	shài	동	햇빛을 쬐다, 햇볕에 말리다
☐☐ 1546	删除 ✖	shānchú	동	삭제하다, 지우다
☐☐ 1547	闪电 ✖	shǎndiàn	명	번개
☐☐ 1548	扇子 ✖	shànzi	명	부채
☐☐ 1549	善良 ✖	shànliáng	형	선량하다, 착하다
☐☐ 1550	善于 ✖	shànyú	동	잘하다, ~에 능숙하다
☐☐ 1551	伤害 ✖	shānghài	동	상하게 하다
☐☐ 1552	伤心	shāngxīn	동	상심하다, 슬퍼하다
☐☐ 1553	商店	shāngdiàn	명	상점
☐☐ 1554	商量	shāngliang	동	상의하다
☐☐ 1555	商品 ✖	shāngpǐn	명	상품
☐☐ 1556	商务 ✖	shāngwù	명	상업상의 용무
☐☐ 1557	商业 ✖	shāngyè	명	상업
☐☐ 1558	上	shàng	명	위, 위쪽
☐☐ 1559	上班	shàngbān	동	출근하다
☐☐ 1560	上当 ✖	shàngdàng	동	속다, 속임수에 빠지다
☐☐ 1561	上网	shàngwǎng	동	인터넷에 접속하다
☐☐ 1562	上午	shàngwǔ	명	오전

☐☐ 1563	稍微	shāowēi	뷔 약간, 조금
☐☐ 1564	勺子	sháozi	몡 숟가락
☐☐ 1565	少	shǎo	혱 적다
☐☐ 1566	蛇 ✿	shé	몡 뱀
☐☐ 1567	舍不得 ✿	shěbude	동 아쉬워하다, 아까워하다
☐☐ 1568	设备 ✿	shèbèi	몡 설비
☐☐ 1569	设计 ✿	shèjì	동 설계하다, 디자인하다
☐☐ 1570	设施 ✿	shèshī	몡 시설
☐☐ 1571	社会	shèhuì	몡 사회
☐☐ 1572	射击 ✿	shèjī	동 사격하다
☐☐ 1573	摄影 ✿	shèyǐng	동 촬영하다
☐☐ 1574	谁	shéi	때 누구
☐☐ 1575	申请	shēnqǐng	동 신청하다
☐☐ 1576	伸 ✿	shēn	동 펴다, 펼치다, 내밀다
☐☐ 1577	身材 ✿	shēncái	몡 몸매, 체격
☐☐ 1578	身份 ✿	shēnfèn	몡 신분
☐☐ 1579	身体	shēntǐ	몡 몸, 건강
☐☐ 1580	深	shēn	혱 깊다
☐☐ 1581	深刻 ✿	shēnkè	혱 (인상이) 깊다, 강렬하다
☐☐ 1582	什么	shénme	때 무슨, 어떤
☐☐ 1583	神话 ✿	shénhuà	몡 신화
☐☐ 1584	神秘 ✿	shénmì	혱 신비하다
☐☐ 1585	甚至	shènzhì	쩝 심지어
☐☐ 1586	升 ✿	shēng	동 오르다, 올라가다, 떠오르다
☐☐ 1587	生病	shēngbìng	동 병이 나다
☐☐ 1588	生产 ✿	shēngchǎn	동 생산하다
☐☐ 1589	生动 ✿	shēngdòng	혱 생동감있다
☐☐ 1590	生活	shēnghuó	몡 생활
☐☐ 1591	生命	shēngmìng	몡 생명
☐☐ 1592	生气	shēngqì	동 화내다

☐☐ 1593	生日	shēngrì	명 생일
☐☐ 1594	生意	shēngyi	명 장사, 사업
☐☐ 1595	生长 ✹	shēngzhǎng	통 성장하다, 자라다
☐☐ 1596	声调 ✹	shēngdiào	명 말투, 어조, 성조
☐☐ 1597	声音	shēngyīn	명 소리
☐☐ 1598	绳子 ✹	shéngzi	명 노끈, 밧줄
☐☐ 1599	省	shěng	명 성[지방 행정 단위] 통 아끼다, 덜다, 줄이다
☐☐ 1600	省略 ✹	shěnglüè	통 생략하다
☐☐ 1601	胜利 ✹	shènglì	통 싸워서 이기다, 승리하다
☐☐ 1602	剩	shèng	통 남다
☐☐ 1603	失败	shībài	통 실패하다
☐☐ 1604	失眠 ✹	shīmián	명 불면(증)
☐☐ 1605	失去 ✹	shīqù	통 잃다, 잃어버리다
☐☐ 1606	失望	shīwàng	통 실망하다
☐☐ 1607	失业 ✹	shīyè	통 직업을 잃다, 실업하다
☐☐ 1608	师傅	shīfu	명 기사님, 숙련된 기술을 가진 사람
☐☐ 1609	诗 ✹	shī	명 시
☐☐ 1610	狮子 ✹	shīzi	명 사자
☐☐ 1611	湿润 ✹	shīrùn	형 습윤하다, 촉촉하다
☐☐ 1612	十	shí	수 10, 열
☐☐ 1613	十分	shífēn	부 매우, 굉장히
☐☐ 1614	石头 ✹	shítou	명 돌
☐☐ 1615	时差 ✹	shíchā	명 시차
☐☐ 1616	时代 ✹	shídài	명 시대
☐☐ 1617	时候	shíhou	명 때
☐☐ 1618	时间	shíjiān	명 시간
☐☐ 1619	时刻 ✹	shíkè	명 시각
☐☐ 1620	时髦 ✹	shímáo	형 유행이다, 현대적이다
☐☐ 1621	时期 ✹	shíqī	명 시기
☐☐ 1622	时尚 ✹	shíshàng	명 유행, 트렌드
☐☐ 1623	实话 ✹	shíhuà	명 실화, 참말
☐☐ 1624	实际	shíjì	형 실제의
☐☐ 1625	实践 ✹	shíjiàn	통 실천하다

☐☐ 1626	实习 ✦	shíxí	통 실습하다
☐☐ 1627	实现 ✦	shíxiàn	통 실현하다
☐☐ 1628	实验 ✦	shíyàn	명 실험
☐☐ 1629	实用 ✦	shíyòng	형 실용적이다
☐☐ 1630	实在	shízài	부 정말, 참으로
☐☐ 1631	食物 ✦	shíwù	명 음식물
☐☐ 1632	使	shǐ	통 (~에게) ~하게 시키다
☐☐ 1633	使劲儿 ✦	shǐjìnr	통 힘을 쓰다
☐☐ 1634	使用	shǐyòng	통 사용하다
☐☐ 1635	始终 ✦	shǐzhōng	부 줄곧, 시종일관
☐☐ 1636	士兵 ✦	shìbīng	명 사병, 병사
☐☐ 1637	世纪	shìjì	명 세기
☐☐ 1638	世界	shìjiè	명 세계
☐☐ 1639	市场 ✦	shìchǎng	명 시장
☐☐ 1640	似的 ✦	shìde	조 비슷하다, ~과 같다
☐☐ 1641	事情	shìqing	명 일
☐☐ 1642	事实 ✦	shìshí	명 사실
☐☐ 1643	事物 ✦	shìwù	명 사물
☐☐ 1644	事先 ✦	shìxiān	명 사전(事前)(에), 미리
☐☐ 1645	试	shì	통 시도하다
☐☐ 1646	试卷 ✦	shìjuàn	명 시험 답안지
☐☐ 1647	是	shì	형 맞다, 옳다 통 ~이다
☐☐ 1648	是否	shìfǒu	부 ~인지 아닌지
☐☐ 1649	适合	shìhé	통 적합하다
☐☐ 1650	适应	shìyìng	통 적응하다
☐☐ 1651	收	shōu	통 받다
☐☐ 1652	收获 ✦	shōuhuò	통 거두어들이다, 수확하다
☐☐ 1653	收据 ✦	shōujù	명 수취증
☐☐ 1654	收入	shōurù	명 수입
☐☐ 1655	收拾	shōushi	통 정리하다, 거두어 치우다

☐☐	1656	手表	shǒubiǎo	명 손목시계
☐☐	1657	手工 ✬	shǒugōng	명 수공
☐☐	1658	手机	shǒujī	명 휴대전화
☐☐	1659	手术 ✬	shǒushù	명 수술
☐☐	1660	手套 ✬	shǒutào	명 장갑
☐☐	1661	手续 ✬	shǒuxù	명 수속
☐☐	1662	手指 ✬	shǒuzhǐ	명 손가락
☐☐	1663	首 ✬	shǒu	명 시작, 처음 양 수[시·노래를 세는 단위]
☐☐	1664	首都	shǒudū	명 수도
☐☐	1665	首先	shǒuxiān	부 우선
☐☐	1666	寿命 ✬	shòumìng	명 목숨, 생명
☐☐	1667	受不了	shòubuliǎo	참을 수 없다
☐☐	1668	受到	shòudào	동 받다, 얻다
☐☐	1669	受伤 ✬	shòushāng	동 상처를 입다
☐☐	1670	售货员	shòuhuòyuán	명 판매원
☐☐	1671	瘦	shòu	형 마르다
☐☐	1672	书	shū	명 책
☐☐	1673	书架 ✬	shūjià	명 책꽂이, 서가
☐☐	1674	叔叔	shūshu	명 아저씨, 삼촌
☐☐	1675	梳子 ✬	shūzi	명 빗
☐☐	1676	舒服	shūfu	형 편안하다
☐☐	1677	舒适 ✬	shūshì	형 쾌적하다
☐☐	1678	输	shū	동 패배하다, 지다
☐☐	1679	输入 ✬	shūrù	동 입력하다
☐☐	1680	蔬菜 ✬	shūcài	명 채소
☐☐	1681	熟练 ✬	shúliàn	형 숙련되어 있다, 능숙하다
☐☐	1682	熟悉	shúxī	동 (익숙하게) 잘 알다
☐☐	1683	属于 ✬	shǔyú	동 ~에 속하다
☐☐	1684	鼠标 ✬	shǔbiāo	명 마우스
☐☐	1685	数 ✬	shǔ	동 세다, 헤아리다 *shù 명 수, 숫자
☐☐	1686	树	shù	명 나무
☐☐	1687	数据 ✬	shùjù	명 데이터, 수치

1688	数量	shùliàng	몡 수량
1689	数码 ✖	shùmǎ	몡 디지털
1690	数学	shùxué	몡 수학
1691	数字	shùzì	몡 숫자
1692	刷牙	shuāyá	동 이를 닦다
1693	摔倒 ✖	shuāidǎo	동 넘어지다
1694	甩 ✖	shuǎi	동 뿌리치다, 떼어놓다
1695	帅	shuài	형 멋지다
1696	双	shuāng	양 쌍, 켤레[짝을 이룬 물건을 세는 단위]
1697	双方 ✖	shuāngfāng	몡 쌍방
1698	水	shuǐ	몡 물
1699	水果	shuǐguǒ	몡 과일
1700	水平	shuǐpíng	몡 수준, 능력
1701	税 ✖	shuì	몡 세, 세금
1702	睡觉	shuìjiào	동 자다
1703	顺便	shùnbiàn	부 ~하는 김에, 겸사겸사
1704	顺利	shùnlì	형 순조롭다
1705	顺序	shùnxù	몡 순서, 차례
1706	说	shuō	동 말하다
1707	说不定 ✖	shuōbudìng	아마 ~일지 모른다
1708	说服 ✖	shuōfú	동 설복하다, 설득하다
1709	说话	shuōhuà	동 말을 하다
1710	说明	shuōmíng	동 설명하다
1711	硕士	shuòshì	몡 석사
1712	司机	sījī	몡 운전기사
1713	丝绸 ✖	sīchóu	몡 비단
1714	丝毫 ✖	sīháo	부 털끝만큼도, 추호도
1715	私人 ✖	sīrén	형 사적인, 개인의
1716	思考 ✖	sīkǎo	동 사고하다, 사색하다
1717	思想 ✖	sīxiǎng	몡 사상, 의식

▣□ 1718	撕 ✹	sī	툉 (손으로) 찢다
▣□ 1719	死	sǐ	툉 죽다
▣□ 1720	四	sì	㑰 4, 넷
▣□ 1721	似乎 ✹	sìhū	뿐 마치 ~인 것 같다, 마치 ~인 듯하다
▣□ 1722	送	sòng	툉 보내다, 증정하다
▣□ 1723	搜索 ✹	sōusuǒ	툉 (인터넷에) 검색하다, 수색하다
▣□ 1724	速度	sùdù	뗑 속도
▣□ 1725	宿舍 ✹	sùshè	뗑 기숙사
▣□ 1726	塑料袋	sùliàodài	뗑 비닐봉지
▣□ 1727	酸	suān	혱 시다
▣□ 1728	虽然…但是…	suīrán…dànshì…	젭 비록 ~하지만, 그러나 ~
▣□ 1729	随便	suíbiàn	뿐 하고 싶은 대로, 마음대로
▣□ 1730	随身 ✹	suíshēn	툉 휴대하다
▣□ 1731	随时 ✹	suíshí	뿐 수시로, 언제나
▣□ 1732	随手 ✹	suíshǒu	뿐 ~함에 따라
▣□ 1733	随着	suízhe	갸 ~에 따라
▣□ 1734	岁	suì	먱 살[나이를 세는 단위]
▣□ 1735	碎 ✹	suì	툉 부서지다, 깨지다
▣□ 1736	孙子	sūnzi	뗑 손자
▣□ 1737	损失 ✹	sǔnshī	툉 손해 보다 뗑 손실
▣□ 1738	缩短 ✹	suōduǎn	툉 줄이다, 단축하다
▣□ 1739	所 ✹	suǒ	먱 개[학교·병원을 세는 단위]
▣□ 1740	所有	suǒyǒu	혱 모든
▣□ 1741	锁 ✹	suǒ	뗑 자물쇠 툉 잠그다
▣□ 1742	他	tā	때 그, 그 사람
▣□ 1743	它	tā	때 그것, 저것
▣□ 1744	她	tā	때 그녀, 그 여자
▣□ 1745	台	tái	먱 대[기계·설비·기구 등을 세는 단위]
▣□ 1746	台阶 ✹	táijiē	뗑 층계, 섬돌
▣□ 1747	抬	tái	툉 (두 사람 이상이) 맞들다, 함께 들다
▣□ 1748	太	tài	뿐 매우, 아주
▣□ 1749	太极拳 ✹	tàijíquán	뗑 태극권
▣□ 1750	太太 ✹	tàitai	뗑 부인, 아내

☐ 실력점검 _____ /50   ☐ 오답확인

1. 다음 단어와 뜻을 알맞게 연결해 보세요.

① 忍不住 ·

② 如何 ·

③ 善于 ·

④ 稍微 ·

⑤ 失去 ·

⑥ 湿润 ·

⑦ 实习 ·

⑧ 搜索 ·

⑨ 随着 ·

⑩ 缩短 ·

· ⓐ 잃다, 잃어버리다

· ⓑ 잘하다, ~에 능숙하다

· ⓒ 실습하다

· ⓓ 어떻다, 어떠하다

· ⓔ (인터넷에) 검색하다, 수색하다

· ⓕ ~에 따라

· ⓖ 참을 수 없다, 억누르지 못하다

· ⓗ 줄이다, 단축하다

· ⓘ 습윤하다, 촉촉하다

· ⓙ 약간, 조금

2. 다음 단어를 중국어로 써 보세요.

① 인생

② 던지다, 버리다

③ 햇빛을 쬐다

④ 삭제하다, 지우다

⑤ 상의하다

⑥ 심지어

⑦ 생활

⑧ 실망하다

⑨ 적합하다

⑩ 참을 수 없다

정답

1. ① ⓖ ② ⓓ ③ ⓑ ④ ⓙ ⑤ ⓐ ⑥ ⓘ ⑦ ⓒ ⑧ ⓔ ⑨ ⓕ ⑩ ⓗ 2. ① 人生 ② 扔 ③ 晒 ④ 删除 ⑤ 商量 ⑥ 甚至 ⑦ 生活 ⑧ 失望 ⑨ 适合 ⑩ 受不了

3. 녹음을 듣고 해당 단어를 중국어로 써 보세요. Test 07 ✏️

① ____________________   ② ____________________

③ ____________________   ④ ____________________

⑤ ____________________   ⑥ ____________________

⑦ ____________________   ⑧ ____________________

⑨ ____________________   ⑩ ____________________

4. 다음 단어의 뜻을 써 보세요.

① 认为 ____________________   ② 任何 ____________________

③ 仍然 ____________________   ④ 伤害 ____________________

⑤ 设计 ____________________   ⑥ 深刻 ____________________

⑦ 生意 ____________________   ⑧ 时尚 ____________________

⑨ 实际 ____________________   ⑩ 实现 ____________________

⑪ 始终 ____________________   ⑫ 是否 ____________________

⑬ 适应 ____________________   ⑭ 舒适 ____________________

⑮ 属于 ____________________   ⑯ 顺便 ____________________

⑰ 说不定 ____________________   ⑱ 随便 ____________________

⑲ 损失 ____________________   ⑳ 所有 ____________________

정답

3. ① 伤心 ② 上网 ③ 舍不得 ④ 生产 ⑤ 失败 ⑥ 收获 ⑦ 受伤 ⑧ 摔倒 ⑨ 顺利 ⑩ 速度   4. ① ~라 여기다 ② 어떠한, 무슨 ③ 여전히, 변함없이 ④ 상하게 하다 ⑤ 설계하다, 디자인하다 ⑥ (인상이) 깊다, 강렬하다 ⑦ 장사, 사업 ⑧ 유행, 트렌드 ⑨ 실제의 ⑩ 실현하다 ⑪ 줄곧, 시종일관 ⑫ ~인지 아닌지 ⑬ 적응하다 ⑭ 쾌적하다 ⑮ ~에 속하다 ⑯ ~하는 김에, 겸사겸사 ⑰ 아마 ~일지 모른다 ⑱ 하고 싶은 대로, 마음대로 ⑲ 손해 보다, 손실 ⑳ 모든

1751	太阳	tàiyáng	몡 태양
1752	态度	tàidu	몡 태도
1753	谈	tán	동 말하다, 이야기하다
1754	谈判 ✹	tánpàn	동 담판하다, 회담하다, 협상하다
1755	弹钢琴	tán gāngqín	피아노를 치다
1756	坦率 ✹	tǎnshuài	혱 솔직하다
1757	汤	tāng	몡 국
1758	糖	táng	몡 설탕, 사탕
1759	躺	tǎng	동 눕다
1760	烫 ✹	tàng	동 데다, 화상을 입다 혱 몹시 뜨겁다
1761	趟	tàng	양 번, 차례[왕복의 횟수를 세는 단위]
1762	逃 ✹	táo	동 달아나다, 도망치다
1763	逃避 ✹	táobì	동 도피하다
1764	桃 ✹	táo	몡 복숭아, 복숭아나무
1765	淘气 ✹	táoqì	혱 장난이 심하다
1766	讨价还价 ✹	tǎo jià huán jià	셩 값을 흥정하다
1767	讨论	tǎolùn	동 토론하다
1768	讨厌	tǎoyàn	동 싫어하다
1769	套 ✹	tào	양 세트를 세는 단위
1770	特别	tèbié	부 특히, 매우 혱 특별하다
1771	特点	tèdiǎn	몡 특징
1772	特色 ✹	tèsè	몡 특색
1773	特殊 ✹	tèshū	혱 특수하다
1774	特征 ✹	tèzhēng	몡 특징
1775	疼	téng	혱 아프다
1776	疼爱 ✹	téng'ài	동 매우 귀여워하다
1777	踢足球	tī zúqiú	축구를 하다
1778	提	tí	동 들어올리다, 제기하다
1779	提倡 ✹	tíchàng	동 제창하다, 부르짖다
1780	提纲 ✹	tígāng	몡 대강, 개요

☐☐ 1781	提高	tígāo	동 높이다
☐☐ 1782	提供	tígōng	동 제공하다
☐☐ 1783	提前	tíqián	동 앞당기다
☐☐ 1784	提问 ✬	tíwèn	동 질문하다
☐☐ 1785	提醒	tíxǐng	동 일깨우다
☐☐ 1786	题	tí	명 문제
☐☐ 1787	题目 ✬	tímù	명 제목, 표제
☐☐ 1788	体会 ✬	tǐhuì	동 체득하다
☐☐ 1789	体贴 ✬	tǐtiē	동 자상하다
☐☐ 1790	体现 ✬	tǐxiàn	동 구현하다
☐☐ 1791	体验 ✬	tǐyàn	동 체험하다
☐☐ 1792	体育	tǐyù	명 체육, 스포츠
☐☐ 1793	天空 ✬	tiānkōng	명 하늘, 공중
☐☐ 1794	天气	tiānqì	명 날씨
☐☐ 1795	天真 ✬	tiānzhēn	형 천진하다
☐☐ 1796	甜	tián	형 (맛이) 달다
☐☐ 1797	填空	tiánkòng	동 빈칸을 채우다, 공란을 메우다
☐☐ 1798	条	tiáo	양 가늘고 긴 것을 세는 단위
☐☐ 1799	条件	tiáojiàn	명 조건
☐☐ 1800	调皮 ✬	tiáopí	형 장난스럽다, 짓궂다
☐☐ 1801	调整 ✬	tiáozhěng	동 조정하다
☐☐ 1802	挑战 ✬	tiǎozhàn	동 도전하다
☐☐ 1803	跳舞	tiàowǔ	동 춤을 추다
☐☐ 1804	听	tīng	동 듣다
☐☐ 1805	停	tíng	동 정지하다, 멈추다
☐☐ 1806	挺	tǐng	부 매우, 아주
☐☐ 1807	通常 ✬	tōngcháng	형 통상적인, 일반적인
☐☐ 1808	通过	tōngguò	동 통과하다 개 ~을 통하여
☐☐ 1809	通知	tōngzhī	동 통지하다, 알리다
☐☐ 1810	同情	tóngqíng	동 동정하다
☐☐ 1811	同时	tóngshí	부 동시에
☐☐ 1812	同事	tóngshì	명 동료

1813	同学	tóngxué	몡 학우
1814	同意	tóngyì	통 동의하다
1815	统一 ✬	tǒngyī	통 통일하다
1816	痛苦 ✬	tòngkǔ	혱 고통스럽다, 괴롭다
1817	痛快 ✬	tòngkuài	혱 통쾌하다, 유쾌하다
1818	偷 ✬	tōu	통 훔치다, 도둑질하다
1819	头发	tóufa	몡 머리카락
1820	投入 ✬	tóurù	통 몰두하다, 투자하다
1821	投资 ✬	tóuzī	통 투자하다
1822	透明 ✬	tòumíng	혱 투명하다
1823	突出 ✬	tūchū	혱 뛰어나다, 두드러지다 통 두드러지게 하다
1824	突然	tūrán	분 갑자기
1825	图书馆	túshūguǎn	몡 도서관
1826	土地 ✬	tǔdì	몡 땅, 토지
1827	土豆 ✬	tǔdòu	몡 감자
1828	吐 ✬	tù	통 내뱉다, 토하다
1829	兔子 ✬	tùzi	몡 토끼
1830	团 ✬	tuán	몡 단체, 집단
1831	推	tuī	통 밀다
1832	推迟	tuīchí	통 (일정 등을) 뒤로 미루다, 연기하다
1833	推辞 ✬	tuīcí	통 사양하다
1834	推广 ✬	tuīguǎng	통 널리 보급하다
1835	推荐 ✬	tuījiàn	통 추천하다
1836	腿	tuǐ	몡 다리
1837	退 ✬	tuì	통 물러나다, (구매한 물건을) 반환하다
1838	退步 ✬	tuìbù	통 퇴보하다
1839	退休 ✬	tuìxiū	통 퇴직하다
1840	脱	tuō	통 벗다
1841	袜子	wàzi	몡 양말
1842	歪 ✬	wāi	혱 기울다, 비뚤다

1843	外	wài	몡 바깥쪽, 외부
1844	外公 ✬	wàigōng	몡 외할아버지
1845	外交 ✬	wàijiāo	몡 외교
1846	完	wán	통 끝나다
1847	完成	wánchéng	통 완성하다
1848	完美 ✬	wánměi	톙 결함 없이, 완벽하다
1849	完全	wánquán	뷔 완전히
1850	完善 ✬	wánshàn	톙 완벽하다
1851	完整 ✬	wánzhěng	톙 온전하다
1852	玩	wán	통 놀다
1853	玩具 ✬	wánjù	몡 완구, 장난감
1854	晚上	wǎnshang	몡 저녁, 밤
1855	碗	wǎn	몡 톙 사발, 그릇
1856	万	wàn	㒦 10,000, 만
1857	万一 ✬	wànyī	졉 만일, 만약
1858	王子 ✬	wángzǐ	몡 왕자
1859	网络 ✬	wǎngluò	몡 인터넷, 네트워크
1860	网球	wǎngqiú	몡 테니스
1861	网站	wǎngzhàn	몡 웹사이트
1862	往	wǎng	걔 ~쪽으로, ~을 향하여
1863	往返 ✬	wǎngfǎn	통 왕복하다
1864	往往	wǎngwǎng	뷔 자주, 종종
1865	忘记	wàngjì	통 잊어버리다
1866	危害 ✬	wēihài	통 손상시키다
1867	危险	wēixiǎn	톙 위험하다
1868	威胁 ✬	wēixié	통 협박하다
1869	微笑 ✬	wēixiào	통 미소를 짓다
1870	违反 ✬	wéifǎn	통 위반하다
1871	围巾 ✬	wéijīn	몡 목도리
1872	围绕 ✬	wéirào	통 주위를 돌다, (문제나 일을) 둘러싸다
1873	唯一 ✬	wéiyī	톙 유일한
1874	维修 ✬	wéixiū	통 보수하다, 수리하다
1875	伟大 ✬	wěidà	톙 위대하다

1876	尾巴 ✹	wěiba	명 (동물의) 꼬리
1877	委屈 ✹	wěiqū	형 억울하다
1878	卫生间	wèishēngjiān	명 화장실
1879	为	wèi	개 ~을 위하여, ~때문에
1880	为了	wèile	개 ~을 하기 위해
1881	为什么	wèishénme	대 왜
1882	未必 ✹	wèibì	부 반드시 ~한 것은 아니다
1883	未来 ✹	wèilái	형 미래의, 앞으로의
1884	位	wèi	양 분[사람을 세는 단위]
1885	位于 ✹	wèiyú	동 ~에 위치하다
1886	位置 ✹	wèizhì	명 위치
1887	味道	wèidao	명 맛
1888	胃 ✹	wèi	명 위
1889	胃口 ✹	wèikǒu	명 식욕
1890	喂	wéi	감탄 여보세요
1891	温度	wēndù	명 온도
1892	温暖 ✹	wēnnuǎn	형 따뜻하다 동 따뜻하게 하다
1893	温柔 ✹	wēnróu	형 온유하다, 부드럽고 상냥하다
1894	文化	wénhuà	명 문화
1895	文件 ✹	wénjiàn	명 문서, 서류
1896	文具 ✹	wénjù	명 문구, 문방구
1897	文明 ✹	wénmíng	명 문명
1898	文学 ✹	wénxué	명 문학
1899	文章	wénzhāng	명 글
1900	文字 ✹	wénzì	명 문자, 글자
1901	闻 ✹	wén	동 듣다, 냄새를 맡다
1902	吻 ✹	wěn	동 입맞춤하다
1903	稳定 ✹	wěndìng	형 안정되다
1904	问	wèn	동 묻다
1905	问候 ✹	wènhòu	동 안부를 묻다, 문안을 드리다

1906	问题	wèntí	몡 문제
1907	我	wǒ	때 나
1908	我们	wǒmen	때 우리
1909	卧室 ✹	wòshì	몡 침실
1910	握手 ✹	wòshǒu	동 악수하다
1911	污染	wūrǎn	몡 오염 동 오염시키다
1912	屋子 ✹	wūzi	몡 방
1913	无	wú	동 없다
1914	无聊	wúliáo	혱 무료하다, 재미없다
1915	无论	wúlùn	접 ~에도 상관없이
1916	无奈 ✹	wúnài	동 어쩔 수 없다
1917	无数 ✹	wúshù	혱 무수하다, 셀 수 없이 많다
1918	无所谓 ✹	wúsuǒwèi	상관없다
1919	五	wǔ	쉬 5, 다섯
1920	武术 ✹	wǔshù	몡 무술
1921	勿 ✹	wù	뷔 ~하지 마라
1922	物理 ✹	wùlǐ	몡 물리
1923	物质 ✹	wùzhì	몡 물질
1924	误会	wùhuì	몡 오해 동 오해하다
1925	雾 ✹	wù	몡 안개
1926	西	xī	몡 서쪽
1927	西瓜	xīguā	몡 수박
1928	西红柿	xīhóngshì	몡 토마토
1929	吸取 ✹	xīqǔ	동 받아들이다
1930	吸收 ✹	xīshōu	동 흡수하다, 빨아들이다
1931	吸引	xīyǐn	동 끌어당기다, 매료(매혹)시키다
1932	希望	xīwàng	몡 희망 동 희망하다
1933	习惯	xíguàn	몡 습관 동 습관이 되다
1934	洗	xǐ	동 씻다
1935	洗手间	xǐshǒujiān	몡 화장실
1936	洗澡	xǐzǎo	동 샤워하다
1937	喜欢	xǐhuan	동 좋아하다

1938	戏剧 ✬	xìjù	몡 연극, 극, 희극
1939	系 ✬	xì	몡 학과, 계열
1940	系统 ✬	xìtǒng	몡 계통 *jì 동 (끈으로) 묶다
1941	细节 ✬	xìjié	몡 세부, 자세한 부분, 세목
1942	瞎 ✬	xiā	동 실명하다, 시력을 잃다
1943	下	xià	몡 밑, 아래
1944	下午	xiàwǔ	몡 오후
1945	下雨	xiàyǔ	동 비가 오다
1946	下载 ✬	xiàzài	동 다운로드 하다
1947	吓 ✬	xià	동 놀래다, 놀라게 하다
1948	夏	xià	몡 여름
1949	夏令营 ✬	xiàlìngyíng	몡 여름 캠프
1950	先	xiān	뷔 우선, 먼저
1951	先生	xiānsheng	몡 선생[남자를 부르는 호칭]
1952	鲜艳 ✬	xiānyàn	혱 (색이) 화려하다, 선명하다
1953	咸	xián	혱 (맛이) 짜다
1954	显得 ✬	xiǎnde	동 ~처럼 보이다
1955	显然 ✬	xiǎnrán	혱 (상황이나 이치가) 명백하다, 분명하다
1956	显示 ✬	xiǎnshì	동 내보이다, 드러내다
1957	县 ✬	xiàn	몡 현(縣)
1958	现代 ✬	xiàndài	몡 현대
1959	现金	xiànjīn	몡 현금
1960	现实 ✬	xiànshí	몡 현실
1961	现象 ✬	xiànxiàng	몡 현상
1962	现在	xiànzài	몡 지금
1963	限制 ✬	xiànzhì	동 제한하다
1964	羡慕	xiànmù	동 부러워하다
1965	相处 ✬	xiāngchǔ	동 함께 지내다
1966	相当 ✬	xiāngdāng	뷔 상당히 동 상당하다, 서로 엇비슷하다, 맞먹다
1967	相对 ✬	xiāngduì	혱 상대적인

☐☐ 1968	相反	xiāngfǎn	형 상반되다
☐☐ 1969	相关 ✹	xiāngguān	동 상관되다, 관련되다
☐☐ 1970	相似 ✹	xiāngsì	형 서로 비슷하다
☐☐ 1971	相同	xiāngtóng	형 서로 같다
☐☐ 1972	相信	xiāngxìn	동 믿다
☐☐ 1973	香	xiāng	형 (냄새가) 좋다, 향기롭다
☐☐ 1974	香肠 ✹	xiāngcháng	명 소시지
☐☐ 1975	香蕉	xiāngjiāo	명 바나나
☐☐ 1976	详细	xiángxì	형 상세하다
☐☐ 1977	享受 ✹	xiǎngshòu	동 누리다, 향유하다
☐☐ 1978	响	xiǎng	동 (소리가) 울리다
☐☐ 1979	想	xiǎng	조동 ~하고 싶다
☐☐ 1980	想念 ✹	xiǎngniàn	동 그리워하다
☐☐ 1981	想象 ✹	xiǎngxiàng	동 상상하다
☐☐ 1982	向	xiàng	개 ~쪽으로, ~을 향하여
☐☐ 1983	项 ✹	xiàng	양 항목
☐☐ 1984	项链 ✹	xiàngliàn	명 목걸이
☐☐ 1985	项目 ✹	xiàngmù	명 항목, 프로젝트
☐☐ 1986	象棋 ✹	xiàngqí	명 중국식 장기
☐☐ 1987	象征 ✹	xiàngzhēng	동 상징하다
☐☐ 1988	像	xiàng	동 닮다 부 마치 (~와 같다)
☐☐ 1989	橡皮	xiàngpí	명 지우개
☐☐ 1990	消费 ✹	xiāofèi	동 소비하다
☐☐ 1991	消化 ✹	xiāohuà	동 소화하다
☐☐ 1992	消极 ✹	xiāojí	형 소극적이다, 부정적이다
☐☐ 1993	消失 ✹	xiāoshī	동 사라지다
☐☐ 1994	消息	xiāoxi	명 소식
☐☐ 1995	销售 ✹	xiāoshòu	동 팔다, 판매하다
☐☐ 1996	小	xiǎo	형 작다
☐☐ 1997	小吃	xiǎochī	명 간단한 음식
☐☐ 1998	小伙子	xiǎohuǒzi	명 젊은이
☐☐ 1999	小姐	xiǎojiě	명 아가씨
☐☐ 2000	小麦 ✹	xiǎomài	명 밀, 소맥

☐ 실력점검 _____ /50 ☐ 오답확인

1. 다음 단어와 뜻을 알맞게 연결해 보세요.

① 谈判 •　　　　　　　　　• ⓐ 유일한

② 提醒 •　　　　　　　　　• ⓑ 반드시 ~한 것은 아니다

③ 通过 •　　　　　　　　　• ⓒ ~에도 상관없이

④ 唯一 •　　　　　　　　　• ⓓ 일깨우다

⑤ 未必 •　　　　　　　　　• ⓔ 끌어당기다, 매료(매혹)시키다

⑥ 无论 •　　　　　　　　　• ⓕ 세부, 자세한 부분, 세목

⑦ 吸引 •　　　　　　　　　• ⓖ 담판하다, 회담하다, 협상하다

⑧ 细节 •　　　　　　　　　• ⓗ 통과하다, ~을 통하여

⑨ 限制 •　　　　　　　　　• ⓘ 서로 엇비슷하다, 상당히

⑩ 相当 •　　　　　　　　　• ⓙ 제한하다

2. 다음 단어를 중국어로 써 보세요.

① 태도 　　　　　　② 제공하다

③ 조건 　　　　　　④ 도전하다

⑤ 갑자기 　　　　　⑥ 추천하다

⑦ 완전히 　　　　　⑧ 위험하다

⑨ 오해(하다) 　　　⑩ 습관, 습관이 되다

3. 녹음을 듣고 해당 단어를 중국어로 써 보세요. `Test 08`

① ________________ ② ________________

③ ________________ ④ ________________

⑤ ________________ ⑥ ________________

⑦ ________________ ⑧ ________________

⑨ ________________ ⑩ ________________

4. 다음 단어의 뜻을 써 보세요.

① 逃避 ________________ ② 提高 ________________

③ 提前 ________________ ④ 调整 ________________

⑤ 投资 ________________ ⑥ 突出 ________________

⑦ 推辞 ________________ ⑧ 退休 ________________

⑨ 委屈 ________________ ⑩ 为了 ________________

⑪ 位于 ________________ ⑫ 无奈 ________________

⑬ 下载 ________________ ⑭ 鲜艳 ________________

⑮ 现实 ________________ ⑯ 相处 ________________

⑰ 相似 ________________ ⑱ 享受 ________________

⑲ 向 ________________ ⑳ 销售 ________________

☐☐ 2001	小气 ✹	xiǎoqi	동	인색하다, 쩨쩨하다
☐☐ 2002	小时	xiǎoshí	명	시간
☐☐ 2003	小说	xiǎoshuō	명	소설
☐☐ 2004	小心	xiǎoxīn	동	조심하다
☐☐ 2005	孝顺 ✹	xiàoshùn	동	효성스럽다
☐☐ 2006	校长	xiàozhǎng	명	학교장, 교장
☐☐ 2007	笑	xiào	동	웃다
☐☐ 2008	笑话	xiàohua	명	웃긴 얘기
☐☐ 2009	效果	xiàoguǒ	명	효과
☐☐ 2010	效率 ✹	xiàolǜ	명	효율
☐☐ 2011	些	xiē	양	조금, 약간, 몇몇
☐☐ 2012	歇 ✹	xiē	동	쉬다, 휴식하다
☐☐ 2013	斜 ✹	xié	형	기울다
☐☐ 2014	写	xiě	동	글씨를 쓰다
☐☐ 2015	写作 ✹	xiězuò	동	글을 짓다
☐☐ 2016	血 ✹	xiě, xuè	명	피, 혈액
☐☐ 2017	谢谢	xièxie	동	감사합니다
☐☐ 2018	心理 ✹	xīnlǐ	명	심리
☐☐ 2019	心情	xīnqíng	명	기분
☐☐ 2020	心脏 ✹	xīnzàng	명	심장
☐☐ 2021	辛苦	xīnkǔ	형	고생스럽다
☐☐ 2022	欣赏 ✹	xīnshǎng	동	감상하다, 마음에 들어하다
☐☐ 2023	新	xīn	형	새롭다
☐☐ 2024	新闻	xīnwén	명	뉴스
☐☐ 2025	新鲜	xīnxiān	형	신선하다
☐☐ 2026	信封	xìnfēng	명	편지 봉투
☐☐ 2027	信号 ✹	xìnhào	명	신호
☐☐ 2028	信任 ✹	xìnrèn	동	신뢰하다, 신임하다
☐☐ 2029	信息	xìnxī	명	정보
☐☐ 2030	信心	xìnxīn	명	자신

2031	信用卡	xìnyòngkǎ	몡 신용 카드
2032	兴奋	xīngfèn	혱 흥분하다
2033	星期	xīngqī	몡 주, 주일
2034	行	xíng	동 가다 혱 좋다, 괜찮다
2035	行动 ✦	xíngdòng	몡 행동 동 행동하다
2036	行李箱	xínglǐxiāng	몡 트렁크, 여행용 가방
2037	行人 ✦	xíngrén	몡 행인, 통행인
2038	行为 ✦	xíngwéi	몡 행위
2039	形成 ✦	xíngchéng	동 형성하다
2040	形容 ✦	xíngróng	동 형용하다
2041	形式 ✦	xíngshì	몡 형식
2042	形势 ✦	xíngshì	몡 형세
2043	形象 ✦	xíngxiàng	몡 이미지
2044	形状 ✦	xíngzhuàng	몡 형태
2045	醒	xǐng	동 깨다
2046	幸福	xìngfú	혱 행복하다
2047	幸亏 ✦	xìngkuī	튀 다행히, 운 좋게
2048	幸运 ✦	xìngyùn	혱 행운이다
2049	性别	xìngbié	몡 성별
2050	性格	xìnggé	몡 성격
2051	性质 ✦	xìngzhì	몡 성질
2052	姓	xìng	몡 성, 성씨 동 성이 ~이다
2053	兄弟 ✦	xiōngdì	몡 형제
2054	胸 ✦	xiōng	몡 가슴
2055	熊猫	xióngmāo	몡 판다
2056	休息	xiūxi	동 휴식하다
2057	休闲 ✦	xiūxián	동 한가롭다
2058	修改 ✦	xiūgǎi	동 수정하다
2059	修理	xiūlǐ	동 수리하다
2060	虚心 ✦	xūxīn	혱 겸허하다
2061	需要	xūyào	동 필요하다
2062	许多	xǔduō	혱 매우 많다

2063	叙述 ★	xùshù	동 서술하다, 진술하다
2064	宣布 ★	xuānbù	동 선포하다
2065	宣传 ★	xuānchuán	동 선전하다, 홍보하다
2066	选择	xuǎnzé	동 선택하다
2067	学历 ★	xuélì	명 학력
2068	学期	xuéqī	명 학기
2069	学生	xuésheng	명 학생
2070	学术 ★	xuéshù	명 학술
2071	学问 ★	xuéwèn	명 학문
2072	学习	xuéxí	동 공부하다
2073	学校	xuéxiào	명 학교
2074	雪	xuě	명 눈
2075	寻找 ★	xúnzhǎo	동 찾다
2076	询问 ★	xúnwèn	동 묻다
2077	训练 ★	xùnliàn	동 훈련하다
2078	迅速 ★	xùnsù	형 신속하다
2079	压力	yālì	명 스트레스
2080	呀	yā	감탄 아!, 야![놀람, 경이로움을 나타냄]
2081	押金 ★	yājīn	명 보증금
2082	牙齿 ★	yáchǐ	명 이, 치아
2083	牙膏	yágāo	명 치약
2084	亚洲	Yàzhōu	명 아시아
2085	延长 ★	yáncháng	동 연장하다
2086	严格	yángé	형 엄격하다
2087	严肃 ★	yánsù	형 엄숙하다
2088	严重	yánzhòng	형 심각하다
2089	研究	yánjiū	동 연구하다
2090	盐	yán	명 소금
2091	颜色	yánsè	명 색
2092	眼睛	yǎnjing	명 눈

☐☐ 2093	眼镜	yǎnjìng	몡 안경
☐☐ 2094	演出	yǎnchū	몡 공연
☐☐ 2095	演讲 ✿	yǎnjiǎng	몡 강연, 연설
☐☐ 2096	演员	yǎnyuán	몡 배우
☐☐ 2097	宴会 ✿	yànhuì	몡 연회, 파티
☐☐ 2098	羊肉	yángròu	몡 양고기
☐☐ 2099	阳光	yángguāng	몡 햇빛
☐☐ 2100	阳台 ✿	yángtái	몡 발코니, 베란다
☐☐ 2101	养成	yǎngchéng	동 양성하다, 기르다
☐☐ 2102	痒 ✿	yǎng	혱 가렵다
☐☐ 2103	样式 ✿	yàngshì	몡 양식, 디자인 스타일
☐☐ 2104	样子	yàngzi	몡 모양
☐☐ 2105	要求	yāoqiú	동 요구하다
☐☐ 2106	腰 ✿	yāo	몡 허리
☐☐ 2107	邀请	yāoqǐng	동 초청하다
☐☐ 2108	摇 ✿	yáo	동 흔들다
☐☐ 2109	咬 ✿	yǎo	동 깨물다
☐☐ 2110	药	yào	몡 약
☐☐ 2111	要	yào	조동 ~하려고 하다, ~해야 한다 동 요구하다, 원하다, 필요하다
☐☐ 2112	要不 ✿	yàobù	젭 그렇지 않으면, 안 그러면
☐☐ 2113	要是	yàoshi	젭 만약 ~라면
☐☐ 2114	钥匙	yàoshi	몡 열쇠
☐☐ 2115	爷爷	yéye	몡 할아버지
☐☐ 2116	也	yě	뷔 또한, 역시
☐☐ 2117	也许	yěxǔ	뷔 아마도, 어쩌면
☐☐ 2118	业务 ✿	yèwù	몡 업무
☐☐ 2119	业余 ✿	yèyú	몡 여가
☐☐ 2120	叶子	yèzi	몡 잎, 찻잎
☐☐ 2121	页	yè	양 쪽, 페이지
☐☐ 2122	夜 ✿	yè	몡 밤
☐☐ 2123	一	yī	수 1, 하나
☐☐ 2124	一般	yìbān	혱 일반적이다, 보통이다
☐☐ 2125	一辈子 ✿	yíbèizi	몡 한평생, 일생

☐☐ 2126	一边	yìbiān	몡 ~하면서 ~하다
☐☐ 2127	一旦 ✹	yídàn	閈 일단 ~한다면
☐☐ 2128	一点儿	yìdiǎnr	옝 조금, 약간
☐☐ 2129	一定	yídìng	閈 반드시 혱 어느 정도의
☐☐ 2130	一共	yígòng	閈 모두
☐☐ 2131	一会儿	yíhuìr	몡 잠시
☐☐ 2132	一律 ✹	yílǜ	閈 예외 없이, 모두
☐☐ 2133	一起	yìqǐ	閈 함께, 같이
☐☐ 2134	一切	yíqiè	때 전부
☐☐ 2135	一下	yíxià	좀 ~하다[동사 뒤에 놓여 동작을 간단히 해본다는 의미]
☐☐ 2136	一样	yíyàng	혱 같다, 동일하다
☐☐ 2137	一再 ✹	yízài	閈 거듭, 수차
☐☐ 2138	一直	yìzhí	閈 줄곧, 계속
☐☐ 2139	一致 ✹	yízhì	동 일치하다
☐☐ 2140	衣服	yīfu	몡 옷
☐☐ 2141	医生	yīshēng	몡 의사
☐☐ 2142	医院	yīyuàn	몡 병원
☐☐ 2143	依然 ✹	yīrán	혱 여전하다
☐☐ 2144	移动 ✹	yídòng	동 이동하다
☐☐ 2145	移民 ✹	yímín	동 이민하다
☐☐ 2146	遗憾 ✹	yíhàn	동 유감이다
☐☐ 2147	疑问 ✹	yíwèn	몡 의문
☐☐ 2148	乙 ✹	yǐ	몡 을(乙)
☐☐ 2149	已经	yǐjing	閈 이미
☐☐ 2150	以	yǐ	깨 ~을, ~로써
☐☐ 2151	以及 ✹	yǐjí	졉 및, 그리고, 아울러
☐☐ 2152	以来 ✹	yǐlái	몡 ~이래로
☐☐ 2153	以前	yǐqián	몡 이전
☐☐ 2154	以为	yǐwéi	동 ~라 여기다
☐☐ 2155	椅子	yǐzi	몡 의자

☐☐ 2156	亿 ✹	yì	㊄ 억
☐☐ 2157	义务 ✹	yìwù	㸆 의무
☐☐ 2158	艺术	yìshù	㸆 예술
☐☐ 2159	议论 ✹	yìlùn	㸆 왈가왈부하다
☐☐ 2160	意见	yìjiàn	㸆 의견
☐☐ 2161	意思	yìsi	㸆 의미, 뜻
☐☐ 2162	意外 ✹	yìwài	㸆 의외다, 뜻밖이다
☐☐ 2163	意义 ✹	yìyì	㸆 의의, 의미
☐☐ 2164	因此	yīncǐ	㸆 이로 인하여
☐☐ 2165	因而 ✹	yīn'ér	㸆 그러므로
☐☐ 2166	因素 ✹	yīnsù	㸆 요소
☐☐ 2167	因为…所以…	yīnwèi…suǒyǐ…	㸆 ~이기 때문에, 그래서 ~
☐☐ 2168	阴	yīn	㸆 (날씨가) 흐리다
☐☐ 2169	音乐	yīnyuè	㸆 음악
☐☐ 2170	银 ✹	yín	㸆 은
☐☐ 2171	银行	yínháng	㸆 은행
☐☐ 2172	引起	yǐnqǐ	㸆 야기하다, 일으키다
☐☐ 2173	饮料	yǐnliào	㸆 음료
☐☐ 2174	印刷 ✹	yìnshuā	㸆 인쇄하다
☐☐ 2175	印象	yìnxiàng	㸆 인상
☐☐ 2176	应该	yīnggāi	㸆 마땅히 ~해야 한다
☐☐ 2177	英俊 ✹	yīngjùn	㸆 재능이 출중하다, 영준하다
☐☐ 2178	英雄 ✹	yīngxióng	㸆 영웅
☐☐ 2179	迎接 ✹	yíngjiē	㸆 영접하다, 마중하다
☐☐ 2180	营养 ✹	yíngyǎng	㸆 영양
☐☐ 2181	营业 ✹	yíngyè	㸆 영업하다
☐☐ 2182	赢	yíng	㸆 이기다
☐☐ 2183	影响	yǐngxiǎng	㸆 영향 㸆 영향을 주다
☐☐ 2184	影子 ✹	yǐngzi	㸆 그림자
☐☐ 2185	应付 ✹	yìngfu	㸆 대응하다, 대처하다
☐☐ 2186	应聘	yìngpìn	㸆 입사 지원하다
☐☐ 2187	应用 ✹	yìngyòng	㸆 응용하다

2188	硬 ✹	yìng	형 단단하다
2189	硬件 ✹	yìngjiàn	명 하드웨어
2190	拥抱 ✹	yōngbào	동 포옹하다, 껴안다
2191	拥挤 ✹	yōngjǐ	동 한곳으로 몰리다 형 붐비다, 혼잡하다
2192	永远	yǒngyuǎn	부 언제나, 영원히
2193	勇敢	yǒnggǎn	형 용감하다
2194	勇气 ✹	yǒngqì	명 용기
2195	用	yòng	동 쓰다
2196	用功 ✹	yònggōng	동 열심히 공부하다
2197	用途 ✹	yòngtú	명 용도
2198	优点	yōudiǎn	명 장점
2199	优惠 ✹	yōuhuì	형 특혜의, 우대의
2200	优美 ✹	yōuměi	형 우아하고 아름답다
2201	优势 ✹	yōushì	명 우세, 우위
2202	优秀	yōuxiù	형 우수하다
2203	幽默	yōumò	명 유머 형 유머러스하다
2204	悠久 ✹	yōujiǔ	형 유구하다
2205	尤其	yóuqí	부 특히
2206	由	yóu	개 ~가, ~이, ~은, ~부터, ~로
2207	由于	yóuyú	접 ~때문에
2208	邮局	yóujú	명 우체국
2209	犹豫 ✹	yóuyù	형 주저하다
2210	油炸 ✹	yóuzhá	동 기름에 튀기다
2211	游览 ✹	yóulǎn	동 유람하다
2212	游戏	yóuxì	명 게임, 놀이
2213	游泳	yóuyǒng	동 수영하다
2214	友好	yǒuhǎo	형 우호적이다
2215	友谊	yǒuyì	명 우정, 우의
2216	有	yǒu	동 있다
2217	有利 ✹	yǒulì	형 유리하다, 이롭다

▢▢ 2218	有名	yǒumíng	혱 유명하다
▢▢ 2219	有趣	yǒuqù	혱 재미있다
▢▢ 2220	又	yòu	뷔 또, 다시
▢▢ 2221	右边	yòubian	명 오른쪽
▢▢ 2222	幼儿园 ✿	yòu'éryuán	명 유치원, 유아원
▢▢ 2223	于是	yúshì	접 그래서
▢▢ 2224	鱼	yú	명 물고기
▢▢ 2225	娱乐 ✿	yúlè	명 오락
▢▢ 2226	愉快	yúkuài	혱 유쾌하다
▢▢ 2227	与	yǔ	개 ~와, ~과
▢▢ 2228	与其 ✿	yǔqí	접 ~하기보다는 차라리
▢▢ 2229	羽毛球	yǔmáoqiú	명 배드민턴
▢▢ 2230	语法	yǔfǎ	명 어법
▢▢ 2231	语气 ✿	yǔqì	명 어투, 말투
▢▢ 2232	语言	yǔyán	명 언어, 말
▢▢ 2233	玉米 ✿	yùmǐ	명 옥수수, 강냉이
▢▢ 2234	预报 ✿	yùbào	통 예보하다
▢▢ 2235	预订 ✿	yùdìng	통 예약하다
▢▢ 2236	预防 ✿	yùfáng	통 예방하다
▢▢ 2237	预习	yùxí	통 예습하다
▢▢ 2238	遇到	yùdào	통 만나다
▢▢ 2239	元	yuán	양 위안[돈을 세는 단위]
▢▢ 2240	元旦 ✿	Yuándàn	명 원단, 정월 초하루[1월 1일]
▢▢ 2241	员工 ✿	yuángōng	명 직원, 종업원
▢▢ 2242	原来	yuánlái	명 원래, 본래
▢▢ 2243	原谅	yuánliàng	통 용서하다
▢▢ 2244	原料 ✿	yuánliào	명 원료
▢▢ 2245	原因	yuányīn	명 원인
▢▢ 2246	原则 ✿	yuánzé	명 원칙
▢▢ 2247	圆 ✿	yuán	혱 둥글다
▢▢ 2248	远	yuǎn	혱 멀다
▢▢ 2249	愿望 ✿	yuànwàng	명 염원, 바람
▢▢ 2250	愿意	yuànyì	통 바라다

1. 다음 단어와 뜻을 알맞게 연결해 보세요.

① 孝順 • • ⓐ 효성스럽다

② 形成 • • ⓑ 여가

③ 虛心 • • ⓒ 일단 ~한다면

④ 搖 • • ⓓ 야기하다, 일으키다

⑤ 业余 • • ⓔ 형성하다

⑥ 一旦 • • ⓕ 겸허하다

⑦ 引起 • • ⓖ 흔들다

⑧ 优惠 • • ⓗ 그래서

⑨ 优秀 • • ⓘ 특혜의, 우대의

⑩ 于是 • • ⓙ 우수하다

2. 다음 단어를 중국어로 써 보세요.

① 인색하다, 쩨쩨하다

② 고생스럽다

③ 신선하다

④ 수리하다

⑤ 선전하다, 홍보하다

⑥ 심각하다

⑦ 요구하다

⑧ 잠시

⑨ 이기다

⑩ 용감하다

3. 녹음을 듣고 해당 단어를 중국어로 써 보세요. **Test 09**

① ____________________   ② ____________________

③ ____________________   ④ ____________________

⑤ ____________________   ⑥ ____________________

⑦ ____________________   ⑧ ____________________

⑨ ____________________   ⑩ ____________________

4. 다음 단어의 뜻을 써 보세요.

① 欣赏 ____________________   ② 醒 ____________________

③ 幸亏 ____________________   ④ 寻找 ____________________

⑤ 延长 ____________________   ⑥ 要不 ____________________

⑦ 要是 ____________________   ⑧ 依然 ____________________

⑨ 以及 ____________________   ⑩ 营业 ____________________

⑪ 应聘 ____________________   ⑫ 拥挤 ____________________

⑬ 优点 ____________________   ⑭ 优势 ____________________

⑮ 悠久 ____________________   ⑯ 尤其 ____________________

⑰ 由于 ____________________   ⑱ 犹豫 ____________________

⑲ 原谅 ____________________   ⑳ 愿望 ____________________

2251	约会	yuēhuì	몡 약속
2252	月	yuè	몡 월, 달
2253	月亮	yuèliang	몡 달
2254	乐器 ✪	yuèqì	몡 악기
2255	阅读	yuèdú	통 읽다
2256	越	yuè	뷔 점점, 더욱더
2257	晕 ✪	yūn	통 어지럽다, 어질어질하다
2258	云	yún	몡 구름
2259	允许	yǔnxǔ	통 허락하다, 허가하다
2260	运动	yùndòng	몡 운동 통 운동하다
2261	运气 ✪	yùnqi	몡 운, 운수, 운세
2262	运输 ✪	yùnshū	통 운송하다
2263	运用 ✪	yùnyòng	통 활용하다
2264	杂志	zázhì	몡 잡지
2265	灾害 ✪	zāihài	몡 재해
2266	再	zài	뷔 다시, 재차
2267	再见	zàijiàn	안녕, 또 뵙겠습니다
2268	再三 ✪	zàisān	뷔 재삼, 거듭, 여러 번
2269	在	zài	게 ~에서 통 ~에 있다
2270	在乎 ✪	zàihu	통 신경 쓰다, 개의하다
2271	在于 ✪	zàiyú	통 ~에 있다, ~에 달려 있다
2272	咱们	zánmen	때 우리(들)
2273	暂时	zànshí	몡 잠시, 잠깐
2274	赞成 ✪	zànchéng	통 찬성하다, 찬동하다
2275	赞美 ✪	zànměi	통 찬미하다
2276	脏	zāng	혱 더럽다
2277	糟糕 ✪	zāogāo	통 엉망이 되다, 망치다
2278	早上	zǎoshang	몡 아침
2279	造成 ✪	zàochéng	통 (좋지 않은 상태를) 발생시키다, 야기하다
2280	则 ✪	zé	쩝 오히려, 그러나

☐☐ 2281	责备 ✹	zébèi	동 책망하다
☐☐ 2282	责任	zérèn	명 책임
☐☐ 2283	怎么	zěnme	대 어떻게, 어째서
☐☐ 2284	怎么样	zěnmeyàng	대 어떠한가
☐☐ 2285	增加	zēngjiā	동 증가하다
☐☐ 2286	摘 ✹	zhāi	동 따다, 꺾다
☐☐ 2287	窄 ✹	zhǎi	형 좁다
☐☐ 2288	粘贴 ✹	zhāntiē	동 붙이다
☐☐ 2289	展开 ✹	zhǎnkāi	동 펴다, 펼치다, 전개하다
☐☐ 2290	展览 ✹	zhǎnlǎn	동 전람하다
☐☐ 2291	占 ✹	zhàn	동 (어떤 지위나 상황에) 처하다, (공간을) 차지하다
☐☐ 2292	占线	zhànxiàn	동 통화 중이다
☐☐ 2293	战争 ✹	zhànzhēng	명 전쟁
☐☐ 2294	站	zhàn	명 정류장, 역 동 서다
☐☐ 2295	张	zhāng	양 장[종이·침대 등을 세는 단위]
☐☐ 2296	长	zhǎng	동 자라다, 생기다
☐☐ 2297	长辈 ✹	zhǎngbèi	명 손윗사람, 어른
☐☐ 2298	涨 ✹	zhǎng	동 (수위나 물가 등이) 오르다
☐☐ 2299	掌握 ✹	zhǎngwò	동 숙달하다, 정통하다, 장악하다
☐☐ 2300	丈夫	zhàngfu	명 남편
☐☐ 2301	账户 ✹	zhànghù	명 계좌
☐☐ 2302	招待 ✹	zhāodài	동 접대하다
☐☐ 2303	招聘	zhāopìn	동 채용 모집하다
☐☐ 2304	着火 ✹	zháohuǒ	동 불나다
☐☐ 2305	着急	zháojí	동 조급해하다
☐☐ 2306	着凉 ✹	zháoliáng	동 감기에 걸리다
☐☐ 2307	找	zhǎo	동 찾다
☐☐ 2308	召开 ✹	zhàokāi	동 열다, 개최하다
☐☐ 2309	照	zhào	동 (거울 등에) 비추다, (햇빛이) 비추다
☐☐ 2310	照常 ✹	zhàocháng	동 평소대로 하다
☐☐ 2311	照顾	zhàogù	동 보살피다, 돌보다
☐☐ 2312	照片	zhàopiàn	명 사진

☐☐ 2313	照相机	zhàoxiàngjī	몡 사진기, 카메라
☐☐ 2314	哲学 ✬	zhéxué	몡 철학
☐☐ 2315	这	zhè	때 이, 이것
☐☐ 2316	着	zhe	조 동사 뒤에서 동작의 진행이나 상태의 유지를 나타냄
☐☐ 2317	针对 ✬	zhēnduì	동 겨누다, 겨냥하다
☐☐ 2318	珍惜 ✬	zhēnxī	동 진귀하게 여겨 아끼다, 귀중히 여기다
☐☐ 2319	真	zhēn	부 진짜, 참으로
☐☐ 2320	真实 ✬	zhēnshí	동 진실하다
☐☐ 2321	真正	zhēnzhèng	형 진정한, 참된
☐☐ 2322	诊断 ✬	zhěnduàn	동 진단하다
☐☐ 2323	阵 ✬	zhèn	양 바탕, 차례
☐☐ 2324	振动 ✬	zhèndòng	동 진동하다
☐☐ 2325	争论 ✬	zhēnglùn	동 변론하다, 쟁론하다
☐☐ 2326	争取 ✬	zhēngqǔ	동 쟁취하다
☐☐ 2327	征求 ✬	zhēngqiú	동 (의견 등을) 구하다
☐☐ 2328	睁 ✬	zhēng	동 (눈을) 크게 뜨다
☐☐ 2329	整个 ✬	zhěnggè	형 모든 것
☐☐ 2330	整理	zhěnglǐ	동 정리하다
☐☐ 2331	整齐 ✬	zhěngqí	형 가지런하다, 단정하다
☐☐ 2332	整体 ✬	zhěngtǐ	몡 전체
☐☐ 2333	正 ✬	zhèng	형 바르다, 곧다 부 ~하고 있는 중이다
☐☐ 2334	正常	zhèngcháng	형 정상이다
☐☐ 2335	正好	zhènghǎo	부 딱 마침
☐☐ 2336	正确	zhèngquè	형 올바르다
☐☐ 2337	正式	zhèngshì	형 정식의
☐☐ 2338	正在	zhèngzài	부 지금 ~하고 있다
☐☐ 2339	证件 ✬	zhèngjiàn	몡 (주민신분증, 여권 등의) 증명서
☐☐ 2340	证据 ✬	zhèngjù	몡 증거
☐☐ 2341	证明	zhèngmíng	동 증명하다
☐☐ 2342	政府 ✬	zhèngfǔ	몡 정부

☐☐ 2343	政治 ✶	zhèngzhì	명	정치
☐☐ 2344	挣 ✶	zhèng	동	(돈을) 벌다
☐☐ 2345	之	zhī	조	~의
☐☐ 2346	支 ✶	zhī	양	자루, 팀[대오를 세는 단위]
☐☐ 2347	支持	zhīchí	동	지지하다
☐☐ 2348	支票 ✶	zhīpiào	명	수표
☐☐ 2349	只	zhī	양	마리[짐승을 세는 단위], (쌍으로 된 것 중) 한 짝, 한 쪽
☐☐ 2350	知道	zhīdào	동	알다
☐☐ 2351	知识	zhīshi	명	지식
☐☐ 2352	执照 ✶	zhízhào	명	면허증, 허가증
☐☐ 2353	直 ✶	zhí	형	곧다
☐☐ 2354	直接	zhíjiē	형	직접적인
☐☐ 2355	值得	zhídé	동	~할 만한 가치가 있다
☐☐ 2356	职业	zhíyè	명	직업
☐☐ 2357	植物	zhíwù	명	식물
☐☐ 2358	只	zhǐ	부	단지, 다만
☐☐ 2359	只好	zhǐhǎo	부	부득이, 어쩔 수 없이
☐☐ 2360	只要	zhǐyào	접	~하기만 하면
☐☐ 2361	只有…才…	zhǐyǒu…cái…	접	~해야만 비로소 ~이다
☐☐ 2362	指	zhǐ	동	가리키다
☐☐ 2363	指导 ✶	zhǐdǎo	동	지도하다, 가르치다
☐☐ 2364	指挥 ✶	zhǐhuī	동	지휘하다
☐☐ 2365	至今 ✶	zhìjīn	부	지금까지, 현재까지
☐☐ 2366	至少	zhìshǎo	부	적어도, 최소한
☐☐ 2367	至于 ✶	zhìyú	동 ~에 이르다 접 ~에 대해서
☐☐ 2368	志愿者 ✶	zhìyuànzhě	명	자원봉사자
☐☐ 2369	制定 ✶	zhìdìng	동	제정하다, 세우다
☐☐ 2370	制度 ✶	zhìdù	명	제도
☐☐ 2371	制造 ✶	zhìzào	동	제조하다
☐☐ 2372	制作 ✶	zhìzuò	동	제작하다, 만들다
☐☐ 2373	质量	zhìliàng	명	품질
☐☐ 2374	治疗 ✶	zhìliáo	동	치료하다
☐☐ 2375	秩序 ✶	zhìxù	명	질서

2376	智慧 ✦	zhìhuì	몡 지혜
2377	中国	Zhōngguó	고유 중국
2378	中间	zhōngjiān	몡 중간, 가운데
2379	中介 ✦	zhōngjiè	몡 매개, 중개
2380	中文	Zhōngwén	몡 중문, 중국어
2381	中午	zhōngwǔ	몡 정오
2382	中心 ✦	zhōngxīn	몡 중심, 한가운데, 센터
2383	中旬 ✦	zhōngxún	몡 중순
2384	终于	zhōngyú	뷔 결국, 마침내
2385	种	zhǒng	양 종류 *zhòng 통 심다
2386	种类 ✦	zhǒnglèi	몡 종류
2387	重	zhòng	휑 무겁다
2388	重大 ✦	zhòngdà	휑 중대하다
2389	重点	zhòngdiǎn	몡 중점, 핵심
2390	重量 ✦	zhòngliàng	몡 중량, 무게
2391	重视	zhòngshì	통 중시하다
2392	重要	zhòngyào	휑 중요하다
2393	周到 ✦	zhōudào	휑 세심하다, 빈틈없다
2394	周末	zhōumò	몡 주말
2395	周围	zhōuwéi	몡 주위
2396	猪 ✦	zhū	몡 돼지
2397	竹子 ✦	zhúzi	몡 대, 대나무
2398	逐步 ✦	zhúbù	뷔 한 걸음씩, 점차, 단계적으로
2399	逐渐 ✦	zhújiàn	뷔 점차, 점점
2400	主持 ✦	zhǔchí	통 사회(MC)를 보다
2401	主动 ✦	zhǔdòng	휑 자발적이다
2402	主观 ✦	zhǔguān	휑 주관적인
2403	主人 ✦	zhǔrén	몡 주인
2404	主任 ✦	zhǔrèn	몡 주임
2405	主题 ✦	zhǔtí	몡 주제

☐☐	2406	主席 ✦	zhǔxí	몡 의장, 위원장
☐☐	2407	主要	zhǔyào	혱 주요한, 중요한
☐☐	2408	主意	zhǔyi	몡 생각, 아이디어
☐☐	2409	主张 ✦	zhǔzhāng	통 주장하다
☐☐	2410	煮 ✦	zhǔ	통 삶다, 끓이다
☐☐	2411	住	zhù	통 살다, 거주하다
☐☐	2412	注册 ✦	zhùcè	통 등록하다, 등기하다
☐☐	2413	注意	zhùyì	통 주의하다
☐☐	2414	祝福 ✦	zhùfú	통 축복하다
☐☐	2415	祝贺	zhùhè	통 축하하다
☐☐	2416	著名	zhùmíng	혱 저명하다
☐☐	2417	抓 ✦	zhuā	통 꽉 잡다, 붙잡다
☐☐	2418	抓紧 ✦	zhuājǐn	통 서둘러하다
☐☐	2419	专家 ✦	zhuānjiā	몡 전문가
☐☐	2420	专门	zhuānmén	뷔 특별히, 일부러, 전문적으로
☐☐	2421	专心 ✦	zhuānxīn	혱 전심전력하다, 전념하다
☐☐	2422	专业	zhuānyè	몡 전공 혱 전문의
☐☐	2423	转	zhuàn	통 돌다
☐☐	2424	转变 ✦	zhuǎnbiàn	통 바꾸다, 바뀌다
☐☐	2425	转告 ✦	zhuǎngào	통 전언하다, 전(달)하다
☐☐	2426	赚	zhuàn	통 돈을 벌다
☐☐	2427	装 ✦	zhuāng	통 담다, 싣다, ~인 체하다
☐☐	2428	装饰 ✦	zhuāngshì	통 장식하다
☐☐	2429	装修 ✦	zhuāngxiū	통 인테리어 하다
☐☐	2430	状况 ✦	zhuàngkuàng	몡 상황, 형편
☐☐	2431	状态 ✦	zhuàngtài	몡 상태
☐☐	2432	撞 ✦	zhuàng	통 부딪치다
☐☐	2433	追 ✦	zhuī	통 뒤쫓다, 쫓아가다
☐☐	2434	追求 ✦	zhuīqiú	통 추구하다
☐☐	2435	准备	zhǔnbèi	통 준비하다
☐☐	2436	准确	zhǔnquè	혱 정확하다
☐☐	2437	准时	zhǔnshí	뷔 제때에, 정시에

DAY 40

Track 40

■ 도전 40일 2438~2500

2438	桌子	zhuōzi	명 탁자
2439	咨询 ★	zīxún	동 자문하다, 상의하다
2440	姿势 ★	zīshì	명 자세, 모양
2441	资格 ★	zīgé	명 자격
2442	资金 ★	zījīn	명 자금
2443	资料 ★	zīliào	명 자료
2444	资源 ★	zīyuán	명 자원
2445	仔细	zǐxì	형 자세하다, 꼼꼼하다
2446	紫 ★	zǐ	형 자색의, 자줏빛의
2447	自从 ★	zìcóng	개 ~에서부터
2448	自动 ★	zìdòng	형 자동적인
2449	自豪 ★	zìháo	형 자랑스럽게 생각하다
2450	自己	zìjǐ	대 자기, 스스로, 혼자
2451	自觉 ★	zìjué	동 자각하다, 스스로 느끼다
2452	自然	zìrán	명 자연
2453	自私 ★	zìsī	형 이기적이다
2454	自信	zìxìn	명 자신(감)
2455	自行车	zìxíngchē	명 자전거
2456	自由 ★	zìyóu	형 자유롭다
2457	自愿 ★	zìyuàn	동 자원하다
2458	字	zì	명 글자, 문자
2459	字母 ★	zìmǔ	명 알파벳, 자모
2460	字幕 ★	zìmù	명 자막
2461	综合 ★	zōnghé	동 종합하다
2462	总裁 ★	zǒngcái	명 (기업의) 총수, 회장
2463	总共 ★	zǒnggòng	부 모두, 전부, 합쳐서
2464	总结	zǒngjié	동 총정리하다
2465	总理 ★	zǒnglǐ	명 총리
2466	总是	zǒngshì	부 늘, 항상
2467	总算 ★	zǒngsuàn	부 마침내, 드디어, 결국

☐☐ 2468	总统 ✬	zǒngtǒng	명 대통령
☐☐ 2469	总之 ✬	zǒngzhī	접 한마디로 말하면
☐☐ 2470	走	zǒu	동 걷다
☐☐ 2471	租	zū	동 임대하다, 세내다
☐☐ 2472	阻止 ✬	zǔzhǐ	동 저지하다
☐☐ 2473	组 ✬	zǔ	명 조, 팀
☐☐ 2474	组成 ✬	zǔchéng	동 구성하다
☐☐ 2475	组合 ✬	zǔhé	동 조합하다
☐☐ 2476	组织 ✬	zǔzhī	동 조직하다
☐☐ 2477	嘴	zuǐ	명 입
☐☐ 2478	最	zuì	부 최고의, 제일
☐☐ 2479	最初 ✬	zuìchū	명 최초, 처음
☐☐ 2480	最好	zuìhǎo	부 가장 좋기로는 형 가장 좋다
☐☐ 2481	最后	zuìhòu	명 최후
☐☐ 2482	最近	zuìjìn	명 최근
☐☐ 2483	醉 ✬	zuì	동 취하다
☐☐ 2484	尊敬 ✬	zūnjìng	동 존경하다
☐☐ 2485	尊重	zūnzhòng	동 존중하다
☐☐ 2486	遵守 ✬	zūnshǒu	동 준수하다
☐☐ 2487	昨天	zuótiān	명 어제
☐☐ 2488	左边	zuǒbian	명 왼쪽
☐☐ 2489	左右	zuǒyòu	명 쯤, 가량[수량사 뒤에서 어림수를 나타냄]
☐☐ 2490	作家	zuòjiā	명 작가
☐☐ 2491	作品 ✬	zuòpǐn	명 작품
☐☐ 2492	作为 ✬	zuòwéi	동 ~의 신분으로서, ~로 여기다
☐☐ 2493	作文 ✬	zuòwén	명 작문 동 작문하다
☐☐ 2494	作业	zuòyè	명 숙제
☐☐ 2495	作用	zuòyòng	명 작용
☐☐ 2496	作者	zuòzhě	명 작가
☐☐ 2497	坐	zuò	동 앉다, 타다
☐☐ 2498	座	zuò	명 좌석, 자리 양 좌, 동, 채[건축물·다리·산 등을 세는 단위]
☐☐ 2499	座位	zuòwèi	명 좌석, 자리
☐☐ 2500	做	zuò	동 만들다, 하다

1. 다음 단어와 뜻을 알맞게 연결해 보세요.

① 暂时 •
② 造成 •
③ 着凉 •
④ 争论 •
⑤ 只好 •
⑥ 周到 •
⑦ 逐步 •
⑧ 抓紧 •
⑨ 赚 •
⑩ 阻止 •

• ⓐ 변론하다, 쟁론하다
• ⓑ 부득이, 어쩔 수 없이
• ⓒ 세심하다, 빈틈없다
• ⓓ 잠시, 잠깐
• ⓔ (좋지 않은 상태를) 발생시키다, 야기하다
• ⓕ 서둘러하다
• ⓖ 감기에 걸리다
• ⓗ 돈을 벌다
• ⓘ 저지하다
• ⓙ 한 걸음씩, 점차, 단계적으로

2. 다음 단어를 중국어로 써 보세요.

① 찬성하다, 찬동하다
② 책임
③ 딱 마침
④ 적어도, 최소한
⑤ 인테리어 하다
⑥ 늘, 항상
⑦ 자원
⑧ 존중하다
⑨ 쯤, 가량
⑩ 조직하다

정답
1. ①ⓓ ②ⓔ ③ⓖ ④ⓐ ⑤ⓑ ⑥ⓒ ⑦ⓙ ⑧ⓕ ⑨ⓗ ⑩ⓘ   2. ① 赞成 ② 责任 ③ 正好 ④ 至少 ⑤ 装修 ⑥ 总是 ⑦ 资源 ⑧ 尊重 ⑨ 左右 ⑩ 组织

3. 녹음을 듣고 해당 단어를 중국어로 써 보세요. **Test 10** ✏️

① ____________________   ② ____________________

③ ____________________   ④ ____________________

⑤ ____________________   ⑥ ____________________

⑦ ____________________   ⑧ ____________________

⑨ ____________________   ⑩ ____________________

4. 다음 단어의 뜻을 써 보세요.

① 允许 ____________________   ② 在乎 ____________________

③ 增加 ____________________   ④ 招聘 ____________________

⑤ 照常 ____________________   ⑥ 珍惜 ____________________

⑦ 征求 ____________________   ⑧ 挣 ____________________

⑨ 执照 ____________________   ⑩ 值得 ____________________

⑪ 智慧 ____________________   ⑫ 重视 ____________________

⑬ 逐渐 ____________________   ⑭ 注册 ____________________

⑮ 著名 ____________________   ⑯ 装 ____________________

⑰ 追求 ____________________   ⑱ 咨询 ____________________

⑲ 总之 ____________________   ⑳ 遵守 ____________________

MEMO

기본서 시리즈

저자 첫걸음·3급 박수진 | 4급 왕수인 | 5급 장영미 | 6급 JRC 중국어연구소

가격 첫걸음 22,500원 | 3급 24,500원 | 4급 26,500원 | 5급 27,500원
6급 27,500원

구성 기본서+해설집+모의고사+단어장+무료 동영상 강의(1-5급)
+MP3 파일 무료 다운로드

기획·저 JRC 중국어연구소

가격 1~2급 14,900원 | 3급 14,900원

구성 문제집+해설집 PDF&MP3 파일 다운로드

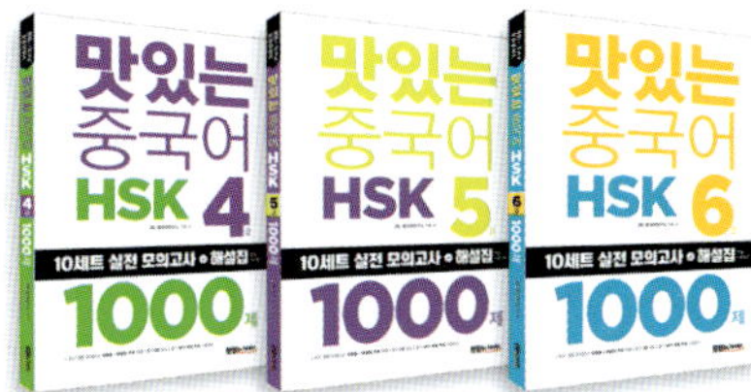

기획·저 JRC 중국어연구소

가격 4급 16,900원 | 5급 17,900원 | 6급 18,900원

구성 문제집+해설집 PDF&MP3 파일 다운로드

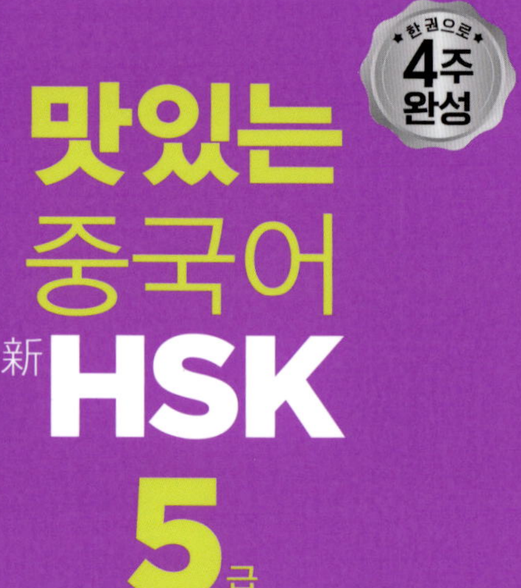
한 권으로
4주
완성
맛있는
중국어
新 HSK
5급

기본서
한눈에
보이는 공략

해설집
간략하고
명쾌한 설명

모의고사 2회
실전에 강한
문제 2회분

단어장
1~5급
필수 단어 2500

동영상 강의
친절하고
명확한 강의

MP3 파일
무료
다운로드

MP3 파일 다운로드 & 모의고사 강의 제공
www.booksJRC.com

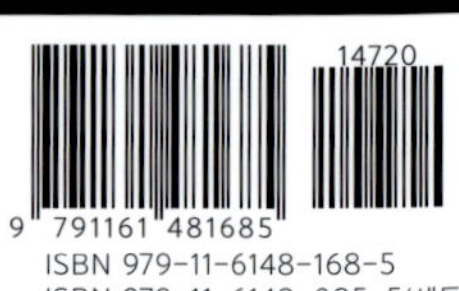
14720
9 791161 481685
ISBN 979-11-6148-168-5
ISBN 979-11-6148-085-5(세트)

맛있는 중국어 新HSK 5급 해설집

JRC 중국어연구소 기획 / 장영미 저

한 권으로 4주 완성

맛있는 books

저자 **장영미**

중국 화동사범대학교(华东师范大学)
한어국제교육 석사

현 서울공자아카데미 강남중국어학원 강사

전 JRC 중국어학원 新HSK 대표 강사
다수 대학교 新HSK특강
(명지대, 전주대, 청주대, 중국 화동사범대)
다수 대기업 新HSK특강
(롯데면세점, 신라면세점, 신도리코)
한국사무국 新HSK특강
세계일보 [오늘의 중국어 회화] 연재

저서 시나공 新HSK 4급 완벽 대비(길벗이지톡)
시나공 新HSK 3급 완벽 대비(길벗이지톡)
攻克 新HSK 5급(넥서스) 해설

동영상 강의 합격이 보이는 적중예상문제 4, 5급

무료 모의고사 2회분 **동영상 강의**

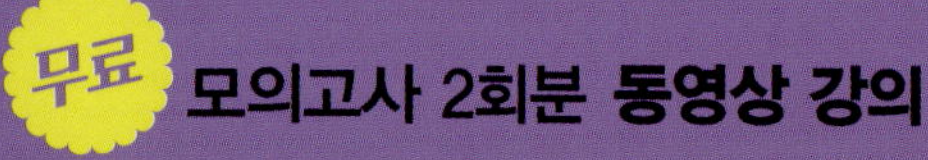

맛있는스쿨에서 **동영상 강의** 듣기

맛있는 중국어 新HSK 5급 해설집

JRC 중국어연구소 기획 / 장영미 저

맛있는 books

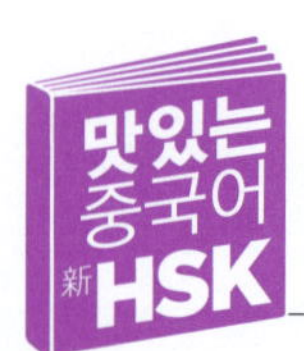

맛있는 중국어 新HSK 5급 해설집

기획	JRC 중국어연구소
저자	장영미
발행인	김효정
발행처	맛있는books
등록번호	제2006-000273호

주소	서울시 서초구 명달로 54 JRC빌딩 7층
전화	구입문의 02·567·3861
	내용문의 02·567·3860
팩스	02·567·2471
홈페이지	www.booksJRC.com

차 례

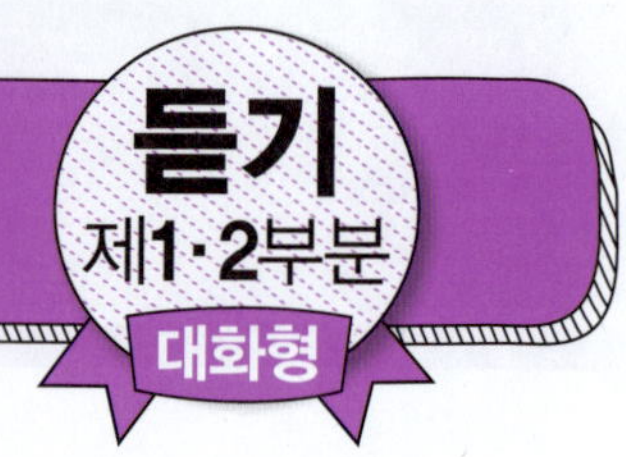

1 장소

| *실전* **트레이닝 1** | 기본서 **24**쪽

정답
1. B 2. D 3. C 4. A

---

1 Track **07-1**

해설 및 정답 **문제 분석▼** 我在图书馆一边查资料(도서관에서 자료를 찾으면서)라고 한 말에서 图书馆(도서관)을 듣고 남자가 지금 도서관에 있음을 알 수 있다. 녹음에서 教室가 들렸다고 성급하게 정답이라고 확신하지 말고, 질문까지 확실히 듣고 정답을 골라야 한다.

女 : 你刚才不在教室吗?
男 : 我不在教室, <u>我在图书馆一边查资料</u>, 一边准备期末报告呢。

问 : 男的现在在哪儿?

A 教室　　　　　**B 图书馆**
C 会议室　　　　D 员工餐厅

여: 너 방금 교실에 있지 않았어?
남: 나는 교실에 있지 않아. <u>도서관에서 자료를 찾으면서</u>, 기말 보고서를 준비하고 있어.

질문: 남자는 지금 어디에 있는가?

A 교실　　　　　**B 도서관**
C 회의실　　　　D 직원 식당

단어 教室 jiàoshì 몡 교실 | 图书馆 túshūguǎn 몡 도서관 | 查 chá 동 찾아보다 | ★资料 zīliào 몡 자료 | 准备 zhǔnbèi 동 준비하다 | 期末报告 qīmò bàogào 기말 보고서 | 会议室 huìyìshì 몡 회의실 | 员工餐厅 yuángōng cāntīng 몡 직원 식당

---

2 Track **07-2**

해설 및 정답 **문제 분석▼** 我想开一个账户, 然后往账户里存一些钱(저는 계좌를 하나 개설하고 계좌에 약간의 돈을 저금하고 싶습니다)에서 开账户(계좌를 개설하다)와 存钱(돈을 저금하다)을 통해 대화가 이루어지는 곳이 银行(은행)임을 유추할 수 있다.

男 : 您好, 请问, 您要办理什么业务?
女 : <u>我想开一个账户, 然后往账户里存一些钱</u>。

问 : 他们最可能在哪儿?

A 书店　　　　　B 酒吧
C 工厂　　　　　**D 银行**

남: 안녕하세요. 무슨 업무를 처리하려고 하십니까?
여: <u>저는 계좌를 하나 개설하고, 계좌에 약간의 돈을 저금하고 싶습니다</u>。

질문: 그들은 어디에 있겠는가?

A 서점　　　　　B 술집
C 공장　　　　　**D 은행**

단어 ★办理 bànlǐ 동 처리하다 | ★业务 yèwù 몡 업무 | ★开账户 kāi zhànghù 계좌를 개설하다 | 然后 ránhòu 젭 그러고 난 후 |

3

[해설 및 정답] **문제 분석▼** 녹음에서 操场(운동장), 旁边(옆), 车位(주차 자리), 地下(지하), 车库(차고), 电梯(엘리베이터) 등의 여러 장소 관련 단어가 들리지만, 끝까지 들어보면 남자가 那我在电梯门口等你(그럼 내가 엘리베이터 입구에서 너를 기다릴게)라고 했으므로 남자가 电梯门口(엘리베이터 입구)에서 여자를 기다릴 것임을 알 수 있다.

女：操场旁边没车位了，我把车停到地下车库去。 男：好，那我在电梯门口等你。 问：男的在哪儿等女的？ A 学校附近　　　　B 地铁出口 **C 电梯门口**　　　D 停车场旁边	여: 운동장 옆에 주차 자리가 없어서, 차를 지하 차고에 세우러 가. 남: 응. 그럼 내가 엘리베이터 입구에서 너를 기다릴게. 질문: 남자는 어디에서 여자를 기다리는가? A 학교 부근　　　　B 지하철 출구 **C 엘리베이터 입구**　　D 주차장 옆

[단어] ★操场 cāochǎng 圀 운동장 ┃ 旁边 pángbiān 圀 옆, 근처 ┃ 车位 chēwèi 圀 (자동차의) 주·정차 위치 ┃ 停 tíng 图 멈추다, 세우다 ┃ 地下 dìxià 圀 지하 ┃ ★车库 chēkù 圀 차고 ┃ 电梯 diàntī 圀 엘리베이터 ┃ 附近 fùjìn 圀 부근 ┃ 地铁 dìtiě 圀 지하철 ┃ 停车场 tíngchēchǎng 圀 주차장

4

[해설 및 정답] **문제 분석▼** 남자가 请问, 南航在哪儿办理登机牌?(중국 남방 항공은 어디에서 탑승권 수속을 하나요?)라고 한 말에서 南航(중국 남방 항공)과 登机牌(탑승권)를 듣고 대화가 이루어지는 곳이 机场(공항)임을 유추할 수 있다. 공항을 묻는 문제에서 登机牌(탑승권)는 공항을 유추하는 단어로 가장 많이 출제되므로 반드시 외워두자.

男：您好，请问，南航在哪儿办理登机牌？ 女：您往前走，15号到20号柜台都可以办理。 问：对话最可能发生在哪儿？ **A 机场**　　　　　B 邮局 C 博物馆　　　　　D 地铁站	남: 안녕하세요. 중국 남방 항공은 어디에서 탑승권 수속을 하나요? 여: 앞쪽으로 가셔서 15~20번 데스크에서 수속하실 수 있습니다. 질문: 대화가 발생하는 장소는 어디이겠는가? **A 공항**　　　　　B 우체국 C 박물관　　　　　D 지하철역

[단어] 南航 Nánháng 圀 중국 남방 항공 ┃ ★办理 bànlǐ 图 처리하다 ┃ ★登机牌 dēngjīpái 圀 탑승권 ┃ 柜台 guìtái 圀 계산대, 데스크 ┃ 博物馆 bówùguǎn 圀 박물관

정답 1. C   2. A   3. A

---

1 Track **08-1**

해설 및 정답 **문제 분석▼** 남자가 주소를 말할 때 三元大厦十五楼, 销售部(삼원빌딩 15층, 판매부입니다)라고 했으므로 남자는 销售部(판매부)에서 일하고 있음을 알 수 있다.

男：你好，是天天小吃店吧？我要订餐，麻烦你12点送过来。
女：好的，您的地址是什么？
男：三元大厦十五楼，销售部。
女：好，我们12点准时为您送过去。

问：男的最可能在哪个部门工作？

A 出版部　　　　　　B 广告部
C 销售部　　　　　D 人事部

남: 안녕하세요. 톈톈 분식점이죠? 제가 음식을 주문하려고 하는데, 죄송하지만 12시에 배달해 주세요.
여: 네. 주소가 어떻게 되시나요?
남: 삼원빌딩 15층, 판매부입니다.
여: 네. 저희가 12시 정시에 배달해 드리겠습니다.

질문: 남자는 어느 부서에서 일하고 있겠는가?

A 출판부　　　　　　B 광고부
C 판매부　　　　　D 인사부

단어 小吃店 xiǎochīdiàn 몡 분식점, 간이식당 | 订餐 dìngcān 됭 음식을 주문하다 | 麻烦 máfan 됭 귀찮게 하다 | 地址 dìzhǐ 몡 주소 | 大厦 dàshà 몡 빌딩 | ★销售 xiāoshòu 됭 판매하다 | 准时 zhǔnshí 凰 정시에 | 送 sòng 됭 배달하다, 보내다 | 出版部 chūbǎnbù 몡 출판부 | 广告部 guǎnggàobù 몡 광고부 | ★人事部 rénshìbù 몡 인사부

---

2 Track **08-2**

해설 및 정답 **문제 분석▼** 남자가 한 말인 我要退房, 这是我的房卡(체크아웃하려고 합니다. 이것은 제 방 카드입니다)에서 退房(체크아웃)과 房卡(방 카드)를 듣고 대화가 이루어지는 곳이 宾馆(호텔)임을 유추할 수 있다.

女：您好，您要结账吗？
男：是，我要退房，这是我的房卡。
女：请问，您怎么付款？
男：我刷信用卡。

问：他们现在最可能在哪儿？

A 宾馆　　　　　　B 商店
C 操场　　　　　　　D 健身房

여: 안녕하세요. 결제하시겠습니까?
남: 네. 체크아웃하려고 합니다. 이것은 제 방 카드입니다.
여: 어떻게 지불하시겠습니까?
남: 신용 카드로 결제할게요.

질문: 그들은 지금 어디에 있겠는가?

A 호텔　　　　　　B 상점
C 운동장　　　　　　D 헬스장

단어 ★结账 jiézhàng 됭 결제하다 | ★退房 tuìfáng 됭 체크아웃하다 | 房卡 fángkǎ 몡 방 카드, (호텔 등의) 룸 카드키 | 付款 fùkuǎn 됭 돈을 지불하다 | 刷信用卡 shuā xìnyòngkǎ 신용 카드로 결제하다 | 操场 cāochǎng 몡 운동장 | ★健身房 jiànshēnfáng 몡 헬스장

3

(해설 및 정답) **문제 분석▼** 녹음에서 打喷嚏(재채기를 하다), 着凉(감기에 걸리다), 感冒(감기), 吃药(약을 먹다), 打针(주사를 맞다)
을 듣고 남자가 감기에 걸렸다는 것을 유추할 수 있으며, 잠시 후에 주사를 맞으러 병원에 갈 것임을 알 수 있다.

女：你怎么一直打喷嚏?	여: 너 어째서 계속 재채기를 하는 거야?
男：我昨天晚上没盖好被子，好像着凉了。	남: 어제저녁에 이불을 잘 안 덮고 자서 감기에 걸린 것 같아.
女：最近有流行性感冒。你吃药了吗?	여: 요즘 감기가 유행이래. 너 약은 먹었니?
男：吃了，但是不管用，一会儿要去打一针。	남: 먹었는데, 소용이 없어. 조금 있다가 주사 맞으러 가려고.
问：男的一会儿要去哪儿?	질문: 남자가 조금 있다 가려는 곳은 어디인가?
A 医院　　　　　　B 法院 C 餐厅　　　　　　D 办公室	A 병원　　　　　　B 법원 C 식당　　　　　　D 사무실

(단어) 一直 yìzhí 🖾 계속, 줄곧 | ★打喷嚏 dǎ pēntì 재채기하다 | ★盖 gài 🖾 덮다 | ★被子 bèizi 🖾 이불 | 好像 hǎoxiàng 🖾
마치 ~와 같다 | ★着凉 zháoliáng 🖾 감기에 걸리다 | 流行性感冒 liúxíngxìng gǎnmào 🖾 유행성 감기 | 管用 guǎnyòng 🖾
효과적이다 | ★法院 fǎyuàn 🖾 법원 | 餐厅 cāntīng 🖾 식당

2) 숫자, 날짜

| 실전 트레이닝 1 | 기본서 **30쪽**

정답

1. A　　2. A　　3. B　　4. C

1

(해설 및 정답) **문제 분석▼** 보기의 星期, 周를 보고 날짜에 관련된 문제임을 유추할 수 있다. 남자가 我下礼拜三有论文答辩
会(다음 주 수요일에 논문 발표회가 있어서)라고 한 말에서 논문 발표회가 下礼拜三(다음 주 수요일)임을 알 수 있고,
下礼拜三은 下周三과 동의어이므로 정답은 A이다.

女：今天你怎么这么没精神呢?	여: 오늘 너 왜 이렇게 기운이 없어?
男：我下礼拜三有论文答辩会，昨天熬夜写答辩材料了。	남: 다음 주 수요일에 논문 발표회가 있어서, 어제 밤새서 발표 자료를 작성했어.
问：男的哪天参加答辩会?	질문: 남자는 언제 논문 발표회에 참석하는가?

| A 下周三 | B 下个月 | A 다음 주 수요일 | B 다음 달 |
| C 这星期三 | D 明天中午 | C 이번 주 수요일 | D 내일 정오 |

 没精神 méi jīngshen 기운이 빠지다 | 下礼拜三 xià lǐbàisān 다음 주 수요일 | 论文 lùnwén 阌 논문 | 答辩会 dábiànhuì 阌 발표회 | ★熬夜 áoyè 图 밤새다 | 材料 cáiliào 阌 자료

---

2   Track **16-2**

해설 및 정답   **문제 분석▼** 보기의 时, 之前을 보고 시간과 관련된 단어를 유의하여 듣는다. 녹음의 这些都是他退休后画的 (이것은 모두 외할아버지가 퇴직 후에 그리신 거예요)에서 할아버지는 退休后(퇴직 후)에 그림을 그렸음을 알 수 있으므로 정답은 A이다.

女：小李，这些山水画都是你外公画的吗？好多啊!

男：是啊，以前他很忙，没时间画画儿，<u>这些都是他退休后画的</u>。

问：那些画儿是外公什么时候画的?

여: 샤오리, 이 산수화는 전부 당신의 외할아버지가 그리신 거예요? 아주 많네요!

남: 네, 예전에 외할아버지가 너무 바쁘셔서 그림 그릴 시간이 없었어요. <u>이것은 모두 외할아버지가 퇴직 후에 그리신 거예요.</u>

질문: 그 그림은 모두 외할아버지가 언제 그린 것인가?

| A 退休后 | B 上班时 | A 퇴직 후 | B 출근할 때 |
| C 元旦之前 | D 工作之余 | C 양력설 전 | D 일 이외의 시간 |

 外公 wàigōng 阌 외할아버지 | ★退休 tuìxiū 图 퇴직하다 | ★元旦 Yuándàn 阌 원단, 양력설 | 工作之余 gōngzuò zhī yú 일 이외의 시간

---

3   Track **16-3**

해설 및 정답   **문제 분석▼** 남자가 这次先印一万五吧(이번에는 먼저 만오천 부만 인쇄하죠)라고 한 말에서 15000이란 숫자가 그대로 들리므로 정답은 B이다.

女：今年的安全手册还是印两万份吗?

男：去年的还剩四千多册，<u>这次先印一万五吧</u>，不够再补。

问：男的建议先印多少份安全手册?

여: 올해 안전책자는 그대로 2만 부 인쇄해요?

남: 작년 것이 아직 4천여 부가 남아서, <u>이번에는 먼저 만오천 부만 인쇄하죠.</u> 모자라면 보충하고요.

질문: 남자는 먼저 안전책자 몇 부를 인쇄하자고 건의하는가?

| A 4000 | **B 15000** | A 4000 | **B 15000** |
| C 20000 | D 24000 | C 20000 | D 24000 |

 手册 shǒucè 阌 책자 | 印 yìn 图 인쇄하다 | 份 fèn 窗 부[신문, 잡지 등을 세는 단위] | 剩 shèng 图 남다 | 册 cè 窗 권, 책[책을 세는 단위] | 补 bǔ 图 보충하다

4

해설 및 정답 **문제 분석▼** 보기의 月后, 月中旬을 보면 날짜와 관련된 문제임을 알 수 있다. 估计需要两个星期(아마도 2주 정도 걸릴 것 같아요)에서 여자가 유럽으로 떠나는데 비자 수속이 两个星期(2주)가 걸리는 것을 알 수 있으므로 C가 정답이다.

男：听说你要去欧洲留学，什么时候出发？

女：正在办理签证呢，<u>估计需要两个星期</u>，办好就走。

问：女的大概什么时候去欧洲？

A 春节以后　　　　　B 寒假结束

C 半个月后　　　　D 下个月中旬

남: 듣자 하니 당신은 유럽으로 유학 간다면서요, 언제 출발해요?

여: 비자 수속을 밟고 있는데요, <u>아마 2주 정도 걸릴 것 같아요.</u> 끝나는대로 출발하려고요.

질문: 여자는 대략 언제쯤 유럽에 가는가?

A 설날 이후　　　　　B 겨울 방학이 끝나고

C 보름 후　　　　　D 다음 달 중순

단어 ★欧洲 Ōuzhōu 몡 유럽 | ★办理 bànlǐ 동 처리하다 | ★签证 qiānzhèng 몡 비자 | 估计 gūjì 동 예측하다 | 寒假 hánjià 몡 겨울 방학 | 结束 jiéshù 동 끝나다 | ★中旬 zhōngxún 몡 중순

|*실전* 트레이닝 2| 기본서 **30**쪽

정답

　1. B　　　2. A　　　3. C

1

해설 및 정답 **문제 분석▼** 보기의 단위 万과 함께 언급된 숫자를 주의 깊게 듣는다. 녹음에서 숫자는 5千, 3万이 들리지만 보기의 단위가 万이므로 3万을 정답으로 고른다.

男：这个展览挺受欢迎的，估计每天有不少人来参观吧？

女：确实，我们每天要接待5千多人。

男：那一周下来就有3万多人呢！

女：是啊，所以这次展览时间还会延长一个星期。

问：每周大概有多少人来看展览？

A 2万　　　　　　　**B 3万**

C 10万　　　　　　D 13万

남: 이 전시회는 인기가 대단하네요. 매일 많은 사람들이 관람하러 오겠군요?

여: 그래요. 저희는 매일 5천여 명을 접대한답니다.

남: 그럼 일주일이면 3만 명 이상이네요!

여: 네. 그래서 이번 전시회 일정이 한 주 더 연장될 거예요.

질문: 매주 대략 몇 명 정도가 전시회를 관람하러 오는가?

A 2만　　　　　　　**B 3만**

C 10만　　　　　　D 13만

단어 ★展览 zhǎnlǎn 몡 전시회 | 确实 quèshí 뮈 확실히 | ★接待 jiēdài 동 접대하다 | ★延长 yáncháng 동 연장하다 | 大概 dàgài 뮈 대략

2

해설 및 정답 **문제 분석▼** 녹음에서 建议我再加点儿内容, 写成3000字(내용을 더 더해서 3000자로 쓰라고 건의했어)에서 편집자가 요구한 글자수는 3000자임을 알 수 있으므로 정답은 A이다.

女：你往杂志社投的那篇文章怎么样了？编辑怎么说的？	여: 너 잡지사에 보낸 그 글은 어떻게 됐어? 편집자가 뭐래?
男：他说主题很吸引人，不过建议我再加点儿内容，写成3000字。	남: 그가 주제는 사람을 매료시키는데, 내용을 더 더해서 3000자로 쓰라고 건의했어.
女：看来问题不大。下个月能发表吗？我还等着看呢。	여: 보기에 문제가 그리 크지 않네. 다음 달에 발표할 수 있어? 내가 읽기를 기다리고 있잖아.
男：差不多吧，他说修改得快的话，下个月就能出来。	남: 거의 됐어. 그가 수정이 빨리 되면 다음 달에는 나올 수 있다고 그랬어.
问：编辑建议将文章改成多少字？	질문: 편집자는 글을 몇 자로 바꾸자고 제안했는가?
A 3000字　　　B 4000字	**A** 3000자　　　B 4000자
C 5000字　　　D 6000字	C 5000자　　　D 6000자

단어 投 tóu 图 (원고를) 투고하다 ｜ ★编辑 biānjí 명 편집자 ｜ ★主题 zhǔtí 명 주제 ｜ 吸引 xīyǐn 图 매료시키다 ｜ 建议 jiànyì 图 건의하다 ｜ 加 jiā 图 더하다 ｜ 发表 fābiǎo 图 발표하다 ｜ ★修改 xiūgǎi 图 수정하다

3

해설 및 정답 **문제 분석▼** 녹음에서 号와 관련된 양사에 유의하면서 숫자를 들으면 여자의 말에서 八号를 쉽게 들을 수 있다. 따라서 정답은 C이다.

女：你猜，我刚才去洗手间的路上碰见谁了？咱们的大学同学小东。	여: 맞혀봐, 내가 방금 화장실 가는 길에 누구를 만났게? 우리 대학 동창인 샤오둥이야.
男：这么巧，他也去广西？	남: 그럴 수가. 그도 광시에 간데?
女：是啊，他跟家人现在就在八号车厢呢。	여: 응. 그와 식구들이 지금 8호 객실에 있어.
男：那我过去跟他打个招呼，聊一聊。	남: 그럼 나는 가서 그와 인사하고, 얘기 좀 나눠야겠어.
问：小东在几号车厢？	질문: 샤오둥은 몇 호 객실에 있는가?
A 6号　　　B 7号	A 6호　　　B 7호
C 8号　　　D 9号	**C** 8호　　　D 9호

단어 猜 cāi 图 추측하다 ｜ 碰见 pèngjiàn 图 만나다 ｜ 巧 qiǎo 형 공교롭다 ｜ 车厢 chēxiāng 명 기차 객실 ｜ 打招呼 dǎ zhāohu 图 인사하다

3 직업, 신분, 관계

| *실전* **트레이닝 1** | 기본서 **37**쪽

정답

1. A   2. D   3. C   4. D

1
Track **25-1**

해설 및 정답 **문제 분석▼** 여자의 말 这都是我跟姥姥学的(이것은 모두 외할머니께 배운 거예요)에서 여자가 姥姥(외할머니)에게서 요리를 배웠음을 알 수 있으므로 정답은 A이다.

男：你做的四川菜真地道，不仅看着让人流口水，而且味道简直比饭店还好。

女：不敢当，<u>这都是我跟姥姥学的</u>，她做的菜特别棒。

问：谁教女的做的菜？

A 姥姥　　　　　　B 姑姑
C 奶奶　　　　　　D 父母

남: 당신이 만든 쓰촨 요리는 정말 본고장의 맛이네요. 보고 있으면 침을 흘리게 만들 뿐 아니라 맛도 정말로 음식점보다도 맛있어요.

여: 천만에요. <u>이것은 모두 외할머니께 배운 거예요.</u> 외할머니가 만드신 음식은 정말 맛있거든요.

질문: 누가 여자에게 요리를 가르쳤는가?

A 외할머니　　　　　B 고모
C 할머니　　　　　　D 부모

단어 四川菜 Sìchuān cài 몡 쓰촨 요리 | ★地道 dìdao 톙 진짜의, 본고장의 | 流 liú 동 흐르다 | 口水 kǒushuǐ 몡 침 | 简直 jiǎnzhí 뮈 정말로 | 饭店 fàndiàn 몡 음식점 | 不敢当 bù gǎndāng 천만의 말씀입니다 | 棒 bàng 톙 좋다 | ★姥姥 lǎolao 몡 외할머니 | ★姑姑 gūgu 몡 고모

2
Track **25-2**

해설 및 정답 **문제 분석▼** 녹음 첫 부분에 师傅는 숙련된 기술을 가진 기사에게 쓰는 말이고, 여자의 말에서 打印机(프린터), 卡纸(종이가 끼다), 出毛病(고장 나다)을 듣고 기계에 문제가 생겼음을 유추할 수 있다. 또한 남자가 한 말에서 零件坏了(부품이 고장 나다), 检查(검사하다)를 듣고 남자의 직업은 维修工(수리공)임을 알 수 있으므로 정답은 D이다.

女：马师傅，这台打印机最近总<u>卡纸</u>，到底哪儿<u>出毛病</u>了？

男：可能是<u>零件坏了</u>，我<u>检查</u>一下看看。

问：男的最可能是做什么的？

A 秘书　　　　　　B 编辑
C 工程师　　　　　**D 维修工**

여: 마 기사님, 이 프린터에 요즘 자꾸 종이가 끼는데, 도대체 어디가 잘못된 건가요?

남: 아마도 부품이 고장 난 것 같은데요, 제가 한번 검사해 볼게요.

질문: 남자의 직업은 무엇이겠는가?

A 비서　　　　　　B 편집자
C 엔지니어　　　　**D 수리공**

단어 师傅 shīfu 몡 숙련공 | 台 tái 양 대[기계를 세는 단위] | 打印机 dǎyìnjī 몡 프린터 | 卡纸 kǎ zhǐ 종이가 끼다 | ★出毛病 chū máobìng 문제가 생기다, 고장 나다 | ★零件 língjiàn 몡 부속품 | 检查 jiǎnchá 동 검사하다 | ★秘书 mìshū 몡 비서 | ★编辑 biānjí 몡 편집자 | ★工程师 gōngchéngshī 몡 엔지니어 | ★维修工 wéixiūgōng 몡 수리공

해설 및 정답　**문제 분석▼** 남자의 말 不过你再征求一下投资方的意见(그런데 투자자의 의견도 다시 한번 물어보세요)에서 投资方(투자자)에게 의견을 구할 것임을 알 수 있다. 보기 어휘에 주목하여 대화를 들으면 들리는 그대로 C가 정답이다.

女：张科长，我把之前重复的部分删掉了，您觉得可以吗？ 男：不错，比原来的好多了，<u>不过你再征求一下投资方的意见</u>。 问：还需要征求谁的意见？ A 总裁　　　　B 专家 **C 投资方**　　D 部门经理	여: 장 과장님, 제가 전에 중복되었던 부분을 삭제했는데, 괜찮은가요? 남: 네, 이전의 것보다 훨씬 좋아졌네요. <u>그런데 투자자의 의견도 다시 한번 물어보세요.</u> 질문: 또 누구의 의견을 구해야 하는가? A (기업의) 회장　　B 전문가 **C 투자자**　　　　D 부서장

단어　科长 kēzhǎng 몡 과장 | 重复 chóngfù 형 중복되다 | 部分 bùfen 몡 일부 | ★删掉 shāndiào 동 삭제하다 | 原来 yuánlái 형 원래의 | ★征求 zhēngqiú 동 (의견 등을) 구하다 | 投资方 tóuzīfāng 몡 투자자 | 意见 yìjiàn 몡 의견 | ★总裁 zǒngcái 몡 (기업의) 회장 | ★专家 zhuānjiā 몡 전문가 | 部门经理 bùmén jīnglǐ 몡 부서장

해설 및 정답　**문제 분석▼** 欢迎您来我们的节目(저희 프로그램에 오신 걸 환영합니다)라는 말에서 여자가 主持人(사회자)임을 알 수 있고, 怎么把农民这个角色演得这么真实的呢?(어떻게 이 농부의 역할을 이렇게도 진짜 같이 연기한 건가요?)라는 말에서 남자가 농부 역할을 연기한 연예인임을 알 수 있다. 따라서 그들의 관계는 主持人和嘉宾(사회자와 게스트)이다.

女：<u>欢迎您来我们的节目！您是怎么把农民这个角色演得这么真实的呢？</u> 男：在电影拍摄之前，我曾用三个月去农村体验生活。 问：他们可能是什么关系？ A 师生　　　　　B 同事 C 领导与员工　　**D 主持人和嘉宾**	여: <u>저희 프로그램에 오신 걸 환영합니다! 당신은 어떻게 이 농부의 역할을 이렇게도 진짜 같이 연기한 건가요?</u> 남: 이 영화를 촬영하기 전에, 저는 3개월 동안 농촌 생활을 체험했어요. 질문: 그들은 어떤 관계이겠는가? A 스승과 제자　　B 동료 C 대표와 직원　　**D 사회자와 게스트**

단어　欢迎 huānyíng 동 환영하다 | 节目 jiémù 몡 프로그램 | 农民 nóngmín 몡 농부 | ★角色 juésè 몡 역할 | 演 yǎn 동 연기하다 | 真实 zhēnshí 형 진실하다 | ★拍摄 pāishè 동 촬영하다 | 农村 nóngcūn 몡 농촌 | 体验 tǐyàn 동 체험하다 | 师生 shīshēng 몡 스승과 제자 | ★领导 lǐngdǎo 대표 | ★员工 yuángōng 몡 직원 | ★主持人 zhǔchírén 사회자 | ★嘉宾 jiābīn 몡 귀빈, 게스트

정답

1. B   2. C   3. D

1
Track 26-1

해설 및 정답 **문제 분석▼** 开了一家摄影店(스튜디오를 하나 열었다)에서 남자의 직업이 摄影师(촬영 기사)임을 유추할 수 있다.

女：这都是你拍的啊? 你从事这个行业多久了? 男：我毕业后自己开了一家摄影店，有五年了吧。 女：太厉害了，我结婚的时候你能来帮我拍照吗? 男：当然可以，一定要联系我。 问：男的职业可能是什么? A 导演　　　　　**B 摄影师** C 设计师　　　　D 班主任	여：이게 모두 당신이 찍은 거예요? 당신은 이 업종에 종사한 지 얼마나 됐어요? 남：졸업하고 직접 스튜디오를 하나 열었는데, 5년 정도 됐어요. 여：정말 대단하네요. 저 결혼할 때 와서 사진 좀 찍어줄 수 있어요? 남：당연히 되죠. 꼭 연락 주세요. 질문：남자의 직업은 무엇이겠는가? A 감독　　　　　**B 촬영 기사** C 디자이너　　　D 담임 교사

단어 ★拍 pāi 图 사진 찍다 | 从事 cóngshì 图 종사하다 | 行业 hángyè 명 업종, 업계 | 毕业 bìyè 图 졸업하다 | ★摄影店 shèyǐngdiàn 명 스튜디오 | 厉害 lìhai 혱 대단하다 | ★拍照 pāizhào 图 사진을 찍다 | 联系 liánxì 图 연락하다 | 导演 dǎoyǎn 명 감독 | ★设计师 shèjìshī 명 디자이너 | 班主任 bānzhǔrèn 명 담임 교사

2
Track 26-2

해설 및 정답 **문제 분석▼** 남자의 请问, 我预订的房间是含早餐的吗?(제가 예약한 방에는 조식이 포함되어 있나요?)라는 말에서 预订的房间(예약한 방)을 듣고 대화가 일어나는 장소는 호텔이며 여자는 종업원(호텔리어)임을 유추할 수 있다. 중국에서 服务员은 '서비스를 제공하는 사람'이라는 뜻으로 식당이나 호텔 등에서 널리 쓰이고 있음을 알아두자.

男：您好，请问，我预订的房间是含早餐的吗? 女：是含早餐的。 男：你们的早餐时间是几点? 女：早上七点到十点，您最好九点半之前去餐厅用餐。 问：女的最可能是做什么的? A 厨师　　　　　B 教练 **C 服务员**　　　D 售货员	남：안녕하세요. 제가 예약한 방에는 조식이 포함되어 있나요? 여：네, 조식이 포함된 것입니다. 남：여기 아침 식사 시간이 몇 시인가요? 여：오전 7시부터 10시까지입니다. 9시 30분 전에 식사하러 가시는 것이 좋습니다. 질문：여자의 직업은 무엇이겠는가? A 요리사　　　　B 코치 **C 종업원**　　　D 판매원

단어 ★预订 yùdìng 图 예약하다 | 房间 fángjiān 명 방 | 含 hán 图 포함하다 | 早餐 zǎocān 명 아침 식사 | 餐厅 cāntīng 명 식당 | 用餐 yòngcān 图 식사하다 | 厨师 chúshī 명 요리사 | 教练 jiàoliàn 명 코치 | 售货员 shòuhuòyuán 명 판매원

3

해설 및 **정답**　**문제 분석▼**　여자의 您要买什么保险?(어떤 보험을 사려고 하시나요?)라는 말에서 保险(보험)을 듣고 여자의 직업은 保险推销员(보험 영업 사원)임을 알 수 있다.

女：您好，<u>您要买什么保险?</u>	여: 안녕하세요. <u>어떤 보험을 사려고 하시나요?</u>
男：我想给我母亲买健康医疗保险，她今年 　　六十五岁了。	남: 제 어머니를 위한 건강의료보험을 찾고 있어요. 어머 　　니는 65세입니다.
女：有长期的和短期的健康医疗保险，您要选 　　择哪种?	여: 장기와 단기 건강의료보험이 있는데요. 어떤 것으로 　　선택하실 건가요?
男：这两种有什么区别呢?	남: 이 두 종류는 어떤 차이가 있나요?
问：女的最可能是做什么的?	질문: 여자의 직업은 무엇이겠는가?
A 护士　　　　　B 医生 C 化妆师　　　**D 保险推销员**	A 간호사　　　　　B 의사 C 메이크업 아티스트　　**D 보험 영업 사원**

단어　★保险 bǎoxiǎn 몡 보험 ｜ 健康医疗保险 jiànkāng yīliáo bǎoxiǎn 몡 건강의료보험 ｜ 长期 chángqī 몡 장기간 ｜ 短期 duǎnqī 몡 단기간 ｜ 选择 xuǎnzé 동 선택하다 ｜ 区别 qūbié 몡 차이 ｜ 化妆师 huàzhuāngshī 몡 메이크업 아티스트 ｜ 推销员 tuīxiāoyuán 몡 영업 사원

4 행동

│ *실전* **트레이닝 1** │　기본서 **44쪽**

정답　　**1. A　　2. D　　3. A　　4. C**

1

해설 및 **정답**　**문제 분석▼**　남자의 말에서 中病毒(바이러스에 걸리다)와 杀毒(바이러스를 없애다)를 통해 남자가 여자에게 杀病毒(바이러스를 없애다)를 제안했음을 알 수 있으므로 정답은 A이다.

女：我下载的文件怎么都打不开呀，用你的电 　　脑看却没问题。	여: 내가 다운로드 받은 파일이 왜 안 열리죠? 당신 컴퓨 　　터로 볼 때는 괜찮았는데.
男：<u>估计是中病毒了吧，你杀杀毒试试。</u>	남: <u>아마도 바이러스에 걸렸나봐요. 바이러스를 없애고</u> 　　<u>다시 해보세요.</u>
问：男的建议女的怎么做?	질문: 남자는 여자에게 이렇게 히리고 제안히는가?

A 杀病毒

B 关电脑

C 重新下载

D 安装新系统

A 바이러스를 없앤다

B 컴퓨터를 끈다

C 새로 다운로드 한다

D 새로운 시스템을 설치한다

단어 ★下载 xiàzài 동 다운로드 하다 | 文件 wénjiàn 명 문서 파일 | 打不开 dǎ bu kāi 열리지 않다 | 估计 gūjì 동 예상하다 | ★中病毒 zhòng bìngdú 바이러스에 걸리다 | ★杀毒 shādú 바이러스를 없애다 | 重新 chóngxīn 분 새로, 다시 | ★安装 ānzhuāng 동 설치하다 | ★系统 xìtǒng 명 시스템

2

해설 및 정답 **문제 분석▼** 남자가 这次考试报名21号就结束了, 你还没申请吧? 该抓紧了(이번 시험 등록은 21일에 끝나, 너 아직 신청 안했지? 서둘러야 해)라고 한 말에서 考试报名(시험 등록)과 抓紧(서두르다)을 듣고 남자가 여자에게 일깨운 것은 서둘러서 접수하는 것임을 알 수 있다. 따라서 정답은 D이다.

男: 这次考试报名21号就结束了，你还没申请吧? 该抓紧了。

女: 幸亏你提醒我，我这就上网申请，需要上传照片吗?

问: 男的提醒女的做什么?

남: 이번 시험 등록은 21일에 끝나, 너 아직 신청 안했지? 서둘러야 해.

여: 네가 나를 일깨워줘서 다행이야, 나 오늘 바로 인터넷에서 신청해야겠어. 사진 업로드해야 해?

질문: 남자는 여자가 무엇을 하라고 일깨우는가?

| A 排队挂号 | B 准备照片 |
| C 查考试成绩 | **D 抓紧时间报名** |

| A 줄을 서서 접수한다 | B 사진을 준비한다 |
| C 시험 성적을 조회한다 | **D 서둘러서 접수한다** |

단어 报名 bàomíng 동 접수하다, 등록하다 | 结束 jiéshù 동 마치다, 끝내다 | 申请 shēnqǐng 동 신청하다 | ★抓紧 zhuājǐn 동 서둘러하다 | ★幸亏 xìngkuī 분 다행히 | 提醒 tíxǐng 동 일깨우다 | 需要 xūyào 동 필요하다 | 上传 shàngchuán 동 업로드하다 | 排队 páiduì 동 줄을 서다 | ★挂号 guàhào 동 접수하다 | 准备 zhǔnbèi 동 준비하다 | 查 chá 동 찾다 | 成绩 chéngjì 명 성적

3

해설 및 정답 **문제 분석▼** 여자의 말 让他们重印一下吧(다시 인쇄 요청할게요)에서 重印과 重新印刷(다시 인쇄하다)는 같은 뜻이므로 정답은 A이다.

男: 这几份培训方案印得不太清楚，每一页的上面几行字都太模糊了。

女: 那我给他们打个电话，让他们重印一下吧。

问: 女的要让对方怎么做?

남: 이 교육 훈련 방안 몇 부는 뚜렷하게 인쇄되지 않았어요. 모든 페이지의 상단은 몇 줄이 글자가 너무 흐려요.

여: 그럼 제가 전화해서, 다시 인쇄 요청할게요.

질문: 여자는 상대가 어떻게 하기를 바라는가?

| **A 重新印刷** | B 扩大规模 |
| C 提交报告 | D 修改计划 |

| **A 다시 인쇄하다** | B 규모를 확대하다 |
| C 보고서를 제출하다 | D 계획을 수정하다 |

단어 ★培训 péixùn 동 교육 훈련하다 | ★方案 fāng'àn 명 방안 | 清楚 qīngchu 형 뚜렷하다 | 行 háng 양 줄, 행 | ★模糊 móhu 형

모호하다 | 重新 chóngxīn 튄 다시 | ★印刷 yìnshuā 용 인쇄하다 | ★扩大 kuòdà 용 확대하다 | ★规模 guīmó 명 규모 | 提交 tíjiāo 용 제출하다 | ★报告 bàogào 명 보고서 | ★修改 xiūgǎi 용 수정하다 | 计划 jìhuà 명 계획

 Track **34-4**

해설 및 정답 **문제 분석▼** 我想请两天假照顾她(이틀 휴가 내서 돌봐 드리고 싶은데)라는 여자의 말을 근거로 여자가 주임에게 휴가를 내고 있음을 알 수 있으므로 정답은 C이다. 请假는 이합동사로 '이틀 휴가를 낸다'는 请两天假라고 표현 한다.

女：李主任，我奶奶住院了，我想请两天假照 顾她，可以吗？	여: 이 주임님, 할머니께서 입원하셔서, 이틀 휴가 내서 돌봐 드리고 싶은데, 그래도 될까요?
男：当然，奶奶身体重要，手头的工作放两天 不要紧。	남: 당연하죠, 할머니 건강이 중요하죠, 맡고 있는 일은 이틀 미뤄도 괜찮아요.
问：女的在做什么？	질문: 여자는 무엇을 하고 있는가?
A 忙于工作　　　　　B 申请出差 **C 向主任请假**　　　D 去医院治疗	A 바쁘게 일하다　　　B 출장을 신청하다 **C 주임에게 휴가를 내다**　D 병원에 치료하러 가다

단어 ★主任 zhǔrèn 명 주임 | 奶奶 nǎinai 명 할머니 | 照顾 zhàogù 용 보살피다 | ★不要紧 búyàojǐn 형 중요하지 않다, 괜찮다 | 申 请 shēnqǐng 용 신청하다 | 请假 qǐngjià 용 휴가를 신청하다 | ★治疗 zhìliáo 용 치료하다

| *실전* 트레이닝 2 | 기본서 **44쪽**

정답

1. B　　2. D　　3. B

 Track **35-1**

해설 및 정답 **문제 분석▼** 남자의 말 我想预订一下今天晚上的座位(저 오늘 저녁 좌석 좀 예약하고 싶은데요)에서 预订(예약하다) 은 订과 같은 뜻이므로 남자가 좌석을 예약하고 있음을 알 수 있다. 따라서 정답은 B이다.

男：喂，您好，我想预订一下今天晚上的座 位。	남: 여보세요, 안녕하세요, 저 오늘 저녁 좌석 좀 예약하 고 싶은데요.
女：请问，您几位？几点过来？	여: 몇 분이신가요? 몇 시에 오시나요?
男：我们六个人，今晚七点。麻烦您给我们准 备一下包间。	남: 저희는 여섯 명이고요, 오늘 저녁 7시입니다. 룸 하나 를 준비해 주시기 바랍니다.
女：好的，我们最晚给您保留到七点半。	여: 네, 최대 저녁 7시 30분까지 남겨드리겠습니다.
问：男的最可能在做什么？	질문: 남자는 무엇을 하고 있을 가능성이 크겠는가?
A 看急诊　　　　　**B 订座位** C 签合同　　　　　D 取消订餐	A 응급 진료를 보다　　　**B 좌석을 예약하다** C 계약을 체결하다　　　D 음식 주문을 취소하다

단어 ★预订 yùdìng 용 예약하다 | 座位 zuòwèi 명 좌석 | 麻烦 máfan 용 번거롭게 하다 | 准备 zhǔnbèi 용 준비하다 | 包间 bāojiān 명 (음식점 등의) 룸 | ★保留 bǎoliú 용 남겨두다 | ★急诊 jízhěn 명 응급 진료 | ★签合同 qiān hétong 계약서를 쓰다 | ★取消

qǔxiāo 통 취소하다 | ★订餐 dìngcān 통 음식을 주문하다

2

해설 및 정답 **문제 분석▼** 행동 문제이기 때문에 동사를 유의해서 들어야 한다. 取包裹(소포를 찾아가다)를 듣고 寄包裹(소포를 부치다)와 혼동해서는 안 된다. 여자의 말에서 快递(택배)와 代取(대신 받다)를 듣고 여자가 代收快递(택배를 대신 받다)하고 있음을 알 수 있으므로 정답은 D이다.

女：您好，是顺丰快递吗？我来取一个包裹。	여: 안녕하세요, SF 택배인가요? 저 소포를 하나 찾으러 왔는데요.
男：请出示一下您的身份证件，然后在这儿签个字。	남: 신분증을 좀 보여주시고, 이곳에 서명해 주세요.
女：包裹是我同事的，她现在走不开，所以让我过来代取。	여: 소포는 제 동료의 것인데, 그녀는 지금 올 수 없어서, 제게 대리 수령해 달라고 했어요.
男：是这样啊，请稍等，我给她打个电话确认一下。	남: 그렇군요, 잠시만 기다려 주세요, 제가 그분께 연락해서 확인하겠습니다.
问：女的正在做什么？	질문: 여자는 무엇을 하고 있는가?
A 寄包裹　　　　B 取消订单	A 소포를 보낸다　　　　B 주문서를 취소하다
C 找人问路　　　**D 代收快递**	C 사람을 찾아 길을 묻다　　　**D 택배를 대신 받다**

단어 顺丰快递 Shùnfēng Kuàidì 명 SF 택배 | ★包裹 bāoguǒ 명 소포 | ★出示 chūshì 통 제시하다, 내보이다 | ★身份证件 shēnfèn zhèngjiàn 신분 증명서 | 然后 ránhòu 접 그다음에 | ★签字 qiānzì 통 서명하다 | 代取 dàiqǔ 통 대신 받다 | ★确认 quèrèn 통 확인하다 | 代收 dàishōu 통 대신 받다 | 问路 wèn lù 통 길을 묻다 | ★取消 qǔxiāo 통 취소하다 | 订单 dìngdān 명 주문서

3

해설 및 정답 **문제 분석▼** 녹음에서 预订(예약하다)이 들리지만 남자가 예약한 것은 酒店(호텔)이 아니고 机票(항공권)이기 때문에 A는 오답이다. 녹음 첫 부분의 机票(항공권), 可以改到后天吗?(모레로 바꿀 수 있을까요?)를 듣고 남자가 항공권을 변경하고 있음을 알 수 있으므로 정답은 B이다.

男：您好，我在你们的网站预订了明天的机票，可以改到后天吗？	남: 안녕하세요, 거기 웹사이트에서 내일 항공권을 예약했는데요, 모레로 바꿀 수 있을까요？
女：请问，您的订单号是多少？	여: 예약 번호가 어떻게 되나요？
男：我的订单号是MU179001。	남: 제 예약 번호는 MU179001입니다.
女：好的，后天下午4点的飞机可以吗？	여: 네, 모레 오후 4시 비행기 괜찮으십니까？
问：男的正在做什么？	질문: 남자는 무엇을 하고 있는가?
A 预订酒店　　　**B 改签机票**	A 호텔을 예약하다　　　**B 항공권을 변경하다**
C 挑选座位　　　D 换登机牌	C 자리를 선택하다　　　D 탑승권을 바꾸다

단어 网站 wǎngzhàn 명 (인터넷) 웹사이트 | ★预订 yùdìng 통 예약하다 | 机票 jīpiào 명 항공권 | 订单号 dìngdānhào 명 예약 번호 | 酒店 jiǔdiàn 명 호텔 | 改签 gǎiqiān 항공권을 변경하다 | 挑选 tiāoxuǎn 통 선택하다 | 座位 zuòwèi 명 자리 | 登机牌 dēngjīpái 명 탑승권

| **실전 트레이닝 1** | 기본서 **50**쪽

정답
1. D   2. D   3. C   4. C

---

1 Track **42-1**

해설 및 정답 **문제 분석▼** 남자가 한 말 准备得差不多了(거의 준비 끝냈어요)는 基本准备好了와 유사한 뜻이므로 정답은 D이다.

女：你的新餐厅准备得怎么样了？什么时候开业？

男：准备得差不多了，只要下周拿到营业执照就可以开业了。

问：关于餐厅，可以知道什么？

A 还没装修好
B 新开了分店
C 生意十分红火
D 基本准备好了

여: 당신의 새 식당 준비는 어떻게 되가나요? 언제 개업해요?

남: 거의 준비 끝냈어요, 다음 주에 사업자등록증만 받으면 개업할 수 있어요.

질문: 식당에 관해 알 수 있는 것은?

A 아직 인테리어를 다 하지 못했다
B 분점을 새로 개업했다
C 장사가 매우 번창했다
D 거의 준비가 다 되었다

단어 餐厅 cāntīng 몡 식당 | 准备 zhǔnbèi 동 준비하다 | 差不多 chàbuduō 혱 거의 다 되다 | 拿到 nádào 동 받다 | ★营业执照 yíngyè zhízhào 사업자등록증 | 开业 kāiyè 동 개업하다 | ★装修 zhuāngxiū 동 인테리어하다 | 分店 fēndiàn 몡 분점 | 生意 shēngyi 몡 장사 | 红火 hónghuo 혱 번창하다 | 基本 jīběn 囝 거의

---

2 Track **42-2**

해설 및 정답 **문제 분석▼** 여자의 말에서 教授와 联系를 듣고, 남자의 我还要再打电话确认一下(제가 다시 한번 전화해서 확인해야 해요)라는 말을 통해 男的还得联系教授(남자는 교수에게 다시 연락해야 한다)라는 사실을 유추할 수 있다. 따라서 정답은 D이다.

女：出席下周学术大会的教授都联系好了吗？

男：有一位目前还没回复，我还要再打电话确认一下。

问：根据对话，可以知道什么？

여: 다음 주 학술 회의에 참가할 교수들과는 다 연락되었나요?

남: 아직 한 분이 답변하지 않았어요, 제가 다시 한번 전화해서 확인해야 해요.

질문: 대화에 근거해 알 수 있는 것은?

A 电子邮件有误 | A 이메일에 착오가 있다
B 女的工作很忙 | B 여자의 일이 매우 바쁘다
C 学术会议推迟了 | C 학술 회의가 연기되었다
D 男的还得联系教授 | **D 남자는 교수에게 다시 연락해야 한다**

단어 ★出席 chūxí 통 회의에 참가하다 | 学术大会 xuéshù dàhuì 학술 회의 | 教授 jiàoshòu 명 교수 | 联系 liánxì 통 연락하다 | ★确认 quèrèn 통 확인하다 | 有误 yǒu wù 통 착오가 있다 | 推迟 tuīchí 통 연기하다

Track **42-3**

3

해설 및 정답 **문제 분석▼** 남자의 말 办理入职手续(신입사원 수속을 하다)를 통해서 남자가 新来的职员(새로온 직원)임을 알 수 있다. 대화 내용으로 미루어 여자가 인사부의 책임자(人事部的负责人)일 수도 있지만, 질문은 남자에 관해 알 수 있는 것을 묻는 문제이기 때문에 정답은 C이다.

男 : 请问，人事部在哪里？ 我想办理入职手续。 | 남 : 인사부는 어디에 있나요? 제가 신입사원 수속을 해야 해서요.
女 : 请跟我来，我告诉你怎么填写材料。 | 여 : 저를 따라오세요, 제가 자료에 어떻게 기입하는지 알려 드릴게요.

问 : 关于男的，可以知道什么？ | 질문: 남자에 관해 알 수 있는 것은?

A 要办理签证 | A 비자 수속을 밟다
B 觉得很麻烦 | B 매우 번거롭다고 생각하다
C 是新来的职员 | **C 새로 온 직원이다**
D 是人事部的负责人 | D 인사부의 책임자이다

단어 ★人事部 rénshìbù 명 인사부 | ★办理 bànlǐ 통 (수속을) 밟다 | ★入职手续 rùzhí shǒuxù 명 입사 수속 | 填写 tiánxiě 통 기입하다 | 材料 cáiliào 명 자료 | 签证 qiānzhèng 명 비자 | 麻烦 máfan 형 번거롭다 | 职员 zhíyuán 명 직원 | 负责人 fùzérén 명 책임자

Track **42-4**

4

해설 및 정답 **문제 분석▼** 正在招外语志愿者(외국어 자원봉사자를 모집하고 있다)를 근거로 접수가 아직 끝나지 않았음을 유추할 수 있으므로 A는 오답이다. 대화에서 참가 인원수는 언급하지 않았으므로 D도 답이 될 수 없다. 녹음에서 志愿者(자원봉사자)와 我也想参加(나도 참가하고 싶어요)라는 말을 통해 남자가 자원봉사자가 되고 싶어한다는 것을 알 수 있으므로 정답은 C이다.

女 : 北京国际电影节正在招外语志愿者，你知道吗？ | 여 : 베이징 국제 영화제는 현재 외국어 자원봉사자를 모집하고 있는데, 알고 있나요?
男 : 我听说了，不过怎么报名呢？ 我也想参加。 | 남 : 나도 들었어요, 그런데 어떻게 접수하죠? 나도 참가하고 싶어요.

问 : 根据对话，下列哪项正确？ | 질문: 대화에 근거해, 다음 중 옳은 것은?

A 报名结束了	A 신청이 마감되었다
B 女的去年参加过	B 여자는 작년에 참가했었다
C 男的想做志愿者	**C 남자는 자원봉사자가 되고 싶어한다**
D 参加电影节的人很多	D 영화제에 참가하는 사람이 매우 많다

단어 招 zhāo 동 모집하다 | ★志愿者 zhìyuànzhě 명 자원봉사자 | 报名 bàomíng 동 접수하다 | 结束 jiéshù 동 끝나다

| *실전* 트레이닝 2 | 기본서 **50**쪽

정답 1. C   2. C   3. B

1

해설 및 정답 **문제 분석▼** 여자가 房子面积挺大的(집 면적이 꽤 크다)라고 했으므로 A는 오답이다. 남자의 要是还没有更合适的, 就直接签租房合同吧(만약 더 적합한 집이 없으면, 바로 임대 계약서를 써요)를 통해 계약이 아직 이루어지지 않았음을 알 수 있으므로 D도 오답이다. 여자가 말한 我今天跟中介去看房子了(나 오늘 부동산 중개인과 함께 집 보러 갔었는데)를 통해서 여자가 집을 임대하려는 것을 유추할 수 있으므로 C가 정답이다.

女：我今天跟中介去看房子了，房子面积挺大的，离公司也近。	여: 나 오늘 부동산 중개인과 함께 집 보러 갔었는데, 집 면적이 꽤 크고 회사에서도 가까워요.
男：那真不错，租金应该挺贵的吧？	남: 그럼 정말 괜찮은데, 월세는 꽤 비싸겠죠?
女：稍微有点儿贵，所以我还在考虑。	여: 조금 비싸요, 그래서 나도 아직 고려 중이에요.
男：要是还没有更合适的，就直接签租房合同吧。	남: 만약 더 적합한 집이 없으면, 바로 임대 계약서를 써요.
问：根据对话，下列哪项正确？	질문: 대화에 근거해, 다음 중 옳은 것은?
A 房子面积小	A 집 면적이 작다
B 交通不方便	B 교통이 불편하다
C 女的要租房	**C 여자는 집을 임대하려고 한다**
D 他们签合同了	D 그들은 계약을 체결했다

단어 ★中介 zhōngjiè 명 (부동산) 중개소 | 房子 fángzi 명 집 | ★面积 miànjī 명 면적 | 离 lí 전 ~에서 | 近 jìn 형 가깝다 | 租金 zūjīn 명 임대료 | 稍微 shāowēi 부 다소, 약간 | 考虑 kǎolǜ 동 고려하다 | 合适 héshì 형 적합하다 | 直接 zhíjiē 형 곧바로 | ★签合同 qiān hétong 계약서를 쓰다 | 租房 zūfáng 동 집을 빌리다 | 交通 jiāotōng 명 교통

해설 및 정답 **문제 분석▼** 남자의 말 对方实力也不弱, 昨天山东赢得并不轻松(상대팀 실력도 약하지 않아서, 어제 산둥팀이 이기기가 결코 수월하지 않았어요)을 통해서 양측 모두 강했음을 짐작할 수 있으므로 정답은 C이다.

女：昨天熬夜写论文，没看篮球比赛，结果怎么样？	여: 어제 밤새 논문 쓰느라 농구 시합을 못 봤는데, 결과는 어떻게 됐어요?
男：比赛特别精彩，最后山东队赢了。	남: 시합은 아주 훌륭했어요, 결국 산둥팀이 우승했어요.
女：山东队真有实力，又赢了一场。	여: 산둥팀 정말 실력 있네요, 또 한 번 이겼네요.
男：对方实力也不弱，昨天山东赢得并不轻松。	남: 상대팀 실력도 약하지 않아서, 어제 산둥팀이 이기기가 결코 수월하지 않았어요.
问：关于比赛，可以知道什么？	질문: 시합에 관해 알 수 있는 것은?
A 正在直播	A 생중계를 하고 있다
B 山东落后	B 산둥팀은 뒤처진다
C 双方都很强	**C 양측 모두 강하다**
D 结果令人失望	D 결과가 실망스럽다

단어 ★熬夜 áoyè 圄 밤새다 | ★论文 lùnwén 圕 논문 | 篮球 lánqiú 圕 농구 | 精彩 jīngcǎi 圐 훌륭하다 | 赢 yíng 圄 이기다 | 实力 shílì 圕 실력 | 弱 ruò 圐 약하다 | 轻松 qīngsōng 圐 수월하다 | 直播 zhíbō 圄 생중계하다 | ★落后 luòhòu 圐 뒤처지다 | 失望 shīwàng 圄 실망하다

해설 및 정답 **문제 분석▼** 那个方案批下来了吗?(그 방안은 승인되었나요?)와 还没有(아직이요)를 통해서 방안은 아직 승인되지 않았음을 알 수 있으므로 정답은 B이다.

男：咱们提交的那个方案批下来了吗？	남: 저희가 제안한 그 방안은 승인되었나요?
女：还没有，最近负责人正和总经理在讨论这件事呢。	여: 아직이요, 최근 담당자가 총지배인과 이 일을 논의하고 있어요.
男：真希望经理能够同意。	남: 정말로 지배인이 동의했으면 좋겠어요.
女：别担心，一有结果我马上告诉你。	여: 걱정하지 마세요, 결과가 나오면 제가 바로 알려 드릴게요.
问：关于那个方案，可以知道什么？	질문: 그 방안에 관해 알 수 있는 것은?
A 很复杂　　　　**B 还没批准**	A 매우 복잡하다　　　**B 승인되지 않았다**
C 被否定了　　　D 是宣传方案	C 거부되었다　　　　D 홍보 방안이다

단어 提交 tíjiāo 圄 제안하다, 제출하다 | ★方案 fāng'àn 圕 방안 | ★批 pī 圄 비준하다, 승인하다 | 负责人 fùzérén 圕 책임자 | 总经理 zǒngjīnglǐ 圕 총지배인 | 讨论 tǎolùn 圄 논의하다 | 同意 tóngyì 圄 동의하다 | 担心 dānxīn 圄 걱정하다 | 结果 jiéguǒ 圕 결과 | 告诉 gàosu 圄 알리다 | 批准 pīzhǔn 圄 비준하다, 승인하다 | 否定 fǒudìng 圄 부정하다, 거부하다 | ★宣传 xuānchuán 圄 홍보하다

| **실전 트레이닝 1** | 기본서 **58쪽**

정답

1. C   2. A   3. D   4. A

---

1   Track **53-1**

해설 및 정답   **문제 분석▼** 녹음에서 面积正好(면적이 딱 좋네요), 客厅的采光也挺好的(거실 채광도 꽤 좋고요), 我也挺喜欢(나도 꽤 마음에 들어요)를 듣고 그들이 집을 마음에 들어한다는 것을 유추할 수 있으므로 정답은 C이다.

女：这个房子的面积正好，客厅的采光也挺好的。
男：我也挺喜欢，咱们可以买一个颜色淡些的窗帘挂在客厅，再摆两盆花。

问：关于那个房子，他们是什么态度?

A 失望   B 放弃
C 满意   D 谦虚

여: 이 집의 면적이 딱 좋네요, 거실 채광도 꽤 좋고요.
남: 나도 꽤 마음에 들어요, 우리 색이 연한 커튼을 하나 사서 거실에 걸고, 화분도 두 개 놓아요.

질문: 그 집에 관해 그들은 어떻게 생각하는가?

A 실망하다   B 포기하다
C 마음에 든다   D 겸손하다

단어 房子 fángzi 몡 집 | ★面积 miànjī 몡 면적 | 正好 zhènghǎo 혱 딱 맞다 | 客厅 kètīng 몡 거실 | 采光 cǎiguāng 몡 채광 | 颜色 yánsè 몡 색 | ★淡 dàn 혱 (색이) 연하다 | ★窗帘 chuānglián 몡 커튼 | 挂 guà 동 걸다 | ★摆 bǎi 동 놓다 | ★盆 pén 양 화분 등을 셀 때 쓰는 단위 | 失望 shīwàng 동 실망하다 | 放弃 fàngqì 동 포기하다 | 满意 mǎnyì 혱 만족하다 | 谦虚 qiānxū 혱 겸손하다

---

2   Track **53-2**

해설 및 정답   **문제 분석▼** 여자의 말 我也希望能像您一样打得那么好(나도 당신처럼 이렇게 잘 치고 싶어요)에서 여자가 남자를 부러워하고 있음을 짐작할 수 있으므로 정답은 A이다.

女：您太厉害了，打得真精彩，我也希望能像您一样打得那么好。
男：谢谢，你的球技也不错，只要多加练习，一定会超过我的。

问：女的是什么态度?

A 羡慕男的
B 比赛前很紧张
C 对自己有信心
D 想看下次比赛

여: 당신 정말 대단하네요, 정말 훌륭해요, 나도 당신처럼 이렇게 잘 치고 싶어요.
남: 고마워요, 당신 공 다루는 기술도 꽤 좋으니, 더 많이 연습하기만 하면, 분명 나를 뛰어넘을 거예요.

질문: 여자의 태도는 어떠한가?

A 남자를 부러워한다
B 시합 전에 매우 긴장한다
C 자신에 대해 자신감이 있다
D 다음 번 시합이 보고 싶다

단어 厉害 lìhai 혱 대단하다 | 精彩 jīngcǎi 혱 훌륭하다 | 球技 qiújì 몡 공을 다루는 기술 | 练习 liànxí 동 연습하다 | 超过 chāoguò 동

3

(해설 및 정답) **문제 분석▼** 여자의 말 多亏有你们的帮忙(당신들 도움 덕분이에요)과 感谢大家的帮助(모두의 도움에 감사하다)는 유사한 의미이므로 D가 정답이다.

男：我们做得太快了，真是人多力量大。 女：没错，<u>多亏有你们的帮忙</u>，否则，我一个人今天又要熬夜了。	남: 우리 굉장히 빨리 했네요, 정말 백지장도 맞들면 낫네요. 여: 그러게요, <u>당신들 도움 덕분이에요</u>, 그렇지 않으면 저 혼자 오늘 또 밤을 새워야 했어요.
问：女的是什么意思？	질문: 여자의 말은 무슨 뜻인가?
A 今晚要加班 B 要请大家吃饭 C 重新打印材料 **D 感谢大家的帮助**	A 오늘 밤 야근해야 한다 B 모두에게 식사를 대접해야 한다 C 자료를 다시 인쇄하다 **D 모두의 도움에 감사하다**

(단어) 力量 lìliang 圆 힘, 역량 | ★多亏 duōkuī 图 덕택을 입다 | 帮忙 bāngmáng 图 돕다 | 否则 fǒuzé 圈 만약 그렇지 않으면 | ★熬夜 áoyè 图 밤을 새우다 | 加班 jiābān 图 야근하다 | 重新 chóngxīn 톈 새로, 다시 | 打印 dǎyìn 图 인쇄하다 | 材料 cáiliào 圆 자료 | 感谢 gǎnxiè 图 감사하다

4

(해설 및 정답) **문제 분석▼** 여자의 我现在紧张得手心都是汗(저는 지금 긴장해서 손바닥이 다 땀이에요)이라는 말에서 여자가 긴장(紧张)했다는 것이 그대로 언급되므로 정답은 A이다.

男：下午两点面试的结果就要公布了吧？ 女：对，等待的感受太难受了，<u>我现在紧张得手心都是汗</u>。	남: 오후 2시에 면접 결과는 곧 발표되죠？ 여: 네, 기다리는 것이 너무 힘드네요, <u>저는 지금 긴장해서 손바닥이 다 땀이에요</u>.
问：女的是什么意思？	질문: 여자의 말은 무슨 뜻인가?
A 很紧张　　　B 很害怕 C 充满热情　　　D 没有希望	**A 매우 긴장하다**　　　B 매우 두려워하다 C 열정이 가득하다　　　D 희망이 없다

(단어) 面试 miànshì 圆 면접 | 结果 jiéguǒ 圆 결과 | ★公布 gōngbù 图 발표하다 | ★等待 děngdài 图 기다리다 | ★感受 gǎnshòu 圆 느낌 | 难受 nánshòu 휑 괴롭다, 힘들다 | 紧张 jǐnzhāng 휑 긴장하다 | 手心 shǒuxīn 圆 손바닥 | 害怕 hàipà 图 두려워하다 | 充满 chōngmǎn 图 가득 차다 | 热情 rèqíng 휑 열정적이다

정답

1. A　　2. D　　3. B

1　　　　　　　　　　　　　　　　　　　　　　　　　　　Track **54-1**

（해설 및 정답）　**문제 분석▼**　여자의 말 我儿子的身体没什么事儿吧?(제 아들의 건강은 아무 일도 없는 거죠?)에서 여자가 아들의 건강을 걱정하고 있음을 알 수 있다. 또한 我一直怕他出什么毛病(저는 계속 무슨 문제가 생겼을까 봐 걱정했어요)에서 怕(근심하다)와 보기의 担心(걱정하다)은 같은 뜻이므로 정답은 A이다.

女：医生，我儿子的身体没什么事儿吧? 我一直怕他出什么毛病。

男：您儿子的体重有些超标，应该控制一下。

女：他平时太爱吃油炸食品了，那我现在应该怎么办呢?

男：您不用太着急，注意改变一下饮食习惯，多吃蔬菜，加强运动。

问：女的是什么心情?

A 相当担心　　　　B 特别自豪
C 没有精神　　　　　D 比较轻松

여: 의사 선생님, 제 아들의 건강은 아무 일도 없는 거죠? 저는 계속 무슨 문제가 생겼을까 봐 걱정했어요.

남: 당신 아들의 체중이 표준치를 조금 넘네요, 좀 조절해야겠어요.

여: 평소 기름에 튀긴 음식을 먹는 걸 너무 좋아해서요, 그럼 제가 이제 어떻게 해야 하나요?

남: 너무 조급해하지 마세요, 식습관을 바꾸는 것에 좀 주의하면서, 채소를 많이 먹고 운동을 더 하도록 하세요.

질문: 여자의 기분은 어떠한가?

A 상당히 걱정한다　　　B 자랑스럽게 생각하다
C 정신없다　　　　　　　D 비교적 수월하다

（단어）　怕 pà ⑧ 근심하다 | ★出毛病 chū máobìng 문제가 생기다 | 体重 tǐzhòng ⑲ 체중 | 超标 chāobiāo ⑧ 기준을 초과하다 | ★控制 kòngzhì ⑧ 조절하다 | ★油炸 yóuzhá ⑧ 기름에 튀기다 | 食品 shípǐn ⑲ 식품 | 着急 zháojí ⑧ 조급해하다 | 注意 zhùyì ⑧ 주의하다 | 改变 gǎibiàn ⑧ 바꾸다 | 饮食 yǐnshí 음식을 먹고 마시다 | ★蔬菜 shūcài ⑲ 채소 | 加强 jiāqiáng ⑧ 강화하다 | 相当 xiāngdāng ⑨ 상당히 | 自豪 zìháo ⑲ 스스로 자랑스럽게 생각하다 | 精神 jīngshén ⑲ 정신 | 轻松 qīngsōng ⑲ 수월하다

2　　　　　　　　　　　　　　　　　　　　　　　　　　　Track **54-2**

（해설 및 정답）　**문제 분석▼**　마지막의 我不该卖的(내가 팔지 말았어야 했어요)라는 말에서 여자가 후회하고 있음을 짐작할 수 있으므로 정답은 D이다.

男：听说你最近在炒股，怎么样? 赚了不少钱吗?

女：别提了，本来能赚钱的，可是结果却赔了一些。

男：怎么回事? 你买的股票难道没涨吗?

女：前段时间股市情况不太好，我就卖了，没想到它现在涨得特别厉害，我不该卖的。

남: 당신 요즘 주식 투자한다던대, 어때요? 돈 많이 벌었어요?

여: 말도 마요, 원래 돈 벌 수 있었는데, 결국은 좀 손해 봤어요.

남: 어떻게 된 거예요? 당신이 산 주식이 오르지 않은 거예요?

여: 얼마 전에 주식 시장 상황이 좋지 않아서 팔았는데, 지금 이렇게 어마어마하게 오를 줄은 생각도 못했어요. 팔지 말았어야 했어요.

<table>
<tr><td>

问：女的现在心情怎么样？

A 怀疑　　　　　　B 感激
C 得意　　　　　　**D 后悔**

</td><td>

질문: 여자의 현재 기분은 어떠한가?

A 의심하다　　　　B 감격하다
C 의기양양하다　　**D 후회하다**

</td></tr>
</table>

단어 炒股 chǎogǔ 통 주식 투자하다 | 赚 zhuàn 통 (돈을) 벌다 | 别提 bié tí 말하지 마라 | 本来 běnlái 분 본래, 원래 | 赔 péi 통 손해를 보다 | ★股票 gǔpiào 명 주식 | ★涨 zhǎng 통 오르다 | 股市 gǔshì 명 주식 시장 | 情况 qíngkuàng 명 상황 | 厉害 lìhai 형 대단하다 | 怀疑 huáiyí 통 의심하다 | ★感激 gǎnjī 통 (격하게) 감사하다 | 得意 déyì 형 득의하다, 의기양양하다 | 后悔 hòuhuǐ 통 후회하다

3

해설 및 정답 **문제 분석▼** 估计他知道这个消息后一定会开心得跳起来(아마 그가 이 소식을 알면 분명 뛸 듯이 기뻐할 거예요)에서 샤오왕이 兴奋(기뻐서 흥분하다) 할 것임을 유추할 수 있으므로 정답은 B이다.

<table>
<tr><td>

女：下个月公司的乒乓球赛，让谁代表咱们部门参加好呢？
男：我推荐小王，他周末经常去打球，球技很不错。
女：那你通知他让他这个月好好准备一下。
男：<u>估计他知道这个消息后一定会开心得跳起来。</u>

问：**男的觉得小王会怎么样？**

A 满不在乎
B 极其兴奋
C 拒绝参加
D 没有丝毫自信

</td><td>

여: 다음 달 회사의 탁구 경기에 우리 부서의 대표로 누가 참가하는 것이 좋을까요？
남: 저는 샤오왕을 추천합니다. 그는 주말에 자주 탁구 치러 가고, 공을 다루는 기술도 매우 좋아요.
여: 그럼 그에게 이번 달에 잘 준비하라고 좀 알려주세요.
남: <u>아마 그가 이 소식을 알면 분명 뛸 듯이 기뻐할 거예요.</u>

질문: 남자는 샤오왕이 어떨 것이라고 생각하는가？

A 전혀 신경 쓰지 않다
B 매우 (기뻐서) 흥분하다
C 참가를 거절하다
D 조금도 자신이 없다

</td></tr>
</table>

단어 乒乓球赛 pīngpāngqiú sài 탁구 경기 | ★代表 dàibiǎo 통 대표하다 | ★部门 bùmén 명 부서 | 参加 cānjiā 통 참가하다 | ★推荐 tuījiàn 통 추천하다 | 球技 qiújì 명 공을 다루는 기술 | 通知 tōngzhī 통 통지하다, 알리다 | 估计 gūjì 통 추측하다 | 开心 kāixīn 형 기쁘다 | 跳 tiào 통 (깡총) 뛰다 | 满不在乎 mǎn bú zài hu 성 전혀 신경 쓰지 않다 | 极其 jíqí 분 아주, 극히 | 拒绝 jùjué 통 거절하다 | 丝毫 sīháo 분 조금도, 털끝만큼도

7 이야기 글

| 실전 트레이닝 1 | 기본서 **67쪽**

정답 1. A   2. B

[1-2]   Track **61-1**

第1到2题是根据下面一段话：

　　我往火车站出口走去，正当我要给来接我的朋友打电话的时候，一位老者问我："小伙子，能帮帮忙吗？原本我儿子要来接我的，可不知什么原因还没来，¹这是他的地址，你知道怎么走吗？"起初我本想帮他，可这时来接我的朋友喊我快点儿过去，我有些不知如何是好。犹豫之时，一位二十多岁的小姑娘说："²大爷，要我帮忙吗？您要去哪儿？我送您。"姑娘接着看了看老者手中的地址，然后拿起了老人的提包，慢慢地走向出口。我边向朋友走去，边目送那一老一小的身影。而我的心里在想，乐于助人的事，我为什么要犹豫呢？

1~2번 문제는 다음 내용에 근거한다.

　　내가 기차역 출구 쪽으로 걸어가며 날 데리러 오는 친구에게 전화를 하려고 할 때, 한 노인이 내게 물었다. "젊은이, 좀 도와줄 수 있는가? 원래 우리 아들이 날 데리러 오기로 했는데, 무슨 이유 때문인지 아직 안 왔어, ¹이것은 아들 주소인데, 어떻게 가는지 아는가?" 처음에 나는 노인을 돕고 싶었지만, 이때 나를 데리러 온 친구가 빨리 오라며 소리를 질러서 어찌해야 할지 몰랐다. 머뭇거리고 있는데, 스무 살이 조금 넘어 보이는 아가씨 한 명이 "²할아버지, 제가 도와드릴까요? 어디 가시려고요? 제가 바래다 드릴게요."라며 말했다. 아가씨는 노인 손의 주소를 본 후, 노인의 가방을 들고 천천히 출구로 걸어갔다. 나는 친구 쪽으로 가며, 노인과 아가씨의 그림자를 눈으로 배웅했다. 그리고 마음속으로 다른 사람을 돕는 일에 나는 왜 망설여야 했는가 생각했다.

단어 火车站 huǒchēzhàn 몡 기차역 | 接 jiē 동 마중하다 | 老者 lǎozhě 몡 노인 | ★小伙子 xiǎohuǒzi 몡 젊은이 | 帮忙 bāngmáng 동 돕다 | 原本 yuánběn 몡 본래 | 原因 yuányīn 몡 이유 | 地址 dìzhǐ 몡 주소 | ★喊 hǎn 동 소리 지르다 | ★如何 rúhé 때 어떻게 | ★犹豫 yóuyù 형 머뭇거리다 | ★姑娘 gūniang 몡 아가씨 | 提包 tíbāo 몡 손가방 | 目送 mùsòng 동 눈으로 배웅하다 | 身影 shēnyǐng 몡 사람의 그림자

1   Track **61-2**

해설 및 정답 **문제 분석▼** 노인이 한 말 这是他的地址, 你知道怎么走吗?(이것은 아들 주소인데, 어떻게 가는지 아는가?)를 듣고 노인은 길을 묻고 있음을 알 수 있으므로 정답은 A이다.

那位老者找我要做什么？

그 노인은 나를 찾아 무엇을 하려고 했는가?

A 向我问路	A 나에게 길을 묻는다
B 抓紧买票	B 서둘러 표를 산다
C 开窗户透气	C 창문을 열어서 환기시킨다
D 借手机打电话	D 휴대폰을 빌려 전화한다

단어 抓紧 zhuājǐn 图 서둘러 하다 | 透气 tòuqì 图 환기시키다 | 借 jiè 图 빌리다

2

해설 및 정답 **문제 분석▼** 녹음 중간 부분의 아가씨의 말 大爷, 要我帮忙吗?(할아버지, 제가 도와드릴까요?)에서 帮忙은 帮助와 동의어이므로 정답은 B이다.

关于那位小姑娘，可以知道什么？	그 아가씨에 관해 알 수 있는 것은?
A 是大学生　　**B 帮助了老大爷**	A 대학생이다　　**B 어르신을 도왔다**
C 又年轻又漂亮　　D 跟我坐同一趟车	C 젊고 아름답다　　D 나와 같은 차편을 탄다

단어 老大爷 lǎodàye 명 할아버지 | 年轻 niánqīng 형 젊다 | 趟 tàng 양 번[왕래한 횟수를 세는 단위]

| *실전* 트레이닝 2 | 기본서 **67쪽**

정답

1. B　　2. D　　3. C

[1-3]

第1到3题是根据下面一段话：	1~3번 문제는 다음 내용에 근거한다.
有一位家具设计师，他的家具时尚又大气，深受消费者喜爱。一天，一位顾客来到他的家具店，转了一圈后[1]露出失望的表情。他说想要在自己的院子里开个露天餐厅，需要几套有自然情调的桌椅，可惜一直没买到。望着顾客离去的背影，设计师陷入了思考。过了几天，他在公园里看到孔雀、猴子等各种形状的观赏植物，突然想如果直接[2]把树木种成椅子、桌子的形状，然后再制作成家具，一定会很受欢迎。很快，他便开始行动，从种树到树慢慢长大，然后再加工成合适的家具，[3]花了将近十年的时间。不过正如他所想，现在这样的天然家具在市场上大受欢迎。	어느 가구 디자이너가 있었는데, 그의 가구는 트렌디하고 대범해서 소비자들에게 사랑을 받았다. 어느 날, 한 고객이 그의 가구점에 찾아왔는데, 한 바퀴를 돌더니 [1]실망한 표정을 드러냈다. 그는 자신의 정원에 노천 식당을 열려고 해서, 자연의 분위기를 낼 수 있는 탁자와 의자 몇 세트가 필요한데, 유감스럽게도 계속 사지 못했다. 고객이 떠나가는 뒷모습을 바라보며, 디자이너는 생각에 잠겼다. 며칠이 지나서, 그가 공원에서 공작새와 원숭이 등 다양한 형태의 관상 식물을 보고는 갑자기 만약 직접 [2]나무를 의자, 탁자의 모양으로 심은 후에 가구로 제작한다면, 분명히 인기 있을 것이라고 생각했다. 그는 바로 행동을 개시했고, 나무 심는 것부터 나무가 천천히 자라난 후에 적당한 가구로 가공하는 데까지 [3]10년에 가까운 시간이 걸렸다. 그러나 그가 생각했던 것과 같이, 현재 이러한 천연 가구는 시장에서 큰 인기를 얻고 있다.

---

1 ▶ Track **62-2**

해설 및 정답 **문제 분석▼** 녹음의 앞부분 露出失望的表情(실망한 표정을 드러냈다)은 显得很失望과 동일한 표현이므로 B가 정답이다.

那位顾客来到他的家具店后怎么样?	그 고객은 그의 가구점에 온 후 어땠는가?
A 激动不已	A 감동해 마지않았다
B 显得很失望	**B 매우 실망한 것처럼 보였다**
C 预订了一套桌椅	C 탁자와 의자 한 세트를 예약했다
D 批评了设计师的作品	D 디자이너의 작품을 비평했다

---

2 ▶ Track **62-3**

해설 및 정답 **문제 분석▼** 녹음 중간의 把树木种成椅子、桌子的形状(나무를 의자, 탁자의 모양으로 심는다)은 나무를 탁자와 의자로 심겠다는 의미이므로 정답은 D이다.

在公园里，设计师想出了什么好主意?	공원에서 디자이너는 어떤 좋은 방법을 생각해 냈는가?
A 买棵大树	A 큰 나무 한 그루를 구입하다
B 增加宣传	B 홍보를 늘리다
C 学习新技术	C 신기술을 배우다
D 把树种成桌椅	**D 나무를 탁자와 의자로 심다**

---

3 ▶ Track **62-4**

해설 및 정답 **문제 분석▼** 녹음의 마지막 부분에서 花了将近十年的时间(10년에 가까운 시간이 걸렸다)이라는 말을 통해 디자이너는 새 작품에 정력을 많이 쏟았음을 알 수 있으므로 정답은 C이다.

关于设计师的新作品，下列哪项正确?	디자이너의 새 작품에 관해, 다음 중 옳은 것은?

<table>
<tr><td>

A 质量不太好

B 全部卖光了

C 花了很多精力

D 没有达到效果

</td><td>

A 질이 좋지 않다

B 전부 다 팔렸다

C 정력(정신과 체력)을 많이 쏟았다

D 효과를 보지 못했다

</td></tr>
</table>

단어 ★精力 jīnglì 몡 정력, 정신과 체력 | 达到 dádào 동 도달하다 | 效果 xiàoguǒ 몡 효과

8 설명문

| 실전 트레이닝 1 | 기본서 74쪽

정답

1. C   2. B

[1-2]

Track 68-1

第1到2题是根据下面一段话:

　　¹很多自助餐厅里的饮料都是免费的，甚至是成本稍微高一些的啤酒也是免费的，餐厅为什么要做这样的买卖呢？其实说到底自助餐厅提供饮料最大的原因还是由于考虑商业利润。自助餐是以餐为主，顾客去消费为的还是吃餐而非喝饮料，饮料在这里起到的作用，说得好听点儿就是增加顾客的体验感，但对于经营者来说这是在降低经营的费用。²食品的成本显然要高于饮料，并且饮料很容易让人产生一种吃饱的感觉，所以饮料免费甚至鼓励喝饮料，就会减少顾客们对食物的需求，从而降低餐厅的经营成本。

1~2번 문제는 다음 내용에 근거한다.

　　¹많은 뷔페의 음료는 전부 무료이다. 심지어 원가가 다소 높은 맥주도 무료인데, 식당에서는 왜 이렇게 장사를 하는 것일까? 사실 결과적으로 뷔페에서 음료를 제공하는 가장 큰 이유는 상업적인 이윤을 고려하기 때문이다. 뷔페는 음식을 주로 하고 있고, 고객이 소비하는 것은 음식을 먹기 위해서이지 음료를 마시기 위한 것이 아니기 때문에, 음료가 이곳에서 나타내는 효과는 좋게 이야기하자면 고객의 체험감을 더하기 위해서라지만, 경영자는 경영 비용을 낮추고 있는 것이다. ²식품의 원가는 분명 음료보다 높고, 게다가 음료는 사람에게 배부르게 먹은 느낌이 들게 하기 때문에, 음료를 무료로 하고 심지어 음료 마시는 것을 격려하는 것은 고객들의 음식에 대한 수요를 감소시켜 식당 경영 원가를 낮추려는 것이다.

단어 自助餐 zìzhùcān 몡 뷔페 | 免费 miǎnfèi 동 무료로 하다 | 甚至 shènzhì 뷔 심지어 | 成本 chéngběn 몡 원가 | 稍微 shāowēi 뷔 다소 | 啤酒 píjiǔ 몡 맥주 | 买卖 mǎimai 몡 장사, 매매 | 提供 tígōng 동 제공하다 | 由于 yóuyú 접 ~때문에 | 考虑 kǎolǜ 동 고려하다 | 商业 shāngyè 몡 사업 | ★利润 lìrùn 몡 이윤 | ★消费 xiāofèi 동 소비하다 | ★非 fēi 동 ~이 아니다 | 起到…的作用 qǐdào…de zuòyòng ~의 작용을 일으키다 | 增加 zēngjiā 동 더하다 | ★体验 tǐyàn 몡 체험 | 经营者 jīngyíngzhě 몡 경영인 | 降低 jiàngdī 동 낮추다 | 经营 jīngyíng 동 운영하다 | 费用 fèiyòng 몡 비용 | ★显然 xiǎnrán 분명하다 | 鼓励 gǔlì 동 격려하다 | 减少 jiǎnshǎo 동 감소하다 | 需求 xūqiú 몡 수요

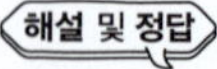

해설 및 정답 **문제 분석▼** 서술형 듣기는 첫 문장에서 화제에 관련된 질문이 나올 가능성이 크므로 녹음을 들을 때 첫 문장을 놓치지 않도록 한다. 很多自助餐厅里的饮料都是免费的(많은 뷔페의 음료는 전부 무료이다)에서 음료가 免费(무료)라는 것을 직접적으로 들려줬기 때문에 정답은 C이다.

关于自助餐厅的饮料，可以知道什么?	뷔페 음료에 관하여 알 수 있는 것은?
A 不好喝	A 맛이 없다
B 是核心产品	B 핵심 상품이다
C 一般是免费的	**C 일반적으로 무료이다**
D 最受顾客欢迎	D 고객에게 인기가 가장 많다

단어 核心 héxīn 몡 핵심 | ★产品 chǎnpǐn 몡 상품 | 受…欢迎 shòu…huānyíng ~에게 인기가 많다

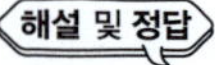

해설 및 정답 **문제 분석▼** 食品的成本显然要高于饮料(식품의 원가는 분명 음료보다 높다)와 가장 가까운 의미는 自助餐厅食品成本高(뷔페 음식은 원가가 높다)이기 때문에 정답은 B이다. 녹음에서 利润이 들리지만 考虑商业利润(상업적 이윤을 고려하다)이라고 했고, A의 내용과는 일치하지 않으므로 오답이다.

根据这段话，下列哪项正确?	이 단락의 이야기에 근거해, 다음 중 옳은 것은?
A 自助餐厅利润较低	A 뷔페의 이윤은 비교적 낮다
B 自助餐厅食品成本高	**B 뷔페 음식은 원가가 높다**
C 自助餐厅一般位于市中心	C 뷔페는 일반적으로 시내에 위치한다
D 自助餐厅不允许自带酒水	D 뷔페에서는 직접 가져온 음료가 반입되지 않는다

단어 ★位于 wèiyú 통 ~에 위치하다 | 市中心 shì zhōngxīn 시내 | 允许 yǔnxǔ 통 허락하다

정답

1. C   2. B   3. B

[1-3]

第1到3题是根据下面一段话：	1~3번 문제는 다음 내용에 근거한다.
[3]我们经常说"第一印象很重要"，其实这是晕轮效应的一种表现。说起"晕轮效应"，在日常生活中，它往往悄悄地却又强有力地影响着我们对人的认识和评价。学校里，一个教师对学生的看法很可能受学生本人相貌、举止、家庭背景等影响。这种差异不仅影响教师对学生的行为，而且最终[1]可能不利于学习成绩的提高。公司里，有的领导看到一些年轻员工的个别缺点，或对他们的生活习惯、工作之余的服装打扮看不顺眼，于是就会把他们看得毫无能力。而看到某人的[2]字写得很漂亮，就会主观地认为他办事认真、可靠等。	[3]우리는 자주 '첫인상은 매우 중요하다'고 하는데, 사실 이것은 일종의 후광 효과가 드러난 것이다. '후광 효과'를 말하자면, 일상생활에서 그것은 종종 은밀하지만 강하고 힘 있게 사람에 대한 인식과 평가에 영향을 주고 있다. 학교에서 한 교사의 학생에 대한 견해는 학생 본인의 용모, 행동거지, 집안 배경 등의 영향을 받았을 가능성이 크다. 이런 차이는 교사가 학생을 대하는 행위에 영향을 끼칠 뿐만 아니라, 결국에는 [1]성적 향상에 불리할 수 있다. 회사에서 어떤 임원들은 젊은 직원들 개개의 단점이 보이거나 그들의 생활 습관, 업무 외의 복장이 마음에 들지 않아, 그들을 아무런 능력이 없는 사람으로 볼 수 있다. 반면 어떤 사람이 [2]글씨를 예쁘게 쓴 것을 보고 그의 일 처리가 착실하고 믿음직스러울 것이라고 주관적으로 생각할 수 있다.

단어 第一印象 dì-yī yìnxiàng 몡 첫인상 | 其实 qíshí 뷰 사실은 | 晕轮效应 yūnlún xiàoyìng 몡 후광 효과 | ★表现 biǎoxiàn 몡 (드러나진) 모습 | ★日常 rìcháng 톙 일상의 | ★悄悄 qiāoqiāo 뷰 은밀히 | ★评价 píngjià 몡 평가 | 教师 jiàoshī 몡 교사 | 看法 kànfǎ 몡 견해 | 本人 běnrén 몡 본인 | 相貌 xiàngmào 몡 용모 | 举止 jǔzhǐ 몡 행동거지 | 家庭背景 jiātíng bèijǐng 가정 배경 | 差异 chāyì 몡 차이 | ★行为 xíngwéi 몡 행동 | 最终 zuìzhōng 몡 최종 | 不利于 bú lìyú 통 ~에 불리하다 | 提高 tígāo 통 향상시키다 | ★领导 lǐngdǎo 몡 회사 임원 | ★员工 yuángōng 몡 직원 | ★个别 gèbié 톙 개개의 | 缺点 quēdiǎn 몡 단점 | 习惯 xíguàn 몡 습관 | …之余 …zhī yú ~이외의 | 服装打扮 fúzhuāng dǎban 옷차림 | 不顺眼 bú shùnyǎn 눈에 거슬리다 | 毫无 háowú 통 조금도 ~이 없다 | ★主观 zhǔguān 톙 주관적인 | 办事 bànshì 통 일을 처리하다 | 认真 rènzhēn 톙 착실하다 | ★可靠 kěkào 톙 믿음직스럽다

1

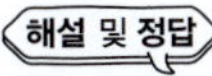

문제 분석▼ 녹음 중 可能不利于学习成绩的提高(성적 향상에 불리할 수 있다)를 통해 교사가 학생의 가정 환경을 지나치게 중시하면 학생의 성적에 영향을 줄 수 있음을 유추할 수 있으므로 정답은 C이다.

教师过分看重学生的家庭背景可能会造成什么结果？	교사가 학생의 가정 환경을 지나치게 중시하면 어떤 결과를 초래하겠는가?

A 被校长批评

B 破坏同事关系

C 影响学生成绩

D 学生听课不专心

A 교장으로부터 꾸지람을 듣는다

B 동료 관계를 망친다

C 학생의 성적에 영향을 끼친다

D 학생이 수업에 열중하지 않는다

> **단어** ★过分 guòfèn 圄 지나치다 | 看重 kànzhòng 圄 중시하다 | ★造成 zàochéng 圄 (좋지 않은 결과를) 발생시키다 | 结果 jiéguǒ 圀 결과 | 校长 xiàozhǎng 圀 교장 | 批评 pīpíng 圄 꾸짖다, 비평하다 | ★破坏 pòhuài 圄 파괴하다 | ★专心 zhuānxīn 圄 전념하다, 열중하다

> **해설 및 정답**   **문제 분석▼**   녹음 후반부에 字写得很漂亮(글씨를 예쁘게 쓴다)은 B의 字写得很好(글씨를 잘 썼다)와 같은 의미이므로 정답은 B이다.

为什么一些领导会主观认为员工做事认真?	왜 어떤 임원은 주관적으로 직원이 착실히 일한다고 생각하는가?
A 很有礼貌	A 예의가 바르다
B 字写得很好	**B 글씨를 잘 썼다**
C 生活有规律	C 생활이 규칙적이다
D 出色地完成任务	D 임무를 훌륭하게 완성했다

> **단어** 礼貌 lǐmào 圀 예의 | ★规律 guīlǜ 圀 규칙적이다 | ★出色 chūsè 圀 뛰어나다 | 任务 rènwu 圀 임무

> **해설 및 정답**   **문제 분석▼**   녹음 앞부분에서 我们经常说"第一印象很重要", 其实这是晕轮效应的一种表现(우리는 자주 '첫인상은 매우 중요하다'고 하는데, 사실 이것은 일종의 후광 효과가 드러난 것이다)을 들으면 정답 B를 쉽게 찾을 수 있다. 가끔 이 문제처럼 녹음의 정답 단서와 문제의 순서가 일치하지 않는 문제도 출제되므로, 첫 문장의 핵심어를 간단히 메모하면서 들으면 좋다.

下列哪项是晕轮效应的表现?	다음 중 어떤 항목이 후광 효과가 드러나는 것인가?
A 坚持不放弃	A 굳건히 포기하지 않는다
B 重视第一印象	**B 첫인상을 중요시한다**
C 出门在外靠朋友	C 밖에 나가면 친구에게 의지한다
D 习惯是慢慢养成的	D 습관은 천천히 길러지는 것이다

> **단어** 坚持 jiānchí 圄 견지하다 | 放弃 fàngqì 圄 포기하다 | 重视 zhòngshì 圄 중요시하다 | ★靠 kào 圄 의지하다 | 习惯 xíguàn 圀 습관 | 养成 yǎngchéng 圄 (습관 등을) 기르다

9 견해문

| **실전 트레이닝 1** | 기본서 80쪽

정답

1. C   2. D

[1-2]

Track **75-1**

第1到2题是根据下面一段话：

　　联邦快递公司曾投入了大量的广告费用，广告语是"放轻松，我们有联邦快递"，然而[1]结果并没有什么效果。后来公司把竞争的核心集中到了"隔夜送达"上，传播的口号是"当你需要准确无误隔夜送达时"。"隔夜送达"这一服务使联邦快递获得了前所未有的成功。实际上，联邦快递也有其他的服务，包括两天和三天的快递服务，甚至很多的复印店。当它在隔夜速递上表现突出时，其他的服务也随之获得了提升。可以说，[2]集中做好核心业务，成就了联邦快递的成功。

1~2번 문제는 다음 내용에 근거한다.

　　페덱스 특급 우편 회사는 많은 광고 비용을 투입한 적이 있다. 광고는 '마음을 편하게 가지세요, 우리에게는 페덱스 특급 우편이 있으니까요'였는데, [1]결과는 효과를 보지 못했다. 이후 회사에서는 경쟁 핵심을 '당일 배송'에 집중시키고, 방송 슬로건을 '당신이 착오 없는 당일 배송이 필요할 때'였다. '당일 배송', 이 서비스는 페덱스가 전래에 없었던 성공을 얻게 했다. 사실, 페덱스는 2~3일 배송 서비스를 포함하여 많은 복사점까지 기타 서비스도 있다. 페덱스가 당일 배송에서 두드러진 모습을 보일 때, 이에 따라 기타 서비스도 향상되었다. [2]잘하는 핵심 업무에 집중한 것이 페덱스가 성공을 거둔 것이라고 볼 수 있다.

단어 联邦快递 Liánbāng Kuàidì 몡 페덱스 특급 우편 | ★投入 tóurù 동 투입하다, 투자하다 | 大量 dàliàng 혱 대량의 | ★广告 guǎnggào 몡 광고 | 费用 fèiyòng 몡 비용 | 放轻松 fàng qīngsōng 편안하게 생각하다 | 然而 rán'ér 젭 그러나 | 结果 jiéguǒ 몡 결과 | 效果 xiàoguǒ 몡 효과 | 后来 hòulái 몡 그 후 | 竞争 jìngzhēng 몡 경쟁 | ★核心 héxīn 몡 핵심 | ★集中 jízhōng 동 집중시키다 | 隔夜送达 géyè sòngdá 당일 배송 | 口号 kǒuhào 몡 구호, 슬로건 | 需要 xūyào 동 필요하다 | 准确 zhǔnquè 혱 확실하다 | 无误 wúwù 동 착오가 없다 | 前所未有 qián suǒ wèi yǒu 셍 역사상 유래가 없다 | 成功 chénggōng 몡 성공 | 实际 shíjì 몡 실제 | ★包括 bāokuò 동 포함하다 | 甚至 shènzhì 뷔 ~까지도 | 复印店 fùyìndiàn 몡 복사점 | ★表现 biǎoxiàn 동 (어떠한 모습이) 드러나다 | ★突出 tūchū 혱 뛰어나다 | 随之 suízhī 이에 따라, 따라서 | 提升 tíshēng 동 향상하다 | 可以说 kěyǐ shuō ~라고 말할 수 있다, ~라고 볼 수 있다 | ★成就 chéngjiù 동 성취하다, 이루다

Track **75-2**

1

해설 및 정답 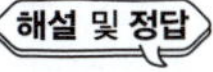 **문제 분석▼** 녹음에서 大量的广告费用(많은 광고 비용)이라고 했으므로 A의 费用较低(비용이 비교적 낮다)는 오답이다. 结果并没有什么效果(결과는 효과를 보지 못했다)와 가장 유사한 의미는 C의 效果不明显(효과가 분명하지 않다)이므로 정답은 C이다.

| 这个快递公司最开始的广告怎么样？ | 이 택배 회사의 처음 광고는 어떠한가？ |

A 费用较低	A 비용이 비교적 낮다
B 很有特色	B 매우 특색 있다
C 效果不明显	**C 효과가 분명하지 않다**
D 模仿国外设计	D 해외 디자인을 모방하다

단어 ★明显 míngxiǎn 혱 확연히 드러나다 | ★模仿 mófǎng 동 모방하다 | ★设计 shèjì 명 디자인

2

해설 및 정답 **문제 분석▼** 보기에 집중해서 들으면 들리는 그대로 정답을 고를 수 있는 문제이다. 녹음에서 集中做好核心业务, 成就了联邦快递的成功(잘하는 핵심 업무에 집중한 것으로 페덱스가 성공을 거둔 것이다)을 통해 이 회사가 성공한 요인이 D임을 알 수 있다.

该公司为什么能获得巨大的成功?	이 회사는 어떻게 해서 큰 성공을 얻을 수 있었는가?
A 提高员工工资	A 직원 월급을 올리다
B 扩大服务规模	B 서비스 규모를 확대하다
C 面向国际市场	C 국제 시장으로 향하다
D 集中核心服务	**D 핵심 서비스에 집중하다**

단어 提高 tígāo 동 높이다 | 员工 yuángōng 명 직원 | 工资 gōngzī 명 월급 | ★扩大 kuòdà 동 확대하다 | ★规模 guīmó 명 규모 | 面向 miànxiàng 동 ~로 향하다

| *실전* 트레이닝 2 | 기본서 **80**쪽

정답

1. A   2. D   3. C

[1-3]

| 第1到3题是根据下面一段话: | 1~3번 문제는 다음 내용에 근거한다. |

父亲把表找不到了，非常恼火，四处翻也找不到。他出去后，儿子悄悄进屋，不一会儿就找到了表。等父亲回来，看到儿子找到了表，¹大吃一惊，问："你是怎么找到的？我把房间都翻遍了也没看到啊。"儿子说："我就安静地坐在地上，²仔细听声音，一会儿就能听到钟表'嘀嗒''嘀嗒'的声音。按着声音传来的方向，很快就找到了。"要知道，生活中我们越是焦躁地寻找，越找不到自己想要的东西。³只有平静下来，才能听到内心的声音。

아버지가 시계를 찾을 수 없어서 매우 답답했는데, 사방을 뒤져도 찾을 수가 없었다. 그가 나간 후, 아들이 몰래 집으로 들어오더니, 얼마 지나지 않아 시계를 찾았다. 아버지가 돌아왔을 때 아들이 시계를 찾은 것을 보고는 ¹크게 놀라서 물었다. "너 어떻게 찾은 거니? 내가 방을 다 뒤져도 보지 못했는데." 아들은 "제가 조용히 바닥에 앉아 ²자세히 소리를 들어봤더니 잠시 후 시계의 '똑딱', '똑딱' 소리가 들렸어요. 소리가 들려오는 방향을 따라 금방 찾았어요."라고 말했다. 생활 속에서 우리는 초조하게 찾을수록, 자신이 원하는 물건을 찾을 수 없다. ³오직 차분해져야만 내면의 소리를 들을 수 있다.

단어 表 biǎo 圆 시계 | 恼火 nǎohuǒ 圈 답답하다 | 四处 sìchù 圆 사방 | ★翻 fān 圄 뒤지다 | ★悄悄 qiāoqiāo 囝 몰래 | 安静 ānjìng
圈 조용하다 | 仔细 zǐxì 圈 자세하다 | 钟表 zhōngbiǎo 圆 시계 | 嘀嗒 dīda 의성 똑딱똑딱 | 按 àn 젠 ~에 따라서 | 传 chuán 圄
전하다 | 焦躁 jiāozào 圈 초조하다 | ★寻找 xúnzhǎo 圄 찾다 | ★平静 píngjìng 圈 차분하다 | 内心 nèixīn 圆 마음속

1

해설 및 정답 **문제 분석▼** 보기가 모두 감정에 관련된 술어이기 때문에 감정 표현을 유의하여 듣는다. 녹음 중 大吃一惊(크게 놀라다)은 A의 很吃惊(매우 놀랐다)과 같은 뜻이므로 정답은 A이다.

儿子找到表后，父亲怎么样？	아들이 시계를 찾은 후, 아버지는 어떠했는가?
A 很吃惊　　B 无所谓	**A 매우 놀랐다**　　B 상관없다
C 感到后悔　　D 非常生气	C 후회했다　　D 매우 화났다

단어 ★无所谓 wúsuǒwèi 圄 상관없다 | 后悔 hòuhuǐ 圄 후회하다

2

해설 및 정답 **문제 분석▼** 녹음 중 仔细听声音(자세히 소리를 들어봤다)을 들으면 쉽게 정답을 찾을 수 있다.

儿子是怎么找到表的？	아들은 시계를 어떻게 찾았는가？
A 到处打听	A 여기저기 수소문했다
B 趴在地上	B 바닥에 엎드렸다
C 一眼看见了	C 한눈에 봤다
D 仔细听声音	**D 자세히 소리를 들었다**

단어 到处 dàochù 圆 도처 | ★打听 dǎting 圄 알아보다 | 趴 pā 圄 엎드리다

3

해설 및 정답 **문제 분석▼** 녹음의 平静下来(차분해지다)와 C의 要静下心来는 같은 의미이므로 정답은 C이다.

根据这段话，可以知道什么？	이 단락의 이야기에 근거해 알 수 있는 것은？
A 多听建议	A 의견을 많이 듣다
B 不要放弃	B 포기하지 않는다
C 要静下心来	**C 마음을 평안하게 해야 한다**
D 要善待他人	D 타인을 잘 대접해야 한다

단어 建议 jiànyì 圆 건의 | 放弃 fàngqì 圄 포기하다 | 善待 shàndài 圄 잘 대접하다

기본서 82쪽

<table>
<tr><td>정답</td><td>1. A</td><td>2. C</td><td>3. C</td><td>4. B</td><td>5. C</td><td>6. D</td><td>7. D</td><td>8. A</td><td>9. B</td><td>10. A</td></tr>
<tr><td></td><td>11. D</td><td>12. D</td><td>13. D</td><td>14. C</td><td>15. C</td><td>16. B</td><td>17. A</td><td>18. D</td><td>19. A</td><td>20. C</td></tr>
<tr><td></td><td>21. D</td><td>22. A</td><td>23. A</td><td>24. C</td><td></td><td></td><td></td><td></td><td></td><td></td></tr>
</table>

1　　　　　　　　　　　　　　　　　　　　　　　　　　　　　　Track **78-1**

해설 및 정답　**문제 분석▼** 馆内维修(전시관 내부 수리)를 듣고 전시관 내부를 수리하고 있음을 알 수 있으므로 정답은 A이다.

女：今天展览馆不开门吗?

男：最近由于馆内维修，所以闭馆一个月，下个星期就可以参观了。

问：关于展览馆，可以知道什么?

A 内部维修　　　　B 周末营业

C 今天开门　　　　D 展览新作品

여: 오늘 전시관은 문을 안 여나요?

남: 최근 전시관 내부 수리 때문에 한 달 동안 폐관입니다. 다음 주에는 참관하실 수 있습니다.

질문: 전시관에 관해 무엇을 알 수 있는가?

A 내부를 수리한다　　　　B 주말에 영업한다

C 오늘 문을 연다　　　　D 새 작품을 전시한다

단어 展览馆 zhǎnlǎnguǎn 몡 전시관 | 开门 kāimén 동 문을 열다 | 由于 yóuyú 젭 ~때문에 | ★维修 wéixiū 동 수리하다 | 闭馆 bìguǎn 동 폐관하다 | 参观 cānguān 동 참관하다 | 内部 nèibù 몡 내부 | ★营业 yíngyè 동 영업하다 | ★作品 zuòpǐn 몡 작품

2　　　　　　　　　　　　　　　　　　　　　　　　　　　　　　Track **78-2**

해설 및 정답　**문제 분석▼** 여자의 我带你去天安门、故宫、天坛和颐和园看看(제가 당신을 데리고 천안문, 고궁, 천단, 이화원을 보러 갈게요)이라는 말에서 带를 들을 수 있고, 나열한 장소는 '베이징의 관광지(北京的景点)'이므로 정답은 C이다.

男：我来北京出差好几天了，还没去天安门呢。

女：等会议结束了，我带你去天安门、故宫、天坛和颐和园看看。

问：女的是什么意思?

A 请客吃饭

B 准备回去

C 带男的去景点

D 留在北京工作

남: 베이징에 출장 온 지 며칠이나 지났는데 아직 천안문도 못 갔어요.

여: 회의가 끝나면 제가 당신을 데리고 천안문, 고궁, 천단, 이화원을 보러 갈게요.

질문: 여자는 무슨 의미인가?

A 한턱낸다

B 돌아갈 준비를 한다

C 남자를 데리고 명소에 간다

D 베이징에 남아서 일한다

단어 出差 chūchāi 동 출장을 가다 | 天安门 Tiān'ānmén 고유 천안문 | 会议 huìyì 몡 회의 | 结束 jiéshù 동 마치다, 끝나다 | 故宫 Gùgōng 고유 고궁 | 天坛 Tiāntán 고유 천단 | 颐和园 Yíhéyuán 고유 이화원 | 请客 qǐngkè 동 접대하다, 한턱내다 | 准备 zhǔnbèi 동 준비하다 | 景点 jǐngdiǎn 몡 명소 | 留 liú 동 머무르다

3

(해설 및 정답) **문제 분석▼** 남자가 말한 你需要先注册一下这个视频网站的账号(먼저 이 동영상 웹사이트의 계정을 등록해야 한다)에서 영화 전체 내용을 보려면 注册账号(계정을 등록한다)가 필요함을 알 수 있으므로 정답은 C이다.

女：这部电影怎么只能看十分钟呢？ 男：你需要先注册一下这个视频网站的账号，才可以看全部的内容。 问：要怎么做才可以看电影的全部内容？ A 下载软件 B 购买会员 **C 注册账号** D 重新打开	여: 이 영화는 어째서 10분밖에 못 보니? 남: 먼저 이 동영상 웹사이트의 계정을 등록해야 전체 내용을 볼 수 있어. 질문: 어떻게 해야만 영화의 전체 내용을 볼 수 있는가? A 소프트웨어를 다운로드 한다 B 회원권을 구매한다 **C 계정을 등록한다** D 다시 켠다

(단어) 部 bù 양 편 | 需要 xūyào 동 필요로 하다 | ★注册 zhùcè 동 등록하다 | 视频 shìpín 명 동영상 | 网站 wǎngzhàn 명 웹사이트 | 账号 zhànghào 명 계정 | 全部 quánbù 형 전부의 | 内容 nèiróng 명 내용 | ★下载 xiàzài 동 다운로드 하다 | ★软件 ruǎnjiàn 명 소프트웨어 | 购买 gòumǎi 동 구입하다 | 会员 huìyuán 명 회원 | 重新 chóngxīn 부 다시, 새로 | 打开 dǎkāi 동 열다, 켜다

4

(해설 및 정답) **문제 분석▼** 남자가 我就腰酸背痛的(허리가 시큰거리고 등이 아파)라고 한 말에서 허리가 아프다는 것을 알 수 있으므로 정답은 B이다.

男：昨天健身回来，我就腰酸背痛的。 女：该不会是肌肉拉伤了吧？我给你按摩按摩。 问：关于男的，可以知道什么？ A 善于运动 **B 腰有些疼** C 感冒发烧 D 不再去运动	남: 어제 헬스 갔다 왔더니 허리가 시큰거리고 등이 아파. 여: 근육이 찢어진 것은 아니겠지? 내가 안마해 줄게. 질문: 남자에 관해 알 수 있는 것은? A 운동을 잘한다 **B 허리가 조금 아프다** C 감기로 열이 난다 D 더 이상 운동하러 안 간다

(단어) ★健身 jiànshēn 동 신체를 건강하게 하다 | 腰酸背痛 yāosuān bèitòng 허리가 시큰거리고 등이 아프다 | ★肌肉 jīròu 명 근육 | 拉伤 lāshāng 동 찢어져 다치다 | 按摩 ànmó 동 안마하다 | ★善于 shànyú 동 ~를 잘하다 | 感冒 gǎnmào 동 감기에 걸리다 | 发烧 fāshāo 동 열이 나다

5

해설 및 정답 **문제 분석▼** 여자의 可以拿着这些发票办理退税(이 영수증들로 세금 환급을 받을 수 있어)라는 말에서 영수증으로 세금을 환급 받을 수 있음을 알 수 있으므로 정답은 C이다.

女：我们回来的时候，<u>可以拿着这些发票办理退税</u>。 男：真的吗？ 我差点儿把它们都扔进垃圾桶，幸亏你提醒我。 问：那些发票可以做什么？ A 还能抽奖 B 可以退货 **C 办理退税** D 办收入证明	여: 우리가 돌아올 때 <u>이 영수증들로 세금 환급을 받을 수 있어</u>. 남: 정말이니? 하마터면 그것들을 모두 쓰레기통에 버릴 뻔했는데, 다행히도 네가 일러줬어. 질문: 그 영수증들로 무엇을 할 수 있는가? A 추첨할 수 있다 B 반품 가능하다 **C 세금 환급을 받는다** D 수입을 증명한다

단어 ★发票 fāpiào 명 영수증 | ★办理 bànlǐ 통 처리하다 | 退税 tuìshuì 명 세금 환급 | 差点儿 chàdiǎnr 분 하마터면 | 扔 rēng 통 버리다 | 垃圾桶 lājītǒng 명 쓰레기통 | ★幸亏 xìngkuī 분 다행히 | 提醒 tíxǐng 통 일깨우다 | 抽奖 chōujiǎng 통 (상품을) 추첨하다 | 收入 shōurù 명 수입 | 证明 zhèngmíng 명 증명

6

해설 및 정답 **문제 분석▼** 여자가 말한 你把网址告诉我(웹사이트 주소를 알려주세요)에서 网址(웹사이트 주소)는 网站地址의 줄임 표현이므로 정답은 D이다.

男：我的服装网店营业了，可是每天访问的人数不多。 女：<u>你把网址告诉我</u>，我发到朋友圈，分享给我的朋友们。 问：女的让男的告诉她什么？ A 广告词　　　　　B 传真号码 C 客服电话　　　　**D 网店地址**	남: 내 의류 인터넷 쇼핑몰을 열었는데, 매일 방문하는 인원수가 많지 않아요. 여: <u>웹사이트 주소를 알려주세요</u>. 내가 친구 그룹으로 보내서 내 친구들과 공유할게요. 질문: 여자는 남자에게 무엇을 알려달라고 하는가? A 광고 문구　　　　B 팩스 번호 C 고객 서비스 전화　　**D 인터넷 쇼핑몰 주소**

단어 ★服装 fúzhuāng 명 의복 | 网店 wǎngdiàn 명 인터넷 쇼핑몰 | ★营业 yíngyè 통 영업하다 | 访问 fǎngwèn 통 방문하다 | 人数 rénshù 명 인원수 | 网址 wǎngzhǐ 명 웹사이트 주소 | 分享 fēnxiǎng 통 공유하다 | 广告词 guǎnggàocí 광고 문구 | 传真 chuánzhēn 명 팩스 | 号码 hàomǎ 명 번호 | 客服 kèfú 명 고객 서비스

7

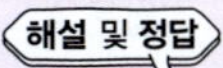 **문제 분석▼** 남자가 말한 谈判临时有变化(협상이 임시적인 변화가 있다)에서 협상이 순조롭지 않았음을 유추할
수 있다. 따라서 정답은 D이다.

女：你不是说下周就能回来吗？怎么推迟了？
男：谈判临时有变化，合作方又提了很多新要
　　求。

问：根据对话，可以知道什么？

A 提前完成
B 经理不满意
C 很快就回国
D 谈判不太顺利

여: 다음 주에는 돌아올 수 있다고 하지 않았어요? 왜 연
　　기된 거죠?
남: 협상에 임시적인 변화가 있어서, 협력 파트너가 여러
　　가지 새로운 요구 조건을 또 제시했어요.

질문: 대화에 근거해 알 수 있는 것은?

A 미리 끝냈다
B 사장님이 만족하지 않는다
C 곧 귀국한다
D 협상이 순조롭지 않다

단어 推迟 tuīchí 통 미루다 | ★谈判 tánpàn 통 담판하다, 협상하다 | 合作方 hézuòfāng 협력 파트너 | 提 tí 통 제시하다 | 满意 mǎnyì
형 만족하다 | 顺利 shùnlì 형 순조롭다

8

해설 및 정답 **문제 분석▼** 여자가 我看可能是电源连接线的问题，你换个试试(내가 보니 아마도 전원 연결 케이블의 문제인 것 같
아. 바꿔서 한번 해봐)라고 한 말에서 连接线(연결 케이블)과 你换个试试(바꿔서 한번 해보다)를 통해 정답이 A임을
알 수 있다.

男：电脑怎么一直开不了机，是不是坏了？
女：我看可能是电源连接线的问题，你换个试
　　试。

问：女的建议男的怎么做？

A 换连接线
B 重装系统
C 新买一个
D 给电脑杀毒

남: 컴퓨터가 왜 계속 켜지지 않지, 망가진건가？
여: 내가 보니 아마도 전원 연결 케이블의 문제인 것 같
　　아. 바꿔서 한번 해봐.

질문: 여자는 남자에게 어떻게 하라고 건의하는가？

A 연결 케이블을 바꾼다
B 시스템을 재설치한다
C 새로 하나 산다
D 컴퓨터의 바이러스를 없앤다

단어 开机 kāijī 통 (기계 등을) 켜다 | 电源 diànyuán 명 전원 | 连接线 liánjiēxiàn 연결 케이블 | 换 huàn 통 바꾸다 | 建议 jiànyì 통
건의하다 | 重 chóng 부 다시 | ★装 zhuāng 통 설치하다 | ★系统 xìtǒng 명 시스템 | 杀毒 shādú 통 바이러스를 없애다

9

해설 및 정답 **문제 분석▼** 남자가 是不是你浇水浇得太多了?(물을 너무 많이 준 거 아니야?)라고 했으므로 A는 일치하지 않는다. 여자가 怎么叶子就变黄了?(왜 잎이 노랗게 변했지?)라고 했으므로 정답은 B이다.

女: 这盆花买回来还不到一个月，<u>怎么叶子就变黄了</u>？ 男: 是不是你浇水浇得太多了？ 问: 根据对话，可以知道什么？ A 浇水不够 **B 叶子黄了** C 花快死了 D 土没有营养	여: 이 화분은 사온 지 한 달도 안 됐는데, <u>왜 잎이 노랗게 변했지</u>? 남: 물을 너무 많이 준 거 아니야? 질문: 대화에 근거해 알 수 있는 것은? A 물을 충분히 주지 않았다 **B 잎이 노랗게 되었다** C 꽃이 곧 죽게 되었다 D 흙에 영양이 없다

단어 ★盆 pén 양 화분을 세는 단위 | 叶子 yèzi 명 잎 | 变 biàn 동 변하다 | 黄 huáng 형 노란색, 노랗다 | 浇水 jiāoshuǐ 동 물을 주다 | 土 tǔ 명 흙 | ★营养 yíngyǎng 명 영양

10

해설 및 정답 **문제 분석▼** 남자가 别整天坐在沙发上看电视(온종일 소파에 앉아서 TV만 보지 말고)라고 한 말에서 坐在沙发(소파에 앉다)와 看电视(TV를 본다)를 듣고 대화가 이루어지는 장소가 '집'이라는 것을 유추할 수 있으므로 정답은 A이다.

男: <u>别整天坐在沙发上看电视</u>，有时间出去运动运动。 女: 好不容易放一次假，我得好好享受看电视的时光。 问: 他们可能在哪儿？ **A 家里**　　B 教室 C 商场　　D 实验室	남: <u>온종일 소파에 앉아서 TV만 보지 말고</u>, 시간이 있으면 나가서 운동 좀 해. 여: 모처럼 휴가인데, 텔레비전 보는 시간을 마음껏 즐겨야 해. 질문: 그들은 어디에 있겠는가? **A 집**　　B 교실 C 쇼핑몰　　D 실험실

단어 整天 zhěngtiān 명 종일 | 沙发 shāfā 명 소파 | 好不容易 hǎoburóngyì 부 겨우, 가까스로, 모처럼 | 放假 fàngjià 동 (학교나 직장이) 쉬다 | ★享受 xiǎngshòu 동 누리다, 즐기다 | 时光 shíguāng 명 시간 | 教室 jiàoshì 명 교실 | 商场 shāngchǎng 명 쇼핑몰 | 实验室 shíyànshì 명 실험실

11

해설 및 정답 **문제 분석▼** 남자가 最近打算在海外建工厂(최근 해외에 공장을 세울 계획이야)이라고 한 말에서 회사가 해외에 공장을 세우려고 한다는 것을 알 수 있으므로 정답은 D이다.

女：你去大使馆做什么？
男：我去办签证，下个月要去海外出差。
女：你们公司在国外也有业务？
男：对，<u>最近打算在海外建工厂</u>。

问：**根据对话，可以知道什么？**

A 男的要出国旅游
B 老板不让男的去
C 他们一起去出差
D 公司要在海外建厂

여: 대사관에 뭐 하러 가니?
남: 비자를 만들려고, 다음 달에 해외 출장을 가야 하거든.
여: 너희 회사는 해외에도 업무가 있니?
남: 그래, <u>최근 해외에 공장을 세울 계획이야</u>.

질문: 대화에 근거해 무엇을 알 수 있는가?

A 남자는 해외 여행을 가려고 한다
B 사장은 남자를 가지 못하게 한다
C 그들은 함께 출장을 간다
D 회사는 해외에 공장을 세우려고 한다

단어 大使馆 dàshǐguǎn 명 대사관 | 办 bàn 동 수속을 밟다 | 签证 qiānzhèng 명 비자 | 海外 hǎiwài 명 해외 | 出差 chūchāi 동 출장 가다 | ★业务 yèwù 명 업무 | 建 jiàn 동 세우다 | 旅游 lǚyóu 동 여행하다

12

해설 및 정답 **문제 분석▼** 보기가 전부 날짜와 관련되어 있으므로 날짜를 유의하면서 들으면 여자의 말에서 国庆을 들을 수 있다. 따라서 정답은 D이다.

男：你的家乡真美，海边的空气也特别新鲜。
女：我们这儿可是著名的旅游胜地。
男：夏天来这儿避暑的游客一定很多吧？
女：其实每年十月份的游客最多，大家都趁着<u>国庆来度假</u>。

问：**什么时候来这里的游客最多？**

A 除夕
B 元旦
C 母亲节
D 国庆节

남: 네 고향은 정말 아름답고, 해변의 공기도 특히 신선하구나.
여: 우리가 있는 여기는 유명한 관광 명소야.
남: 여름에 여기로 더위를 피하러 오는 여행객은 분명 많겠지?
여: 사실 매년 10월에 여행객이 가장 많아, 모두 국경절을 이용해 휴가를 보내러 오거든.

질문: 언제 여기에 오는 여행객이 가장 많은가?

A 섣달 그믐날[음력 12월 31일]
B 양력설
C 어머니의 날
D 국경절

단어 ★家乡 jiāxiāng 명 고향 | 美 měi 형 아름답다 | 海边 hǎibiān 명 해변 | 空气 kōngqì 명 공기 | 新鲜 xīnxiān 형 신선하다 | 著名 zhùmíng 형 저명하다 | 旅游胜地 lǚyóu shèngdì 관광 명소 | 避暑 bìshǔ 동 더위를 피하다 | 游客 yóukè 명 관광객 | 其实 qíshí 부 사실 | 份 fèn 양 년, 월 뒤에 붙여 구분이나 구획을 나타내는 단위 | ★趁 chèn 전 ~을 틈타 | 国庆 guóqìng 명 국경절 | 度假 dùjià 동 휴가를 보내다

13

해설 및 정답 **문제 분석▼** 여자의 音乐节的网站有申请表(음악제의 웹사이트에 신청서가 있어)라는 말과 남자의 我这就去填(바로 가서 작성해야지)이라는 말에서 남자는 신청서를 작성할 것이라고 유추할 수 있다. 정답은 D이다.

女：我想去草莓音乐节做志愿者，你去吗?	여: 난 딸기 음악제에 가서 자원봉사자를 하고 싶어, 너 갈래?
男：听说可以看到很多明星，怎么报名?	남: 스타들을 많이 볼 수 있다던데, 어떻게 신청해?
女：音乐节的网站有申请表，网上填好以后提交就行了。	여: 음악제의 웹사이트에 신청서가 있어, 인터넷에서 작성한 후 제출하면 돼.
男：好的，我这就去填。	남: 좋아, 바로 가서 작성해야지.
问：男的接下来可能会做什么?	질문: 남자는 이어서 무엇을 하겠는가?
A 唱歌	A 노래를 부른다
B 看比赛	B 경기를 본다
C 向银行贷款	C 은행에서 대출 받는다
D 填写申请表	**D 신청서를 작성한다**

단어 草莓 cǎoméi 몡 딸기 | 音乐节 yīnyuèjié 몡 음악제 | ★志愿者 zhìyuànzhě 몡 자원봉사자 | ★明星 míngxīng 몡 스타 | 报名 bàomíng 동 신청하다 | 网站 wǎngzhàn 몡 웹사이트 | 申请表 shēnqǐngbiǎo 몡 신청서 | 网上 wǎngshàng 몡 인터넷 | 填 tián 동 기입하다 | 提交 tíjiāo 동 제출하다 | 接下来 jiēxiàlái 다음으로 | 比赛 bǐsài 몡 경기 | ★贷款 dàikuǎn 동 대출 받다 | 填写 tiánxiě 동 기입하다

14

해설 및 정답 **문제 분석▼** 여자의 我今天还没来得及确认邮箱(오늘 아직 메일함을 확인할 시간이 없었어요)이라는 말에서 没确인을 듣고, 여자가 아직 확인하지 않았음을 알 수 있으므로 정답은 C이다.

男：您收到我发给您的项目方案了吗?	남: 제가 당신에게 보낸 프로젝트 방안을 받으셨나요?
女：你什么时候发的?	여: 언제 보내셨죠?
男：昨天修改到很晚，十二点才给您发过去。	남: 어제 늦게까지 수정하고, 12시에야 보내드렸어요.
女：我今天还没来得及确认邮箱。	여: 오늘 아직 메일함을 확인할 시간이 없었어요.
问：关于那个项目方案，可以知道什么?	질문: 그 프로젝트 방안에 관해 알 수 있는 것은?
A 非常详细	A 대단히 자세하다
B 女的很满意	B 여자는 매우 흡족히 여긴다
C 女的还没确认	**C 여자는 아직 확인하지 못했다**
D 男的还没有完成	D 남자는 아직 완성하지 못했다

단어 收到 shōudào 동 받다 | 发 fā 동 보내다, 전송하다 | ★项目 xiàngmù 몡 프로젝트 | ★方案 fāng'àn 몡 방안 | ★修改 xiūgǎi 동 고치다, 수정하다 | 没来得及 méi lái de jí ~할 겨를이 없다 | ★确认 quèrèn 동 확인하다 | 邮箱 yóuxiāng 몡 메일함 | 详细 xiángxì 톙 상세하다 | 满意 mǎnyì 톙 만족스럽다 | 完成 wánchéng 동 완성하다

第15到17题是根据下面一段话：	15~17번 문제는 다음 내용에 근거한다.

一位富人花重金买了两只小鸟，并养在了他的花园里。一天，有一只鸟儿已经学会飞了，而且飞得很高。但是另一只鸟儿，一直站在树枝上，寸步不离。¹⁵他用尽了所有的办法教它飞，可这只鸟儿就是趴在树枝上一动不动，富人非常着急。¹⁶一位熟悉鸟的农夫听到了这件事，于是来到富人家里帮忙。农夫来的第二天早上，这只鸟儿就自由地在空中飞了。富人好奇地问那农夫："你是怎么教它飞起来的？"农夫答道："很简单，¹⁷我只是把它呆着的那棵树砍掉了。"

어느 부자는 거금을 들여 새 두 마리를 샀고, 또 그의 정원에서 키우게 되었다. 어느 날, 새 한 마리는 이미 나는 것을 배웠고, 게다가 높이 날았다. 그러나 다른 새는 계속 나뭇가지 위에 서서 한 발자국도 떼지 않았다. ¹⁵그는 모든 방법을 써서 새에게 나는 법을 가르쳤지만, 이 새는 나뭇가지 위에 엎드려서 조금도 움직이지 않았고, 부자는 매우 조급했다. ¹⁶새를 잘 아는 한 농부가 이 이야기를 듣고 부자의 집에 도우러 왔다. 농부가 온 둘째 날 아침, 이 새는 자유롭게 하늘을 날았다. 부자는 신기해하며 그 농부에게 물었다. "당신은 어떻게 새를 가르쳤기에 새가 날게 되었나요?" 농부가 대답했다. "아주 간단해요. ¹⁷나는 그저 새가 머무는 그 나뭇가지를 베어 냈을 뿐이에요."

단어 富人 fùrén 몡 부자 | 重金 zhòngjīn 몡 거금 | 鸟 niǎo 몡 새 | 花园 huāyuán 몡 화원, 정원 | 站 zhàn 동 서다 | 树枝 shùzhī 몡 나뭇가지 | 寸步不离 cùn bù bù lí 젱 한 발자국도 떨어지지 않다 | 用尽 yòngjìn 동 (모두) 쓰다 | 所有 suǒyǒu 혱 모든 | 办法 bànfǎ 몡 방법 | 趴 pā 동 엎드리다 | 一动不动 yídòng búdòng 꼼짝하지 않다 | 着急 zháojí 동 조급하다 | 熟悉 shúxī 혱 잘 알다 | 农夫 nóngfū 몡 농부 | ★自由 zìyóu 혱 자유롭다 | 空中 kōngzhōng 몡 공중 | ★好奇 hàoqí 동 호기심을 갖다 | ★呆 dāi 동 머무르다 | 砍掉 kǎndiào 동 잘라 내다, 베어 내다

---

15   Track **78-16**

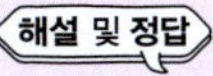

문제 분석▼ 녹음의 他用尽了所有的办法教它飞, 可这只鸟儿就是趴在树枝上一动不动, 富人非常着急(그는 모든 방법을 써서 새에게 나는 법을 가르쳤지만, 이 새는 나뭇가지 위에 엎드려서 조금도 움직이지 않았고, 부자는 매우 조급했다)에서 새가 날 줄 모르고 움직이지 않아 조급했음을 유추할 수 있다. 따라서 정답은 C이다.

富人为什么很着急？	부자는 왜 조급해하는가？
A 家里被偷了	A 집에 도둑이 들어서
B 一只鸟不见了	B 새 한 마리가 안 보여서
C 一只鸟不会飞	**C 새 한 마리가 날 줄 몰라서**
D 鸟破坏了花园	D 새가 정원을 망쳐서

단어 ★偷 tōu 동 훔치다 | ★破坏 pòhuài 동 훼손시키다

---

16   Track **78-17**

문제 분석▼ 녹음의 중간 부분의 一位熟悉鸟的农夫(새를 잘 아는 한 농부)에서 熟悉는 了解와 동일한 표현으로 '잘 알다'는 뜻이므로 정답은 B이다.

根据这段话，可以知道什么？	이 이야기에 근거해 알 수 있는 것은？

A 农夫骗了富人	A 농부는 부자를 속였다
B 农夫很了解鸟	**B 농부는 새를 잘 안다**
C 富人丢失了鸟	C 부자는 새를 잃어버렸다
D 富人答谢了农夫	D 부자는 농부에게 사례했다

 骗 piàn 圄 속이다 | 丢失 diūshī 圄 잃다 | 答谢 dáxiè 圄 사례하다, 답례하다

17   Track **78-18**

해설 및 정답   **문제 분석▼** 농부가 대답한 我只是把它呆着的那棵树砍掉了(나는 그저 새가 머무는 그 나뭇가지를 베어 냈을 뿐이에요)에서 把树砍了를 듣고 정답을 A로 찾을 수 있다.

农夫是怎么做的?	농부는 어떻게 했는가?
A 把树砍了	**A 나무를 베었다**
B 给鸟食物	B 새에게 먹이를 주다
C 给鸟吃了药	C 새에게 약을 먹였다
D 找来一只新伙伴	D 새로운 동료를 찾아주다

 ★伙伴 huǒbàn 圀 파트너, 동료

[18-20]

                                                  Track **78-19**

第18到20题是根据下面一段话：

　　很多人去超市买东西时，[20]总觉得排队结账的时间比选商品的时间还长。选一个看起来最快的队伍后，过了一会儿，却感觉旁边的队伍会比较快，于是换到了旁边，这时发现这支队伍变慢了，还不如原来的队伍。[18]大多数人觉得自己队伍慢，是因为他们发现一个比自己快的队伍，其实在超市的很多队伍中，一定存在比自己慢的队伍，而我们只看到了那个快的队伍。

　　生活中，[19]人们往往只看到别人身上的光鲜的一面，而忽视了自己。其实如果停下来好好看看自己，你会发现自己也有很多优点。

18~20번 문제는 다음 내용에 근거한다.

　　많은 사람들은 마트에 가서 물건을 구매할 때, [20]늘 계산하려고 줄을 서는 시간이 제품을 고르는 시간보다 길다고 느낀다. 보기에 가장 빠를 것 같은 줄을 택하고 나면, 잠시 후 오히려 옆에 있는 줄이 더 빠를 것 같아 옆줄로 갈아탄다. 이때 이 줄이 느려지고 원래 서있던 줄보다도 못하다는 것을 발견한다. [18]대부분의 사람들은 자신의 줄이 느린 것은 그들이 자신보다 빠른 줄을 발견하기 때문이라고 생각한다. 사실 마트에는 많은 줄이 있어서, 반드시 자신보다 느린 줄이 존재하지만, 우리는 그저 빠른 줄을 본 것일 뿐이다.

　　생활 속에서, [19]사람들은 종종 다른 사람의 빛나는 면만 보고, 자신을 소홀히 한다. 사실 멈춰서 자신을 잘 살펴보면, 당신은 자신에게도 많은 장점이 있다는 것을 발견하게 될 것이다.

 排队 páiduì 圄 줄을 서다 | ★结账 jiézhàng 圄 계산하다 | 选 xuǎn 圄 선택하다 | 队伍 duìwu 圀 줄, 대열 | 感觉 gǎnjué 圄 느끼다 | 旁边 pángbiān 圀 옆 | ★支 zhī 圀 부대나 대오 등을 세는 단위 | 变慢 biànmàn 圀 느려지다 | ★不如 bùrú 圄 ~만

못하다 | 往往 wǎngwǎng 🖳 종종 | ★忽视 hūshì 🖳 소홀히 하다 | 停下来 tíngxiàlái 멈추어 서다

18

Track **78-20**

해설 및 정답

문제 분석▼ 녹음의 他们发现一个比自己快的队伍(그들이 자신보다 빠른 줄을 발견하다)와 보기의 看到更快的队伍(더 빠른 줄이 보여서)는 같은 의미이므로 정답은 D이다.

为什么大多数人觉得自己的队伍慢?	왜 대부분의 사람은 자신이 선 줄이 느리다고 생각하는가?
A 自己队伍长	A 자신의 줄이 길어서
B 超市人太多	B 마트에 사람이 너무 많아서
C 收银员的速度慢	C 계산원의 속도가 느려서
D 看到更快的队伍	**D 더 빠른 줄이 보여서**

단어 收银员 shōuyínyuán 🖳 계산원 | 速度 sùdù 🖳 속도

19

Track **78-21**

해설 및 정답

문제 분석▼ 人们往往只看到别人身上的光鲜的一面, 而忽视了自己(사람들은 종종 다른 사람의 빛나는 면만 보고, 자신을 소홀히 한다)에서 忽视了自己(자신을 소홀히 한다)를 듣고, 忽视와 忽略는 동의어이므로 정답을 往往忽略自己(종종 자신에게 소홀히 한다)로 쉽게 고를 수 있다.

生活中人们往往会怎么样?	생활 속에서 사람들은 종종 어떠한가?
A 往往忽略自己	**A 종종 자신에게 소홀히 한다**
B 把别人当对手	B 다른 사람을 경쟁자로 본다
C 认为自己最优秀	C 자신이 가장 우수하다고 생각한다
D 在竞争中不断成长	D 경쟁 속에서 꾸준히 성장한다

단어 忽略 hūlüè 🖳 소홀히 하다 | ★对手 duìshǒu 🖳 상대 | 优秀 yōuxiù 🖳 우수하다 | 竞争 jìngzhēng 🖳 경쟁하다 | ★不断 búduàn 🖳 끊임없이 | ★成长 chéngzhǎng 🖳 성장하다

20

Track **78-22**

해설 및 정답

문제 분석▼ 녹음 첫 부분의 总觉得排队结账的时间比选商品的时间还长(늘 계산하려고 줄을 서는 시간이 제품을 고르는 시간보다 길다고 느낀다)을 듣고 정답이 C라는 것을 알 수 있다.

根据这段话，可以知道什么?	이 글에 따르면 알 수 있는 것은?
A 更喜欢网上购物	A 온라인 쇼핑을 더 좋아한다
B 很少去超市买东西	B 마트에 물건을 사러 자주 가지 않는다
C 很多人认为排队时间长	**C 많은 사람들이 줄 서는 시간이 길다고 생각한다**
D 超市应增加收银台数量	D 마트는 마땅히 계산대 수를 늘려야 한다

[21-22]

第21到22题是根据下面一段话：	21~22번 문제는 다음 내용에 근거한다.
生活中我们常会遇到这样的现象，²¹长时间对着一个字看，就会感觉很陌生。心理学上把这种现象称为"语义饱和"现象。²²人的大脑在接受持续的相同刺激之后，就会产生一种疲劳感。简单地说，就是大脑的同一个地方一直卖命地工作，在高强度的运转之后，进行了一次短时间的休息，形成了联想阻断，从而产生暂时不认识这个字的假象。	살면서 우리는 자주 ²¹한 글자를 오랫동안 보고 있으면 매우 낯설게 느껴지는 현상을 맞닥뜨린다. 심리학에서 이런 현상을 '의미 포화' 현상이라고 부른다. ²²사람의 대뇌는 연속적으로 똑같은 자극을 받은 후 피로감이 생길 수 있다. 간단히 말해서, 대뇌의 같은 곳은 줄곧 죽을 힘을 다해 일하는데, 고강도로 머리를 쓴 후 한 차례 짧은 휴식을 취하면 연상이 막히고, 그리하여 잠시 이 글자를 인식하지 못하는 허상이 생긴다.

21

해설 및 정답 **문제 분석▼** 녹음의 长时间对着一个字看，就会感觉很陌生(한 글자를 오랫동안 보고 있으면 매우 낯설게 느껴진다)을 통해서 '의미 포화' 현상의 예를 알 수 있다. 陌生(낯설다)이란 단어가 보기에 동일하게 출제되었으므로 정답은 D이다.

下列哪种现象属于"语义饱和"现象？	다음 중 어떤 현상이 '의미 포화' 현상에 속하는가?
A 记不起老朋友样子	A 옛 친구의 모습이 기억나지 않는다
B 话到嘴边想不起来	B 말이 입가에서 떠오르지 않는다
C 突然不会写简单的字	C 갑자기 간단한 글자를 쓰지 못한다
D 看一个字久了后很陌生	**D 한 글자를 오래 보게 되면 매우 낯설다**

22

 문제 분석▼ 녹음의 人的大脑在接受持续的相同刺激之后，就会产生一种疲劳感(사람의 대뇌는 연속적으로 똑같은 자극을 받은 후 피로감이 생길 수 있다)에서 疲劳感과 疲劳는 동의어이므로 정답은 A이다.

"语义饱和"现象产生的原因是什么?	'의미 포화' 현상이 생기는 원인은 무엇인가?
A 大脑疲劳	**A 대뇌가 피로해서**
B 记忆力下降	B 기억력이 떨어져서
C 语言表达能力差	C 언어 표현 능력이 떨어져서
D 长时间没有复习	D 오랫동안 복습하지 않아서

단어 记忆力 jìyìlì 圐 기억력 | 下降 xiàjiàng 통 떨어지다 | 差 chà 톙 나쁘다, 떨어지다

[23~24]

第23到24题是根据下面一段话:	23~24번 문제는 다음 내용에 근거한다.
老师和学生们坐在草地上，老师出了一道题：我们周围有很多草，用什么办法可以把这些草除掉呢?"²³用火烧是最好的办法，又快又干净。"一个学生回答后，大家纷纷点头。老师说："那草不会再长出来吗?"学生低头不说话。老师继续说："最好的方法是在这片草地上种下新的东西，我们的内心也一样，要想不被打扰，²⁴就要在心中种下美德来净化我们的心灵。"	선생님과 학생들이 잔디에 앉아 있을 때, 선생님이 문제 하나를 냈다. "우리 주위에 풀이 많이 있는데, 어떤 방법을 써서 이 풀을 제거할 수 있을까?"²³"불로 태워버리는 것이 가장 좋은 방법이에요, 빠르고 또 깨끗해요." 한 학생이 대답한 후, 모두가 잇달아 고개를 끄덕였다. 선생님은 "그 풀은 다시 자라지 못할까?"라고 말했다. 학생은 고개를 숙인 채 아무 말도 하지 않았다. 선생님은 계속 말했다. "가장 좋은 방법은 이 잔디밭에 새로운 것을 심는 것이란다. 우리의 마음도 마찬가지야. 방해 받고 싶지 않다면, ²⁴마음에 미덕을 심어서 우리의 마음을 정화해야 한단다."

단어 草地 cǎodì 圐 풀밭 | 周围 zhōuwéi 圐 주위 | 草 cǎo 圐 풀 | 办法 bànfǎ 圐 방법 | 除掉 chúdiào 통 제거하다 | 火 huǒ 圐 불 | 烧 shāo 통 불태우다 | 干净 gānjìng 톙 깨끗하다 | 回答 huídá 통 대답하다 | ★纷纷 fēnfēn 튄 잇달아 | 点头 diǎntóu 통 고개를 끄덕이다 | 长 zhǎng 통 자라다 | 低头 dītóu 통 고개를 숙이다 | 继续 jìxù 통 계속하다 | 种 zhòng 통 심다 | 内心 nèixīn 圐 마음속 | 打扰 dǎrǎo 통 방해하다 | 美德 měidé 圐 미덕 | 净化心灵 jìnghuà xīnlíng 마음을 정화하다

23

 문제 분석▼ 녹음의 用火烧是最好的办法，又快又干净(불로 태워버리는 것이 가장 좋은 방법이에요, 빠르고 또 깨끗해요)에서 快와 干净을 들을 수 있으므로 정답은 A이다.

学生为什么说火是最好的办法?	학생은 왜 불이 가장 좋은 방법이라고 했는가?

A 快而干净	**A 빠르고 깨끗하다**
B 环保无污染	B 환경을 보호하고 오염이 없다
C 省时又省力	C 시간과 힘을 절약할 수 있다
D 无法重新生长	D 다시 자라지 못한다

단어 环保 huánbǎo 동 환경을 보호하다 | 污染 wūrǎn 명 오염 | 省时 shěngshí 동 시간을 아끼다 | 省力 shěnglì 동 힘을 아끼다 | 无法 wúfǎ 동 ~할 방법이 없다 | 重新 chóngxīn 부 다시 | ★生长 shēngzhǎng 동 자라다

24   Track **78-28**

해설 및 정답   **문제 분석▼**   녹음 마지막의 就要在心中种下美德来净化我们的心灵(마음에 미덕을 심어서 우리의 마음을 정화해야 한단다)을 통해 주제는 '아름다운 도덕은 매우 중요하다'는 것임을 알 수 있다. 따라서 정답은 C이다.

这段话想告诉我们什么?	이 이야기가 우리에게 말하고자 하는 것은?
A 如何种田	A 어떻게 농사를 짓는가
B 尽量不要用火	B 최대한 불을 쓰면 안 된다
C 美好道德很重要	**C 아름다운 도덕은 매우 중요하다**
D 做事要仔细思考	D 일을 할 때는 꼼꼼히 생각해야 한다

단어 ★如何 rúhé 대 어떻게 | 种田 zhòngtián 동 밭을 갈고 파종하다 | ★尽量 jǐnliàng 부 가능한 한 | 美好 měihǎo 형 아름답다 | ★道德 dàodé 명 도덕 | 重要 zhòngyào 동 중요하다 | 仔细 zǐxì 형 자세하다, 꼼꼼하다 | ★思考 sīkǎo 동 생각하다, 사고하다

1 　호응 구조[1] 　관형어+的+명사/양사+명사

독해 실력 트레이닝❶ | 호응 구조(1) 　기본서 **92쪽**

1 　**정답** 　E (支 zhī 앵 팀, 부대[부대를 세는 단위])

해설 　명사인 棒球队와 어울리는 양사를 고르면 E가 정답이다.

해석 　그는 대학 시절 친구들과 '중화 야구팀'이라는 야구팀을 만든 적이 있다.

단어 　★期间 qījiān 몡 기간 | ★组成 zǔchéng 통 구성하다 | 棒球队 bàngqiúduì 몡 야구팀

2 　**정답** 　A (滴 dī 앵 방울[둥글게 맺힌 액체 덩이를 세는 단위])

해설 　명사인 水와 어울리는 양사는 A이다.

해석 　물 한 방울의 힘을 얕보지 마세요! '낙숫물이 댓돌을 뚫는다'는 이야기를 들어본 적이 있나요?

단어 　★力量 lìliang 몡 역량, 힘

3 　**정답** 　D (群 qún 앵 무리, 떼[무리를 세는 단위])

해설 　명사인 羊과 어울리는 양사를 고르면 D가 정답이다.

해석 　전에 한 사람이 양떼 한 무리를 길렀다. 하루는 그가 양떼를 몰러 나갈 준비를 하다가 갑자기 양우리에 구멍이 뚫려 있는 것을 발견했다.

단어 　★从前 cóngqián 몡 이전 | 放羊 fàngyáng 통 양을 방목하다 | ★忽然 hūrán 뛰 갑자기 | 羊圈 yángjuàn 몡 양우리 | 破 pò 통 파손되다 | ★洞 dòng 몡 구멍

4 　**정답** 　B (顿 dùn 앵 끼니[식사의 횟수를 세는 단위])

해설 　명사인 饭과 어울리는 양사를 고르면 B이다.

해석 　거의 모든 엄마는 아이를 위해 밥을 짓는다. 그러나 한 끼 밥 짓는 일은 결코 매우 수월한 일이 아니다.

5 　**정답** 　C (道 dào 앵 줄기, 가닥[가늘고 긴 모양을 세는 단위])

해설 　명사인 彩虹과 어울리는 양사는 C이다.

해석 　비가 그치고 날이 개면서 하늘에 일곱 빛깔의 무지개가 떠올라 마치 칠색교가 하늘에 걸려 있는 것 같았다.

단어 　天晴 tiān qíng 날씨가 개다 | ★天空 tiānkōng 몡 하늘 | ★出现 chūxiàn 통 나타나다 | ★彩虹 cǎihóng 몡 무지개 | ★仿佛 fǎngfú 뛰 마치 ~인 듯하다

6 　**정답** 　D (优美 yōuměi 혱 우아하고 아름답다)

해설 　优美的音乐는 '아름다운 음악'이라는 뜻으로, 音乐를 수식할 수 있는 형용사는 D이다.

해석 　로봇 몸 양쪽에는 스피커가 두 개 있어서, 우아하고 아름다운 음악을 틀 수 있다.

단어 　机器人 jīqìrén 몡 로봇 | 两侧 liǎng cè 몡 양쪽 | 音箱 yīnxiāng 몡 스피커 | 放出 fàngchū 통 내보내다

7 　**정답** 　E (气氛 qìfēn 몡 분위기)

해설 　活跃는 '활기 차다'의 뜻으로 气氛을 수식하면, '활기찬 분위기(活跃的气氛)'라는 뜻이 된다.

해석 　활기찬 분위기 속에서, 오랫동안 못 만난 옛 친구들은 즐겁게 수다도 떨고, 사진을 찍으며 기념으로 남겼다.

단어 　★活跃 huóyuè 혱 활기 차다 | 许久 xǔjiǔ 혱 (시간이) 매우 오래다 | ★合影 héyǐng 통 함께 사진을 찍다 | ★留念 liúniàn 통 기념으로 남기다

8 정답 B (文明 wénmíng 혱 문명화된)

해설 不文明的行为는 '비문화적인 행위'라는 뜻으로 B의 文明이 行为를 수식한다.

해석 비록 쓰레기 분리 제도는 이미 실행한 지 오래 되었지만, 가끔 여전히 쓰레기를 함부로 버리는 등의 비문화적인 행위가 있다.

단어 垃圾 lājī 몡 쓰레기 | 分类 fēnlèi 동 분리하다 | ★制度 zhìdù 몡 제도 | 实行 shíxíng 동 실행하다 | 偶尔 ǒu'ěr 분 가끔 | 乱扔 luàn rēng 함부로 버리다 | 行为 xíngwéi 몡 행위

9 정답 A (艰苦 jiānkǔ 혱 고생스럽다)

해설 艰苦的生活는 '고달픈 생활'이라는 뜻으로 A의 艰苦가 生活를 수식한다.

해석 사실, 고달픈 생활도 일종의 재산인데, 그것이 우리에게 어떻게 성장하는지 가르쳐 주고 우리를 부단히 강하게 만든다.

단어 财富 cáifù 몡 재산 | ★如何 rúhé 데 어떻게 | 成长 chéngzhǎng 동 성장하다 | ★不断 búduàn 분 부단히 | 强大 qiángdà 혱 강대하다

10 정답 C (发明 fāmíng 몡 발명)

해설 最伟大的发明은 '위대한 발명'이라는 뜻으로 伟大가 C의 发明을 수식한다.

해석 텔레비전은 20세기 인류 생활에 영향을 미치는 가장 큰 발명 중 하나이다.

단어 世纪 shìjì 몡 세기 | ★人类 rénlèi 몡 인류 | ★伟大 wěidà 혱 위대하다

| 실전 트레이닝 1 | 기본서 93쪽

정답

| 1. C | 2. B | 3. A | 4. A | 5. C | 6. A | 7. B |

[1-3]

很多人认为铅笔只有一种用途，那就是写字。但校长告诉我们铅笔不仅能用来写字，必要时还能用来做尺子画线；还能作为礼品送人表示友爱；能当商品出售获得 1 利润 ；演出时也可临时用于化妆；削下的木屑可以做成装饰画；可以当做玩具的轮子；在遇到坏人时，铅笔还能作为自卫的武器……总之，一 2 支 铅笔有无数种用途。校长让我们这些穷人的孩子明白，有着眼睛、鼻子、耳朵、大脑和手脚的人更是有无数种用途，并且 3 任何 一种用途都足以使我们生存下去。

많은 사람들은 연필에는 글씨를 쓰는 한 가지 용도만 있다고 생각한다. 그러나 교장 선생님께서는 우리에게 연필이 글씨 쓰는 데에 사용될 수 있을 뿐 아니라 필요할 때에는 자로 써서 선을 그을 수 있고, 또한 선물로 줘서 우애를 나타낼 수도 있으며, 상품으로 판매해 1 이윤을 얻을 수도 있고, 공연할 때 임시로 화장하는 데에 쓰일 수도 있으며, 깎인 나무 부스러기는 장식 그림으로 만들 수 있고, 장난감의 바퀴로 쓸 수 있으며, 나쁜 사람을 만났을 때, 연필은 또 스스로를 지키는 무기가 될 수 있다고 알려주었다. 결론적으로 연필 한 2 자루에는 무수히 많은 용도가 있다. 교장 선생님께서는 우리와 같이 가난한 친구들에게 눈, 코, 귀, 대뇌와 손발이 있는 사람은 더욱 무수히 많은 용도가 있고, 게다가 3 어떠한 한 가지 용도만 있어도 살아가기에 충분하다는 것을 깨닫게 하셨다.

단어 铅笔 qiānbǐ 몡 연필 | ★用途 yòngtú 몡 용도 | ★必要 bìyào 혱 필요로 하다 | 尺子 chǐzi 몡 자 | 画线 huà xiàn 선을 긋다 | ★作为 zuòwéi 전 ~로써 | 礼品 lǐpǐn 몡 선물 | 表示 biǎoshì 동 나타내다 | 出售 chūshòu 동 판매하다 | 获得 huòdé 동 얻다.

획득하다 | 演出 yǎnchū 图 공연하다 | ★临时 línshí 혱 임시로 | 化妆 huàzhuāng 图 화장하다 | 削 xiāo 图 깎다 | 木屑 mùxiè 몡 나무 부스러기 | ★装饰 zhuāngshì 몡 장식 | ★玩具 wánjù 몡 장난감 | 轮子 lúnzi 몡 바퀴 | 坏人 huàirén 몡 나쁜 사람 | 自卫 zìwèi 图 스스로 지키다 | 武器 wǔqì 몡 무기 | ★总之 zǒngzhī 졥 총괄(결론)적으로 말하면 | ★无数 wúshù 혱 무수하다, 매우 많다 | 穷人 qióngrén 몡 가난한 사람 | 眼睛 yǎnjing 몡 눈 | 鼻子 bízi 몡 코 | 耳朵 ěrduo 몡 귀 | 手脚 shǒujiǎo 몡 손발 | 足以 zúyǐ 閉 ~하기에 족하다 | 生存 shēngcún 图 생존하다

1

해설 및 정답 **문제 분석▼** 내용의 흐름상 상품으로 판매해서 얻는 것은 '이윤'이므로 获得의 목적어는 C이다.

A 成果	B 帮助	A 성과	B 도움
C 利润	D 利息	**C 이윤**	D 이자

단어 ★成果 chéngguǒ 몡 성과 | 帮助 bāngzhù 몡 도움 | ★利润 lìrùn 몡 이윤 | ★利息 lìxī 몡 이자

2

해설 및 정답 **문제 분석▼** 명사인 铅笔(연필)와 어울리는 양사를 고르면 B가 정답이다.

A 节	**B 支**	A 마디, 교시	**B 자루, 개피**
C 座	D 把	C 동, 채	D 자루

호응 구조
A ★节 jié 양 마디, 교시[여러 개로 나누어진 것을 세는 단위] ▷ 一节课 한 교시 수업
B ★支 zhī 양 자루, 개피[막대 모양의 물건을 세는 단위] ▷ 一支铅笔 연필 한 자루
C 座 zuò 양 동, 채[고정된 물체를 세는 단위] ▷ 一座城市 하나의 도시
D 把 bǎ 양 자루[손잡이·자루가 있는 기구를 세는 단위] ▷ 一把钥匙 열쇠 한 개

3

해설 및 정답 **문제 분석▼** 내용 흐름상 빈칸에는 '어떤 한 가지 용도만 있어도 우리가 살아가기에 충분하다'는 의미가 되어야 하므로 '어떠한'이라는 뜻인 任何를 써야 한다.

A 任何	B 所有	**A 어떠한**	B 모든
C 全部	D 平均	C 전부	D 평균의

단어 任何 rènhé 데 어떠한 | 所有 suǒyǒu 혱 모든 | 全部 quánbù 혱 전부 | ★平均 píngjūn 혱 평균의

随着生活节奏的加快，闹钟可以说是我们生活中不可缺少的一部分，可是你是否经常因为听不见闹钟声 <u>4 而上班迟到</u>？或者被突如其来的闹钟声吵醒后，一天都不清醒呢？近日，一位设计师给喜欢躺在床上的朋友们设计了一款 <u>5 温柔</u> 的闹钟。当你设置好起床时间后，到了闹铃响起的时间，它不会通过各种你不喜欢的"噪音"叫醒你，而是触摸、按摩脚底，将你从睡梦中唤醒。除了闹钟 <u>6 功能</u>，平时带上它做个脚底按摩也很不错。为了让它的使用更加方便，设计师还设计了一 <u>7 套</u> 与智能手机连接的操作系统，让您轻松进行设置。

생활 리듬이 빨라지면서 알람 시계는 우리 생활에서 없어서는 안 될 일부분이라고 말할 수 있다. 하지만 당신은 자주 알람 소리를 못 듣고 <u>4 회사에 지각하지</u> 않는가? 혹은 갑자기 울리는 알람 소리에 깨어난 후 온종일 흐리멍덩하지 않는가? 최근 한 디자이너가 침대에서 누워있길 좋아하는 친구들을 위해 <u>5 부드러운</u> 알람 시계를 디자인했다. 기상 시간을 설정한 후에 알람이 울릴 시간이 되면 알람 시계는 당신이 좋아하지 않는 각종 '소음'을 통해 당신을 깨우지 않고, 발바닥을 만지거나 마사지하면서 당신을 잠결에서 깨울 것이다. 알람 시계의 <u>6 기능</u> 뿐만 아니라, 평소에 가지고 다니면서 발바닥을 마사지해도 괜찮다. 그것을 더욱 편리하게 사용하기 위해서 디자이너는 스마트폰과 연결되는 한 <u>7 세트</u>의 조작 시스템을 설계해 수월하게 설정하도록 했다.

단어 节奏 jiézòu 몡 리듬 | 加快 jiākuài 통 빠르게 하다 | 闹钟 nàozhōng 몡 알람 시계 | 不可缺少 bùkě quēshǎo 꼭 필요하다 | 是否 shìfǒu 분 ~인지 아닌지 | 或者 huòzhě 접 혹은 | 突如其来 tū rú qí lái 젱 갑자기 발생하다 | 吵醒 chǎoxǐng 통 시끄러워 잠을 깨우다 | 清醒 qīngxǐng 혱 (정신이) 또렷하다 | 近日 jìnrì 몡 최근 | ★设计师 shèjìshī 디자이너 | 款 kuǎn 양 양식이나 스타일을 세는 단위 | 设置 shèzhì 통 설치하다 | 响 xiǎng 통 울리다 | 噪音 zàoyīn 몡 소음 | 触摸 chùmō 통 건드리다, 만지다 | 按摩 ànmó 통 안마하다 | 脚底 jiǎodǐ 몡 발바닥 | 睡梦 shuìmèng 몡 수면 | 唤醒 huànxǐng 통 깨우다 | 平时 píngshí 몡 평소 | 智能手机 zhìnéng shǒujī 몡 스마트폰 | 操作 cāozuò 통 조작하다, 다루다 | ★系统 xìtǒng 몡 체계, 시스템

4

해설 및 정답 **문제 분석▼** 앞 절에 접속사 因为가 있으므로 빈칸 앞에 因为가 이끄는 원인을 나타내는 문장이 오고, 빈칸에 결과를 나타내는 문장이 와야 한다. 글의 흐름상 알람 소리를 듣지 못한 결과로 '회사에 지각한다'는 내용이 들어가야 하므로 정답은 A이다.

A 而上班迟到	A 회사에 지각한다
B 忘记吃早饭	B 아침밥 먹는 것을 잊어버린다
C 结果被上司批评	C 결국 상사한테 혼난다
D 却错过了最佳时间	D 오히려 최적의 시간을 놓쳤다

해설 및 정답　**문제 분석▼**　빈칸 뒤에 的가 있으므로 闹钟(알람 시계)을 수식하는 형용사가 필요하다. 이 시계는 소음 대신 발바닥을 만지거나 마사지한다고 했으므로 이 글에서 설명하는 시계은 부드럽고 상냥하다. 따라서 정답은 C이다.

A 湿润	B 热心	A 습윤하다	B 열심이다
C 温柔	D 狡猾	**C 부드럽고 상냥하다**	D 교활하다

단어　★湿润 shīrùn 휑 습윤하다 | ★热心 rèxīn 동 열심이다 | ★温柔 wēnróu 휑 부드럽고 상냥하다 | ★狡猾 jiǎohuá 휑 교활하다

6

해설 및 정답　**문제 분석▼**　闹钟功能은 '알람 시계 기능'이라는 뜻으로 자주 같이 쓰이므로 빈칸에 들어갈 말은 A이다.

A 功能	B 能力	**A 기능**	B 능력
C 形式	D 项目	C 형식	D 항목

단어　功能 gōngnéng 몡 기능 | 能力 nénglì 몡 능력 | 形式 xíngshì 몡 형식 | 项目 xiàngmù 몡 항목

7

해설 및 정답　**문제 분석▼**　套는 여러 개가 세트를 이루는 것을 세는 단위이므로 系统을 세는 양사로는 B가 가장 적합하다.

A 棵	**B 套**	A 그루	**B 세트**
C 盆	D 片	C 개	D 편

호응 구조　A　棵 kē 양 그루[나무를 세는 단위] ▶ 一棵树 나무 한 그루
B　★套 tào 양 세트[세트를 이루고 있는 것을 세는 단위] ▶ 一套系统 하나의 시스템
C　★盆 pén 양 개[대야·화분 등을 세는 단위] ▶ 一盆花 꽃 화분 한 개
D　★片 piàn 양 편[평평하고 얇은 평면을 세는 단위] ▶ 一片草地 일대의 초원

정답

1. A　　2. D　　3. C　　4. B　　5. B　　6. A　　7. B

[1–4]

<table>
<tr><td>

　　"拆屋效应"是在谈判中常用且有效的方法，有时候我们需要在谈判一开始就扔出一个看似不 **1 合理** 的条件，从而令对方难以接受，但这并不意味着我们不想继续谈判下去，**2 而只是一种谈判的方法** 。这是个非常有效的策略，它能让你在谈判一开始就占有着比较主动的 **3 地位** ，但记住这只是"拆屋"，如果想让谈判真正有所进展，不要忘记"开天窗"。所以，如果你的一个要求令别人很难接受时，在此之前，你不妨试试提出一个对方更不可能接受的要求，或许你会有 **4 意外** 的收获。

</td><td>

　　'파괴 효과'는 협상할 때 자주 쓰이며 효과가 있는 방법이다. 가끔 우리는 협상을 시작할 때 바로 **1 합리적이지** 않아 보이는 조건을 내놓음으로써 상대가 받아들이기 어렵게 만들 필요가 있다. 하지만 이것은 우리가 협상을 계속하고 싶지 않다는 것을 뜻하는 것이 아니라 **2 단지 일종의 협상 방법일 뿐이다**. 이것은 매우 효과적인 전략인데, 당신이 협상을 시작할 때 비교적 주도적인 **3 위치**를 차지하게 만든다. 그러나 이것은 단지 '파괴 효과'라는 것을 기억해야 한다. 만약 정말로 협상이 어느 정도 진전이 있길 바라면, '탁 터놓고 이야기하는' 것을 잊어서는 안 된다. 그러니 만약 당신의 한 가지 요구 사항을 다른 사람이 받아들이기 어려워한다면, 이전에 상대가 더욱 받아들이기 힘든 조건을 제의해보는 것도 괜찮다. 어쩌면 당신에게 **4 뜻밖의** 수확이 생길 수도 있다.

</td></tr>
</table>

단어 拆屋效应 chāiwū xiàoyìng 파괴 효과 | ★谈判 tánpàn 통 협상하다 | 有效 yǒuxiào 형 효과적이다 | 扔 rēng 통 내던지다 | 看似 kànsì 통 보기에 마치 | ★从而 cóng'ér 접 그렇게 함으로써 | 令 lìng 통 ~하게 하다 | ★对方 duìfāng 명 상대 | 难以 nányǐ 부 ~하기 어렵다 | ★接受 jiēshòu 통 받아들이다 | 意味 yìwèi 통 뜻하다 | 策略 cèlüè 명 전략 | 占有 zhànyǒu 통 차지하다 | 主动 zhǔdòng 형 주도적인 | 有所 yǒusuǒ 다소 ~하다, 어느 정도 ~하다 | 进展 jìnzhǎn 통 진전하다 | 不妨 bùfáng 부 (~하는 것도) 괜찮다 | 提出 tíchū 통 제의하다 | 或许 huòxǔ 부 어쩌면 | ★收获 shōuhuò 명 수확

1

 **문제 분석▼** 빈칸 뒤에 的가 있으므로 条件(조건)을 수식하는 형용사가 필요하고, 내용의 흐름상 '합리적이지 않아 보이는 조건을 내놓음으로써 상대가 받아들이기 어렵게 만들어야 한다'가 되어야 하므로 빈칸에 들어갈 단어는 A이다.

A 合理	B 密切	**A** 합리적이다	B 밀접하다
C 陌生	D 寒冷	C 생소하다	D 몹시 춥다

호응 구조

A　★合理 hélǐ 형 합리적이다 ▶ 合理的条件 합리적인 조건

B　★密切 mìqiè 형 밀접하다 ▶ 密切的关系 밀접한 관계

C　★陌生 mòshēng 형 생소하다 ▶ 陌生的环境 생소한 환경

D　寒冷 hánlěng 형 몹시 춥다 ▶ 寒冷的冬天 추운 겨울

2

해설 및 정답 문제 분석▼ 앞의 내용과 연결될 문장으로 주어진 보기 중 谈判(협상)에 대한 내용은 而只是一种谈判的方法
(단지 일종의 협상 방식일 뿐이다)이므로 정답은 D이다.

A 大脑灵活十分重要	A 민첩한 대뇌는 매우 중요하다
B 我们总是被现实打败	B 우리는 늘 현실에 패한다
C 就是会起到积极作用	C 바로 적극적인 역할을 한다
D 而只是一种谈判的方法	**D 단지 일종의 협상 방식일 뿐이다**

단어 大脑 dànǎo 몡 대뇌 | ★灵活 línghuó 혱 민첩하다 | 现实 xiànshí 몡 현실 | 打败 dǎbài 동 패하다 | 起到 qǐdào 동 일으키다 |
积极 jījí 혱 적극적이다 | 作用 zuòyòng 몡 역할

3

해설 및 정답 문제 분석▼ 빈칸은 동사 占有(차지하다)와 호응하는 목적어 자리이고, 占有와 호응할 수 있는 명사는 C이다.

A 课程	B 权利	A 교과목	B 권리
C 地位	D 行动	**C 위치, 지위**	D 행동

호응 구조
A ★课程 kèchéng 몡 교과목 ▶ 学习课程 교과목을 배우다
B ★权利 quánlì 몡 권리 ▶ 放弃权利 권리를 포기하다
C ★地位 dìwèi 몡 위치, 지위 ▶ 占有地位 위치를 차지하다
D ★行动 xíngdòng 몡 행동 ▶ 阻止行动 행동을 저지하다

4

해설 및 정답 문제 분석▼ 빈칸 앞에 있는 或许(어쩌면)는 불확실성을 나타내므로, 수확을 얻는 것이 불확실한 상황에서 얻어
지는 뜻밖의 수확이라는 것을 유추할 수 있다. 따라서 내용상 빈칸에 들어갈 단어는 B이다.

A 温暖	**B 意外**	A 따뜻하다	**B 뜻밖의**
C 平静	D 勤奋	C 평온하다	D 부지런하다

호응 구조
A ★温暖 wēnnuǎn 혱 따뜻하다 ▶ 温暖的话语 따뜻한 말
B ★意外 yìwài 혱 뜻밖의 ▶ 意外的收获 뜻밖의 수확
C ★平静 píngjìng 혱 평온하다 ▶ 平静的心情 평온한 기분
D ★勤奋 qínfèn 혱 부지런하다 ▶ 勤奋的员工 부지런한 직원

汉族社会在发展过程中出现过分化和统一，因而使汉语逐渐产生了方言。促使方言形成的 __5因素__ 很多，有社会、历史、地理等方面的原因，如长期的小农经济、社会的分裂、人口的迁移、山川的阻隔等；也有语言本身的原因，如语言不 __6平衡__ 的发展，不同语言之间的相互抵触、相互影响等。现代汉语有各种不同的方言，他们分布的区域很广。各方言之间的差异表现在语音、词汇、语法各个方面，其中语音方面尤其突出。

汉语可以分为官话方言和六大南方方言两大类，官话方言和通用语之间在语音、词汇、语法上十分接近；而其他南方方言在一定程度上都 __7保留__ 了古代汉语的特征。

한족 사회는 발전 과정에서 분열과 통일이 있었다. 그로 인해 중국어에는 점차 방언이 나타났다. 방언이 만들어지도록 한 __5 요소__ 는 매우 많으며, 사회, 역사, 지리 등 방면의 원인이 있는데, 예를 들면 장기간의 소농 경제, 사회 분열, 인구 이주, 산천 조격(막혀서 통하지 못함) 등이 있다. 또한 언어 자체의 원인도 있는데, 예를 들면 언어의 __6 균형적이지__ 않은 발전, 각기 다른 언어 사이에서 생기는 서로 간의 충돌과 영향 등이 있다. 현대 중국어에는 각종 다른 방언이 있는데, 그것이 분포된 지역이 매우 광범위하다. 방언 간의 차이는 억양, 어휘, 어법의 각 방면에서 나타나며, 그 중 억양이 가장 두드러진다.

중국어는 관화 방언과 육대 남방 방언의 두 가지로 분류될 수 있다. 관화 방언과 통용어 사이의 억양, 어휘, 어법은 매우 비슷하다; 그러나 기타 남방 방언은 어느 정도 고대 중국어의 특징이 __7 남아있다.__

단어 汉族 Hànzú 圄 한족 | 社会 shèhuì 圄 사회 | 过程 guòchéng 圄 과정 | 分化 fēnhuà 圄 분화, 분열 | ★统一 tǒngyī 圄 통일 | 因而 yīn'ér 젭 그러므로 | ★逐渐 zhújiàn 囝 점차 | ★产生 chǎnshēng 图 생기다 | 方言 fāngyán 圄 방언 | ★促使 cùshǐ 图 ~하도록 하다 | ★形成 xíngchéng 图 형성되다 | ★地理 dìlǐ 圄 지리 | 方面 fāngmiàn 圄 방면 | 长期 chángqī 圄 장기간 | 小农经济 xiǎonóng jīngjì 圄 소농 경제 | 分裂 fēnliè 图 분열하다 | ★人口 rénkǒu 圄 인구 | 迁移 qiānyí 图 이동하다 | 山川 shānchuān 圄 산천 | 阻隔 zǔgé 图 가로막혀 격리되다 | 语言 yǔyán 圄 언어 | 本身 běnshēn 圄 자신, 그 자체 | 抵触 dǐchù 图 충돌되다 | ★分布 fēnbù 图 분포하다 | 区域 qūyù 圄 지역 | 差异 chāyì 圄 차이 | ★表现 biǎoxiàn 图 나타내다 | 语音 yǔyīn 圄 억양 | 词汇 cíhuì 圄 어휘 | 语法 yǔfǎ 圄 어법 | 官话 guānhuà 圄 관화[표준어의 옛 명칭] | 通用语 tōngyòngyǔ 圄 통용어 | ★接近 jiējìn 阌 비슷하다 | ★特征 tèzhēng 圄 특징

5

해설 및 정답 **문제 분석▼** 구조조사 的 뒤에 빈칸이 있으므로 빈칸은 促使方言形成的(방언이 만들어지도록 한)의 수식을 받는 명사 자리이다. 내용의 흐름상 B가 정답이다.

A 概念	**B 因素**	A 개념	**B 요소**
C 风格	D 价值	C 스타일	D 가치

호응 구조
A ★概念 gàiniàn 圄 개념 ▶ **抽象的概念** 추상적인 개념
B ★因素 yīnsù 圄 원인, 요소 ▶ **形成的因素** 형성의 요소
C ★风格 fēnggé 圄 스타일 ▶ **独特的风格** 독특한 스타일
D ★价值 jiàzhí 圄 가치 ▶ **真正的价值** 진정한 가치

6

해설 및 정답　**문제 분석▼**　빈칸에는 发展(발전)을 수식하는 형용사가 필요하다. 보기 중 发展과 호응할 수 있는 형용사는 A이다.

A 平衡	B 丰富	**A 균형이 맞다**	B 풍부하다
C 沉重	D 严肃	C 몹시 무겁다	D 엄숙하다

호응 구조

A ★平衡 pínghéng 혱 균형이 맞다 ▶ 平衡的发展 균형적인 발전

B 丰富 fēngfù 혱 풍부하다 ▶ 丰富的营养 풍부한 영양

C 沉重 chénzhòng 혱 몹시 무겁다 ▶ 沉重的压力 무거운 스트레스

D ★严肃 yánsù 혱 엄숙하다 ▶ 严肃的表情 엄숙한 표정

7

해설 및 정답　**문제 분석▼**　빈칸은 了 앞의 동사 자리이고 뒤의 목적어 特征(특징)과 호응을 이루어야 한다. 내용의 흐름상 '기타 남방 방언은 어느 정도 고대 중국어의 특징이 남아있다'가 되어야 하므로 빈칸에 들어갈 단어는 B이다.

A 公布	**B 保留**	A 공포하다	**B 남아있다**
C 控制	D 取消	C 조절하다	D 취소하다

호응 구조

A ★公布 gōngbù 동 공포하다 ▶ 公布名单 명단을 공포하다

B ★保留 bǎoliú 동 보존하다 ▶ 保留特征 특징이 남아있다

C ★控制 kòngzhì 동 조절하다 ▶ 控制情绪 감정을 조절하다

D ★取消 qǔxiāo 동 취소하다 ▶ 取消计划 계획을 취소하다

독해 제1부분

독해 실력 트레이닝❷ | 호응 구조(2) 기본서 **102쪽**

1 정답 A (损失 sǔnshī 명 손실)

해설 造成(일으키다)은 부정적 의미의 명사와 함께 쓰이므로 어울리는 명사는 A이다.

해석 이로써 나는 견디지 못하면 포기해야 하고, 그렇지 않으면 나중에 심각한 손해를 입을 수도 있다는 한 가지 이치를 깨달았다.

단어 ★道理 dàolǐ 명 도리, 일리 | ★造成 zàochéng 동 (나쁜 결과를) 일으키다 | 严重 yánzhòng 형 심각하다

2 정답 B (发挥 fāhuī 동 발휘하다)

해설 工作能力와 어울리는 동사는 B이다.

해석 일상 업무에서 자주 직원들을 격려하면 개인의 업무 능력을 충분히 발휘시킬 수 있고, 개인의 자질도 효과적으로 향상시킬 수 있다.

단어 ★日常 rìcháng 형 일상의 | 鼓励 gǔlì 동 격려하다 | ★员工 yuángōng 명 직원 | ★充分 chōngfèn 형 충분하다 | 提高 tígāo 동 향상시키다 | 素质 sùzhì 명 자질

3 정답 E (保留 bǎoliú 동 남아있다)

해설 传统(전통)과 어울리는 동사는 E이다.

해석 그곳의 소수 민족은 줄곧 매년 4월에 살수절(泼水节)을 지내는 전통이 남아있다.

단어 泼水节 Pōshuǐjié 명 살수절, 물 뿌리는 축제 | ★传统 chuántǒng 명 전통

4 정답 D (延长 yáncháng 동 연장하다)

해설 开店时间과 어울리는 동사는 D이다.

해석 주위에 똑같은 상점 두 곳이 새로 개업했기 때문에, 그는 어쩔 수 없이 개점 시간을 연장해 더 많은 손님을 끌어들일 수밖에 없다.

단어 周围 zhōuwéi 명 주위 | ★无奈 wúnài 동 어찌 해 볼 도리가 없다 | ★吸引 xīyǐn 동 잡아 끌다, 매료시키다

5 정답 C (情绪 qíngxù 명 정서)

해설 稳定과 어울리는 명사는 C이다.

해석 어린이가 자신의 정서를 조절하고 안정시킬 줄 아는 능력은 상당히 중요하다.

단어 ★控制 kòngzhì 동 조절하다 | ★稳定 wěndìng 동 안정시키다 | ★相当 xiāngdāng 부 상당히

6 정답 D (周到 zhōudào 형 세심하다, 주도면밀하다)

해설 服务와 어울리는 형용사는 D이다.

해석 할아버지의 이발관은 가격이 저렴하고, 서비스가 세심해서 고객들의 칭찬을 받는다.

단어 顾客 gùkè 명 고객 | ★称赞 chēngzàn 명동 칭찬(하다)

7 정답 A (密切 mìqiè 형 밀접하다)

해설 关系와 어울리는 형용사는 A이다.

해석 예로부터 지금까지, 동물은 인류와 관계가 밀접하다. 앞으로도 인류는 여전히 동물과 떨어질 수 없다.

단어 从古至今 cónggǔ zhìjīn 옛날부터 지금까지 | 将来 jiānglái 명 장래, 미래 | ★依然 yīrán 부 여전히 | 离不开 lí bu kāi 떨어질 수 없다

| 8 | 정답 | B (光滑 guānghuá 휑 매끄럽다) |

표面과 어울리는 형용사는 B이다.

귤을 딸 때는 그 표면이 매끄럽고 옹골진 큰 귤을 골라야 한다. 이런 귤은 수분이 충분하고 게다가 매우 달다.

★摘桔子 zhāi júzi 귤을 따다 | ★表面 biǎomiàn 몡 표면 | 饱满 bǎomǎn 휑 풍만하다, 옹골지다

| 9 | 정답 | E (规律 guīlǜ 휑 규칙적이다) |

生活와 어울리는 형용사는 E이다.

건강한 생활의 전제 조건은 생활을 규칙적으로 유지하는 것이다. 예를 들면 매일 제때 자고 일어나서, 식사하고 일하는 것이다.

前提 qiántí 몡 전제 조건 | ★保持 bǎochí 동 (좋은 상태를) 유지하다

| 10 | 정답 | C (鲜艳 xiānyàn 휑 화려하다) |

色彩와 어울리는 형용사는 C이다.

태족의 전통 의상의 역사는 유구하고, 도안이 풍부하며, 색채는 화려하고, 스타일은 소박하고 꾸밈이 없다.

傣族 Dǎizú 몡 태족 | ★传统 chuántǒng 몡 전통 | ★服装 fúzhuāng 몡 복장, 의상 | ★悠久 yōujiǔ 휑 유구하다 | ★图案 tú'àn 몡 도안, 그림 | ★色彩 sècǎi 몡 색채 | 纯朴 chúnpǔ 휑 순박하다, 소박하고 꾸밈이 없다

| 실전 트레이닝 1 | 기본서 103쪽

정답

1. C   2. A   3. C   4. D   5. C   6. A   7. D

[1-3]

《伊索寓言》里有这样一 <u>1 则</u> 故事: 有一只狐狸很想吃葡萄, 但由于葡萄长得太高, 它怎么都无法吃到, 于是便说葡萄是酸的, 没有什么好吃的。这就是所谓的"酸葡萄心理"。"酸葡萄心理"是因为自己真正的需求无法得到满足产生挫折感时, 为了解除内心不安, 编造一些"理由"来进行自我安慰, 以 <u>2 缓解</u> 紧张, 减轻压力, 使自己从不满、不安等消极心理状态中解脱出来, 保护自己免受 <u>3 伤害</u> 。

《이솝우화》에 이런 이야기 한 <u>1 편</u>이 있다. 여우는 포도가 너무 먹고 싶었지만 포도나무가 너무 높아서 어떻게 해도 먹을 수 없었다. 그래서 여우는 곧 포도는 시어서 별로 맛이 없다고 말했다. 이것이 바로 소위 말하는 '신 포도 심리'이다. '신 포도 심리'는 자신이 진짜로 원하는 것에 대해 만족을 얻지 못해서 좌절감을 느낄 때, 마음속의 불안을 없애기 위해서 '이유'를 만들어 스스로를 위로하는 것이다. 이로써 긴장을 <u>2 완화하고</u> 스트레스를 덜어 불만, 불안 등 부정적 심리 상태로부터 벗어나 스스로 <u>3 상처</u> 받지 않도록 보호하는 것이다.

伊索寓言 Yīsuǒ Yùyán 이솝우화 | 狐狸 húli 몡 여우 | 葡萄 pútao 몡 포도 | 无法 wúfǎ 동 ~할 방법이 없다 | 酸 suān 휑 시다 | ★所谓 suǒwèi 휑 소위, 이른바 | ★满足 mǎnzú 동 만족하다 | 挫折感 cuòzhégǎn 몡 좌절감 | 解除 jiěchú 동 없애다, 제거하다 | 内心 nèixīn 몡 마음속 | 不安 bù'ān 휑 불안하다 | 编造 biānzào 동 창작하다, 이야기를 꾸미다 | ★安慰 ānwèi 동 위로하다 | ★减轻 jiǎnqīng 동 경감하다 | 压力 yālì 몡 스트레스, 압력 | ★消极 xiāojí 휑 소극적이다 | ★状态 zhuàngtài 몡 상태 | 解脱 jiětuō 동 벗어나다 | 保护 bǎohù 동 보호하다 | 免受 miǎnshòu 동 받지 않다, 당하지 않다

해설 및 정답 **문제 분석▼** '수사+양사+명사'의 어순에 따라 빈칸 앞의 一와 빈칸 뒤 명사 故事(이야기)를 보면 빈칸이 양사 자리임을 알 수 있다. 명사인 故事와 어울리는 양사는 C이다.

A 根	B 道	A 가닥	B 줄기
C 则	D 首	**C 편**	D 수

호응 구조
A ★根 gēn 양 가닥[가늘고 긴 것을 세는 단위] ▶ 一根头发 머리카락 한 가닥
B 道 dào 양 줄기[가늘고 긴 것을 세는 단위, 요리나 문제 등을 세는 단위] ▶ 一道题 문제 한 개
C ★则 zé 양 편[단락을 이루는 문장을 세는 단위] ▶ 一则故事 이야기 한 편
D ★首 shǒu 양 수[시나 노래 등을 세는 단위] ▶ 一首诗 시 한 수

해설 및 정답 **문제 분석▼** 보기 단어가 모두 동사이므로 빈칸에는 뒤의 목적어 紧张과 호응하는 동사가 들어가야 한다. 문맥 상 '긴장을 완화한다'는 뜻이 되어야 하므로 정답은 A이다.

A 缓解	B 破坏	**A 완화시키다**	B 훼손시키다
C 稳定	D 失去	C 안정시키다	D 잃어버리다

호응 구조
A ★缓解 huǎnjiě 동 완화시키다 ▶ 缓解压力 스트레스를 완화시키다
B ★破坏 pòhuài 동 훼손시키다 ▶ 破坏环境 환경을 훼손시키다
C ★稳定 wěndìng 동 안정시키다 ▶ 稳定情绪 정서를 안정시키다
D ★失去 shīqù 동 잃어버리다 ▶ 失去信心 자신감을 잃어버리다

해설 및 정답 **문제 분석▼** 빈칸은 동사 免受와 호응하는 목적어 자리이다. 免受는 '받지 않다, 당하지 않다'라는 뜻으로 부정적인 의미를 가진 명사, 동사 단어와 함께 쓴다. 따라서 보기 중 免受와 가장 어울리는 명사는 C이다.

A 兴趣	B 欢迎	A 흥미	B 환영
C 伤害	D 命运	**C 상해**	D 운명

호응 구조
A 兴趣 xìngqù 명 흥미 ▶ 产生兴趣 흥미가 생기다
B 欢迎 huānyíng 명 환영 ▶ 受欢迎 환영을 받다
C ★伤害 shānghài 명 상해 ▶ 免受伤害 상해를 면하다
D ★命运 mìngyùn 명 운명 ▶ 把握命运 운명을 장악하다

[4-7]

水上巴士，指的是水上公交巴士，是城市公共交通系统的 <u>4 组成</u> 部分，是继公共汽车、出租车、地铁后的第四套公交系统。与市民平时接触的过江游船不同，一走上水上巴士，乘客就可以看到前方的驾驶室，走下台阶后就是过道和两排座位，座椅都是 <u>5 舒适</u> 的软座，两边还有观光用的窗户，乘客可顺便 <u>6 游览</u> 江中景色。每艘水上巴士上有五名船员，船上还有救生衣、晕船药品，乘客不必担心安全问题。目前包括杭州、广州、上海、湛江等多个城市已经开通了水上公交巴士。水上公交巴士在解决陆路交通拥堵问题的同时，<u>7 也推动了城市旅游业的发展</u>。

수상 버스란 수상 대중교통 버스로 도시 공공교통 시스템의 <u>4 구성</u> 부분이다. 버스, 택시, 지하철에 이어서 네 번째 대중교통 시스템이다. 시민이 평소 접하는 강을 건너는 유람선과는 달리 수상 버스에 오르면 승객은 앞의 조종실을 볼 수 있고, 계단을 내려오면 통로와 좌석 두 줄이 있다. 의자는 모두 <u>5 편안하고</u> 푹신한 좌석이고, 양측에는 관광용 창문도 있어서 승객이 겸사겸사 강의 경치를 <u>6 구경</u>할 수 있다. 모든 수상 버스에는 다섯 명의 선원과 구명조끼, 배멀미 약품이 있어서 승객은 안전 문제를 걱정할 필요가 없다. 현재 항저우, 광저우, 상하이, 잔장 등 여러 도시에서 이미 수상 대중교통 버스를 개통했다. 수상 대중교통 버스는 육로 교통체증 문제를 해결하는 동시에 <u>7 도시 관광업의 발전도 촉진했다</u>.

단어 水上巴士 shuǐshàng bāshì 몡 수상 버스 | 指 zhǐ 동 가리키다 | 公交巴士 gōngjiāo bāshì 몡 버스 | ★系统 xìtǒng 몡 시스템 | 部分 bùfen 몡 부분 | 继 jì 동 잇다 | ★套 tào 양 세트를 세는 단위 | ★接触 jiēchù 동 접촉하다 | 乘客 chéngkè 몡 승객 | ★驾驶室 jiàshǐshì 몡 조종실 | ★台阶 táijiē 몡 층계, 계단 | 座椅 zuòyǐ 몡 의자 | ★软座 ruǎnzuò 몡 푹신한 좌석 | 观光 guānguāng 동 관광하다 | 顺便 shùnbiàn 뮈 ~하는 김에 | 景色 jǐngsè 몡 풍경 | 艘 sōu 양 척[배를 세는 단위] | 船员 chuányuán 몡 선원 | 救生衣 jiùshēngyī 몡 구명조끼 | ★晕船 yùnchuán 동 배멀미하다 | 药品 yàopǐn 몡 약품 | 不必 búbì 뮈 ~할 필요 없다 | 包括 bāokuò 동 포함하다 | 杭州 Hángzhōu 고유 항저우 | 广州 Guǎngzhōu 고유 광저우 | 湛江 Zhànjiāng 고유 잔장 | 开通 kāitōng 동 개통하다 | 解决 jiějué 동 해결하다 | 陆路 lùlù 몡 육로 | 拥堵 yōngdǔ 동 길이 막히다

4

해설 및 정답 **문제 분석▼** 빈칸은 城市公共交通系统的(도시 공공교통 시스템의)의 수식을 받으며 部分과 함께 쓰인다. 주어가 水上巴士(수상 버스)이므로 문맥상 빈칸에 들어갈 명사는 교통 시스템의 구성 성분임을 알 수 있다.

| A 组织 | B 形成 | A 조직 | B 형성 |
| C 具备 | **D 组成** | C 구비 | **D 구성** |

단어 ★组织 zǔzhī 몡 조직 | ★形成 xíngchéng 몡 형성 | 具备 jùbèi 몡 구비 | ★组成 zǔchéng 몡 구성

5

해설 및 정답 **문제 분석▼** 빈칸 뒤에 的가 있으므로 软座(푹신한 좌석)를 수식하는 형용사가 필요하다. 보기 중 软座를 수식할 수 있는 형용사는 C이다.

| A 适当 | B 老实 | A 적당하다 | B 솔직하다 |
| **C 舒适** | D 温柔 | **C 편안하다** | D 부드럽고 상냥하다 |

A 适当 shìdàng 형 적당하다 ▶ 适当的机会 적당한 기회

B 老实 lǎoshi 형 솔직하다 ▶ 老实的性格 솔직한 성격

C 舒适 shūshì 형 편안하다 ▶ 舒适的环境 편안한 환경

D 温柔 wēnróu 형 부드럽고 상냥하다 ▶ 温柔的态度 부드럽고 상냥한 태도

6

해설 및 정답   **문제 분석▼** 빈칸은 목적어 江中景色와 호응하는 동사 자리이고, 글의 흐름상 '수상 버스를 타고 강의 경치를 구경할 수 있다'는 내용임을 유추할 수 있으므로 정답은 A이다.

A 游览	B 追求	**A 구경하다, 유람하다**	B 추구하다
C 达到	D 接受	C 도달하다	D 받아들이다

A 游览 yóulǎn 동 유람하다 ▶ 游览北京 베이징을 유람하다

B 追求 zhuīqiú 동 추구하다 ▶ 追求完美 완벽을 추구하다

C 达到 dádào 동 (추상적인 정도에) 도달하다 ▶ 达到目的 목적에 도달하다

D 接受 jiēshòu 동 받아들이다 ▶ 接受意见 의견을 받아들이다

7

해설 및 정답   **문제 분석▼** 본문에서 两边还有观光用的窗户, 乘客可顺便游览江中景色(양측에는 관광용 창문도 있어서 승객이 겸사겸사 강의 경치를 유람할 수 있다)라는 문장을 근거로 수상 대중교통 버스는 육로 교통 체증 문제를 해결하는 동시에 도시 관광업의 발전도 촉진할 것임을 유추할 수 있다. 따라서 정답은 D이다.

A 缩短了运输时间	A 운송 시간을 단축했다
B 离不开市民们的支持	B 시민들의 지지와 떨어질 수 없다
C 后来被推广到其他城市	C 이후에 다른 도시까지 확대되었다
D 也推动了城市旅游业的发展	**D 도시 관광업의 발전도 촉진하였다**

단어 ★缩短 suōduǎn 동 단축하다 | ★运输 yùnshū 동 운송하다 | 离不开 lí bu kāi 떨어질 수 없다 | 支持 zhīchí 명 지지 | ★推广 tuīguǎng 동 널리 보급하다, 확대하다 | 推动 tuīdòng 동 촉진하다 | 发展 fāzhǎn 명 발전

정답   1. B   2. D   3. A   4. B   5. B   6. A   7. D

[1-3]

著名学者周国平在教育和读书上的见解十分 **1 独特** ，他曾说过：我不认为读书可以成为一种时尚，对一切成为时尚的读书，我持怀疑的态度。读书属于个人的精神生活，必定是非常 **2 个性** 化的。那些可以成为时尚的并不是读书，而是买书和谈书。比如说，在媒体的影响下，某一时期有某一本书特别畅销，谈论它会显得特别 **3 时髦** ，插不上嘴则会显得特别落伍。	유명한 학자 저우궈핑은 교육과 독서에 대한 견해가 매우 **1 독특하다**. 그는 일찍이 이렇게 말했다. 나는 독서가 일종의 유행이 될 수 있다고 여기지 않고, 유행이 된 모든 독서에 대해 회의적이다. 독서는 개인의 정신 생활에 속하는 것으로 반드시 대단히 **2 개성화**된 것이다. 유행이 될 수 있는 것들은 결코 책을 읽는 것이 아니고, 책을 사고 책을 논하는 것이다. 예를 들면, 언론의 영향으로 어느 시기에 어느 책이 특히 잘 팔리는데, 그것에 대해 논하면 특히 **3 세련되어** 보이고, 대화에 끼어들지 못하면 특히 뒤떨어진 것처럼 보일 수 있다.

단어 著名 zhùmíng 혱 유명하다 | 学者 xuézhě 몡 학자 | 周国平 Zhōu Guópíng 고유 저우궈핑[인명] | 教育 jiàoyù 몡 교육 | 见解 jiànjiě 몡 견해 | ★时尚 shíshàng 몡 시대적 유행 | 一切 yíqiè 때 전부 | 持 chí 동 (어떤 생각이나 견해를) 품다, 가지다 | 怀疑 huáiyí 동 의심하다, 회의적이다 | ★属于 shǔyú 동 ~에 속하다 | ★精神 jīngshén 몡 정신 | 必定 bìdìng 튀 반드시, 의심할 바 없이 | ★媒体 méitǐ 몡 대중 매체 | 畅销 chàngxiāo 혱 잘 팔리다 | 谈论 tánlùn 동 논의하다 | ★显得 xiǎnde 동 ~하게 보이다 | 插不上嘴 chā bu shàng zuǐ (다른 사람들 말에) 끼어들지 못하다 | 落伍 luòwǔ 동 (시대에) 뒤떨어지다

1

해설 및 정답   **문제 분석▼** 정도부사 十分 뒤에 빈칸이 있으므로 빈칸은 형용사 자리이다. 빈칸에 들어갈 형용사 独特는 '(관점, 견해 등이) 독특하다'는 뜻으로 빈칸 앞의 见解(견해)와 호응한다.

A 悠久	**B 独特**	A 유구하다	**B 독특하다**
C 艰难	D 恶劣	C 곤란하다	D 열악하다

호응 구조

A ★悠久 yōujiǔ 혱 유구하다 ▶ **历史**悠久 역사가 유구하다
B ★独特 dútè 혱 독특하다 ▶ **观点**独特 관점이 독특하다
C ★艰难 jiānnán 혱 곤란하다 ▶ **生活**艰难 생활이 곤란하다
D ★恶劣 èliè 혱 열악하다 ▶ **环境**恶劣 환경이 열악하다

2

해설 및 정답   **문제 분석▼** 빈칸 앞에서 读书属于个人的精神生活(독서는 개인의 정신 생활에 속하는 것이다)라고 했으므로, 빈칸은 독서의 개성화의 의미를 나타낼 수 있는 D가 정답이다.

A 表面	B 实际	A 표면	B 실제
C 人生	**D 个性**	C 인생	**D 개성**

A 表面 biǎomiàn 몡 표면 ▶ **表面**上 표면적으로

B 实际 shíjì 몡 실제 ▶ **实际**上 실제적으로

C 人生 rénshēng 몡 인생 ▶ **人生**中 인생 중

D 个性 gèxìng 몡 개성 ▶ **个性**化 개성화

3

해설 및 정답 **문제 분석▼** 정도부사 特别 뒤에 빈칸이 있으므로 빈칸은 형용사 자리이다. 빈칸 뒤의 절에 전환 관계를 나타내는 접속사 则(오히려, 그러나)가 쓰였고 则 뒤에 落伍(뒤떨어지다)가 있으므로, 빈칸에는 落伍와 상반되는 의미의 단어 A가 들어갈 것임을 유추할 수 있다.

A 时髦	B 明确	**A 세련되다**	B 명확하다
C 出色	D 精彩	C 출중하다	D 훌륭하다

A ★时髦 shímáo 몡 세련되다 ▶ **服装时髦** 의복이 세련되다

B ★明确 míngquè 몡 명확하다 ▶ **目标明确** 목표가 명확하다

C ★出色 chūsè 몡 출중하다 ▶ **表现出色** 드러난 모습이 출중하다

D 精彩 jīngcǎi 몡 훌륭하다 ▶ **表演精彩** 공연이 훌륭하다

[4-7]

　　头脑的硬件性能并不是天才的本质特征。头脑速度快的人，其实跟跑得快的人 <u>4 差不多</u>，只是跑得快的人体力比较好，而头脑快的人脑力相对好一些。这是大自然赋予他们的财富，但那并不叫做天才。虽然那种天赋的速度并不常见，<u>5 天才却更加难得</u>，因为过快的速度会让一个人变成机器，然后停止一切的思考，最终走上歧途。而天才喜欢 <u>6 反复</u> 观察前进的方向，然后想办法如何快速地前进，所以他们经常能找到简单便利的方法。天才不仅喜欢简单便利，而且会利用 <u>7 巧妙</u> 的设计让大家都可以简单便利，少走一些不必要的路，少做一些不必要的事。

　　두뇌의 하드웨어 성능은 결코 천재의 본질적 특징이 아니다. 두뇌 속도가 빠른 사람은 사실 빨리 달리는 사람과 <u>4 비슷하다</u>. 빨리 달리는 사람은 체력이 비교적 좋고, 두뇌가 빠른 사람은 지능이 상대적으로 좀 좋은 것뿐이다. 이것은 대자연이 그들에게 부여한 재산이지만 결코 천재라고 부르지 않는다. 비록 그런 천부적인 속도는 결코 흔하지 않지만, <u>5 천재는 오히려 더욱 얻기 어렵다</u>. 지나치게 빠른 속도는 사람을 기계로 변하게 해서 모든 사고를 중단시키고, 결국 샛길을 걷게 한다. 그러나 천재는 나아가는 방향을 <u>6 반복적으로</u> 관찰하기를 좋아하고, 그리고 나서 빨리 나아가는 방법을 생각한다. 그래서 그들은 자주 간단하고 편리한 방법을 찾아낼 수 있다. 천재는 간단하고 편리한 것을 좋아할 뿐만 아니라 <u>7 절묘한</u> 디자인을 이용해 모두를 간단하고 편리하게 해서 일부 불필요한 길을 적게 가게 하고, 불필요한 일을 적게 할 수도 있다.

단어 头脑 tóunǎo 뗑 두뇌 | 硬件性能 yìngjiàn xìngnéng 하드웨어 성능 | 天才 tiāncái 뗑 천재 | ★本质 běnzhì 뗑 본질 | 特征
tèzhēng 뗑 특징 | 速度 sùdù 뗑 속도 | 体力 tǐlì 뗑 체력 | 赋予 fùyǔ 똥 부여하다 | 财富 cáifù 뗑 부, 재산 | 机器 jīqì 뗑 기계 |
停止 tíngzhǐ 똥 정지하다 | ★思考 sīkǎo 똥 사고하다 | 歧途 qítú 뗑 샛길, 곁길 | ★如何 rúhé 때 어떻게 | 快速 kuàisù 뗑
신속하다 | 前进 qiánjìn 똥 앞으로 나아가다 | ★利用 lìyòng 똥 이용하다 | ★设计 shèjì 뗑똥 디자인(하다) | ★必要 bìyào 뗑
필요로 하다

4

해설 및 정답 **문제 분석▼** 보기가 술어 형태를 이루고 있고 빈칸 앞에 跟이 쓰였으므로 비교하는 대상과 비슷한 경우에 사용
하는 '…跟…差不多(~와 ~가 비슷하다)' 형식이 쓰였음을 알 수 있다. 따라서 정답은 B이다.

| A 差得远 | **B 差不多** | A 아직 멀었다 | **B 비슷하다** |
| C 相当于 | D 了不起 | C ~에 상당하다 | D 대단하다 |

단어 差得远 chà de yuǎn 아직 멀었다 | 差不多 chàbuduō 뗑 비슷하다 | 相当于 xiāngdāng yú ~에 상당하다 | 了不起 liǎobuqǐ 뗑
대단하다

5

해설 및 정답 **문제 분석▼** 앞 절의 虽然과 호응하는 부사 却가 있고, 글의 흐름상 '천부적인 속도는 결코 흔하지 않지만, 천재
는 더욱 얻기 어렵다'가 가장 적당하므로 정답은 B이다.

A 无法继续前进	A 계속 나아갈 수 없다
B 天才却更加难得	**B 천재는 오히려 더욱 얻기 어렵다**
C 达不到最终的目标	C 오히려 최종 목표에 도달하지 못한다
D 跑得快的人更有优势	D 빨리 달리는 사람은 더욱 우세하다

단어 继续 jìxù 똥 계속하다 | 前进 qiánjìn 똥 앞으로 나아가다, 발전하다 | ★目标 mùbiāo 뗑 목표 | ★优势 yōushì 뗑 우세

6

해설 및 정답 **문제 분석▼** 제시된 보기가 거의 부사이므로 빈칸 뒤의 적당한 동사를 찾아야 한다. 빈칸 뒤의 观察를 수식할
수 있는 부사는 A이다. D는 观察와 어울리기는 하지만 继续观察는 喜欢의 목적어로 쓰일 수 없다.

| **A 反复** | B 果然 | **A 반복적으로** | B 과연 |
| C 分别 | D 继续 | C 각각 | D 계속하다 |

호응 구조 A 反复 fǎnfù 뭐 반복하여 ▶ 反复思考 되풀이하여 생각하다
B 果然 guǒrán 뭐 과연 ▶ 果然如此 과연 그러하다
C 分别 fēnbié 뭐 각각 ▶ 分别处理 각각 처리하다
D 继续 jìxù 똥 계속하다 ▶ 继续工作 계속해서 일하다

해설 및 정답

문제 분석▼ 구조조사 的 앞에 빈칸이 있으므로 빈칸은 设计(디자인)를 수식하는 형용사 자리이다. 设计와 가장 잘 어울리는 형용사는 巧妙(절묘하다)이므로 D가 정답이다.

A 敏感	B 糊涂	A 민감하다	B 어리석다
C 结实	**D 巧妙**	C 견고하다	**D 절묘하다**

호응 구조

A 敏感 mǐngǎn 휑 민감하다 ▶ **敏感的皮肤** 민감한 피부
B 糊涂 hútu 휑 어리석다 ▶ **糊涂的想法** 어리석은 생각
C 结实 jiēshi 휑 견고하다 ▶ **结实的建筑** 견고한 건축
D 巧妙 qiǎomiào 휑 절묘하다 ▶ **巧妙的设计** 절묘한 디자인

3 호응 구조[3] 부사어/접속사

독해 실력 트레이닝3 | 호응 구조(3) 기본서 113쪽

1 **정답** C (一律 yílù 휑 일률적으로)

해설 一律平等은 '모두 평등하다'는 뜻으로 자주 같이 쓰이므로 정답은 C이다.

해석 도서관은 모든 독자에게 무료로 개방한다. 문으로 들어 오는 사람은 모두 독자이고, 정보 앞에서는 모두 평등하다.

단어 免费 miǎnfèi 동 무료로 하다 | ★开放 kāifàng 동 개방하다 | 读者 dúzhě 명 독자 | 信息 xìnxī 명 정보 | ★平等 píngděng 휑 평등하다

2 **정답** B (充分 chōngfèn 휑 충분하다)

해설 充分利用은 '충분히 이용하다'는 뜻으로 자주 같이 쓰이므로 정답은 B이다. 형용사도 동사 앞에서 동사를 수식할 수 있음을 알아두자.

해석 우리가 작은 시간을 충분히 이용하여 매 1분, 1초를 잡기만 하면, 예기치 못한 수확을 얻을 수 있다.

단어 ★抓住 zhuāzhù 동 잡다 | 秒 miǎo 양 초 | 意想不到 yìxiǎng budào 예상치 못하다 | ★收获 shōuhuò 명 수확

3 **정답** A (渐渐 jiànjiàn 휑 점점)

해설 渐渐消失는 '점점 사라진다'는 뜻으로 자주 같이 쓰이므로 A가 정답이다.

해석 대량의 정보가 강제적으로 아이의 대뇌에 들어가 아이의 호기심을 점점 사라지게 만든다.

단어 ★导致 dǎozhì 동 야기하다 | ★好奇心 hàoqíxīn 명 호기심 | ★消失 xiāoshī 동 사라지다

4 **정답** D (再三 zàisān 𝌑 재삼, 거듭)

해설 再三强调는 '거듭 강조하다'는 뜻으로 자주 같이 쓰이므로 정답은 D이다.

해석 전문가는 피실험자에게 게임 규칙을 공표하면서 소리를 내면 안 되고, 그렇지 않으면 반칙이라고 거듭 강조했다.

단어 被实验者 bèishíyànzhě 피실험자 | ★宣布 xuānbù 동 공표하다 | ★规则 guīzé 명 규칙 | ★强调 qiángdiào 동 강조하다 | 算 suàn 동 ~인 셈이다 | 犯规 fànguī 동 반칙하다

5 **정답** E (轻易 qīngyì 형 경솔하다)

해설 轻易放弃는 '경솔하게 포기하다'는 뜻으로 자주 같이 쓰이므로 E가 정답이다.

해석 어려움에 부딪힐 때 경솔하게 포기하지 마라. 만약 당신이 다시 한번 시도해 본다면 아마 성공할 수도 있다.

단어 遇到 yùdào 동 만나다 | 困难 kùnnan 명 어려움 | 放弃 fàngqì 동 포기하다 | 也许 yěxǔ 𝌑 어쩌면

6 **정답** C (否则 fǒuzé 접 그렇지 않으면)

해설 문맥상 '미리 준비하지 않으면 노력에 비해 성과가 적을 것이다'는 내용을 연결하기에 가장 적합한 접속사는 否则(그렇지 않으면)이다.

해석 무슨 일을 하든지 모두 미리 준비해야 한다. 그렇지 않으면 반드시 노력에 비해 성과가 적을 것이다.

단어 无论 wúlùn 접 ~와 상관없이 | 预先 yùxiān 𝌑 사전에 | 准备 zhǔnbèi 동 준비하다 | ★必然 bìrán 형 필연적이다 | 事倍功半 shì bèi gōng bàn 성 힘은 많이 들이고 성과는 적다

7 **정답** D (即使 jíshǐ 접 설령 ~하더라도)

해설 빈칸 뒤 절의 也와 호응하는 접속사는 即使이므로 정답은 D이다.

해석 세상에는 완전히 똑같은 두 사람은 없다. 쌍둥이라고 하더라도 신체와 성격이 다소 다른 점이 있다.

단어 一模一样 yì mú yí yàng 성 모양이 완전히 같다 | 双胞胎 shuāngbāotāi 명 쌍둥이

8 **정답** B (只有 zhǐyǒu 접 ~해야지만)

해설 빈칸 뒤에 生活才会够有滋有味(생활도 즐거워질 수 있다)에 쓰인 才와 호응하는 접속사는 只有이다.

해석 사람은 동화되어서는 안 된다. 개성을 유지해야만 충분히 특별해질 수 있고, 생활도 즐거워질 수 있다.

단어 同化 tónghuà 동 동화하다 | ★保持 bǎochí 동 유지하다 | ★个性 gèxìng 명 개성 | 足够 zúgòu 형 충분하다 | 有滋有味 yǒu zī yǒu wèi 성 매우 맛있다. 생활이 즐겁다

9 **정답** A (那么 nàme 접 그러면)

해설 앞 절에 如果 가정절이 쓰였으므로 뒤에 결과절을 이끄는 那么가 쓰여야 한다.

해석 살면서 만일 우리가 부지런히 노력할 줄 안다면, 해결할 수 없는 난제는 없다.

단어 ★勤奋 qínfèn 형 부지런하다 | 解决 jiějué 동 해결하다 | 难题 nántí 명 풀기 어려운 문제

10 **정답** E (不论 búlùn 접 ~와 상관없이)

해설 빈칸 뒤 절에 쓰인 都와 호응하는 접속사를 고르면 E가 정답이다.

해석 당신이 아무리 부유하더라도 돈으로는 시간을 설령 아주 조금일지라도 살 수 없다.

단어 富有 fùyǒu 동 풍부하다 | 无法 wúfǎ 동 ~할 방법이 없다 | ★哪怕 nǎpà 접 설령 ~라 해도

정답

1. B   2. A   3. D   4. B   5. C   6. D   7. A

[1–3]

刺绣是中国优秀的民族 _1 传统_ 工艺之一。中国是世界上发现与使用蚕丝最早的国家，人们在四五千年前就已经开始养蚕、抽丝了。随着蚕丝的使用，丝织品的产生与发展，刺绣工艺也 _2 逐渐_ 兴起。如今，中国的刺绣工艺几乎遍于全国，苏州的苏绣、湖南的湘绣、四川的蜀绣、广东的粤绣各具特色，被誉为中国的四大名绣。今天的刺绣艺术品，工艺精细复杂，被 _3 应用_ 于生活和艺术装饰中，如服装、床上用品、台布、舞台、艺术品装饰。

자수는 중국의 우수한 민족 1 **전통** 공예 중 하나이다. 중국은 세계에서 고치실을 최초로 발견하고 사용한 나라로, 사람들은 4000~5000년 전에 이미 양잠, 실 뽑기를 시작했다. 고치실을 사용해서 견직물이 생기고 발전함에 따라서, 자수 공예도 2 **점점** 발전하기 시작했다. 현재 중국의 자수 공예는 거의 전국에 퍼져있다. 쑤저우 자수, 후난 자수, 쓰촨 자수, 광둥 자수는 각각의 특색을 가지며 중국의 4대 자수로 불린다. 오늘날 자수 예술품은 기술이 정교하고 복잡하여 의류, 침구, 식탁보, 무대, 예술품 장식과 같은 생활과 예술 장식에 3 **응용된다**.

단어 刺绣 cìxiù 몡 자수 | 优秀 yōuxiù 톙 우수하다 | 民族 mínzú 몡 민족 | 工艺 gōngyì 몡 공예 | 蚕丝 cánsī 몡 고치실 | 养蚕 yǎngcán 툉 양잠하다 | 抽丝 chōusī 툉 명주실을 뽑다 | 随着 suízhe 툉 ~에 따라 | 丝织品 sīzhīpǐn 몡 견사 편직물 | 兴起 xīngqǐ 툉 발전하기 시작하다 | ★如今 rújīn 몡 지금, 오늘날 | 几乎 jīhū 뮈 거의 | 遍于 biànyú 툉 ~에 넓게 분포하다 | 苏州 Sūzhōu 고유 쑤저우[지명] | 苏绣 sūxiù 몡 쑤저우 지방의 자수 | 湖南 Húnán 고유 후난(성)[지명] | 湘绣 xiāngxiù 몡 후난 지방의 자수 | 蜀绣 shǔxiù 몡 쓰촨 지방의 자수 | 广东 Guǎngdōng 고유 광둥(성)[지명] | 粤绣 yuèxiù 광둥 지방의 자수 | 各具 gè jù 각자 지니다 | ★特色 tèsè 몡 특색, 특징 | 被誉为 bèi yùwéi ~라고 불리워지다 | 精细 jīngxì 톙 정교하고 섬세하다 | ★装饰 zhuāngshì 몡 장식 | 台布 táibù 몡 탁자보 | 舞台 wǔtái 몡 무대

1

해설 및 정답 **문제 분석▼** 주어진 보기가 모두 명사라는 것과 빈칸 앞뒤의 단어를 보고, '민족 전통 공예'라는 것을 유추할 수 있으므로 빈칸에 들어갈 단어는 B이다.

A 文学	**B 传统**	A 문학	**B 전통**
C 秘密	D 商品	C 비밀	D 상품

호응 구조
A 文学 wénxué 몡 문학 ▶ 文学**作品** 문학 작품
B 传统 chuántǒng 몡 전통 ▶ 传统**文化** 전통 문화
C 秘密 mìmì 몡 비밀 ▶ 秘密**任务** 비밀 임무
D 商品 shāngpǐn 몡 상품 ▶ 商品**价格** 상품 가격

 문제 분석▼ 주어진 보기가 모두 부사이므로 뒤에서 수식을 받는 술어(兴起)를 찾는다. 逐渐은 점진적인 변화를 나타내고, 문맥상 '점점 발전하기 시작했다'는 의미가 되어야 하므로 빈칸에 들어갈 단어는 A이다.

A 逐渐	B 再三	A 점점	B 거듭
C 始终	D 尽快	C 시종일관	D 되도록 빨리

호응 구조

A 逐渐 zhújiàn 및 점점 ▶ 逐渐**消失** 점점 사라진다

B 再三 zàisān 및 거듭 ▶ 再三**强调** 거듭 강조하다

C 始终 shǐzhōng 및 언제나 ▶ 始终**不变** 언제나 변하지 않다

D 尽快 jǐnkuài 및 되도록 빨리 ▶ 尽快**解决** 되도록 빨리 해결하다

3

 문제 분석▼ 빈칸 뒤의 于는 동사 뒤에 쓰이는 전치사로 '于+장소/범위/시간' 등의 형태로 쓰인다. 보기에서 于와 함께 쓰일 수 있는 동사는 应用뿐이며, 문맥상 '생활과 예술 장식에 응용된다'는 의미가 되어야 하므로 정답은 D이다.

A 描写	B 显得	A 묘사하다	B ~하게 보이다
C 反映	**D 应用**	C 반영하다	**D 응용하다**

호응 구조

A 描写 miáoxiě 동 묘사하다 ▶ 描写**人物** 인물을 묘사하다

B 显得 xiǎnde 동 ~하게 보이다 ▶ 显得**自然** 자연스럽게 보이다

C 反映 fǎnyìng 동 반영하다 ▶ 反映**问题** 문제를 반영하다

D 应用 yìngyòng 동 응용하다 ▶ 应用**于生活** 생활에 응용하다

[4–7]

宠物与人的关系越来越密切，最近出现了这样一个 4 **特殊** 的职业——"遛狗人"。一些没有时间遛狗的主人会把自己心爱的宠物交给职业"遛狗人"。"遛狗人"会按照小时来收费。对于遛狗人来说，他们一个月接管的宠物狗数量可达上百只。他们每天会带着宠物狗去公园散步，一次可遛4到6只狗，这样算起来，每天遛狗的收入 5 **相当** 可观。而且这份工作不需要穿西装，工作自由，"顾客"也好伺候，在外人看起来是很好的工作。不过，职业遛狗人的工作， 6 **其实并没有那么轻松** 。首先，遛狗是一项体力活。其次，这还跟物流方面的学问有关，比如如何妥善管理那么多名

애완동물과 사람의 관계가 점점 밀접해지면서 최근 '개 산책인'이라는 4 **특수한** 직업이 나타났다. 개를 산책시켜 줄 시간이 없는 주인들은 자신이 사랑하는 애완동물을 전문 '개 산책인'에게 맡길 수 있다. '개 산책인'은 시간에 따라 비용을 받을 수 있다. '개 산책인'으로 말하자면, 그들이 한 달에 맡아 관리하는 애완견의 수는 백 마리 이상에 달한다. 그들은 매일 애완견을 데리고 공원에 산책하러 가곤 하는데, 한 번에 4마리에서 6마리까지 산책시킬 수 있다. 이렇게 계산하면 매일 개를 산책시키는 수입이 5 **상당히** 굉장하다. 게다가 이 일은 양복을 입을 필요가 없고 일도 자유롭고, '고객'도 돌보기 쉬워서 외부인이 보기에는 매우 좋은 직업이다. 하지만 전문 개 산책인의 일은 6 **사실 그렇게 수월하지 않다**. 우선, 개를 데리고 산책하는 것은 육체

客户的房门钥匙。还有，如何同时处理好人与狗的关系才是这一行 **7 面临** 的真正挑战。

노동이다. 둘째, 이것은 또 물류 분야의 학문과 관계가 있는데, 예를 들면 어떻게 그렇게 많은 고객의 방문 열쇠를 적절히 관리하느냐이다. 또한 어떻게 사람과 개의 관계를 동시에 잘 처리하느냐가 이 일이 **7 직면한** 진정한 도전이다.

단어 ★宠物 chǒngwù 몡 애완동물 | ★密切 mìqiè 혱 밀접하다 | ★出现 chūxiàn 툉 나타나다 | 职业 zhíyè 몡 직업 | 遛狗 liùgǒu 툉 개를 데리고 산책하다 | 按照 ànzhào 젠 ~에 따라서 | 收费 shōufèi 툉 비용을 받다 | 接管 jiēguǎn 툉 접수하여 관리하다 | ★可观 kěguān 혱 굉장하다, 대단하다 | 西装 xīzhuāng 몡 양복 | ★自由 zìyóu 혱 자유롭다 | 顾客 gùkè 몡 고객 | 伺候 cìhou 툉 돌보다 | 体力活 tǐlìhuó 몡 육체 노동 | 物流 wùliú 몡 물류 | ★如何 rúhé 떼 어떻게 | 妥善 tuǒshàn 혱 타당하다 | 客户 kèhù 몡 고객 | 钥匙 yàoshi 몡 열쇠 | ★处理 chǔlǐ 툉 처리하다 | 挑战 tiǎozhàn 몡 도전

4

해설 및 정답 **문제 분석▼** 빈칸 뒤에 的가 있으므로 职业(직업)를 수식하는 형용사가 필요한데, 보기 중 职业를 수식할 수 있는 형용사는 特殊(특수하다)이므로 정답은 B이다.

A 激烈	**B 特殊**	A 치열하다	**B 특수하다**
C 热情	D 艰巨	C 친절하다	D 막중하다

호응 구조
A 激烈 jīliè 혱 치열하다 ▶ 激烈**的竞争** 치열한 경쟁
B 特殊 tèshū 혱 특수하다 ▶ 特殊**的职业** 특수한 직업
C 热情 rèqíng 혱 친절하다 ▶ 热情**的服务** 친절한 서비스
D 艰巨 jiānjù 혱 막중하다 ▶ 艰巨**的任务** 막중한 임무

5

해설 및 정답 **문제 분석▼** 보기 중 형용사 可观(굉장하다)을 수식할 수 있는 부사는 C이다.

A 陆续	B 彻底	A 연달아	B 철저하다
C 相当	D 仔细	**C 상당히**	D 자세하다

호응 구조
A 陆续 lùxù 빈 연달아 ▶ 陆续**进场** 연달아 들어가다
B 彻底 chèdǐ 혱 철저하다 ▶ 彻底**解决** 철저하게 해결하다
C 相当 xiāngdāng 빈 상당히 ▶ 相当**可观** 상당히 대단하다
D 仔细 zǐxì 혱 자세하다 ▶ 仔细**检查** 자세히 검사하다

6

해설 및 정답 **문제 분석▼** 앞 절에서 개를 산책시키는 일이 매우 좋은 일이라고 말한 내용이 빈칸 앞쪽에 不过(그러나)로 연결되어 있으므로, 不过 뒤에는 앞 절과 반대되는 내용인 '사실 그렇게 수월하지 않다'가 적절하다.

A 十分令人好奇	A 매우 궁금하게 한다
B 却更适合年轻人	B 오히려 젊은이에게 더욱 알맞다
C 发展规模逐渐变小	C 발전 규모가 점점 작아진다
D 其实并没有那么轻松	**D 사실 그렇게 수월하지 않다**

단어 好奇 hàoqí 혱 호기심을 갖다 | 适合 shìhé 통 적합하다 | ★规模 guīmó 몡 규모 | ★逐渐 zhújiàn 뮈 점점

7

해설 및 정답 **문제 분석▼** 빈칸 뒤에 的가 있으므로 真正挑战(진정한 도전)을 수식할 수 있는 A가 정답이다.

A 面临	B 吸引	**A 직면하다**	B 매료시키다
C 导致	D 提倡	C 야기하다	D 제창하다

호응 구조
- A 面临 miànlín 통 직면하다 ▶ **面临**挑战 도전에 직면하다
- B 吸引 xīyǐn 통 매료시키다 ▶ **吸引**读者 독자를 매료시키다
- C 导致 dǎozhì 통 야기하다 ▶ **导致**失败 실패를 야기하다
- D 提倡 tíchàng 통 제창하다 ▶ **提倡**节约 절약을 제창하다

| 실전 트레이닝 2 | 기본서 115쪽

정답
1. A   2. D   3. B   4. C   5. B   6. B   7. A

[1–3]

在四川地区 **1 生长** 着一种有趣的植物，它的名字叫做毛竹。这种竹子非常高大，它的竿高达二十多米，直径也达到了二十多厘米。然而，在最初的五年里，毛竹的生长十分缓慢，可以说是森林里的"小矮人"。但在第六年雨季来临时，**2 它却以惊人的速度向上长**，大约半个月时间，毛竹就能成为林中的身高冠军，并且风吹不倒。更为奇特的是，当毛竹处于生长期时，周围的植物都得为它让行，直到它长大"成人"，其他植物才能 **3 吸收** 到营养成分。

쓰촨 지역에서 맹종죽이라고 불리는 한 가지 재미있는 식물이 **1 자란다**. 이런 대나무는 키가 대단히 커서 장대는 20여 미터에 달하고, 직경도 20여 센티미터에 달한다. 그러나 처음 5년간 맹종죽의 성장은 매우 느려서 삼림의 '난쟁이'라고 말할 수 있다. 하지만 6년째 되는 해에 우기가 오면 **2 그것은 놀랄만한 속도로 위로 자란다**. 대략 보름의 시간 동안, 맹종죽은 숲에서 키가 일등이 될 수 있고, 바람이 불어도 쓰러지지 않는다. 더욱 기이한 것은 맹종죽이 성장기에 있을 때 주위의 식물은 맹종죽에게 길을 양보해야 하고, 그것이 '성인'으로 다 자라야 다른 식물은 비로소 영양분을 **3 흡수할** 수 있다.

단어 植物 zhíwù 몡 식물 | 毛竹 máozhú 몡 맹종죽 | 竹子 zhúzi 몡 대나무 | 竿 gān 몡 (대나무) 막대, 장대 | 直径 zhíjìng 몡 직경 | 达到 dádào 통 도달하다 | 厘米 límǐ 양 센티미터 | 然而 rán'ér 젭 그러나 | 最初 zuìchū 몡 처음 | 缓慢 huǎnmàn 혱 느리다 | 森林 sēnlín 몡 삼림, 숲 | 矮人 ǎirén 난쟁이 | 雨季 yǔjì 몡 우기 | 来临 láilín 통 도래하다 | 大约 dàyuē 몯 대략 | ★冠军 guànjūn 몡 우승, 1등 | 风吹 fēngchuī 통 바람이 불다 | 奇特 qítè 혱 기이하다 | 处于 chǔyú 통 처하다, 놓이다 | 周围 zhōuwéi 몡 주위, 주변 | 让行 ràngxíng 통 양보하다 | 直到 zhídào 통 쭉 ~에 이르다 | 长大 zhǎngdà 통 자라다 | ★营养 yíngyǎng 몡 영양

1

해설 및 정답 **문제 분석▼** 빈칸 뒤에 着가 있으므로 植物(식물)와 어울리는 호응 동사가 필요하다. 내용의 흐름상 '쓰촨 지역에서 식물이 자란다'가 되어야 하기에 정답은 A이다.

A 生长	B 产生	**A 자라다**	B 생기다
C 显示	D 宣传	C 나타내다	D 홍보하다

호응 구조
A 生长 shēngzhǎng 통 자라다 ▶ 生长着植物 식물이 자란다
B 产生 chǎnshēng 통 생기다 ▶ 产生兴趣 흥미가 생기다
C 显示 xiǎnshì 통 나타내다 ▶ 显示实力 실력을 나타내다
D 宣传 xuānchuán 통 홍보하다 ▶ 宣传产品 상품을 홍보하다

2

해설 및 정답 **문제 분석▼** 빈칸 앞 절에 但을 힌트로 앞에 쓰인 '小矮人(난쟁이)'과 반대되는 내용이 빈칸에 답으로 쓰일 것임을 유추할 수 있으므로, 빈칸에는 잘 자란다는 내용이 들어가야 한다.

A 大雨持续几天后	A 큰비가 며칠 동안 지속된 후
B 毛竹突然被风吹倒	B 맹종죽은 갑자기 바람이 불어와 쓰러진다
C 它毫无目的地生长	C 그것은 아무런 목적 없이 성장한다
D 它却以惊人的速度向上长	**D 그것은 놀랄만한 속도로 위로 자란다**

단어 ★持续 chíxù 통 지속하다 | 突然 tūrán 몯 갑자기 | ★吹倒 chuīdǎo 통 (바람 등에) 쓰러지다 | 毫无 háowú 통 조금도 ~이 없다 | 目的 mùdì 몡 목적 | 惊人 jīngrén 통 사람을 놀라게 하다

3

해설 및 정답 **문제 분석▼** 빈칸 뒤에 결과보어 到가 쓰였으므로 빈칸은 동사 자리이고, 보기 중 营养成分과 어울리는 호응 동사는 B이다.

A 善于	**B 吸收**	A ~를 잘하다	**B 흡수하다**
C 期待	D 追求	C 기대하다	D 추구하다

A 善于 shànyú 통 ~를 잘하다 ▶ 善于**表演** 연기를 잘하다
B 吸收 xīshōu 통 흡수하다 ▶ 吸收**营养成分** 영양분을 흡수하다
C 期待 qīdài 통 기대하다 ▶ 期待**结果** 결과를 기대하다
D 追求 zhuīqiú 통 추구하다 ▶ 追求**个性** 개성을 추구하다

[4-7]

给宝宝念书是一项很好的活动，既能让宝宝学到知识，**4 还能增进父母与孩子的感情**。反复念孩子喜欢的书，是帮助孩子进入书本世界的方法之一。重复多次之后，孩子对文字与语音的 **5 印象** 加深了，对内容也会有进一步的了解。因此在听故事时，他们对故事的发展有所期待，**6 同时** 也能预测书中的人、动物会有什么样的反应。重复为孩子念一本书，不仅让幼儿从听懂的层次提升到欣赏体会故事的层次，也能让孩子因为自己能预知、控制故事的发展，而在心里 **7 获得** 安心感和成就感。

아기에게 책을 읽어 주는 것은 좋은 활동으로 아기가 지식을 배울 수 있을 뿐만 아니라 **4 부모와 아이의 감정도 키울 수 있다**. 아이가 좋아하는 책을 반복해서 읽어 주는 것은 아이가 책의 세계로 들어서는 것을 도와주는 방법 중 하나이다. 여러 번 반복해서 읽어주면 아이는 문자와 말소리에 대한 **5 인상**이 더 깊어지고 내용에 대해서도 더 이해할 수 있게 된다. 그리하여 이야기를 들을 때 그들은 이야기의 전개에 대해 어느 정도 기대하면서 **6 동시에** 책 속의 인물, 동물이 어떤 반응을 할 것인지 예측할 수도 있다. 아이를 위해 책 한 권을 여러 번 읽는 것은 유아들이 듣고 이해할 수 있는 단계를 이야기를 감상하고 느낄 수 있는 단계로 끌어올릴 뿐만 아니라, 아이가 스스로 이야기의 발전을 예상하고 제어할 수 있기 때문에, 마음속에서 안도감과 성취감을 **7 얻도록** 해줄 수 있다.

단어 宝宝 bǎobao 명 아기 | 念书 niànshū 통 책을 읽다 | ★项 xiàng 양 항목을 세는 단위 | ★反复 fǎnfù 통 반복하다 | ★重复 chóngfù 통 중복하다 | ★文字 wénzì 명 문자 | 语音 yǔyīn 명 말소리 | 加深 jiāshēn 통 깊어지다 | 进一步 jìn yí bù 한 걸음 나아가다 | ★期待 qīdài 통 기대하다 | 预测 yùcè 통 예측하다 | ★反应 fǎnyìng 명통 반응(하다) | 幼儿 yòu'ér 명 유아 | 层次 céngcì 명 단계 | 提升 tíshēng 통 끌어올리다 | ★欣赏 xīnshǎng 통 감상하다 | ★体会 tǐhuì 통 체득하다 | 预知 yùzhī 통 예상하다 | ★控制 kòngzhì 통 제어하다 | 安心 ānxīn 통 마음을 놓다 | ★成就 chéngjiù 명 성취

4

해설 및 정답 **문제 분석▼** 밑줄 앞 문장의 既는 '또, 더'의 뜻을 나타내는 부사 还와 호응하여 정답은 C이다. '既…还…(~뿐만 아니라 더 ~하다)'의 형태로 자주 쓰인다.

A 可以锻炼父母的表达能力
B 父母应反复耐心教育孩子
C 还能增进父母与孩子的感情
D 是孩子不断成长的关键时期

A 부모의 표현 능력을 단련할 수 있다
B 부모는 계속 인내심을 가지고 아이를 교육해야 한다
C 부모와 아이의 감정도 키울 수 있다
D 아이들이 끊임없이 성장하는 중요한 시기이다

단어 锻炼 duànliàn 통 단련하다 | 增进 zēngjìn 통 증진하다 | 感情 gǎnqíng 명 감정

해설 및 정답 **문제 분석▼** 술어 동사인 加深(깊어지다)과 호응하는 명사는 印象(인상)이므로 정답은 B이다.

A 意义	**B 印象**	A 의미	**B 인상**
C 形式	D 表达	C 형식	D 표현

호응 구조
A 意义 yìyì 몡 의의 ▶ 意义深远 의의가 깊고 크다
B 印象 yìnxiàng 몡 인상 ▶ 印象深刻 인상이 깊다
C 形式 xíngshì 몡 형식 ▶ 形式多样 형식이 다양하다
D 表达 biǎodá 몡 표현 ▶ 表达流利 표현이 유창하다

해설 및 정답 **문제 분석▼** 빈칸 뒤에 也는 앞 문장과 뒤 문장이 같거나 비슷한 내용일 때 연결되므로, 이 두 문장을 연결할 가장 적당한 부사는 B이다.

A 不如	**B 同时**	A ~만 못하다	**B 동시에**
C 在于	D 立即	C ~에 있다	D 즉시

호응 구조
A 不如 bùrú 통 ~만 못하다 ▶ 不如旅行 여행만 못하다
B 同时 tóngshí 뮈 동시에 ▶ 同时进行 동시에 진행하다
C 在于 zàiyú 통 ~에 있다, ~에 달려 있다 ▶ 在于努力 노력에 달려 있다
D 立即 lìjí 뮈 즉시 ▶ 立即行动 즉시 행동하다

해설 및 정답 **문제 분석▼** 빈칸은 동사 자리로 뒤의 목적어 安心感和成就感과 호응해야 한다. 문맥상 '마음속에서 안도감과 성취감을 얻도록 해 줄 수 있다'는 의미가 되어야 하므로 빈칸에 들어갈 단어는 A이다.

A 获得	B 宣布	**A 얻다**	B 선포하다
C 发挥	D 分析	C 발휘하다	D 분석하다

호응 구조
A 获得 huòdé 통 얻다 ▶ 获得成就 성취를 획득하다
B 宣布 xuānbù 통 선포하다 ▶ 宣布结果 결과를 선포하다
C 发挥 fāhuī 통 발휘하다 ▶ 发挥才能 재능을 발휘하다
D 分析 fēnxī 통 분석하다 ▶ 分析问题 문제를 분석하다

④ 단문 파악

| *실전* **트레이닝 1** | 기본서 **126쪽**

정답

1. D   2. D   3. D

1

해설 및 정답   **문제 분석▼** 导致肌肉疲劳, 运动后感到肌肉酸痛(근육 피로를 일으키고, 운동 후에 근육이 쑤시는 통증을 느낀다)이 라고 했으므로, 정답은 D이다. 运动时氧气的摄取量非常低(운동할 때 산소의 섭취량이 매우 적다)에서 산소 섭취 량이 적다는 것이지 산소를 섭취하지 않는 것이 아니므로 B는 오답이다.

无氧运动的最大特征是：运动时氧气的摄取量非常低。无氧运动速度很快，而且爆发力很强，这种运动会在体内产生很多的乳酸，导致肌肉疲劳，运动后感到肌肉酸痛，呼吸急促。常见的无氧运动有短跑、举重、跳高、跳远等。

A 有氧运动效果不佳
B 无氧运动不摄取氧气
C 有氧运动后要好好休息
D 无氧运动会导致肌肉疼痛

무산소 운동의 가장 큰 특징은 운동할 때 산소의 섭취량이 매우 적다는 것이다. 무산소 운동의 속도는 매우 빠를 뿐만 아니라 폭발력도 매우 강하다. 이 종류의 운동은 체내에 생겨난 매우 많은 젖산이 근육 피로를 일으키고, 운동 후에 근육이 시큰거리며 쑤시는 통증을 느끼며 호흡이 빨라진다. 자주 볼 수 있는 무산소 운동은 단거리 달리기, 역도, 높이뛰기, 멀리뛰기 등이다.

A 유산소 운동의 효과는 좋지 않다
B 무산소 운동은 산소를 섭취하지 않는다
C 유산소 운동 후에는 잘 쉬어야 한다
D 무산소 운동은 근육 통증을 일으킨다

단어   无氧 wúyǎng 몡 무산소 | 特征 tèzhēng 몡 특징 | 摄取量 shèqǔliàng 몡 섭취량 | 爆发力 bàofālì 몡 폭발력 | 乳酸 rǔsuān 몡 젖산 | ★导致 dǎozhì 됭 야기하다 | ★肌肉 jīròu 몡 근육 | ★疲劳 píláo 혱 피곤하다 | ★呼吸 hūxī 몡 호흡 | 急促 jícù 혱 빠르다, 가쁘다 | 短跑 duǎnpǎo 몡 단거리 경주 | 举重 jǔzhòng 몡 역도 | 跳高 tiàogāo 몡 높이뛰기 | 跳远 tiàoyuǎn 몡 멀리뛰기 | 氧气 yǎngqì 몡 산소 | ★效果 xiàoguǒ 몡 효과 | 佳 jiā 혱 좋다

 문제 분석▼ 본문의 得失忆症的人记得很久以前的事(기억상실증에 걸린 사람은 오래 전의 일은 기억한다)에서 很久以前的事를 多年前的事로 바꾸어 표현한 D가 정답이다.

失忆症在中国古代被称作"妙笔寻花"，意思是得失忆症的人记得很久以前的事，却不记得刚刚发生的事。比如可以很清楚地说出很多年前孩子出生时的情景，却说不出自己穿了什么颜色的袜子，晚饭吃了什么等等。	기억상실증은 중국 고대에서부터 '묘필심화'라고 불렸는데, 이는 기억상실증에 걸린 사람은 오래 전의 일은 기억하지만 오히려 발생한 지 얼마 되지 않은 일은 기억하지 못하는 것을 말한다. 예를 들어 수년 전 아이가 태어났던 장면은 명확하게 이야기할 수 있으나, 자신이 어떤 색의 양말을 신었고, 저녁밥은 무엇을 먹었는지 등은 말하지 못한다.
A 失忆症是古代的一种病 B 失忆症是一种很难治疗的病 C 失忆症的人经常会忘记时间 **D 失忆症患者能记住多年前的事**	A 기억상실증은 고대에 발생했던 일종의 병이다 B 기억상실증은 치료하기 매우 힘든 병이다 C 기억상실증에 걸린 사람은 자주 시간을 잊는다 **D 기억상실증 환자는 수년 전의 일을 기억한다**

단어 失忆症 shīyìzhèng 명 기억상실증 | 称作 chēngzuò 동 ~(이)라고 부르다 | ★情景 qíngjǐng 명 (구체적인) 광경, 장면 | ★治疗 zhìliáo 동 치료하다 | 患者 huànzhě 명 환자

 문제 분석▼ 지문에서 有五个王朝的都城都在这里(다섯 왕조의 수도가 이곳에 있었다)라고 했으므로 C는 오답이다. 春秋战国时陕西是秦国治地, 所以后人将陕西简称为 "秦" (춘추 전국 시대에 산시(성)는 진나라의 통치 지역이었기 때문에, 후대 사람들은 산시(성)를 '진'으로 칭했다)에서 정답은 D임을 알 수 있다.

陕西历史悠久，自古是帝王建都之地，中国历史上的九个大一统王朝中，有五个王朝的都城都在这里。陕西省的一个代称是"秦"，春秋战国时陕西是秦国治地，所以后人将陕西简称为"秦"，将陕西中部的主要山脉称"秦岭"，将渭河平原称"秦川"。	산시(성)는 역사가 유구하고, 예로부터 황제가 수도로 삼은 곳으로 중국 역사상 아홉 개의 통일 왕조 가운데, 다섯 왕조의 수도가 이곳에 있었다. 산시성의 별칭은 '진'이다. 춘추 전국 시대에 산시(성)는 진나라의 통치 지역이었기 때문에, 후대 사람들은 산시(성)를 '진'으로 약칭했으며, 산시(성) 중부의 주요 산맥은 '진령'으로, 위하 평원은 '진천'이라고 칭했다.
A 秦岭位于陕西省的西部 B 陕西省的地形十分复杂 C 历史上有九个王朝在陕西建都 **D 陕西省代称"秦"来自古代秦国**	A 진령은 산시성의 서부에 위치한다 B 산시성의 지형은 매우 복잡하다 C 역사상 아홉 개의 왕조는 산시(성)에 수도를 건설했다 **D 산시성의 별칭인 '진'은 고대의 진나라로부터 왔다**

단어 陕西 Shǎnxī 고유 산시(성) | ★悠久 yōujiǔ 형 유구하다 | 自古 zìgǔ 부 자고로, 예로부터 | 帝王 dìwáng 명 제왕 | 建都 jiàndū 동 수도를 세우다, 수도로 정하다 | 大一统 dà yì tǒng 명 (전국적인) 통일 | ★王朝 wángcháo 명 왕조 | 都城 dūchéng 명 수도 | 代称 dàichēng 명 별칭, 다른 이름 | 秦 Qín 고유 진나라 | 春秋战国 Chūnqiū Zhànguó 춘추 전국 | 简称 jiǎnchēng 명 약칭 | 山脉 shānmài 명 산맥 | 秦岭 Qínlǐng 고유 진령 산맥 | 渭河平原 Wèihé píngyuán 고유 위하 평원 | 秦川 Qínchuān 고유 진천[지명]

정답

1. A   2. D   3. C

1

해설 및 정답   **문제 분석▼** 지문에서 所以需要 "冬眠"('겨울잠'이 필요하다)이라고 했으므로 정답은 A이다.

变温动物的体温随着冬季的到来与外界温度一起下降，以至很快变得不能进行生活活动，所以需要"冬眠"。但在这之前，它们要向避风和温度下降不剧烈的地方移动，从而进入冬眠，一般多选择阳坡的地下或石头下面等处。

변온 동물의 체온은 겨울이 다가옴에 따라 외부 온도와 함께 떨어지고, 활동을 할 수 없도록 빠르게 변해, '겨울잠'이 필요하다. 하지만 이 전에 그들은 바람을 피하고 온도가 격렬히 떨어지지 않은 장소로 이동하고 겨울잠에 들어간다. 일반적으로 양지바른 언덕의 땅 밑이나 돌 아래 등의 장소를 많이 택한다.

A 变温动物需要 "冬眠"
B 变温动物生活活动缓慢
C 变温动物对环境的适应能力很强
D 变温动物喜欢在阴冷的地方冬眠

A 변온 동물은 '겨울잠'이 필요하다
B 변온 동물은 생활 활동이 느리다
C 변온 동물은 환경의 적응 능력이 뛰어나다
D 변온 동물은 그늘지고 찬 곳에서 겨울잠 자기를 좋아한다

단어 变温动物 biànwēn dòngwù 몡 변온 동물 | 体温 tǐwēn 몡 체온 | 随着 suízhe 동 ~함에 따라 | 冬季 dōngjì 몡 겨울철 | 到来 dàolái 동 도래하다 | 外界 wàijiè 몡 외부 | ★下降 xiàjiàng 동 하강하다 | 以至 yǐzhì 접 ~에 이르다 | ★进行 jìnxíng 동 진행하다 | 冬眠 dōngmián 동 겨울잠을 자다 | 避风 bìfēng 동 바람을 피하다 | 剧烈 jùliè 혱 격렬하다 | 阳坡 yángpō 몡 양지바른 언덕 | 缓慢 huǎnmàn 혱 (속도가) 느리다 | 阴冷 yīnlěng 혱 그늘지고 차다

2

해설 및 정답   **문제 분석▼** 后期多感叹身世, 充满感伤(후기는 신세 한탄하는 것이 많고, 슬픔으로 가득 차 있다)이라고 했으므로 정답은 D이다.

李清照是中国宋代女词人，被称为"千古第一才女"。她出生于书香门第，小时候就在良好的家庭环境中打下了文学基础。出嫁后与丈夫共同搜集、整理书画金石。她的词可分为两个时期，前期多写悠闲生活，后期多感叹身世，充满感伤。

이청조는 중국 송대의 여자 시인으로 '천고제일재녀'로 일컬어진다. 그녀는 학자 가문에서 태어나 어릴 적부터 좋은 가정 환경에서 문학의 기초를 닦았다. 시집을 간 후 남편과 함께 서예 그림과 금석 문자를 수집하고 정리했다. 그녀의 시는 두 시기로 나누어 볼 수 있는데, 전기는 생활의 한가로움에 대해 많이 썼고, 후기는 신세 한탄하는 것이 많고, 슬픔으로 가득 차 있다.

A 李清照是清代女词人	A 이청조는 청대(청나라)의 여자 시인이다
B 李清照是中国的千古美女	B 이청조는 중국의 천고 미녀이다
C 李清照的丈夫也喜欢写词	C 이청조의 남편도 시 쓰는 것을 좋아한다
D 李清照后期的词变得感伤	**D 이청조의 후기 시는 슬프게 변했다**

단어 李清照 Lǐ Qīngzhào 고유 이청조[인명] | 宋代 Sòngdài 명 송대 | 词 cí 명 사[중국 고전문학 가운데 시의 한 장르] | ★称为 chēngwéi 동 ~라고 부르다 | 千古 qiāngǔ 명 오랜 세월, 천고 | 才女 cáinǚ 명 재능 있는 여자 | 书香门第 shūxiāng méndì 학자 가문 | ★良好 liánghǎo 형 양호하다 | 出嫁 chūjià 동 시집 가다 | 搜集 sōují 동 수집하다 | 书画金石 shūhuà jīnshí 명 서예 그림과 금석 문자 | ★悠闲 yōuxián 형 한가하다 | 感叹 gǎntàn 동 탄식하다 | 身世 shēnshì 명 신세 | 感伤 gǎnshāng 동 슬퍼하다 | 美女 měinǚ 명 미녀, 미인

3

해설 및 정답 **문제 분석▼** 即越是充分接受阳光的地方，越容易开花(바로 충분히 햇빛을 받는 곳일수록 꽃을 피우기 더 쉽다는 것이다)는 '햇빛은 선인장이 꽃을 피우는 데 도움이 된다'는 내용과 일치하므로 정답은 C이다.

每一种仙人掌类植物都能开花，其中很多种类只要栽培适当，很快就可开花。仙人掌开花有个特点，即越是充分接受阳光的地方，越容易开花。花的颜色除了蓝色和黑色外，其他各种颜色的花也都有，而且千变万化。

모든 선인장류 식물은 모두 꽃을 피울 수 있고, 그중 대부분은 재배만 적당하면 금방 꽃을 피울 수 있다. 선인장의 개화에는 특징이 있는데, 바로 충분히 햇빛을 받는 곳일수록 꽃을 피우기 더 쉽다는 것이다. 꽃의 색깔은 푸른색과 검은색뿐만 아니라, 다른 각종 색깔의 꽃도 모두 있으며 게다가 변화무쌍하다.

A 仙人掌离不开水	A 선인장은 물이 없어서는 안 된다
B 仙人掌易在沙漠中生长	B 선인장은 사막에서 자라기 쉽다
C 阳光有助于仙人掌开花	**C 햇빛은 선인장이 꽃을 피우는 데 도움이 된다**
D 开花的仙人掌可以食用	D 꽃을 피운 선인장은 식용이 가능하다

단어 仙人掌 xiānrénzhǎng 명 선인장 | 开花 kāihuā 동 꽃이 피다 | 种类 zhǒnglèi 명 종류 | 栽培 zāipéi 동 재배하다 | 适当 shìdàng 형 적당하다 | ★充分 chōngfèn 형 충분하다 | 接受 jiēshòu 동 받다 | 阳光 yángguāng 명 햇빛 | 颜色 yánsè 명 색 | 千变万化 qiān biàn wàn huà 성 끊임없이 변화하다 | 易 yì 부 쉽다 | ★沙漠 shāmò 명 사막 | ★生长 shēngzhǎng 동 자라다 | 有助于 yǒuzhùyú ~에 도움이 되다 | 食用 shíyòng 동 식용하다

1. B   2. D   3. C

1

해설 및 정답

문제 분석▼ 充分展现了三国文化和四川民风民俗的独特魅力(삼국 문화와 쓰촨 민간 풍속의 독특한 매력을 충분히 드러냈다)를 근거로 정답은 B임을 알 수 있다.

成都锦里曾是历史上最古老、最具有商业气息的街道之一，早在秦汉、三国时期便闻名全国。今天这条街上，浓缩了成都生活的精华：有茶楼、客栈、酒楼、酒吧、戏台、风味小吃、工艺品、土特产，充分展现了三国文化和四川民风民俗的独特魅力。

A 成都锦里位于四川北部
B 成都锦里极具文化特色
C 成都锦里是一条美食街
D 成都锦里未被充分开发

청두의 진리는 역사상 가장 오래되고 상업적 분위기를 가장 많이 지닌 거리 중 하나로, 일찍이 진한, 삼국 시기에 전국에서 유명했다. 오늘날 이 거리에는 청두 생활의 정화가 농축되어 있다. 찻집, 객잔, 음식점, 술집, 연극 무대, 향토 음식, 공예품, 특산품이 있어서 삼국 문화와 쓰촨 민간 풍속의 독특한 매력을 충분히 드러냈다.

A 청두 진리는 쓰촨 북부에 위치한다
B 청두 진리는 문화적 특색이 강하다
C 청두 진리는 먹자골목이다
D 청두 진리는 아직 충분히 개발되지 않았다

단어 成都 Chéngdū [고유] 청두[지명] | 锦里 Jǐnlǐ [고유] 진리[지명] | 古老 gǔlǎo [형] 오래되다 | ★具有 jùyǒu [동] 가지다 | 商业气息 shāngyè qìxī 상업 정취 | 街道 jiēdào [명] 거리 | 秦汉 Qín Hàn [고유] 진한 | ★时期 shíqī [명] 시기 | 闻名全国 wénmíng quánguó 전국에서 유명하다 | 浓缩 nóngsuō [동] 농축하다 | 精华 jīnghuá [명] 정화, 정수 | 茶楼 chálóu [명] 찻집 | 客栈 kèzhàn [명] 객잔[숙박 시설] | 酒楼 jiǔlóu [명] 음식점 | ★酒吧 jiǔbā [명] 술집 | 戏台 xìtái [명] 연극 무대 | 风味小吃 fēngwèi xiǎochī [명] 먹을거리 | 工艺品 gōngyìpǐn [명] 공예품 | 土特产 tǔtèchǎn [명] 특산품 | ★充分 chōngfèn [부] 충분히 | ★展现 zhǎnxiàn [동] 드러내다 | ★独特 dútè [형] 독특하다 | ★魅力 mèilì [명] 매력 | 美食街 měishíjiē [명] 먹자골목

2

해설 및 정답

문제 분석▼ 지문의 服从他们会使自己具备安全感, 减少犯错的机率(그들을 따르면 스스로 안도감을 느끼며 실수를 저지를 확률을 줄일 수 있다)에서 减少犯错的机率는 D의 减少出错와 같은 의미이므로 정답은 D이다.

"权威效应"是指一个人要是地位高、有威信、受人敬重，那他所说的话及所做的事就容易引起别人重视，让人相信。"权威效应"的普遍存在，首先是由于人们有"安全心理"，即人们总认为权威人物往往是正确的，服从他们会使自己具备安全感，减少犯错的机率。

'권위 효과'란 지위가 높고 위신이 있으며 사람들의 존경을 받는 사람이라면, 그가 한 말과 행동은 쉽게 다른 사람에게 중요시되고 사람들이 믿게 되는 현상을 말한다. '권위 효과'가 보편적으로 존재하는 이유는 우선 사람들에게 '안전 심리'가 있기 때문이다. 즉 사람들은 항상 권위 있는 인물은 늘 옳고, 그들을 따르면 스스로 안도감을 느끼며 실수를 저지를 확률을 줄일 수 있다고 생각한다.

A 地位高的人心态好	A 지위가 높은 사람은 심리 상태가 좋다
B 权威人物不会犯错误	B 권위 있는 인물은 실수할 리가 없다
C 安全心理不受人们重视	C 안전 심리는 사람들에게 중요시되지 않는다
D 听从权威人物可减少出错	**D 권위 있는 인물의 말을 들으면 실수를 줄일 수 있다**

단어 权威效应 quánwēi xiàoyìng 권위 효과 | ★地位 dìwèi 몡 지위 | 威信 wēixìn 몡 신망 | 敬重 jìngzhòng 동 존경하다 | ★引起 yǐnqǐ 동 야기하다, 일으키다 | 重视 zhòngshì 동 중요시하다 | 相信 xiāngxìn 동 믿다 | ★普遍 pǔbiàn 형 보편적이다 | 存在 cúnzài 동 존재하다 | 即 jí 부 즉 | 正确 zhèngquè 형 올바르다 | 服从 fúcóng 동 복종하다 | ★具备 jùbèi 동 구비하다, 갖추다 | 安全感 ānquángǎn 몡 안도감 | ★减少 jiǎnshǎo 동 감소하다 | 犯错 fàncuò 동 실수를 저지르다 | 机率 jīlǜ 몡 확률 | 听从 tīngcóng 동 (남의 말을) 따르다 | ★人物 rénwù 몡 인물 | 出错 chūcuò 동 실수하다

3

문제 분석▼ 지문의 通过演员的表演实现戏曲的全部功能(배우의 공연을 통해 희곡의 전반적인 기능을 실현한다)에서 희곡에서 배우의 연기가 매우 중요함을 알 수 있으므로 정답은 C이다.

中国戏曲是一种高度综合的民族艺术。它不仅融会了各个艺术门类，比如舞蹈、杂技，而且还具有精彩丰富的表演艺术。各种不同的艺术元素与表演艺术紧密结合，<u>通过演员的表演实现戏曲的全部功能</u>。其中，唱、念、做、打便是戏曲的综合性的最集中、最突出的体现。

중국 희곡은 높은 수준의 종합 민족 예술이다. 그것은 무용, 곡예 등과 같은 다양한 예술 장르를 융합했을 뿐만 아니라 훌륭하고 풍부한 공연 예술도 가지고 있다. 다양한 예술적 요소와 공연 예술이 긴밀히 결합되어, <u>배우의 공연을 통해 희곡의 전반적인 기능을 실현한다</u>. 그중 노래, 대사(낭독), 동작, 무술은 희곡의 종합성이 가장 집중되고 가장 두드러지게 구현된 것이다.

A 中国戏曲历史悠久
B 唱是戏曲最突出的部分
C 戏曲艺术离不开演员表演
D 各民族都有自己独特的戏曲文化

A 중국 희곡의 역사는 유구하다
B 노래는 희곡에서 가장 두드러진 부분이다
C 희곡 예술은 배우의 공연과 뗄 수 없다
D 각 민족은 모두 자신의 독특한 희곡 문화를 갖는다

단어 戏曲 xìqǔ 몡 희곡 | 高度 gāodù 몡 정도가 매우 높다 | ★综合 zōnghé 동 종합하다 | 民族艺术 mínzú yìshù 민족 예술 | 融会 rónghuì 동 융합하다 | 比如 bǐrú 접 예를 들어 | 舞蹈 wǔdǎo 몡 무용 | 杂技 zájì 몡 곡예 | ★具有 jùyǒu 동 갖추다, 구비하다 | 精彩 jīngcǎi 훌륭하다 | 表演艺术 biǎoyǎn yìshù 표현 예술 | 元素 yuánsù 몡 요소 | 紧密 jǐnmì 형 긴밀하다 | ★结合 jiéhé 동 결합하다 | 通过 tōngguò 전 ~을 통해서 | 表演 biǎoyǎn 몡 연기 | ★实现 shíxiàn 동 실현하다 | ★功能 gōngnéng 몡 기능 | 念 niàn 몡 (대사) 낭독 | 综合性 zōnghéxìng 종합성 | ★集中 jízhōng 동 집중되다 | ★突出 tūchū 형 두드러지다 | ★体现 tǐxiàn 몡동 구현(하다) | 包括 bāokuò 동 포함하다 | ★悠久 yōujiǔ 유구하다 | 部分 bùfen 몡 부분 | ★独特 dútè 형 독특하다

 정답

1. B　　2. A　　3. C

1

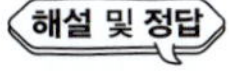 **해설 및 정답**　**문제 분석▼**　지문의 有用的阅读当然是重要的(유용한 독서는 당연히 중요하다)와 比这更美好的境界是无用的阅读(이것보다 더 훌륭한 경지는 쓸모 없는 독서이다)에서 유용한 독서와 쓸모 없는 독서 모두 중요함을 알 수 있으므로 정답은 B이다.

在这个时代，有用的阅读当然是重要的。但是，比这更美好的境界是无用的阅读，就是为生命、为成长的阅读，它不见得给你一个直接的学历，不一定给你专业的技能，但是它让你的心灵开阔，给你幸福感和安全感。

요즘 시대에 유용한 독서는 당연히 중요하다. 하지만 이것보다 더 훌륭한 경지는 쓸모 없는 독서인데, 바로 생명, 성장을 위한 독서이다. 그것은 당신에게 직접적인 학력을 주지도 않고, 꼭 전문적인 기술 능력을 주는 것도 아니지만, 그것은 당신의 마음을 탁 트이게 하고, 행복한 기분과 안도감을 준다.

A 要合理安排时间
B 读书不分有用无用
C 高学历离不开读书
D 幸福感来源于专业技能

A 합리적으로 시간을 안배해야 한다
B 독서는 쓸모 있는지 없는지 구분하지 않는다
C 고학력은 독서를 벗어날 수 없다
D 행복감은 전문 기술 능력에서 생겨난다

단어　★时代 shídài 명 시대 | 有用 yǒuyòng 통 유용하다 | 境界 jìngjiè 명 경지 | 无用 wúyòng 통 쓸모 없다 | 直接 zhíjiē 형 직접적인 | ★学历 xuélì 명 학력 | ★专业 zhuānyè 형 전문적이다 | 技能 jìnéng 명 기술 능력 | 心灵 xīnlíng 명 마음 | 开阔 kāikuò 형 탁 트이다 | 幸福感 xìngfúgǎn 명 행복감 | 安全感 ānquángǎn 명 안도감 | 安排 ānpái 통 안배하다 | 来源于 láiyuán yú ~에서 생겨나다

2

해설 및 정답　**문제 분석▼**　只有放下, 你才能自如地生活(오직 내려놓아야만 당신이 자유롭게 살 수 있다)를 근거로 내려놓는 것은 일종의 지혜임을 알 수 있으므로 정답은 A이다.

人拥有太多用不到也享受不到的东西，却还是要拼命地满足心里的那个无法实现的梦。所以，拥有一个东西，你其实就失去两个自由——一个是被物质捆绑，一个是面临被金钱支配。人生各方面，只有放下，你才能自如地生活。

사람은 사용하지도 누리지도 못하는 것을 너무 많이 가지고 있으면서도, 마음속의 실현할 수 없는 꿈을 만족시키려고 필사적이다. 그래서 어떤 것 하나를 갖는다면, 사실 두 개의 자유를 잃는 것이다. 하나는 물질에 묶이고, 또 하나는 금전적 지배에 직면하는 것이다. 인생의 여러 방면에서 오직 내려놓아야만 당신이 자유롭게 살 수 있다.

A 放手也是一种智慧
B 要放慢生活的节奏
C 人应坚持自己的方向
D 梦想的实现需要努力

A 내려놓는 것 또한 일종의 지혜이다
B 생활의 리듬을 늦춰야 한다
C 사람은 마땅히 자신의 방향을 견지해야 한다
D 꿈을 실현하는 것은 노력이 필요하다

단어 拥有 yōngyǒu 图 가지다 | ★享受 xiǎngshòu 图 즐기다 | 拼命 pīnmìng 图 필사적으로 하다 | ★满足 mǎnzú 图 만족시키다 | ★失去 shīqù 图 잃다 | ★自由 zìyóu 圀 자유 | 捆绑 kǔnbǎng 图 묶다 | ★面临 miànlín 图 직면하다 | 支配 zhīpèi 圀 지배 | 自如 zìrú 圀 자유롭다 | ★智慧 zhìhuì 圀 지혜 | 坚持 jiānchí 图 견지하다 | ★实现 shíxiàn 图 실현하다 | 需要 xūyào 图 필요하다

3

해설 및 정답 **문제 분석▼** 지문의 过于在乎细节, 有时可能会让我们远离目标(세부적인 것에 지나치게 신경 쓰면, 가끔 우리를 목표와 멀어지게 할 수 있다)는 '세부적인 것을 지나치게 중시하면 안 된다'는 내용과 일치하므로 정답은 C이다.

有人说, 设计师的作品只有达到了没什么可以删除的程度, 而非再没什么可以添加的程度, 才可以说实现了完美。这句话是告诉我们要学会把复杂的内容简单化, <u>过于在乎细节, 有时可能会让我们远离目标</u>。	어떤 사람이 말하기를, 디자이너의 작품은 삭제할 것이 거의 없는 수준에 도달하고, 더 이상 첨가할 것이 없는 수준에 이르러야 완벽을 실현했다고 할 수 있다고 했다. 이 말은 우리가 복잡한 내용을 간소화시키는 법을 배워야 한다고 말해주고 있으며, <u>세부적인 것에 지나치게 신경 쓰면, 어떤 때는 우리를 목표와 멀어지게 할 수 있다는 것이다.</u>
A 设计师要学会变通 B 细节造就完美作品 **C 不要过分看重细节** D 目标的实现在于坚持	A 디자이너는 융통성을 갖도록 배워야 한다 B 세부적인 것이 완벽한 작품을 만들어 낸다 **C 세부적인 것을 지나치게 중시하면 안 된다** D 목표를 실현하는 것은 견지하는 데에 있다

단어 ★设计师 shèjìshī 圀 디자이너 | ★作品 zuòpǐn 圀 작품 | ★达到 dádào 图 도달하다 | ★删除 shānchú 图 삭제하다 | ★程度 chéngdù 수준, 정도 | 添加 tiānjiā 图 첨가하다 | ★实现 shíxiàn 图 실현하다 | ★完美 wánměi 圀 완벽하다 | 复杂 fùzá 圀 복잡하다 | 简单化 jiǎndānhuà 图 간소화하다 | 过于 guòyú 图 지나치게 | ★在乎 zàihu 图 신경 쓰다 | ★细节 xìjié 圀 세부 사항 | 远离 yuǎnlí 图 멀어지다 | ★目标 mùbiāo 圀 목표 | 变通 biàntōng 圀 융통성 있다 | 造就 zàojiù 图 만들어 내다 | ★过分 guòfèn 图 지나치다 | 看重 kànzhòng 图 중시하다 | ★在于 zàiyú 图 ~에 있다, ~에 달려있다

정답
1. C   2. D   3. A

1

해설 및 정답   **문제 분석▼**   지문의 在心里给自己加油: 我也可以!(마음속으로 자신에게 '나도 할 수 있다!'라고 응원을 보내는 것도 괜찮다)는 '자신감을 배워야 한다'는 내용과 일치하므로 정답은 C이다.

当有人向你提问时，很多谦虚的人总会有意无意地说"我也不清楚"、"我也没有把握"这样的话。时间长了，他们反而会失去了挑战的精神。因此，我们不妨暂时忘记谦虚，在心里给自己加油: 我也可以!

A 虚心使人进步
B 做事不要骄傲
C 应该学会自信
D 回答前要仔细考虑

누군가 당신에게 질문할 때, 많은 겸손한 사람들은 무심코 "저도 잘 모르겠어요", "저도 확실하지 않아요"와 같은 말을 한다. 시간이 길어지면 그들은 오히려 도전 정신을 잃는다. 그렇기 때문에 우리는 잠시 겸손을 잊고, 마음속으로 자신에게 '나도 할 수 있다!'라고 응원을 보내는 것도 괜찮다.

A 겸손함은 사람을 진보하게 만든다
B 일할 때 교만하면 안 된다
C 자신감을 배워야 한다
D 대답하기 전에 자세히 고려해야 한다

단어   ★提问 tíwèn 통 질문하다 | ★谦虚 qiānxū 형 겸손하다 | 有意无意 yǒuyì wúyì 무심코 | ★把握 bǎwò 명 자신, 확신 | ★反而 fǎn'ér 부 오히려 | ★失去 shīqù 통 잃다 | ★挑战 tiǎozhàn 통 도전하다 | ★精神 jīngshén 명 정신 | 不妨 bùfáng 부 (~하는 것도) 괜찮다 | ★暂时 zànshí 명 잠시 | 加油 jiāyóu 통 응원하다 | ★进步 jìnbù 통 진보하다 | 骄傲 jiāo'ào 형 교만하다, 오만하다 | 仔细 zǐxì 형 자세하다 | 考虑 kǎolǜ 통 고려하다

2

해설 및 정답   **문제 분석▼**   行事前做好计划, 就不会发生因犯了错误而后悔的事(사전에 계획을 잘 세우면, 잘못을 범해서 후회하는 일은 발생하지 않을 것이다)라고 했으므로 D가 정답이다.

《礼记》中有这样一句话: "凡事预则立，不预则废"，说的是不管什么事情，事先有准备就可以成功，没有准备就要失败。说话前做好准备，就不会因词穷理屈而站不住脚; 行事前做好计划, 就不会发生因犯了错误而后悔的事。

A 说话做事要有原则
B 成功之路并不一帆风顺
C 任何事情都有不确定性
D 提前做计划可避免出错

《예기》에는 '범사예즉입, 불예즉폐'라는 말이 있는데, 무슨 일이든 미리 준비한다면 성공할 수 있으나, 그렇지 않으면 실패한다는 말이다. 말하기 전에 준비를 잘하면, 이치에 맞지 않아 말문이 막히는 일이 없을 것이고, 사전에 계획을 잘 세우면, 잘못을 범해서 후회하는 일은 발생하지 않을 것이다.

A 말하고 일하는 것은 모두 원칙이 있어야 한다
B 성공의 길은 순조롭지만은 않다
C 어떤 일이든 불확실함이 있다
D 사전에 계획하는 것은 실수를 피할 수 있다

3

해설 및 정답 **문제 분석▼** 지문의 知足常乐(만족함을 알면 항상 즐겁다)라고 한 내용과 '사람은 만족할 줄 알아야 한다'라고 한 A의 내용이 일치한다.

每个人都希望过上幸福快乐的生活，可是人生不如意者十有八九。人要想生活过得愉快，首先必须要有个好心态，与别人相处不争强好胜、不斤斤计较等等，只有这样，你的人生之路才会越走越宽广。正所谓"知足常乐，能忍自安"。

사람들은 모두 행복하고 즐거운 삶을 살고 싶어하지만, 인생은 십중팔구는 뜻대로 되지 않는다. 사람이 즐겁게 살려면 우선 좋은 마음가짐이 필요하다. 다른 사람과 어울리는 데 있어서 항상 남을 이기려고 하지 말고, 모든 일을 시시콜콜 따지지 않는 등을 해야 한다. 오직 이렇게 해야만 당신의 인생 길이 더 넓어진다. 소위 '만족함을 알면 항상 즐겁고, 참을 줄 알면 편안하다'라고 했다.

A 人要学会满足
B 与别人交流很关键
C 人生之路难免有困难
D 成功源于不断的努力

A 사람은 만족할 줄 알아야 한다
B 다른 사람과 지내는 것은 매우 중요하다
C 인생은 어려움이 있기 마련이다
D 성공은 끊임없는 노력에서 온다

정답

1. C　　2. D　　3. B

1

해설 및 정답　**문제 분석▼**　지문의 事先做好准备, 就会减少失败带来的风险(사전에 준비를 잘 해놓으면 실패가 가져오는 위험을 줄일 수 있다)에서 C가 정답이라는 것을 알 수 있다.

成语"未雨绸缪"指的是趁着天没下雨, 先修好房屋门窗, 以免大雨来临时被淋湿。比喻事先做好准备工作, 预防不必要的事发生。生活中, 我们要经历千千万万的事, 总要面对无数次的成功与失败。<u>事先做好准备, 就会减少失败带来的风险。</u>

A 要平静地面对失败
B 临时改变计划有风险
C 提前做准备十分必要
D 谦虚的人更值得人尊重

'미우주무'라는 성어는 비가 내리지 않을 때 먼저 집의 창문을 수리함으로써 큰비가 왔을 때 비에 흠뻑 젖지 않도록 한다는 의미이다. 사전에 준비 작업을 잘해서 불필요한 일이 생기지 않도록 예방하는 것을 비유한다. 살면서 우리는 무수히 많은 일을 겪어야 하며, 늘 수없이 성공과 실패에 직면해야 한다. <u>사전에 준비를 잘 해놓으면 실패가 가져오는 위험을 줄일 수 있다.</u>

A 침착하게 실패에 직면해야 한다
B 임박해서 계획을 바꾸는 것은 위험성이 있다
C 앞당겨 준비하는 것은 매우 필요하다
D 겸손한 사람은 더욱 존중 받을 만하다

단어　未雨绸缪 wèi yǔ chóu móu 셍 비가 오기 전에 미리 창문을 수리하다, 사전에 방비하다 | 指 zhǐ 통 가리키다 | ★趁 chèn 젠 (짧은 기회나 시간을) 틈타서 | 房屋 fángwū 뎽 집 | 以免 yǐmiǎn 젭 ~하지 않도록 | 来临 láilín 통 이르다, 도래하다 | 淋湿 línshī 통 흠뻑 젖다 | 比喻 bǐyù 통 비유하다 | ★事先 shìxiān 명 사전에, 미리 | ★预防 yùfáng 통 예방하다 | ★经历 jīnglì 통 겪다 | 千千万万 qiānqiān wànwàn 매우 많다 | ★面对 miànduì 통 직면하다 | 无数 wúshù 형 무수하다 | 失败 shībài 통 실패하다 | 带来 dàilái 통 가져오다 | ★风险 fēngxiǎn 명 위험 | ★平静 píngjìng 형 차분하다 | ★改变 gǎibiàn 통 바꾸다 | 计划 jìhuà 명 계획 | 提前 tíqián 통 앞당기다 | 必要 bìyào 형 필요로 하다 | ★谦虚 qiānxū 형 겸손하다 | 值得 zhídé 통 ~할 가치가 있다 | 尊重 zūnzhòng 통 존중하다

2

해설 및 정답　**문제 분석▼**　지문에서 如果能在错误中发现机会, 让错误开成一朵花(만약 잘못에서 기회를 찾아 잘못이 꽃을 피우게 한다면)라고 했으므로 '잘못은 인생에 기회를 제공할 수 있다'라는 D의 내용과 일치한다.

生活中, 谁都难免会犯这样或那样的错误。犯了错误之后, 该做什么、如何去做则非常重要, 因为怨天尤人是没有任何作用的, 而<u>如果能在错误中发现机会, 让错误开成一朵花</u>, 那么你的人生也许就会因此峰回路转, 阳光灿烂。

살면서 누구나 이런저런 잘못을 저지르기 마련이다. 잘못을 저지른 후, 무엇을 해야 하는지, 어떻게 해야 하는지는 대단히 중요하다. 하늘을 원망하고 남을 탓하는 것은 아무런 소용이 없기 때문이다. 그러나 <u>만약 잘못에서 기회를 찾아 잘못이 꽃을 피우게 한다면</u>, 당신의 인생은 어쩌면 이로써 전환점을 맞아 찬란해질 것이다.

A 要尽量避免犯错误 | A 가능한 한 잘못을 하지 말아야 한다
B 不要忽视工具的作用 | B 도구의 역할을 소홀히 하면 안 된다
C 坚持是走向未来的关键 | C 끝까지 버티는 것이 미래로 가는 관건이다
D 错误可以为人生提供机会 | **D 잘못은 인생에 기회를 제공할 수 있다**

단어 ★难免 nánmiǎn 통 피하기 어렵다 | 犯 fàn 통 범하다 | 错误 cuòwù 명 잘못 | ★如何 rúhé 대 어떻게 | 怨天尤人 yuàn tiān yóu rén 성 하늘을 원망하고 남을 탓하다 | 任何 rènhé 대 어떠한, 무슨 | 发现 fāxiàn 통 발견하다 | 也许 yěxǔ 부 어쩌면 | 峰回路转 fēng huí lù zhuàn 성 전환점을 맞이하다 | 阳光 yángguāng 명 햇살 | 灿烂 cànlàn 형 찬란하다 | ★尽量 jǐnliàng 부 가능한 한 | ★避免 bìmiǎn 통 피하다 | ★忽视 hūshì 통 소홀히 하다 | 工具 gōngjù 명 도구 | 关键 guānjiàn 명 관건, 키포인트 | ★提供 tígōng 통 제공하다

3

해설 및 정답 **문제 분석▼** 지문의 怎样对待 "业余时间" 这片田就决定了你有怎样的收获('여가 시간'을 어떻게 대하느냐에 따라 이 밭에서 당신이 어떤 수확을 거둘지 결정된다)를 근거로 여가 시간을 이용할 줄 아는 것이 인생에서 중요한 작용을 한다는 것을 알 수 있으므로 B가 정답이다.

人对待业余时间的态度主要有两种。第一种，视业余时间如命，充分利用。第二种，视业余时间为泥土，随意弃之。<u>怎样对待"业余时间"这片田就决定了你有怎样的收获。</u>有的人生灿烂辉煌，有的人生暗淡无光，那是因为他们对"业余时间"的态度不同。

여가 시간에 대한 사람의 태도는 주로 두 가지가 있다. 첫 번째는 여가 시간을 생명과 같이 여기고 충분히 이용하는 것이다. 두 번째는 여가 시간을 진흙처럼 보며 마음대로 버리는 것이다. <u>'여가 시간'을 어떻게 대하느냐에 따라 이 밭에서 당신이 어떤 수확을 거둘지 결정된다.</u> 어떤 인생은 휘황찬란하게 빛나고, 어떤 인생은 어둡고 칙칙하다. 그것은 '여가 시간'을 대하는 그들의 태도가 다르기 때문이다.

A 要学会享受独立生活 | A 독립적인 생활을 누릴 줄 알아야 한다
B 人要学会利用业余时间 | **B 사람은 여가 시간을 이용할 줄 알아야 한다**
C 积极的性格可以改变人生 | C 적극적인 성격은 인생을 변화시킬 수 있다
D 业余时间不能决定人的未来 | D 여가 시간은 사람의 미래를 결정할 수 없다

단어 ★对待 duìdài 통 대하다 | ★业余时间 yèyú shíjiān 여가 시간 | 泥土 nítǔ 명 점토, 진흙 | 随意弃之 suíyì qì zhī 함부로 버리다 | ★决定 juédìng 통 결정하다 | ★收获 shōuhuò 명 수확 | 灿烂 cànlàn 형 찬란하다 | 辉煌 huīhuáng 형 휘황찬란하다 | 暗淡 àndàn 형 암담하다 | 态度 tàidu 명 태도 | ★享受 xiǎngshòu 통 누리다 | ★独立 dúlì 형 독립적이다 | 积极 jījí 형 적극적이다 | 性格 xìnggé 명 성격 | ★改变 gǎibiàn 통 변하다 | 未来 wèilái 명 미래

5) 세부 사항 파악

독해 실력 트레이닝④ | 세부 사항 파악 기본서 **138쪽**

1 [해석] 산둥 반도에 위치한 칭다오는 작은 칭다오라고도 불리며, 별명은 금도(거문고섬)이다. 땅이 황하 유역 하류와 황해 물가에 위치하고 있으며, 경치가 매우 아름다울 뿐만 아니라 또 유구한 문화 역사를 가지고 있다. 칭다오 는 산둥성의 문화의 중심이자 중국 북방 지역의 유명한 문화 도시이다.

★ 칭다오의 풍경은 어떠한가?

[정답] 景色非常秀丽。경치가 매우 아름답다.

[단어] ★位于 wèiyú 圏 ~에 위치하다 | 山东半岛 Shāndōng Bàndǎo 고유 산둥 반도 | 青岛 Qīngdǎo 고유 칭다오 | ★称 chēng 圏 ~라고 부르다 | 别名 biémíng 圏 별명 | 琴 qín 圏 거문고 | 地处 dìchù 圏 ~에 위치하다 | 黄河流域 Huánghé liúyù 고유 황하 유역 | 下游 xiàyóu 圏 하류 | 黄海 Huánghǎi 고유 황해 | 秀丽 xiùlì 圏 수려하다, 아름답다 | 悠久 yōujiǔ 圏 유구 하다 | 历史 lìshǐ 圏 역사 | 文化中心 wénhuà zhōngxīn 문화의 중심지 | 著名 zhùmíng 圏 유명하다, 저명하다

2 [해석] '장소천' 가위는 중국 수공업의 전통 브랜드이고, 이미 300여 년이 넘는 역사를 가진다. '장소천' 가위는 다섯 가 지 스타일이 있으며, 강철 같이 명확하고, 스타일이 정교하며, 품질도 좋고 가격이 저렴하여 국내외에서 유명 하다.

★ '장소천' 가위의 역사는?

[정답] 有300多年的历史。300여 년의 역사를 가지고 있다.

[단어] 张小泉 Zhāng Xiǎoquán 고유 장소천 | ★剪刀 jiǎndāo 圏 가위 | 手工业 shǒugōngyè 圏 수공업 | ★传统 chuántǒng 圏 전통 | 名牌 míngpái 圏 유명 상표, 브랜드 | 历史 lìshǐ 圏 역사 | ★钢铁 gāngtiě 圏 강철 | 分明 fēnmíng 圏 분명하다 | ★样式 yàngshì 圏 스타일, 양식 | 精美 jīngměi 圏 정교하다 | 经久耐用 jīngjiǔ nàiyòng 오래 쓸 수 있다 | 物美价廉 wù měi jià lián 젱 상품의 질이 좋고 값도 저렴하다 | 闻名 wénmíng 圏 유명하다

3 [해석] 라이터는 사용하는 것은 매우 편리하지만, 라이터의 치명적인 단점은 장기 보관이 힘들다는 것이다. 라이터 안 의 기체는 쉽게 증발하고, 수개월 혹은 한 해쯤 놓아두면 기체는 거의 다 증발해버려 자연스럽게 불을 붙일 수 없게 된다. 그러나 성냥은 보관이 쉽고, 십몇 년을 두어도 여전히 새것처럼 사용할 수 있다.

★ 라이터의 단점은 무엇인가?

[정답] 不耐保存。장기 보관이 힘들다.

[단어] 打火机 dǎhuǒjī 圏 라이터 | 致命 zhìmìng 圏 치명적이다 | 缺点 quēdiǎn 圏 결점 | 不耐 bú nài 圏 견디지 못하다 | ★保 存 bǎocún 圏 보존하다 | 气体 qìtǐ 圏 기체 | 蒸发 zhēngfā 圏 증발하다 | 数月 shùyuè 수개월 | 一年半载 yì nián bàn zǎi 젱 한 해나 반 년, 한 해쯤 | 自然 zìrán 圏 자연스럽다 | 打不着火 dǎ bu zháo huǒ 불을 붙일 수 없다 | ★火柴 huǒchái 圏 성냥 | 存放 cúnfàng 圏 보관해 두다 | 仍然 réngrán 圏 변함없이

4 [해석] 미루는 증상은 자기 조절 실패를 가리킨다. 손해가 있음을 예상할 수 있는 상황에서 계획해야 할 일을 뒤로 미루는 일종의 행동을 말한다. 심각한 지연 증상은 개인의 심신 건강에 강한 자책과 끊임없는 자기 부정이 나타나는 것과 같은 부정적인 영향을 미칠 수 있다. 이런 상태가 나타나면 중시해야 한다.

★ 미루는 증상은 어떤 부정적인 영향이 있는가?

[정답] 出现强烈的自责情绪、不断地自我否定。 강한 자책과 끊임없는 자기 부정이 나타난다.

[단어] 拖延症 tuōyánzhèng 미루는 증상 | 指 zhǐ 통 가리키다 | 调节 tiáojié 통 조절하다 | 预料 yùliào 통 예상하다 | ★后果 hòuguǒ 명 (주로 나쁜) 결과 | 有害 yǒuhài 통 유해하다, 해롭다 | 仍然 réngrán 부 변함없이, 여전히 | 推迟 tuīchí 통 뒤로 미루다 | ★行为 xíngwéi 명 행위, 행동 | 严重 yánzhòng 형 심각하다 | 个体 gètǐ 명 개체 | 身心 shēnxīn 명 몸과 마음 | ★消极 xiāojí 형 부정적이다 | ★强烈 qiángliè 형 강렬하다 | 自责 zìzé 통 자책하다 | ★情绪 qíngxù 명 마음, 기분 | ★不断 búduàn 통 끊임없다 | ★否定 fǒudìng 통 부정하다 | ★一旦 yídàn 부 일단 ~한다면 | ★状态 zhuàngtài 명 상태 | 引起 yǐnqǐ 통 야기하다, 일으키다 | 重视 zhòngshì 명 중시

5 [해석] 이동 결제는 휴대폰을 이용해서 돈을 지불하는 일종의 지불 방식이다. 주로 NFC 지불 방식과 원격 지불 방식의 두 종류로 나뉜다. 이른바 NFC 지불 방식은 차를 타거나 물건을 구매하는 등과 같이 휴대폰을 이용해 카드 결제를 하는 방식이다. 원격 지불 방식은 휴대폰으로 인터넷 쇼핑 비용을 지불하는 것처럼 발송된 지불 알림을 통해 진행되는 지불 방식이다.

★ 이동 결제의 두 가지 분류는 무엇인가?

[정답] 近场支付和远程支付 NFC 지불 방식과 원격 지불 방식

[단어] ★移动 yídòng 명 이동 | 支付 zhīfù 통 지불하다, 내다 | ★利用 lìyòng 통 이용하다 | 付款 fùkuǎn 통 돈을 지불하다 | 方式 fāngshì 명 방식 | 近场支付 jìnchǎng zhīfù NFC 지불 방식 | 远程支付 yuǎnchéng zhīfù 원격 지불 방식(Remote Payment) | ★所谓 suǒwèi 형 이른바 | 刷卡 shuākǎ 통 카드로 결제하다 | 发送 fāsòng 통 발송하다, 보내다 | 指令 zhǐlìng 명 지령, 명령 | 上网 shàngwǎng 통 인터넷을 하다 | 购物 gòuwù 통 물건을 사다

| *실전* 트레이닝 1 | 기본서 **139쪽**

[정답]
1. D   2. A   3. D   4. A

[1-4]

汉车为人们的出行提供了方便，然而传统燃油车辆在使用过程中产生了大量的有害废气，并加剧了对不可再生石油资源的依赖。 ¹电动汽车与传统的汽车相比，可以减少污染物排放，是一种清洁型汽车。

尽管电动汽车本身是清洁的，但²发电厂在发电的过程中却不一定是一点污染没有的。如果发电厂是用清洁能源发电，如太阳能发电

자동차는 사람들의 출입에 편리함을 제공했다. 그러나 전통 액체 연료 차량은 사용 과정 중에 다량의 유해 폐기 가스를 만들고, 재생 불가한 석유 자원의 의존을 격화시킨다. ¹전동 자동차는 전통의 자동차에 비해서 오염 물질 배출을 감소할 수 있는 일종의 친환경 자동차이다.

비록 전동 자동차는 본래 친환경적이지만, ²발전소가 전기를 만드는 과정 중에 조금의 오염 물질도 없는 것은 아니다. 만약 발전소가 태양 에너지나 수력 에너지와 같은

或水力发电，则其污染物排放是微乎其微的；但如果²发电厂使用传统燃料进行燃烧发电，就会产生污染。

但是，从某种意义上讲，在发电厂控制污染要比对每辆车分别控制污染容易一些。同时，发电厂经常是位于空气污染严重的城市中心以外。更重要的是，将越来越多地使用可再生的能源进行发电，如³生物能、风能、地热或太阳能，这些能源都将是清洁的能源。对于纯电动汽车来说，它是零排放、无污染的新型汽车。

⁴除了清洁无污染这一优点之外，电动汽车在运行中停车时还不消耗能源，在制动过程中电动机自动转化成发电机，反过来给蓄电池充电补充能量，因此电动汽车具有很高的能源利用率。

친환경에너지를 사용하여 발전한다면, 그 오염 물질 배출은 극히 미미하다. 그러나 만약 ²발전소가 전통의 (액체) 연료를 사용하여 연료 발전을 하면 오염이 생긴다.

그러나 어떤 의미에서 보면, 발전소에서 오염 물질을 제어하는 것은 각 차량당으로 나눠서 오염 물질을 제어하는 것보다는 조금 쉽다. 동시에 발전소는 항상 공기 오염이 심각한 도시 중심 밖에 위치한다. 더 중요한 것은 ³바이오 에너지, 풍력 에너지, 지열 혹은 태양 에너지와 같은 재생 가능한 에너지를 점점 더 많이 사용해서 전기를 생산한다는 것이다. 이런 에너지들은 모두 친환경적인 에너지이다. 순전동 자동차로 말하자면, 무배출, 무오염의 신형 자동차라고 할 수 있다.

⁴깨끗하고 무오염의 장점 외에도 전동 자동차는 운행 중 정차할 때 에너지를 소비하지 않고, 제동 과정 중에 전동기가 자동으로 발전기로 바뀌게 된다. 거꾸로 축전지에 보충 에너지를 충전하고, 그래서 전동 자동차는 매우 높은 에너지 이용률을 가지게 되는 것이다.

단어 汽车 qìchē 명 자동차 | 出行 chūxíng 동 외출하다 | 提供 tígōng 동 제공하다 | 然而 rán'ér 접 그러나 | ★传统 chuántǒng 명 전통 | 燃油 rányóu 명 액체 연료 | 车辆 chēliàng 명 차량 | ★产生 chǎnshēng 동 생산하다 | 大量 dàliàng 형 다량의 | 有害 yǒuhài 동 유해하다 | 废气 fèiqì 명 폐기 가스 | 加剧 jiājù 동 격화되다, 심해지다 | 石油 shíyóu 명 석유 | ★资源 zīyuán 명 자원 | 依赖 yīlài 동 의지하다, 기대다 | 电动汽车 diàndòng qìchē 전동 자동차 | 污染物 wūrǎnwù 명 오염 물질 | 排放 páifàng 동 배출하다 | 清洁型 qīngjiéxíng 명 청결형, 에코(ECO) | 尽管 jǐnguǎn 접 비록 ~라 하더라도 | ★本身 běnshēn 명 그 자신, 그 자체 | 发电厂 fādiànchǎng 명 발전소 | 发电 fādiàn 동 발전하다 | ★能源 néngyuán 명 에너지원, 에너지 | 太阳能 tàiyángnéng 명 태양 에너지 | 水力 shuǐlì 명 수력 | 微乎其微 wēi hū qí wēi 성 극히 미미하다 | 燃料 ránliào 명 연료 | ★燃烧 ránshāo 동 연소하다, 타다 | ★某 mǒu 대 어느 | ★意义 yìyì 명 뜻 | ★控制 kòngzhì 동 제어하다, 조절하다 | ★位于 wèiyú 동 ~에 위치하다 | ★严重 yánzhòng 형 심각하다, 매우 심하다 | 生物能 shēngwùnéng 명 바이오에너지 | 风能 fēngnéng 명 풍력 | 地热 dìrè 명 지열 | 纯 chún 형 순수하다 | 运行 yùnxíng 동 운행하다 | 消耗 xiāohào 동 소모하다 | 制动 zhìdòng 동 제동하다, 브레이크를 걸다 | ★自动 zìdòng 형 자동으로 | 转化 zhuǎnhuà 동 전화하다 | 反过来 fǎnguòlái 동 거꾸로 하다 | 蓄电池 xùdiànchí 명 축전지 | 充电 chōngdiàn 동 충전하다 | ★补充 bǔchōng 동 보충하다 | ★能量 néngliàng 명 에너지 | 利用率 lìyònglǜ 명 이용률

1

해설 및 정답 **문제 분석▼** 먼저 지문에서 전통 자동차와 전동 자동차를 비교한 부분을 찾는다. 电动汽车与传统的汽车相比, 可以减少污染物排放(전동 자동차는 전통 자동차에 비해서 오염 물질 배출을 감소할 수 있다)이라고 했으므로 전동 자동차가 더욱 환경을 보호한다는 것을 알 수 있다.

与传统汽车相比，电动汽车有什么特点？	전통 자동차와 비교하여 전동 자동차는 어떤 특징이 있는가?
A 速度快　　　　B 更安全 C 价格便宜　　　**D 更加环保**	A 속도가 빠르다　　　B 더 안전하다 C 가격이 싸다　　　**D 더욱 환경을 보호한다**

 ★特点 tèdiǎn 몡 특징 | 速度 sùdù 몡 속도 | 安全 ānquán 혱 안전하다 | 环保 huánbǎo '환경 보호(环境保护)'의 약칭

2

 문제 분석▼ 发电厂(발전소)에 관한 질문이므로 지문에서 发电厂을 찾아 보기와 대조하여 정답을 찾는다. 지문에서 就会产生污染(오염이 생긴다)이라고 했으므로 A가 정답이다.

关于发电厂，可以知道什么？	발전소에 관해 알 수 있는 것은?
A 可能产生污染物	**A 오염 물질을 생산할 가능성이 있다**
B 主要建在市中心	B 주로 시내 중심에 건설한다
C 不容易控制污染	C 오염 물질을 제어하기 쉽지 않다
D 只能使用传统燃料	D 전통 연료만 사용한다

 建 jiàn 동 (건물 등을) 만들다, 건설하다

3

 문제 분석▼ 清洁能源(친환경 자연 에너지)과 관련된 내용 중 지문에서 언급한 것은 生物能、风能、地热或太阳能(바이오 에너지, 풍력 에너지, 지열 혹은 태양 에너지)이므로 D는 해당되지 않는다.

下列不属于清洁能源的是：	다음 중 친환경 자연 에너지에 속하지 않는 것은?
A 风能　　　　　B 太阳能	A 풍력 에너지　　　　B 태양 에너지
C 生物能　　　**D 石油资源**	C 바이오 에너지　　　**D 석유 자원**

 ★属于 shǔyú 동 ~에 속하다

4

 문제 분석▼ 주제를 묻는 마지막 단락과 보기를 비교하여 문제를 푼다. 마지막 단락에서 除了清洁无污染这一优点之外(깨끗하고 무오염의 장점 외에도)라고 했으므로 전동 자동차의 장점을 주요하게 이야기하고 있다.

最后一段主要讲的是什么？	마지막 단락에서 말하고자 하는 것은?
A 电动汽车的优点	**A 전동 자동차의 장점**
B 电动汽车的问题	B 전동 자동차의 문제
C 电动汽车的发展前景	C 전동 자동차의 발전 전망
D 电动汽车的驾驶方法	D 전동 자동차의 운전 방법

 发展 fāzhǎn 동 발전하다 | 前景 qiánjǐng 몡 장래, 전망 | ★驾驶 jiàshǐ 동 운전하다

정답

1. B   2. D   3. C   4. D

[1-4]

中国的扇子，品种甚多，其中苏工折扇历史悠久、制作精巧，享誉中外。

苏工折扇有着它自己的特点，和北方的折扇相比，苏工折扇大部分为9.5寸18方，做工精美、雅致，特别是对牛角钉的处理比较好。[1]苏工折扇的扇骨制作以变化丰富和做工细致闻名，加工后的竹折扇骨非常细腻光滑，高雅古朴，因此也有"苏州雅扇"的称号。

古人说过一句叫"苏白杭黑"的话，很多不研究扇子的人，也许并不明白这是什么意思，其实它说的就是"扇面"。"苏白"就是说的苏州折扇的[2]宣纸白扇面。这种扇面的最大好处就是书画比较方便，可以用彩色绘画。而且这种扇面非常薄，被叫做"超薄扇面"。

现在苏工超薄扇面逐渐被一种叫"日本仿宣纸"的扇面所代替了，这种日本仿宣纸扇面里面没有隔条，比苏工超薄还要薄，牢度也比前者要大，无论是书法还是绘画，[3]都非常方便和实用，因此它比较受书画家们的喜爱。苏工折扇之所以出名，和那些书画家们的宣传也是分不开的。[4]如果没有他们的宣传，也不可能有苏扇今天的市场。

중국의 부채는 종류가 매우 많은데, 그중 쑤저우에서 만든 접이부채는 역사가 유구하고 정교하게 제작되어 명성을 떨치고 있다.

쑤저우에서 만든 접이부채는 자신만의 특징을 가지고 있다. 북방 지역의 접이부채와 비교하면, 쑤저우 접이부채는 대부분 9.5치, 뼈대 18개이다. 가공 기술이 정교하고 품위가 있으며, 특히 사복 처리가 비교적 잘 되어있다. [1]쑤저우 접이부채의 부챗살은 변화가 많고 정교하게 가공한 것으로 유명하고, 가공 후의 대나무 접이 골격이 매우 부드럽고 매끄러우며 우아하고 고풍스럽다. 그래서 '쑤저우의 정통 부채'라는 칭호를 가지기도 했다.

옛날 사람은 '쑤저우의 부채는 하얗고, 항저우의 부채는 까맣다'라고 말한 적이 있다. 부채를 연구하지 않은 많은 사람들은 이것이 무슨 뜻인지 결코 이해하지 못할 것이다. 사실 이것은 '선면(부채의 가죽)'을 말하는 것이다. '쑤저우의 부채는 하얗다'는 것은 쑤저우 접이부채의 [2]선지가 하얀 선면이라는 것이다. 이런 선면의 가장 좋은 점은 글씨를 쓰기가 비교적 편리하고 다양한 색으로 그림을 그릴 수 있다는 것이다. 게다가 이런 선면은 매우 얇아서 '초박선면(최고 얇은 선면)'이라고 불리기도 한다.

요즘 쑤저우에서 만든 초박선면은 '일본식 선지'라고 불리는 선면에 의해 점차 대체되었다. 이런 일본식 선지는 선면 안에 공간이 없다. 쑤저우의 초박선면보다 더 얇고, 견고도는 전자(쑤저우의 초박선면)보다 더 크다. 서법이든 회화든 상관없이 [3]모두 매우 편리하고 실용적이다. 그래서 서예가들의 사랑을 받고 있다. 쑤저우 접이부채가 유명한 것은 그 서예가들의 홍보 역시 떼놓을 수가 없다. [4]만약 그들의 홍보가 없었다면 쑤저우 접이부채의 오늘의 시장은 없었을 것이다.

단어 ★扇子 shànzi 몡 부채 | 品种 pǐnzhǒng 몡 종류, 품종 | 甚 shèn 면 매우, 아주 | 苏工折扇 sūgōng zhéshàn 쑤저우에서 만든 접이부채(접선) | ★悠久 yōujiǔ 혱 유구하다 | ★制作 zhìzuò 통 제작하다, 만들다 | 精巧 jīngqiǎo 혱 정교하다 | 享誉 xiǎngyù 통 명예를 떨치다 | ★特点 tèdiǎn 몡 특징 | 相比 xiāngbǐ 통 비교하다 | 寸 cùn 양 촌, 치[약3.33cm] | 方 fāng 양 부채의 뼈대를 세는 단위 | 做工 zuògōng 몡 가공 기술, 솜씨 | 精美 jīngměi 혱 정교하고 아름답다 | 雅致 yǎzhì 혱 고상하고 우아하다 | 牛角钉 niújiǎodīng 몡 사복[목살을 고정하는 못] | 扇骨 shàngǔ 몡 부챗살 | 细致 xìzhì 혱 정교하다, 섬세하다 | 闻名 wénmíng

🔞 유명하다 | 加工 jiāgōng 🔟 가공하다 | 细腻 xìnì 🔞 부드럽고 매끄럽다 | ★光滑 guānghuá 🔞 반들반들하다 | 高雅 gāoyǎ
🔞 고상하다, 우아하다 | 古朴 gǔpǔ 🔞 수수하면서 고풍스럽다 | 苏州 Sūzhōu 고유 쑤저우[지명] | 雅 yǎ 🔞 정통적이다 | 称号
chēnghào 🔟 칭호 | 古人 gǔrén 🔟 옛 사람 | 扇面 shànmiàn 🔟 선면[부채의 가죽] | 宣纸 xuānzhǐ 🔟 선지 | 书画 shūhuà 🔟
서예와 그림, 서화 | 彩色 cǎisè 🔟 색깔 | 绘画 huìhuà 🔟 그림을 그리다 | ★薄 báo 🔞 얇다 | 叫做 jiàozuò 🔟 ~라고 불리다 |
超薄 chāobáo 🔞 매우 얇은 | ★逐渐 zhújiàn 🔟 점점, 점차 | ★代替 dàitì 🔟 대체하다, 대신하다 | 隔条 gétiáo 🔟 공간 | 牢度
láodù 🔟 견고도, 단단한 정도 | 无论 wúlùn 📧 ~에 관계없이 | 书法 shūfǎ 🔟 서예 | ★实用 shíyòng 🔞 실용적이다 | 喜爱 xǐài
🔟 사랑, 인기 | 出名 chūmíng 🔟 유명해지다 | ★宣传 xuānchuán 🔟 홍보

해설 및 정답 **문제 분석▼** 지문의 苏工折扇的扇骨制作以变化丰富(쑤저우 접이부채의 부챗살은 변화가 많다)와 变化多样은 유
사한 뜻이므로 정답은 B이다.

苏州折扇的扇骨制作有什么特点?	쑤저우 접이부채의 부챗살은 어떤 특징이 있는가?
A 尺寸较小　　　　**B 变化多样**	A 크기가 비교적 작다　　　　**B 변화가 다양하다**
C 表面粗糙　　　　D 做工复杂	C 표면이 거칠다　　　　D 제작이 복잡하다

단어 尺寸 chǐcun 🔟 치수, 사이즈 | ★表面 biǎomiàn 🔟 표면, 겉 | ★粗糙 cūcāo 🔞 (질감이) 거칠다

해설 및 정답 **문제 분석▼** 먼저 세 번째 단락에서 苏白를 찾고 앞뒤 문장과 보기의 내용을 대조한다. 지문의 宣纸白扇面(선지
가 하얀 선면)을 근거로 정답은 D임을 알 수 있다.

根据第3段, "苏白"指的是什么?	세 번째 단락에서 '쑤저우는 하얗다'가 가리키는 것은?
A 白丝绸　　　　B 光线较亮	A 흰 비단　　　　B 빛이 비교적 환하다
C 彩色的图案　　　　**D 扇面是白色的**	C 칼라 도안　　　　**D 선면이 흰색이다**

단어 ★丝绸 sīchóu 🔟 비단, 명주 | 光线 guāngxiàn 🔟 광선, 빛 | 图案 tú'àn 🔟 도안, 그림

해설 및 정답 **문제 분석▼** 네 번째 단락의 都非常方便和实用(모두 매우 편리하고 실용적이다)이란 말에서 일본식 선지가 실용
적이어서 사랑을 받았음을 알 수 있다.

日本仿宣纸扇面为什么受书画家的喜爱?	일본식 선지는 왜 서예가의 사랑을 받는가?
A 价格便宜	A 가격이 싸다
B 便于保存	B 보존이 편리하다
C 实用性高	**C 실용성이 좋다**
D 制作技术先进	D 제작 기술이 앞서 있다

4

해설 및 정답 **문제 분석▼** 마지막 줄의 如果没有他们的宣传, 也不可能有苏扇今天的市场(만약 그들의 홍보가 없었다면 쑤저우 접이부채의 오늘의 시장은 없었을 것이다)에서 他们은 서예가를 대신하고 있다. 따라서 정답은 D이다.

根据上文，下列哪项正确？	윗글에 근거해, 다음 중 옳은 것은?
A 北方折扇扇面大	A 북방 접이부채는 선면이 크다
B 苏州扇扇面更厚	B 쑤저우 선면은 더 두껍다
C 如今苏扇市场不广	C 이제까지 쑤저우의 부채 시장은 넓지 않았다
D 书画家推广了苏扇	**D 서예가가 쑤저우의 접이부채를 널리 보급했다**

│ *실전* 트레이닝 3 │ 기본서 **141쪽**

정답
1. B   2. C   3. A   4. D

[1-4]

想投篮，但没有篮球？在雨中，没有雨伞？智能手机没电了？遇到这种情况，目前迅速扩张的"共享经济"可以提供帮助。[1]用智能手机扫描一个二维码，从球场边上的一台自动售货机那里租一个篮球，每小时只需2元。在中国多雨的南方，约有两万把雨伞投放到某城市的街道上用于出租。用户利用智能手机扫描二维码后，即可使用这些雨伞，半小时只需0.5元。目前"共享经济"发展的规模不断增长，[2]预计到2025年，汽车、旅游、金融、音乐及视频等共享部门的收入将增长2倍。

虽然人们欢迎这些创新，但[3]一些批评者

숫을 하고 싶지만, 농구공이 없는가? 빗속에서 우산이 없는가? 스마트폰에 배터리가 없는가? 이런 상황에 부딪혔을 때, 현재 빠르게 확산되고 있는 '공유 경제'가 도움을 줄 수 있다. [1]스마트폰으로 QR코드를 스캔하여 경기장 주변의 자동판매기에서 농구공 하나를 빌리는데 시간당 2위안밖에 들지 않는다. 비가 많이 내리는 중국의 남방에서는 약 2만 개의 우산을 모 도시의 거리에 두고 임대용으로 사용한다. 이용자는 스마트폰으로 QR코드를 스캔하면 바로 이런 우산을 사용할 수 있고, 30분에 0.5위안밖에 들지 않는다. 현재 '공유 경제'의 발전 규모는 끊임없이 성장 중이고, [2]2025년이 되면 자동차, 여행, 금융, 음악 및 동영상 등 공유 부문의 수입이 2배 성장할 것으로 전망한다.

质疑是否有那么大的需求、是否具有可持续性。他们表示，目前某些共享经济的企业收入其实很低，无法收回成本。比如，"共享篮球"这一项目，篮球只是被人们偶尔使用，所以人们租篮球的需求是微不足道的。用户需要一次性存入押金，这虽然减轻了共享公司财务上的压力；但如果迟迟不能实现盈利，这些资金从长远来说是不够的。

共享经济出现的投资热潮，让人回想起几年前团购应用软件的兴起和衰落。经过激烈的价格战之后，大多数团购应用最终倒闭，投资者遭受巨大的损失。⁴因此共享经济的发展也不要过度，避免再发生类似的情况。

비록 사람들은 이런 혁신을 환영하지만, ³일부 비평가는 그렇게 큰 수요가 있는지, 지속 가능성이 있는지에 대해 의문을 가진다. 그들은 현재 몇몇 공유 경제의 기업 소득은 사실 낮아서 원가를 회수할 수 없다고 말한다. '공유 농구공'이라는 사업을 예로 들면, 농구공은 사람들이 이따금 사용하는 것으로, 사람들이 농구공을 빌리는 수요는 미미해서 말할 가치도 없다. 이용자는 일회성 보증금을 예입해야 하고, 이것은 비록 공유 기업의 재무상의 부담을 덜어주지만, 만약 오랫동안 이윤을 실현할 수 없게 되면, 이런 자금은 장기적으로 볼 때 부족하다.

공유 경제에서 나타난 투자 열풍은 몇 년 전 공동 구매 애플리케이션의 부상과 몰락을 떠올리게 한다. 치열한 가격 경쟁을 거친 후, 대다수 공동 구매 애플리케이션은 결국 도산했고, 투자자는 막대한 손실을 입었다. ⁴그래서 공유 경제의 발전도 지나쳐서는 안 되며, 비슷한 상황이 재발되는 것을 피해야 한다.

단어 投篮 tóulán 图 (농구에서) 슛하다 | 篮球 lánqiú 명 농구 | 智能手机 zhìnéng shǒujī 명 스마트폰 | 遇到 yùdào 图 만나다 | 情况 qíngkuàng 명 상황 | 目前 mùqián 명 현재 | 迅速 xùnsù 图 신속하다 | 扩张 kuòzhāng 图 늘어나다 | 共享经济 gòngxiǎng jīngjì 공유 경제 | 提供 tígōng 图 제공하다 | 扫描 sǎomiáo 图 스캐닝(scanning)하다 | 二维码 èrwéimǎ 명 QR코드 | 自动售货机 zìdòng shòuhuòjī 명 자동판매기 | 租 zū 图 빌리다 | 投放 tóufàng 图 (시장에 상품을) 공급하다, 내놓다 | 街道 jiēdào 명 거리 | 用户 yònghù 명 사용자 | ★规模 guīmó 명 규모 | ★不断 búduàn 图 계속해서 | 增长 zēngzhǎng 图 늘어나다 | 预计 yùjì 图 예측하다 | 金融 jīnróng 명 금융 | 视频 shìpín 명 동영상 | 收入 shōurù 명 수입 | 创新 chuàngxīn 명 창의(성) | 批评者 pīpíngzhě 명 비평가 | 质疑 zhìyí 图 질의하다, 의문을 가지다 | ★具有 jùyǒu 图 지니다 | 可持续性 kěchíxùxìng 지속 가능성 | ★表示 biǎoshì 图 나타나다, 표시하다 | 企业 qǐyè 명 기업 | 收回 shōuhuí 图 회수하다 | 成本 chéngběn 명 자본금 | ★项目 xiàngmù 명 사업, 프로젝트 | 偶尔 ǒu'ěr 图 간혹 | 微不足道 wēi bù zú dào 図 하찮아서 말할 가치도 없다 | 存入 cúnrù 图 예금하다 | ★押金 yājīn 명 보증금 | 减轻 jiǎnqīng 图 경감하다 | 财务 cáiwù 명 재정 | 迟迟 chíchí 图 매우 늦도록 | 实现 shíxiàn 图 달성하다 | 盈利 yínglì 명 이윤 | 长远 chángyuǎn 图 원대하다 | 投资热潮 tóuzī rècháo 투자 열풍 | 团购应用 tuángòu yìngyòng 공동구매 애플리케이션 | ★软件 ruǎnjiàn 명 소프트웨어 | 兴起 xīngqǐ 图 발전하기 시작하다 | 衰落 shuāiluò 图 몰락하다 | ★激烈 jīliè 图 치열하다 | 价格战 jiàgézhàn 명 가격 전쟁 | 最终 zuìzhōng 명 최후 | 倒闭 dǎobì 图 도산하다 | ★投资者 tóuzīzhě 명 투자자 | 遭受 zāoshòu 图 (나쁜 결과를) 입다, 당하다 | ★巨大 jùdà 図 아주 크다 | ★损失 sǔnshī 명 손실 | 过度 guòdù 图 지나치다 | ★避免 bìmiǎn 图 피하다 | 类似 lèisì 图 유사하다

1

해설 및 정답 **문제 분석▼** 지문에서 用智能手机扫描一个二维码, 从球场边上的一台自动售货机那里租一个篮球(스마트폰으로 QR코드를 스캔하여 경기장 주변의 자동판매기에서 농구공 하나를 빌린다)라고 했으므로 정답은 B이다.

想打篮球而没有篮球时，可以：	농구를 하고 싶은데 농구공이 없을 때는 어떻게 할 수 있는가?

A 找人借	**B 用手机租**	A 빌릴 사람을 찾는다	**B 휴대폰으로 빌린다**
C 花钱购买	D 向学校申请	C 돈을 써서 구매한다	D 학교에 신청한다

(단어) ★申请 shēnqǐng ⑧ 신청하다

2

(해설 및 정답) **문제 분석▼** 지문의 预计到2025年, 汽车、旅游、金融、音乐及视频等共享部门的收入将增长2倍(2025년이 되면 자동차, 여행, 금융, 음악 및 동영상 등 공유 부문의 수입이 2배 성장할 것으로 전망한다)에서 공유 경제는 전도유망하다는 것을 알 수 있으므로 C가 정답이다.

根据第1段，未来共享经济:	첫 번째 단락에 근거하여 미래의 공유 경제는?
A 保持现状	A 현재 상황을 유지한다
B 扩大到农村	B 농촌으로 확대된다
C 很有发展前途	**C 전도유망하다**
D 加快现代化速度	D 현대화 속도를 가속화한다

(단어) ★保持 bǎochí ⑧ 유지하다 | 现状 xiànzhuàng ⑲ 현재 상황 | ★扩大 kuòdà ⑧ 넓히다 | ★农村 nóngcūn ⑲ 농촌 | ★前途 qiántú ⑲ 전도, 앞길 | 加快 jiākuài ⑧ 가속하다 | 速度 sùdù ⑲ 속도

3

(해설 및 정답) **문제 분석▼** 두 번째 단락의 一些批评者质疑是否有那么大的需求、是否具有可持续性(일부 비평가는 그렇게 큰 수요가 있는지, 지속 가능성이 있는지에 대해 의문을 가진다)에서 是否有那么大的需求와 A의 需求不够(수요가 부족하다)는 같은 의미이므로 정답은 A이다.

批评者担心什么?	비평가는 무엇을 걱정하는가?
A 需求不够	**A 수요가 부족하다**
B 用户压力大	B 이용자의 스트레스가 크다
C 商品易被破坏	C 상품이 파괴되기 쉽다
D 产品生产成本过大	D 제품 생산 비용이 지나치게 크다

(단어) 需求 xūqiú ⑲ 수요 | 易 yì ⑲ 쉽다 | ★破坏 pòhuài ⑧ 파괴하다 | 成本 chéngběn ⑲ 원가

4

(해설 및 정답) **문제 분석▼** 마지막 단락에서 因此共享经济的发展也不要过度, 避免再发生类似的情况(그래서 공유 경제의 발전도 지나쳐서는 안 되며, 비슷한 상황이 재발되는 것을 피해야 한다)이라고 했으므로 D가 정답이다.

举团购应用软件的例子, 是为了说明什么?	공동 구매 애플리케이션의 예를 든 것은 무엇을 설명하기 위해서인가?

A 共享经济是暂时的　　　　　　　　A 공유 경제는 일시적이다
B 以前的投资热潮效果好　　　　　　B 이전의 투자 붐의 효과는 좋았다
C 顾客的利益是最重要的　　　　　　C 고객의 이익이 가장 중요하다
D 应该谨慎发展共享经济　　　　　**D 공유 경제를 신중하게 발전시켜야 한다**

단어 例子 lìzi 몡 예 | 暂时 zànshí 몡 일시 | ★利益 lìyì 몡 이익 | ★谨慎 jǐnshèn 휑 신중하다

| *실전* **트레이닝 4** | 기본서 **142쪽**

정답

1. C　　2. A　　3. A　　4. C

[1–4]

<table>
<tr><td>

　　某学校每年新生入学，学校都会对他们进行一次特殊的道德教育。教授提出一个问题：火车在火车道上行驶，由于某种原因无法减速或者停车，只能变换方向。火车正常行驶的正前方有5个人在铁路上玩，而距离5人不远的地方有另外一条铁路，<u>¹这条铁路上有一个人正在维修铁路。</u>问，如果你是火车司机，你会怎么选？

　　<u>²大多人会选择将火车开向另外一条铁路</u>，牺牲一个人，来救那5个人的生命……看似合理又正义的做法就真的是标准答案么？有人说，其他5人在火车正常行驶的危险地段玩，而另一条路上那个人在工作，所以撞向5个人属于受不可抗因素影响，而撞向另一个人却属于故意为之！就生命的公平性而言，<u>³那5个不遵守规定的人应受到惩罚</u>，可是这也将会有5个家庭面临着巨大的悲伤。

　　所以到底该怎么选，几乎很难得出一个标准答案。心理学家用火车玩具模拟了这个问题，对幼儿园的小孩子也做了一次这个实验。结果<u>⁴有的孩子直接就撞到了那5个人</u>；甚至<u>有的孩子会返回来再将另外一个人撞掉</u>。孩子对生命和玩具并没有具体的概念，他们的答案当然不需要我们进行道德性批评。不过也有一些可爱的孩子把铁路上的小人都拿走了，完美解决了全世界思考了许久的难题。

</td><td>

　　어느 학교는 매년 신입생이 입학하면 학교에서 그들에게 한 차례 특수한 도덕 교육을 실시한다. 교수는 다음과 같은 문제를 냈다. 기차가 기찻길을 달리고 있는데, 어떤 원인으로 인해 속도를 줄이거나 기차를 세우는 것이 불가능하고, 다만 방향만 바꿀 수 있다. 기차가 정상적으로 달리고 있는 정면에는 다섯 명이 철로에서 놀고 있고, 다섯 명과 멀지 않은 곳에는 또 다른 철로가 있는데, <u>¹이 철로에는 한 사람이 철로를 보수하고 있다.</u> 만약 당신이 기차의 기관사라면 당신은 어떤 선택을 할 것인가?

　　<u>²대부분의 사람은 기차를 다른 철로 방향으로 몰아서 한 사람을 희생시키고 다섯 명의 생명을 구하겠다고 선택</u>할 것이다. 합리적이고 정의로워 보이는 방법이 정말 표준 답안일까? 누군가가 말하기를, 다른 다섯 명은 기차가 정상적으로 주행하는 위험 구간에서 놀고 있었고, 다른 철로에 있는 그 사람은 일을 하고 있었다. 그래서 다섯 명에 충돌하는 것은 불가항력적인 영향을 받는 것이지만, 다른 한 명과 충돌하는 것은 고의적인 행위에 속한다. 생명의 공평성을 가지고 말하자면, <u>³규정을 지키지 않은 그 다섯 사람은 마땅히 벌을 받아야 하지만</u>, 이것 또한 다섯 가정이 거대한 슬픔에 직면할 것이다.

　　그래서 도대체 어떤 선택을 해야 하는지 표준 답안을 내는 것이 아주 어렵다. 심리학자는 기차 장난감을 이용하여 이 문제에 대해 시뮬레이션을 했고, 유치원 아이들에게도 이 실험을 한 차례 했다. 그 결과, <u>⁴어떤 아이는 그 다섯 명과 충돌했고, 어떤 아이는 방향을 돌려 다른 한 명과 충돌하기도 했다.</u> 아이들은 생명과 장난감에 대해 구체적인

</td></tr>
</table>

개념이 없어서, 그들의 답안은 물론 우리가 도덕적으로 비판할 필요가 없다. 다만 어떤 귀여운 아이들은 철로 위의 소인들을 모두 가져가 버려서, 전 세계에서 오랫동안 고민한 난제를 완벽하게 해결했다.

단어 新生 xīnshēng 몡 신입생 | 入学 rùxué 동 입학하다 | 进行 jìnxíng 동 진행하다 | ★特殊 tèshū 혱 특수하다 | ★道德 dàodé 몡 도덕 | 教授 jiàoshòu 몡 교수 | 提出 tíchū 동 (의견 등을) 제기하다 | 火车道 huǒchēdào 몡 기찻길 | 行驶 xíngshǐ 동 통행하다, 달리다 | 原因 yuányīn 몡 원인 | ★无法 wúfǎ 동 ~할 방법이 없다 | 减速 jiǎnsù 동 속도를 줄이다 | 或者 huòzhě 젭 ~을 하든지 아니면 ~을 한다 | 变换 biànhuàn 동 바꾸다 | 铁路 tiělù 몡 철도 | 距离 jùlí 동 (~로부터) 떨어지다 | ★维修 wéixiū 동 수리하다 | 选择 xuǎnzé 동 선택하다 | 牺牲 xīshēng 동 희생하다 | ★救 jiù 동 구하다 | 看似 kànsì 동 마치 ~처럼 보이다 | ★合理 hélǐ 혱 합리적이다 | 正义 zhèngyì 혱 정의로운 | 做法 zuòfǎ 몡 방법 | 标准 biāozhǔn 혱 표준의 | 答案 dá'àn 몡 답안 | 地段 dìduàn 몡 구간, 지역 | ★撞 zhuàng 동 부딪치다 | ★属于 shǔyú 동 ~에 속하다 | 受 shòu 동 받다 | 不可抗 bùkěkàng 불가항(력) | ★因素 yīnsù 몡 요소 | ★故意为之 gùyì wéi zhī 고의로 그것을 행하다 | 公平性 gōngpíngxìng 공정성 | ★遵守 zūnshǒu 동 지키다 | ★规定 guīdìng 몡 규정 | ★惩罚 chéngfá 몡 징벌 | ★家庭 jiātíng 몡 가정 | ★面临 miànlín 동 직면하다 | ★巨大 jùdà 혱 아주 크다, 거대하다 | 悲伤 bēishāng 혱 몹시 슬프다 | 到底 dàodǐ 뷰 도대체 | 几乎 jīhū 뷰 거의 | 玩具 wánjù 몡 장난감 | 模拟 mónǐ 동 모의(실험)하다 | 幼儿园 yòu'éryuán 몡 유치원 | ★实验 shíyàn 몡 실험 | 直接 zhíjiē 혱 직접적인 | 甚至 shènzhì 뷰 심지어 | 返回 fǎnhuí 동 되돌아가다 | ★具体 jùtǐ 혱 구체적이다 | ★概念 gàiniàn 몡 개념 | 批评 pīpíng 동 비판하다 | ★完美 wánměi 혱 완벽하다 | 解决 jiějué 동 해결하다 | ★思考 sīkǎo 동 사고하다 | 许久 xǔjiǔ 혱 (시간이) 매우 오래다

1

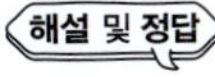 **문제 분석▼** 첫 번째 단락의 这条铁路上有一个人正在维修铁路(이 철로에는 한 사람이 철로를 보수하고 있다)에서 설명하는 사람은 工作人员(작업자)이므로 정답은 C임을 알 수 있다.

关于教授的问题，下列哪项正确？	교수의 문제에 관해, 다음 중 옳은 것은?
A 火车上没有乘客	A 기차에 승객이 없다
B 火车运行速度很快	B 기차의 운행 속도는 빠르다
C 铁路上有一个工作人员	**C 철로에 작업자가 한 명 있다**
D 司机看不到铁路上的人	D 기관사는 철로에 있는 사람이 안 보인다

2

 문제 분석▼ 두 번째 단락에서 大多人会选择将火车开向另外一条铁路(대부분 사람은 기차를 다른 철로 방향으로 몰 것이다)라고 했으므로 정답은 A이다.

大部分人会怎么做？	대부분의 사람은 어떻게 하는가？
A 改变火车方向	**A 기차의 방향을 바꾼다**
B 放弃选择的机会	B 선택의 기회를 포기한다
C 凭经验做出判断	C 경험에 따라 판단한다
D 打电话向上司报告	D 전화를 걸어 상사에게 보고한다

3

해설 및 정답

문제 분석▼ 두 번째 단락의 那5个不遵守规定的人应受到惩罚(규정을 지키지 않은 그 다섯 사람은 마땅히 벌을 받아야 한다)를 근거로 규정을 위반했음을 알 수 있으며, 不遵守规定과 违反了规定은 같은 뜻이므로 정답은 A이다.

选择撞5个人，是因为： **A 他们违反了规定** B 生命都是平等的 C 司机讨厌那5个人 D 紧急情况下很难决定	다섯 명과 충돌하는 것을 선택한 이유는? **A 그들이 규정을 위반했다** B 생명은 모두 평등한 것이다 C 기관사는 그 다섯 명을 미워한다 D 긴급 상황에서 결정하기 어렵다

4

해설 및 정답

문제 분석▼ 마지막 단락에서 有的孩子直接就撞到了那5个人(어떤 아이는 직접 그 다섯 명과 충돌했다)과 有的孩子会返回来再将另外一个人撞掉(어떤 아이는 방향을 돌려 다른 한 명과 충돌하기도 했다)를 통해 아이들에게서 여러 가지 답안이 나왔음을 알 수 있다.

根据最后一段，可以知道： A 孩子们都很善良 B 要善于教育孩子 **C 孩子们的答案很多样** D 心理学影响孩子健康	마지막 단락에 근거해 알 수 있는 것은? A 아이들은 모두 착하다 B 아이 교육을 잘해야 한다 **C 아이들의 답안은 매우 다양하다** D 심리학은 아이 건강에 영향을 준다

6 주제 파악

1 **정답** E

해설 성공하려면 먼저 노력해야 한다는 내용이므로 E와 같은 의미이다.

해석 사실, 식물이든 사람이든 남보다 뛰어나고자 하면 반드시 인내를 배우고 고통을 참고 일하는 것을 배워야 한다. 당신의 노력이 어느 정도에 이르렀을 때, 신속하게 자신을 성공의 꼭대기로 더 밀어내야 한다.

단어 其实 qíshí 분 사실 | 无论 wúlùn 접 ~에 상관없이 | 植物 zhíwù 명 식물 | 出人头地 chū rén tóu dì 성 남보다 뛰어나다 | 必须 bìxū 분 반드시 ~해야 한다 | 忍耐 rěnnài 동 인내하다 | 苦干 kǔgàn 동 괴로움을 참고 일하다 | ★达到 dádào 동 도달하다 | ★程度 chéngdù 명 정도 | ★迅速 xùnsù 형 신속하다 | 推 tuī 동 밀다 | 顶峰 dǐngfēng 명 정상, 최고봉

2 **정답** C

해설 어려움을 만났을 때 포기하지 않으면 꿈을 이룰 수 있다는 내용이므로 C가 정답이다.

해석 인생길은 바다 위를 항해하는 배와 같다. 항상 좌우로 흔들거리며 앞으로 나아가고, 언제 어려움을 만날지 모른다. 그러나 포기하지 않으면 반드시 그것을 이길 수 있고, 자신의 꿈을 이룰 수 있다.

단어 航行 hángxíng 동 항해하다 | ★摇摆 yáobǎi 동 흔들거리다 | 前进 qiánjìn 동 앞으로 나아가다 | 放弃 fàngqì 동 포기하다 | 战胜 zhànshèng 동 승리하다 | ★实现 shíxiàn 동 실현하다 | 理想 lǐxiǎng 명 꿈, 이상

3 **정답** D

해설 작은 일을 소중히 하면 큰일도 잘 해낼 수 있다는 내용이므로 D와 의미가 같다.

해석 만약 우리가 작은 일마다 중히 여기고 노력할 수 있다면, 큰일을 만났을 때 우리는 더욱 진지하게 대면하게 된다. 만약 우리가 모든 세부 사항에 주의를 기울일 수 있다면, 큰일에 대해서 우리는 또 진지하게 대할 수 있다.

단어 重视 zhòngshì 동 중시하다 | ★对待 duìdài 동 대하다 | 认真 rènzhēn 형 진지하다 | ★细节 xìjié 명 세부 사항

4 **정답** A

해설 잘못을 저질렀다면 열심히 고쳐야 한다는 내용이므로 A와 의미가 같다.

해석 털어서 먼지 안 나는 사람은 없다. 자신의 단점을 분명하게 볼 수 있는 것은 쉬운 일이 아니다. 만약 잘못을 저질렀다면 다른 사람의 꾸짖음을 귀담아듣고 받아들일 수 있어야 하고, 열심히 고쳐야 한다.

단어 金无足赤，人无完人 jīn wú zú chì, rén wú wán rén 털어서 먼지 안 나는 사람 없다 | 清晰 qīngxī 형 분명하다 | 缺点 quēdiǎn 명 결점, 단점 | 犯错误 fàn cuòwù 실수하다 | 听取 tīngqǔ 동 귀담아듣다 | 接受 jiēshòu 동 받아들이다 | 批评 pīpíng 명 지적, 꾸짖음 | ★改正 gǎizhèng 동 개정하다, 바꾸다

5 **정답** B

해설 성공과 실패 앞에서 마음의 평온함을 유지하는 것이 중요하다고 했으므로 B와 의미가 같다.

해석 성공은 우리를 기쁘게 하고, 실패는 우리를 상심하게 한다. 그러나 어떤 결과든 사실 이것들은 인생의 끝이 아니다. 실패했기에 처음부터 다시 시작할 수 있고, 성공했으면 더 노력이 필요하기 때문이다. 성공과 실패의 앞에서 중요한 것은 마음을 평온하게 하는 것이다.

단어 欣喜 xīnxǐ 형 기쁘다 | 令 lìng 동 ~하게 하다 | 伤神 shāngshén 동 상심하다 | 结果 jiéguǒ 명 결과 | 人生 rénshēng 명 인생 | 结束 jiéshù 명 마침, 종결 | ★保持 bǎochí 동 유지하다 | 心态 xīntài 명 심리 상태 | 平静 píngjìng 형 평온하다

정답

1. A   2. B   3. C   4. D

[1-4]

一个年轻人去买碗，来到店里他顺手拿起一只碗，然后依次与其他碗轻轻碰撞，碗与碗之间相碰时立即发出沉闷、浑浊的声响，他失望地摇摇头。然后去试下一只碗……他几乎挑遍了店里所有的碗，<u>[1]竟然没有一只满意的</u>，就连老板自认为是店里碗中精品也被他摇着头失望地放回去了。

老板很是纳闷，问他老是拿手中的这只碗去碰别的碗是什么意思？他得意地告诉老板，这是一位长者告诉他的挑碗的秘密，当一只碗与另一只碗轻轻碰撞时，发出清脆、悦耳好听声响的，一定是只好碗。老板恍然大悟，拿起一只碗递给他，笑着说："小伙子，你拿这只碗去试试，保证你能挑中自己满意的碗。"他半信半疑地试了一试。奇怪！ 他手里拿着的<u>[3]每一只碗都在轻轻地碰撞下发出清脆的声响</u>，他不明白这是怎么回事。

老板笑着说，道理很简单，你刚才拿来试碗的那只碗本身就是一只次品，你用它试碗，那声音必然浑浊，你想得到一只好碗，首先要保证自己拿的那只也是只好碗。

其实每个人都可能成为自己生命中的"贵人"，<u>[4]前提是你应该与人为善</u>。你付出了真诚就会得到相应的信任，你献出爱心就会得到尊重。做最好的自己，才能碰撞出最好的别人！

한 젊은이는 그릇을 사러 갔고, 상점에 도착해서 그는 손이 가는 대로 그릇 하나를 집어 들었다. 그러고 나서 차례대로 그 밖에 다른 그릇들을 가볍게 부딪쳤다. 그릇과 그릇이 서로 부딪쳤을 때 바로 '퍽' 하고 혼탁한 소리가 났다. 그는 실망한 듯 고개를 가로저었다. 그다음에 다른 그릇도 시도해 보았다. 그는 거의 상점 안의 모든 그릇을 다 시도해 보았지만 <u>[1]뜻밖에도 마음에 드는 것이 하나도 없었다.</u> 사장님이 상점 안의 그릇들 중에서 최고급품이라고 생각하는 것조차도 그의 고개를 가로젓게 했고 실망하여 내려놓게 만들었다.

사장님은 매우 답답해서 그에게 계속 손에 든 그릇과 다른 그릇들을 부딪치는 것이 무슨 의미인지 물었다. 그는 의기양양하게 사장님께 이것은 어느 어른이 자신에게 알려준 그릇을 고르는 비결이라고 말했다. 그릇과 다른 그릇이 가볍게 부딪칠 때 낭랑하고 듣기 좋은 소리가 나면 분명히 좋은 그릇이라고 말이다. 사장님은 <u>무언가 깨달은 것처럼</u> 그릇을 들어서 그에게 건네고 웃으며 말했다. "젊은이, 자네가 들고 있는 이 그릇으로 해보게, 틀림없이 자네는 마음에 드는 그릇을 고를 수 있을 거야." 그는 반신반의하면서도 시도해 봤다. 이런! 그의 손에 들린 <u>[3]모든 그릇들은 가볍게 부딪치자 낭랑한 소리를 냈다.</u> 그는 어떻게 된 일인지 알 수가 없었다.

사장님은 웃으며 말했다. "방법은 간단하네, 자네가 방금 들어 시도한 그릇은 원래 질이 낮은 물건이네, 자네가 그 그릇으로 부딪치면 소리는 혼탁하지. 자네가 좋은 그릇을 갖고 싶다면, 먼저 자신이 들고 있는 그것도 좋은 것인지를 확실히 해야 하네."

사실 모든 사람이 자기 생명의 '귀인'이 될 수 있는데, <u>[4]전제는 당신이 다른 사람에게 선하게 대해야 한다는 것이다.</u> 당신이 진실하면 그에 상응하는 신임을 얻을 수 있고, 당신이 사랑하는 마음으로 대하면 존중을 받을 수 있다. 자신이 가장 좋은 사람이어야 가장 좋은 사람을 만날 수 있게 되는 것이다!

단어 碗 wǎn 명 사발, 그릇 | 顺手 shùnshǒu 부 손가는 대로 | 依次 yīcì 부 차례대로 | ★碰撞 pèngzhuàng 동 부딪치다 | 相碰 xiāngpèng 서로 부딪치다 | ★立即 lìjí 부 즉시, 바로 | 沉闷 chénmèn 형 (소리가) 낮다 | 浑浊 húnzhuó 형 (물·공기 따위가) 혼탁하다, 흐리다 | 声响 shēngxiǎng 명 소리 | 失望 shīwàng 동 실망하다 | 摇头 yáotóu 동 고개를 가로젓다 | 几乎 jīhū 부 거의 | 挑 tiāo 동 선택하다 | 竟然 jìngrán 부 뜻밖에도 | 精品 jīngpǐn 명 최고급품 | 纳闷 nàmèn 동 (궁금하거나 이해가 되지 않아) 답답해하다 | 得意 déyì 형 의기양양하다 | 长者 zhǎngzhě 명 연장자 | 清脆 qīngcuì 형 소리가 낭랑하다 | 悦耳 yuè'ěr 형 듣기 좋다 | 恍然大悟 huǎng rán dà wù 성 문득 모든 것을 깨닫다 | ★递 dì 동 건네다 | ★小伙子 xiǎohuǒzi 명 젊은이 | 半信半疑 bàn xìn bàn yí 성 반신반의하다 | 次品 cìpǐn 명 질이 낮은 물건 | ★必然 bìrán 형 필연적이다 | 浑浊 húnzhuó 형 혼탁하다 | 保证 bǎozhèng 동 보증하다 | 生命 shēngmìng 명 생명, 목숨 | 贵人 guìrén 명 귀인 | 前提 qiántí 명 전제 | 与人为善 yǔ rén wéi shàn 성 선의로 남을 돕다 | ★付出 fùchū 동 들이다, 바치다 | 真诚 zhēnchéng 형 진실하다 | 相应 xiāngyìng 동 상응하다 | ★信任 xìnrèn 동 신뢰하다 | ★献 xiàn 동 바치다, 드리다 | 爱心 àixīn 명 사랑하는 마음 | 尊重 zūnzhòng 동 존중하다

1

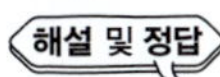 **문제 분석▼** 첫 번째 단락의 竟然没有一只满意的(뜻밖에도 마음에 드는 것이 하나도 없었다)에서 젊은이가 그릇을 사지 못했음을 유추할 수 있으므로 정답은 A이다.

根据第1段，年轻人：	첫 번째 단락에 근거하여 젊은이는?
A 没有买到碗	**A 그릇을 사지 못했다**
B 为师父买碗	B 스승을 위해 그릇을 산다
C 不满意店员态度	C 점원의 태도가 마음에 들지 않는다
D 看中了老板推荐的碗	D 사장님이 추천한 그릇이 마음에 들었다

단어 师父 shīfu 명 스승 | 店员 diànyuán 명 점원 | 态度 tàidu 명 태도 | 看中 kànzhòng 동 마음에 들다 | ★推荐 tuījiàn 동 추천하다

2

문제 분석▼ 恍然大悟의 다음 문장에서 사장님이 젊은이에게 다른 그릇으로 시도해 볼 것을 권하는 것으로 보아, 사장이 뭔가를 알게 됐다는 것을 유추할 수 있다. 따라서 恍然大悟의 적당한 의미는 突然明白(갑자기 이해하다)이다.

第2段画线词语"恍然大悟"可能是什么意思？	두 번째 단락의 밑줄 친 '恍然大悟'는 무슨 뜻인가?
A 难以理解	A 이해하기 어렵다
B 突然明白	**B 갑자기 이해하다**
C 有点失望	C 조금 실망하다
D 非常后悔	D 매우 후회하다

단어 难以 nányǐ 부 ~하기 어렵다 | 后悔 hòuhuǐ 동 후회하다

3

해설 및 정답 **문제 분석▼** 지문의 每一只碗都在轻轻地碰撞下发出清脆的声响(모든 그릇들은 가볍게 부딪치자 낭랑한 소리를 냈다)에서 그릇에서 낭랑한 소리가 났음을 알 수 있으므로 정답은 C이다.

用老板递给的碗敲其他碗后：	사장님이 건네준 그릇으로 다른 그릇을 부딪치고는 어떻게 되었는가?
A 结果并无变化	A 결과적으로 변화가 없다
B 没有找到好碗	B 좋은 그릇을 찾지 못했다
C 发出好听的声响	**C 듣기 좋은 소리를 냈다**
D 年轻人感到很羞愧	D 젊은이는 부끄러움을 느꼈다

단어 敲 qiāo 통 치다 | 羞愧 xiūkuì 형 부끄럽다

4

해설 및 정답 **문제 분석▼** 마지막 단락의 前提是你应该与人为善(전제는 당신이 다른 사람에게 선하게 대해야 한다는 것이다)에서 정답은 D임을 알 수 있다.

上文主要告诉我们：	윗글이 말하고자 하는 것은?
A 要尊老爱幼	A 어른을 공경하고 아이를 사랑해야 한다
B 挑选的智慧	B 선택의 지혜
C 如何获得财富	C 어떻게 재물을 얻을까
D 要善良对待他人	**D 다른 사람에게 선하게 대해야 한다**

단어 尊老爱幼 zūn lǎo ài yòu 셍 연장자를 존중하고 어린이를 사랑하다 | 挑选 tiāoxuǎn 통 고르다 | ★智慧 zhìhuì 명 지혜 | 如何 rúhé 대 어떻게 | 获得 huòdé 통 얻다, 획득하다 | 财富 cáifù 명 재산 | ★对待 duìdài 통 (상)대하다

| *실전* 트레이닝 2 | 기본서 **149쪽**

정답

1. C   2. D   3. B   4. C

[1-4]

有个很聪明的学生叫周聪，每次考试都是第一名。有次他去参加考试，试卷一发下来，他大致浏览了一下，便像往常一样满怀自信地开始作答。[1]这次考试一共有100道选择题，以他的实力，大约30分钟就可以做完。过了两分钟，有人满面笑容地交卷，周聪心中暗笑：

주총이라고 불리는 똑똑한 학생이 있었는데, 그는 시험마다 1등이었다. 한 번은 그가 시험에 참가했는데, 시험지가 배부되자마자 그는 대략적으로 훑어보았고, 지금껏 해왔던 것처럼 자신감에 가득한 채로 문제 풀이를 시작했다. [1]이번 시험은 모두 100개의 객관식 문제가 있었고, 그의 실력으로 대략 30분이면 다 풀 수 있었다. 2분이 지나서

"又是交白卷的家伙，真是太傻了。"

又过了5分钟，又有七八个人交卷，同样是笑容满面，看来不像是交白卷的模样。周聪看看自己只答了20几道题，连忙加快速度，埋头作答。那几个同学交卷时的笑脸一直让周聪 [2]觉得有些不安："他们为什么笑得那么开心？不可能在那么短的时间内都做完啊？"

等他答到第76题时，赫然发现题目上写着"[3]本次考试不需要作答，只要签上姓名交卷便可得满分，多答一题多扣一分"。

他满脸疑惑地举手想向监考老师发问，只见同时有数名考生迷惑地四处张望。这时周聪才看到试卷的最上面有一行说明：请先看完所有题目之后，再开始作答。此刻，他觉得自己才是真的傻。所以千万不要自以为是，不管做什么事情都要一步一步，[4]只有虚心地去做，脚踏实地，才能在人生的道路上不断前进。

어떤 사람이 미소를 띠며 답안지를 제출하자, 주총은 은연 중에 속으로 웃으며 말했다. "또 백지를 내는 놈이 있군, 정말 멍청해."

다시 5분이 지나 또 7~8명이 시험지를 제출했고, 똑같이 웃음 가득한 얼굴이었다. 보아하니 백지를 내는 모양새는 아닌 것 같았다. 주총은 자신이 20여 문제밖에 답하지 못한 것을 보고 분주하게 속도를 내서 정신을 집중하여 문제를 풀었다. 그 몇 학생들이 답안지를 제출할 때의 웃는 얼굴이 계속 주총에게 [2]불안감을 갖게 했다. "쟤들은 왜 저렇게 즐겁게 웃지? 그렇게 짧은 시간 내에 다 푸는 것은 불가능하잖아?"

그가 76번 문제를 풀 때, 깜짝 놀라며 제목에 "[3]이번 시험은 답을 쓸 필요가 없어요. 이름을 써서 제출하면 만점을 받을 수 있어요. 답하는 한 문제당 1점씩 감점입니다." 라고 쓰여진 것을 발견했다.

그는 의혹이 가득한 얼굴로 손을 들어 감독 선생님에게 물었고, 동시에 몇 안 되는 수험생이 어리둥절하게 사방을 둘러보았다. 이때 주총은 시험지의 가장 윗부분에 한 줄의 설명을 보고야 말았다. "먼저 모든 제목을 보고 난 후에 답하도록 하세요." 이때, 그는 자기 자신이야말로 정말 어리석다고 생각했다. 그래서 절대 자신만이 옳다고 여겨서는 안 된다. 무슨 일을 하든 한 걸음씩 해야 한다. [4]겸손하게 하고, 착실하고 견실하게 해야만, 인생길에서 끊임없이 앞으로 나아가는 데 도움이 된다.

단어 ★试卷 shìjuàn 몡 시험지 ┃ ★大致 dàzhì 円 대략 ┃ ★浏览 liúlǎn 동 대충 훑어보다 ┃ 往常 wǎngcháng 몡 평상시 ┃ 满怀 mǎnhuái 동 가슴에 꽉 차다 ┃ 作答 zuòdá 동 문제에 답하다 ┃ 选择题 xuǎnzétí 몡 객관식 문제 ┃ 实力 shílì 몡 실력 ┃ 笑容 xiàoróng 몡 웃음 띤 얼굴 ┃ 交卷 jiāojuàn 동 시험 답안을 제출하다 ┃ 暗笑 ànxiào 동 은연 중 비웃다 ┃ 白卷 báijuàn 몡 백지 답안 ┃ 家伙 jiāhuo 몡 놈, 녀석 ┃ 傻 shǎ 혱 어리석다, 멍청하다 ┃ 模样 múyàng 몡 모양 ┃ ★连忙 liánmáng 円 급히, 재빨리 ┃ 埋头 máitóu 동 몰두하다, 정신을 집중하다 ┃ 不安 bù'ān 혱 불안하다 ┃ 赫然 hèrán 혱 불쑥[놀라운 것이 갑자기 눈에 띄는 모양] ┃ ★题目 tímù 몡 제목 ┃ ★签 qiān 동 서명하다 ┃ 姓名 xìngmíng 몡 성명 ┃ 满分 mǎnfēn 몡 만점 ┃ 扣 kòu 동 감점하다 ┃ 疑惑 yíhuò 동 의심을 품다 ┃ 举手 jǔshǒu 동 손을 들다 ┃ 监考 jiānkǎo 동 시험을 감독하다 ┃ 考生 kǎoshēng 몡 수험생 ┃ 迷惑 míhuò 동 어리둥절하다 ┃ 张望 zhāngwàng 동 두리번거리다 ┃ 千万 qiānwàn 円 제발 ┃ 自以为是 zì yǐ wéi shì 젱 자신만이 옳다고 생각하다 ┃ 虚心 xūxīn 혱 겸손하다 ┃ 脚踏实地 jiǎo tà shí dì 젱 일하는 것이 착실하고 견실하다

해설 및 정답　**문제 분석▼**　첫 번째 단락의 这次考试一共有100道选择题(이번 시험은 모두 100개의 객관식 문제가 있었다)에서 이번 시험이 모두 객관식임을 알 수 있으므로 정답은 C이다.

根据第1段，这次考试：	첫 번째 단락에 근거하여, 이번 시험은?
A 十分容易	A 매우 쉽다
B 题出错了	B 문제를 잘못 출제했다
C 都是选择题	**C 모두 객관식 시험이다**
D 很多学生不会做	D 많은 학생들이 풀지 못했다

해설 및 정답　**문제 분석▼**　질문의 핵심 단어인 두 번째 단락의 七八个人交卷부터 보기와 지문을 대조하여 답을 찾는다. 지문의 觉得有些不安(불안감을 갖게 했다)은 开始紧张起来와 의미가 유사하므로 정답은 D이다.

看到又有七八个人交卷，周聪：	7∼8명이 답안지를 내는 것을 보고 주총은?
A 仍然很轻松	A 여전히 부담이 없다
B 向老师提问	B 선생님께 질문했다
C 觉得他们太傻	C 그들이 매우 멍청하다고 생각했다
D 开始紧张起来	**D 긴장하기 시작했다**

단어　仍然 réngrán 囝 여전히 | 轻松 qīngsōng 囹 부담이 없다 | ★提问 tíwèn 동 질문하다

해설 및 정답　**문제 분석▼**　지문의 本次考试不需要作答(이번 시험은 답을 쓸 필요가 없다)에서 정답은 B임을 알 수 있다.

为什么很多学生提前交卷？	왜 많은 학생들이 일찍 답안지를 제출했나?
A 不太聪明	A 똑똑하지 않아서
B 不用答题	**B 답을 적을 필요가 없어서**
C 提前知道答案	C 미리 답을 알고 있어서
D 受第一个同学影响	D 첫 번째 학생의 영향을 받아서

해설 및 정답

문제 분석▼ 지문의 마지막에 只有虚心地去做, 脚踏实地, 才能在人生的道路上不断前进(겸손하게 하고, 착실하고 견실하게 해야만, 인생길에서 끊임없이 앞으로 나아가는 데 도움이 된다)이라고 했으므로, 이 글의 주제는 凡事要谦虚(모든 일에 겸손해야 한다)임을 알 수 있다.

上文主要想告诉我们：	윗글이 알려주고자 하는 것은?
A 要善于理解	A 이해를 잘해야 한다
B 要实话实说	B 솔직하게 말해야 한다
C 凡事要谦虚	**C 모든 일에 겸손해야 한다**
D 不要盲目相信别人	D 맹목적으로 다른 사람을 믿으면 안 된다

단어 ★善于 shànyú 동 ~를 잘하다 | 实话实说 shí huà shí shuō 성 사실대로 말하다 | 凡事 fánshì 명 모든 일 | ★谦虚 qiānxū 형 겸손하다 | 盲目 mángmù 형 맹목적(인)

| *실전* 트레이닝 3 | 기본서 150쪽

정답

1. C　　2. D　　3. A　　4. D

[1-4]

有一个人，他生前善良且热心助人，所以在他死后升上天堂，做了天使。他当了天使后，仍时常到人间帮助人，希望让人们感觉到幸福的味道。有一日，他遇见了一个诗人，诗人很年轻，英俊、有才华且富有，妻子貌美而温柔，但他却过得不快乐。天使问他："你不快乐吗？"诗人对天使回答说："¹我什么都有，只欠一样东西，你能给我吗？"诗人直直地望着天使，"我要的是幸福。"这下子把天使难倒了，不过他想了想说："我明白了。"然后²把诗人所拥有的都拿走了。天使拿走了诗人的才华，毁去了他的容貌，夺去了他的财富和他妻子的生命。天使做完这些事后，便离开了。

一个月后，天使再回到诗人的身边，他那时饿得半死，衣衫破旧地躺在地上。于是，天使把他的一切还给他。然后，又离去了。半个月后，天使再去看诗人。这次，诗人抱着妻

어떤 사람이 생전에 선량했고 열심히 남을 도왔다. 그래서 그는 죽은 후 천국에 올라가 천사가 되었다. 그는 천사가 된 후, 여전히 자주 인간 세상에 가서 사람들을 도우며 사람들이 행복감을 느끼기를 바랐다. 어느 날 그는 한 시인을 만났다. 시인은 매우 젊고 잘생기고, 재능도 있으며 부유했다. 아내는 아름답고 상냥했지만 그는 오히려 사는게 즐겁지 않았다. 천사가 그에게 "당신은 즐겁지 않나요?"라고 물었다. 시인은 천사에게 "¹저는 뭐든 가지고 있지만 딱 하나가 없어요. 당신이 저에게 줄 수 있나요?"라고 대답했다. 시인은 똑바로 천사를 바라보며 말했다. "저는 행복을 원해요." 이 대답은 천사를 곤란하게 만들었지만, 그는 잠깐 생각하더니 말했다. "이해했어요." 그러고 나서 ²시인이 가진 모든 것을 가지고 갔다. 천사는 시인의 재능을 가져가고 그의 용모를 훼손하고, 그의 재산과 그의 아내의 생명을 빼앗아 갔다. 천사는 이 일들을 마친 후 떠났다.

한 달 후에 천사는 다시 시인의 곁으로 돌아왔다. 그는 그때 배가 고파 죽을 지경이었고, 낡은 옷차림으로 땅바닥

子，³不停地向天使道谢。因为，他得到了幸福。

　　生活中，有的人总是这样，拥有某种东西的时候往往浑然不觉，而一旦失去才知道它的宝贵。俗话说知足者常乐，⁴珍惜你现在所拥有的，怀着一颗满足的心，就会感到幸福和快乐。

에 누워있었다. 그래서 천사는 그의 모든 것을 그에게 돌려주었다. 그러고 나서 다시 떠났다. 보름 후, 천사는 다시 시인을 찾아갔다. 이번에는 시인이 아내를 안은 채 ³끊임없이 천사에게 감사의 말을 했다. 그는 행복을 얻었기 때문이다.

살면서 어떤 사람은 항상 이렇다. 어떤 것을 가졌을 때는 종종 완전히 깨닫지 못하지만, 일단 잃고 나면 그것의 소중함을 알게 된다. '만족할 줄 아는 사람은 항상 즐겁다'는 속담이 있듯이, ⁴현재 가진 것을 소중히 여기고 만족하는 마음을 품으면, 행복과 즐거움을 느낄 수 있을 것이다.

단어 生前 shēngqián 몡 생전 | ★善良 shànliáng 혱 착하다 | ★热心 rèxīn 됭 열심이다 | 助人 zhù rén 사람을 돕다 | 死后 sǐ hòu 사후, 죽은 후 | ★升上 shēngshàng 됭 오르다 | 天堂 tiāntáng 몡 천국 | 天使 tiānshǐ 몡 천사 | 人间 rénjiān 몡 인간 사회 | 幸福 xìngfú 혱 행복하다 | 味道 wèidao 몡 맛 | 诗人 shīrén 몡 시인 | 年轻 niánqīng 혱 젊다 | ★英俊 yīngjùn 혱 잘생기다 | 才华 cáihuá 몡 재능 | 富有 fùyǒu 혱 부유하다 | 貌美 màoměi 혱 (용모가) 아름답다 | ★温柔 wēnróu 혱 부드럽고 상냥하다 | ★欠 qiàn 됭 모자라다 | 直直 zhízhí 혱 꼿꼿하다 | 这下子 zhèxiàzi 몡 이번, 금번 | 难倒 nándǎo 됭 곤란하게 하다 | ★拥有 yōngyǒu 됭 보유하다 | 毁去 huǐqù 됭 망가뜨리다 | 容貌 róngmào 몡 용모 | 夺 duó 됭 빼앗아 가다 | 财富 cáifù 몡 재산 | 离开 líkāi 됭 떠나다 | 身边 shēnbiān 몡 곁 | 饿 è 됭 굶주리다 | 衣衫 yīshān 몡 의복 | 破旧 pòjiù 혱 낡다 | 抱 bào 됭 껴안다 | 总是 zǒngshì 믠 늘 | 浑然不觉 húnrán bùjué 전혀 깨닫지 못하다 | ★一旦 yídàn 믠 일단 (만약) ~한다면 | ★失去 shīqù 됭 잃다 | ★宝贵 bǎoguì 혱 소중하다 | 俗话 súhuà 몡 옛말 | 知足者常乐 zhīzú zhě cháng lè 만족할 줄 아는 사람은 항상 즐겁다 | ★珍惜 zhēnxī 됭 소중히 여기다 | 怀 huái 됭 품다 | ★颗 kē 먕 개[동그란 물체는 세는 단위] | ★满足 mǎnzú 혱 만족하다

1

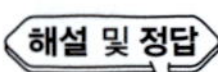 **문제 분석▼** 첫 번째 단락에서 시인이 천사에게 대답한 我什么都有，只欠一样东西(저는 뭐든 가지고 있지만 딱 하나가 없어요)라는 말에서 시인이 뭔가 부족하다고 느끼고 있음을 알 수 있다.

关于那个诗人，下列哪项正确？	그 시인에 관해, 다음 중 옳은 것은?
A 年纪有些大	A 나이가 좀 들었다
B 作品不受欢迎	B 작품이 인기가 없다
C 觉得缺少什么	**C 무언가 부족하다고 생각한다**
D 妻子对他不满意	D 아내가 그에 대해 못마땅히 여긴다

단어 年纪 niánjì 몡 나이 | ★作品 zuòpǐn 몡 작품 | 缺少 quēshǎo 됭 부족하다 | 满意 mǎnyì 혱 만족하다

2

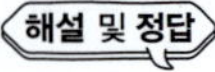 **문제 분석▼** 把诗人所拥有的都拿走了(시인이 가진 모든 것을 가지고 갔다)를 근거로 천사가 시인의 모든 것을 가지고 갔음을 알 수 있고, 所拥有的와 一切가 같은 의미이므로 정답은 D이다.

听了诗人的话，天使做了什么？	시인의 말을 듣고, 천사는 무엇을 했는가?

A 给他一笔钱	A 그에게 돈을 주었다
B 救活了他的妻子	B 그의 아내를 살려주었다
C 觉得太难而离开	C 너무 어렵다고 여기고 떠났다
D 拿走了诗人的一切	**D 시인의 모든 것을 가져갔다**

단어 笔 bǐ 양 묶 | 救活 jiùhuó 통 생명을 구하다 | 一切 yíqiè 명 전부, 모든 것

3

해설 및 정답 **문제 분석▼** 지문의 不停地向天使道谢(끊임없이 천사에게 감사의 말을 했다)에서 시인이 천사에게 매우 감사했음을 알 수 있으므로 정답은 A이다.

根据第2段，下列哪项正确?	두 번째 단락에 근거해, 다음 중 옳은 것은?
A 诗人很感激天使	**A 시인은 천사에게 매우 감사했다**
B 天使很想念诗人	B 천사는 시인을 그리워한다
C 诗人失去了爱人	C 시인은 아내를 잃었다
D 诗人感到很后悔	D 시인은 후회했다

단어 ★感激 gǎnjī 통 감사하다 | ★想念 xiǎngniàn 통 그리워하다

4

해설 및 정답 **문제 분석▼** 마지막 단락의 珍惜你现在所拥有的, 怀着一颗满足的心, 就会感到幸福和快乐(현재 가진 것을 소중히 여기고 만족하는 마음을 품으면, 행복과 즐거움을 느낄 수 있을 것이다)를 읽고, 이 글의 주제는 '소중함을 알아야 행복해진다'라고 유추할 수 있다.

上文主要想告诉我们什么?	윗글이 주로 우리에게 알려주고자 하는 바는?
A 不要放弃希望	A 희망을 버리면 안 된다
B 要合理分配收入	B 합리적으로 수입을 배분해야 한다
C 要学会互相理解	C 서로 이해할 줄 알아야 한다
D 懂得珍惜才会幸福	**D 소중함을 알아야 행복해진다**

단어 互相 hùxiāng 부 서로

정답

1. D   2. A   3. A   4. C

[1-4]

在著名的石林风景区里有两个有意思的洞。其中一个是连环洞：¹上面的洞小，只能容得下一个人的脑袋；¹下面的洞大，可以容得下整个人的身子。¹在两个洞之间，有一条胳膊粗细的空间。在这个连环洞旁边有一个大而矮的洞，只需要弯一下腰便可过去。

导游说："这个连环洞叫'十全十美洞'，穿过去你就会成为一个十全十美的人；如果你的头太大或脖子太粗，就弯腰从旁边的'礼貌洞'走过去，你也会成为一个懂礼貌的人！"一个游客偏偏脖子粗，而他却想成为一个"十全十美"的人。经过艰难的努力，他如愿地成为"十全十美"的人，而²他的脖子上多了几道深深的伤口，血流不止，最后只好匆匆去了医院。

同样在一个著名的佛学院的正门一旁，³有一个只有1.5米高的小门，一个成年人要想过去，必须弯腰侧身。凡是新来的人，教师都会引导他们到这个小门旁，让他们走一次。教师们说，只有学会了弯腰和侧身的人，只有暂时放下尊贵和体面的人，才能够出入。困难面前，正是我们一次次的弯腰，才有了之后一次次的站立，⁴正是我们一次次的低头，才有了之后的一帆风顺。

유명한 석림 관광지에는 재미있는 동굴이 두 개 있다. 그중 하나가 연환동인데, ¹위의 동굴은 작아서 머리 하나만 겨우 들어갈 수 있을 정도이고, ¹아래 동굴은 커서 몸 전체가 들어갈 수 있을 정도이다. ¹두 동굴 사이에는 팔뚝 굵기만한 공간이 있다. 이 연환동 옆에는 넓지만 높이가 낮은 동굴이 하나 있는데, 허리만 굽히면 들어갈 수 있다.

가이드는 이렇게 말했다. "이 연환동은 '완벽한 동굴'이라고 부릅니다. 지나가면 당신은 완벽한 사람이 될 수 있습니다. 만약 당신의 머리가 너무 크거나 목이 너무 굵다면, 허리를 굽혀서 옆의 '예의 동굴'로 걸어가세요. 당신도 예의를 아는 사람이 될 수 있습니다!" 한 여행객은 목이 유달리 굵었지만 '완벽한' 사람이 되고 싶었다. 힘겨운 노력을 거쳐서 그는 원하는 대로 '완벽한' 사람이 되었지만, ²그의 목에는 깊숙한 상처 몇 군데가 생겨서 피가 멈추지 않았고 결국 서둘러 병원에 갈 수밖에 없었다.

마찬가지로 한 유명한 불교 대학원의 정문 한쪽에 ³1.5미터 높이밖에 되지 않는 작은 문이 있었는데, 성인이 지나가려면 반드시 허리를 굽히고 몸을 기울여야 했다. 새로 오는 사람이 있으면, 교사는 그들을 이 작은 문으로 이끌어서 한 번 지나가게 한다. 교사들은 허리를 굽히고 몸을 기울일 줄 아는 사람, 잠시 존귀와 체면을 내려놓는 사람만이 드나들 수 있다고 말한다. 어려움에 직면했을 때, 우리가 허리를 굽혀야만 그 후에 설 수 있고, ⁴우리가 머리를 숙여야만 그 후의 순조로움이 있다.

단어 著名 zhùmíng 혱 유명하다 | 石林 shílín 몡 석림, 카르스트 | 风景区 fēngjǐngqū 몡 관광지 | 有意思 yǒu yìsi 재미있다 | ★洞 dòng 몡 동굴 | 连环洞 liánhuándòng 몡 연환(동)굴 | 容得下 róng de xià 동 수용할 수 있다 | ★脑袋 nǎodai 몡 머리 | ★整个 zhěnggè 몡 전체, 모든 | 身子 shēnzi 몡 몸 | 胳膊 gēbo 몡 팔 | 粗细 cūxì 몡 굵기 | 旁边 pángbiān 몡 근처 | 矮 ǎi 혱 낮다 | ★弯 wān 동 굽히다 | 腰 yāo 몡 허리 | 导游 dǎoyóu 몡 관광 안내원 | ★脖子 bózi 몡 목 | 粗 cū 혱 굵다 | 礼貌 lǐmào 몡 예의 | 偏偏 piānpiān 图 유달리, 유독 | ★伤口 shāngkǒu 몡 상처 | ★血 xiě 몡 피 | 流 liú 동 흐르다 | 不止 bùzhǐ 멈추지 않다 | 匆匆 cōngcōng 혱 매우 급한 모양 | 佛学院 fóxuéyuàn 불교 학당 | 正门 zhèngmén 몡 정문 | 必须 bìxū 图 반드시 ~해야 한다 | 侧身 cèshēn 동 몸을 옆으로 기울이다 | 凡是 fánshì 图 무릇 | 引导 yǐndǎo 동 인솔하다 | 暂时 zànshí 몡 잠시 | 尊贵 zūnguì 혱 존귀하다 | 体面 tǐmiàn 혱 체면이 서다 | 站立 zhànlì 동 일어서다 | 低头 dītóu 동 머리를 숙이다 | 一帆风顺 yì fān fēng shùn 젱 일이 순조롭게 진행되다

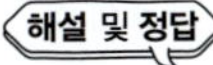

해설 및 정답 **문제 분석▼** 첫 번째 단락의 连环洞 뒷부분의 내용에서 上面的洞小(위의 동굴은 작다), 下面的洞大(아래 동굴은 크다), 在两个洞之间(두 동굴 사이) 등을 근거로 连环洞이 두 부분으로 구성되어 있음을 유추할 수 있다. 정답은 D이다.

关于"连环洞"，可以知道：	'연환동'에 관해 알 수 있는 것은?
A 十分危险	A 매우 위험하다
B 长达数十米	B 길이가 수십 미터에 달한다
C 成年人无法通过	C 성인은 지나갈 수 없다
D 由上下两个洞组成	**D 위아래 두 개의 동굴로 이루어져 있다**

단어 ★无法 wúfǎ 동 ~할 수 없다 | ★组成 zǔchéng 동 구성하다

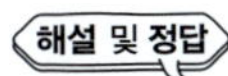

해설 및 정답 **문제 분석▼** 두 번째 단락의 마지막에 他的脖子上多了几道深深的伤口(그의 목에는 깊숙한 상처 몇 군데가 생겼다)를 통해서 정답은 A임을 알 수 있다.

根据第2段，那个游客：	두 번째 단락에 근거해, 그 여행객은?
A 脖子受伤了	**A 목을 다쳤다**
B 没通过连环洞	B 연환동을 통과하지 못했다
C 被别人看不起	C 남에게 무시당했다
D 是一个完美的人	D 완벽한 사람이다

단어 ★看不起 kàn bu qǐ 동 깔보다 | ★完美 wánměi 형 완벽하다

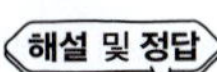

해설 및 정답 **문제 분석▼** 有一个只有1.5米高的小门(1.5미터 높이밖에 되지 않는 작은 문이 있다)을 근거로 小门의 높이가 낮다는 것을 알 수 있으므로 정답은 A이다.

根据第3段，下列哪项正确？	세 번째 단락에 근거해, 다음 보기 중 옳은 것은?
A 小门比较矮	**A 작은 문은 낮은 편이다**
B 教师每天走小门	B 교사는 매일 작은 문으로 다닌다
C 通过正门需要弯腰	C 정문을 통과하려면 허리를 굽혀야 한다
D 小门是专门为孩子准备的	D 작은 문은 특별히 아이를 위해 준비한 것이다

단어 专门 zhuānmén 부 특별히

해설 및 정답

문제 분석▼ 마지막 단락의 正是我们一次次的低头, 才有了之后的一帆风顺(우리가 머리를 숙여야만 그 후의 순조로움이 있다)에서 이 글의 주제가 '우리가 어려움이 닥쳤을 때 머리를 숙일 줄 알아야 한다'임을 유추할 수 있으므로 정답은 C이다.

上文主要告诉我们什么?	윗글이 주로 우리에게 알려주고자 하는 바는?
A 要多听别人的意见	A 다른 사람의 의견을 많이 들어야 한다
B 不要只看事物的表面	B 사물의 표면만 봐서는 안 된다
C 面对困难要学会低头	**C 어려움에 직면해 머리를 숙일 줄 알아야 한다**
D 乐观的心态助人前进	D 낙관적인 태도가 앞으로 나아가게 한다

단어 表面 biǎomiàn 몡 표면 | ★面对 miànduì 동 직면하다 | 乐观 lèguān 혱 낙관적이다 | 心态 xīntài 몡 마음가짐 | 前进 qiánjìn 동 앞으로 나아가다

7) 성어 및 속담의 의미 파악

독해 실력 트레이닝❻ | 의미 파악 기본서 158쪽

1 **정답** E

해설 不可思议는 '이해할 수 없다'의 뜻이므로 E와 의미가 같다.

해석 중국은 문화, 풍속, 관례 등의 풍미가 짙은 사회이다. 이것들은 거의 모든 사람의 몸과 마음에 스며들어 있다. 하지만 어떤 현상들은 정말로 이해할 수 없어서 일반적인 사유 방식으로는 설명할 방법이 없다.

단어 ★习俗 xísú 몡 풍속 | 惯例 guànlì 몡 관례 | 味道 wèidao 몡 맛 | 浓厚 nónghòu 혱 짙다 | 社会 shèhuì 몡 사회 | 几乎 jīhū 뷔 거의 | 渗透 shèntòu 동 스며들다 | 身心 shēnxīn 몡 몸과 마음 | 然而 rán'ér 졉 그러나 | ★现象 xiànxiàng 몡 현상 | 确实 quèshí 뷔 확실히 | 不可思议 bù kě sī yì 솅 불가사의하다, 이해할 수 없다 | 思维 sīwéi 몡 사유 | 方式 fāngshì 몡 방식 | 解释 jiěshì 동 설명하다

2 **정답** B

해설 如虎添翼는 '범이 날개를 얻은 격이다'의 뜻이므로 B와 의미가 같다.

해석 상대와 경쟁하는 것을 터득하고 더 나아가 그와 협력 파트너가 되는 것은 우리로 하여금 범이 날개를 얻은 것처럼 점점 더 강하게 변하도록 한다. 그래서 올바르게 경쟁에 대처하는 것은 우리가 마땅히 지녀야 할 태도이다.

단어 ★对手 duìshǒu 몡 상대 | 竞争 jìngzhēng 동 경쟁하다 | 进而 jìn'ér 졉 더 나아가 | ★合作 hézuò 동 합작하다 | ★伙伴 huǒbàn 몡 동료 | 如虎添翼 rú hǔ tiān yì 솅 범이 날개를 얻은 격이다 | 正确 zhèngquè 혱 올바르다 | ★对待 duìdài 동 (상)대하다, 대처하다 | 态度 tàidu 몡 태도

3 **정답** D

해설 半途而废는 '일을 중도에 그만두다'의 뜻이므로 D와 의미가 같다.

해석 생활 중에, 우리는 무슨 일을 하든지 쉽게 포기한다고 말하면 안 되고, 끝까지 견지해야 한다. 공부도 이와 같은데, 매일 학문을 쌓고 책에서 지식을 얻고 책 밖에서도 역시 지식을 얻어라. 중도에 포기하면 안 된다.

단어 轻言 qīng yán ~라고 쉽게 말하다 | 放弃 fàngqì 통 포기하다 | 坚持到底 jiānchí dàodǐ 끝까지 견지하다 | 如此 rúcǐ 대 이와 같다 | 积累 jīlěi 통 쌓이다, 축적되다 | ★学问 xuéwen 명 학문, 지식 | 获得 huòdé 통 획득하다

4 **정답** C

해설 黑压压一片는 '(사람이나 물건 등이 많이 밀집하여) 새까맣다'는 뜻이므로 C와 의미가 같다.

해석 수업 종료 벨이 울렸고, 아이를 데리러 온 학부모들이 새까맣게 학교가 굳게 닫은 철문으로 몰려들었다. 학생들은 끊임없이 교실에서 걸어 나와, 운동장에서 학년에 따라 줄을 서서 교문 밖으로 나갔다.

단어 ★铃 líng 명 벨 | 响 xiǎng 통 울리다 | 接 jiē 통 데리다 | 家长 jiāzhǎng 명 학부모 | 黑压压 hēiyāyā 형 새까맣다 | 紧闭 jǐnbì 통 꼭 닫다 | 铁门 tiěmén 명 철문 | ★陆陆续续 lùlù xùxù 부 끊임없이 | 操场 cāochǎng 명 운동장 | 按 àn 전 ~에 따라 | 年级 niánjí 명 학년

5 **정답** A

해설 捡了芝麻, 丢了西瓜는 '참깨는 주웠으나 수박을 잃다, 작은 이익으로 큰 손실을 입다'는 뜻이므로 A와 의미가 같다.

해석 만약 택배원이 맹목적으로 속도만을 추구해서 서비스의 질을 소홀히 한다면, 그 속도는 조금도 의미가 없는 것이다. 왜냐하면 택배업에 아직도 큰 안전 위험이 존재하기 때문이다. 이는 '참깨는 주웠으나 수박을 잃었다'고 말할 수 있다.

단어 快递员 kuàidìyuán 명 택배원 | 一味 yíwèi 부 맹목적으로 | ★追求 zhuīqiú 통 추구하다 | ★从而 cóng'ér 접 따라서 | 忽略 hūlüè 통 소홀히 하다 | 质量 zhìliàng 명 질, 품질 | 毫无 háowú 통 조금도 ~이 없다 | ★意义 yìyì 명 의미 | ★行业 hángyè 명 업, 직종 | 存在 cúnzài 통 존재하다 | 隐患 yǐnhuàn 명 겉에 드러나지 않은 폐해 | 捡了芝麻, 丢了西瓜 jiǎn le zhīma, diū le xīguā 참깨는 주웠으나 수박을 잃다

| **실전** 트레이닝 1 | 기본서 **159쪽**

정답
1. C   2. A   3. D   4. B

[1–4]

在马拉松赛中，比赛的起点和终点都提供水和其他饮料，而在比赛路线上，每隔2.5公里有一个饮料站。水和饮料放在运动员经过时容易拿到的地方，¹运动员也可自备饮用水，并且可以在他们要求的地方设置饮料站。饮用水和湿海绵提供站设置在两个饮料站之间。在那里，长跑运动员和竞走运动员经过时可以取到饮用水，还可以从海绵中挤水冲洗头部，起到冷却作用。除此之外，运动员不能从比赛线路上其他地方获得饮料。

마라톤 시합 중 시합의 시작점과 종점은 물과 기타 음료수를 제공한다. 그리고 시합 중에 2.5km거리마다 음료수를 마시는 곳이 있다. 물과 음료수는 선수가 지나갈 때 쉽게 들 수 있는 곳에 놓는다. ¹선수도 스스로 물을 준비할 수 있으며, 게다가 그들이 요구하는 곳에 음료수 마시는 곳을 설치할 수도 있다. 물과 젖은 스펀지를 제공하는 곳은 두 음료수 마시는 곳 사이에 설치한다. 그곳은 장거리 선수와 경보 선수가 지나갈 때 물을 가져갈 수 있고, 또 스펀지에서 물을 짜서 머리 부분을 씻어낼 수 있는데, 이는 냉각 작용을 한다. 이를 제외하면, 선수는 경기를 하는 길

如此辛苦的比赛项目，为何那么受欢迎呢？

马拉松的魅力之一，是比赛场地的开放。其他体育项目，只要是可以用来比赛的，[2]要么是似曾相识的一块地，要么是司空见惯的一个圈，而[3]马拉松赛的场地多从城市道路选取，对参赛者来说，每跑一步、每过一段都是[4]不同的风景。

马拉松的魅力之二，是对参赛者的包容。其他体育项目，只有同等选手才能同场竞技，业余爱好者几乎不可能与专业运动员比拼，而马拉松赛不同，无论专业运动员还是业余爱好者，大家都可以挤在一起比赛。

马拉松的魅力显然不止两个，但不可否认，正是[4]开放与包容这两个原因，让马拉松给人们带来了更多欢乐。

에 다른 곳에서는 음료를 얻을 수 없다.

이렇게 고생스러운 경기 종목이 왜 그렇게 인기가 있을까?

마라톤의 매력 중의 하나는 경기 장소가 개방되어 있다는 것이다. 기타 체육 종목은 단지 시합하는 데만 쓰이며, [2]어디서 본 것 같은 땅이거나 자주 보아 신기하지도 않은 테두리가 있다. 그러나 [3]마라톤 경기장은 도시의 도로에서 코스를 선택한다. 경기 참가자에게는 뜀을 뛸 때마다, 구간을 지나갈 때마다 [4]다른 풍경이 펼쳐진다.

마라톤의 두 번째 매력은 경기 참가자에 대한 포용이다. 다른 체육 종목은 동등한 선수여야만 동일한 경기장에서 경쟁할 수 있고, 아마추어가 프로 선수와 겨루는 것은 거의 불가능하다. 하지만 마라톤 경기는 다르다. 프로 선수든 아마추어든 모두 함께 끼어 경기할 수 있다.

마라톤의 매력은 분명히 이 두 가지에 그치지 않는다. 그러나 결코 부정할 수 없는 것은 바로 [4]개방적인 것과 포용, 이 두 가지 이유로 마라톤이 사람들에게 더 많은 즐거움을 가져다줄 수 있다는 점이다.

단어 马拉松 mǎlāsōng 명 마라톤 | 起点 qǐdiǎn 명 시작점 | 终点 zhōngdiǎn 명 종점 | 饮料 yǐnliào 명 음료 | 路线 lùxiàn 명 노선 | 隔 gé 동 ~을 간격으로 하다 | 公里 gōnglǐ 양 킬로미터 | 自备 zìbèi 동 스스로 준비하다 | 饮用水 yǐnyòngshuǐ 명 식수 | 设置 shèzhì 동 설치하다 | 湿 shī 형 축축하다 | 海绵 hǎimián 명 스펀지 | 长跑 chángpǎo 명 장거리 경주 | 竞走 jìngzǒu 명 경보 | 挤 jǐ 동 짜다 | 冲洗 chōngxǐ 동 물로 씻어내다 | 头部 tóubù 명 머리 부위 | 冷却 lěngquè 동 냉각하다 | 获得 huòdé 동 얻다, 획득하다 | 如此 rúcǐ 대 이와 같다 | ★项目 xiàngmù 명 항목 | ★为何 wèihé 부 무엇 때문에 | ★魅力 mèilì 명 매력 | 场地 chǎngdì 명 장소 | ★开放 kāifàng 명동 개방(하다) | 体育 tǐyù 명 체육 | 似曾相识 sì céng xiāng shí 성 어디선가 본 듯하다, 알 듯 말 듯하다 | 司空见惯 sī kōng jiàn guàn 성 자주 보아서 신기하지 않다 | ★圈 quān 명 둘레, 범위 | 城市 chéngshì 명 도시 | 道路 dàolù 명 도로 | 选取 xuǎnqǔ 동 골라 선택하다 | 参赛者 cānsàizhě 명 참가자 | ★风景 fēngjǐng 명 풍경 | 包容 bāoróng 명 포용 | 同等 tóngděng 형 동등하다 | 同场 tóngchǎng 명 같은 장소 | 竞技 jìngjì 명 기예를 겨루다 | ★业余 yèyú 형 아마추어의 | 爱好者 àihàozhě 명 애호가 | 几乎 jīhū 부 거의 | 专业 zhuānyè 형 전문적인 | 比拼 bǐpīn 동 온 힘을 다하여 겨루다 | 无论 wúlùn 접 ~에 관계없이 | 显然 xiǎnrán 형 분명하다 | 不止 bùzhǐ 동 그치지 않다 | 否认 fǒurèn 동 부인하다, 부정하다 | 欢乐 huānlè 형 즐겁다

해설 및 정답 **문제 분석▼** 첫 번째 단락의 运动员也可自备饮用水(선수도 스스로 물을 준비할 수 있다)를 근거로 내용이 일치하는 것은 C이다.

根据第一段，可以知道:	첫 번째 단락에 근거해 알 수 있는 것은?
A 饮料站可供运动员休息	A 음료 마시는 곳은 선수의 휴식을 제공한다
B 马拉松对速度要求严格	B 마라톤은 속도에 대한 엄격한 요구가 있다
C 运动员可以自己准备水	**C 선수는 스스로 물을 준비할 수 있다**
D 比赛现场只提供两个饮料站	D 시합 현장에 음료 마시는 곳을 두 개만 제공한다

단어 速度 sùdù 몡 속도 | 严格 yángé 톙 엄격하다 | 提供 tígōng 툉 제공하다

해설 및 정답 **문제 분석▼** 밑줄 앞에 쓰인 '要么…要么…'는 '~하든지 아니면 ~하든지'의 뜻으로 要么로 연결된 상황 중에서 선택할 때 쓰인다. 司空见惯 앞의 내용인 要么是似曾相识的一块地(어디서 본 것 같은 땅)를 근거로 司空见惯의 뜻은 '자주 보아 신기하지 않다'는 것으로 유추할 수 있다. 따라서 정답은 A이다.

第3段中的"司空见惯"是什么意思?	세 번째 단락의 '司空见惯'은 무슨 뜻인가?
A 很常见	**A 자주 볼 수 있다**
B 远离生活	B 생활과 거리가 멀다
C 比较特殊	C 비교적 특수하다
D 空闲时间多	D 한가한 시간이 많다

단어 远离 yuǎnlí 툉 멀리 떨어지다 | ★特殊 tèshū 톙 특수하다 | ★空闲 kòngxián 톙 한가하다

해설 및 정답 **문제 분석▼** 지문의 马拉松赛的场地多从城市道路选取(마라톤 경기장은 도시의 도로에서 코스를 선택한다)라고 했으므로 D와 내용이 일치한다.

根据上文，下列哪项正确?	윗글에 근거해, 다음 중 옳은 것은?
A 饮料站数量有限	A 음료 마시는 곳의 수량은 제한이 있다
B 马拉松的场地是固定的	B 마라톤 코스는 고정되어 있다
C 专业马拉松运动员不多	C 프로 마라톤 선수는 많지 않다
D 马拉松多在城市道路举行	**D 마라톤은 도시의 도로에서 많이 진행된다**

단어 场地 chǎngdì 몡 장소 | 固定 gùdìng 톙 고정된 | 数量 shùliàng 몡 수량 | 有限 yǒuxiàn 톙 유한하다, 한계가 있다 | ★举行 jǔxíng 툉 거행하다

 문제 분석▼ 마라톤이 환영 받는 원인으로 다른 보기들은 지문에 언급되어 있지만, B는 언급되지 않았다.

下列哪项不是马拉松受欢迎的原因：	다음 중 마라톤의 인기 요인이 아닌 것은?
A 场地开放	A 장소가 개방적이다
B 奖金丰厚	**B 상금이 많다**
C 欣赏不同风景	C 다양한 풍경을 감상할 수 있다
D 参赛条件包容	D 참가 조건이 포용적이다

단어 奖金 jiǎngjīn 몡 상금 | 丰厚 fēnghòu 톙 두둑하다, 넉넉하다 | 参赛 cānsài 됭 시합에 참가하다 | 条件 tiáojiàn 몡 조건

| *실전* 트레이닝 2 | 기본서 160쪽

정답

1. D   2. B   3. C   4. D

[1–4]

冻梨、冻柿子一直是东北人传统的冬季水果。[1]过去由于食品缺乏，加上没有水果保鲜技术和储藏条件，因此新鲜水果可谓供不应求，而冻梨、冻柿子几乎成了普通人家冬天能吃到的唯一水果。

冻梨，是将普通白梨冰冻变成乌黑色、硬邦邦的。食用方法很简单，将冻梨放入凉水中一段时间，等到冰完全消失后，把梨拿出来洗净便可。像这样，把几个冻梨放在水盆里化冻，东北人把这个"化冻"的过程叫做"缓"或"消"，并因此形成一句歇后语：年三十晚上的冻秋梨——你找消呀！这句话的意思是"你找打呀"，因为"消"与"削"同音，而"削"又是东北方言中"打"的意思。

对于喜好饮酒的人来说，酒后能吃上个冻梨，既解酒，[2]又助消化。而且如今，很多人会选择在夏天吃"冻梨"。因为夏天把水果在常温下存放，维生素很容易流失，[3]低温保存不仅可以减缓微生物繁殖，也能抑制一些酶的分解，减缓食物变质的速度，有利于食物的长时间存放。因此，冷冻水果基本不会影响它的

아이스 배와 아이스 감은 줄곧 동북 사람들의 전통적인 겨울 과일이었다. [1]과거에는 식품이 부족한 데다가 과일을 신선하게 보관하는 기술과 숙성 조건이 없었기 때문에, 신선한 과일은 공급이 부족했다고 할 수 있다. 그래서 아이스 배와 아이스 감은 보통 사람들이 겨울에 먹을 수 있는 거의 유일한 과일이 되었다.

아이스 배는 보통의 흰 배를 얼려서 새카맣고 단단하게 변하게 한 것이다. 먹는 방법은 매우 간단하다. 아이스 배를 어느 정도의 시간 동안 찬물에 넣고 얼음이 완전히 없어지면, 배를 꺼내 깨끗이 씻으면 된다. 이처럼 아이스 배 몇 개를 대야에 놓고 녹인다. 동북 사람들은 이런 '해동' 과정을 '느리다' 혹은 '사라진다'고 부른다. 그래서 이런 헐후어가 생겼다. 음력 섣달 그믐날 저녁의 아이스 배는 '你找消呀!'이다. 이 말의 뜻은 '너는 매가 약이다'인데, '消'와 '削'의 음이 동일하기 때문이고, '削'는 또한 동북 방언에서 '打(때리다)'의 뜻이다.

음주를 즐기는 사람의 입장에서는 음주 후에 아이스 배를 먹을 수 있다면, 숙취를 풀 수 있고 [2]소화에 도움이 된다. 게다가 오늘날의 많은 사람들은 여름에 '아이스 배'를 먹곤 한다. 여름에는 과일을 상온에서 보관하기 때문에 비타민이 쉽게 사라지는데, [3]저온 보존은 미생물의 번식을

营养价值。

　　夏日炎热，适当地食用冻梨并不是坏事。不过，不能吃得太多、太快。同时，4食用者还要注意自己的体质，如果是肠胃虚寒者则需要当心，慎重食用，否则可能会引起肠胃不适。

늦출 수 있을 뿐 아니라 효소 분해 반응을 억제할 수 있어서 식품의 변질 속도를 늦출 수 있고, 식품의 장기간 보존에도 도움이 된다. 그래서 냉동 과일은 기본적으로 그것의 영양 가치에 영향을 주지 않는다.

찌는 듯한 여름날, 아이스 배를 적당하게 먹는 것은 결코 나쁜 일이 아니다. 하지만 너무 많이 먹거나 너무 빨리 먹어서는 안 된다. 동시에 4섭취자는 자신의 체질에 유의해야 한다. 만약 위와 장이 허약하고 찬 사람은 오히려 조심하여 신중하게 섭취해야 한다. 그렇지 않으면 위와 장의 불편함을 일으킬 수 있다.

[단어] 冻梨 dònglí 아이스 배 | 柿子 shìzi 圐 감나무, 감 | ★传统 chuántǒng 圀 전통적이다 | 冬季 dōngjì 圐 겨울철 | 食品 shípǐn 圐 식품 | ★缺乏 quēfá 圄 결핍되다, 부족하다 | 加上 jiāshàng 圛 게다가 | 保鲜 bǎoxiān 圄 신선도를 유지하다 | 技术 jìshù 圐 기술 | 储藏 chǔcáng 圄 저장하다 | 条件 tiáojiàn 圐 조건 | 新鲜 xīnxiān 圀 신선하다 | 可谓 kěwèi 圄 ～라고 말할 수 있다 | 供不应求 gōng bù yìng qiú 圀 공급이 수요를 따르지 못하다, 공급이 딸리다 | ★唯一 wéiyī 圀 유일한 | 白梨 báilí 圐 중국 배의 일종 | 冰冻 bīngdòng 圄 얼다 | 乌黑色 wūhēisè 圐 (까마귀같이) 새카맣다 | 硬邦邦 yìngbāngbāng 딱딱하다 | 食用 shíyòng 圄 먹다 | 凉水 liángshuǐ 圐 찬물 | 消失 xiāoshī 圄 사라지다, 없어지다 | 水盆 shuǐpén 圐 대야 | 化冻 huàdòng 圄 해동되다, 녹다 | 缓慢 huǎn 圀 느리다 | 消 xiāo 圄 사라지다 | 形成 xíngchéng 圄 이루어지다 | 歇后语 xiēhòuyǔ 圀 헐후어[수수께끼와 비슷한 형태의 숙어] | 年三十 niánsānshí 음력 섣달 그믐 | 削 xiāo 圄 깎다, 벗기다 | 方言 fāngyán 圐 방언 | 饮酒 yǐnjiǔ 圄 술을 마시다 | 解酒 jiějiǔ 圄 술을 깨다 | 助 zhù 圄 돕다, 협조하다 | 消化 xiāohuà 圄 소화하다 | ★如今 rújīn 圐 오늘날 | 常温 chángwēn 圐 상온 | 存放 cúnfàng 圄 보관해 두다 | 维生素 wéishēngsù 圐 비타민 | 流失 liúshī 圄 유실되다 | 减缓 jiǎnhuǎn 圄 늦추다 | 微生物 wēishēngwù 圐 미생물 | 繁殖 fánzhí 圄 증가하다, 번식하다 | 抑制 yìzhì 圄 반응을 억제하다 | 酶 méi 圐 효소 | 分解 fēnjiě 圄 분해하다 | 食物 shíwù 圐 음식물 | 变质 biànzhì 圄 변질되다 | ★营养 yíngyǎng 圐 영양 | ★价值 jiàzhí 圐 가치 | 炎热 yánrè 圀 (날씨가) 무덥다, 찌는 듯하다 | 适当 shìdàng 圀 적당하다 | 体质 tǐzhì 圐 체질 | 肠胃 chángwèi 圐 장과 위 | 虚寒 xūhán 圀 허약하고 차다 | ★当心 dāngxīn 圄 조심하다, 주의하다 | 慎重 shènzhòng 圀 신중하다 | 否则 fǒuzé 圙 만약 그렇지 않으면 | 引起 yǐnqǐ 圄 일으키다 | 不适 búshì 圀 불편하다

1

[해설 및 정답]　**문제 분석▼**　供不应求 앞의 过去由于食品缺乏, 加上没有水果保鲜技术和储藏条件(과거에는 식품이 부족한 데다가 과일을 신선하게 보관하는 기술과 숙성 조건이 없었다)을 근거로 신선한 과일 공급이 부족했음을 알 수 있으므로, 供不应求는 '공급이 수요를 따르지 못하다'는 뜻임을 유추할 수 있다.

第1段画线词语"供不应求"的意思是:	첫 번째 단락에서 밑줄 친 '供不应求'의 뜻은 무엇인가?
A 公司规模小	A 회사의 규모가 작다
B 顾客意见多	B 고객의 의견이 많다
C 产品需求量不多	C 상품의 수요량이 많지 않다
D 需要的多提供的少	**D 수요는 많고 공급은 적다**

[단어] 画线 huàxiàn 圐 밑줄 | ★规模 guīmó 圐 규모 | 顾客 gùkè 圐 고객 | 意见 yìjiàn 圐 의견 | ★产品 chǎnpǐn 圐 생산품

해설 및 정답 **문제 분석▼** 지문에서 又助消化(소화에 도움이 된다)라고 했으므로 B와 내용이 일치한다. 지문에서 아이스 배가 乌黑色라고 했으므로 아이스 배는 검은색을 띠는 것을 알 수 있고, 食用方法很简单(먹는 방법은 매우 간단하다)에서 먹는 방법이 간단함을 알 수 있어 A, D는 오답이다.

关于冻梨，下列哪项正确?	아이스 배에 관해, 다음 중 옳은 것은?
A 呈白色	A 흰색을 띤다
B 促进消化	**B 소화를 촉진시킨다**
C 营养价值低	C 영양 가치가 낮다
D 食用步骤复杂	D 섭취 순서가 복잡하다

단어 呈 chéng 통 (색깔이나 양상을) 띠다 | ★促进 cùjìn 통 촉진시키다 | ★步骤 bùzhòu 명 순서, 차례

해설 및 정답 **문제 분석▼** 지문에서 低温保存不仅可以减缓微生物繁殖，也能抑制一些酶的分解，减缓食物变质的速度(저온 보존은 미생물의 번식을 늦출 수 있을 뿐 아니라 효소 분해 반응을 억제할 수 있어서 식품의 변질 속도를 늦출 수 있다)를 근거로 아이스 배는 보관하기에 유리하다는 것을 유추할 수 있다.

为什么有些人在夏天吃"冻梨"?	사람들이 여름에 '아이스 배'를 먹는 이유는?
A 食用方便	A 먹기 편하다
B 帮助解暑	B 더위 해소에 도움이 된다
C 有益于保存	**C 보관에 유리하다**
D 东北人的传统	D 동북 사람들의 전통이다

단어 解暑 jiěshǔ 통 더위를 해소하다 | 有益于… yǒuyìyú… ~에 유익하다 | ★传统 chuántǒng 명 전통

해설 및 정답 **문제 분석▼** 마지막 단락의 食用者还要注意自己的体质(섭취자는 자신의 체질에 유의해야 한다)를 근거로 주요하게 말하고자 하는 것은 夏季食用冻梨的注意事项(여름철 아이스 배를 먹을 때의 주의 사항)임을 알 수 있다.

最后一段主要说的是:	마지막 단락에서 주요하게 말하고자 하는 것은?
A 东北的冻梨文化	A 동북의 아이스 배 문화
B 夏季制作冻梨的方法	B 여름에 아이스 배를 만드는 방법
C 如何挑选质量好的冻梨	C 어떻게 질이 좋은 아이스 배를 고르는가
D 夏季食用冻梨的注意事项	**D 여름철 아이스 배를 먹을 때의 주의 사항**

단어 制作 zhìzuò 통 제작하다 | 挑选 tiāoxuǎn 통 고르다 | 质量 zhìliàng 명 질, 품질 | 事项 shìxiàng 명 사항

정답
1. B   2. C   3. B   4. C

[1-4]

手写是一种不可替代的重要学习方法，然而随着电脑的普及，特别是智能手机的大众化，这种学习方法受到了严重的威胁。现在的手机也是相机，[1]很多人就用手机代替手写，把它作为一种记录信息的工具，看起来手机的"记录功能"准确无误，而实际上严重威胁学习效率。自从有了电脑以后，人们用手写的机会就越来越少了。

现在不少学生课堂上用手机拍摄教学内容，不想用笔记。很多世界知名的大学有明确规定，课堂上禁止用手机拍摄教学内容。在一所著名大学里，很多学科的教学完全不用电脑，仍然坚持传统的教授方式，就是[2]老师在黑板上用粉笔板书，学生记笔记。在一些课上，老师明确规定，只能以手写方式记笔记，不能用笔记本电脑记录，更不允许用手机拍照。

[4]老师过度依赖电脑会影响教学效果，而黑板板书会强迫老师不能偷懒，每次上课都要认真备课。这所学校的老师通常能把教学内容记于心，一堂课下来，不看一眼教案。因为[3]他们每次手写都会再熟悉一遍内容，正所谓熟能生巧。试想一下，假如老师用电脑，只用准备一次，然后年复一年地用，老师自己是轻松省事了，结果他可能对教学内容越来越模糊、越来越陌生。

필기는 대체 불가능한 중요한 학습 방법이다. 그러나 컴퓨터가 보급되면서, 특히 스마트폰의 대중화로 이런 학습 방법이 심각한 위협을 받았다. 지금의 휴대폰은 카메라이기도 하다. [1]많은 사람들은 휴대폰으로 필기를 대체하고, 휴대폰을 정보를 기록하는 도구로 삼는다. 휴대폰의 '기록 기능'은 정확하고 오류가 없어 보이지만 실제로는 학습 효율을 심각하게 위협하고 있다. 컴퓨터가 생겨난 이후, 사람들이 손으로 필기할 기회는 점점 줄어들었다.

지금 많은 학생들은 교실에서 휴대폰으로 수업 내용을 찍고, 필기를 하려고 하지 않는다. 많은 세계 유명 대학교에는 교실에서 휴대폰으로 수업 내용을 촬영하는 것을 금지하는 명확한 규정이 있다. 한 유명 대학에서 많은 학과의 수업은 완전히 컴퓨터를 쓰지 않고, 여전히 전통적인 교수 방법을 고수한다. 바로 [2]교사가 칠판에 분필로 판서를 하고 학생은 필기를 하는 것이다. 일부 수업에서 교사는 손으로 쓰는 방식으로만 필기해야 하며 노트북으로 기록할 수 없고, 휴대폰 촬영은 더욱 허가할 수 없다고 명확히 규정한다.

[4]교사가 지나치게 컴퓨터에 의존하면 수업 효과에 영향을 줄 수 있다. 칠판에 판서하면 교사가 게으름을 피울 수 없어서, 수업에 임할 때마다 열심히 준비해야 한다. 이 학교의 교사는 일반적으로 수업 내용을 마음에 기억해서, 수업에 들어가면 교안을 한 번도 보지 않는다. [3]그들이 손으로 쓸 때마다 내용을 한 번 더 익힐 수 있기 때문에, 소위 '익숙해지면 요령이 생긴다'는 말과 같다. 한번 생각해 보라. 만약 교사가 컴퓨터를 사용해 한 번만 준비하고 해마다 사용한다면, 교사 자신은 수월하고 힘이 덜 들겠지만 결과적으로 그는 수업 내용에 대해서 점점 모호해지며 점점 낯설어질 것이다.

단어 替代 tìdài 통 대체하다 | 然而 rán'ér 접 하지만 | 随着 suízhe 통 ~에 따라 | 普及 pǔjí 통 보급되다 | 智能手机 zhìnéng shǒujī 명 스마트폰 | 大众化 dàzhònghuà 통 대중화되다 | ★严重 yánzhòng 형 심각하다 | ★威胁 wēixié 명 위협 | 相机 xiàngjī 명 사진기 | 代替 dàitì 통 대체하다 | ★作为 zuòwéi 통 ~으로 삼다 | ★记录 jìlù 통 기록하다 | ★功能 gōngnéng 명 기능 | 准确 zhǔnquè 형 정확하다 | 无误 wúwù 통 틀림없다 | ★效率 xiàolǜ 명 효율, 능률 | 自从 zìcóng 전 ~한 후, ~이래 | 课堂 kètáng 명 교실 | 拍摄 pāishè 통 촬영하다 | ★明确 míngquè 형 명확하다 | ★规定 guīdìng 명 규칙 | 禁止 jìnzhǐ 통 금지하다 | 学科 xuékē

몡 학과목 | ★仍然 réngrán 뭔 여전히 | 坚持 jiānchí 동 견지하다 | ★传统 chuántǒng 혱 전통적이다 | 粉笔 fěnbǐ 몡 분필 |
板书 bǎnshū 동 판서하다 | 笔记 bǐjì 몡 필기 | 手写 shǒuxiě 동 친필로 기록하다 | 笔记本电脑 bǐjìběn diànnǎo 몡 노트북 |
允许 yǔnxǔ 동 허락하다 | ★拍照 pāizhào 동 사진을 찍다 | ★过度 guòdù 혱 지나치다 | ★依赖 yīlài 동 기대다, 의지하다 | 效
果 xiàoguǒ 몡 효과 | 黑板 hēibǎn 몡 칠판 | 强迫 qiángpò 동 강제로 시키다 | 偷懒 tōulǎn 동 꾀를 부리다 | 认真 rènzhēn 혱
착실하다 | 备课 bèikè 동 수업을 준비하다 | ★通常 tōngcháng 혱 일반적이다 | 记于心 jì yú xīn 마음에 새기다 | 教案 jiào'àn
몡 강의안 | 熟悉 shúxī 동 익숙하다 | 所谓 suǒwèi 혱 소위 ~라는 것은 | 熟能生巧 shú néng shēng qiǎo 셩 익숙해지면 요령이
생긴다 | ★假如 jiǎrú 접 만약 | 年复一年 nián fù yì nián 해를 거듭하다 | 轻松 qīngsōng 혱 수월하다 | 省事 shěngshì 동 수고를
덜다 | 结果 jiéguǒ 뭔 결국 | ★模糊 móhu 혱 모호하다 | ★陌生 mòshēng 혱 생소하다

1

해설 및 정답 **문제 분석▼** 첫 번째 단락의 很多人就用手机代替手写, 把它作为一种记录信息的工具(많은 사람들은 휴대폰으로 필기를 대체하고, 휴대폰을 정보를 기록하는 도구로 삼는다)를 통해 정답은 B임을 알 수 있다.

关于手机的 "记录功能", 可以知道:	휴대폰의 '기록 기능'에 관해 알 수 있는 것은?
A 使用方法复杂	A 사용 방법이 복잡하다
B 可以代替手写	**B 필기를 대체할 수 있다**
C 不影响学习效率	C 학습 효과에 영향을 주지 않는다
D 不受年轻人的欢迎	D 젊은이들의 환영을 받지 못한다

2

해설 및 정답 **문제 분석▼** 두 번째 단락의 老师在黑板上用粉笔板书, 学生记笔记(교사가 칠판에 분필로 판서를 하고 학생은 필기를 한다)를 통해 정답은 C임을 알 수 있다.

根据第2段, 一些大学使用什么教学方式?	두 번째 단락에 근거해, 일부 대학에서 어떤 수업 방식을 사용하는가?
A 户外体验学习	A 실외 체험 학습
B 网络互相交流	B 네트워크 상호 교류
C 老师学生都手写	**C 선생님과 학생이 모두 손으로 쓴다**
D 分组讨论式教学	D 그룹별 토론식 수업

단어 户外 hùwài 몡 야외 | ★体验 tǐyàn 동 체험하다 | ★网络 wǎngluò 몡 네트워크 | 互相 hùxiāng 뭔 서로 | 交流 jiāoliú 동
교류하다 | 分组 fēnzǔ 동 조를 나누다 | 讨论式 tǎolùnshì 토론식

3

해설 및 정답 **문제 분석▼** 熟能生巧는 '익숙해지면 요령이 생긴다'는 뜻의 성어이다. 이 글에서는 他们每次手写都会再熟悉一遍内容(그들이 손으로 쓸 때마다 내용을 한 번 더 익힐 수 있다)이라고 했으며, B와 같은 의미로 볼 수 있다.

最后一段画线词语的意思是:	마지막 단락의 밑줄 친 단어의 의미는?

A 多和熟悉的人往来	A 익숙한 사람과 자주 왕래한다
B 常练习会有好办法	**B 자주 연습하면 좋은 방법이 생길 수 있다**
C 能力与个人性格有关	C 능력과 개인의 성격은 관련이 있다
D 努力是成功的前提条件	D 노력은 성공의 전제 조건이다

단어 练习 liànxí 圐 연습하다 ｜ 前提 qiántí 圐 전제

4

해설 및 정답 **문제 분석▼** 마지막 단락의 老师过度依赖电脑会影响教学效果(교사가 지나치게 컴퓨터에 의존하면 수업 효과에 영향을 줄 수 있다) 다음의 내용을 읽고, 문맥상 影响은 좋지 않은 영향을 말하고 있음을 유추할 수 있다. 따라서 컴퓨터를 사용한 수업의 교육 효과가 상대적으로 떨어진다는 C가 정답이다.

关于使用电脑教学，下列哪项正确？	컴퓨터를 사용한 수업에 관해, 다음 중 옳은 것은?
A 利于学习观看	A 학습 참관에 이롭다
B 只能使用一次	B 한 번밖에 사용할 수 없다
C 教学效果相对差	**C 교육 효과가 상대적으로 떨어진다**
D 准备教案很麻烦	D 교안을 준비하는 것은 번거롭다

단어 ★相对 xiāngduì 圐 상대적으로 ｜ 麻烦 máfan 톙 번거롭다

| 실전 트레이닝 4 | 기본서 162쪽

정답

1. A　　2. B　　3. C　　4. B

[1-4]

　　一家酒店要招聘一名厨师长，通过比赛最后留下了五个人。老板告诉他们："我只能录取一个人，所以接下来一周，请你们到几家著名的酒店，<u>1去观察和品尝那里的厨师们的手艺</u>，回来后把自己的感受告诉我。"

　　一周后，五人如约来到酒店汇报。第一名厨师说："我参观的那家酒店的厨师拿手菜是烤鱼，虽然这道菜的颜色十分悦目，但是用料却不敢恭维。如果让我去做，我会做得比他更好。"接下来的三名候选厨师，和第一位厨师一样，<u>2都指出了自己品尝到的每一道菜的缺</u>

　　한 호텔에서 주방장 한 명을 채용하려는데, 시합을 통해 마지막으로 다섯 명이 남았다. 사장은 그들에게 이렇게 알려주었다. "저는 한 명밖에 채용할 수 없습니다. 그래서 앞으로 일주일 동안, 여러분이 유명한 호텔 몇 군데에 가서 <u>1그곳 요리사들의 솜씨를 관찰하고 맛본 후 돌아와 자신의 느낌을 저에게 알려주십시오.</u>"

　　일주일 후, 다섯 명은 약속대로 호텔에 돌아와 보고했다. 첫 번째 요리사가 말했다. "제가 참관한 그 호텔 요리사의 특기 요리는 생선구이입니다. 이 요리의 색깔은 아주 아름다웠지만 사용 재료는 칭찬할 수 없었습니다. 만약 저에게 만들라고 하면 저는 그보다 더 잘할 수 있습니다." 이

点。只有最后一名厨师小王说："这一周，我吃到了一道'夏日微笑'，我可以肯定地说，那是一道我今生吃过的最美味的菜，它清爽可口，色泽鲜亮，很多优点无法用语言去形容。"

听了五位厨师的陈述，老板最后说："恭喜你，小王！你被录用了。"老板进一步解释说："我让你们去品尝菜，是要你们去发现别人的优点。正所谓'三人行，必有我师'，³别人的优点一定值得我们学习，使我们不断进步。"

⁴与人交往犹如厨师品菜，多看别人的长处和好的一面，才能知道自己还有哪些不足，才可以在以后的交往中逐步改掉这些缺点，从而成为一个令食客们满意的"好厨师"。

어서 세 명의 후보 요리사는 첫 번째 요리사와 같이 ²모두 자신이 맛본 요리의 단점을 지적했다. 오직 마지막 요리사 샤오왕만이 이렇게 말했다. "일주일 동안 저는 '여름 미소'라는 요리를 먹어봤습니다. 저는 그 요리가 제 평생에 먹어 본 가장 맛있는 요리라고 분명히 말할 수 있습니다. 그 요리는 담백하면서 입에 맞았고, 빛깔과 광택은 선명했습니다. 말로는 설명할 수 없는 장점이 많았습니다."

다섯 명의 요리사의 이야기를 듣고 사장이 마침내 말했다. "축하합니다. 샤오왕! 당신이 채용되었습니다." 사장이 덧붙여 설명했다. "제가 여러분에게 요리를 맛보러 가도록 한 것은 다른 사람의 장점을 발견하게 하려는 것이었습니다. 소위 '세 사람이 길을 가면 반드시 나의 스승이 있다.'는 말이 있습니다. ³다른 사람의 장점은 분명 우리가 배울 만한 가치가 있고, 우리를 끊임없이 발전하게 합니다."

⁴사람과의 교제도 요리사가 요리를 맛보는 것과 같다. 다른 사람의 장점과 좋은 면을 많이 보아야만 자신이 어느 것이 부족한지를 알 수 있고, 앞으로의 교제에서 점차 이러한 단점을 고칠 수 있어 고객을 만족시키는 '훌륭한 요리사'가 되는 것이다.

단어 ★酒店 jiǔdiàn 몡 호텔 | 招聘 zhāopìn 동 모집하다 | 厨师长 chúshīzhǎng 몡 주방장 | 通过 tōngguò 전 ~을 통해 | ★录取 lùqǔ 동 채용하다 | 接下来 jiēxiàlái 다음으로 | ★观察 guānchá 동 관찰하다, 살피다 | 品尝 pǐncháng 동 맛보다 | 手艺 shǒuyì 몡 솜씨 | ★感受 gǎnshòu 몡 느낌 | 如约 rúyuē 부 약속대로 | 汇报 huìbào 동 종합하여 보고하다 | 拿手菜 náshǒucài 가장 자신 있는 요리 | 烤鱼 kǎoyú 생선구이 | 悦目 yuèmù 형 보기 좋다 | 恭维 gōngwéi 동 치켜 세우다 | 候选 hòuxuǎn 선발을 기다리다 | 微笑 wēixiào 몡 미소 | 美味 měiwèi 좋은 맛 | 清爽可口 qīngshuǎng kěkǒu 담백하고 맛있다 | 色泽鲜亮 sèzé xiānliàng 색과 광택이 선명하다 | 陈述 chénshù 동 진술하다 | ★恭喜 gōngxǐ 동 축하하다 | 解释 jiěshì 동 설명하다 | 所谓 suǒwèi 형 소위, 이른바 | ★值得 zhídé 동 ~할 만하다 | 不断 búduàn 부 끊임없이 | ★进步 jìnbù 동 발전하다 | ★交往 jiāowǎng 동 교제하다 | 犹如 yóurú 마치 ~와(과) 같다 | 厨师 chúshī 몡 요리사 | 品菜 pǐn cài 요리를 맛보다 | 长处 chángchu 몡 장점 | ★逐步 zhúbù 부 점차 | 改掉 gǎidiào 동 고쳐 버리다 | ★从而 cóng'ér 접 이리하여

<hr>

1

해설 및 정답 **문제 분석▼** 지문에서 去观察和品尝那里的厨师们的手艺(그곳 요리사들의 솜씨를 관찰하고 맛보다)라고 했으므로 정답은 A이다.

酒店老板给应聘者什么任务?	호텔의 사장은 지원자에게 어떤 임무를 주었는가?
A 尝别人做的菜	**A 다른 사람이 만든 요리 맛보기**
B 告诉他实习感受	B 그에게 실습 느낌을 알려주기
C 思考如何做出美味	C 어떻게 맛있는 요리를 만들지 생각하기
D 观察厨师宣传方式	D 요리사가 홍보하는 방식을 관찰하기

2

해설 및 정답 　**문제 분석▼** 　지문의 都指出了自己品尝到的每一道菜的缺点(모두 자신이 맛본 요리의 단점을 지적했다)에서 정답
은 B임을 알 수 있다.

关于前四名厨师，可以知道什么?	앞의 네 명의 요리사에 관해 알 수 있는 것은?
A 手艺高超	A 솜씨가 출중하다
B 只看到了缺点	**B 단점밖에 보지 못했다**
C 语言表达能力不足	C 언어 표현 능력이 부족하다
D 品尝了最好吃的菜	D 가장 맛있는 요리를 맛보았다

단어 高超 gāochāo 형 뛰어나다 | 表达 biǎodá 동 표현하다

3

해설 및 정답 　**문제 분석▼** 　'三人行, 必有我师'는 '세 사람이 길을 가면 반드시 나의 스승이 있다'는 뜻이다. 지문에서 别人的
优点一定值得我们学习, 使我们不断进步(다른 사람의 장점은 분명 우리가 배울 만한 가치가 있고, 우리를 끊임없이 발
전하게 한다)라고 했으므로 '겸손하게 다른 사람에게 배운다'는 의미와 일치한다. 따라서 정답은 C이다.

第3段画线词语的意思是:	세 번째 단락의 밑줄 친 단어의 의미는?
A 人多力量大	A 사람이 많으면 힘이 세다
B 最好结伴而行	B 동행하는 것이 가장 좋다
C 虚心向别人学习	**C 겸허하게 다른 사람에게 배운다**
D 缺点也能使人进步	D 단점도 사람을 발전시킬 수 있다

단어 ★虚心 xūxīn 형 겸허하다 | 结伴而行 jiébàn ér xíng 동행하다

4

해설 및 정답 　**문제 분석▼** 　마지막 단락의 与人交往犹如厨师品菜(사람과의 교제도 요리사가 요리를 맛보는 것과 같다)에서 이 글
의 제목으로 B가 가장 적당하다는 것을 알 수 있다.

最适合做上文标题的是:	윗글의 제목으로 가장 알맞은 것은?
A 忘记不如意	A 잊는 것은 뜻대로 되지 않는다
B 交往如品菜	**B 교제는 요리를 맛보는 것과 같다**
C 学习的重要性	C 학습의 중요성
D 如何成为好厨师	D 어떻게 좋은 요리사가 될 것인가

기본서 **164쪽**

정답									
1. D	2. C	3. A	4. B	5. D	6. A	7. C	8. C	9. D	10. B
11. C	12. C	13. D	14. A	15. C	16. B	17. D	18. A	19. A	20. B
21. B	22. C	23. D	24. C						

[1-3]

　　在别人眼中特别完美的人，无意中犯点小错误，会让人觉得他和别人一样会犯错误，这 **1 不见得** 是他的缺点，反而会成为其优点，让人更加喜爱他。这在心理学中被叫做"出丑效应"。生活中有不少比较完美精明的人。其实，这种完美往往是外在的表演，这样就未必讨人喜欢了。因为一般人与完美无缺的人 **2 交往** 时，总会因为自己不如人而感到不自在。最讨人喜欢的是那些精明而小有缺点的人，在不经意中犯个小错误，这样会 **3 表现** 他平凡的一面，从而使周围的人都感到了安全。

다른 사람에게 무척 완벽하게 보이는 사람이 무의식 중에 저지른 작은 실수는 사람들이 그도 다른 사람들처럼 실수를 저지를 수 있다고 느끼게 하는데, 이는 그의 단점 **1 이라고는 할 수 없고**, 오히려 장점이 되어 사람들이 그를 더 좋아하도록 만든다. 이를 심리학에서는 '실수 효과'라고 한다. 살다 보면 비교적 완벽하고 영리한 사람이 많다. 사실 이런 완벽함은 종종 외적인 연기인데, 사람들이 이 모습을 꼭 좋아하는 것은 아니다. 왜냐하면 보통 사람은 완벽하고 결점 없는 사람과 **2 교제할** 때, 그 사람보다 못한 자신으로 인해 불편함을 느끼기 때문이다. 사람들이 가장 좋아하는 사람은 영리하나 작은 단점이 있는 사람인데, 부주의하게 사소한 실수를 저지르면 그의 평범한 일면을 **3 드러낼** 수 있고, 이로써 주변 사람들은 안전하다고 느끼게 된다.

단어 ★完美 wánměi 형 완벽하다 | 无意 wúyì 부 무의식중에 | 犯 fàn 동 범하다 | 错误 cuòwù 명 실수 | 缺点 quēdiǎn 명 결점 | ★反而 fǎn'ér 부 오히려, 역으로 | 成为 chéngwéi 동 ~가 되다 | 其 qí 대 그 | 优点 yōudiǎn 명 장점 | 喜爱 xǐ'ài 동 좋아하다 | 心理学 xīnlǐxué 명 심리학 | 叫做 jiàozuò 동 ~라고 부르다 | 出丑效应 chūchǒu xiàoyìng 실수 효과 | 精明 jīngmíng 형 영리하다 | 外在 wàizài 형 외적인 | 表演 biǎoyǎn 명 연기 | ★未必 wèibì 부 반드시 ~한 것은 아니다 | ★不如 bùrú 동 ~만 못하다 | 自在 zìzài 형 자유롭다 | 不经意 bùjīngyì 동 주의하지 않다 | 平凡 píngfán 형 평범하다 | 一面 yímiàn 명 일면, 한 측면 | ★从而 cóng'ér 접 이로써 | 周围 zhōuwéi 명 주위

1

[해설 및 정답] **문제 분석▼** 문맥의 의미상 反而의 앞 절은 '단점이 아니다'의 의미가 되어야 하므로 빈칸에 들어갈 단어로 不见得가 가장 알맞다.

A 毕竟	A 결국
B 不至于	B ~에 이르지 못하다
C 作为	C ~의 신분(자격)으로서
D 不见得	**D 반드시 ~라고는 할 수 없다**

[호응 구조]
A 毕竟 bìjìng 🅫 그래도, 어쨌든 ▶ **毕竟**如此 어쨌든 그러하다
B 不至于 bú zhìyú 🅴 ~에 이르지 못하다 ▶ **不至于**那么难 그렇게 어렵지는 않다
C 作为 zuòwéi 🅴 ~의 신분(자격)으로서 ▶ **作为**学生 학생으로서
D 不见得 bújiànde 🅴 ~라고는 할 수 없다 ▶ **不见得**失败 실패라고는 할 수 없다

2

[해설 및 정답] **문제 분석▼** 보기에 제시된 단어가 동사이고, 문맥상 빈칸 앞에는 '완벽하고 결점 없는 사람과 교제하다'는 의미가 되어야 하므로 정답은 C이다.

A 说服	B 思考	A 설득하다	B 사고하다
C 交往	D 集合	**C 교제하다**	D 집합하다

[호응 구조]
A 说服 shuōfú 🅴 설득하다 ▶ **说服**对方 상대방을 설득하다
B 思考 sīkǎo 🅴 사고하다 ▶ **思考**问题 문제를 깊이 생각하다
C 交往 jiāowǎng 🅴 교제하다 ▶ 跟**别人交往** 다른 사람과 교제하다
D 集合 jíhé 🅴 집합하다, 집합시키다 ▶ **集合**员工 일하는 사람을 집합시키다

3

[해설 및 정답] **문제 분석▼** 보기에 제시된 단어가 동사이므로, 동사와 어울리는 목적어를 찾아야 한다. 빈칸과 호응하는 목적어는 他平凡的一面이고, 보기 중 목적어와 호응하는 동사를 찾으면 表现이므로 정답은 A이다.

A 表现	B 治疗	**A (~한 모습을) 드러내다**	B 치료하다
C 满足	D 挑战	C 만족하다	D 도전하다

[호응 구조]
A 表现 biǎoxiàn 🅴 (~한 모습을) 드러내다 ▶ **表现**优秀 우수함을 드러내다
B 治疗 zhìliáo 🅴 치료하다 ▶ **治疗**疾病 질병을 치료하다
C 满足 mǎnzú 🅴 만족하다 ▶ **满足**要求 요구를 만족시키다
D 挑战 tiǎozhàn 🅴 도전하다 ▶ **挑战**对手 라이벌에게 도전하다

<table>
<tr><td>

关于茶的起源有很多美丽的传说，其中最 __4 普遍__ 的说法就是"神农尝茶"的故事。

很早以前，人们吃的东西很不干净，经常闹病。一个叫神农的人为了解除人们的痛苦，__5 到处品尝看到的植物__，希望可以找到一些可以治病的植物。

有一天，神农在野外用铁锅 __6 煮__ 水时，刚好有几片叶子飘进锅中。过了一段时间，煮好的水颜色微黄，神农喝入口中，顿时感觉神清气爽，而且非常止渴。神农根据过去品尝百草的经验，判断它是一种药。__7 从此__，人们开始用水煮这种可以提神醒脑的树叶，这就是中国茶的起源。

</td><td>

차의 기원에 대한 아름다운 전설들이 많지만 그중 가장 __4 보편적인__ 견해는 '신농씨가 차를 맛본 이야기'이다.

옛날에 사람들이 먹던 음식은 무척 불결하여 자주 병을 일으키곤 했다. 신농씨라는 사람은 사람들의 고통을 없애기 위해 __5 곳곳에서 본 식물을 맛보면서__ 병을 치료할 수 있는 식물을 찾으려고 했다.

어느 날, 신농씨가 야외에서 가마솥에 물을 __6 끓이고__ 있을 때, 마침 나뭇잎 몇 장이 흩날려 솥 안에 떨어졌다. 시간이 좀 지나자 끓인 물의 색깔은 옅은 황색이었다. 신농씨는 이를 마시고 문득 정신이 맑아지고 기분이 상쾌해짐을 느꼈을 뿐만 아니라 갈증도 많이 해소되었다. 신농씨는 과거에 온갖 풀을 맛봤던 경험으로 이것이 일종의 약이라고 판단했다. __7 이후로__ 사람들은 정신을 차리고 머리를 맑게 할 수 있는 이런 나뭇잎들을 물에 끓여 마시기 시작했는데, 이것이 바로 중국 차의 기원이다.

</td></tr>
</table>

단어 起源 qǐyuán 몡 기원 │ 美丽 měilì 톙 아름답다 │ ★传说 chuánshuō 몡 전설 │ 说法 shuōfǎ 몡 견해 │ 神农 Shénnóng 고유 신농씨[중국 고대 전설상의 제왕] │ 闹病 nàobìng 동 병이 나다 │ 解除 jiěchú 동 없애다 │ ★痛苦 tòngkǔ 몡 고통 │ 治病 zhìbìng 동 병을 고치다 │ 植物 zhíwù 몡 식물 │ 野外 yěwài 몡 야외 │ 铁锅 tiěguō 몡 무쇠솥 │ ★飘 piāo 동 날다 │ 微黄 wēihuáng 몡 옅은 황색 │ 顿时 dùnshí 뤤 갑자기 │ 神清气爽 shénqīng qìshuǎng 정신이 맑고 상쾌하다 │ 止渴 zhǐkě 동 해갈하다 │ 品尝 pǐncháng 동 맛보다 │ 判断 pànduàn 동 판단하다 │ 提神 tíshén 동 정신을 차리다, 기운을 내다 │ 醒脑 xǐngnǎo 머리를 맑고 깨끗하게 하다 │ 树叶 shùyè 몡 나뭇잎

4

 **문제 분석▼** 빈칸 뒤에 的가 있으므로 说法를 수식하는 형용사가 필요하고, 문맥상 '가장 보편적인 견해'라는 의미가 적합하므로 정답은 B이다.

<table>
<tr><td>A 普通</td><td>**B 普遍**</td><td>A 보통이다</td><td>**B 보편적이다**</td></tr>
<tr><td>C 深刻</td><td>D 显然</td><td>C 깊다</td><td>D 명백하다</td></tr>
</table>

호응 구조

A 普通 pǔtōng 톙 보통이다 ▶ 普通的人 보통의 사람

B 普遍 pǔbiàn 톙 보편적이다 ▶ 普遍的说法 보편적인 견해

C 深刻 shēnkè 톙 깊다 ▶ 深刻的道理 깊은 도리

D 显然 xiǎnrán 톙 명백하다 ▶ 显然的结果 명백한 결과

5

해설 및 정답 **문제 분석▼** 빈칸 뒤에 '병을 치료할 수 있는 식물을 찾으려고 했다'는 내용이 있으므로, 빈칸에는 '곳곳에서 본 식물을 맛보다'라는 의미의 문장이 들어가야 한다. 따라서 D가 정답이다.

A 离开家乡去求学	A 고향을 떠나 배움을 구하다
B 跟着师傅学习技术	B 스승을 따라 기술을 배우다
C 给百姓们免费治病	C 백성들을 무료로 치료하다
D 到处品尝看到的植物	**D 곳곳에서 본 식물을 맛보다**

단어 离开 líkāi 통 떠나다 ｜ ★家乡 jiāxiāng 명 고향 ｜ 求学 qiúxué 통 학문을 탐구하다 ｜ 师傅 shīfu 명 스승 ｜ 技术 jìshù 명 기술 ｜ 百姓 bǎixìng 명 백성 ｜ 免费 miǎnfèi 통 무료로 하다 ｜ 到处 dàochù 명 도처, 곳곳

6

해설 및 정답 **문제 분석▼** 보기는 모두 동사이므로 목적어와 호응 관계를 살핀다. 煮는 水를 목적어로 가질 수 있으며, 문맥상 '신농씨가 야외에서 가마솥에 물을 끓이다'의 의미가 되어야 하므로 보기 중 煮가 가장 적당하다.

A 煮	B 涨	**A 끓이다**	B 오르다
C 划	D 装	C 젓다	D 싣다

호응 구조
A 煮 zhǔ 통 삶다, 끓이다 ▶ 煮饺子 만두를 삶다
B 涨 zhǎng 통 오르다 ▶ 涨价 가격이 오르다
C 划 huá 통 (배 등을) 젓다 ▶ 划船 배를 젓다
D 装 zhuāng 통 담다, 싣다 ▶ 装货 화물을 싣다

7

해설 및 정답 **문제 분석▼** 문맥상 '신농씨는 이것이 일종의 약이라고 판단했고, 이후로 사람들은 이런 나뭇잎을 물에 끓여 마시기 시작했다'는 내용이 되어야 한다. 밑줄 뒤 문장은 앞 문장의 일 이후 일이므로 빈칸에 적합한 접속사는 C이다.

A 尽管	B 至于	A 비록	B ~의 정도에 이르다
C 从此	D 通常	**C 이후로**	D 보통이다

호응 구조
A 尽管 jǐnguǎn 접 비록 ~라 하더라도 ▶ 尽管如此 비록 이렇다 하더라도
B 至于 zhìyú 통 ~의 정도에 이르다 ▶ 至于这样 이 정도에 이르다
C 从此 cóngcǐ 접 이후로, 이로부터 ▶ 从此分开 이후로 헤어지다
D 通常 tōngcháng 형 보통이다 ▶ 通常的情况 보통의 상황

해설 및 정답 **문제 분석▼** 지문의 还能锻炼人的想象力(상상력을 단련시킬 수도 있다)라고 했으므로 장기(바둑) 두기는 아이의 상상력을 키울 수 있다고 한 C가 정답이다.

学下棋不仅能提高人的注意力、耐力和智力，还能锻炼人的想象力，让人的想象力更加丰富，从而培养出独特的创造力。因此，父母在培养孩子兴趣爱好的时候，可以考虑让孩子接触棋类的活动。

A 聪明的人最适合下棋
B 外向的人很少接触棋类
C 下棋可以培养孩子想象力
D 下棋会让孩子性格变内向

장기(혹은 바둑) 두기를 배우면 사람의 주의력, 인내력과 지능을 높일 수 있을 뿐만 아니라 상상력을 단련시킬 수도 있어 인간의 상상력을 더 풍부하게 하여, 독특한 창의력을 키울 수 있다. 그래서 부모는 자녀의 흥미와 취미를 키울 때 아이가 장기(혹은 바둑) 같은 활동을 접하도록 고려할 수 있다.

A 총명한 사람이 장기(바둑) 두기에 가장 적합하다
B 외향적인 사람은 장기(바둑) 류를 별로 접하지 않는다
C 장기(바둑) 두기는 아이의 상상력을 키울 수 있다
D 장기(바둑) 두기는 아이의 성격을 내성적으로 변하게
　할 수 있다

단어 下棋 xiàqí 통 장기를 두다 | 提高 tígāo 통 향상시키다 | 注意力 zhùyìlì 명 주의력 | 耐力 nàilì 명 인내력 | 智力 zhìlì 명 지력, 지능 | 锻炼 duànliàn 통 단련하다 | 想象力 xiǎngxiànglì 명 상상력 | ★从而 cóng'ér 접 따라서 | ★培养 péiyǎng 통 배양하다 | ★独特 dútè 형 독특하다 | 创造力 chuàngzàolì 명 창조력 | 因此 yīncǐ 접 그래서 | 考虑 kǎolǜ 통 고려하다 | ★接触 jiēchù 통 접촉하다 | 活动 huódòng 명 활동 | 聪明 cōngming 형 똑똑하다 | 外向 wàixiàng 형 외향적이다 | 性格 xìnggé 명 성격 | 内向 nèixiàng 형 내향적이다

해설 및 정답 **문제 분석▼** 지문의 成语 "海枯石烂" 原本说的是一种物理变化(성어 '바닷물이 마르고 돌이 썩다'의 본래 뜻은 일종의 물리 변화이다)에서 성어 海枯石烂은 물리 현상의 하나임을 알 수 있으므로 정답은 D이다.

成语"海枯石烂"原本说的是一种物理变化，大海干枯没有了水，岩石经过很长时间变成了土。不过"大海干枯，岩石成土"这种现象是很难出现的，因此现在人们多用这个成语来比喻人的意志坚定，永远不变。

성어 '바닷물이 마르고 돌이 썩다'의 본래 뜻은 일종의 물리 변화로, 바다가 말라 물이 없고, 바위가 오랜 시간을 거쳐 흙으로 변한다는 것이다. 그렇지만 '바다가 마르고 바위가 흙이 되는' 이런 현상은 발생하기가 매우 어렵다. 그래서 현재 사람들은 이 성어로 사람의 의지가 결연하여 영원히 변하지 않음을 비유한다.

A 人类活动对自然影响很大

B "海枯石烂" 形容意志易改变

C 从来没出现过 "海枯石烂" 的现象

D "海枯石烂" 本意其实是一种物理现象

A 인류 활동은 자연에 영향이 매우 크다

B '바닷물이 마르고 돌이 썩다'는 의지가 쉽게 변함을 형용한다

C '바닷물이 마르고 돌이 썩는' 현상이 이제까지 일어난 적이 없다

D '바닷물이 마르고 돌이 썩다'의 본래 뜻은 사실 물리 현상의 하나이다

단어 ★成语 chéngyǔ 몡 성어 | 海枯石烂 hǎi kū shí làn 솅 바닷물이 마르고 돌이 썩다, 세월을 통해 큰 변화가 생기다 | 原本 yuánběn 몡 원본 | ★物理 wùlǐ 몡 물리 | 干枯 gānkū 동 (초목이) 마르다, 시들다 | 岩石 yánshí 몡 암석 | 土 tǔ 몡 흙 | ★现象 xiànxiàng 몡 현상 | 因此 yīncǐ 젭 그래서 | 比喻 bǐyù 동 비유하다 | 意志 yìzhì 몡 의지 | 坚定 jiāndìng 혱 (입장·의지 등이) 확고부동하다, 결연하다 | ★人类 rénlèi 몡 인류 | ★形容 xíngróng 동 형용하다, 묘사하다 | 易 yì 혱 쉽다 | 改变 gǎibiàn 동 변하다 | 从来 cónglái 뵈 이제까지 | 本意 běnyì 몡 본래의 뜻

10

해설 및 정답　**문제 분석▼**　지문의 中国花文化有近三千年的历史(중국 꽃 문화는 약 3천 년의 역사를 지닌다)에서 近三千年은 '悠久(유구하다)'로 바꿀 수 있으므로 B가 정답이다.

中国花文化有近三千年的历史，对中国文化以及中国人性格的形成有很深刻的影响。同时在中国文学、中国绘画、宗教、民俗、医药等各个方面都发挥着重要的作用。我们常说的花中 "四君子"——梅、兰、竹、菊正是花文化的体现。

중국 꽃 문화는 약 3천 년의 역사를 지니며 중국 문화 및 중국인의 성격 형성에 깊은 영향이 있다. 또한 중국 문학, 중국 회화, 종교, 민속, 의학 등 각종 영역에서 모두 중요한 역할을 발휘하고 있다. 우리가 자주 말하는 꽃 중에 '사군자', 즉 매화(梅), 난초(蘭), 대나무(竹), 국화(菊)가 바로 꽃 문화의 구현이다.

A 中国花的种类丰富

B 中国花文化历史悠久

C 花文化未对中国文化产生影响

D 中国人的性格是由花文化决定的

A 중국 꽃의 종류는 풍부하다

B 중국 꽃 문화의 역사는 유구하다

C 꽃 문화는 중국 문화 형성에 영향을 미치지 않았다

D 중국인의 성격은 꽃 문화로 결정된다

단어 性格 xìnggé 몡 성격 | ★形成 xíngchéng 동 형성하다 | ★深刻 shēnkè 혱 깊다 | 同时 tóngshí 젭 동시에 | ★文学 wénxué 몡 문학 | 绘画 huìhuà 동 그림을 그리다 | 宗教 zōngjiào 몡 종교 | 民俗 mínsú 몡 민속 | 医药 yīyào 몡 의약, 의료와 약품 | 各个 gègè 때 각각의 | ★发挥 fāhuī 동 발휘하다 | 作用 zuòyòng 동 작용하다 | 四君子 sìjūnzǐ 몡 사군자 | 梅兰竹菊 méi lán zhú jú 매화, 난초, 대나무, 국화 | ★体现 tǐxiàn 동 구현하다 | ★种类 zhǒnglèi 몡 종류 | ★悠久 yōujiǔ 혱 유구하다 | 决定 juédìng 동 결정하다

해설 및 정답 · **문제 분석▼** 지문에서 各种美丽奇特的自然景观(갖가지 아름답고 독특한 자연 경관)이라고 했으므로 '타림강의 자연 경관은 기이하고 독특하다'고 한 C가 정답이다.

塔里木河是中国第一大的内流河，全长2137千米。"塔里木"在维吾尔族语中是"田地"的意思。被沙漠包围的塔里木河流域土地资源丰富，农田面积大，这里不仅有各种美丽奇特的自然景观，同时还保存着很多古代建筑。

타림강은 중국 최대의 내륙 하천으로 총 길이가 2137km이다. '타림'은 위구르족 말로 '논밭'을 의미한다. 사막으로 둘러싸인 타림강 유역의 토지는 자원이 풍부하고 농경지의 면적이 크다. 여기에는 갖가지 아름답고 독특한 자연 경관이 있을 뿐만 아니라 동시에 수많은 고대 건축이 보존되어 있다.

A 塔里木河水量很少
B 塔里木河养鱼业发达
C 塔里木河自然景观奇特
D 塔里木河大量古建筑被破坏

A 타림강은 수량이 적다
B 타림강은 어류 양식업이 발달했다
C 타림강의 자연 경관은 기이하고 독특하다
D 타림강의 수많은 고대 건축이 파괴되었다

단어 塔里木河 Tǎlǐmù Hé 고유 타림강 | 内流河 nèiliúhé 내륙성 하천 | 全长 quáncháng 전체 길이 | 千米 qiānmǐ 양 킬로미터 | 维吾尔族 Wéiwú'ěrzú 명 위구르족 | 田地 tiándì 논밭, 전지 | 意思 yìsi 명 의미 | ★沙漠 shāmò 명 사막 | 包围 bāowéi 동 포위하다, 둘러싸다 | 流域 liúyù 명 유역 | 土地资源 tǔdì zīyuán 명 토지 자원 | 农田 nóngtián 명 농지 | ★面积 miànjī 명 면적 | 奇特 qítè 형 신기하다 | 景观 jǐngguān 명 경관 | 同时 tóngshí 명 동시 | ★保存 bǎocún 동 보존하다 | 古代建筑 gǔdài jiànzhù 고대 건축 | 水量 shuǐliàng 명 수량 | 养 yǎng 동 기르다 | ★发达 fādá 발달하다 | ★破坏 pòhuài 동 파괴하다, 훼손하다

해설 및 정답 · **문제 분석▼** 지문의 增强人的免疫力(면역력을 강화한다)를 통해 '금은화는 인체 면역력을 높일 수 있다'고 한 C가 정답임을 알 수 있다.

金银花具有很好的清热解毒的作用，经常服用金银花能够很好地治疗各种热性病，增强人的免疫力，比如治疗风热感冒、夏季中暑、嗓子肿痛等。但是服用过量很容易导致身体出现不适应的情况，因此不要一次性大量地服用金银花。

금은화는 해열, 해독 효과가 좋다. 금은화를 자주 복용하면 각종 유열성 질환을 치료하고 면역력을 강화할 수 있다. 예를 들어 풍열 감기, 여름철 중서, 목구멍이 붓고 아픈 상태 등을 치료할 수 있다. 하지만 과다 복용하면 신체에 부작용이 일어나기 쉽기 때문에, 한번에 금은화를 대량 복용하면 안 된다.

A 金银花分布广泛
B 金银花不能做成茶饮用
C 金银花能提高人体免疫力
D 可以一次性大量服用金银花

A 금은화는 광범위하게 분포한다
B 금은화는 차로 만들어 음용할 수 없다
C 금은화는 인체 면역력을 향상시킬 수 있다
D 금은화는 한번에 대량으로 복용할 수 있다

단어 金银花 jīnyínhuā 명 금은화, 인동덩굴의 꽃 | 具有 jùyǒu 동 가지다 | 清热 qīngrè 동 약으로 열을 내리다 | 解毒 jiědú 동 해독하다 | 作用 zuòyòng 명 작용 | 服用 fúyòng 동 복용하다 | ★治疗 zhìliáo 동 치료하다 | 热性 rèxìng 명 열성 | 增强 zēngqiáng 동 증강하다, 강화하다 | 免疫力 miǎnyìlì 명 면역력 | 比如 bǐrú 접 예를 들면 | 风热 fēngrè 명 풍열 | 感冒 gǎnmào 명 감기 | 夏季 xiàjì 명 여름철 | 中暑 zhòngshǔ 동 더위 먹다 | ★嗓子 sǎngzi 명 목(구멍) | 肿痛 zhǒngtòng 동 부어오르고

아프다 | 过量 guòliàng 통 양을 초과하다 | ★导致 dǎozhì 통 야기하다 | 不适应 búshìyìng 적응하지 못하다 | 一次性 yícìxìng 명 일회성 | 大量 dàliàng 형 대량의 | ★分布 fēnbù 통 분포하다 | ★广泛 guǎngfàn 형 광범위하다 | 饮用 yǐnyòng 통 음용하다, 마시다 | 提高 tígāo 통 향상시키다 | 人体 réntǐ 명 인체

[13-16]

　　多年前，一个年轻人在广告营销公司工作。一天，一位总裁找到他，说自己的公司想做一个调查。希望年轻人来做这个业务，[13]最后的调查报告结果也由年轻人来检查。当然，这位总裁会给年轻人一笔费用。

　　[14]那是一笔很小的业务，没什么大的问题。市场调查报告出来后，年轻人很明显地看出其中有一些问题，但他只是做了些文字加工和改动，就把它交了上去。

　　几年后的一天，年轻人与别人组成一个项目小组，一块儿去完成北京新开业的一家大型商场的整体营销方案。不料，[15]对方的业务主管明确提出，对年轻人的印象不好，要求换人。原来，该主管正是当年市场调查项目的那个委托人。

　　也许，年轻人只是偶然地遇到这两件事，从而失去了自己的机会；但这种偶然性当中其实已包含了必然性，因为越是微不足道的小事，越能看出一个人的本质。一个对自己经手的事情不负责任的人，怎么可能是认真、敬业的人呢？这样的人，怎么能够赢得别人的信任与赏识呢？年轻人最初的行为，已注定他日后将丧失良机。反之，[16]一个人若是对自己所做的每一件事都尽心尽力，那他必将为自己赢得越来越多的机会。

여러 해 전에 한 젊은이가 광고 마케팅 회사에서 일했다. 하루는 한 회장이 그를 찾아와 자신의 회사가 한 조사를 하고 싶다고 말했다. 젊은이가 이 업무를 담당하고, [13]최후의 조사 보고 결과도 젊은이가 점검하기를 원했다. 물론 이 회장이 젊은이에게 비용을 지불할 것이었다.

[14]그 일은 작은 업무였고 크게 문제될 것이 없었다. 시장 조사 보고가 나온 후, 젊은이는 그중 약간의 문제가 있다는 것을 분명히 알아차렸지만, 그저 글자만 조금 다듬고 변경한 뒤 제출해 버렸다.

몇 년 후 어느 날, 젊은이는 다른 사람과 프로젝트팀을 만들어 함께 베이징에 새로 개업한 대형 쇼핑몰의 마케팅 전체 방안을 완성하러 갔다. 그런데 예상치 못하게 [15]상대 업무 주관자가 그 젊은이에 대한 인상이 좋지 않으니 담당자를 바꿔 달라고 명확히 요구했다. 알고 보니 이 업무 주관자가 바로 예전에 시장 조사 프로젝트의 그 의뢰인이었다.

어쩌면 젊은이는 단지 우연히 이 두 가지 일과 맞닥뜨렸고, 그리하여 자신의 기회를 놓쳤을 수도 있다. 하지만 이런 우연성 속에 사실은 이미 필연성을 포함하고 있다. 왜냐하면 아주 사소하고 작은 일일수록 한 사람의 본질을 알 수 있기 때문이다. 자신의 손을 거친 일을 책임지지 않는 사람이 어떻게 성실하고 직업 의식이 있는 사람일 수 있겠는가? 이런 사람이 어떻게 다른 사람의 신뢰와 높은 평가를 얻을 수 있겠는가? 젊은이의 처음 행동이 이미 훗날 그가 장래에 좋은 기회를 놓치도록 정했다. 반대로 [16]한 사람이 만약 자신이 한 일마다 모두 전심전력으로 대한다면, 그는 반드시 스스로에게 점점 더 많은 기회를 가져다 줄 것이다.

단어 年轻人 niánqīngrén 명 젊은이 | 广告营销公司 guǎnggào yíngxiāo gōngsī 광고 마케팅 회사 | 调查 diàochá 통 조사하다 | ★业务 yèwù 명 업무 | 调查报告结果 diàochá bàogào jiéguǒ 조사 보고 결과 | 检查 jiǎnchá 통 조사하다 | 费用 fèiyòng 명 비용 | ★明显 míngxiǎn 형 뚜렷하다 | ★文字 wénzì 명 글자 | 加工 jiāgōng 통 가공하다 | 改动 gǎidòng 통 고치다 | 交 jiāo 통 제출하다 | ★组成 zǔchéng 통 조직하다 | ★项目 xiàngmù 명 프로젝트 | 小组 xiǎozǔ 명 그룹 | 开业 kāiyè 통 개업하다 | 大型商场 dàxíng shāngchǎng 대형 쇼핑몰 | ★整体 zhěngtǐ 명 전체 | ★方案 fāng'àn 명 방안 | 不料 búliào 부 뜻밖에 | ★对方 duìfāng 명 상대방 | 主管 zhǔguǎn 명 주관자 | ★明确 míngquè 형 명확하다 | 提出 tíchū 통 제기하다 | 印象 yìnxiàng 명 인상 | 要求 yāoqiú 통 요구하다 | 当年 dàngnián 명 그해 | 委托人 wěituōrén 명 위탁자 | ★偶然 ǒurán 부 우연히 | 遇到 yùdào 통

마주치다 | ★从而 cóng'ér 쪱 따라서 | ★失去 shīqù 통 잃다 | ★包含 bāohán 통 포함하다 | 必然性 bìránxìng 몡 필연성 | 微不足道 wēi bù zú dào 쩡 하찮아서 말할 필요도 없다 | ★本质 běnzhì 몡 본질 | 经手 jīngshǒu 통 손을 거치다 | 负责任 fù zérèn 책임을 지다 | 敬业 jìngyè 통 자기의 일에 최선을 다하다 | 赢得 yíngdé 통 얻다 | ★信任 xìnrèn 통 신임하다 | 赏识 shǎngshí 통 귀하게 여기다 | ★最初 zuìchū 몡 최초 | ★行为 xíngwéi 몡 행위 | 注定 zhùdìng 뭐 필히, 필연적으로 | 日后 rìhòu 몡 장래 | 丧失 sàngshī 통 상실하다 | 良机 liángjī 몡 좋은 기회 | 反之 fǎnzhī 쩝 이와 반대로 | 若 ruò 뭐 만일 | 尽心尽力 jìnxīn jìnlì 몸과 마음을 다하다 | 赢得 yíngdé 통 얻다

해설 및 정답 **문제 분석▼** 첫 번째 문단의 最后的调查报告结果也由年轻人来检查(최후의 조사 보고 결과도 젊은이가 점검하기를 원했다)를 통해서 회장이 젊은이로 하여금 조사 업무를 책임지게 한 것을 알 수 있으므로, 정답은 D이다.

总裁让年轻人做什么?	회장은 젊은이에게 무엇을 하도록 했는가?
A 运作公司	A 회사 운영하기
B 做调查问卷	B 설문지 만들기
C 每天专心练字	C 매일 전념해서 글자 연습하기
D 负责调查业务	**D 조사 업무 책임지기**

단어 问卷 wènjuàn 몡 설문 조사 | ★专心 zhuānxīn 통 전념하다

해설 및 정답 **문제 분석▼** 두 번째 문단의 那是一笔很小的业务(그 일은 작은 업무였다)에서 업무 규모가 작다는 것을 알 수 있으므로 정답은 A이다.

根据第2段, 可以知道:	두 번째 문단을 통해 알 수 있는 것은?
A 业务规模不大	**A 업무 규모가 크지 않다**
B 年轻人很认真	B 젊은이는 성실하다
C 报告写得很出色	C 보고서를 특별히 잘 썼다
D 报告结果让人很满意	D 보고 결과가 무척 만족스러웠다

해설 및 정답 **문제 분석▼** 세 번째 문단의 对年轻人的印象不好(젊은이에 대한 인상이 좋지 않다)라는 말에서 상대 업무 주관자가 젊은이에 대한 인상이 좋지 않아 담당자를 바꿔달라고 했음을 알 수 있다. 따라서 정답은 C이다.

业务主管为什么提出换人?	업무 주관자는 왜 담당자 변경을 요구했는가?

A 他们是商业对手	A 그들이 비즈니스 라이벌이어서
B 年轻人要很高的费用	B 젊은이가 너무 비싼 비용을 요구해서
C 年轻人给他的印象差	**C 젊은이가 그에게 나쁜 인상을 주어서**
D 他不相信年轻人的能力	D 그가 젊은이의 능력을 믿지 못해서

16

 문제 분석▼ 지문의 마지막 문장 一个人若是对自己所做的每一件事都尽心尽力, 那他必将为自己赢得越来越多的机会(한 사람이 만약 자신이 한 일마다 모두 전심전력으로 대한다면, 그는 반드시 스스로에게 점점 더 많은 기회를 가져다 줄 것이다)에서 이 이야기가 우리에게 알려주는 것은 '일은 최선을 다해 열심히 해야 한다'이다. 따라서 본문의 尽心尽力를 尽力认真으로 바꾸어 표현한 B가 정답이다.

上文主要谈的是:	윗글이 말하고자 하는 것은?
A 不要与人为敌	A 사람과 적이 되지 마라
B 做事要尽力认真	**B 일은 최선을 다해 열심히 해야 한다**
C 每个人都有缺点	C 사람들은 모두 단점이 있다
D 小细节决定成与败	D 작은 디테일이 성공과 실패를 결정한다

[17-20]

在云南热带植物园里, 偶尔会遇到一种怪怪的树: [17]整个树身不见一片叶子, 满树尽是绿绿的枝条, 如果折断一小根枝条或刮破一点树皮, 就会有白色的乳汁流出。

这种树被叫做"光棍树", 高可达4-9米, 原产非洲的热带沙漠地区。[18]光棍树的白色乳汁有剧毒, 观赏或栽培时需特别小心, 千万不能让乳汁进入人的口、耳、眼、鼻或伤口中。但这种有毒的乳汁却能抵抗病毒和害虫的侵袭, 从而起到保护树体的作用。

为什么光棍树仅有绿色的枝条而没有叶片呢? 原来, 在漫长的岁月中, [19]植物为适应环境, 都会发生变异, 光棍树的故乡——非洲沙漠地区, 那里雨量极其稀少, 由于严重缺水, 许多动植物大量死亡, 甚至灭绝。适者生存, 为适应恶劣的自然环境, 保水抗旱, 原来茂盛

'윈난 열대 식물원'에서는 우연히 이상한 나무를 발견했다. [17]나무 전체에 잎이 하나도 없지만 초록빛 나뭇가지가 가득하여, 만약 작은 나뭇가지를 하나 부러뜨리거나 나무 껍질을 조금 벗겨내면 흰색의 유즙이 흘러나온다.

이런 나무를 '청산호'라고 하는데, 키가 4~9미터까지 자라며 아프리카 열대 사막 지역이 원산지이다. [18]청산호의 흰색 유즙에는 강한 독이 있어 감상하거나 재배할 때 각별한 주의가 필요하고, 절대로 유즙이 사람의 입, 귀, 눈, 코 혹은 상처 부위에 들어가지 않도록 해야 한다. 하지만 이런 독이 있는 유즙은 바이러스와 해충의 습격을 막을 수 있기 때문에 나무를 보호하는 역할을 한다.

청산호는 왜 녹색 가지만 있고 잎이 없을까? 원래 식물은 길고 긴 시간 속에서 [19]환경에 적응하기 위해 변이를 일으키곤 한다. 청산호의 고향인 아프리카 사막 지역은 강수량이 몹시 적고 물 부족이 심각하여, 수많은 동식물이 떼죽음을 당하거나 심지어 멸종하기도 한다. 적응한 자만

的光棍树为减少水分蒸发，叶片就慢慢退化了，消失了，而枝干变成了绿色，用绿色密集的枝干代替叶子进行光合作用。植物不进行光合作用，是不能成活生长的，而绿色是进行光合作用的重要条件。这样，光棍树就得以生存了。但是，如果把光棍树种植在温暖潮湿的地方，它不仅会很容易地生长，而且还可能会长出一些小叶片。

이 생존하기에 열악한 자연환경에 적응하기 위하여 수분을 보호하고 가뭄에 저항한다. 원래 잎이 무성했던 청산호는 수분 증발을 줄이기 위해 천천히 잎이 퇴화했고 사라졌다. 그리고 나뭇가지가 녹색으로 변하여 녹색이 밀집한 나뭇가지가 잎을 대신하여 광합성 작용을 진행한다. 식물이 광합성 작용을 하지 않으면 살 수가 없다. 그래서 녹색은 광합성 작용을 하는 중요 조건이다. 이렇게 하여 청산호는 살아남았다. 그러나 만약 청산호를 따뜻하고 습한 지역에 심으면 쉽게 자랄 뿐만 아니라 작은 잎들이 날 수도 있다.

 云南 Yúnnán 고유 윈난 | 热带 rèdài 몡 열대 | 植物园 zhíwùyuán 몡 식물원 | 偶尔 ǒu'ěr 튀 가끔 | 遇到 yùdào 통 만나다 | 怪怪 guàiguài 혱 이상하다, 기괴하다 | 枝条 zhītiáo 몡 (나뭇)가지 | 折断 zhéduàn 통 꺾다 | 刮破 guāpò 통 벗기다 | 树皮 shùpí 몡 나무껍질 | 乳汁 rǔzhī 몡 유즙 | 流出 liúchū 통 흘러 나오다 | 叫做 jiàozuò 통 ~라 부르다 | 光棍树 guānggùnshù 몡 청산호 | 原产 yuánchǎn 통 ~에서 비롯되어 생산되다 | 非洲 Fēizhōu 몡 아프리카 | 沙漠地区 shāmò dìqū 사막 지구 | 剧毒 jùdú 몡 맹독 | 观赏 guānshǎng 통 감상하다 | 栽培 zāipéi 통 기르다 | 鼻 bí 몡 코 | 伤口 shāngkǒu 몡 상처 | 有毒 yǒudú 독이 있다 | 抵抗 dǐkàng 통 저항하다 | ★病毒 bìngdú 몡 바이러스 | 害虫 hàichóng 몡 해충 | 侵袭 qīnxí 통 습격하다 | ★从而 cóng'ér 젭 따라서 | 保护 bǎohù 통 보호하다 | 作用 zuòyòng 몡 작용 | 漫长 màncháng 혱 (시간이) 느리고 길다 | 岁月 suìyuè 몡 세월 | 适应 shìyìng 통 적응하다 | 环境 huánjìng 몡 환경 | 变异 biànyì 몡 변이 | 故乡 gùxiāng 몡 고향 | 雨量 yǔliàng 몡 강우량 | ★极其 jíqí 튀 아주, 굉장히 | 稀少 xīshǎo 통 희소하다 | 严重 yánzhòng 혱 심각하다 | 缺水 quēshuǐ 통 물 부족 현상을 겪다 | 大量 dàliàng 혱 대량의 | 死亡 sǐwáng 통 사망하다 | 甚至 shènzhì 튀 심지어 | 灭绝 mièjué 통 멸종하다 | 适者生存 shìzhě shēngcún 적자생존, 강한 자만이 살아남음 | ★恶劣 èliè 혱 아주 나쁘다, 열악하다 | 抗旱 kànghàn 통 가뭄과 싸우다 | 原来 yuánlái 튀 본래 | 茂盛 màoshèng 혱 (나무 등이) 우거지다 | 减少 jiǎnshǎo 통 감소하다 | 水分 shuǐfèn 몡 수분 | 蒸发 zhēngfā 통 증발하다 | 退化 tuìhuà 통 퇴화하다 | ★消失 xiāoshī 통 사라지다 | 枝干 zhīgàn 몡 가지와 줄기 | 密集 mìjí 통 밀집하다 | ★代替 dàitì 통 대체하다 | 进行 jìnxíng 통 진행하다 | 光合作用 guānghé zuòyòng 몡 광합성 작용 | 成活 chénghuó 통 식물 등이 처음 자리를 잡다 | ★生长 shēngzhǎng 통 생장하다 | 条件 tiáojiàn 몡 조건 | 得以 déyǐ 통 ~할 수 있다 | 生存 shēngcún 통 생존하다 | 种植 zhòngzhí 통 씨를 뿌리고 심다 | ★温暖 wēnnuǎn 혱 따뜻하다 | ★潮湿 cháoshī 혱 습하다, 축축하다

17

해설 및 정답　**문제 분석▼** 光棍树에 관한 질문이므로 지문에서 光棍树를 찾고 보기와 대조하여 정답을 찾는다. 지문에서 整个树身不见一片叶子, 满树尽是绿绿的枝条(나무 전체에 잎이 하나도 없지만 초록빛 나뭇가지가 가득하다)라고 했으므로 나뭇가지만 있고 잎이 없다는 것을 알 수 있다. 따라서 정답은 D이다.

根据第1段，这种植物为什么叫"光棍树"？	첫 번째 문단에 근거하여, 이런 식물을 왜 '청산호'라 부르는가?
A 从不开花	A 꽃이 피지 않아서
B 寿命很长	B 수명이 매우 길다
C 从来不结果实	C 열매를 맺은 적이 없다
D 只有枝条无叶子	**D 나뭇가지만 있고 잎이 없다**

开花 kāihuā 통 꽃이 피다 | ★寿命 shòumìng 몡 수명 | 结 jié 통 맺다 | ★果实 guǒshí 몡 열매

(해설 및 정답) **문제 분석▼** 두 번째 문단에서 光棍树的白色乳汁有剧毒(청산호의 흰색 유즙에는 강한 독이 있어)에서 청산호가 독을 가지고 있다는 것을 알 수 있다. 정답은 A이다.

根据第2段，光棍树：	두 번째 문단에 근거하여 청산호는 어떠한가?
A 含有毒	**A 독을 가지고 있다**
B 根部发达	B 뿌리 부분이 발달했다
C 树干很矮	C 나무줄기가 짧다
D 能净化空气	D 공기를 정화할 수 있다

(단어) 根部 gēnbù 몡 뿌리 부분 | ★发达 fādá 동 발달하다 | 矮 ǎi 휑 (키가) 작다 | 净化 jìnghuà 동 정화하다 | 空气 kōngqì 몡 공기

(해설 및 정답) **문제 분석▼** 세 번째 문단에서 植物为适应环境, 都会发生变异(환경에 적응하기 위해 변이를 일으키곤 한다)라고 했으므로 환경에 적응하기 위해서 잎이 자라지 않음을 알 수 있다. 따라서 정답은 A이다.

光棍树不长叶子的原因是什么?	청산호에 잎이 자라지 않는 원인은 무엇인가?
A 适应自然环境	**A 자연환경에 적응해서**
B 为了抵抗天敌	B 천적에 대응하기 위해
C 喜欢潮湿的地方	C 습한 곳을 좋아해서
D 叶子容易受破坏	D 잎이 쉽게 상해서

(단어) 天敌 tiāndí 몡 천적 | ★破坏 pòhuài 동 파괴하다

(해설 및 정답) **문제 분석▼** 글의 전체 주제는 청산호의 특징이고, A, C, D는 지문에서 언급되지 않았으므로 답이 될 수 없다. 따라서 정답은 B이다.

上文主要谈的是什么?	윗글이 말하고자 하는 것은?
A 光棍树的生长	A 청산호의 생장
B 光棍树的特点	**B 청산호의 특징**
C 光棍树侵入的危害	C 청산호 침입의 피해
D 光棍树的种植方法	D 청산호의 재배 방법

(단어) 特点 tèdiǎn 몡 특징 | 侵入 qīnrù 동 침입하다 | ★危害 wēihài 동 해를 끼치다 | 种植 zhòngzhí 동 재배하다

每年的4月22日是"世界地球日"，这是一个专为世界环境保护而设立的节日，旨在提高人们对于现有环境问题的意识，并动员人们参与到环保运动中，通过绿色低碳生活，²¹改善地球的整体环境。

"世界地球日"的前身是"地球日"，由美国著名环境主义者于1970年发起。现今，地球日的庆祝活动已发展至全球192个国家，²²每年有超过10亿人参与其中，已成为世界上最大的民间环保节日。

中国各地每年也在这一天开展各种系列环保主题活动。其中"亿绿行动"联合国内高校，推广环保教育，在各大高校开展"环保沙龙"、"环保电影之夜"等一系列活动。²³"亿绿行动"鼓励个人在日常生活中关注环境问题，做出生活习惯上的小改变，从而共同减少环境压力。例如，就餐时不使用或少用一次性碗筷等消费品，装修多用绿色环保型材料，随手关灯，多选择大众交通等。"节约利用资源、倡导绿色生活"，是全社会的共同责任，²⁴它需要每一个人的理解、支持和积极参与。只有大家携手行动起来，善待地球，把每天都当成"地球日"来过，才能实现经济社会协调、持续发展，实现人与自然的和谐共处。

매년 4월 22일은 '세계 지구의 날'이다. 이날은 특별히 세계 환경 보호를 위해 만든 기념일로, 현재 환경 문제에 대한 사람들의 의식을 높이고, 환경 보호 운동에 참여하여 녹색 친환경 생활을 통해 ²¹지구 전체의 환경을 개선하는 데 그 목적이 있다.

'세계 지구의 날'의 시초는 '지구의 날'이었는데, 1970년 미국의 저명한 환경주의자가 시작한 것이다. 오늘날, 지구의 날 기념 활동은 이미 전 세계 192개국까지 발전되었으며, ²²매년 10억 명이 넘는 사람들이 참가하여, 세계적으로 가장 큰 비공식 환경 보호 기념일이 되었다.

중국 곳곳에서도 해마다 이날에 환경 보호를 주제로 한 여러 활동을 개최하고 있다. 그중 '1억 친환경 행동'은 국내 대학과 연합하여, 환경 보호 교육을 널리 보급하는데, 여러 대학에서 '환경 보호 모임', '환경 보호 영화의 밤' 등 다양한 활동을 펼친다. ²³'1억 친환경 행동'은 사람들이 일상 생활에서 환경 문제에 관심을 갖고, 생활 습관에서부터 작은 변화를 주어 함께 환경 문제를 줄여 나가는 것을 격려한다. 예를 들면, 식사할 때 일회용 공기와 젓가락 등 소비품을 사용하지 않거나 적게 사용한다든지, 장식하고 꾸미는 데 녹색 친환경적 재료를 주로 사용하고, 드나들 때는 등을 끄고 대중교통을 많이 이용하는 것 등이다. '자원 이용을 아끼고, 친환경 생활을 선도한다'는 모든 사회의 공동적인 책임이다. ²⁴이것은 모두의 이해와 지지, 그리고 적극적인 참여가 필요하다. 오직 모두가 함께 협력하여 지구를 아끼고, 매일을 '지구의 날'로 생각하고 지내야 경제 사회의 조화로움, 지속적인 발전, 사람과 자연의 조화로운 어울림을 실현시킬 수 있다.

단어 设立 shèlì 图 설립하다 | 节日 jiérì 图 기념일 | 旨 zhǐ 图 뜻, 의의 | 提高 tígāo 图 향상시키다 | 现有 xiànyǒu 图 현존의 | 意识 yìshí 图 의식 | 低碳 dītàn 图 저탄소 | 改善 gǎishàn 图 개선하다 | 整体 zhěngtǐ 图 전체 | 前身 qiánshēn 图 전신 | 环境主义者 huánjìng zhǔyìzhě 환경주의자 | 发起 fāqǐ 图 제의하다 | 现今 xiànjīn 图 현재, 지금 | 庆祝 qìngzhù 图 경축하다 | 超过 chāoguò 图 초과하다 | 参与 cānyù 图 참여하다 | 成为 chéngwéi 图 ~이(가) 되다 | 民间 mínjiān 图 민간 | 推广 tuīguǎng 图 널리 보급하다 | 沙龙 shālóng 图 살롱, 작은 모임 | 一系列 yíxìliè 图 일련의, 연속의 | 鼓励 gǔlì 图 격려하다 | 日常 rìcháng 图 일상의 | 关注 guānzhù 图 관심을 가지고 중시하다 | 改变 gǎibiàn 图 변화 | 从而 cóng'ér 图 따라서 | 共同 gòngtóng 图 공동의 | 减少 jiǎnshǎo 图 줄이다 | 例如 lìrú 图 예를 들면 | 消费品 xiāofèipǐn 图 소비품 | 装修 zhuāngxiū 图 인테리어하다 | 材料 cáiliào 图 재료 | 随手 suíshǒu 图 ~하는 김에 ~하다 | 选择 xuǎnzé 图 선택하다 | 节约 jiéyuē 图 절약하다 | 资源 zīyuán 图 자원 | 倡导 chàngdǎo 图 제창하다 | 责任 zérèn 图 책임 | 支持 zhīchí 图 지지 | 积极 jījí 图 적극적이다 | 携手 xiéshǒu 图 서로 손을 잡다, 서로 협력하다 | 善待 shàndài 图 잘 대접하다 | 当成 dàngchéng ~(으)로 여기다, ~(으)로 삼다 | 实现 shíxiàn 图 실현하다 | 协调 xiétiáo 图 조화하다 | 持续 chíxù 图 지속하다 | 和谐共处 héxié gòngchǔ 조화롭게 함께 잘 지내다

해설 및 정답 **문제 분석▼** 첫 번째 문단의 改善地球的整体环境(지구 전체의 환경을 개선한다)에서 '세계 지구의 날'을 만든 목적을 말하고 있으므로 정답은 B이다.

设立 "世界地球日" 的目的是什么?	'세계 지구의 날'을 만든 목적은 무엇인가?
A 促进经济发展	A 경제 발전을 촉진시킨다
B 改善地球环境	**B 지구 환경을 개선한다**
C 鼓励集体合作	C 집단 협력을 격려한다
D 保护社会安全	D 사회 안전을 지킨다

단어 促进 cùjìn 통 촉진하다 | 集体 jítǐ 명 단체 | 合作 hézuò 명 협력 | 安全 ānquán 명 안전

해설 및 정답 **문제 분석▼** 두 번째 문단의 每年有超过10亿人参与其中, 已成为世界上最大的民间环保节日(매년 10억 명이 넘는 사람들이 참가하여, 세계적으로 가장 큰 비공식 환경 보호 기념일이 되었다)에서 '超过10亿人参与, 世界上最大'를 근거로 지구의 날 행사의 규모가 크다는 것을 알 수 있다.

关于 "地球日", 下列哪项正确?	'지구의 날'에 관하여, 다음 중 옳은 것은?
A 受到民间反对	A 사람들이 반대한다
B 需要很多资金	B 많은 자금이 필요하다
C 活动规模较大	**C 활동 규모가 비교적 크다**
D 由联合国发起	D 국제 연합(UN)에서 시작한 것이다

단어 资金 zījīn 명 자금 | 规模 guīmó 명 규모 | 联合国 Liánhéguó 명 국제 연합, 유엔 | 发起 fāqǐ 통 (어떤 일을) 제의하다

해설 및 정답 **문제 분석▼** 세 번째 문단의 做出生活习惯上的小改变(생활 습관에서부터 작은 변화를 주다)에서 '1억 친환경 행동'은 환경 보호 습관을 길러 참여할 수 있음을 유추할 수 있다.

如何参与到 "亿绿行动" 中?	'1억 친환경 행동'은 어떻게 참가할 수 있는가?
A 向公益团体捐款	A 공익 단체에 기부한다
B 加入动物保护组织	B 동물 보호 조직에 참여한다
C 开展历史文化活动	C 역사 문화 활동을 벌인다
D 养成环保的生活习惯	**D 환경 보호 생활 습관을 기른다**

단어 公益 gōngyì 명 공익, 공공 이익 | 团体 tuántǐ 명 단체 | 捐款 juānkuǎn 통 기부하다 | 加入 jiārù 통 가입하다 | 组织 zǔzhī 명 조직 | 开展 kāizhǎn 통 전개되다, 확대되다 | 历史 lìshǐ 명 역사

해설 및 정답

문제 분석▼ 이 글의 주요 내용은 '世界地球日'에 관한 내용이고, 마지막 문단에서 它需要每一个人的理解、支持和积极参与(이것은 모두의 이해와 지지, 그리고 적극적인 참여가 필요하다)라고 했으므로, 이 글의 제목은 '保护地球，从我做起'가 가장 적당하다.

最适合做上文标题的是：	윗글의 제목으로 가장 적합한 것은?
A 地球的明天	A 지구의 내일
B 如何节约水资源	B 어떻게 수자원을 절약하는가
C 保护地球，从我做起	**C 지구 보호는 나부터 시작하기**
D 绿色出行离不开每个人	D 친환경 외출은 모든 사람이 해야 한다

맛있는 중국어 新HSK 5급

1 품사 및 문장 성분

쓰기 실력 트레이닝 1 | 품사와 문장 성분 분석 기본서 175쪽

1

北京　的　交通　非常　方便。

| 품사 | 명사 | 조사 | 명사 | 부사 | 형용사 |

| 문장 성분 | 관형어 | | 주어 | 부사어 | 술어 |

해석 베이징의 교통은 매우 편리하다.

단어 交通 jiāotōng 몡 교통 | 方便 fāngbiàn 톙 편리하다

2

弟弟　经常　玩　电子游戏。

| 품사 | 명사 | 부사 | 동사 | 명사 |

| 문장 성분 | 주어 | 부사어 | 술어 | 목적어 |

해석 남동생은 자주 컴퓨터 게임을 한다.

단어 玩 wán 툉 놀다 | 电子游戏 diànzǐ yóuxì 컴퓨터 게임

3

她　在　商店　买　了　一　件　衣服。

| 품사 | 대명사 | 전치사 | 명사 | 동사 | 조사 | 수사 | 양사 | 명사 |

| 문장 성분 | 주어 | 부사어 | | 술어 | | 관형어 | | 목적어 |

해석 그녀는 상점에서 옷을 한 벌 샀다.

4

奶奶　感动　得　哭　了。

| 품사 | 명사 | 동사 | 조사 | 동사 | 조사 |

| 문장 성분 | 주어 | 술어+得 | | 보어 | |

해석 할머니는 감동해서 울었다.

단어 感动 gǎndòng 툉 감동하다 | 哭 kū 툉 울다

5

他们　已经　约　好　了。

| 품사 | 대명사 | 부사 | 동사 | 형용사 | 조사 |

| 문장 성분 | 주어 | 부사어 | 술어 | 보어 | |

해석 그들은 이미 약속했다.

단어 约 yuē 툉 약속하다

쓰기 실력 트레이닝2 | 문장 구조 분석(1) 기본서 **182쪽**

1 当地　还　保留着　一些传统风俗。

문장 성분　주어　부사어　술어　목적어

해석　현지에는 아직도 전통 풍습이 남아있다.

2 这　多亏了　你的　热情招待。

문장 성분　주어　술어　관형어　목적어

해석　이것은 모두 당신의 친절한 환대 덕분입니다.

3 这座　城市　不　具备　举办奥运会资格。

문장 성분　관형어　주어　부사어　술어　목적어

해석　이 도시는 올림픽을 개최할 자격을 갖추지 못했다.

4 我们　要　学会　控制自己的脾气。

문장 성분　주어　부사어　술어　목적어

해석　우리는 자신의 성질을 다스리는 법을 배워야 한다.

5 这里的　风景　值得　摄影留念。

문장 성분　관형어　주어　술어　목적어

해석　이곳의 풍경은 사진을 찍어 기념으로 남길 만하다.

6 新开发区的　住房价格　在不断　上涨。

문장 성분　관형어　주어　부사어　술어

해석　새로운 개발 지역의 주택 가격이 끊임없이 오르고 있다.

7 李教授的　知识面　特别　广。

문장 성분　관형어　주어　부사어　술어

해석　이 교수의 지식 폭이 매우 넓다.

8 他提出的　解决方案　非常　巧妙。

문장 성분　관형어　주어　부사어　술어

해석　그가 제안한 해결 방안은 매우 절묘하다.

9 哪种减肥方法的　效果　最　明显?

문장 성분　관형어　주어　부사어　술어

해석　어떤 다이어트 방법의 효과가 가장 분명한가?

10 那位运动员的　身体协调能力　格外　好。

문장 성분　관형어　주어　부사어　술어

해석　그 운동선수의 신체 운용 능력이 각별히 좋다.

정답
1. 设计方案受到了总裁的表扬。
2. 老同学朝我挥了挥手。
3. 那位导演承受着别人无法想象的压力。
4. 展览会将于下个月中旬举行。

1

디자인	회장의	방안	받았다	칭찬
设计	总裁的	方案	受到了	表扬
명사	명사+조사	명사	동사+조사	명사

해설 및 정답　**문제 분석▼** 受到 뒤에 了가 쓰였으므로 술어이고, 受到了 뒤에 목적어 总裁的表扬을 찾는다.

Step 1. 술어 찾기 　　　　受到了

Step 2. 목적어 찾기 　　　　总裁的+表扬

↳ 문장의 전체 의미상 总裁的는 设计方案을 수식할 수 없고 表扬을 수식해야 한다.

Step 3. 주어+술어+목적어 　　　　设计方案+受到了+总裁的表扬

정답 **设计方案受到了总裁的表扬。** 디자인 방안은 회장님의 칭찬을 받았다.

단어 ★设计方案 shèjì fāng'àn 디자인 방안 | ★总裁 zǒngcái 명 회장 | 表扬 biǎoyáng 명 칭찬

2

나를 향해	옛 동창	손을 흔들다	흔들었다
朝我	老同学	挥手	挥了
전치사+대명사	형용사+명사	동사+명사	동사+조사

해설 및 정답　**문제 분석▼** 동사의 중첩은 중첩한 동사 사이에 了를 넣어 'A+了+A' 형식을 쓰고, 이 문장에서 挥了挥手는 술어로 쓰였다.

Step 1. 술어+목적어 　　　　挥了+挥手

Step 2. 주어+술어+목적어 　　　　老同学+挥了+挥手

Step 3. 주어+부사어+술어+목적어 　　　　老同学+朝我+挥了+挥手

↳ 朝我의 朝는 '~을 향해서'의 뜻을 가진 전치사이므로 朝我는 전치사구로 동사 앞에서 동사를 수식하는 부사어로 쓰였다.

정답 **老同学朝我挥了挥手。** 옛 동창이 나를 향해 손을 크게 흔들었다.

단어 朝 cháo 전 ~을 향해서 | 挥 huī 동 크게 흔들다

다른 사람	상상할 수 없는	~하고 있다	그 감독은 ~을 감당하다	스트레스
别人	无法想象的	着	那位导演承受	压力
명사	동사+조사	조사	지시대명사+양사+명사+동사	명사

해설 및 정답 **문제 분석▼** 那位导演이 주어이고 承受가 술어 동사이므로 동태조사 着는 '承受+着'의 형태로 써야 한다.

Step 1. 주어+술어		那位导演承受+着
Step 2. 관형어 완성하기		别人+无法想象的

↳ 别人은 관형어로 쓰인 无法想象的에서 想象의 주체이므로 别人을 无法想象的 앞에 놓는다.

Step 3. 주어+술어+목적어　　　　　　　那位导演+承受着+别人无法想象的压力

↳ 无法想象的가 수식하는 명사는 压力이므로 '别人无法想象的+压力'를 완성한다.

정답 **那位导演承受着别人无法想象的压力。** 그 감독은 다른 사람이 상상할 수 없는 스트레스를 감당하고 있다.

단어 ★无法 wúfǎ 통 ~할 수 없다 | ★想象 xiǎngxiàng 통 상상하다 | ★导演 dǎoyǎn 명 감독 | ★承受 chéngshòu 통 감당하다 | 压力 yālì 명 스트레스

다음 달	전람회는 ~에 ~할 것이다	거행하다	중순
下个月	展览会将于	举行	中旬
명사	명사+부사+전치사	동사	명사

해설 및 정답 **문제 분석▼** 举行이 자동사로 쓰였으므로 뒤에 목적어가 필요 없다.

Step 1. 술어 찾기		举行
Step 2. 주어+술어		展览会将于+举行
Step 3. 주어+부사어+술어		展览会将于+下个月中旬+举行

↳ 将于의 于는 주로 장소나 시간과 함께 쓰이는 전치사이므로 '于+下个月中旬'으로 써야 한다.

정답 **展览会将于下个月中旬举行。** 전람회는 다음 달 중순에 열릴 것이다.

단어 ★展览会 zhǎnlǎnhuì 명 전람회 | 举行 jǔxíng 통 거행하다 | 将 jiāng 부 (장차) ~하게 될 것이다 | ★中旬 zhōngxún 명 중순

정답
1. 导游的表情显得格外无奈。
2. 比赛的胜利给了我们队极大的鼓舞。
3. 这种减肥方法的效果很明显。
4. 他对人的态度有些不耐烦。

1

표정	~하게 보이다	가이드의	유달리 어찌 해 볼 도리가 없다
表情	显得	导游的	格外无奈
명사	동사	명사+조사	부사+동사

해설 및 정답 **문제 분석▼** 显得는 '~하게 보이다'는 뜻으로 대체로 '~한 모습'을 형용하는 말들이 显得 뒤에 목적어로 온다.

Step 1. 술어 찾기   显得

Step 2. 술어+목적어   显得+格外无奈

Step 3. 주어+술어+목적어   导游的表情+显得+格外无奈

  ↳ 导游 뒤에 的가 있으므로 导游的의 수식을 받는 表情을 导游的 뒤에 놓는다.

정답 导游的表情显得格外无奈。 가이드의 표정은 유달리 어찌 해 볼 도리가 없음이 드러났다.

단어 ★表情 biǎoqíng 뗑 표정 | ★显得 xiǎnde 동 ~하게 보이다 | ★导游 dǎoyóu 뗑 가이드 | 格外 géwài 뷘 각별히, 유달리 | ★无奈 wúnài 동 어찌 해 볼 도리가 없다

2

시합의 승리	매우 크게	우리 팀에게 ~을 주다	고무(되다)
比赛的胜利	极大的	给了我们队	鼓舞
명사+조사+명사	형용사+조사	동사+조사+대명사+명사	명사

해설 및 정답 **문제 분석▼** 给는 4형식 동사이므로 뒤에 '간접 목적어(我们队)+직접 목적어(极大的鼓舞)'의 순서가 되어야 한다.

Step 1. 술어+목적어   给了我们队+极大的鼓舞

Step 2. 주어+술어+목적어   比赛的胜利+给了我们队+极大的鼓舞

정답 比赛的胜利给了我们队极大的鼓舞。 시합의 승리로 우리 팀은 매우 크게 고무되었다.

단어 ★胜利 shènglì 뗑 승리 | ★鼓舞 gǔwǔ 뗑동 고무(되다), 기운 (나다)

효과	~의	매우 분명하다	이런 체중을 줄이는 방법
效果	的	很明显	这种减肥方法
명사	조사	부사+형용사	지시대명사+양사+명사

해설 및 정답 **문제 분석▼** 明显은 형용사로 뒤에 목적어(명사)가 올 수 없으므로, 주어 效果를 很明显 앞에 위치시킨다.

Step 1. 술어 찾기	很明显
Step 2. 관형어 완성하기	这种减肥方法+的
Step 3. 주어+술어	这种减肥方法的+效果+很明显

↳ 这种减肥方法的가 수식하는 명사는 效果이다.

정답 这种减肥方法的效果很明显。 이런 다이어트 방법은 효과가 매우 분명하다.

단어 效果 xiàoguǒ 몡 효과 | ★明显 míngxiǎn 혱 분명하다 | 减肥 jiǎnféi 통 체중을 줄이다

태도	그	약간 귀찮아 한다	사람을 대하는
态度	他	有些不耐烦	对人的
명사	대명사	부사+형용사	동사+명사+조사

해설 및 정답 **문제 분석▼** 不耐烦이 술어이고 有些는 형용사를 수식하는 정도부사로 함께 쓰였다.

Step 1. 술어 찾기	有些不耐烦
Step 2. 관형어 완성하기	他+对人的

↳ 他는 관형어로 쓰인 对人的의 주체이므로 他를 对人的의 앞에 놓는다.

Step 3. 주어+술어	他对人的+态度+有些不耐烦

정답 他对人的态度有些不耐烦。 그가 사람을 대하는 태도는 약간 귀찮아 한다.

단어 态度 tàidu 몡 태도 | 有些 yǒuxiē 뷔 조금 | ★不耐烦 búnàifán 혱 귀찮다

쓰기 실력 트레이닝 3 | 문장 구조 분석(2) 기본서 188쪽

1 　缺点　　有时也会　　变成　　优点。

문장 성분　　주어　　　　부사어　　　　술어　　　목적어

해석　단점은 종종 장점이 될 수도 있다.

2 　　　　要把目标　　放得　　长远。

문장 성분　(주어 생략)　　부사어　　술어+得　　정도보어

해석　목표를 길게 두어야 한다.

3 　他　　按照爸爸的建议　　选择了　　留学。

문장 성분　주어　　　　부사어　　　　술어+了　　목적어

해석　그는 아버지의 건의에 따라 유학을 선택했다.

4 　这家公司的　　总裁年纪　　很　　小。

문장 성분　　관형어　　　　주어　　부사어　술어

해석　이 회사 대표의 나이는 아주 어리다.

5 　这张名片的　　设计　　非常　　有　　特色。

문장 성분　　관형어　　　주어　　부사어　술어　목적어

해석　이 명함의 디자인은 아주 특색 있다.

6 　这次地震造成的　　影响　　很　　大。

문장 성분　　관형어　　　주어　　부사어　술어

해석　이번 지진이 만든 영향이 아주 크다.

7 　遵守交通规则　　是　　我们每个人的　　责任。

문장 성분　　주어　　　　술어　　관형어　　　목적어

해석　교통 법규를 지키는 것은 우리 모두의 책임이다.

8 　　　　应该　　学会　　合理利用业余时间。

문장 성분　(주어 생략)　부사어　술어　　　목적어

해석　합리적으로 여가 시간을 이용하는 것을 배워야 한다.

9 　队员取得好成绩　　是　　教练最大的　　幸福。

문장 성분　　주어　　　　술어　　관형어　　　목적어

해석　팀원들이 좋은 성적을 얻는 것은 감독에게 가장 큰 행복이다.

10 　他离开家乡　　是　　为了寻找更好的未来。

문장 성분　　주어　　　술어　　　목적어

해석　그가 고향을 떠난 것은 더 좋은 미래를 찾기 위해서다.

정답
1. 这位设计师的作品非常独特。
2. 驾驶执照的办理手续很复杂。
3. 沉默不能从根本上解决矛盾。
4. 面试结果将在下月初公布。

1

디자이너의	이 분	독특하다	매우	작품
设计师的	这位	独特	非常	作品
명사+조사	지시대명사+양사	형용사	부사	명사

해설 및 정답 **문제 분석▼** 位는 사람을 세는 양사이므로 这位 뒤에 设计师를 놓고, 这位设计师的가 수식하는 명사는 作品이므로 这位设计师的作品을 함께 써서 주어로 만든다.

Step 1. 술어 찾기	独特
Step 2. 관형어 완성하기	这位+设计师的+作品
Step 3. 주어+술어	这位设计师的作品+独特
Step 4. 주어+부사어+술어	这位设计师的作品+非常+独特

↳ 非常은 부사이므로 형용사 独特 앞에 쓴다.

정답 **这位设计师的作品非常独特。** 이 디자이너의 작품은 매우 독특하다.

단어 ★设计师 shèjìshī 몡 디자이너 | ★独特 dútè 혱 독특하다 | ★作品 zuòpǐn 몡 작품

2

복잡하다	매우	운전면허증	처리 수속	~의
复杂	很	驾驶执照	办理手续	的
형용사	부사	명사	명사	조사

해설 및 정답 **문제 분석▼** 형용사 复杂가 술어이므로 뒤에 목적어가 올 수 없다. 따라서 办理手续가 이 문장의 주어이다.

Step 1. 술어 찾기	复杂
Step 2. 관형어 완성하기	驾驶执照+的+办理手续

↳ '관형어+的+명사'의 형식으로 써야 하므로 的 뒤에 명사 办理手续를 놓고, 驾驶执照와 的를 붙여 관형어로 만든다.

Step 3. 주어+술어	驾驶执照的办理手续+复杂
Step 4. 주어+부사어+술어	驾驶执照的办理手续+很+复杂

정답 **驾驶执照的办理手续很复杂。** 운전면허증 처리 수속은 매우 복잡하다.

단어 ★驾驶执照 jiàshǐ zhízhào 몡 운전면허증 | ★办理手续 bànlǐ shǒuxù 처리 수속

3

근본적으로	~할 수 없다	침묵	갈등을 해결하다
从根本上	**不能**	**沉默**	**解决矛盾**
전치사+명사	부사+조동사	명사	동사+명사

해설 및 정답　**문제 분석▼** 沉默는 '침묵하다'는 뜻의 동사이지만, 이 문장에서는 명사화되어 주어로 쓰였다.

Step 1. 술어+목적어	解决+矛盾
Step 2. 주어+술어+목적어	沉默+解决+矛盾
Step 3. 부사어 완성하기	沉默+不能+从根本上+解决+矛盾

↳ 동사를 수식하는 일반적인 부사어 어순은 '부사+조동사+전치사구'이므로 不能从根本上을 解决 앞에 놓는다.

정답 沉默不能从根本上解决矛盾。 침묵은 근본적으로 갈등을 해결할 수 없다.

단어 ★根本 gēnběn 몡 근본 | ★沉默 chénmò 몡동 침묵(하다) | 解决 jiějué 동 해결하다 | ★矛盾 máodùn 몡 모순, 갈등

4

결과는 ~에 ~할 것이다	공표하다	다음 달 초	면접
结果将在	**公布**	**下月初**	**面试**
명사+부사+전치사	동사	시간명사	명사

해설 및 정답　**문제 분석▼** 面试结果는 공표되는 대상으로 주어로 쓰였다.

Step 1. 술어 찾기	公布
Step 2. 주어+술어	面试结果将在+公布
Step 3. 부사어 완성하기	面试结果将在+下月初+公布

↳ 전치사 在는 '在+장소/시간' 형식으로 써야 하므로 '在+下月初'로 만든다.

정답 面试结果将在下月初公布。 면접 결과는 다음 달 초에 공표될 것이다.

단어 结果 jiéguǒ 몡 결과 | 将 jiāng 뷔 ~하게 될 것이다 | ★公布 gōngbù 동 공표하다 | ★月初 yuèchū 몡 월 초 | 面试 miànshì 몡 면접

정답
1. 面对难题要灵活思考。
2. 打折机票不能享受其他优惠服务。
3. 夫妻吵架对孩子心理伤害极大。
4. 要谨慎地决定自己的未来。

1

융통성 있다	어려운 문제를 만나다	~해야 한다	생각하다
灵活	面对难题	要	思考
형용사	동사+명사	조동사	동사

해설 및 정답   **문제 분석▼** 面对难题처럼 동사구도 주어가 될 수 있다.

Step 1. 술어 찾기	思考
Step 2. 주어+술어	面对难题+思考
Step 3. 부사어 완성하기	面对难题+要+灵活+思考

↳ 조동사 要와 형용사 부사어 灵活는 수식하는 思考 앞에 놓는다.

정답 **面对难题要灵活思考。** 어려운 문제를 만나면 융통성 있게 생각해야 한다.

단어 ★灵活 línghuó 형 민첩하다, 융통성 있다 | ★面对 miànduì 동 직면하다 | 难题 nántí 명 어려운 문제 | ★思考 sīkǎo 동 사고하다, 깊이 생각하다

2

다른 혜택을 누리다	할인 항공권	서비스	~할 수 없다
享受其他优惠	打折机票	服务	不能
동사+명사	명사	명사	부사+조동사

해설 및 정답   **문제 분석▼** 打折机票는 '할인 항공권'의 의미로 주어로 쓰였다.

Step 1. 술어+목적어	享受+其他优惠服务

↳ 优惠服务는 '혜택 서비스'라는 뜻의 명사로 함께 쓰여야 한다.

Step 2. 주어+술어+목적어	打折机票+享受+其他优惠服务
Step 3. 주어+부사어+술어+목적어	打折机票+不能+享受+其他优惠服务

↳ '부사+조동사' 형태인 不能은 수식하는 享受 앞에 놓는다.

정답 **打折机票不能享受其他优惠服务。** 할인 항공권은 다른 혜택 서비스를 누릴 수 없다.

단어 ★享受 xiǎngshòu 동 누리다, 향유하다 | ★优惠 yōuhuì 형 특혜의 | 打折机票 dǎzhé jīpiào 명 할인 항공권

부부 싸움	상처를 주다	아이의 심리에	매우 크다
夫妻吵架	伤害	对孩子心理	极大
명사	동사	전치사+명사	정도부사+형용사

해설 및 정답

문제 분석▼ 夫妻吵架는 伤害의 주체이므로 伤害의 주어이고, 对孩子心理는 전치사구 형태로 伤害 앞에서 伤害를 수식해야 한다. 이 문제에서 夫妻吵架对孩子心理伤害는 하나의 완전한 문장 형태로 极大의 주술구 주어로 쓰였다.

Step 1. 술어 찾기	极大
Step 2. 주어 찾기	夫妻吵架+对孩子心理+伤害
Step 3. 주어+술어	夫妻吵架对孩子心理伤害+极大

정답 夫妻吵架对孩子心理伤害极大。 부부 싸움은 아이의 심리에 매우 큰 상처를 준다.

단어 夫妻 fūqī 몡 부부, 남편과 아내 | ★吵架 chǎojià 통 말다툼하다 | ★伤害 shānghài 통 상처를 주다

신중하게	~해야 한다	자신의 미래	결정하다
谨慎地	要	自己的未来	决定
형용사+조사	조동사	명사+조사+명사	동사

해설 및 정답

문제 분석▼ 自己的未来는 决定의 대상이고 주체가 아니기에 주어가 될 수 없으므로, 决定의 목적어로 쓰여야 한다. 이 문장은 주어가 생략된 문장이다.

Step 1. 술어 찾기	决定
Step 2. 술어+목적어	决定+自己的未来
Step 3. 부사어 완성하기	要+谨慎地+决定+自己的未来

↳ 조동사 要와 부사어 谨慎地는 수식하는 决定 앞에 놓는다.

정답 要谨慎地决定自己的未来。 신중하게 자신의 미래를 결정해야 한다.

단어 ★谨慎 jǐnshèn 혱 신중하다 | 决定 juédìng 통 결정하다

🖊 쓰기 실력 트레이닝**4** | 관형어 분석　기본서 **194쪽**

1　[정답]　他每天早上都喝<u>一杯热</u>咖啡。

　　[해석]　그는 매일 아침 <u>한 잔의 따뜻한</u> 커피를 마신다.

2　[정답]　<u>不少</u>家长并不了解孩子<u>真正</u>需要什么。

　　[해석]　<u>많은</u> 학부모들은 아이가 <u>진정으로</u> 필요한 것이 무엇인지 결코 알지 못한다.

3　[정답]　<u>她设计的那个</u>方案非常出色。

　　[해석]　<u>그녀가 디자인한 그</u> 방안은 매우 훌륭하다.

4　[정답]　<u>飞往西安的</u>航班被临时取消了。

　　[해석]　<u>시안으로 가는</u> 항공편이 임박해서 취소되었다.

5　[정답]　<u>真心的</u>鼓励会带给人<u>温暖的</u>力量。

　　[해석]　<u>진심으로</u> 격려하는 것은 사람에게 <u>따뜻한</u> 힘을 가져다 준다.

6　[정답]　蜜蜂是<u>一种有益的</u>昆虫。

　　[해석]　벌은 <u>일종의 유익한</u> 곤충이다.

7　[정답]　丽江是<u>一个风景优美的</u>旅游胜地。

　　[해석]　리장은 <u>풍경이 아름다운</u> 관광 명소이다.

8　[정답]　应该培养<u>孩子独立解决问题的</u>能力。

　　[해석]　<u>아이가 독립적으로 문제를 해결하는</u> 능력을 길러야만 한다.

9　[정답]　色彩能影响<u>人们的</u>身体健康。

　　[해석]　색채는 <u>사람들의</u> 건강에 영향을 끼칠 수 있다.

10　[정답]　这家餐厅有<u>很多特色</u>菜。

　　[해석]　이 식당에는 <u>많은 특색</u> 요리가 있다.

| *실전* 트레이닝 1 |　기본서 **195쪽**

[정답]

1. 这件丝绸内衣很光滑。
2. 这幅作品反映了少数民族的生活。
3. 这家店有午餐优惠活动吗?
4. 这套装修方案尤其受欢迎。

1

매우 매끄럽다	이 (벌)	비단	속옷
很光滑	**这件**	**丝绸**	**内衣**
부사+형용사	지시대명사+양사	명사	명사

[해설 및 정답]　**문제 분석▼**　件은 옷을 세는 양사이고, 양사는 的 없이 명사를 수식하는 관형어로 쓰이므로 这件을 丝绸内衣 앞에 쓴다. 여기서 丝绸内衣는 '비단 속옷'이라는 뜻의 명사로 함께 쓰여야 한다.

Step 1. 술어 찾기	很光滑
Step 2. 관형어 완성하기	这件+丝绸+内衣
Step 3. 주어+술어	这件丝绸内衣+很光滑

(정답) **这件丝绸内衣很光滑。** 이 비단 속옷은 매우 매끄럽다.

(단어) ★*光滑* guānghuá 혱 매끌매끌하다 | 件 jiàn 양 개 | ★*丝绸* sīchóu 몡 비단 | 内衣 nèiyī 몡 속옷

2

이 (폭)	작품	소수 민족	반영했다	~의 생활
这幅	作品	少数民族	反映了	的生活
지시대명사+양사	명사	명사	동사+조사	조사+명사

(해설 및 정답) **문제 분석▼** 동사 反映의 목적어는 生活이고, 生活 앞에 的가 있으므로 生活를 수식하는 관형어 少数民族를 찾는다.

Step 1. 술어 찾기	反映了
Step 2. 술어+목적어	反映了+少数民族的生活
Step 3. 주어+술어+목적어	这幅作品+反映了+少数民族的生活

↳ 幅는 그림을 세는 양사이므로 这幅 뒤에 作品을 쓴다.

(정답) **这幅作品反映了少数民族的生活。** 이 작품은 소수 민족의 생활을 반영했다.

(단어) ★*幅* fú 양 폭[그림을 세는 단위] | 作品 zuòpǐn 몡 작품 | 少数民族 shǎoshù mínzú 몡 소수 민족 | ★*反映* fǎnyìng 동 반영하다

3

점심이 있다	할인 행사	~인가요?	식당	이	개
有午餐	优惠活动	吗	店	这	家
동사+명사	명사	조사	명사	지시대명사	양사

(해설 및 정답) **문제 분석▼** 동사는 有이고, 목적어는 午餐优惠活动으로 '점심 우대 행사'라는 뜻이다. '지시대명사+(수사)+양사+명사'의 순서를 기준으로 관형어 这家店을 배열하여 주어 자리에 위치시킨다.

Step 1. 술어+목적어	有+午餐优惠活动
Step 2. 관형어 완성하기	这+家+店
Step 3. 문장 완성하기	这家店+有+午餐优惠活动+吗

(정답) **这家店有午餐优惠活动吗?** 이 식당에는 점심 할인 행사가 있나요?

(단어) 午餐 wǔcān 몡 점심 | ★*优惠* yōuhuì 혱 특혜의, 우대의 | 店 diàn 몡 식당

■ 4

세트	환영	인테리어 방안	이	특히	받다
套	欢迎	装修方案	这	尤其	受
양사	명사	명사	지시대명사	부사	동사

해설 및 정답 **문제 분석▼** 套는 세트를 세는 양사로 装修方案을 셀 수 있으므로 지시대명사와 함께 这套装修方案을 만든다.

Step 1. 술어+목적어	受+欢迎
Step 2. 관형어 완성하기	这+套+装修方案
Step 3. 주어+술어+목적어	这套装修方案+受+欢迎
Step 4. 주어+부사어+술어+목적어	这套装修方案+尤其+受+欢迎

정답 **这套装修方案尤其受欢迎。** 이 인테리어 방안이 특히 인기가 많다.

단어 套 tào 양 세트 | 欢迎 huānyíng 명 환영 | 装修 zhuāngxiū 동 인테리어하다 | 方案 fāng'àn 명 방안 | 尤其 yóuqí 부 특히 | 受 shòu 동 받다

| *실전* 트레이닝 2 | 기본서 195쪽

정답
1. 这种投资方式存在一定的风险。
2. 该地区的资源分布不平衡。
3. 他们的摄影作品不符合参赛要求。
4. 新买的书架太占地方了。

■ 1

어느 정도의	이런 투자 방식	존재하다	위험
一定的	这种投资方式	存在	风险
형용사+조사	지시대명사+양사+명사	동사	명사

해설 및 정답 **문제 분석▼** 형용사 一定은 '어느 정도의'라는 뜻으로 一定的가 수식하는 것은 风险이다.

Step 1. 술어 찾기	存在
Step 2. 관형어 완성하기	一定的+风险
Step 3. 술어+목적어	存在+一定的风险
Step 4. 주어+술어+목적어	这种投资方式+存在+一定的风险

정답 **这种投资方式存在一定的风险。** 이런 투자 방식은 어느 정도의 위험이 존재한다.

단어 一定 yídìng 형 어느 정도의 | ★投资 tóuzī 동 투자하다 | 方式 fāngshì 명 방식 | ★存在 cúnzài 동 존재하다 | ★风险 fēngxiǎn 명 위험

~의	불균형하다	자원 분포	이 지역
的	不平衡	资源分布	该地区
조사	부사+형용사	명사	대명사+명사

해설 및 정답　**문제 분석▼** '관형어+的+명사'의 형식으로 써야 하므로 的 뒤에 명사 资源分布를 넣고, 该地区와 的를 붙여 관형어로 만든다.

Step 1. 술어 찾기 ⟶ 不平衡

Step 2. 관형어 완성하기 ⟶ 该地区+的+资源分布

Step 3. 주어+술어 ⟶ 该地区的资源分布+不平衡

정답 **该地区的资源分布不平衡。** 이 지역의 자원 분포는 불균형하다.

단어　★平衡 pínghéng 혱 균형이 맞다 | ★资源分布 zīyuán fēnbù 자원 분포 | 该 gāi 떼 이, 이것(=这) | 地区 dìqū 몡 지역

촬영 작품	그들의	경기에 참가하는 조건	부합하지 않다
摄影作品	他们的	参赛要求	不符合
명사	대명사+조사	명사	부사+동사

해설 및 정답　**문제 분석▼** 他们的가 수식하는 명사는 摄影作品이므로 他们的를 摄影作品 앞에 놓는다.

Step 1. 술어 찾기 ⟶ 不符合

Step 2. 술어+목적어 ⟶ 不符合+参赛要求

　⟶ 符合는 뒤에 부합하는 '기준'이 되는 명사가 목적어로 쓰인다.

Step 3. 관형어 완성하기 ⟶ 他们的+摄影作品

Step 4. 주어+술어+목적어 ⟶ 他们的摄影作品+不符合+参赛要求

정답 **他们的摄影作品不符合参赛要求。** 그들의 촬영 작품은 경기 참가 요건에 부합하지 않는다.

단어　★摄影 shèyǐng 됭 (사진을) 촬영하다 | ★作品 zuòpǐn 몡 작품 | ★参赛 cānsài 됭 시합에 참가하다 | 要求 yāoqiú 몡 요구 |

★符合 fúhé 됭 부합하다

4

책꽂이	차지하다	새로 산	매우	자리
书架	占	新买的	太	地方了
명사	동사	형용사+동사+조사	부사	명사+조사

해설 및 정답　**문제 분석▼**　新买的가 수식하는 명사는 书架이다.

Step 1. 술어 찾기	占
Step 2. 술어+목적어	占+地方了
Step 3. 관형어 완성하기	新买的+书架
Step 4. 주어+술어+목적어	新买的书架+占+地方了
Step 5. 주어+부사어+술어+목적어	新买的书架+太+占+地方了

↳ 太는 부사이므로 수식하는 동사 占 앞에 놓는다.

정답　**新买的书架太占地方了。** 새로 구입한 책꽂이가 너무 자리를 차지한다.

단어　★书架 shūjià 명 책꽂이 | ★占 zhàn 동 차지하다 | 地方 dìfang 명 자리, 장소

5 부사어[1] 부사/조동사

쓰기 실력 트레이닝5 | 부사어 분석(1) 기본서 205쪽

1　정답　这道问题似乎没有正确答案。

　　해석　이 문제는 마치 올바른 정답이 없는 것 같다.

2　정답　他终于说服了投资方投资这个项目。

　　해석　그는 드디어 투자자가 이 프로그램에 투자하도록 설득했다.

3　정답　公司将购买一套新设备。

　　해석　회사는 곧 새로운 설비 하나를 구입한다.

4　정답　他一再拒绝对方的请求。

　　해석　그는 재차 상대의 부탁을 거절했다.

5　정답　出了国的人未必都想留在外国。

　　해석　출국한 사람이 꼭 해외에 남고 싶어하는 것은 아니다.

6　정답　江南地区一到夏天就极其潮湿。

　　해석　강남 지역은 여름만 되면 몹시 습하다.

7　정답　新开发的软件格外受欢迎。

　　해석　새로 개발한 소프트웨어는 유달리 인기가 많다.

| 8 | 정답 | 他<u>逐步</u>取得了巨大的进步。 |
| 해석 | 그는 <u>점차</u> 거대한 발전을 했다. |

| 9 | 정답 | 员工们<u>纷纷</u>表达了自己的观点。 |
| 해석 | 직원들은 <u>연달아</u> 자신의 견해를 나타냈다. |

| 10 | 정답 | 请勿妨碍警察<u>正常</u>工作。 |
| 해석 | 경찰의 <u>정상</u> 업무를 방해하지 마십시오. |

| *실전* 트레이닝 1 | 기본서 206쪽

정답
1. 领导是否批准了他的方案?
2. 我们一定会尽快完成这个项目。
3. 这座城市的福利制度还不够完善。
4. 总理再三强调不能破坏环境。

1

~인지 아닌지	대표	그의 ~을 승인했다	방안
是否	领导	批准了他的	方案
부사	명사	동사+조사+대명사+조사	명사

해설 및 정답   **문제 분석▼**   是否는 부사이므로 수식하는 동사 批准了 앞에 놓는다.

Step 1. 술어+목적어   批准了他的+方案

    ↳ 술어 批准了 뒤의 他的는 方案을 수식하는 관형어이다.

Step 2. 주어+술어+목적어   领导+批准了他的+方案

Step 3. 주어+부사어+술어+목적어   领导+是否+批准了他的+方案

정답   **领导是否批准了他的方案?** 대표가 그의 방안을 승인했나요?

단어   是否 shìfǒu 🖪 ~인지 아닌지 | ★领导 lǐngdǎo 🖪 대표 | ★批准 pīzhǔn 🖪 승인하다 | ★方案 fāng'àn 🖪 방안

2

이 프로젝트	우리	반드시 ~할 것이다	완성하다	되도록 빨리
这个项目	我们	一定会	完成	尽快
지시대명사+양사+명사	대명사	부사+조동사	동사	부사

해설 및 정답   **문제 분석▼**   尽快는 조동사 뒤에 오는 부사이다.

Step 1. 술어+목적어   完成+这个项目

Step 2. 주어+술어+목적어   我们+完成+这个项目

Step 3. 부사어 완성하기   我们+一定会+尽快+完成+这个项目

단어 ★项目 xiàngmù 몡 프로젝트 | ★尽快 jǐnkuài 뷔 되도록 빨리

3

복리후생제도	이 도시의	~하지 못하다	아직	완벽하다
福利制度	这座城市的	不够	还	完善
명사	지시대명사+양사+명사+조사	부사	부사	형용사

해설 및 정답 **문제 분석▼** '일반 부사+부정 부사' 어순이 부사의 일반적인 어순이므로 还를 不够 앞에 놓고 형용사 完善을 수식해야 한다.

Step 1. 술어 찾기　　　　　　　　　　　　完善

Step 2. 주어+술어　　　　　　　　　　　　这座城市的福利制度+完善

　↳ 这座城市的가 수식하는 명사는 福利制度이므로 함께 쓴다.

Step 3. 부사어 완성하기　　　　　　　　　这座城市的福利制度+还+不够+完善

정답 **这座城市的福利制度还不够完善。** 이 도시의 복리 후생 제도가 아직 완벽하지 않다.

단어 福利制度 fúlì zhìdù 몡 복리 후생 제도 | 座 zuò 양 큰 고정된 물체를 세는 단위 | 城市 chéngshì 몡 도시 | 不够 búgòu 뷔 ~하지 못하다 | ★完善 wánshàn 혱 완벽하다

4

환경을 파괴하다	거듭	총리	강조하다	~해서는 안 된다
破坏环境	再三	总理	强调	不能
동사+명사	부사	명사	동사	부사+조동사

해설 및 정답 **문제 분석▼** 부사어는 부사어가 수식하는 동사 앞에 놓아야 한다. 再三은 强调를 수식하므로 强调 앞에 놓고, 不能은 破坏环境의 破坏를 수식하므로 破坏 앞에 놓는다.

Step 1. 술어　　　　　　　　　　　　　强调

Step 2. 술어+목적어　　　　　　　　　强调+破坏环境

Step 3. 주어+술어+목적어　　　　　　总理+强调+破坏环境

Step 4. 부사어 완성하기　　　　　　　总理+再三+强调+不能+破坏环境

정답 **总理再三强调不能破坏环境。** 총리는 환경을 파괴하면 안 된다고 거듭 강조했다.

단어 ★破坏 pòhuài 동 파괴하다 | 环境 huánjìng 몡 환경 | ★再三 zàisān 뷔 거듭 | ★总理 zǒnglǐ 몡 총리 | ★强调 qiángdiào 동 강조하다

정답

1. 我希望手术会取得成功。
2. 忽视产品质量将影响公司业绩。
3. 营养不平衡会带来很多健康问题。
4. 我从来没从事过这个领域的工作。

1

성공하다	나는 희망한다	수술	~할 수 있다
取得成功	我希望	手术	会
동사+명사	대명사+동사	명사	조동사

해설 및 정답 **문제 분석▼** 会는 取得를 수식하는 조동사이므로 取得 앞에 놓아야 한다.

Step 1. 주어+술어	我+希望
Step 2. 주어+술어+목적어	我+希望+手术取得成功

↳ 希望 뒤에서 手术取得成功이 목적어로 쓰였다.

Step 3. 부사어 완성하기	我希望+手术+会+取得成功

정답 **我希望手术会取得成功。** 나는 수술이 성공할 수 있기를 희망한다.

단어 取得 qǔdé 통 얻다 | ★手术 shǒushù 명 수술

2

영향을 주다	회사 실적	제품 품질을 소홀히 하다	장차 ~일 것이다
影响	公司业绩	忽视产品质量	将
동사	명사	동사+명사	부사

해설 및 정답 **문제 분석▼** 将은 부사이므로 수식하는 동사 影响 앞에 놓는다.

Step 1. 술어+목적어	影响+公司业绩
Step 2. 주어+술어+목적어	忽视产品质量+影响+公司业绩

↳ 동사구 忽视产品质量이 주어로 쓰였다.

Step 3. 주어+부사어+술어+목적어	忽视产品质量+将+影响+公司业绩

정답 **忽视产品质量将影响公司业绩。** 제품 품질을 소홀히 하는 것은 장차 회사 실적에 영향을 끼칠 것이다.

단어 影响 yǐngxiǎng 통 영향을 주다 | 业绩 yèjì 명 실적 | ★忽视 hūshì 통 소홀히 하다 | ★产品 chǎnpǐn 명 제품 | 质量 zhìliàng 명 품질 | 将 jiāng 부 장차 (~일 것이다)

건강 문제	영양 불균형	~할 것이다	가져오다	많은
健康问题	营养不平衡	会	带来	很多
명사	명사+부사+형용사	조동사	동사	부사+형용사

해설 및 정답 **문제 분석▼** 会는 조동사이므로 수식하는 동사 带来 앞에 놓는다.

Step 1. 술어+목적어   带来+很多+健康问题

  ↳ 很多는 的 없이 명사 앞에서 명사를 직접 수식하는 관형어이다.

Step 2. 주어+술어+목적어   营养不平衡+带来+很多健康问题

  ↳ 营养不平衡 주술구가 주어로 쓰였다.

Step 3. 주어+부사어+술어+목적어   营养不平衡+会+带来+很多健康问题

정답 **营养不平衡会带来很多健康问题。** 영양 불균형은 많은 건강 문제를 가져올 것이다.

단어 健康 jiànkāng 몡 건강 | ★营养 yíngyǎng 몡 영양 | ★平衡 pínghéng 톙 균형이 맞다 | 带来 dàilái 동 가져오다

나	이 분야의	종사한 적이 있다	일	여태껏 ~없다
我	这个领域的	从事过	工作	从来没
대명사	지시대명사+양사+명사+조사	동사+조사	명사	부사

해설 및 정답 **문제 분석▼** 从来没는 부사이므로 수식하는 동사 从事 앞에 놓는다. 从来는 주로 부정부사 不, 没와 함께 쓰여 '여지껏 ~한 적이 없다'의 뜻으로 쓰인다.

Step 1. 술어+목적어   从事过+这个领域的工作

  ↳ 관형어 这个领域的가 수식하는 명사는 工作이므로 함께 쓴다.

Step 2. 주어+술어+목적어   我+从事过+这个领域的工作

Step 3. 주어+부사어+술어+목적어   我+从来没+从事过+这个领域的工作

정답 **我从来没从事过这个领域的工作。** 나는 여태껏 이 분야의 일에 종사한 적이 없다.

단어 ★领域 lǐngyù 몡 분야 | ★从事 cóngshì 동 종사하다 | 工作 gōngzuò 몡 일 | 从来 cónglái 뮈 여태껏

쓰기 실력 트레이닝 6 | 부사어 분석(2) 기본서 213쪽

1 정답 请您（ **A 在** ）租房合同上签字。

해석 임대 계약서 (**A 에**) 사인해 주세요.

단어 合同 hétong 몡 계약서 | 签字 qiānzì 동 서명하다

2 정답 校长（ **D 向** ）同学表示了祝贺。

해석 교장 선생님은 학생 (**D 에게**) 축하를 표했다.

단어 祝贺 zhùhè 몡 축하

3 정답 他（ **B 按照** ）约定赔偿了资金。

해석 그는 약정(**B 에 따라**) 비용을 배상했다.

단어 约定 yuēdìng 몡 약정 | 赔偿 péicháng 동 배상하다 | 资金 zījīn 몡 자금

4 정답 他（ **C 彻底地** ）改掉了这个坏毛病。

해석 그는 이 나쁜 버릇을 (**C 철저히**) 고쳤다.

5 정답 经过（ **E 专心地** ）研究，医生找到了治疗方法。

해석 (**E 전심으로**) 연구하여, 의사는 치료법을 찾아냈다.

단어 治疗 zhìliáo 몡 치료

6 정답 他去年（ **A 从** ）那家杂志社辞职了。

해석 그는 작년에 그 잡지사 (**A 에서**) 사직했다.

단어 辞职 cízhí 동 사직하다

7 정답 他（ **E 凭** ）经验完成了这项任务。

해석 그는 경험(**E 에 따라**) 이번 임무를 완성했다.

단어 任务 rènwu 몡 임무

8 정답 公司（ **B 给** ）工作人员换了新电脑。

해석 회사에서는 직원들 (**B 에게**) 새로운 컴퓨터를 교체해 주었다.

9 정답 我们都（ **D 朝** ）他指点的方向看。

해석 우리는 모두 그가 가리키는 방향 (**D 을 향해**) 보았다.

10 정답 弟弟（ **C 顺利地** ）通过了研究生入学考试。

해석 남동생은 (**C 순조롭게**) 대학원 입학 시험을 통과했다.

정답
1. 明亮的色彩能为我们带来好心情。
2. 该机器由多个零件组成。
3. 如何在短时间内提高口语水平？
4. 他跟邻居的关系一直非常亲密。

1

우리에게	밝은 색채	~할 수 있다	가져다 주다	좋은 기분
为我们	明亮的色彩	能	带来	好心情
전치사+대명사	형용사+조사+명사	조동사	동사	형용사+명사

해설 및 정답 **문제 분석▼** 동사를 수식하는 일반적인 부사어의 어순은 '부사→조동사→전치사구'의 순서이므로 '能+为我们'으로 써야 한다.

Step 1. 술어+목적어 　　　　　　　　　带来+好心情

Step 2. 주어+술어+목적어 　　　　　　明亮的色彩+带来+好心情

Step 3. 부사어 완성하기 　　　　　　　明亮的色彩+能+为我们+带来+好心情

정답 **明亮的色彩能为我们带来好心情。** 밝은 색채는 우리에게 좋은 기분을 가져다줄 수 있다.

단어 明亮 míngliàng 혱 밝다 | ★色彩 sècǎi 몡 색채 | 带来 dàilái 동 가져다주다

2

이 기계	구성하다	많은	부속품	개
该机器	组成	由多	零件	个
지시대명사+명사	동사	전치사+수사	명사	양사

해설 및 정답 **문제 분석▼** 个는 명사를 세는 명량사이므로 '수사+양사+명사' 순으로 多个零件을 만들어 전치사 由와 함께 쓴다.

Step 1. 술어 찾기 　　　　　　　　　组成

Step 2. 주어+술어 　　　　　　　　　该机器+组成

Step 3. 부사어 완성하기 　　　　　　该机器+由多+个+零件+组成

　　↳ '주어+由+A+组成'은 '주어는 A로 구성되다'의 뜻으로 쓰였다.

정답 **该机器由多个零件组成。** 이 기계는 많은 부속품으로 구성되어 있다.

단어 该 gāi 데 이(=这) | ★机器 jīqì 몡 기계 | ★组成 zǔchéng 동 구성하다 | ★零件 língjiàn 몡 부속품

안 内 방위사	어떻게 ~에 如何在 대명사+전치사	말하기 수준을 향상시키다 提高口语水平 동사+명사	짧은 시간 短时间 형용사+명사

해설 및 정답 **문제 분석▼** '在+장소/시간' 형식으로 쓰이므로 '在+短时间内'로 만든다.

Step 1. 술어+목적어 　　　　　　　　　　　　提高+口语水平

Step 2. 시간명사 완성하기 　　　　　　　　　短时间+内

　　↳ 방위사는 명사 뒤에 위치하여 장소나 시간을 나타내므로 '短时间+内'로 써서 시간명사로 만든다.

Step 3. 부사어 완성하기 　　　　　　　　　如何在+短时间内+提高口语水平

정답 **如何在短时间内提高口语水平?** 어떻게 단시간 안에 말하기 수준을 향상시킬 수 있는가?

단어 ★如何 rúhé 때 어떻게 | 提高 tígāo 통 향상시키다 | 口语 kǒuyǔ 몡 말하기 | 水平 shuǐpíng 몡 수준 | 短 duǎn 혱 짧다

관계 关系 명사	그와 이웃의 他跟邻居的 대명사+전치사+명사+조사	줄곧 一直 부사	친밀하다 亲密 형용사	매우 非常 부사

해설 및 정답 **문제 분석▼** 他跟邻居的는 관형어이고, 이 관형어 안에 '전치사+명사' 형태인 跟邻居가 쓰였다.

Step 1. 술어 찾기 　　　　　　　　　　　亲密

Step 2. 주어+술어 　　　　　　　　　　关系+亲密

Step 3. 관형어+주어+술어 　　　　　　他跟邻居的+关系+亲密

Step 4. 관형어+주어+부사어+술어 　　他跟邻居的+关系+一直非常+亲密

　　↳ 一直, 非常 모두 부사이지만, 일반적으로 非常은 정도부사로 수식하는 형용사 바로 앞에 쓰여야 하므로 '一直→非常' 순으로 써야 한다.

정답 **他跟邻居的关系一直非常亲密。** 그와 이웃의 관계가 줄곧 매우 친밀하다.

단어 关系 guānxi 몡 관계 | 邻居 línjū 몡 이웃 | 一直 yìzhí 뷔 줄곧, 계속 | 亲密 qīnmì 혱 친밀하다

정답
1. 海关对行李进行了检查。
2. 不应轻易否定别人。
3. 轮船缓缓地靠在了海岸。
4. 爷爷已经从那家公司退休了。

1

진행하다	검사하다	여행 짐	~에 대해서	세관
进行了	检查	行李	对	海关
동사+조사	동사	명사	전치사	명사

해설 및 정답   **문제 분석▼** 전치사구 '对+行李'는 부사어이므로 수식하는 동사 进行 앞에 쓴다.

Step 1. 술어+목적어	进行了+检查
Step 2. 주어+술어+목적어	海关+进行了+检查
Step 3. 주어+부사어+술어+목적어	海关+对行李+进行了+检查

정답 **海关对行李进行了检查。** 세관이 여행 짐에 대해 검사를 진행했다.

단어 进行 jìnxíng 图 진행하다 | 检查 jiǎnchá 图 검사하다, 조사하다 | 行李 xíngli 명 여행 짐 | 海关 hǎiguān 명 세관

2

부정하다	경솔하게	~해서는 안 된다	다른 사람
否定	轻易	不应	别人
동사	형용사	부사+조동사	명사

해설 및 정답   **문제 분석▼** 형용사 轻易는 동사를 수식하기 위해 쓰인 부사어이므로 동사 바로 앞에 놓아야 한다. 따라서 '不应+轻易' 순서로 쓴다. 형용사도 위치에 따라 동사를 수식하는 부사어로 쓰일 수 있다는 것을 명심하자.

Step 1. 술어+목적어	否定+别人
Step 2. 부사어 완성하기	不应+轻易+否定+别人

정답 **不应轻易否定别人。** 다른 사람을 경솔하게 부정해서는 안 된다.

단어 ★否定 fǒudìng 图 부정하다 | ★轻易 qīngyì 图 쉽다, 경솔하다

3

해안	증기선	~에 닿다	천천히
海岸	轮船	靠在了	缓缓地
명사	명사	동사+전치사+조사	형용사+조사

해설 및 정답   **문제 분석▼** 缓缓地는 부사어이므로 동사 바로 앞에 쓴다.

Step 1. 술어+결과보어 　　　　　　　　　　　　靠在了海岸

　　↳ '동사+在(了)+장소명사'는 동작 후 장소·시간에 존재함을 뜻하므로 靠在了海岸으로 쓴다.

Step 2. 주어+술어+목적어 　　　　　　　　　　轮船+靠在了+海岸

Step 3. 주어+부사어+술어+목적어 　　　　　轮船+缓缓地+靠在了+海岸

(정답) **轮船缓缓地靠在了海岸。** 증기선은 천천히 해안에 정박했다.

(단어) ★海岸 hǎi'àn 명 해안 | 轮船 lúnchuán 명 (증)기선 | ★靠 kào 동 닿다, 대다 | 缓缓 huǎnhuǎn 형 느릿느릿, 천천히

4

회사	그 회사에서	퇴직했다	이미	할아버지
公司	从那家	退休了	已经	爷爷
명사	전치사구	동사+조사	부사	명사

(해설 및 정답) **문제 분석▼** 동사를 수식하는 일반적인 부사어의 어순은 '부사 → 전치사구' 순이므로 '已经+从那家公司' 순서로 쓴 뒤, 동사 退休 앞에 쓴다.

Step 1. 술어 찾기 　　　　　　　　　　　　退休了

Step 2. 주어+술어 　　　　　　　　　　　　爷爷+退休了

Step 3. 부사어 완성하기 　　　　　　　　爷爷+已经+从那家+公司+退休了

　　↳ 从那家의 家는 양사이므로 家 뒤에 명사를 붙여 从那家公司로 만든다.

(정답) **爷爷已经从那家公司退休了。** 할아버지는 이미 그 회사에서 퇴직하셨다.

(단어) ★退休 tuìxiū 동 퇴직하다

---

7 부사어[3] 비교문/把자문/被자문

쓰기 실력 트레이닝 7 | 부사어 분석(3) 기본서 223쪽

1 (정답) 请（ **A 把** ）手机调成振动或者静音。

(해석) 휴대폰（ **A 을** ）진동 혹은 무음으로 바꿔 주세요.

(단어) 振动 zhèndòng 명 진동

2 (정답) 该地区白天的温度（ **C 比** ）晚上高得多。

(해석) 이 지역은 낮의 온도가 밤（ **C 보다** ）훨씬 높다.

3 (정답) 大家都（ **B 被** ）她美丽的外表吸引了。

(해석) 모두 그녀의 아름다운 외모（ **B 에** ）매료되었다.

4 [정답] 公司（ **A 把** ）上班的时间推迟了一个小时。

[해석] 회사에서 출근 시간（ **A 을** ）한 시간 늦추었다.

5 [정답] 儿子（ **B 被** ）伙伴喊了出去。

[해석] 아들은 친구（ **B 에게** ）불려 나갔다.

[단어] 伙伴 huǒbàn 몡 동료, 친구

6 [정답] 手机付款（ **C 比** ）信用卡还方便。

[해석] 휴대폰 결제가 신용 카드（ **C 보다** ）더 편리하다.

[단어] 付款 fùkuǎn 통 돈을 지불하다, 계산하다

7 [정답] 他（ **B 被** ）隔壁装修的声音吵醒了。

[해석] 그는 이웃의 인테리어 하는 소리（ **B 에** ）깼다.

[단어] 隔壁 gébì 몡 이웃 | 吵醒 chǎoxǐng 통 시끄러워 잠이 깨다

8 [정답] 你能帮我（ **A 把** ）那件行李拿下来吗?

[해석] 저 짐 가방（ **A 을** ）좀 내려 주시겠어요?

9 [정답] 山东省的面积（ **D 没有** ）四川省大。

[해석] 산둥성의 면적은 쓰촨성（ **D 만큼** ）크지（ **않다** ）.

10 [정답] 我（ **A 把** ）受伤的朋友及时地送到了医院。

[해석] 나는 다친 친구（ **A 를** ）제때에 병원에 데려다주었다.

| *실전* 트레이닝 1 | 기본서 **224쪽**

[정답]
1. 傍晚的温度明显比白天的冷。　　2. 水果的营养比零食高得多。

3. 结果并没有想象的那么糟糕。　　4. 别把这种植物摆在阳光强烈的环境中。

1

낮의	저녁 무렵의 온도	확연히 ~보다	춥다
白天的	傍晚的温度	明显比	冷
명사+조사	명사+조사+명사	형용사+전치사	형용사

[해설 및 정답] **문제 분석▼** '比+비교 대상' 형태로 쓰이므로 '比+白天的'를 만든다. 比白天的 뒤에 温度가 생략된 형태이다.

Step 1. 술어 찾기　　　　　　　　　　冷

Step 2. 주어+술어　　　　　　　　　　傍晚的温度+冷

Step 3. 부사어(比 +비교 대상) 완성하기　　　傍晚的温度+明显比+白天的+冷

　　↳ 明显은 원래 품사는 형용사이고 比 전치사구 앞에서 冷을 수식하는 부사어로 쓰였다.

[정답] **傍晚的温度明显比白天的冷。** 저녁 무렵의 온도는 확연히 낮보다 춥다.

[단어] 白天 báitiān 몡 낮 | ★傍晚 bàngwǎn 몡 저녁 무렵 | 温度 wēndù 몡 온도 | ★明显 míngxiǎn 혱 확연히 드러나다 | 冷 lěng 혱 춥다

간식보다	영양	과일의	훨씬 높다
比零食	营养	水果的	高得多
전치사+명사	명사	명사+조사	형용사+得多

해설 및 정답 **문제 분석▼** 'A+比+B+술어+得多' 형식으로 술어 뒤에 得多를 사용하여 비교하는 대상과의 차이가 많음을 나타내므로, 高得多의 高가 술어이다.

Step 1. 술어 찾기   高得多

Step 2. 주어+술어   水果的营养+高得多

Step 3. 부사어(比 +비교 대상) 완성하기   水果的营养+比零食+高得多

정답 **水果的营养比零食高得多。** 과일의 영양은 간식보다 훨씬 높다.

단어 ★营养 yíngyǎng 몡 영양 | ★零食 língshí 몡 간식

상상한 것처럼 ~않다	그렇게	엉망이 되다	결코	결과
没有想象的	那么	糟糕	并	结果
부사+동사+조사	정도부사	형용사	부사	명사

해설 및 정답 **문제 분석▼** 那么는 정도부사로 수식하는 형용사 바로 앞에 쓰인다. 有想象的는 전치사구로 쓰였으므로 술어 앞에서 술어를 수식하고, 并은 부정부사 앞에서 부정을 강조하는 부사이므로 '并+没有想象的'의 어순으로 쓴다.

Step 1. 주어+술어   结果+糟糕

Step 2. 부사어1 완성하기   结果+那么+糟糕

Step 3. 부사어2(有 +비교 대상) 완성하기   结果+并+没有想象的+那么+糟糕

↳ 没有想象的는 뒤에 结果가 생략된 형태이다.

정답 **结果并没有想象的那么糟糕。** 결과는 결코 상상한 것처럼 그렇게 엉망이 되지 않았다.

단어 ★想象 xiǎngxiàng 통 상상하다 | ★糟糕 zāogāo 혱 엉망이 되다, 망하다 | 并 bìng 뷔 결코 | 结果 jiéguǒ 몡 결과

햇빛이 강한	~하지 마라	환경에	이런 식물	~에 놓다
阳光强烈的	别	环境中	把这种植物	摆在
명사+형용사+조사	부사	명사+장소명사	전치사+지시대명사+양사+명사	동사+전치사

해설 및 정답 **문제 분석▼** 把这种植物는 전치사구이고, 别는 부정부사이므로 '别+把这种植物'의 어순으로 동사 앞에 쓴다.

Step 1. 술어＋결과보어   摆在＋阳光强烈的＋环境中

    ↳ '동사＋在＋장소/시간'은 동작 후 장소·시간에 존재함을 뜻하므로 摆在阳光强烈的环境中으로 쓴다.

Step 2. 부사어(把＋목적어) 완성하기   别＋把这种植物＋摆在＋阳光强烈的环境中

정답 **别把这种植物摆在阳光强烈的环境中。** 이런 식물을 햇빛이 강한 환경에 놓지 마라.

단어 ★阳光 yángguāng 몡 햇빛 | ★强烈 qiángliè 혱 강렬하다 | 别 bié 뷔 ~하지 마라 | 环境 huánjìng 몡 환경 | 植物 zhíwù 몡 식물 | ★摆 bǎi 동 놓다

| *실전* **트레이닝 2** | 기본서 **224쪽**

정답

1. 你能把梳子递给我吗?
2. 请把这篇论文的内容简单概括一下。
3. 他制定的方案被否定了。
4. 他连续两年被评为优秀员工。

1

당신은 ~할 수 있는가?	빗	~을	내게 ~인가요?	건네주다
你能	梳子	把	我吗	递给
대명사＋조동사	명사	전치사	명사＋조사	동사＋전치사

해설 및 정답 **문제 분석▼** '把＋목적어' 형태로 쓰이므로 把梳子를 만들고, '把＋목적어'도 전치사구이므로 수식하는 동사 递 앞에 놓는다.

Step 1. 술어 찾기   递给＋我吗

    ↳ '给＋받은 대상' 형태로 쓰이는 전치사이므로 给 뒤에 받은 대상 我를 붙여 전치사구를 만든다.

Step 2. 주어＋술어   你能＋递给我吗

Step 3. 부사어(把＋목적어) 완성하기   你能＋把＋梳子＋递给我吗

정답 **你能把梳子递给我吗?** 당신 빗을 내게 건네줄 수 있나요?

단어 ★梳子 shūzi 몡 빗 | ★递 dì 동 건네다

2

이 논문의	간단하게 간추리다	~을 ~해 주세요	내용	좀 ~해 보다
这篇论文的	简单概括	请把	内容	一下
지시대명사＋양사＋명사＋조사	형용사＋동사	동사＋전치사	명사	동량사

해설 및 정답 **문제 분석▼** '把＋목적어' 형태로 쓰이므로 把这篇论文的内容을 만들고, 술어인 简单概括 앞에 놓는다.

Step 1. 술어 찾기	简单概括
Step 2. 부사어+목적어+술어	请把+这篇论文的内容+简单概括
Step 3. 보어 완성하기	请把+这篇论文的内容+简单概括+一下

↳ 一下는 동사 뒤에 놓여 '좀 ~해 보다'라는 뜻으로 쓰이는 동량사이므로 동사 概括 뒤에 쓴다.

(정답) **请把这篇论文的内容简单概括一下。** 이 논문의 내용을 간단하게 간추려 주세요.

(단어) 篇 piān 양 편 | ★论文 lùnwén 명 논문 | 简单 jiǎndān 형 간단하다 | ★概括 gàikuò 동 간추리다 | 一下 yíxià 좀 ~해보다

3

그가 제정한	거부되었다	~당하다	방안
他制定的	否定了	被	方案
대명사+동사+조사	동사+조사	전치사	명사

(해설 및 정답) **문제 분석▼** 被자문에서는 술어 동작을 받은 대상이 주어가 되고, '被+행위 주체'에서 행위 주체는 생략할 수 있다.

| *Step 1.* 술어 찾기 | 否定了 |
| *Step 2.* 주어+부사어(被+행위 주체)+술어 | 他制定的方案+被+否定了 |

(정답) **他制定的方案被否定了。** 그가 제정한 방안은 거부되었다.

(단어) ★制定 zhìdìng 동 제정하다 | ★否定 fǒudìng 동 부정하다, 거부하다 | ★方案 fāng'àn 명 방안

4

~당하다	그는 연속 2년	~으로 선정하다	사원	우수한
被	他连续两年	评为	员工	优秀
전치사	대명사+동사+시량명사	동사	명사	형용사

(해설 및 정답) **문제 분석▼** 被자문에서는 술어 동작을 받은 대상이 주어가 되며, '被+행위 주체'에서 행위 주체는 생략할 수 있다.

Step 1. 술어 찾기	评为+优秀+员工
Step 2. 주어+술어	他连续两年+评为优秀员工
Step 3. 부사어(被+행위 주체) 완성하기	他连续两年+被+评为优秀员工

↳ '동사(为+명사)'는 '동작 후에 어떤 직업이나 신분이 되는 것'을 의미하므로 '评为+优秀员工'으로 쓴다.

(정답) **他连续两年被评为优秀员工。** 그는 연속 2년 동안 우수 사원으로 선정되었다.

(단어) ★连续 liánxù 동 연속하다 | ★评为 píngwéi 동 ~으로 선정하다 | ★员工 yuángōng 명 사원 | 优秀 yōuxiù 형 우수하다

쓰기 실력 트레이닝❽ | 보어 분석(1) 기본서 233쪽

1 정답 他的家搬（ **D 到** ）了公司附近。

해석 그는 회사 근처（ **D 로** ）집을 옮겼다.

2 정답 姥姥把收据放（ **B 在** ）信封里了。

해석 외할머니는 인수증을 편지 봉투（ **B 에** ）넣어 두셨다.

3 정답 一到傍晚，这里就会热闹（ **E 起来** ）。

해석 저녁 무렵만 되면, 이곳은 떠들썩（ **E 해진다** ）.

단어 傍晚 bàngwǎn 몡 저녁 무렵

4 정답 我怎么也看（ **A 不出来** ）这两张照片的不同。

해석 나는 아무리 보아도 이 두 사진의 다른 점을 알아볼（ **A 수 없다** ）.

5 정답 我根本没听（ **C 清楚** ）老师讲的内容。

해석 나는 선생님이 말씀하신 내용을 전혀（ **C 제대로** ）듣지 못했다.

6 정답 我的新家终于装修（ **A 完** ）了。

해석 내 새집 인테리어가 드디어（ **A 다 되었다** ）.

7 정답 一位老太太慢慢地从对面走（ **C 过来** ）。

해석 한 노부인이 천천히 앞에서 걸어（ **C 왔다** ）.

8 정답 行驶的列车车厢里挤（ **B 满** ）了人。

해석 운행하는 열차 객실에 사람으로 빽빽하게（ **B 들어찼다** ）.

단어 行驶 xíngshǐ 동 운항하다 | 车厢 chēxiāng 몡 (열차의) 객실

9 정답 你记（ **E 得住** ）幼儿园时的事情吗?

해석 당신은 유치원 때의 일을 기억（ **E 할 수 있나요** ）?

10 정답 他将把个人财产全部捐（ **D 给** ）学校。

해석 그는 개인 자산을 모두 학교（ **D 에** ）기부할 것이다.

단어 财产 cáichǎn 몡 자산 | 捐 juān 동 기부하다, 바치다

정답

1. 你的离职手续办好了吗?
2. 他一整个暑假都待在家里。
3. 我把资料复制到硬盘里了。
4. 谁也猜不到这条项链的价格。

1

잘 처리되다	사직 수속	당신의	~인가요?
办好了	离职手续	你的	吗
동사+결과보어	명사	대명사+조사	조사

해설 및 정답   **문제 분석▼**   동사 뒤에서 동작의 결과를 설명하기 위해 동사나 형용사가 주로 결과보어로 쓰이는데, 이 문장에서는 办의 결과로 好(잘 되다)가 결과보어로 쓰였다.

Step 1. 술어+결과보어   办+好了

Step 2. 주어+술어   你的离职手续+办好了

Step 3. 기타 성분 완성하기   你的离职手续+办好了+吗

정답 **你的离职手续办好了吗?** 당신의 사직 수속은 잘 처리됐나요?

단어 办 bàn 동 처리하다 | ★离职手续 lízhí shǒuxù 명 사직 수속

2

집 안	~에 머무르다	모두	그는 여름 방학 내내
家里	待在	都	他一整个暑假
장소명사	동사+전치사	부사	대명사+수사+형용사+명사

해설 및 정답   **문제 분석▼**   '동사+在+장소/시간'은 동작 후 장소·시간에 존재함을 뜻하므로 '待在+家里'로 만든다. 여기에서 待 뒤에 在家里는 전치사구 결과보어로 쓰였다.

Step 1. 술어+결과보어   待在+家里

Step 2. 주어+술어   他一整个暑假+待在+家里

Step 3. 주어+부사어+술어   他一整个暑假+都+待在+家里

    ↳ 부사 都는 수식하는 술어 待 앞에 놓는다.

정답 **他一整个暑假都待在家里。** 그는 여름 방학 내내 집에 머물렀다.

단어 待 dāi 동 머물다 | ★整个 zhěnggè 형 전체(의), 전부(의) | 暑假 shǔjià 명 여름 방학

3

자료	하드 디스크 안	복사하다	~에	나는 ~을
资料	硬盘里了	复制	到	我把
명사	명사+방위사+조사	동사	전치사	대명사+전치사

해설 및 정답 **문제 분석▼** '到+장소/시간' 형식으로 쓰이므로 '到+硬盘里'로 만든다. 把자문에서 동사 뒤에 반드시 동작으로 변화된 결과가 있어야 하므로, 到硬盘里를 전치사구 결과보어로 复制 뒤에 놓는다.

Step 1. 술어 찾기   复制

Step 2. 술어+결과보어   复制+到硬盘里了

Step 3. 주어+부사어+술어+결과보어   我把+资料+复制+到硬盘里了

   ↳ 주어 我 뒤에 把자문이 쓰였으므로, 把 뒤의 목적어를 찾아 把资料를 만든다.

정답 我把资料复制到硬盘里了。 나는 자료를 하드 디스크 안에 복사해 두었다.

단어 ★资料 zīliào 명 자료 | ★硬盘 yìngpán 명 하드 디스크 | ★复制 fùzhì 동 복사하다

4

추측할 수 없다	목걸이의	누구도	이	가격
猜不到	项链的	谁也	这条	价格
동사+가능보어	명사+조사	대명사+부사	지시대명사+양사	명사

해설 및 정답 **문제 분석▼** 문제에서 猜(동사)와 到(결과보어) 사이에 不가 쓰였으므로, 猜不到의 不到는 가능보어이다.

Step 1. 술어+가능보어   猜+不到

Step 2. 술어+목적어   猜不到+这条+项链的+价格

   ↳ 条는 길고 가는 것을 세는 양사이므로 '这条+项链的'로 관형어를 완성한 후, '这条+项链的'가 수식하는 명사 价格를 찾아 '这条+项链的+价格'로 쓴다.

Step 3. 주어+술어+목적어   谁也+猜不到+这条项链的价格

정답 谁也猜不到这条项链的价格。 누구도 이 목걸이의 가격을 추측해낼 수 없다.

단어 猜 cāi 동 추측하다 | ★项链 xiàngliàn 명 목걸이

| 실전 트레이닝 2 | 기본서 234쪽

정답
1. 小区内的停车位都租出去了。
2. 把这些旧家电捐给敬老院吧!
3. 员工们都被他的话搞糊涂了。
4. 过期的食品被服务员扔进了垃圾桶里。

주차 자리	단지 내의	세를 주다	모두
停车位	小区内的	租出去了	都
명사	명사+조사	동사+방향보어+조사	부사

해설 및 정답 **문제 분석▼** 동사 租 뒤에 쓰인 出去는 '안에서 밖으로 나가다'는 의미의 방향보어이다.

Step 1. 술어+방향보어   租+出去了

Step 2. 관형어+주어+술어   小区内的+停车位+租出去了

Step 3. 관형어+주어+부사어+술어   小区内的+停车位+都+租出去了

  ↳ 都는 부사이므로 수식하는 술어 租 앞에 놓는다.

정답 小区内的停车位都租出去了。 단지 내의 주차 자리는 모두 세를 주었다.

단어 停车位 tíngchēwèi 주차 자리 | 小区 xiǎoqū 몡 주택 단지 | 租 zū 동 세를 주다

이런 오래된 가전제품	기부하다	~하자	~을	양로원에
这些旧家电	捐	吧	把	给敬老院
지시대명사+형용사+명사	동사	조사	전치사	전치사+명사

해설 및 정답 **문제 분석▼** 把자문에서 동사 뒤에 반드시 동작으로 변화된 결과가 있어야 하므로, 给敬老院을 전치사구 결과보어로 捐 뒤에 놓는다.

Step 1. 술어+결과보어   捐+给敬老院

Step 2. 부사어 완성하기   把+这些旧家电+捐+给敬老院

  ↳ 把 뒤에 목적어를 찾아 '把+这些旧家电'을 만들고, 동사 앞에 놓는다.

Step 3. 기타 성분 완성하기   把这些旧家电+捐+给敬老院+吧

정답 把这些旧家电捐给敬老院吧！ 이 오래된 가전제품들을 양로원에 기부하자!

단어 家电 jiādiàn 몡 가전제품 | ★捐 juān 동 기부하다 | 敬老院 jìnglǎoyuàn 몡 양로원

직원들	혼란스러워졌다	모두	그의 말에 의해
员工们	搞糊涂了	都	被他的话
명사	동사+결과보어	부사	전치사+명사

해설 및 정답 **문제 분석▼** 동사 搞 뒤에 결과보어 糊涂가 함께 있으므로 술어로 위치시킨 후, 被문형을 완성시킨다.

Step 1. 술어＋결과보어 　　　　　　　　　　　　搞＋糊涂了

Step 2. 주어＋술어 　　　　　　　　　　　　员工们＋搞糊涂了

　　↳ 被자문에서는 술어 동작을 받은 대상이 주어가 된다.

Step 3. 부사어 완성하기 　　　　　　　　　　　员工们＋都＋被他的话＋搞糊涂了

　　↳ '被＋행위 주체'도 전치사구이므로 부사 都는 被자구 앞에 놓아야 된다.

정답 **员工们都被他的话搞糊涂了。** 직원들 모두 그의 말에 의해 혼란스러워졌다.

단어 ★员工 yuángōng 몡 직원 | ★搞 gǎo 동 하다 | ★糊涂 hútu 형 혼란하다, 애매하고 분명치 않다

4

종업원	쓰레기통 안	기한이 지난 식품	~에 의해	버려졌다
服务员	垃圾桶里	过期的食品	被	扔进了
명사	장소명사	동사＋조사＋명사	전치사	동사＋결과보어

해설 및 정답 **문제 분석▼** 被자문에서는 술어 동작을 받은 대상이 주어가 된다. '被＋행위 주체'도 전치사구이므로 술어 扔进了 앞에 놓아야 된다.

Step 1. 술어＋결과보어 　　　　　　　　　　　扔进了＋垃圾桶里

　　↳ '동사＋进(了)＋장소명사'는 동작 후의 장소나 시간에 들어감을 뜻하므로 扔进了垃圾桶里로 쓴다.

Step 2. 주어＋술어＋결과보어 　　　　　　　　过期的食品＋扔进了＋垃圾桶里

Step 3. 부사어 완성하기 　　　　　　　　　　过期的食品＋被服务员＋扔进了＋垃圾桶里

정답 **过期的食品被服务员扔进了垃圾桶里。** 기한이 지난 식품은 종업원에 의해 쓰레기통에 버려졌다.

단어 垃圾桶 lājītǒng 몡 쓰레기통 | ★过期 guòqī 동 기한을 넘기다 | 扔 rēng 동 내버리다

---

9 보어[2] 정도보어/수량보어

쓰기 실력 트레이닝9 | 보어 분석(2) 기본서 **241**쪽

1 **정답** 这个句子翻译得<u>不对</u>。

　　해석 이 문장은 <u>틀리게</u> 번역되었다.

2 **정답** 晚饭已经准备得<u>差不多了</u>。

　　해석 저녁은 이미 준비가 <u>거의 다</u> 되었다.

3 **정답** 我给嘉宾打了<u>三次</u>电话。

　　해석 나는 게스트에게 <u>세 번</u> 전화했다.

4 정답 恭喜你们部门的销售业绩提升了<u>一倍</u>。

해석 당신 부서의 영업 실적이 <u>배</u>가 오른 것을 축하합니다.

5 정답 孩子们高兴得<u>又唱又跳</u>。

해석 아이들은 <u>노래하고 춤출</u> 정도로 기뻤다.

6 정답 这道题老师曾经讲过<u>两遍</u>。

해석 이 문제는 선생님께서 이미 <u>두 번</u> 강의하셨다.

7 정답 今天的手术进行得<u>相当顺利</u>。

해석 오늘 수술은 상당히 순조롭게 진행되었다.

8 정답 他的普通话说得<u>不太标准</u>。

해석 그의 보통화는 <u>별로 표준적이지 않다</u>.

9 정답 这些菜放在冰箱里可以保存<u>几天</u>。

해석 이런 야채는 냉장고에 두면 <u>며칠 동안</u> 보관할 수 있다.

10 정답 他激动得<u>连话都说不出来了</u>。

해석 그는 심지어 말도 잘 나오지 않을 만큼 흥분했다.

| *실전* 트레이닝 1 | 기본서 **242쪽**

정답
1. 老鼠被猫吓得全身发抖。
2. 他把资料准备得格外充分。
3. 隔壁装修的声音吵得他无法睡懒觉。
4. 那个小伙子激动得跳了起来。

1

온몸이 떨리다	고양이	쥐는 ~에 의해	놀라다	
全身发抖	猫	老鼠被	吓	得
명사+동사	명사	명사+전치사	동사	조사

해설 및 정답 **문제 분석▼** 정도보어는 '술어+得+술어의 정도' 형태로 쓰이므로 吓(놀라다)의 정도인 全身发抖를 찾아 '吓+得+全身发抖'를 만든다.

Step 1. 술어+정도보어   吓+得+全身发抖

Step 2. 주어+술어+정도보어   老鼠被+吓+得+全身发抖

Step 3. 부사어 완성하기   老鼠被+猫+吓+得+全身发抖

↳ '被+행위 주체'도 전치사구이므로 被猫로 만들어 술어 吓 앞에 놓아야 된다.

정답 **老鼠被猫吓得全身发抖。** 쥐는 고양이에 의해 온몸이 떨릴 정도로 놀랐다.

단어 全身 quánshēn 명 온몸 | ★发抖 fādǒu 동 떨리다 | 猫 māo 명 고양이 | ★老鼠 lǎoshǔ 명 쥐 | ★吓 xià 동 놀라다

특별히 충분하다	준비하다		그	자료를
格外充分	准备	得	他	把资料
부사+형용사	동사	조사	대명사	전치사+명사

해설 및 정답 **문제 분석▼** 정도보어는 '술어+得+술어의 정도' 형태로 쓰이므로 准备의 정도인 格外充分을 찾아 '准备+得+格外充分'을 만든다.

Step 1. 술어+정도보어	准备+得+格外充分
Step 2. 주어+술어+정도보어	他+准备+得+格外充分
Step 3. 주어+부사어+술어+정도보어	他+把资料+准备+得+格外充分

↳ '把+목적어'는 전치사구이므로 술어 准备 앞에 놓는다.

정답 他把资料准备得格外充分。 그는 자료를 특별히 충분하게 준비했다.

단어 ★格外 géwài 🎐 각별히, 특별히 | ★充分 chōngfèn 혱 충분하다 | 准备 zhǔnbèi 동 준비하다 | ★资料 zīliào 명 자료

	~할 방법이 없다	이웃집의 인테리어 하는 소리	늦잠을 자다
吵得他	无法	隔壁装修的声音	睡懒觉
형용사+조사+대명사	동사	명사+동사+조사+명사	동사구

해설 및 정답 **문제 분석▼** 정도보어는 '술어+得+술어의 정도' 형태로 쓰이므로 吵의 정도인 他无法睡懒觉를 찾아 '吵+得+他睡懒觉'를 만든다.

Step 1. 술어+정도보어	吵得他+无法+睡懒觉

↳ 无法는 뒤에 동사(구)를 목적어로 삼는다.

Step 2. 주어+술어+정도보어	隔壁装修的声音+吵得他+无法睡懒觉

정답 隔壁装修的声音吵得他无法睡懒觉。
이웃집의 인테리어 하는 소리는 그가 늦잠을 잘 수 없을 정도로 시끄러웠다.

단어 ★吵 chǎo 혱 시끄럽다 | ★无法 wúfǎ 동 ~할 방법이 없다 | ★隔壁 gébì 명 이웃집 | ★装修 zhuāngxiū 동 인테리어 하다 | 声音 shēngyīn 명 소리 | 睡懒觉 shuì lǎnjiào 늦잠을 자다

4

그 젊은이	뛰었다	~할 정도로 흥분하다	
那个小伙子	跳了	激动得	起来
명사	동사+조사	형용사+조사	방향보어

해설 및 정답 **문제 분석▼** 방향보어는 '동사/형용사(了)+방향보어' 형태로 쓰이므로 激动의 정도인 跳了起来를 찾아 '跳了+起来'를 만든다. 정도보어는 '술어+得+술어의 정도' 형태로 쓰이므로 激动의 정도인 跳了起来를 찾아 '激动得+跳了起来'를 만든다.

Step 1. 술어+정도보어 　　　　　　　激动得+跳了+起来

Step 2. 주어+술어+정도보어 　　　　　那个小伙子+激动得+跳了起来

정답 那个小伙子激动得跳了起来。그 젊은이는 펄쩍 뛸 정도로 흥분했다.

단어 ★小伙子 xiǎohuǒzi 몡 젊은이 | 跳 tiào 통 뛰다 | 激动 jīdòng 통 흥분하다

| *실전* 트레이닝 2 | 기본서 242쪽

정답
1. 我一会儿去实验室找一下教授。
2. 你把数据再重新分析一遍。
3. 这次降雨将持续一周。
4. 游客的数量增加了近一倍。

1

교수	나는 잠시 후	찾아보다	실험실에 가다
教授	我一会儿	找一下	去实验室
명사	대명사+명사	동사+동량사	동사+명사

해설 및 정답 **문제 분석▼** 문장에 동사가 2개(去, 找)이므로 연동문을 염두하고 각각의 목적어를 찾아 동작 순서대로 나열한다. 一下는 동량보어로 이 문제에서는 找一下의 형태로 쓰였다.

Step 1. (술어1+목적어1)+(술어2+목적어2) 　　　(去实验室)+(找一下+教授)

Step 2. 주어+(술어1+목적어1)+(술어2+목적어2) 　　我一会儿+(去实验室)+(找一下+教授)

정답 我一会儿去实验室找一下教授。나는 잠시 후 실험실에 가서 교수님을 찾아볼 것이다.

단어 教授 jiàoshòu 몡 교수 | 找 zhǎo 통 찾다 | 实验室 shíyànshì 몡 실험실

당신이 ~을	다시	수치	한 번	분석하다
你把	再重新	数据	一遍	分析
대명사+전치사	부사	명사	수사+동량사	동사

해설 및 정답 **문제 분석▼** 一遍은 동량사이므로 동사 分析 뒤에 놓는다.

Step 1. 술어+동량보어 　　　　　　　　分析+一遍

Step 2. 주어+술어+동량보어 　　　　　　你把+数据+分析+一遍

　↳ 주어 你 뒤에 把자문이 쓰였으므로 把 뒤에 목적어를 찾아 '把+数据'를 만든다.

Step 3. 부사어 완성하기 　　　　　　　　你把+数据+再重新+分析+一遍

　↳ 再重新은 부사이므로 수식하는 술어 分析 앞에 놓는다.

정답 **你把数据再重新分析一遍。** 당신이 통계 수치를 다시 한번 분석해 보세요.

단어 重新 chóngxīn 🄫 다시 | ★数据 shùjù 🄜 통계 수치 | 遍 biàn 🄰 번 | ★分析 fēnxī 🄭 분석하다

강우	이번	장차 (~일 것이다)	일주일	지속하다
降雨	这次	将	一周	持续
명사	지시대명사+양사	부사	수사+시간명사	동사

해설 및 정답 **문제 분석▼** 시량보어는 시간의 양을 나타내는 말이 동사 뒤에서 동작의 지속 시간을 보충 설명하는 말이다. 이 문장에서는 동사 持续 뒤에 시량보어 一周를 놓아 지속된 시간을 나타낸다.

Step 1. 술어+시량보어 　　　　　　　　持续+一周

Step 2. 주어+술어+시량보어 　　　　　　这次降雨+持续+一周

Step 3. 주어+부사어+술어+시량보어 　　这次降雨+将+持续+一周

　↳ 将은 부사이므로 동사 持续 앞에서 持续를 수식한다.

정답 **这次降雨将持续一周。** 이번 비는 일주일 동안 지속될 것이다.

단어 降雨 jiàngyǔ 🄜 강우, 비가 내림 | 将 jiāng 🄫 장차 (~일 것이다) | 一周 yì zhōu 일주일 | ★持续 chíxù 🄭 지속하다

증가했다	수량	여행객의	배에 가깝다
增加了	数量	游客的	近一倍
동사+조사	명사	명사+조사	형용사+수사+양사

해설 및 정답 **문제 분석▼** 近一倍는 수량보어이므로 술어 增加了 뒤에 쓴다. 수량 앞에 쓰이는 近은 '그 수량에 거의 가까움' 을 나타낸다.

<table>
<tr><td>*Step 1.* 술어+수량보어</td><td>增加了+近一倍</td></tr>
<tr><td>*Step 2.* 관형어+주어+술어+수량보어</td><td>游客的+数量+增加了+近一倍</td></tr>
</table>

정답 **游客的数量增加了近一倍。** 여행객의 수량이 거의 배에 가깝게 증가했다.

단어 增加 zēngjiā 圄 증가하다 | 数量 shùliàng 圄 수량 | 游客 yóukè 圄 여행객 | 近 jìn 圄 (공간적·시간적 수량에) 가깝다 | 倍 bèi 圄 배, 곱절

10 특수문형[1] 겸어문/연동문

쓰기 실력 트레이닝⑩ | 특수문형 분석(1) 기본서 247쪽

1 정답 你快（ **去前台** ）（ **登记** ）一下。

해석 당신 빨리 （**카운터에 가서**）（**등록해요**）.

2 정답 我（ **去北京** ）（ **参观过天安门** ）。

해석 나는 （**베이징에 가서**）（**톈안먼을 구경한 적이 있다**）.

3 정답 学生们（ **拿着鲜花和水果** ）（ **去** ）（ **拜访老师** ）。

해석 학생들은 （**신선한 꽃과 과일을 가지고**）（**선생님을 찾아뵈러**）（**갔다**）.

단어 拜访 bàifǎng 圄 찾아뵙다

4 정답 爸爸经常（ **带着工具** ）（ **去池塘** ）（ **钓鱼** ）。

해석 아빠는 자주（**도구를 가지고**）（**연못에 가서**）（**낚시를 하신다**）.

단어 池塘 chítáng 圄 못, 저수지

5 정답 现在还（ **有不少中国人** ）（ **骑自行车** ）（ **上下班** ）。

해석 지금도 여전히（**적지 않은 중국인들이**）（**자전거를 타고**）（**출퇴근을 한다**）.

6 정답 他被录取的消息（ **让** ）家人们都非常激动。

해석 그가 채용된 소식은 가족 모두를 흥분（**하게 만들었다**）.

7 정답 比赛结果（ **令** ）观众们非常失望。

해석 경기 결과는 관객들을 매우 실망스럽（**게 하였다**）.

8 정답 经理不（ **让** ）我去机场接客户。

해석 사장님께서는 내가 공항에 가서 고객을 맞이（**하도록**）허락하지 않았다.

9 정답 突然的大雪（ **使** ）交通变得十分拥挤。

해석 갑작스러운 폭설은 교통을 매우 혼잡（**하게 만들었다**）.

단어 拥挤 yōngjǐ 圄 붐비다, 혼잡하다

10 정답 观众们的鼓励（ **让** ）我重新站了起来。

해석 관객들의 격려는 내가 다시 일어설 수（**있도록 만들었다**）.

단어 鼓励 gǔlì 圄 격려하다

정답

1. 她的态度让人觉得很亲切。
2. 教授的演讲令人深受启发。
3. 她的疑问使对方感到不耐烦。
4. 比赛的结果令人很意外。

1

그녀의	매우 친절하다	사람으로 하여금	태도	느끼다
她的	很亲切	让人	态度	觉得
대명사+조사	부사+형용사	동사+명사	명사	동사

해설 및 정답 **문제 분석▼** 겸어문은 첫 번째 동사 뒤에 완벽한 형태의 문장이 오기 때문에, 뒤 문장을 먼저 만들면 더 정확히 문제를 풀 수 있다. 첫 번째 동사 让 뒤에 오는 문장을 먼저 만든다. '觉得+형용사구 목적어' 형식으로 많이 쓰이므로 '觉得+很亲切'를 만든다.

Step 1. 술어2+목적어2	觉得+很亲切
Step 2. 주어2+술어2+목적어2	让人+觉得+很亲切
↳ 觉得의 주어는 人이다.	
Step 3. 주어1+술어1	她的态度+让人
Step 4. 문장 완성하기	她的态度+让人+觉得+很亲切

정답 她的态度让人觉得很亲切。 그녀의 태도는 매우 친절하다고 느끼게 한다.

단어 ★亲切 qīnqiè 형 친절하다 | ★态度 tàidu 명 태도

2

영감	깊이 받다	사람으로 하여금	교수의 강연
启发	深受	令人	教授的演讲
명사	동사	동사+명사	명사+조사+명사

해설 및 정답 **문제 분석▼** 겸어문은 첫 번째 동사 뒤에 완벽한 형태의 문장이 오기 때문에, 뒤 문장을 먼저 만들면 더 정확히 문제를 풀 수 있다. 첫 번째 동사 令 뒤에 오는 문장을 먼저 만든다. '受+추상 명사'의 형식으로 많이 쓰이므로 '深受+启发'를 만든다.

Step 1. 술어2+목적어2	深受+启发
Step 2. 주어2+술어2+목적어2	令人+深受+启发
↳ 深受의 주어는 人이다.	
Step 3. 주어1+술어1	教授的演讲+令人
Step 4. 문장 완성하기	教授的演讲+令人+深受+启发

정답 教授的演讲令人深受启发。 교수의 강연은 사람들에게 깊은 영감을 받게 했다.

단어 ★启发 qǐfā 명 영감, 깨우침 | 深受 shēnshòu 동 깊이 받다 | 教授 jiàoshòu 명 교수 | ★演讲 yǎnjiǎng 명 강연

3

상대방	~하게 하다	느끼다	귀찮다	그녀의 의문
对方	使	感到	不耐烦	她的疑问
명사	동사	동사	형용사	대명사+조사+명사

해설 및 정답 · **문제 분석▼** 겸어문은 첫 번째 동사 뒤에 완벽한 형태의 문장이 오기 때문에, 뒤 문장을 먼저 만들면 더 정확히 문제를 풀 수 있다. 첫 번째 동사 使 뒤에 오는 문장을 먼저 만든다. '感到+형용사구 목적어'의 형식으로 많이 쓰이므로 '感到+不耐烦'을 만든다.

Step 1. 술어2+목적어2	感到+不耐烦
Step 2. 주어2+술어2+목적어2	对方+感到+不耐烦
Step 3. 주어1+술어1	她的疑问+使
Step 4. 문장 완성하기	她的疑问+使+对方+感到+不耐烦

정답 她的疑问使对方感到不耐烦。 그녀의 의문은 상대방을 귀찮게 한다.

단어 ★对方 duìfāng 명 상대방 | 感到 gǎndào 동 느끼다 | ★不耐烦 búnàifán 형 귀찮다 | ★疑问 yíwèn 명 의문

4

의외이다	경기의	사람들을 ~하게 하다	결과
很意外	比赛的	令人	结果
부사+형용사	명사+조사	동사+명사	명사

해설 및 정답 · **문제 분석▼** 겸어문은 첫 번째 동사 뒤에 완벽한 형태의 문장이 오기 때문에, 뒤 문장을 먼저 만들면 더 정확히 문제를 풀 수 있다. 첫 번째 동사 令 뒤에 오는 문장을 먼저 만든다.

Step 1. 주어2+술어2	令人+很意外
Step 2. 주어1+술어1	比赛的结果+令人
Step 3. 문장 완성하기	比赛的结果+令人+很意外

정답 比赛的结果令人很意外。 경기 결과는 사람들에게 의외이도록 했다.

단어 ★意外 yìwài 형 의외이다, 뜻밖이다 | 比赛 bǐsài 명 경기 | 结果 jiéguǒ 명 결과

정답
1. 请各位用热烈的掌声欢迎嘉宾。
2. 我要等课程结束后去做志愿者。
3. 蜜蜂靠太阳的位置来识别方向。
4. 辩论会将围绕环保主题展开。

1

게스트	여러분 ~해 주세요	박수 소리	뜨거운	환영하다
嘉宾	请各位	掌声	用热烈的	欢迎
명사	동사+대명사	명사	동사+형용사+조사	동사

해설 및 정답 **문제 분석▼** 연동문은 첫 번째 동사의 동작이 끝나고, 두 번째 동사의 동작이 시작된다. 따라서 '用+热烈的掌声', '欢迎+嘉宾'과 같이 각 동사의 목적어를 찾아 짝을 지어준 후 동작의 순서로 배열한다.

Step 1. 술어1+주어2   请各位
Step 2. 술어2+목적어2   用热烈的+掌声
Step 3. 술어3+목적어3   欢迎+嘉宾
Step 4. 문장 완성하기   请各位+用热烈的+掌声+欢迎+嘉宾

정답 **请各位用热烈的掌声欢迎嘉宾。** 여러분의 뜨거운 박수 소리로 게스트를 환영해 주세요.

단어 ★嘉宾 jiābīn 뗑 게스트, 손님 | 各位 gèwèi 땜 여러분 | 掌声 zhǎngshēng 뗑 박수 소리 | ★热烈 rèliè 쪵 열렬하다 | 欢迎 huānyíng 뙹 환영하다

2

교육 과정	나는 (~때까지) 기다리려고 한다	마친 후	자원 봉사를 하러 가다
课程	我要等	结束后	去做志愿者
명사	대명사+조동사+동사	명사+시간명사	동사+동사+명사

해설 및 정답 **문제 분석▼** 等课程结束后는 等课程结束 뒤에 后가 있으므로 要等课程结束后는 시간을 나타낸다. 시간도 부사어이므로 동사 去 앞에 놓는다.

Step 1. 주어+부사어   我要等+课程+结束后
Step 2. 술어1+술어2+목적어2   去做志愿者
Step 3. 문장 완성하기   我要等+课程+结束后+去做志愿者

정답 **我要等课程结束后去做志愿者。** 나는 교육 과정을 마친 후에 자원 봉사를 하러 가려고 한다.

단어 ★课程 kèchéng 뗑 교육 과정 | 结束 jiéshù 뙹 끝나다 | ★志愿者 zhìyuànzhě 뗑 자원봉사자

태양의 위치	꿀벌	의지하다	방향을 분별하다
太阳的位置	蜜蜂	靠	来识别方向
명사+的+명사	명사	동사	동사+동사+명사

해설 및 정답 **문제 분석▼** 각 동사의 목적어를 찾아 '靠+太阳的位置', '来识别方向'과 같이 짝을 지어준 후 동작의 순서대로 배열한다.

Step 1. 술어1+목적어1	靠+太阳的位置
Step 2. 술어2+목적어2	来识别方向
Step 3. 주어 찾기	蜜蜂
Step 4. 문장 완성하기	蜜蜂+靠+太阳的位置+来识别方向

정답 **蜜蜂靠太阳的位置来识别方向。** 꿀벌은 태양의 위치에 의지해 방향을 분별한다.

단어 太阳 tàiyáng 몡 태양 | ★位置 wèizhì 몡 위치 | ★蜜蜂 mìfēng 몡 꿀벌 | ★靠 kào 동 ~을 의지하다 | 识别 shíbié 동 분별하다 | 方向 fāngxiàng 몡 방향

둘러싸다	변론 대회는 장차 ~하게 될 것이다	펼치다	환경 보호 주제
围绕	辩论会将	展开	环保主题
동사	명사+부사	동사	명사+명사

해설 및 정답 **문제 분석▼** 각 동사의 목적어를 찾아 '围绕+环保主题', '展开'로 짝을 지어준 후 동작의 순서대로 배열한다.

Step 1. 술어1+목적어1	围绕+环保主题
Step 2. 술어2 찾기	展开
Step 3. 주어+부사	辩论会将
Step 4. 문장 완성하기	辩论会将+围绕+环保主题+展开

정답 **辩论会将围绕环保主题展开。** 변론 대회는 환경 보호라는 주제를 둘러싸고 열릴 것이다.

단어 ★围绕 wéirào 동 (문제나 일을) 둘러싸다 | ★辩论会 biànlùnhuì 몡 변론 대회, 논쟁 대회 | 将 jiāng 閉 (장차) ~일 것이다 | ★展开 zhǎnkāi 동 펼치다 | 环保 huánbǎo 몡 환경 보호 | ★主题 zhǔtí 몡 주제

쓰기 실력 트레이닝 11 | 특수문형 분석(2) 기본서 254쪽

1

办公桌上　　堆着　　很多　　文件。

| 문장 성분 | 주어 | 술어 | 관형어 | 목적어 |

해석) 사무실 책상에 많은 문서가 쌓여 있다.

단어) 堆 duī 통 쌓다

2

墙上　　写着　　一首　　诗。

| 문장 성분 | 주어 | 술어 | 관형어 | 목적어 |

해석) 벽에 시 한 수가 적혀져 있다.

3

武汉　　有　　很多大大小小的　　湖。

| 문장 성분 | 주어 | 술어 | 관형어 | 목적어 |

해석) 우한에는 많은 크고 작은 호수가 있다.

4

去年　　出现了　　这种新　　技术。

| 문장 성분 | 주어 | 술어 | 관형어 | 목적어 |

해석) 작년에 이 신기술이 나왔다.

5

他　　是　　个充满活力的　　年轻人。

| 문장 성분 | 주어 | 술어 | 관형어 | 목적어 |

해석) 그는 활기가 넘치는 젊은이다.

6

青春　　是　　我最难忘的　　记忆。

| 문장 성분 | 주어 | 술어 | 관형어 | 목적어 |

해석) 청춘은 내가 가장 잊을 수 없는 기억이다.

7

煤炭　　是　　一种不可再生　　资源。

| 문장 성분 | 주어 | 술어 | 관형어 | 목적어 |

해석) 석탄은 재생할 수 없는 자원이다.

단어) 煤炭 méitàn 명 석탄 | 资源 zīyuán 명 자원

8

风险　　是　　无法　避免　　的。

| 문장 성분 | 주어 | 술어 | 목적어 |

해석) 위험은 피할 수 없는 것이다.

단어) 避免 bìmiǎn 통 피하다 | 无法 wúfǎ 통 ~할 방법이 없다

9

这部电影　　是　　禁止　下载　　的。

| 문장 성분 | 주어 | 술어 | 목적어 |

해석) 이 영화는 다운로드가 금지되었다.

10

战争带给我们的　　灾害　　是　巨大　　的。

| 문장 성분 | 관형어 | 주어 | 술어 |

해석) 전쟁이 우리에게 가져온 피해가 매우 크다.

| *실전* 트레이닝 1 | 기본서 255쪽

정답
1. 那张桌子上摆满了零食。
2. 门上贴着欢迎光临的牌子。
3. 阳台上挂满了湿衣服。
4. 这座大楼里面有许多传统的小店。

1

책상 위	그	장	가득 놓여있다	간식
桌子上	那	张	摆满了	零食
장소명사	지시대명사	양사	동사+결과보어+조사	명사

해설 및 정답 **문제 분석▼** 장소명사가 주어가 되는 존현문은 '장소명사+동사(着)+존재하는 사람/사물'의 형식이므로, 장소명사 桌子上을 주어로, 존재하는 사물인 零食를 목적어로 써야 한다.

Step 1. 술어 찾기　　　　　　　　　　　　摆满了

Step 2. 주어+술어+목적어　　　　　　　　桌子上＋摆满了＋零食

Step 3. 관형어 완성하기　　　　　　　　　那＋张＋桌子上＋摆满了＋零食

　↳ 명사를 셀 때 '지시대명사+(수사)+양사+명사' 형식을 사용하므로, 책상을 세는 양사 张을 써서 那张桌子上을 만든다.

정답 **那张桌子上摆满了零食。** 그 탁자에 간식이 가득 차려져 있다.

단어 桌子 zhuōzi 명 탁자 | ★摆满 bǎimǎn 가득 놓여있다 | ★零食 língshí 명 간식

2

~의	팻말	붙여져 있다	어서 오세요	문에
的	牌子	贴着	欢迎光临	门上
조사	명사	동사+조사	동사구	장소명사

해설 및 정답 **문제 분석▼** 장소명사가 주어가 되는 존현문은 '장소명사+동사(着)+존재하는 사람/사물'의 형식이므로, 장소명사 门上을 주어로, 존재하는 사물인 牌子를 목적어로 써야 한다.

Step 1. 술어 찾기　　　　　　　　　　　　贴着

Step 2. 주어+술어+목적어　　　　　　　　门上＋贴着＋牌子

Step 3. 관형어 완성하기　　　　　　　　　门上＋贴着＋欢迎光临＋的＋牌子

　↳ '관형어+的+명사'의 형식으로 '欢迎光临+的+牌子'를 만든다.

정답 **门上贴着欢迎光临的牌子。** 문에 '어서 오세요'라는 팻말이 붙여져 있다.

단어 ★牌子 páizi 명 팻말 | ★贴 tiē 동 붙이다 | ★欢迎光临 huānyíng guānglín 어서 오세요

3

걸다	축축한 옷	베란다에	가득하다
挂	湿衣服	阳台上	满了
동사	형용사+명사	장소명사	형용사+조사

해설 및 정답 **문제 분석▼** 장소명사가 주어가 되는 존현문은 '장소명사+동사(着)+존재하는 사람/사물'의 형식이므로 장소명사 阳台上을 주어로, 존재하는 사물인 湿衣服를 목적어로 써야 한다.

Step 1. 술어 찾기+결과보어　　　　　　　　　　挂+满了

　　↳ '동사+결과보어+了'의 형식이다.

Step 2. 주어+술어+목적어　　　　　　　　　　阳台上+挂满了+湿衣服

정답 阳台上挂满了湿衣服。 베란다에 축축한 옷이 가득 걸려 있다.

단어 挂 guà 图 걸다 | ★湿 shī 图 축축하다 | ★阳台 yángtái 명 베란다 | 满 mǎn 图 가득하다

4

전통적인 상점	이 고층 건물	많은 ~가 있다	안
传统的小店	这座大楼	有许多	里面
형용사+조사+명사	지시대명사+양사+명사	동사+형용사	방위사

해설 및 정답 **문제 분석▼** 장소명사가 주어가 되는 존현문은 '장소명사+동사(着)+존재하는 사람/사물'의 형식이므로 장소명사 这座大楼里面을 주어로, 존재하는 사물인 传统的小店을 목적어로 써야 한다.

Step 1. 술어 찾기　　　　　　　　　　有许多

Step 2. 술어+목적어　　　　　　　　　　有许多+传统的小店

　　↳ 许多는 的 없이 직접 명사를 수식하는 관형어이다.

Step 3. 문장 완성하기　　　　　　　　　　这座大楼+里面+有许多+传统的小店

　　↳ 这座大楼에 위치를 나타내는 방위사 里面을 덧붙여 장소명사 这座大楼里面을 만든다.

정답 这座大楼里面有许多传统的小店。 이 고층 건물 안에는 많은 전통적인 상점이 있다.

단어 ★传统 chuántǒng 图 전통적이다 | 小店 xiǎodiàn 명 작은 가게 | 座 zuò 명 채[건축물 등을 세는 단위] | 大楼 dàlóu 명 고층 건물

정답
1. 这种花是一种有毒的植物。
2. 她是我采访过的美术家之一。
3. 这种产品是专门为上班族设计的。
4. 有些小毛病是难以改正的。

1

이런 꽃	식물	일종의 ~이다	독이 있는
这种花	植物	是一种	有毒的
지시대명사+양사+명사	명사	동사+수사+양사	동사+명사+조사

해설 및 정답 **문제 분석**▼ 'A+是+B(A는 B이다)' 형식에 맞게 주어와 목적어를 찾는다.

Step 1. 술어 찾기 　　　　　　　　　　是一种

Step 2. 주어+술어+목적어 　　　　　这种花+是一种+植物

Step 3. 관형어 완성하기 　　　　　　一种+有毒的+植物

　　↳ '수사+양사+형용사+的+명사'는 가장 많이 출제되는 관형어 어순이다.

Step 4. 문장 완성하기 　　　　　　这种花+是一种+有毒的+植物

정답 这种花是一种有毒的植物。 이런 꽃은 일종의 독이 있는 식물이다.

단어 植物 zhíwù 몡 식물 | 有毒 yǒu dú 독이 있다

2

미술가	~이다	그녀	내가 취재했던	~중의 하나이다
美术家	是	她	我采访过的	之一
명사	동사	대명사	대명사+동사+조사	조사+수사

해설 및 정답 **문제 분석**▼ 'A+是+B(A는 B이다)' 형식에 맞게 주어와 목적어를 찾는다.

Step 1. 술어 찾기 　　　　　　　　是

Step 2. 주어+술어+목적어 　　　　她+是+美术家

Step 3. 관형어 완성하기 　　　　　我采访过的+美术家

Step 4. 문장 완성하기 　　　　　　她+是+我采访过的美术家+之一

　　↳ 之一는 '~중의 하나'라는 뜻으로 명사 뒤에 쓰인다.

정답 她是我采访过的美术家之一。 그녀는 내가 취재했던 미술가 중 한 명이다.

단어 美术家 měishùjiā 몡 미술가 | ★采访 cǎifǎng 동 취재하다 | 之一 zhī yī ~중의 하나

이런 상품	직장인	~을 위해	디자인된	특별히 ~이다
这种产品	上班族	为	设计的	是专门
지시대명사+양사+명사	명사	전치사	동사+的	是+부사

해설 및 정답 **문제 분석▼** 'A+是+B(A는 B이다)'가 성립되지 않으므로 '是…的' 강조 구문임을 알 수 있다. 따라서 设计가 술어이다.

Step 1. 是…술어…的	是专门+设计的
Step 2. 주어+술어	这种产品+是专门+设计的
Step 3. '是…的' 구문 완성하기	这种产品+是专门+为+上班族+设计的

↳ 为는 '为+이익을 받는 대상'의 형식으로 쓰이므로 '为+上班族'를 만들고, 为上班族는 전치사구이므로 수식하는 동사인 设计 앞에 놓는다.

정답 **这种产品是专门为上班族设计的。** 이런 상품은 특별히 직장인을 위해 디자인된 것이다.

단어 ★产品 chǎnpǐn 몡 상품 | 上班族 shàngbānzú 몡 직장인 | ★设计 shèjì 동 디자인하다 | ★专门 zhuānmén 閂 특별히

~은 하기 어렵다	~한	어떤 작은 버릇들	고치다
是难以	的	有些小毛病	改正
是+부사	的	대명사+형용사+명사	동사

해설 및 정답 **문제 분석▼** 'A+是+B(A는 B이다)'가 성립되지 않으므로 '是…的' 강조 구문임을 알 수 있다. 따라서 改正이 술어이다.

Step 1. 是…술어…的	是难以+改正+的
Step 2. 주어+술어	有些小毛病+是难以+改正+的

정답 **有些小毛病是难以改正的。** 어떤 작은 나쁜 버릇들은 고치기가 어렵다.

단어 难以 nányǐ 동 ~하기 어렵다 | 有些 yǒuxiē 데 일부, 어떤 것 | ★小毛病 xiǎo máobìng 작은 나쁜 버릇 | ★改正 gǎizhèng 동 (잘못을) 개정하다, 고치다

맛있는 중국어 新**HSK 5**급 — 쓰기 제2부분

13 일상생활 관련 작문하기

| *실전* 트레이닝 1 | 기본서 **266**쪽

STEP 1 어휘 파악하기

交流 jiāoliú 동 교류하다, 소통하다
进行交流 교류하다 | 跟他们交流 그들과 소통하다

互联网 hùliánwǎng 명 인터넷
互联网发展 인터넷이 발전하다 | 互联网消息 인터넷 소식

促进 cùjìn 동 촉진하다
促进发展 발전을 촉진시키다 | 促进交流 교류를 촉진하다

缺乏 quēfá 동 부족하다
缺乏交流 소통이 부족하다 | 缺乏信心 자신감이 부족하다

消极 xiāojí 형 소극적이다, 부정적이다
态度消极 태도가 소극적이다 | 消极的影响 부정적인 영향

STEP 2 글의 흐름 구성하기

주제어	互联网
서론 핵심어: 互联网/促进	互联网促进了社会的发展。 인터넷은 사회의 발전을 촉진시켰다.
본론 핵심어: 消极/缺乏	互联网带给我们一些消极的影响。 인터넷은 우리에게 일부 부정적인 영향을 가져왔다. 跟家人和朋友之间缺乏交流。 가족과 친구 사이에 소통이 부족하다.
결론 핵심어: 交流	为了解决这个问题，我要多跟家人交流。 이 문제를 해결하기 위해, 나는 가족과 자주 소통해야겠다.

STEP 3 작문 완성하기

인터넷은 사회의 발전을 촉진시켰지만, 우리에게 일부 부정적인 영향도 가져왔다. 생활 속에서, 나는 매일 휴대폰으로 기사를 보고 게임을 한다. 하지만 가족과 친구 사이에 소통이 부족해서, 가끔 갈등이 생기기도 한다. 이 문제를 해결하기 위해, 나는 휴대폰을 적게 가지고 놀고 그들과 자주 소통해야겠다.

| *실전* 트레이닝 2 | 기본서 266쪽

STEP 1 단어 연상하기

인물	我和爱人(나와 아내)、丈夫和妻子(남편과 아내)、爸爸和妈妈(아빠와 엄마)
사물	沙发(소파)
동작	搬(옮기다)、抬(들다)

STEP 2 글의 흐름 구성하기

주제어	搬沙发
서론	我跟我的爱人买了新房子。나는 아내와 새집을 구입했다.
본론	我们一起把房子打扫干净。우리는 함께 방을 깨끗이 청소했다. 我们把新买的沙发搬到客厅里了。우리는 새로 구입한 소파를 거실로 옮겼다.
결론	我们希望以后在这里的生活既快乐又幸福。 우리는 앞으로 이곳에서의 생활이 즐겁고 행복하기를 바란다.

STEP 3 작문 완성하기

2년의 노력을 거쳐 나는 아내와 새집을 구입했다. 오늘 우리는 함께 집을 깨끗이 청소한 후, 새로 산 소파를 거실로 옮겼다. 비록 새집이 크지는 않지만 따뜻함이 가득하다. 우리는 앞으로 이곳에서의 생활이 즐겁고 행복하기를 바란다.

| *실전* 트레이닝 1 | 기본서 273쪽

STEP 1 어휘 파악하기

忍不住 rěn bu zhù 동 참을 수 없다
忍不住喊出来 참지 못하고 소리를 질렀다 | 忍不住哭了 참지 못하고 울었다

熬夜 áoyè 동 밤새다
熬夜看比赛 밤을 새워 경기를 보다 | 熬夜学习 밤을 새워 공부하다

保证 bǎozhèng 동 보증하다
保证不这样 이렇게 하지 않을 것을 보증하다 | 保证努力 노력할 것을 보증하다

批评 pīpíng 명 비평 동 꾸짖다, 비평하다
批评孩子 아이를 꾸짖다 | 受到批评 꾸지람을 듣다

决赛 juésài 명 결승전
一场决赛 결승전 한 판 | 赢得决赛 결승전에서 이기다

STEP 2 글의 흐름 구성하기

주제어	决赛
서론 핵심어: 熬夜/决赛	我熬夜看了一场决赛。 나는 밤을 새워 결승전을 보았다.
본론 핵심어: 忍不住/批评	我忍不住喊了出来。 나는 참지 못하고 소리를 질렀다. 我被爸爸妈妈批评了一顿。 나는 아빠와 엄마에게 한바탕 꾸지람을 들었다.
결론 핵심어: 保证	我向他们保证下次再也不这样了。 나는 그들에게 다음부터 이렇게 하지 않기로 약속했다.

STEP 3 작문 완성하기

내 여가 생활의 취미는 농구 시합을 보는 것이다. 어젯밤, 나는 밤을 새워 결승전을 보았다. 경기는 매우 치열했는데, 내가 응원한 팀이 우승해서 참지 못하고 소리를 질렀다. 결국 아빠와 엄마가 잠에서 깼고, 부모님으로부터 한바탕 꾸지람을 들었다. 나는 부모님에게 다음부터 이러지 않기로 약속했다.

단어 ★业余 yèyú 명 여가 | 篮球 lánqiú 명 농구 | ★激烈 jīliè 형 치열하다 | ★支持 zhīchí 동 응원하다, 지지하다 | 球队 qiúduì 명 팀 | ★喊 hǎn 동 소리를 지르다 | 吵醒 chǎoxǐng 동 시끄러워 잠이 깨다 | ★顿 dùn 양 번, 차례

STEP 1 단어 연상하기

인물 | 爸爸(아버지)、儿子(아들)

장소 | 河边(강가)

동작 | 钓鱼(낚시)

STEP 2 글의 흐름 구성하기

주제어	钓鱼
서론	小时候，爸爸经常带着我去河边钓鱼。 어렸을 때, 아버지는 자주 나를 데리고 강가에 가서 낚시를 하셨다.
본론	最初我觉得钓鱼很没有意思。 처음에 나는 낚시가 매우 재미없다고 느꼈다. 一到周末，我就跟爸爸和儿子去钓鱼。 주말만 되면, 나는 아버지와 아들과 함께 낚시하러 간다.
결론	钓鱼的时候，我们一边等待，一边聊天，很有意思。 낚시할 때, 우리는 기다리면서 이야기를 나누는데, 매우 재미있다.

STEP 3 작문 완성하기

		小	时	候	，	爸	爸	经	常	带	着	我	去	河	边
钓	鱼	。	最	初	我	觉	得	钓	鱼	很	没	有	意	思	，
但	是	后	来	钓	到	一	条	很	大	的	鱼	后	，	我	就
喜	欢	上	钓	鱼	了	。	现	在	一	到	周	末	，	我	就
跟	爸	爸	和	儿	子	去	钓	鱼	。	钓	鱼	的	时	候	，
我	们	一	边	等	待	，	一	边	聊	天	，	很	有	意	思。

어렸을 때, 아버지는 자주 나를 데리고 강가에 가서 낚시를 하셨다. 처음에 나는 낚시가 매우 재미없다고 느꼈다. 그러나 나중에 매우 큰 물고기를 낚은 후, 나는 낚시를 좋아하게 되었다. 지금은 주말만 되면, 나는 아버지와 아들과 함께 낚시하러 간다. 낚시할 때, 우리는 기다리면서 이야기를 나누는데, 매우 재미있다.

단어 带 dài 통 데리다, 챙기다 | 河边 hébiān 명 강변 | ★钓鱼 diàoyú 통 낚시하다 | ★最初 zuìchū 명 최초, 처음에 | 条 tiáo 양 길고 가는 것을 세는 단위 | ★等待 děngdài 통 기다리다 | 聊天 liáotiān 통 이야기를 나누다

15 건강, 운동 관련 작문하기

| 실전 트레이닝 1 | 기본서 280쪽

STEP 1 어휘 파악하기

检查 jiǎnchá 图 검사하다
检查身体 건강 검진을 하다 ㅣ 检查作业 숙제를 검사하다

治疗 zhìliáo 图 치료하다
治疗疾病 병을 치료하다 ㅣ 住院治疗 입원 치료하다

恢复 huīfù 图 회복하다
恢复健康 건강을 회복하다 ㅣ 恢复心情 기분을 회복하다

营养 yíngyǎng 图 영양
补充营养 영양을 보충하다 ㅣ 营养不足 영양이 부족하다

平时 píngshí 图 평소, 보통 때
平时很忙 평소에 매우 바쁘다 ㅣ 平时的工作 평소 업무

STEP 2 글의 흐름 구성하기

주제어	恢复
서론 핵심어: 平时	我爸爸平时的工作很忙。우리 아빠는 평소 업무가 매우 바쁘다.
본론 핵심어: 检查/治疗/营养	他去医院做了检查，治疗了一下。그는 병원에 가서 검진을 받고, 치료를 받았다. 医生建议他注意补充营养。의사 선생님은 아빠에게 영양 보충에 주의하라고 건의했다.
결론 핵심어: 恢复	我希望爸爸的身体能快点儿恢复。나는 아빠의 건강이 빨리 회복될 수 있기를 바란다.

STEP 3 작문 완성하기

		我	爸	爸	是	一	家	公	司	的	老	板	，	他	平
时	的	工	作	很	忙	，	每	天	加	班	，	感	觉	身	体
很	疲	劳	。	所	以	他	去	医	院	做	了	检	查	，	治
疗	了	一	下	。	医	生	建	议	他	要	多	休	息	，	注
意	补	充	营	养	。	我	希	望	爸	爸	的	身	体	能	快
点	儿	恢	复	。											

우리 아빠는 한 회사의 사장이다. 그는 평소 일이 매우 바빠서, 매일 야근하고 몸이 매우 피곤하다고 느낀다. 그래서 아빠는 병원에 가서 검진을 받고, 치료를 받았다. 의사 선생님은 아빠에게 휴식을 많이 취하고, 영양 보충에 주의하라고 건의했다. 나는 아빠의 건강이 빨리 회복될 수 있기를 바란다.

단어 加班 jiābān 图 야근하다 ㅣ ★建议 jiànyì 图 건의하다 ㅣ 注意 zhùyì 图 주의하다 ㅣ ★补充 bǔchōng 图 보충하다

STEP 1　단어 연상하기

인물 |　教练(코치)、记者(기자)

시간 |　比赛结束后(시합이 끝난 후)

동작 |　采访(인터뷰하다)

STEP 2　글의 흐름 구성하기

주제어	采访
서론	我的爸爸是著名的网球教练。 우리 아빠는 유명한 테니스 코치이다.
본론	爸爸接受了记者们的采访。 아빠는 기자들의 인터뷰에 응했다. 我的队员们平时非常刻苦。 우리 팀원들은 평소 고생을 참아 낸다.
결론	我为他们感到很自豪。 나는 그들이 너무 자랑스럽다.

STEP 3　작문 완성하기

		我	的	爸	爸	是	著	名	的	网	球	教	练	。	今
天	的	网	球	比	赛	,	他	的	队	赢	了	。	比	赛	结
束	以	后	,	爸	爸	接	受	了	记	者	们	的	采	访	。
他	说	:	"	我	的	队	员	们	平	时	非	常	刻	苦	,	他
们	每	天	都	早	起	训	练	。	今	天	他	们	赢	了	比
赛	,	我	为	他	们	感	到	很	自	豪	。 "

우리 아빠는 유명한 테니스 코치이다. 오늘 테니스 시합에서 그의 팀이 우승했다. 시합이 끝난 후, 아빠는 기자들의 인터뷰에 응했다. 그는 "우리 팀원들은 평소 고생을 참아 냅니다. 그들은 매일 일찍 일어나서 훈련을 합니다. 오늘 시합에서 우승하여 나는 그들이 너무 자랑스럽습니다."라고 말했다.

단어 著名 zhùmíng 혱 유명하다 | ★教练 jiàoliàn 몡 감독, 코치 | 比赛 bǐsài 몡 시합 | 队 duì 몡 팀 | 赢 yíng 동 이기다 | 结束 jiéshù 동 끝나다, 마치다 | 接受 jiēshòu 동 받다, 받아들이다 | 记者 jìzhě 몡 기자 | ★采访 cǎifǎng 동 인터뷰하다 | 平时 píngshí 몡 평소 | ★刻苦 kèkǔ 혱 고생을 참아 내다 | ★训练 xùnliàn 동 훈련하다 | ★自豪 zìháo 혱 자랑스럽게 생각하다

16 직장 생활 관련 작문하기

| *실전* 트레이닝 1 | 기본서 287쪽

STEP 1 어휘 파악하기

效率 xiàolǜ 몡 효율
提高工作效率 업무 효율을 높이다 | 效率低 효율이 낮다

疲劳 píláo 혱 피로하다
感觉很疲劳 매우 피곤하다 | 有点儿疲劳 조금 피곤하다

业务 yèwù 몡 업무
业务很忙 업무가 매우 바쁘다 | 业务能力很强 업무 능력이 매우 강하다

投入 tóurù 통 투자하다
投入了很多时间 매우 많은 시간을 투자하다 | 投入了大量精力 많은 힘을 들였다

逐渐 zhújiàn 児 점차
身体逐渐变差 몸이 점점 나빠지다 | 效率逐渐变低 효율이 점점 낮아지다

STEP 2 글의 흐름 구성하기

주제어	业务
서론 핵심어: 业务	最近我们公司的业务很忙。 우리 회사는 요즘 업무가 매우 바쁘다.
본론 핵심어: 投入/疲劳	我每天投入很多时间和精力工作。 나는 매일 많은 시간과 노력을 들여서 일한다. 我感觉非常疲劳。 나는 매우 피곤함을 느꼈다.
결론 핵심어: 效率/逐渐	我的工作效率逐渐变低。 나의 업무 효율은 점점 낮아졌다. 我向经理请了一天假，在家好好休息了一天。 나는 사장님께 하루 휴가를 내고, 하루 동안 집에서 푹 쉬었다.

STEP 3 작문 완성하기

		最	近	公	司	的	业	务	很	忙	，	所	以	我	每
天	投	入	很	多	时	间	和	精	力	工	作	。	经	过	了
两	个	星	期	，	我	感	觉	非	常	疲	劳	，	工	作	效
率	也	逐	渐	变	低	。	因	此	，	我	向	经	理	请	了
一	天	假	，	在	家	好	好	休	息	了	一	天	。	希	望
明	天	我	的	身	体	可	以	恢	复	。					

요즘 회사 업무가 매우 바빠서, 나는 매일 많은 시간과 노력을 들여 일한다. 2주가 지나자, 나는 매우 피곤함을 느꼈고 업무 효율도 점차 낮아졌다. 그래서 나는 사장님께 하루 휴가를 내고, 하루 동안 집에서 푹 쉬었다. 내일은 내 몸이 회복될 수 있기를 희망한다.

단어 ★精力 jīnglì 몡 정력, 정신과 체력 | 经过 jīngguò 통 (시간이) 흐르다, 경과하다 | 感觉 gǎnjué 통 ~을 느끼다 | 低 dī 혱 낮다 | 经理 jīnglǐ 몡 사장 | 请假 qǐngjià 통 휴가 신청하다 | 休息 xiūxi 통 휴식하다 | 恢复 huīfù 통 회복하다

STEP 1 단어 연상하기

인물 | 我(나)、面试官(면접관)

장소 | 公司(회사)

동작 | 面试(면접을 보다)、回答问题(문제에 대답하다)

STEP 2 글의 흐름 구성하기

주제어	面试
서론	我最近一直在找工作。나는 요즘 계속 일을 찾고 있다.
본론	在面试中，我发挥得很出色。면접에서 나는 뛰어나게 활약했다. 我积极地回答了面试官的问题。나는 적극적으로 면접관의 질문에 대답했다.
결론	我非常期待这次面试的结果。나는 이번 면접의 결과가 매우 기대된다.

STEP 3 작문 완성하기

我马上就要大学毕业了，最近一直在找工作。终于，有一家公司通知我今天参加面试。在面试中，我虽然很紧张，但是发挥得很出色。我积极地回答了面试官的问题，他们好像对我很满意。我非常期待这次面试的结果。

나는 곧 대학교를 졸업할 것이라서 요즘 계속 일을 찾고 있다. 드디어 한 회사가 나에게 오늘 면접에 참가하라는 통지를 했다. 면접에서 나는 비록 매우 긴장했지만 뛰어나게 활약했다. 나는 적극적으로 면접관의 질문에 대답했고, 그들은 나에 대해 만족한 것 같았다. 나는 이번 면접의 결과가 매우 기대된다.

단어 毕业 bìyè 동 졸업하다 | 接 jiē 동 받다 | 通知 tōngzhī 동 통지하다, 알리다 | 发挥 fāhuī 동 발휘하다, 충분히 잘 나타내다 | ★出色 chūsè 형 출중하다, 대단히 뛰어나다 | 积极 jījí 형 적극적이다 | 回答 huídá 동 대답하다 | 面试官 miànshìguān 명 면접관 | ★满意 mǎnyì 동 만족하다

| *실전* **트레이닝 1** | 기본서 **294쪽**

STEP 1 어휘 파악하기

围绕 wéirào 동 ~을 둘러싸다
围绕这个主题+동사 이 주제를 둘러싸고 ~하다 | 围绕这个话题+동사 이 화제를 둘러싸고 ~하다

辩论 biànlùn 동 변론하다
参加了辩论赛 변론대회에 참가했다 | 在辩论的过程中 변론하는 과정에서

对方 duìfāng 명 상대방
对方的实力很强 상대방의 실력이 강하다

激烈 jīliè 형 치열하다
比赛很激烈 경기가 매우 치열하다 | 竞争十分激烈 경쟁이 매우 치열하다

事先 shìxiān 명 사전(에), 미리
事先查找 사전에 찾아보다 | 事先通知 사전에 통지하다

STEP 2 글의 흐름 구성하기

주제어	辩论
서론 핵심어: 辩论	我跟同学参加了一场辩论赛。 나는 학급 친구와 한 변론대회에 참가했다.
본론 핵심어: 事先/围绕	我们事先查找了很多资料。 우리는 사전에 많은 자료를 찾아보았다. 围绕这个主题，我们队表现得十分精彩。 이 주제를 둘러싸고, 우리 팀은 매우 훌륭한 활약을 했다.
결론 핵심어: 对方/激烈	对方的实力很强。 상대방의 실력이 대단하다. 这场辩论赛非常激烈。 이번 변론대회는 매우 치열하다.

STEP 3 작문 완성하기

	我	跟	同	学	参	加	了	一	场	辩	论	赛	。	主
题	是	"	手	机	的	好	处	与	坏	处	"	。	我	们	事	先
查	找	了	很	多	资	料	。	在	辩	论	的	过	程	中	，
围	绕	这	个	主	题	，	我	们	队	表	现	得	十	分	精
彩	，	不	过	对	方	的	实	力	也	很	强	。	可	以	说，
这	场	辩	论	赛	非	常	激	烈	。						

나는 학급 친구와 함께 한 변론대회에 참가했다. 주제는 '휴대폰의 장점과 단점'이다. 우리는 사전에 많은 자료를 찾아보았다. 변론하는 과정에서, 이 주제를 둘러싸고 우리 팀은 매우 훌륭한 활약을 했지만, 상대방의 실력도 매우 강했다. 이번 변론대회는 매우 치열했다고 말할 수 있겠다.

단어 ★辩论赛 biànlùnsài 명 변론대회 | 好处 hǎochu 명 좋은 점 | 坏处 huàichu 명 나쁜 점 | 查找 cházhǎo 동 조사하다 | 资料 zīliào 명 자료 | 过程 guòchéng 명 과정 | ★主题 zhǔtí 명 주제 | ★表现 biǎoxiàn 동 (어떠한 모습이) 드러나다 | 精彩 jīngcǎi 형

훌륭하다

| *실전* 트레이닝 2 | 기본서 **294**쪽

STEP 1 단어 연상하기

인물 | 老师和学生(선생님과 학생)

장소 | 郊区(교외)

동작 | 参加夏令营(여름 캠프에 참가하다)、拍照(사진을 찍다)、合影(함께 사진을 찍다)

STEP 2 글의 흐름 구성하기

주제어	夏令营
서론	上周末，儿子参加了学校组织的夏令营活动。 지난 주말, 아들은 학교에서 모집한 여름 캠프 활동에 참가했다.
본론	在郊区他们体验了农村生活。 교외에서 그들은 농촌 생활을 체험했다. 夏令营结束后，同学们跟老师一起合了影。 여름 캠프를 마치고, 학생들은 선생님과 함께 사진을 찍었다.
결론	这次夏令营给他留下了难忘的回忆。 이번 여름 캠프는 그에게 잊지 못할 추억을 남겼다.

STEP 3 작문 완성하기

		上	周	末	，	儿	子	参	加	了	学	校	组	织	的
夏	令	营	活	动	。	老	师	带	着	他	们	班	的	同	学
一	起	去	了	郊	区	，	在	郊	区	他	们	体	验	了	农
村	生	活	。	夏	令	营	结	束	后	，	同	学	们	跟	老
师	一	起	合	了	影	。	儿	子	对	我	说	，	这	次	夏
令	营	给	他	留	下	了	难	忘	的	回	忆	。			

지난 주말, 아들은 학교에서 모집한 여름 캠프 활동에 참가했다. 선생님은 반 학생들을 데리고 교외 지역으로 갔고, 교외에서 그들은 농촌 생활을 체험했다. 여름 캠프를 마치고, 학생들은 선생님과 함께 사진을 찍었다. 아들은 나에게 이번 여름 캠프는 그에게 잊지 못할 추억을 남겼다고 했다.

단어 ★组织 zǔzhī 동 조직하다. 구성하다 | ★夏令营 xiàlìngyíng 명 여름 캠프 | ★郊区 jiāoqū 명 교외 지역 | ★体验 tǐyàn 동 체험하다 | ★农村 nóngcūn 명 농촌 | ★合影 héyǐng 동 함께 사진을 찍다 | 留下 liúxià 동 남기다 | 难忘 nánwàng 동 잊을 수 없다 | 回忆 huíyì 명 추억

기본서 295쪽

정답

1. 如何在一年内通过法律资格考试?
2. 树叶上有一只美丽的蝴蝶。
3. 这个月轮到谁做总结报告?
4. 这个名胜古迹的游客比以前少了很多。
5. 那场表演的取消令观众遗憾。
6. 这个开发项目是非常受市民关注的。
7. 这部电影是那位导演的代表作品之一。
8. 别把精力浪费在没有意义的事情上。

9.

		我	跟	朋	友	好	久	没	见	了	,		所	以	约	好
一	起	吃	晚	饭	。	我	提	前	到	了	餐	厅	。		可	是
朋	友	突	然	打	电	话	说	他	妈	妈	发	生	了	意	外	,
被	送	到	了	医	院	,		他	要	赶	紧	去	看	妈	妈	。
虽	然	很	遗	憾	,		但	我	十	分	理	解	朋	友	的	心
情	。	我	希	望	阿	姨	能	快	点	儿	好	起	来	。		

10.

		我	爷	爷	的	业	余	爱	好	是	打	太	极	拳	。	
小	时	候	,	他	经	常	对	我	说	: "	打	太	极	拳	有	
利	于	身	体	健	康	。 "	所	以	总	是	带	着	我	去	公	
园	打	太	极	拳	。	因	此	我	逐	渐	养	成	了	打	太	
极	拳	的	习	惯	。	最	近	我	认	识	了	一	个	外	国	
留	学	生	,	我	偶	尔	会	教	他	打	太	极	拳	。		

1

안	어떻게 ~에	법률자격시험에 통과하다	1년
内	如何在	通过法律资格考试	一年
명사	대명사+전치사	동사+명사	수사+명사

해설 및 정답　**문제 분석▼**　在는 '在+장소/시간' 형태로 쓰이는 전치사이므로, 在 뒤에 시간명사인 一年内를 써서 전치사구를 만든 후, 동사 通过를 찾아 그 앞에 위치시키면 된다.

Step 1. 술어+목적어	通过法律资格考试
Step 2. 부사어 완성하기	如何在+一年+内
Step 3. 부사어+술어+목적어	如何在一年内+通过+法律资格考试

(정답) **如何在一年内通过法律资格考试?** 어떻게 1년 안에 법률자격시험에 통과할 수 있죠?

(단어) ★如何 rúhé 때 어떻게 | 通过 tōngguò 통 통과하다 | 法律 fǎlǜ 명 법률 | ★资格 zīgé 명 자격 | 考试 kǎoshì 명 시험

2

있다	한 마리	나뭇잎 위	아름다운 나비
有	一只	树叶上	美丽的蝴蝶
동사	수사+양사	명사	형용사+조사+명사

(해설 및 정답) **문제 분석▼** 장소명사가 주어가 되는 존현문은 '장소명사+동사(着)+존재하는 사람이나 사물'의 형식이므로 树叶上(장소명사)을 주어로 蝴蝶(존재하는 사물)를 목적어로 써야 한다.

Step 1. 술어 찾기　　　　　　　　　有

Step 2. 관형어 완성하기　　　　　　一只+美丽的蝴蝶
　　↳ 관형어 어순 중 시험에 가장 많이 출제되는 순서는 '수사+양사+형용사+的'이다.

Step 3. 주어+술어+목적어　　　　　树叶上+有+一只美丽的蝴蝶

(정답) **树叶上有一只美丽的蝴蝶。** 나뭇잎 위에 한 마리의 아름다운 나비가 있다.

(단어) 树叶 shùyè 명 나뭇잎 | ★蝴蝶 húdié 명 나비

3

누가	총정리를 하다	이번 달에 ~ 차례가 되다	보고서
谁	做总结	这个月轮到	报告
대명사	동사+명사	지시대명사+양사+명사+동사	명사

(해설 및 정답) **문제 분석▼** 동사가 轮, 做인 연동문이다. 동사 做 뒤의 목적어 总结报告를 찾고, 동사 轮到 뒤의 목적어 谁를 찾는다. 연동문은 동작이 일어난 순서를 기본으로 해서 배열해야 하므로 '轮到谁+做总结报告' 순으로 나열하면 된다.

Step 1. 술어2+목적어2　　　　　　做+总结报告
　　↳ 总结报告는 한 단어로 '총정리 보고서'이다.

Step 2. 주어1+술어1+목적어1　　　这个月+轮到+谁

Step 3. 문장 완성하기　　　　　　这个月轮到+谁+做总结+报告

(정답) **这个月轮到谁做总结报告?** 이번 달에 누가 총정리 보고서를 만들 차례인가요?

(단어) ★轮到 lúndào 통 차례가 되다 | ★总结报告 zǒngjié bàogào 명 총정리 보고서

줄어들었다	이전	여행객은 ~보다	이 명승고적의	많이
少了	以前	游客比	这个名胜古迹的	很多
형용사+조사	명사	명사+전치사	지시대명사+양사+명사+조사	부사+형용사

해설 및 정답 **문제 분석▼** 술어는 少了이고 比가 쓰였으므로 '比+以前'을 붙여 비교문을 만든다. 很多는 이 문장에서 술어 少了의 차이를 나타내는 수량보어로 쓰였다.

Step 1. 술어 찾기	少了
Step 2. 주어+술어	这个名胜古迹的游客比+少了
↳ 这个名胜古迹的는 游客를 수식하는 관형어이다.	
Step 3. 주어+부사어+술어	这个名胜古迹的游客比+以前+少了
Step 4. 주어+부사어+술어+수량보어	这个名胜古迹的游客比+以前+少了+很多

정답 **这个名胜古迹的游客比以前少了很多。** 이 명승고적의 여행객은 이전보다 많이 줄어들었다.

단어 ★名胜古迹 míngshèng gǔjì 몡 명승고적 | 游客 yóukè 몡 여행객

관중	취소	~하게 하다	유감이다	그 공연의
观众	取消	令	遗憾	那场表演的
명사	명사	동사	형용사	대명사+양사+명사+的

해설 및 정답 **문제 분석▼** 令이 쓰인 겸어문이므로, 첫 번째 동사 令 뒤에 오는 뒤 문장을 먼저 만든다. '주어2+술어2'인 '观众+遗憾'을 만들고, '주어1+동사1'인 '那场表演的取消+令'을 찾아, 그 뒤에 '观众+遗憾'을 붙이면 된다.

Step 1. 주어2+술어2	观众+遗憾
Step 2. 주어1+술어1	那场表演的取消+令
↳ 那场表演的는 取消를 수식하는 관형어이다.	
Step 3. 문장 완성하기	那场表演的取消+令+观众+遗憾

정답 **那场表演的取消令观众遗憾。** 그 공연의 취소는 관중을 유감스럽게 했다.

단어 观众 guānzhòng 몡 관중 | ★取消 qǔxiāo 몡 취소 | ★遗憾 yíhàn 혱 유감이다 | 表演 biǎoyǎn 몡 공연

관심을 가지는	이 개발 프로젝트	매우 ~이다	시민	받다
关注的	这个开发项目	是非常	市民	受
명사+的	지시대명사+양사+명사+명사	是+부사	명사	동사

해설 및 정답 **문제 분석▼** 'A+是+B(A는 B이다)' 형식이 성립되지 않으므로 '是…的' 강조 구문임을 알 수 있다. 따라서 受가 술어이다. 受의 목적어인 关注를 찾아 '是非常+受+关注的'를 만들고, 주어 这个开发项目를 가장 앞에 놓으면 된다.

Step 1. 술어 찾기	是非常+受+关注的
Step 2. 주어+술어	这个开发项目+是非常+受+关注的
Step 3. '是…的' 구문 완성하기	这个开发项目+是非常+受+市民+关注的

정답 这个开发项目是非常受市民关注的。 이 개발 프로젝트는 시민들의 관심을 매우 받는다.

단어 ★开发 kāifā 통 개발하다 | ★项目 xiàngmù 명 프로젝트, 사업 | 关注 guānzhù 명 관심 통 관심을 가지다

그 감독의 대표	이 영화	작품	~중의 하나	~이다
那位导演的代表	这部电影	作品	之一	是
지시대명사+양사+명사+조사+명사	지시대명사+양사+명사	명사	조사+수사	동사

해설 및 정답 **문제 분석▼** 'A+是+B(A는 B이다)' 형식에 맞게 주어 这部电影과 목적어 代表作品을 찾는다. 之一는 '~중의 하나'라는 뜻으로 명사 뒤에 쓰이므로 代表作品 뒤에 놓는다.

Step 1. 술어 찾기	是
Step 2. 주어+술어+목적어	这部电影+是+那位导演的代表+作品
Step 3. 문장 완성하기	这部电影+是+那位导演的代表+作品+之一

정답 这部电影是那位导演的代表作品之一。 이 영화는 그 감독의 대표 작품 중 하나다.

단어 ★导演 dǎoyǎn 명 감독 | ★代表作品 dàibiǎo zuòpǐn 명 대표 작품 | 部 bù 양 부, 편[영화·서적을 세는 단위] | 电影 diànyǐng 명 영화

~하지 마라	정력(정신과 체력)을	일에	~에 낭비하다	의미가 없는
别	把精力	事情上	浪费在	没有意义的
부사	전치사+명사	장소명사	동사+전치사	동사+명사+조사

해설 및 정답 **문제 분석▼** 在는 '在+장소/시간' 형태로 쓰이는 전치사이므로 在 뒤에 장소명사인 没有意义的事情上을 붙여 전치사구를 만든다. 把精力는 전치사구이고, 别는 부정부사이므로 '别+把精力' 어순으로 동사 앞에 쓴다.

<table>
<tr><td>Step 1. 술어+결과보어</td><td>浪费在+没有意义的+事情上</td></tr>
<tr><td>Step 2. 부사어+술어+결과보어</td><td>别+把精力+浪费在+没有意义的+事情上</td></tr>
</table>

정답 **别把精力浪费在没有意义的事情上。** 정력(정신과 체력)을 의미가 없는 일에 낭비하지 마라.

단어 ★精力 jīnglì 몡 정력(정신과 체력) | ★事情 shìqing 몡 일 | 浪费 làngfèi 동 낭비하다 | ★意义 yìyì 몡 의의, 의미

9

STEP 1 어휘 파악하기

赶紧 gǎnjǐn 동 서둘러
赶紧出发 서둘러 출발하다 | **赶紧**起床 서둘러 일어나다

遗憾 yíhàn 형 유감이다
感到**遗憾** 매우 유감으로 생각한다 | 非常**遗憾** 매우 유감스럽다

提前 tíqián 동 (예정된 시간 등을) 앞당기다
提前到达 앞당겨 도착하다 | **提前**完成 앞당겨 완성하다

意外 yìwài 형 뜻밖의
意外的事 의외의 사고 | 发生**意外** 의외의 사고가 발생하다

理解 lǐjiě 동 이해하다
理解心情 기분을 이해하다 | 互相**理解** 서로 이해하다

STEP 2 글의 흐름 구성하기

주제어	遗憾
서론 핵심어: 提前	我**提前**到了餐厅。 나는 예정보다 일찍 식당에 도착했다.
본론 핵심어: 意外/赶紧	朋友的妈妈突然发生了**意外**。 친구의 어머니에게 뜻하지 않은 사고가 발생했다. 他要**赶紧**去看妈妈。 그는 서둘러 어머니를 보러 갔다.
결론 핵심어: 遗憾/理解	虽然很**遗憾**，但我十分**理解**朋友的心情。 비록 매우 유감이지만, 나는 친구의 기분을 매우 이해한다.

STEP 3 작문 완성하기

나는 친구와 오랫동안 만나지 못해서 함께 저녁 식사를 하기로 약속했다. 나는 예정보다 일찍 식당에 도착했다. 그런데 친구에게 문득 전화가 왔다. 그의 어머니에게 뜻하지 않은 사고가 발생하여 병원으로 이송되었고, 그는 서둘러 어머니를 보러 가야 한다고 했다. 비록 너무 유감스럽지만 나는 친구의 기분을 잘 이해했다. 나는 아주머니가 빨리 나아지기를 바란다.

단어 约 yuē 통 약속하다 | 餐厅 cāntīng 명 식당 | 突然 tūrán 부 갑자기 | 发生 fāshēng 통 발생하다 | 阿姨 āyí 명 아주머니

10

STEP 1 단어 연상하기

인물 | 爷爷(할아버지)

장소 | 公园(공원)

동작 | 打太极拳(태극권을 하다)

STEP 2 글의 흐름 구성하기

주제어	打太极拳
서론	我爷爷的业余爱好是打太极拳。 우리 할아버지의 여가 취미는 태극권을 하는 것이다.
본론	打太极拳有利于身体健康。 태극권을 하는 것은 건강에 유익하다. 他总是带着我去公园打太极拳。 그는 늘 나를 데리고 공원에 가서 태극권을 한다.
결론	我偶尔会教一个外国留学生打太极拳。 나는 이따금 한 외국인 유학생에게 태극권을 가르쳐 준다.

STEP 3 작문 완성하기

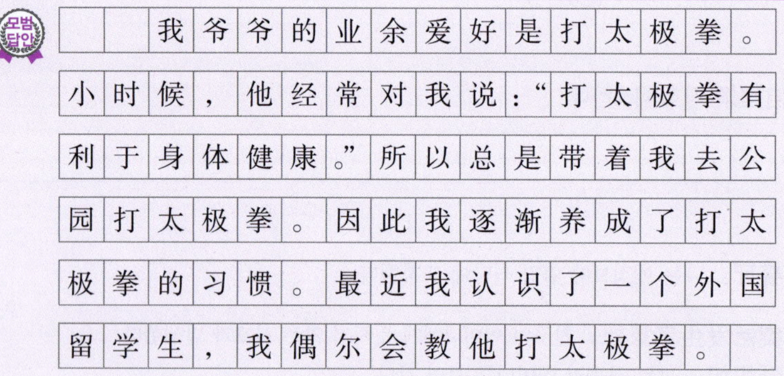

우리 할아버지의 여가 취미는 태극권을 하는 것이다. 어릴 적에, 할아버지는 늘 나에게 "태극권을 하는 것은 건강에 유익하단다."라고 말씀하셨다. 그래서 늘 나를 데리고 공원에 가서 태극권을 했다. 그로 인해, 나는 점차 태극권을 하는 습관이 생겼다. 최근에 나는 한 외국 유학생을 알게 되었는데, 나는 이따금 그에게 태극권을 가르쳐 준다.

단어 爷爷 yéye 명 할아버지 | 业余 yèyú 명 여가 | 太极拳 tàijíquán 명 태극권 | 有利于 yǒulì yú ~에 유리하다 | 总是 zǒngshì 부 늘, 항상 | 逐渐 zhújiàn 부 점차 | 养成 yǎngchéng 통 (습관 등을) 기르다 | 留学生 liúxuéshēng 명 유학생 | 偶尔 ǒu'ěr 부 이따금 | 教 jiāo 통 가르치다

정답

듣기

1. A	2. C	3. B	4. A	5. B	6. C	7. D	8. B	9. C	10. A
11. D	12. A	13. C	14. B	15. B	16. C	17. D	18. A	19. C	20. C
21. C	22. C	23. D	24. D	25. C	26. B	27. A	28. B	29. B	30. D
31. A	32. D	33. C	34. B	35. D	36. A	37. D	38. B	39. A	40. C
41. D	42. A	43. D	44. D	45. C					

독해

46. D	47. A	48. B	49. A	50. B	51. C	52. C	53. A	54. C	55. A
56. D	57. A	58. B	59. C	60. C	61. A	62. B	63. A	64. D	65. B
66. B	67. C	68. A	69. B	70. D	71. D	72. A	73. A	74. B	75. D
76. C	77. B	78. B	79. C	80. D	81. D	82. A	83. B	84. C	85. D
86. C	87. B	88. A	89. D	90. A					

쓰기

91. 这家店的装修极其独特。

92. 改革必须克服一定的困难。

93. 网络转变了人们的购物习惯。

94. 那座楼有三百多米高。

95. 破坏公共设施是一种不文明的行为。

96. 李老师推荐她去博物馆做志愿者。

97. 这座大厦的形状很像一节电池。

98. 不少媒体都对这个新产品进行了宣传。

99. 最近我去一家贸易公司应聘。来参加面试的人很多，竞争非常激烈。经过这次面试，我发现我跟别人的差距很大。因此我既灰心又难过，但是我没有放弃，我要改变自己的不足，不断地学习，提高自信心。

100. 今天早上去市场的时候，我看到一位老奶奶正在下楼梯，她走得很慢，可能腿脚不太方便，所以我主动扶她下楼梯。她表扬了我，说我很善良。能给别人带来帮助，我感到非常开心。

1   Test **1-1**

해설 및 정답   녹음에서 남자의 小张办事很认真(샤오장은 일을 무척 성실히 한다)이라는 말을 듣고 샤오장이 매우 성실함을 알 수 있으므로 정답은 A이다.

女：小张这个月又拿到了咱们单位的优秀员工。

男：是啊，<u>小张办事很认真</u>，交给他的任务总能出色地完成。

问：关于小张，可以知道什么?

A 做事认真   B 非常自信
C 充满热情   D 乐观开朗

여: 샤오장이 이번 달에도 우리 회사 우수직원으로 선정되었네.

남: 그러게. <u>샤오장은 일을 무척 성실히 해</u>. 그에게 맡긴 일은 언제나 훌륭하게 완성될 수 있어.

질문: 샤오장에 관해 알 수 있는 것은?

A 일을 성실히 한다   B 자신만만하다
C 열정이 충만하다   D 낙천적이고 명랑하다

단어   拿到 nádào 통 손에 넣다, 받다 | ★单位 dānwèi 명 회사 | 优秀 yōuxiù 형 우수하다 | ★员工 yuángōng 명 직원 | 办事 bànshì 통 일을 처리하다 | 认真 rènzhēn 형 성실하다, 착실하다 | 交给 jiāogěi 통 ~에게 맡기다 | 任务 rènwu 명 임무 | ★出色 chūsè 형 대단히 뛰어나다 | 自信 zìxìn 형 자신만만하다 | ★充满 chōngmǎn 통 충만하다 | 热情 rèqíng 명 열정 | ★乐观 lèguān 형 낙관적이다 | 开朗 kāilǎng 형 명랑하다

2   Test **1-2**

해설 및 정답   녹음에서 下个星期天我朋友结婚, 我要过去(다음 주 일요일에는 제 친구가 결혼해서 가 봐야 해요)를 듣고 다음 주 일요일에 여자가 결혼식에 참석하기 위해 영업하지 않음을 알 수 있다. 따라서 정답은 C이다.

男：你们理发店星期天也营业吗?

女：我们星期天也开门，不过<u>下个星期天我朋友结婚，我要过去</u>。

问：下星期天为什么不开门?

A 去出差   B 出国旅游
C 参加婚礼   D 住院治疗

남: 이 이발소는 일요일에도 영업하나요?

여: 저희는 일요일에도 문 열어요. 하지만 <u>다음 주 일요일에는 제 친구가 결혼해서 가 봐야 해요</u>.

질문: 다음 주 일요일에는 왜 문을 열지 않는가?

A 출장 가다   B 해외 여행하다
C 결혼식에 참석하다   D 입원 치료하다

단어   理发店 lǐfàdiàn 명 이발소 | ★营业 yíngyè 통 영업하다 | 结婚 jiéhūn 통 결혼하다 | 出差 chūchāi 통 출장 가다 | 旅游 lǚyóu 통 여행하다 | 参加 cānjiā 통 참가하다 | ★婚礼 hūnlǐ 명 결혼식 | 住院 zhùyuàn 통 입원하다 | ★治疗 zhìliáo 통 치료하다

3   Test **1-3**

해설 및 정답   녹음에서 我打算留给房东(나는 집주인에게 주려고 한다)이라고 한 말을 듣고 집주인에게 준다는 것을 알 수 있다. 따라서 정답은 B이다.

女：你下个月就要回国了，这些东西怎么办?

男：虽然有些舍不得，但是毕竟带不走，<u>我打算留给房东</u>。

问：男的要怎么处理那些东西?

A 卖出去   **B 送给房东**
C 寄给朋友   D 捐给养老院

여: 너 다음 달에 귀국하는데, 이 물건들은 어떻게 할 기야?

남: 좀 아쉽기는 하지만 어차피 가져갈 수 없으니까 <u>집주인에게 주려고 해</u>.

질문: 남자는 그 물건들을 어떻게 처리하려고 하는가?

A 판매하다　　　　　**B 집주인에게 주다**
C 친구에게 부치다　　D 양로원에 기부하다

 回国 huíguó 图 귀국하다 | ★舍不得 shěbude 图 ~하기 아쉬워하다 | ★毕竟 bìjìng 팀 어쨌든 | 留给 liúgěi 图 (~에게) 남기다 | 房东 fángdōng 圆 집주인 | ★处理 chǔlǐ 图 처리하다 | 寄 jì 图 (우편으로) 부치다 | ★捐 juān 图 기부하다 | 养老院 yǎnglǎoyuàn 圆 양로원

---

4 Test **1-4**

 녹음에서 用得太久了(쓴 지 너무 오래되었다)라고 한 말에서 久와 旧는 유사어이므로, 설비가 오래되어 바뀌었음을 알 수 있다. 따라서 정답은 A이다.

男：小李，这些都是你跟李处长去采购回来的吗？
女：对，他说以前的<u>用得太久了</u>，需要换新的设备。

问：为什么换新的设备了？

A 有些旧
B 出问题了
C 正在打折
D 准备新项目

남: 샤오리, 이거 모두 이 처장님과 가서 사 온 거예요?
여: 네. 처장님이 예전 것은 <u>쓴 지 너무 오래되었다</u>고 새 설비로 바꿔야 한다고 하셨어요.

질문: 왜 새 설비로 바꾸었는가?

A 좀 오래되었다
B 문제가 생겼다
C 할인 중이다
D 새 프로젝트를 준비하다

 处长 chùzhǎng 圆 처장[직급] | 采购 cǎigòu 图 구입하다 | 换 huàn 图 교체하다, 바꾸다 | ★设备 shèbèi 圆 설비 | 旧 jiù 图 오래되다 | 打折 dǎzhé 图 할인하다 | ★项目 xiàngmù 圆 사업, 프로젝트

---

5 Test **1-5**

 여자가 今天多亏有你帮我(오늘 네가 나를 도와준 덕분이다)라고 했는데, 多亏는 '덕분이다'의 뜻이므로 여자는 고마운 마음을 가지고 있음을 알 수 있다. 따라서 정답은 B이다.

女：<u>今天多亏有你帮我</u>，不然我未必能完成这个报告，真是太谢谢你了！
男：你太客气了，咱们都是同事嘛，这都是应该的。

问：女的是什么意思？

A 有急事
B 感谢男的
C 请客吃饭
D 没完成任务

여: <u>오늘 네가 나를 도와준 덕분이야.</u> 너 아니었으면 이 보고서를 완성하지 못했을지도 몰라. 정말 너무 고마워!
남: 별말을 다하네. 우린 모두 동료잖아. 당연히 도와야지.

질문: 여자의 말의 의미는 무엇인가?

A 급한 일이 있다
B 남자에게 고마워한다
C 식사를 대접한다
D 임무를 완수하지 못했다

 ★多亏 duōkuī 图 덕분이다 | ★未必 wèibì 팀 꼭 ~하다고 할 수 없다 | ★报告 bàogào 圆 보고서 | 客气 kèqi 图 예의를 차리다 | 急事 jíshì 圆 급한 일 | 请客 qǐngkè 图 한턱내다 | 任务 rènwu 圆 임무

6

(해설 및 정답) 녹음에서 改由小李主持了(샤오리가 사회 보는 것으로 변경되었다)라고 했으므로 여자가 사회를 보지 않게 되었음을 알 수 있다. 따라서 정답은 C이다.

男：听说明天的会议由你主持，都准备好了吗？

女：别提了，经理临时安排我去接待嘉宾，改由小李主持了。

问：关于女的，可以知道什么？

A 生病了
B 写通讯录
C 不主持了
D 去机场送客

남: 내일 회의는 네가 진행한다고 하던대, 준비 다 했어?

여: 말도 마. 사장님께서 잠시 나에게 귀한 손님을 접대하라고 지시하셔서, 샤오리가 사회 보는 것으로 변경되었어.

질문: 여자에 관해 무엇을 알 수 있는가?

A 병이 났다
B 주소록을 작성한다
C 사회를 보지 않는다
D 공항에 손님을 배웅하러 간다

(단어) 由 yóu 전 ～이(가) | ★主持 zhǔchí 동 사회를 보다 | ★临时 línshí 명 임시, 잠시 | 安排 ānpái 동 안배하다 | ★接待 jiēdài 동 응접하다, 접대하다 | ★嘉宾 jiābīn 명 귀한 손님 | 改 gǎi 동 바꾸다 | 生病 shēngbìng 동 병이 나다 | 通讯录 tōngxùnlù 명 주소록 | 送客 sòngkè 동 손님을 배웅하다

7

(해설 및 정답) 녹음에서 现在可以使用洗手间吗?(지금 화장실을 사용할 수 있나요?)를 듣고 여자가 화장실을 사용하려고 하고 있음을 알 수 있고, 洗手间은 卫生间과 동의어이므로 D가 정답이다.

女：您好，请问现在可以使用洗手间吗？

男：不好意思，小姐，飞机现在还在上升中，暂时不可以使用。

问：女的想要做什么？

A 要毛毯
B 询问时间
C 买免税品
D 用卫生间

여: 안녕하세요. 지금 화장실을 사용할 수 있나요?

남: 죄송합니다, 고객님. 비행기가 현재 이륙 중이기 때문에 잠시 사용할 수 없습니다.

질문: 여자는 무엇을 하고 싶은가?

A 담요가 필요하다
B 시간을 묻다
C 면세품을 사다
D 화장실을 사용하다

(단어) 使用 shǐyòng 동 사용하다 | 洗手间 xǐshǒujiān 명 화장실 | 上升 shàngshēng 동 위로 올라가다 | 暂时 zànshí 명 잠시 | 毛毯 máotǎn 명 담요 | ★询问 xúnwèn 동 물어보다 | 免税品 miǎnshuìpǐn 명 관세 면세품 | 卫生间 wèishēngjiān 명 화장실

8

(해설 및 정답) 녹음에서 听说你被调到开发部门了(너 개발부서로 이동한다고 하던대)라고 한 말을 듣고 남자는 여자가 부서를 이동하는 것에 유감스러워 하고 있음을 알 수 있다. 따라서 정답은 B이다.

男：小高，听说你被调到开发部门了，以后不能一起工作，真是太遗憾了。

女：我也感到很可惜，可是公司的人事安排，我也没办法。

问：他们为什么觉得遗憾？

A 要加班
B 换部门了
C 公司破产了
D 项目失败了

남: 샤오가오, 너 개발부서로 이동한다고 하던대. 앞으로 같이 일하지 못하다니, 정말 너무 섭섭해.

여: 나도 무척 아쉽게 생각해. 하지만 회사의 인사 배치는 나도 어쩔 수가 없어.

질문: 그들은 왜 유감스럽다고 생각하는가?

A 야근해야 한다   **B 부서가 바뀌었다**

C 회사가 파산했다   D 프로젝트가 실패했다

단어 调 diào 통 (인원을) 옮기다, 이동하다 | ★开发 kāifā 통 개발하다 | ★部门 bùmén 명 부서 | ★遗憾 yíhàn 형 유감이다 | 可惜 kěxī 형 아쉽다 | ★人事 rénshì 명 인사 | 安排 ānpái 통 안배하다 | 加班 jiābān 통 야근하다 | ★破产 pòchǎn 통 파산하다, 부도나다 | ★项目 xiàngmù 명 사업, 프로젝트

---

9 Test **1-9**

해설 및 정답 녹음에서 银行营业大厅排队的人可真多啊 (은행 영업점 창구에 줄 선 사람이 정말 많군요)라고 말한 부분에서 은행은 지금 바쁘다는 것을 유추할 수 있으므로 정답은 C이다.

女： 银行营业大厅排队的人可真多啊!
男： 因为是中午时间，周围的上班族们都趁着休息来办理业务。

问： 关于银行，可以知道什么?

A 暂时关闭   B 周末休息
C 现在业务忙   D 工作人员少

여: 은행 영업점 창구에 줄 선 사람이 정말 많군요!

남: 점심 시간이라 주변의 직장인들이 쉬는 시간에 와서 업무를 보거든요.

질문: 은행에 대해 무엇을 알 수 있는가?

A 잠시 문을 닫다   B 주말에 쉬다
C 지금 업무가 바쁘다   D 직원이 적다

단어 ★营业 yíngyè 통 영업하다 | 大厅 dàtīng 명 홀 | 周围 zhōuwéi 명 주변 | 上班族 shàngbānzú 명 직장인 | 趁着 chènzhe ~을(를) 틈타 | ★办理 bànlǐ 처리하다 |

★业务 yèwù 명 업무 | 暂时 zànshí 명 잠시, 잠깐 | ★关闭 guānbì 통 문을 닫다

10 Test **1-10**

해설 및 정답 녹음에서 签字(서명하다)와 合同(계약서)을 듣고 그들이 계약을 체결하려고 함을 알 수 있다.

男： 小刘，明天要跟合作方签字，你尽快把合同准备好。

女： 已经准备得差不多了，我下班前交给您。

问： 他们明天要做什么?

A 签合同   B 办证明
C 出国开会   D 打印资料

남: 샤오류, 내일 협력업체와 서명해야 해요. 가능한 빨리 계약서를 준비하도록 하세요.

여: 이미 거의 다 준비되었어요. 퇴근 전에 제출하겠습니다.

질문: 그들은 내일 무엇을 하려고 하는가?

A 계약을 체결하다   B 증명서를 만들다
C 외국에서 회의하다   D 자료를 프린트하다

단어 合作方 hézuòfāng 명 협력업체 | ★签字 qiānzì 통 서명하다 | ★尽快 jǐnkuài 분 되도록 빨리 | ★合同 hétong 명 계약서 | 差不多 chàbuduō 형 거의 다 되다 | 交给 jiāogěi ~에게 제출하다 | 证明 zhèngmíng 명 증명서 | 打印 dǎyìn 통 프린트하다 | ★资料 zīliào 명 자료

---

11 Test **1-11**

해설 및 정답 녹음에서 我给记错了，我一直在地铁站出口等你呢(내가 잘못 기억했어. 나 계속 지하철 출구에서 너를 기다리고 있었어)라고 말한 부분에서 남자가 장소를 착각했음을 알 수 있다. 따라서 정답은 D이다.

女： 不是说好在商场电梯门口会合吗? 我怎么没看见你呢?

男： 糟了，我给记错了，我一直在地铁站出口等你呢。

问: 男的怎么了?

A 临时有事　　　　　　B 突然头晕
C 找不到路了　　　　　**D 弄错地点了**

여: 쇼핑센터 엘리베이터 입구에서 만나기로 하지 않았어? 왜 네가 안 보이지?
남: 망했다! 내가 잘못 기억했어. 나 계속 지하철 출구에서 너를 기다리고 있었어.

질문: 남자에게 무슨 일이 있는가?

A 급하게 일이 생기다　　　B 갑자기 현기증이 나다
C 길을 못 찾았다　　　　　**D 장소를 착각했다**

단어 商场 shāngchǎng 똉 쇼핑센터 | 电梯 diàntī 똉 엘리베이터 | 会合 huìhé 똉 한데 모이다 | 糟了 zāole 망치다 | ★出口 chūkǒu 출구 | ★临时 línshí 똉 잠시의, 일시적인 | 头晕 tóuyūn 똉 현기증이 나다 | 地点 dìdiǎn 똉 장소

12 ▶　　　　　　　　　　　Test **1-12**

해설 및 정답 办公室的中央空调又出毛病了(사무실의 중앙 에어컨이 또 고장 났네요)라고 말한 부분에서 에어컨이 고장 났음을 알 수 있다. 出毛病(고장 나다)과 A의 坏(고장 나다)는 동의어이므로 정답은 A이다.

男: 办公室的中央空调又出毛病了，我这就打电话找人来修。
女: 在修好之前，咱们就先开电风扇吹吹吧。

问: 办公室怎么了?

A 空调坏了　　　　　　B 突然停电
C 温度太低　　　　　　　D 十分吵闹

남: 사무실의 중앙에어컨이 또 고장 났네요. 전화해서 사람을 불러 고쳐야겠어요.
여: 다 고치기 전까지 우선 선풍기를 틀어서 바람을 쐬도록 하죠.

질문: 사무실이 어떻게 되었는가?

A 에어컨이 망가졌다　　　B 갑자기 정전되다
C 온도가 너무 낮다　　　　D 매우 소란스럽다

단어 中央空调 zhōngyāng kōngtiáo 중앙 에어컨 | ★毛病 máobìng 똉 고장, 결함 | 修 xiū 똉 수리하다 | 电风扇 diànfēngshàn 똉 선풍기 | ★吹 chuī 똉 (바람이) 불다 | 停电 tíngdiàn 똉 정전되다 | 温度 wēndù 똉 온도 | 吵闹 chǎonào 똉 소란하다

13 ▶　　　　　　　　　　　Test **1-13**

해설 및 정답 남자가 你是不是把大写键打开了?(Caps Lock 키 켜 놓은 거 아니야?)라고 한 말에서 C와 일치하는 大写键(Caps Lock 키)이 그대로 들리므로, 정답은 C이다.

女: 为什么一直显示密码错误呢? 我明明输入的是对的。
男: 你是不是把大写键打开了?

问: 男的是什么意思?

A 重启电脑
B 删除游戏
C 关闭大写键
D 打开小键盘

여: 왜 계속 비밀번호 오류가 뜨지? 분명히 맞게 입력했는데.
남: Caps Lock 키 켜 놓은 거 아니야?

질문: 남자의 말은 어떤 의미인가?

A 컴퓨터를 재부팅하다
B 게임을 삭제하다
C Caps Lock(캡스 로크) 키를 끄다
D 키패드를 켜다

단어 ★显示 xiǎnshì 똉 나타내다 | 密码 mìmǎ 똉 비밀번호 | 明明 míngmíng 똉 분명히 | ★输入 shūrù 똉 입력하다 | 大写键 dàxiějiàn Caps Lock(캡스 로크) 키[컴퓨터] | 重启 chóngqǐ 똉 재부팅하다(重新启动의 줄임말) | ★删除 shānchú 똉 지우다 | 游戏 yóuxì 똉 게임 | ★关闭 guānbì 똉 끄다 | ★键盘 jiànpán 똉 키보드

해설 및 정답 남자의 这碗汤太清淡了(이 국은 너무 싱겁다)라는 말을 듣고 국이 싱겁다는 것을 알 수 있으므로 정답은 B이다. 辣椒(고추)를 듣고 A의 非常辣를 고르지 않도록 유의하자.

男：这碗汤太清淡了，要不要加点儿辣椒？
女：桌子上有酱油、醋、辣椒，你可以根据自己的口味添加。

问：男的觉得那碗汤怎么样？

A 非常辣　　　　　B 很清淡
C 十分鲜美　　　　D 不太地道

남: 이 국은 너무 싱거워. 고추 좀 넣을래?
여: 식탁에 간장이랑 식초, 고추 있으니까, 네 입맛대로 넣을 수 있어.

질문: 남자는 국이 어떻다고 생각하는가?

A 몹시 맵다　　　　B 매우 싱겁다
C 무척 맛있다　　　D 본고장의 맛이 아니다

단어 碗 wǎn 양 그릇 | ★清淡 qīngdàn 형 담백하다 | ★辣椒 làjiāo 명 고추 | 酱油 jiàngyóu 명 간장 | ★醋 cù 명 식초 | ★口味 kǒuwèi 명 맛 | 添加 tiānjiā 동 첨가하다 | 鲜美 xiānměi 형 (식품의) 맛이 좋다 | ★地道 dìdao 형 본고장의, 정통의

해설 및 정답 녹음에서 남자의 말 公司提供的宿舍太小了，四个人住一间卧室，我觉得不方便(회사에서 제공하는 숙소는 너무 작고, 네 사람이 한 방에 살아서, 나는 불편하다고 생각한다)에서 남자가 회사에서 제공하는 숙소가 불편해서 숙소에 살고 싶지 않다는 것을 유추할 수 있다. 정답은 B이다.

女：你怎么不住公司宿舍了？公司宿舍不好吗？
男：公司提供的宿舍太小了，四个人住一间卧室，我觉得不方便。

问：关于男的，可以知道什么？

A 宿舍半夜很吵
B 不愿意住宿舍
C 想搬到公司附近
D 公司宿舍很舒服

여: 너 어째서 회사 숙소에서 살지 않아? 회사 숙소가 안 좋아?
남: 회사에서 제공하는 숙소는 너무 작고, 네 사람이 한 방에 살아서, 나는 불편하다고 생각해.

질문: 남자에 관해 알 수 있는 것은?

A 숙소가 한밤중에 매우 시끄럽다
B 숙소에서 살고 싶지 않다
C 회사 부근으로 이사 가고 싶다
D 회사 숙소는 매우 편안하다

단어 ★宿舍 sùshè 명 숙소 | 提供 tígōng 동 제공하다 | ★卧室 wòshì 명 침실, 방 | 半夜 bànyè 명 한밤중 | 吵 chǎo 형 시끄럽다 | 愿意 yuànyì 동 원하다 | 搬 bān 동 이사하다 | 附近 fùjìn 명 부근 | 舒服 shūfu 형 편안하다

해설 및 정답 녹음에서 上网速度太慢(인터넷 속도가 너무 느리다)과 C의 网速不太快(인터넷 속도가 그다지 빠르지 않다)는 같은 뜻이므로, 정답은 C이다.

男：你们家的无线网好像不太稳定，上网速度太慢。
女：最近总是这样，是不是网线接触不良？你能不能帮我看看？

问：根据对话，可以知道什么？

A 网线断了
B 电池没电
C 网速不太快
D 需要买网卡

남: 이 집의 무선 인터넷이 불안정한 것 같군요. 인터넷 속도가 너무 느려요.

여: 요즘 늘 이래요. 인터넷선 접촉 불량이 아닌지 좀 봐 줄 수 있나요?

질문: 대화에 근거해 알 수 있는 것은?

A 인터넷선이 끊어졌다

B 건전지에 전기가 없다

C 인터넷 속도가 그다지 빠르지 않다

D 랜 카드를 사야 한다

단어 无线网 wúxiànwǎng 圀 무선 인터넷 | ★稳定 wěndìng 圀 안정되다 | 上网 shàngwǎng 圄 인터넷을 하다 | 速度 sùdù 圀 속도 | 网线 wǎngxiàn 圀 인터넷선 | ★接触 jiēchù 圄 접촉하다 | 不良 bùliáng 圀 좋지 않다 | ★断 duàn 圄 끊어지다 | ★电池 diànchí 圀 건전지 | 网速 wǎngsù 圀 인터넷 속도 | 网卡 wǎngkǎ 圀 랜 카드(LAN card)

해설 및 정답 보기가 '장소'로 제시되어 있으므로, 장소 문제임을 확인하고 장소와 관련된 표현에 유의한다. 녹음에서 皮肤(피부)와 化妆品(화장품)을 듣고 그들이 화장품 가게에 있음을 유추할 수 있다.

女 ： 你的皮肤有些干，可以试试这款保湿的化妆品。

男 ： 这个比刚才的效果好多了，请问这一套要多少钱？

问 ： 他们现在最可能在哪儿？

A 银行   B 机场
C 服装店   **D 化妆品店**

여: 피부가 좀 건조하시네요. 이 보습 화장품을 써 보세요.

남: 이것이 방금 전 것보다 효과가 더 좋네요. 이 세트는 얼마인가요?

질문: 그들은 지금 어디에 있을 가능성이 가장 큰가?

A 은행   B 공항
C 옷 가게   **D 화장품 가게**

단어 皮肤 pífū 圀 피부 | 干 gān 圀 건조하다 | 款 kuǎn 圀 스타일을 세는 단위 | 化妆品 huàzhuāngpǐn 圀 화장품 | 效果 xiàoguǒ 圀 효과 | ★套 tào 圀 세트 | 服装店 fúzhuāngdiàn 圀 옷 가게

해설 및 정답 녹음에서 特色十足(무척 특색 있다)를 듣고 같은 말인 A의 很有特色(매우 특색 있다)가 정답임을 알 수 있다.

男 ： 《我们诞生在中国》那部电影你看过吗？网上评价挺高的。

女 ： 我昨天刚看过，电影表现了动物家庭的爱，特色十足。

问 ： 女的觉得那部电影怎么样？

A 很有特色   B 画面精美
C 拍摄复杂   D 比较无聊

남: 영화 《우리는 중국에서 태어났습니다》 봤어? 인터넷 평점이 꽤 높더라.

여: 난 어제 막 봤어. 동물 가족의 사랑을 보여주는데 무척 특색 있었어.

질문: 여자는 그 영화를 어떻게 생각하는가?

A 매우 특색 있다   B 화면이 아름답다
C 촬영이 복잡하다   D 비교적 따분하다

단어 诞生 dànshēng 圄 출생하다 | ★评价 píngjià 圀 평가 | ★表现 biǎoxiàn 圄 나타내다 | ★家庭 jiātíng 圀 가정 | ★特色 tèsè 圀 특색 | 十足 shízú 圀 충분하다, 넘쳐흐르다 | 画面 huàmiàn 圀 화면 | 精美 jīngměi 圀 아름답다 | 拍摄 pāishè 圄 촬영하다 | 复杂 fùzá 圀 복잡하다 | 无聊 wúliáo 圀 따분하다

해설 및 정답 남자가 我得去把阳台上晒的衣服收回来(내가 베란다에 말리고 있는 옷을 걷어 와야겠다)라고 했으므로 빨래를 걷을 것임을 알 수 있다. 따라서 정답은 C이다.

女：大白天的，屋里怎么这么暗？
男：估计是要下雨了吧，<u>我得去把阳台上晒的衣服收回来</u>。

问：男的接下来要做什么？

A 关窗　　　　　B 锁门
C 收衣服　　　D 拉窗帘

여: 대낮인데 집 안이 왜 이렇게 어둡지？
남: 비가 오려고 하는 것 같아. 내가 베란다에 말리고 있는 옷을 걷어 와야겠어.

질문: 남자는 무엇을 하려고 하는가?

A 창문을 닫다　　　B 문을 잠그다
C 옷을 걷다　　　D 커튼을 내리다

단어 白天 báitiān 몡 낮 | 屋 wū 몡 집 | ★暗 àn 혱 어둡다 | 估计 gūjì 동 짐작하다 | ★阳台 yángtái 몡 베란다 | ★晒 shài 동 햇볕에 말리다 | 收 shōu 동 거두다 | 关窗 guānchuāng 동 창문을 닫다 | 锁门 suǒmén 동 문을 잠그다 | 拉 lā 동 당기다 | ★窗帘 chuānglián 몡 커튼

해설 및 정답 남자가 两年内免费维修(2년 동안 무료로 수리해 준다)라고 한 말에서 이 디지털카메라의 수리 보증기간은 2년임을 알 수 있으므로 정답은 C이다.

男：这款数码相机轻便小巧，是今年新出的产品，而且<u>两年内免费维修</u>。
女：不过价格有点儿贵，我再考虑考虑。

问：关于那款相机，下列哪项正确？

A 有很多种颜色
B 深受老年人喜爱
C 保修时间是两年
D 去年的销量很好

남: 이 디지털카메라가 간편하고 정교해요. 올해 새로 출시된 상품이고, <u>2년 동안 무료로 수리해 드려요</u>.
여: 하지만 가격이 좀 비싸네요. 다시 생각 좀 해 볼게요.

질문: 그 디지털카메라에 관해, 다음 중 옳은 것은？

A 여러 종류의 색깔이 있다
B 노인들의 사랑을 깊이 받다
C 수리 보증기간이 2년이다
D 작년에 판매량이 아주 좋았다

단어 ★款 kuǎn 양 스타일을 세는 단위 | 数码相机 shùmǎ xiàngjī 몡 디지털카메라 | 轻便小巧 qīngbiàn xiǎoqiǎo 간편하고 정교하다 | 新出 xīnchū 새롭게 출시하다 | ★产品 chǎnpǐn 몡 상품 | 免费 miǎnfèi 동 무료로 하다 | ★维修 wéixiū 동 수리하다 | 不过 búguò 접 그러나 | 价格 jiàgé 몡 가격 | 考虑 kǎolù 동 고려하다 | 颜色 yánsè 몡 색깔 | 深受 shēnshòu 동 깊이 받다 | 老年人 lǎoniánrén 몡 노인 | 喜爱 xǐ'ài 동 좋아하다 | 保修 bǎoxiū 동 보증 수리하다 | 销量 xiāoliàng 몡 판매량

해설 및 정답 녹음에서 他刚才说行李落在房间了，上去取了(그는 방금 짐을 방 안에 두고 와서, 올라가서 가져온다고 했다)라고 한 말을 통해 샤오왕이 방으로 돌아갔음을 유추할 수 있다. 따라서 정답은 C이다.

女：大家都到齐了，小王怎么还没来？
男：<u>他刚才说行李落在房间了，上去取了</u>。
女：你快去催催他，我们的车马上就要出发了。
男：好的，不能让大家等太久。

问：根据对话，可以知道什么？

A 挂失银行卡
B 酒店关门了
C 小王回房间了
D 他们不太着急

여: 모두 모였는데 샤오왕은 어째서 아직 안 오지?

남: <u>그는 방금 짐을 방 안에 두고 와서, 올라가서 가져 온다고 했어.</u>

여: 네가 어서 가서 서두르라고 해. 우리 차는 곧 출발할 거야.

남: 알았어. 모두 너무 오래 기다리게 할 수는 없지.

질문: 대화에 근거해 알 수 있는 것은?

A 은행 카드를 분실 신고했다

B 호텔이 문을 닫았다

C 샤오왕이 방으로 돌아갔다

D 그들은 그리 조급하지 않다

 到齐 dàoqí 통 모두 도착하다 | 行李 xíngli 명 여행 짐 | 落 là 통 빠뜨리다 | 取 qǔ 통 가지다 | ★催 cuī 통 재촉하다 | 挂失 guàshī 통 분실 신고하다 | 关门 guānmén 통 문을 닫다 | 着急 zháojí 통 조급해하다

---

22 Test **1-22**

해설 및 정답 녹음에서 合同到期(계약 만기), 租(빌리다), 涨房租(집세를 올리다), 房子(집)를 듣고 이들은 집주인(房东)과 거주자(住户) 관계임을 유추할 수 있다.

男: 合同到期后，你还续租吗？

女: 怎么了，有什么问题吗？

男: <u>我本来打算涨房租的，不过如果你还继续租的话，就不涨了。</u>

女: 我续租，现在找很难找到您家这样的好房子了。

问: 他们可能是什么关系？

A 亲戚　　　　　　　B 邻居
C 房东和住户　　　D 经理与职员

남: 계약 만기 후에도 계속 방을 빌릴 건가요?

여: 왜 그래요? 문제가 있나요?

남: <u>원래는 집세를 올리려고 했지만, 만약 당신이 계속 살겠다면 올리지 않을게요.</u>

여: 전 계속 살 거예요. 요즘 당신 집처럼 좋은 집은 구하기 힘들어요.

질문: 그들은 어떤 관계이겠는가?

A 친척　　　　　　　B 이웃
C 집주인과 거주자　　　D 사장과 직원

 ★合同 hétong 명 계약 | 到期 dàoqī 통 만기가 되다 | 续租 xùzū 통 임대 기한이 끝난 후 계속 임대하다 | ★涨 zhǎng 통 (수위·물가 등이) 오르다 | 房租 fángzū 명 집세 | 亲戚 qīnqi 명 친척 | 邻居 línjū 명 이웃 | 房东 fángdōng 명 집주인 | 住户 zhùhù 명 거주자 | 职员 zhíyuán 명 직원

---

23 Test **1-23**

해설 및 정답 여자가 你曾经是一名优秀的射击选手(당신은 과거에 우수한 사격 선수였는데)라고 한 말을 듣고, 남자의 예전 직업은 射击运动员(사격 선수)임을 짐작할 수 있다. 따라서 정답은 D이다.

女: <u>你曾经是一名优秀的射击选手</u>，可是为什么没有选择担任教练呢？

男: 我的性格不太适合指导别人。

女: 那你为什么选择经营运动俱乐部呢？

男: 能给普通人提供运动的场所，我很开心。

问: 男的以前可能是做什么的？

A 编辑　　　　　　　B 部门经理
C 辅导老师　　　　　**D 射击运动员**

여: <u>당신은 과거에 우수한 사격 선수였는데,</u> 왜 감독직을 선택하지 않으셨나요?

남: 제 성격은 다른 사람을 지도하는 데 어울리지 않기 때문이죠.

여: 그럼 왜 스포츠 클럽 경영을 선택하셨나요?

남: 일반인에게 운동 장소를 제공할 수 있는 것이 기쁘기 때문입니다.

질문: 남자는 예전에 무엇을 했겠는가?

A 편집자　　　　　　B 부서 매니저
C 과외 선생님　　　　**D 사격 선수**

 ★曾经 céngjīng 부 이전에 | 优秀 yōuxiù 형 우수하다 |

★射击选手 shèjī xuǎnshǒu 몡 사격 선수 | 选择 xuǎnzé 통 선택하다 | ★担任 dānrèn 통 맡다 | ★教练 jiàoliàn 몡 감독, 코치 | 性格 xìnggé 몡 성격 | 适合 shìhé 통 어울리다 | ★指导 zhǐdǎo 통 지도하다 | ★经营 jīngyíng 통 경영하다 | ★俱乐部 jùlèbù 몡 클럽 | 普通人 pǔtōngrén 몡 일반인 | 提供 tígōng 통 제공하다 | 场所 chǎngsuǒ 몡 장소 | 编辑 biānjí 몡 편집자 | 部门经理 bùmén jīnglǐ 몡 부서 매니저 | 辅导老师 fǔdǎo lǎoshī 몡 과외 선생님 | 射击运动员 shèjī yùndòngyuán 몡 사격 선수

24

(해설 및 정답) 금액이 제시된 보기를 보고 숫자에 조금 더 유의하여 듣는다. 금액은 48块(48위안)라고 했으므로 정답은 D이다.

男 : 你好，请问你要寄快递吗?
女 : 我有两个包裹，一个寄到北京，一个寄到成都。
男 : 两个加在一起一共是48块钱。
女 : 好的，请问寄到成都大概需要几天?

问 : 快递费多少钱?

A 14元   B 18元
C 28元   **D 48元**

남 : 안녕하세요! 택배를 보내려고 하나요?
여 : 소포가 두 개인데, 하나는 베이징으로 부치고, 하나는 청두로 부칠 거예요.
남 : 두 개 합쳐서 모두 48위안입니다.
여 : 네. 청두까지 대략 며칠이 걸리나요?

질문 : 택배 비용은 얼마인가?

A 14위안   B 18위안
C 28위안   **D 48위안**

(단어) 寄 jì 통 (우편으로) 부치다, 보내다 | 快递 kuàidì 몡 택배 | ★包裹 bāoguǒ 몡 소포 | 成都 Chéngdū 고유 청두[지명] | 加 jiā 통 더하다 | 大概 dàgài 틘 대략 | 快递费 kuàidì fèi 택배비

25

(해설 및 정답) 여자의 我乘坐的高铁马上就要开了(제가 탈 고속열차가 곧 출발하려고 해요)라는 말에서 여자가 고속열차를 타지 못할까 걱정하고 있음을 알 수 있다. 따라서 정답은 C이다.

女 : 师傅，15分钟后能到火车站吗? 我乘坐的高铁马上就要开了。
男 : 别着急，过了这个红绿灯，就到火车站了。
女 : 那就好，主要是我还没取票呢，怕来不及。
男 : 别担心，高铁可以直接刷身份证上车的。

问 : 女的为什么那么着急?

A 钱包找不到了
B 担心上班迟到
C 怕赶不上高铁
D 朋友的腿受伤了

여 : 기사님, 15분 후에 기차역에 도착할 수 있나요? 제가 탈 고속열차가 곧 출발하려고 해요.
남 : 조급해하지 마세요. 이 신호등만 지나면 바로 기차역이에요.
여 : 그럼 잘됐네요. 중요한건 제가 아직 표를 찾지 않았다는 거예요. 늦을까 봐 걱정이에요.
남 : 걱정하지 마세요. 고속열차는 신분증을 읽히면 탈 수 있어요.

질문 : 여자는 왜 그렇게 조급해하는가?

A 지갑을 찾지 못했다
B 출근에 지각할까 봐 걱정하다
C 고속열차를 타지 못할까 봐 걱정이다
D 친구의 다리가 다쳤다

(단어) 师傅 shīfu 몡 기사 | 火车站 huǒchēzhàn 몡 기차역 | 乘坐 chéngzuò 통 탑승하다 | 高铁 gāotiě 몡 고속열차 | 着急 zháojí 통 조급해하다 | 红绿灯 hónglǜdēng 몡 신호등 | 取票 qǔ piào 표를 찾다 | 怕 pà 통 걱정하다 | 来不及 láibují 통 제시간에 댈 수 없다 | 担心 dānxīn 통 걱정하다 | 直接 zhíjiē 톙 직접의 | 刷 shuā 통 (카드

등을) 긁다 | ★身份证 shēnfènzhèng 몡 신분증 | 钱
包 qiánbāo 몡 지갑 | 上班 shàngbān 동 출근하다 | 迟
到 chídào 동 지각하다 | 赶不上 gǎnbushàng 동 시간에
대지 못하다 | 腿 tuǐ 몡 다리 | ★受伤 shòushāng 동
다치다

趟 tàng 양 번, 차례[왕래하는 횟수를 세는 단위] | ★手术
shǒushù 동 수술하다 | 拿药 náyào 동 약을 타다 | 锻炼
duànliàn 동 단련하다 | 赏花 shǎnghuā 동 꽃구경하다

해설 및 정답 녹음에서 上次医生开的药吃完了，明天我还
得去一趟(저번에 의사가 처방해 준 약은 다 먹었어. 내일 또 가 봐야
해)이라고 한 말에서 여자가 내일 약을 타러 갈 것임을 알 수
있다. 따라서 정답은 B이다.

男：最近你怎么老流鼻涕，是感冒了吗?
女：不是，我有鼻炎，而且一到春天对花粉
　　还过敏。
男：你到医院去检查了吗?
女：去过了，上次医生开的药吃完了，明天
　　我还得去一趟。

问：女的明天要做什么?

A 做手术
B 去拿药
C 锻炼身体
D 去公园赏花

남: 요즘 계속 콧물을 흘리네. 감기 걸렸어?
여: 아니, 난 비염이 있어. 게다가 봄이 되면 꽃가루 알
　　레르기도 있지.
남: 병원에 가서 검사해 봤어?
여: 가 봤지. 저번에 의사가 처방해 준 약은 다 먹었어.
　　내일 또 가 봐야 해.

질문: 여자는 내일 무엇을 하려고 하는가?

A 수술하다
B 가서 약을 타다
C 몸을 단련한다
D 공원에 가서 꽃을 감상하다

단어 老 lǎo 분 늘 | 流鼻涕 liú bítì 콧물을 흘리다 | 感冒
gǎnmào 동 감기에 걸리다 | 鼻炎 bíyán 몡 비염 | 花粉
huāfěn 몡 꽃가루 | ★过敏 guòmǐn 몡 알레르기 | 检查
jiǎnchá 동 검사하다 | 开药 kāiyào 동 약을 처방하다 |

해설 및 정답 녹음에서 用词严谨, 逻辑性也很强, 真不错
(단어를 신중하게 사용하고 논리성도 강해서 매우 괜찮다고 생각한
다)라고 한 말에서 逻辑(논리)를 쉽게 들을 수 있으므로, 정답
은 A이다.

女：教授，您觉得我这篇论文还可以吗?
男：用词严谨，逻辑性也很强，真不错。
女：谢谢教授的点评，那您觉得我可以往学
　　会投稿吗?
男：有几个小地方还需要改改，我可以标一
　　下。

问：教授认为论文怎么样?

A 很有逻辑　　　　　B 内容简单
C 缺乏观点　　　　　D 问题明显

여: 교수님, 제 논문이 괜찮다고 생각하시나요?
남: 단어를 신중하게 사용하고 논리성도 강해서 매우
　　괜찮다고 생각하네.
여: 교수님의 평가에 감사드립니다. 그러면 학회에 투
　　고해도 된다고 생각하세요?
남: 몇 가지 작은 부분은 아직 수정이 필요하네. 내가
　　표시해 주겠네.

질문: 교수는 논문을 어떻게 생각하는가?

A 매우 논리적이다　　　B 내용이 간단하다
C 관점이 부족하다　　　D 문제가 뚜렷하다

단어 教授 jiàoshòu 몡 교수 | 篇 piān 양 편 | ★论文 lùnwén
몡 논문 | 用词 yòngcí 동 어휘를 사용하다 | 严谨 yánjǐn
형 신중하다, 빈틈없다 | ★逻辑性 luójixìng 몡 논리성 |
强 qiáng 형 좋다, 우월하다 | 点评 diǎnpíng 몡 비평 | 学
会 xuéhuì 몡 학회 | 投稿 tóugǎo 동 투고하다 | 改 gǎi 동
수정하다 | 标 biāo 동 표시하다 | 内容 nèiróng 몡 내용 |
简单 jiǎndān 형 간단하다 | ★缺乏 quēfá 동 부족하다 |
★观点 guāndiǎn 몡 견해 | ★明显 míngxiǎn 형 뚜렷하다

28

해설 및 정답 녹음에서 남자의 请问是沙县小吃吗? 我想叫
个外卖(샤셴 음식점인가요? 배달 주문을 하고 싶은데요)라는 말과
여자의 您要点儿什么?(무엇을 주문하시겠습니까?)라는 말에서
남자가 음식을 주문하고 있음을 알 수 있다.

男：您好，请问是沙县小吃吗？我想叫个外
　　卖。
女：是的，您要点儿什么？
男：给我来一份拌面和一盘饺子，送到交通
　　大学5号宿舍楼。
女：好的，现在是午饭时间，稍微有些忙，
　　我们大概三十分钟内送到。

问：男的为什么打电话？

A 网购　　　　　　　**B 订餐**
C 要退货　　　　　　D 买鲜花

남: 안녕하세요, 샤셴 음식점인가요? 배달 주문을 하고
　　싶은데요.
여: 네, 무엇을 주문하시겠습니까?
남: 비빔면 하나와 만두 하나요. 교통 대학 5번 기숙사
　　건물로 배달해 주시면 돼요.
여: 알겠습니다. 지금은 점심 시간이라 좀 바빠요. 약
　　30분 내에 배달해 드리겠습니다.

질문: 남자는 왜 전화했는가?

A 인터넷 쇼핑　　　　**B 음식 주문**
C 반품　　　　　　　　D 꽃 구매

단어 沙县小吃 Shāxiàn xiǎochī 圆 샤셴 음식점[중국 음식점
이름] | 外卖 wàimài 圆 포장 판매 음식, 배달 음식 | 份
fèn 鼍 세트 | 拌面 bànmiàn 圆 비빔면 | 盘 pán 鼍 그릇
饺子 jiǎozi 圆 교자 | 送 sòng 통 배달하다 | 交通大
学 Jiāotōng Dàxué 圆 교통 대학 | 宿舍楼 sùshèlóu 圆
기숙사 | 稍微 shāowēi 贾 조금 | 大概 dàgài 贾 대략 |
网购 wǎnggòu 통 인터넷 쇼핑하다 | 订餐 dìngcān
통 음식을 주문하다 | 退货 tuìhuò 통 반품하다 | 鲜花
xiānhuā 圆 생화

29

해설 및 정답 여자의 我不小心把咖啡弄倒了，都洒在电脑
键盘上了(나 실수로 커피를 쏟았는데, 몽땅 컴퓨터 키보드에 엎질렀
어요)라는 말을 듣고 커피를 엎지른 것을 알 수 있으므로, 弄
倒了를 弄洒了로 바꿔 표현한 B가 정답이다.

女：我不小心把咖啡弄倒了，都洒在电脑
　　键盘上了。
男：你先把电脑连接线拔下来，然后用吹风
　　机吹干。
女：你确定吹干了以后就能用吗？
男：估计没问题，你最好再用酒精把灰尘擦
　　干净。

问：根据对话，可以知道什么？

A 电脑关机了
B 咖啡弄洒了
C 电源没连上
D 女的很细心

여: 나 실수로 커피를 쏟았는데, 몽땅 컴퓨터 키보드에
　　엎질렀어요.
남: 우선 컴퓨터 연결선을 뽑은 후에 드라이어로 말려
　　요.
여: 말리고 나면 사용할 수 있다고 확신해요?
남: 문제없을 거라고 생각해요. 그 후에 알코올로 먼지
　　를 깨끗이 닦는 게 가장 좋죠.

질문: 대화에 근거해 알 수 있는 것은?

A 컴퓨터를 껐다
B 커피를 엎질렀다
C 전원이 연결되지 않았다
D 여자는 매우 세심하다

단어 弄倒 nòngdǎo 통 넘어뜨리다, 쓰러뜨리다 | ★键盘
jiànpán 圆 키보드 | 连接线 liánjiēxiàn 圆 연결선 | 拔
bá 통 뽑다 | 吹风机 chuīfēngjī 圆 헤어드라이어 | ★吹
chuī 통 (바람을) 불다 | 干 gān 圈 건조하다, 말리다 |
★确定 quèdìng 통 확정하다 | 估计 gūjì 통 예상하다 |
酒精 jiǔjīng 圆 에틸알코올 | ★灰尘 huīchén 圆 먼지 |
擦 cā 통 닦다 | 关机 guānjī 통 전원을 끄다 | 弄洒
nòngsǎ 엎지르다 | 电源 diànyuán 圆 전원 | 连 lián 통

30

Test **1- 30**

[해설 및 정답] 녹음에서 여자의 我想换一个手机套餐(휴대폰 결합 요금 상품으로 바꾸고 싶다)이라는 말에서 정답이 D임을 알 수 있다.

男：您好，有什么可以帮到您？
女：我的手机费用太贵了。我想换一个手机套餐。
男：这有我们公司所有的套餐类型，您可以随便看一下，选择合适的套餐。
女：谢谢，我看一下。

问：女的想办理哪项业务？

A 银行存款　　　　B 出院手续
C 毕业证明　　　　**D 手机套餐**

남：안녕하세요? 무엇을 도와드릴까요?
여：제 휴대폰 비용이 너무 비싸서, 휴대폰 결합 요금 상품으로 바꾸고 싶은데요.
남：여기 우리 회사의 모든 결합 요금 상품 유형이 있어요. 편하게 보시고, 적당한 결합 요금 상품으로 고르세요.
여：감사합니다. 제가 한번 볼게요.

질문：여자는 어떤 업무를 처리하고 싶은가?

A 은행 예금　　　　B 퇴원 수속
C 졸업 증명　　　　**D 휴대폰 결합 요금 상품**

[단어] 费用 fèiyòng 몡 비용 | 手机套餐 shǒujī tàocān 휴대폰 결합 요금 상품 | 所有 suǒyǒu 혱 모든 | ★类型 lèixíng 몡 유형 | 随便 suíbiàn 톙 편한 대로 | 选择 xuǎnzé 통 선택하다 | 合适 héshì 혱 적당하다 | ★业务 yèwù 몡 업무 | 存款 cúnkuǎn 몡 예금 | 出院手续 chūyuàn shǒuxù 퇴원 수속 | 毕业证明 bìyè zhèngmíng 졸업 증명

[31-32]

Test **1- 31**

第31到32题是根据下面一段话：

　　俗话说“³²饭前一碗汤，赛过良药方”。³¹人们吃饭时喝汤可以促进食物消化，同时还能防止它们刺激消化道。汤中有大量的水，还有一定的能量，它既可以增加我们的饱腹感，还能为身体提供需要的能量。同时，喝汤也能放慢进食速度，避免吃饭过快导致摄入过量营养。而且，³²喝汤多的人通常有更好的饮食习惯，相比于不喝汤的人，他们摄入更多的蛋白质、纤维和矿物质等营养物。

31~32번 문제는 다음 내용에 근거한다.

옛말에 '³²식사 전의 국 한 그릇은 약보다 좋다'라고 했다. ³¹사람들이 밥을 먹을 때 국을 마시면 음식물 소화를 촉진할 수 있고, 또한 음식물에 의한 소화관 자극을 방지할 수도 있다. 국 속의 대량의 물은 에너지를 지니고 있어, 포만감을 늘릴 수 있을 뿐만 아니라 신체에 필요한 에너지를 제공한다. 또 국을 마시면 음식 섭취 속도를 느리게 할 수도 있어, 지나치게 빠른 식사가 초래하는 영양 과다 섭취를 피할 수도 있다. 게다가 ³²국을 많이 마시는 사람은 보통 더 좋은 식습관을 지니고 있어 국을 마시지 않는 사람과 비교했을 때 더 많은 단백질, 섬유질 및 미네랄 등의 영양 물질을 섭취한다.

[단어] 俗话 súhuà 몡 옛말, 속담 | ★促进 cùjìn 통 촉진시키다 | ★食物 shíwù 몡 음식 | ★消化 xiāohuà 통 소화하다 | 防止 fángzhǐ 통 방지하다 | ★刺激 cìjī 통 자극하다 | 消化道 xiāohuàdào 몡 소화관 | ★大量 dàliàng 혱 많은 양의 | 能量 néngliàng 몡 에너지 | 增加 zēngjiā 통 더하다 | 饱腹感 bǎofùgǎn 몡 포만감 | 提供 tígōng 통 제공하다 | 放慢 fàngmàn 통 (속도를) 늦추다 | 进食 jìnshí 통 식사하다 | 速度 sùdù 몡 속도 | ★避免 bìmiǎn 통 피하다 | ★导致 dǎozhì 통 야기하다 | 摄入 shèrù 통 섭취하다 | 过量 guòliàng 혱 양(한계량)을 초과하다 | ★营养 yíngyǎng 몡 영양 | ★通常 tōngcháng 몡 보통 | 饮食 yǐnshí 통 음식을 먹고 마시다 | 习惯 xíguàn 몡 습관 | 相比 xiāngbǐ 통 비교하다 | 蛋白质 dànbáizhì 몡 단백질 | 纤维 xiānwéi 몡 섬유질 | 矿物质 kuàngwùzhì

명 미네랄 | 营养物 yíngyǎngwù 명 영양 물질

过饱 guòbǎo 동 과식하다

31

해설 및 정답 녹음에서 人们吃饭时喝汤可以促进食物消化(사람들이 밥을 먹을 때 국을 좀 마시면 음식물 소화를 촉진할 수 있다)를 듣고 식사할 때 국을 마시면 소화를 촉진한다는 것을 알 수 있으므로 정답은 A이다.

吃饭时喝汤有什么好处?

A 促进消化　　　　B 帮助睡眠
C 缓解压力　　　　D 稳定情绪

식사할 때 국을 마시면 어떤 장점이 있는가?

A 소화를 촉진한다　　B 수면을 돕는다
C 스트레스를 완화한다　D 정서를 안정시킨다

단어 好处 hǎochu 명 장점 | 睡眠 shuìmián 명 수면 | ★缓解 huǎnjiě 동 완화시키다 | 压力 yālì 명 스트레스 | ★稳定 wěndìng 동 안정시키다 | ★情绪 qíngxù 명 정서, 기분

32

해설 및 정답 녹음 앞부분의 饭前一碗汤, 赛过良药方(식사 전의 국 한 그릇은 약보다 좋다)과 뒷부분의 喝汤多的人通常有更好的饮食习惯(국을 많이 마시는 사람은 보통 더 좋은 식습관을 지니고 있다)을 근거로 식사 전 국을 마시는 것은 좋다는 것을 알 수 있다. 따라서 정답은 D이다.

通过这段话, 我们可以知道什么?

A 用餐时勿喝水
B 不要吃得过饱
C 饭后要经常运动
D 饭前喝汤有好处

이 글을 통해서 알 수 있는 것은 무엇인가?

A 식사할 때 물을 마시지 마라
B 과식하면 안 된다
C 식사 후 자주 운동해야 한다
D 식사 전 국을 마시면 좋은 점이 있다

단어 用餐 yòngcān 동 식사를 하다 | ★勿 wù 부 ~하지 마라 |

第33到35题是根据下面一段话:

　　著名作家巴金的读书方法十分奇特, [33]因为他是在没有书本的情况下进行的。读书而无书的确算得上是天下一奇了, 这到底是怎么回事呢? 巴金回忆说:"我当时身体不好, 刚出院不久就又被送到了医院治疗。在医院里, [34]我每天午睡不到一小时, 就下床坐在小沙发上, 等候护士两点钟来量体温。我坐着, 一动也不动, 但并没有打瞌睡。我的脑子不肯休息, [35]而是在回忆我过去看过的那些大量的书和作品, 我想在我的记忆力完全衰退之前, 不断地回顾, 这样可以保留下一点儿美好的东西。"原来巴金"无书读书法"就是静坐在那里回忆曾经读过的书。

33~35번 문제는 다음 내용에 근거한다.

유명작가 바진(巴金)의 독서 방법은 무척 특이했다. [33]그는 책이 없는 상태에서 책을 읽었기 때문이다. 책을 읽지만 책이 없다니 정말 세상에서 제일 신기한 일이라 할 수 있다. 도대체 어떻게 된 일일까? 바진은 회상하며 말했다. "전 당시 몸이 좋지 않았는데, 퇴원한 지 얼마 되지 않아 또 병원 치료를 위해 이송되었죠. 병원에서 [34]전 매일 낮잠을 1시간도 채 안 자고 침대에서 내려와 작은 소파에 앉아 간호사가 2시에 체온을 재러 오는 걸 기다렸습니다. 전 미동도 없이 앉아 있었지만 졸지 않았습니다. 제 뇌는 쉬려고 하지 않고 [35]제가 과거에 읽었던 수많은 책과 작품들을 회상했습니다. 전 제 기억력이 완전히 쇠퇴하기 전에 끊임없이 회고하고 싶었습니다. 이렇게 하면 아름다운 것을 남길 수 있죠." 알고 보니 바진의 '책 없이 책 읽는 법'은 바로 조용히 앉아 이전에 읽었던 책들을 회상하는 것이었다.

단어 著名 zhùmíng 형 유명하다 | 作家 zuòjiā 명 작가 | 巴金 Bājīn 고유 바진[1904~2005, 중국 현대문학 작가] | 奇特 qítè 형 독특하다 | 情况 qíngkuàng 명 상황 | ★的确

díquè 🖹 정말로 | 算得上 suàn de shàng ~라고 할 수 있다 | 天下 tiānxià 🖹 온 세상 | 奇 qí 🖹 이상하다 | 到底 dàodǐ 🖹 도대체 | 回忆 huíyì 🖹 회상하다 | 出院 chūyuàn 🖹 퇴원하다 | ★治疗 zhìliáo 🖹 치료하다 | 下床 xiàchuáng 🖹 침대에서 내려오다 | 等候 děnghòu 🖹 기다리다 | 护士 hùshi 🖹 간호사 | 量体温 liáng tǐwēn 🖹 체온을 재다 | 打瞌睡 dǎ kēshuì 🖹 졸다 | 脑子 nǎozi 🖹 뇌 | 大量 dàliàng 🖹 대량의 | ★作品 zuòpǐn 🖹 작품 | 记忆力 jìyìlì 🖹 기억력 | 完全 wánquán 🖹 완전히 | 衰退 shuāituì 🖹 감퇴하다 | ★不断 búduàn 🖹 끊임없이 | 回顾 huígù 🖹 회상하다 | ★保留 bǎoliú 🖹 남기다 | 美好 měihǎo 🖹 행복하다 | 原来 yuánlái 🖹 알고 보니 | 静坐 jìngzuò 🖹 조용히 앉다 | ★曾经 céngjīng 🖹 이전에

해설 및 정답　앞부분의 因为他是在没有书本的情况下进行的(그는 책이 없는 상태에서 책을 읽었기 때문이다)를 통해 책 자체를 안 본다는 것이 바진의 특이한 독서 방법임을 알 수 있으므로 정답은 C이다.

为什么说巴金的读书方法奇特?

A 一目十行
B 阅读速度快
C 根本没看书
D 别人给他读

왜 바진의 독서 방법이 특이하다고 하는가?

A 한눈에 열 줄씩 읽는다
B 읽는 속도가 빠르다
C 책 자체를 안 본다
D 다른 사람이 읽어준다

단어　奇特 qítè 🖹 독특하다 | 一目十行 yí mù shí háng 🖹 한눈에 열 줄씩 읽다, 책 읽는 속도가 매우 빠르다 | 速度 sùdù 🖹 속도 | ★根本 gēnběn 🖹 전혀, 아예

해설 및 정답　중간 부분의 我每天午睡不到一小时, 就下床坐在小沙发上, 等候护士两点钟来量体温(전 매일 낮잠을 1시간도 채 안 자고 침대에서 내려와 작은 소파에 앉아 간호사가 2시에 체온을 재러 오는 걸 기다렸다)에서 바진이 매일 낮잠을 잔 후 간호사를 기다렸음을 알 수 있고, 等护士를 쉽게 들을 수 있으므로 정답은 B이다.

每天午睡后, 巴金会做什么?

A 出去散步
B 坐着等护士
C 躺床上看书
D 开窗看风景

매일 낮잠을 잔 후, 바진은 무엇을 했는가?

A 산책을 나가다
B 앉아서 간호사를 기다리다
C 침대에 누워 책을 보다
D 창문을 열고 풍경을 바라보다

단어　午睡 wǔshuì 🖹 낮잠을 자다 | 散步 sànbù 🖹 산책하다 | 躺 tǎng 🖹 눕다 | 开窗 kāi chuāng 창문을 열다 | ★风景 fēngjǐng 🖹 경치

해설 및 정답　녹음 중 在回忆我过去看过的那些大量的书和作品(제가 과거에 읽었던 수많은 책과 작품들을 회상했다)에서 바진이 많은 책을 읽었음을 유추할 수 있고, 녹음의 大量的书가 D의 很多书와 같은 뜻이므로 정답은 D이다.

根据这段话, 可以知道什么?

A 巴金工作繁忙
B 巴金记忆力不好
C 护士每天来打针
D 巴金读过很多书

이 글에 근거해 알 수 있는 것은?

A 바진은 일이 몹시 바빴다

B 바진은 기억력이 나빴다

C 간호사가 매일 주사를 놓으러 왔다

D 바진은 많은 책을 읽었다

단어 繁忙 fánmáng 휑 일이 많고 바쁘다 | 打针 dǎzhēn 통
주사를 놓다

[36-38]

Test **1-38**

第36到38题是根据下面一段话：

　　一位年轻人刚刚交了女朋友，想在女朋友面前好好表现一番，于是邀请她到一家地道的法国餐馆吃饭。[36]可是当服务员把菜单拿到他面前的时候，他突然慌张起来。因为菜单上全都是法语，甚至连一张饭菜的图片也没有，然而[38]他一点儿法语都不懂，根本不知道菜单上写的是什么。但是他又不愿在女朋友面前显得无知，于是便指着菜单上的几行字对服务员说："我们就吃这几样菜吧！"服务员看了看菜单，说道："[37]对不起，先生，这是我们乐队的表演歌曲单！"

36~38번 문제는 다음 내용에 근거한다.

　한 젊은이가 이제 막 여자 친구를 사귀게 되어 여자 친구 앞에서 멋있게 보이고 싶었다. 그래서 그녀에게 정통 프랑스 식당에서 식사를 하자고 했다. [36]그런데 종업원이 메뉴판을 그의 앞으로 가져왔을 때, 그는 순간 몹시 당황했다. 왜냐하면 메뉴판에는 온통 프랑스어뿐이었고, 심지어 요리 사진 한 장조차 없었기 때문이다. [38]그는 프랑스어를 전혀 못했기 때문에 메뉴판에 무엇이 적혀 있는지 도무지 알 수가 없었다. 하지만 그는 여자 친구 앞에서 무식하게 보이고 싶지 않았기 때문에 메뉴판에 쓰인 글자 몇 줄을 가리키며 종업원에게 "우린 이 요리들을 먹겠습니다!"라고 말했다. 종업원은 메뉴판을 보더니 말했다. "[37]죄송합니다. 선생님. 이것은 저희 밴드의 노래 공연 리스트입니다!"

단어 交 jiāo 통 사귀다 | ★表现 biǎoxiàn 통 나타내다 | 番

fān 양 번 | 邀请 yāoqǐng 통 초대하다 | ★地道 dìdao
휑 정통의, 본고장의 | 法国 Fǎguó 고유 프랑스 | 餐馆
cānguǎn 명 음식점 | 服务员 fúwùyuán 명 종업원 | 菜
单 càidān 명 메뉴 | ★慌张 huāngzhāng 휑 당황하다 |
法语 Fǎyǔ 명 프랑스어 | 饭菜 fàncài 명 식사 | 图片
túpiàn 명 그림 | 然而 rán'ér 접 그러나 | ★显得 xiǎnde
통 ~인 것처럼 보이다 | 无知 wúzhī 휑 무지하다 | 指 zhǐ
통 가리키다 | 行 háng 양 줄 | 乐队 yuèduì 명 악대 | 表
演 biǎoyǎn 명 공연 | 歌曲单 gēqǔdān 명 음악 리스트

36

Test **1-39**

해설 및 정답 녹음 중 종업원이 메뉴판을 그의 앞으로 가져왔을 때 他突然慌张起来(그는 순간 몹시 당황했다)라고 한 부분에서 慌张起来는 A의 紧张起来와 유사어이므로 정답은 A이다.

拿到菜单时，年轻人怎么样？

A 紧张起来
B 思考很久
C 让女朋友点
D 想去洗手间

메뉴판을 받았을 때 젊은이는 어떠했는가?

A 긴장하다
B 오랫동안 생각하다
C 여자 친구가 주문하도록 하다
D 화장실에 가고 싶다

단어 ★思考 sīkǎo 통 깊이 생각하다, 사고하다 | 点 diǎn 통
주문하다 | 洗手间 xǐshǒujiān 명 화장실

37

Test **1-40**

해설 및 정답 녹음에서 对不起 다음에 종업원이 这是我们乐队的表演歌曲单(이것은 우리 밴드의 노래 공연 리스트다)이라고 말한 부분을 듣고 남자는 요리를 주문한 것이 아님을 짐작할 수 있으므로, 정답은 D이다.

服务员为什么对年轻人说"对不起"？

A 他点得太少

B 看不清他的字

C 没有他点的菜

D 他点的不是菜

종업원은 왜 젊은이에게 '죄송합니다'라고 말했는가?

A 그가 주문한 메뉴가 너무 적었다

B 그의 글자가 제대로 안 보였다

C 그가 주문한 요리가 없었다

D 그가 주문한 것은 요리가 아니다

38 Test **1- 41**

해설 및 정답 녹음 중간에 他一点儿法语都不懂(그는 프랑스어를 전혀 못한다)을 듣고 그가 프랑스어를 할 줄 모른다는 것을 알 수 있다. 따라서 정답은 B이다.

根据这段话，可以知道什么？

A 餐馆的饭菜很贵

B 年轻人不会法语

C 年轻人非常骄傲

D 表演歌曲是免费的

이 글에 근거해 알 수 있는 것은?

A 식당의 요리는 매우 비싸다

B 젊은이는 프랑스어를 할 줄 모른다

C 젊은이는 무척 거만하다

D 노래 공연은 무료이다

 骄傲 jiāo'ào 형 거만하다 | 免费 miǎnfèi 동 무료로 하다

[39-41] Test **1- 42**

第39到41题是根据下面一段话：

　　有人问为什么电商的产品价格那么便宜，是不是假的？阿里巴巴创始人马云解释说："³⁹不是电商卖得便宜，而是商场卖得太

贵了。"那究竟是什么促使它们如此高价呢？以一件衣服为例，从最初的原材料采购到消费者手中，要经历很多的流程，⁴⁰而在这中间每个过程都要缴纳一定的税，同时还要给品牌商、代理商缴纳费用，进入大商场时还要有进场费、促销费等各种手续费，但是⁴¹电商却不需要那么多的费用，因此产品的价格才会比商场低很多。

39~41번 문제는 다음 내용에 근거한다.

　　어떤 사람이 전자상거래의 제품 가격은 왜 그렇게 싸냐며 가짜가 아니냐고 물었다. 알리바바 창립자 마윈은 이렇게 설명했다. "³⁹전자상거래가 싸게 파는 것이 아니라 쇼핑센터가 너무 비싸게 파는 것입니다." 그렇다면 도대체 무엇이 그토록 높은 가격을 부추길까? 옷 한 벌을 예로 들어보자. 최초의 원재료 구입부터 소비자의 손에 이르기까지 수많은 유통 과정을 거쳐야 한다. ⁴⁰그리고 그 과정마다 일정한 세금을 납부하는 한편, 브랜드 업체와 대리업체에게도 비용을 지불해야 한다. 대형 쇼핑센터에 들어갈 때는 입점비, 판촉비 등 각종 수수료가 발생한다. 그러나 ⁴¹전자상거래는 그렇게 많은 비용이 필요하지 않기 때문에, 상품의 가격이 쇼핑센터보다 많이 쌀 수 있다.

단어 电商 diànshāng 명 전자상거래 | ★产品 chǎnpǐn 명 제품 | 假 jiǎ 명 가짜 | 阿里巴巴 Ālǐbābā 고유 알리바바[중국 최대 전자상거래 업체] | 创始人 chuàngshǐrén 명 창시자 | 马云 Mǎ Yún 고유 마윈 [알리바바 그룹의 창시자 겸 회장] | 解释 jiěshì 동 설명하다 | 究竟 jiūjìng 부 도대체 | ★促使 cùshǐ 동 ~하도록 만들다 | 如此 rúcǐ 대 이와 같다 | 高价 gāojià 명 고가 | 以…为例 yǐ…wéi lì ~을 예로 들다 | ★最初 zuìchū 명 맨 처음 | 原材料 yuáncáiliào 명 원자재 | 采购 cǎigòu 동 구매하다 | 消费者 xiāofèizhě 명 소비자 | 经历 jīnglì 동 겪다, 경과하다 | 流程 liúchéng 명 유통과정 | 过程 guòchéng 명 과정 | 缴纳 jiǎonà 동 납입하다 | ★税 shuì 명 세금 | 品牌 pǐnpái 명 상표 | 代理商 dàilǐshāng 명 대리상 | 费用 fèiyòng 명 비용 | 进场费 jìnchǎngfèi 명 입점비 | 促销费 cùxiāofèi 명 판촉비 | 手续费 shǒuxùfèi 명 수속비

39

해설 및 정답 녹음에서 不是电商卖得便宜, 而是商场卖得太贵了(전자상거래가 싸게 파는 것이 아니라 쇼핑센터가 너무 비싸게 판다)라고 한 마윈의 말에서 쇼핑센터에서 파는 물건이 비싸다는 것을 알 수 있다. 따라서 정답은 A이다.

根据马云那句话，可以知道什么？

A 商场的价格贵
B 电商产品多样
C 商场经常涨价
D 电商产品不保真

마윈의 말에 근거해 알 수 있는 것은?

A 쇼핑센터의 가격은 비싸다
B 전자상거래 제품은 다양하다
C 쇼핑센터는 자주 가격을 인상한다
D 전자상거래 제품은 정품을 보장하지 않는다

단어 多样 duōyàng 혱 다양하다 | 涨价 zhǎngjià 동 가격을 인상하다 | 保真 bǎozhēn 동 진품임을 보증하다

40

해설 및 정답 녹음 중간 부분에서 一定的税(일정한 세금), 费用(비용), 进场费(입점비), 促销费(판촉비), 各种手续费(각종 수수료)를 듣고 쇼핑센터에 들어가면 가격이 오르게 되는 이유가 '각종 비용(费用)' 때문임을 유추할 수 있으므로, 정답은 C이다.

为什么进入商场后价格会提高很多？

A 运输过程复杂
B 购买大于需求
C 需要多种费用
D 产品质量更好

왜 쇼핑센터에 들어가면 가격이 많이 오르게 되는가?

A 운송 과정이 복잡하다
B 구매가 수요보다 많다
C 여러 비용이 필요하다
D 제품 품질이 더 좋다

단어 提高 tígāo 동 높이다 | ★运输 yùnshū 동 운송하다 | 复杂 fùzá 혱 복잡하다 | 购买 gòumǎi 동 구매하다 | 需求 xūqiú 명 수요 | 质量 zhìliàng 명 품질

41

해설 및 정답 마지막의 电商却不需要那么多的费用，因此产品的价格才会比商场低很多(전자상거래는 그렇게 많은 비용이 필요하지 않기 때문에, 상품의 가격이 쇼핑센터보다 많이 쌀 수 있다)에서 전자상거래가 쇼핑센터보다 가격 경쟁력이 있다는 것을 유추할 수 있으므로, 정답은 D이다.

根据这段话，下列哪项正确？

A 商场经常打折
B 商场欺骗消费者
C 电商不需手续费
D 电商有价格优势

이 글에 근거해, 다음 중 옳은 것은?

A 쇼핑센터는 자주 할인을 한다
B 쇼핑센터는 소비자를 속인다
C 전자상거래는 수수료가 필요 없다
D 전자상거래는 가격 경쟁력이 있다

단어 打折 dǎzhé 동 할인하다 | 欺骗 qīpiàn 동 속이다 | ★优势 yōushì 명 우세

[42-43]

第42到43题是根据下面一段话：

　　[42]我们经常会在公园或路旁看到一些树被修剪得整整齐齐的，其实树也跟我们人一样，需要不时地"理发"。修剪树枝不仅是为了[43]让树看起来更好看、美化环境，而且还能让树健康成长。首先[43]减少树木的水分和营养流失；其次冬天剪枝后，来年春暖之时，树枝重新长出来，而且会更加茂盛；再次，[43]还可以让树充分地吸收光照。

42~43번 문제는 다음 내용에 근거한다.

⁴²우리는 종종 공원이나 길가에서 가지런하게 가지치기를 한 나무들을 볼 수 있다. 사실 나무도 인간처럼 자주 '이발'을 해야 한다. 가지치기는 ⁴³나무를 더 보기 좋게 하고 환경을 아름답게 가꾸기 위해서일 뿐만 아니라 나무가 건강하게 자라도록 할 수도 있다. 우선 ⁴³나무의 수분과 영양의 유실이 감소한다. 두 번째로 겨울에 가지치기를 한 후 다음 해 따뜻한 봄이 되면 나뭇가지가 새로 자라나고 더 무성해진다. 또한 ⁴³나무가 햇빛을 충분히 흡수할 수 있도록 해준다.

단어 修剪 xiūjiǎn 图 다듬다, 가지치기하다 | 整整齐齐 zhěngzhěngqíqí 图 가지런하다 | 不时 bùshí 图 자주, 수시로 | 理发 lǐfà 图 이발하다 | 树枝 shùzhī 图 나뭇가지 | 不仅 bùjǐn 젭 ~뿐만 아니라 | 美化 měihuà 图 아름답게 꾸미다 | 环境 huánjìng 图 환경 | ★成长 chéngzhǎng 图 자라다 | 减少 jiǎnshǎo 图 줄이다 | 树木 shùmù 图 나무 | 水分 shuǐfèn 图 수분 | ★营养 yíngyǎng 图 영양 | 流失 liúshī 图 유실되다 | 来年 láinián 图 다음 해 | 之时 zhī shí ~인 때 | 重新 chóngxīn 图 (처음부터) 다시 | 长 zhǎng 图 자라다 | 更加 gèngjiā 图 더욱 | 茂盛 màoshèng 图 우거지다 | 再次 zàicì 图 거듭, 재차 | ★充分 chōngfèn 图 충분히 | ★吸收 xīshōu 图 흡수하다 | 光照 guāngzhào 图 내리쬐는 햇빛

42

Test **1-47**

해설 및 정답 看到一些树被修剪得整整齐齐的(가지런하게 가지치기를 한 나무들을 볼 수 있다)라고 한 부분에서 정답은 A임을 알 수 있다.

我们在公园里经常会看到什么现象?

A 树枝修得整齐
B 种植很多花草
C 老人集体晨练
D 树干被涂成白色

우리는 공원에서 종종 어떤 현상을 볼 수 있는가?

A 나뭇가지를 단정하게 가지치기한다
B 많은 화초를 심는다
C 노인 단체가 아침 운동을 한다
D 나무줄기를 하얗게 칠한다

단어 种植 zhòngzhí 图 (나무를) 심다 | 花草 huācǎo 图 화초 | 老人 lǎorén 图 노인 | ★集体 jítǐ 图 단체 | 晨练 chénliàn 图 아침에 훈련하다 | 树干 shùgàn 图 나무줄기 | 涂 tú 图 칠하다

43

Test **1-48**

해설 및 정답 녹음에서 让树看起来更好看(나무를 더 보기 좋게 보이도록 한다), 减少树木的水分和营养流失(나무의 수분과 영양의 유실이 감소한다), 树充分地吸收光照(나무가 햇빛을 충분히 흡수한다)를 듣고 A, B, C는 녹음에서 언급된 것임을 확인할 수 있다. 따라서 녹음에서 언급되지 않은 D가 정답이다.

根据这段话,下列哪项不是修剪树枝的好处?

A 减少水分流失
B 让树更加美观
C 充分吸收阳光
D 防止虫病传染

이 글에 근거해, 다음 중 가지치기의 장점이 아닌 것은?

A 수분 유실 감소
B 나무를 더 보기 좋게 한다
C 햇빛을 충분히 흡수한다
D 병충해 전염 방지

단어 防止 fángzhǐ 图 방지하다 | 虫病 chóngbìng 图 기생충으로 인하여 발생한 각종 질환 | ★传染 chuánrǎn 图 감염시키다

[44-45]

第44到45题是根据下面一段话：

⁴⁴爸爸为了让儿子看到美丽的平原，带着儿子气喘吁吁地爬到山顶。爸爸控制不住内心的兴奋说："儿子，快看，我们脚下的平原景色多美！世界上再没有比这更漂亮的景色了！"儿子十分奇怪地问："爸爸，既然下面的景色那么好，我们为什么要花那么长时间爬到上面来呢？"然而儿子并不知道在山下是看不到这样的美景的。⁴⁵有时，另一个角度会带给我们全新的世界。

44~45번 문제는 다음 내용에 근거한다.

⁴⁴아버지는 아들에게 아름다운 평원을 보여주기 위해 아들을 데리고 숨을 헐떡이며 산꼭대기에 올랐다. 아버지는 마음의 흥분을 주체하지 못하며 말했다. "아들아, 어서 보렴. 우리 발 밑의 평원이 경치가 얼마나 아름다운지! 세상에 이보다 더 예쁜 경치는 없을 거다!" 아들은 무척 이상해하며 물었다. "아버지, 산 밑의 경치가 그렇게 좋으면 우린 왜 그렇게 긴 시간을 들여 위로 올라와야 하나요?" 그러나 아들은 산 아래에서는 이런 아름다운 풍경을 볼 수 없다는 것을 몰랐다. ⁴⁵때로는 다른 각도가 우리에게 전혀 새로운 세계를 보여줄 수 있다.

단어 ┃ 美丽 měilì 형 아름답다 | 平原 píngyuán 명 평원 | 气喘吁吁 qì chuǎn xū xū 성 호흡을 가쁘게 몰아 쉬다 | 山顶 shāndǐng 명 산 정상 | ★控制 kòngzhì 동 제어하다, 조절하다 | 内心 nèixīn 명 마음속 | 兴奋 xīngfèn 형 흥분하다 | 脚下 jiǎoxià 명 발 아래 | 景色 jǐngsè 명 경치 | 世界 shìjiè 명 세상 | 奇怪 qíguài 형 의아하다 | 既然 jìrán 접 (이왕) ~했으니까 | 美景 měijǐng 명 아름다운 경치 | ★角度 jiǎodù 명 관점, 각도

해설 및 정답 ┃ 첫 문장 爸爸为了让儿子看到美丽的平原(아버지는 아들에게 아름다운 평원을 보여주기 위해)에서 아버지가 아들에게 아름다운 경치를 보여주려고 산에 올라갔음을 알 수 있으므로, 정답은 D이다.

爸爸为什么带儿子爬山？

A 摘水果

B 看比赛

C 锻炼身体

D 欣赏美景

아버지는 왜 아들을 데리고 산에 올랐는가？

A 과일 따기

B 경기 관람

C 신체 단련

D 아름다운 경치 감상

단어 ┃ ★摘 zhāi 동 (식물의 꽃·열매 등) 따다, 꺾다 | 水果 shuǐguǒ 명 과일 | 比赛 bǐsài 명 시합 | 锻炼 duànliàn 동 단련하다 | ★欣赏 xīnshǎng 동 감상하다

해설 및 정답 ┃ 마지막 부분의 有时，另一个角度会带给我们全新的世界(때로는 다른 각도가 우리에게 전혀 새로운 세계를 보여줄 수 있다)에서 角度를 그대로 들려주므로, '각도를 바꿔 문제를 보라'가 주제임을 알 수 있다. 따라서 정답은 C이다.

这段话主要告诉我们什么？

A 不要怕吃苦

B 梦想总会实现

C 换个角度看问题

D 坚持到底就是胜利

이 이야기가 말하고자 하는 것은 무엇인가？

A 고생을 두려워하지 마라

B 꿈은 언젠가 이루어진다

C 각도를 바꿔 문제를 바라봐라

D 끝까지 하면 승리한다

단어 ┃ 怕 pà 동 두려워하다 | 吃苦 chīkǔ 동 고생하다 | ★梦想 mèngxiǎng 명 꿈 | ★实现 shíxiàn 동 실현하다 | 换 huàn 동 바꾸다 | 坚持到底 jiānchí dàodǐ 끝까지 견지하다 | ★胜利 shènglì 동 승리하다

[46–48]

> 동전은 금속으로 <u>46 제조한</u> 화폐로, 금속 화폐라고도 부른다. 금속 화폐는 사용하기에 편리하고, 유통 소모가 적고, 사용 수명이 길다는 등의 장점을 가지고 있다. 동전은 본연의 화폐적 기능 이외에도 높은 예술적 감상과 소장 <u>47 가치</u>도 가진다. 금속 화폐는 중국에서 이미 수천 년의 역사가 있으며, 최초의 금속 화폐는 상나라 시대의 조개 화폐로 지금으로부터 이미 3000여 년이 되었다. 후에 또 동전, 도폐(刀币) 등 여러 가지 유형의 금속 화폐가 <u>48 출현했다</u>. 현재 세계에는 200여 개국에서 자체의 다른 액면가의 동전을 발행하고 있다.

단어 硬币 yìngbì 몡 동전 | ★金属 jīnshǔ 몡 금속 | 货币 huòbì 몡 화폐 | 叫做 jiàozuò 통 ~라고 부르다 | 具有 jùyǒu 통 구비하다, 가지다 | 流通 liútōng 혱 (상품·화폐가) 유통되다 | 损耗 sǔnhào 통 소모되다 | ★寿命 shòumìng 몡 사용 수명 | 优点 yōudiǎn 몡 장점 | 自身 zìshēn 때 자신 | ★具备 jùbèi 통 (물품 등을) 구비하다 | 职能 zhínéng 몡 직능·직업이나 직무에 따른 고유한 기능이나 역할 | 艺术 yìshù 몡 예술 | ★欣赏 xīnshǎng 통 감상하다 | 收藏 shōucáng 통 소장하다 | 铸币 zhùbì 몡 금속 화폐 | 商代 Shāngdài 몡 상나라 | 贝币 bèibì 몡 조개 화폐(=패화) | 距 jù 통 (~로부터) 떨어지다 | 铜币 tóngbì 몡 동으로 만들어진 화폐 | 刀币 dāobì 몡 칼 모양의 화폐 | ★类型 lèixíng 몡 유형 | 发行 fāxíng 통 발행하다 | 面值 miànzhí 몡 액면 가격

46

해설 및 정답 빈칸 뒤에 的가 있으므로 货币를 수식하는 단어를 찾으면, 문맥의 의미상 '금속으로 제조한 화폐'가 되어야 하므로 정답은 D이다.

A 제정하다	B 세우다
C 형성하다	**D 제조하다**

호응 구조

A ★制定 zhìdìng 통 제정하다 ▶ 制定的计划 제정된 계획

B ★建立 jiànlì 통 세우다 ▶ 建立的国家 세워진 국가

C ★形成 xíngchéng 통 형성하다 ▶ 形成的规模 형성된 규모

D ★制造 zhìzào 통 제조하다 ▶ 制造的产品 제조한 상품

47

해설 및 정답 빈칸은 동사 具有와 호응하는 목적어 자리이다. 보기 중 목적어로 주로 추상적인 것을 갖는 具有(구비하다, 가지다)와 호응하며 빈칸 앞 收藏(소장하다)과 가장 어울리는 것은 A이다.

A 가치	B 효과	C 재능	D 직능

호응 구조

A ★价值 jiàzhí 몡 가치 ▶ 具有价值 가치를 지니다

B 效果 xiàoguǒ 몡 효과 ▶ 有效果 효과가 있다

C ★本领 běnlǐng 몡 재능 ▶ 有本领 재능이 있다

D 职能 zhínéng 몡 직능 ▶ 发挥职能 직능을 발휘하다

48

해설 및 정답 빈칸은 동사 자리이다. 문맥상 最早的金属铸币(최초의 금속 화폐), 后来(이후)가 나왔으므로, 최초의 금속 화폐가 있었고 후에 다른 화폐가 '출현하다'는 의미가 되어야 한다. 따라서 어울리는 동사는 B이다.

A 창립하다	**B 출현하다**
C 구성하다	D 실현하다

호응 구조

A ★成立 chénglì 통 창립하다 ▶ 成立公司 회사를 창립하다

B 出现 chūxiàn 통 출현하다 ▶ 出现问题 문제가 나타나다

C ★构成 gòuchéng 통 구성하다 ▶ 由水构成 물로 구성되다

D ★实现 shíxiàn 통 실현하다 ▶ 实现梦想 꿈을 실현하다

[49-52]

단어 新华字典 Xīnhuá Zìdiǎn 고유 신화자전 | 主要 zhǔyào 부 주로 | 读者 dúzhě 명 독자 | ★利用 lìyòng 동 이용하다 | 语文 yǔwén 명 언어와 문자 | ★词汇 cíhuì 명 어휘 | 并且 bìngqiě 접 또한 | 现代化 xiàndàihuà 명 현대화 | 规范化 guīfànhuà 명 규범화 | 用法 yòngfǎ 명 용법 | 书面 shūmiàn 명 서면 | 口头 kǒutóu 명 구두 | 正确 zhèngquè 형 올바르다 | ★搜索 sōusuǒ 동 자세히 찾다 | 发行量 fāxíngliàng 명 발행 부수 | 辞书 císhū 명 사전 | 修订 xiūdìng 명 (서적 등을) 수정하다 | 次数 cìshù 명 횟수 | 版 bǎn 명 인쇄판 | 编写 biānxiě 동 집필하다 | 随着 suízhe 동 ~함에 따라서 | ★进步 jìnbù 동 진보하다 | ★时代 shídài 명 시대 | 推敲 tuīqiāo 동 퇴고하다, 원고의 자구를 고치고 다듬다 | 与时俱进 yǔ shí jù jìn 성 시대와 같이 전진하다 | 截至 jiézhì 동 (시간적으로) ~까지 마감이다 | ★项 xiàng 양 항목을 세는 단위 | 获得 huòdé 동 얻다, 획득하다 | 畅销 chàngxiāo 형 잘 팔리다 | 吉尼斯世界纪录 Jínísī Shìjiè Jìlù 기네스 세계 기록

49

해설 및 정답 빈칸 뒤에 的가 있으므로 理解를 수식하는 형용사가 필요하고, 내용의 흐름상 '이 자전을 이용해 어문의 어휘에 대한 올바른 이해를 얻는다'는 의미가 되어야 하므로, 빈칸에 들어갈 단어는 A이다.

A 올바르다　　　　　B 확실하다
C 확정하다　　　　　D 정식의

호응 구조

A 正确 zhèngquè 형 올바르다 ▶ 正确的答案 올바른 답안
B 确实 quèshí 형 확실하다 ▶ 确实的情况 확실한 상황
C ★确定 quèdìng 형 확정하다 ▶ 确定的判断 확고한 판단
D 正式 zhèngshì 형 정식의 ▶ 正式的比赛 정식 시합

50

해설 및 정답 글의 흐름상 '서면상과 구두상에서 모두 정확히 찾을 수 있고 표현하게 한다'는 의미가 되어야 하며, 빈칸은 '뜻을 정확하게 표현하고 전달한다'는 뜻이므로 정답은 B이다.

A 나타내다　　　　　**B 표현하다**
C 발표하다　　　　　D 공연하다

호응 구조

A ★表现 biǎoxiàn 동 나타내다 ▶ 表现得出色 출중한 활약을 보였다
B ★表达 biǎodá 동 표현하다 ▶ 表达感情 감정을 표현하다
C ★发表 fābiǎo 동 발표하다 ▶ 发表论文 논문을 발표하다
D 表演 biǎoyǎn 동 공연하다 ▶ 表演小品 단막극을 공연하다

51

해설 및 정답 빈칸은 부사 자리이므로 술어와 호응하는 부사를 찾아야 한다. 또한 '첫 번째 《신화자전》은 1953년에 편찬되었고, 이 사전은 60여 년간 사회적 발전과 시대적 변화에 따라 총 10여 차례 개정되었다'는 의미가 되어야 하므로, 정답은 C이다.

A 단지　　　　　　　B 자주
C 총　　　　　　　D 공동으로

호응 구조

A 仅仅 jǐnjǐn 🌐 단지 ▶ 仅仅一个人 단지 한 사람

B 经常 jīngcháng 🌐 종종 ▶ 经常运动 자주 운동한다

C ★总共 zǒnggòng 🌐 총, 모두 ▶ 总共修改十次 모두 열 번 수정하다

D 共同 gòngtóng 🌐 공동의 🌐 공동으로, 함께 ▶ 共同完成 공동으로 완성하다

해설 및 정답 빈칸 앞에서 글자와 내용의 변화를 이야기한 것으로 미루어 보아 빈칸에는 형식의 변화에 대한 내용이 들어가는 것이 가장 자연스럽다. 또한 접속사 不仅과 호응하는 还가 쓰였으므로 C가 정답이다.

A 가장 인기 있는 자전이다

B 전문가의 노력을 빼놓을 수 없다

C 또한 형식상으로도 개혁을 추구한다

D 현재 새로운 위기에 직면해 있다

단어 离不开 lí bu kāi 없어서는 안 된다. 분리될 수 없다 | ★专家 zhuānjiā 🌐 전문가 | ★形式 xíngshì 🌐 형식 | ★追求 zhuīqiú 🌐 추구하다 | ★改革 gǎigé 🌐 개혁 | ★目前 mùqián 🌐 현재 | ★面临 miànlín 🌐 직면하다 | 危机 wēijī 🌐 위기

[53–56]

중국에는 '남방은 쌀, 북방은 면'이라는 음식 53 **특징**이 있다. 즉, 남방 사람은 쌀 먹기를 좋아하지만, 54 **북방 사람은 면 먹기를 좋아하는 것으로**, 이는 중국의 남방과 북방의 기후와 밀접한 관계가 있다. 여기에서 말하는 '북방'은 사실 밥을 주식으로 하는 '동북'을 제외한 북방을 가리킨다.

중국의 북방 대부분은 반습윤의 기후라서 '건조한 기후와 추위에 강한' 밀과 같은 양식을 재배하기에 55 **적합하다**. 따라서 북방 사람은 만두, 국수 등의 밀가루 음식을 좋아한다. 특히 화베이 일대의 면 음식은 매우 유명하다. 예를 들면, 베이징의 짜장면, 산시(陕西)의 조자면(다진 고기 탕면), 산시(山西) 칼국수 및 란저우의 쇠고기 라면 등이 있다. 그러나 남방의 대부분은 56 **습윤한** 아열대, 열대 기후로 강과 호수로 빽빽이 덮여 있어 열량과 수분이

충분하여, 주요 식량 작물은 벼이다. 그래서 남방 사람은 쌀을 주식으로 삼으며, 후난의 죽통밥, 광둥의 연잎밥, 양저우 볶음밥 등 쌀 음식이 전국에서 유명한 먹거리다.

단어 饮食 yǐnshí 🌐 음식 | 南方人 nánfāngrén 🌐 남쪽 지방 사람 | 大米 dàmǐ 🌐 쌀 | 息息相关 xī xī xiāng guān 🌐 관계가 아주 밀접하다 | 指 zhǐ 🌐 가리키다 | 除了…以外 chúle…yǐwài ~을 빼고 | 以…为主 yǐ…wéizhǔ ~로 여기다(삼다) | 米饭 mǐfàn 🌐 쌀밥 | 主食 zhǔshí 🌐 주식 | 东北 Dōngběi 🌐 중국의 동북 지방 | 喜干耐寒 xǐgān nàihán 건조함을 좋아하고 추위에 강하다 | ★粮食 liángshi 🌐 양식 | 比如 bǐrú 🌐 예를 들어 | ★小麦 xiǎomài 🌐 밀 | ★因而 yīn'ér 🌐 그런 까닭에 | ★馒头 mántou 🌐 찐빵 | 面食 miànshí 🌐 밀가루 음식 | 尤其 yóuqí 🌐 특히 | 华北 Huáběi 🌐 중국 화북 지역 | 一带 yídài 🌐 일대 | 小吃 xiǎochī 🌐 간단한 음식 | 例如 lìrú 🌐 예를 들면 | 炸酱面 zhájiàngmiàn 🌐 짜장면 | 陕西 Shǎnxī 🌐 산시성 | 臊子面 sàozǐmiàn 🌐 다진 고기 및 채소 등을 넣고 만든 면 요리 | 山西 Shānxī 🌐 산시성 | 刀削面 dāoxiāomiàn 🌐 칼국수 | ★以及 yǐjí 🌐 및, 그리고 | 兰州 Lánzhōu 🌐 란저우 | 牛肉拉面 niúròu lāmiàn 🌐 쇠고기 라면 | 亚热带 yàrèdài 🌐 아열대 | 热带 rèdài 🌐 열대 | 河湖 héhú 🌐 강과 호수 | 密布 mìbù 🌐 빽빽하게 들어차다 | 热量 rèliàng 🌐 열량 | 水分 shuǐfèn 🌐 수분 | 充足 chōngzú 🌐 충분하다 | 作物 zuòwù 🌐 농작물의 약칭 | 水稻 shuǐdào 🌐 논벼 | 湖南 Húnán 🌐 후난성 | 竹筒饭 zhútǒngfàn 🌐 죽통밥[대나무 통에 만든 밥] | 广东 Guǎngdōng 🌐 광둥 지역 | 荷叶饭 héyèfàn 🌐 연잎밥 | 扬州炒饭 Yángzhōu chǎofàn 🌐 양주식 볶음밥 | 闻名 wénmíng 🌐 유명하다

해설 및 정답 빈칸은 南米北面의 수식을 받는 명사 자리이고, 南米北面은 '남방은 쌀, 북방은 면'이라는 음식 특징을 설명한 말이므로, 빈칸에 들어갈 말은 A가 가장 적당하다.

A 특징	B 규모	C 범위	D 성분

호응 구조

A 特点 tèdiǎn 🌐 특징 ▶ 饮食特点 음식 특징

B ★规模 guīmó 🌐 규모 ▶ 生产规模 생산 규모

C ★范围 fànwéi 🌐 범위 ▶ 服务范围 서비스 범위

D ★成分 chéngfèn 🌐 성분 ▶ 组成成分 구성 성분

해설 및 정답 빈칸 앞은 '남방 사람이 쌀 먹기를 좋아한다'는 내용이고 빈칸 뒤 문장에서 남방과 북방의 기후와 관련이 있다고 했으므로, 빈칸은 북방 사람에 대한 내용임을 유추할 수 있다. 따라서 정답은 C이다.

A 게다가 온도가 적합하다

B 따라서 대량으로 벼를 심는다

C 북방 사람은 면 먹기를 좋아한다

D 북방의 쌀 생산량은 적다

단어 ★从而 cóng'ér 접 따라서 | 大量 dàliàng 형 대량의 | 种 zhòng 동 심다 | 产量 chǎnliàng 명 생산량

55

해설 및 정답 빈칸은 동사 자리이고, 빈칸 뒤에 목적어 种 "喜干耐寒" 的粮食와 호응하는 동사는 A이다.

| **A 적합하다** | B 연장하다 |
| C 이동하다 | D 적응하다 |

호응 구조

A 适合 shìhé 동 적합하다 ▶ 适合生产 생산하기에 적합하다

B ★延长 yáncháng 동 늘리다 ▶ 延长时间 시간을 연장하다

C 移动 yídòng 동 이동하다 ▶ 移动物体 물체를 이동하다

D 适应 shìyìng 동 적응하다 ▶ 适应气候 기후에 적응하다

56

해설 및 정답 빈칸에는 亚热带를 수식하는 형용사가 들어가야 하므로 아열대 기후와 의미적으로 어울리는 D가 정답이다. A의 寒冷은 북방 기후와 적합한 단어이므로 정답이 될 수 없다.

| A 춥고 차다 | B 반들반들하다 |
| C 담백하다 | **D 습윤하다** |

호응 구조

A 寒冷 hánlěng 형 춥고 차다 ▶ 寒冷的天气 추운 날씨

B ★光滑 guānghuá 형 반들반들하다 ▶ 光滑的表面 반들반들한 표면

C ★清淡 qīngdàn 형 담백하다 ▶ 清淡的口味 담백한 맛

D 湿润 shīrùn 형 습윤하다 ▶ 湿润的气候 습윤한 날씨

[57–60]

최근 어느 디자인 회사에서 위아래로 오르내릴 수 있는 침대를 설계했는데, 낮에는 천장으로 올려 놓을 수 있기에 공간을 확보하는 데 효과적이며, 이것으로 침실은 57 즉시 거실 혹은 서재로 바뀔 수 있다. 그리고 밤에는 침대를 쉽게 바닥으로 내릴 수 있어서 밤 수면에 58 편안하고 긴장을 푸는 공간을 제공한다.

이 침대는 이동식 레일이 설치되어 있고, 레일은 붙박이장과 연결되어 있어, 일반적으로 위험하지 않으며 안전하고 편리할 뿐만 아니라, 더 중요한 것은 방 안의 공간을 59 절약할 수 있고, 게다가 간단한 디자인이 매우 우아하게 보인다는 것이다.

이렇게 오르내릴 수 있는 침대는 특히 소형 공간에 적합한데, 각종 목재와 크고 작은 판을 선택할 수 있어서 60 다양한 분위기의 방에 어울린다.

단어 某 mǒu 대 어느 | ★设计 shèjì 명 디자인 | ★升降 shēngjiàng 동 오르내리다 | 睡床 shuìchuáng 명 침대 | 天花板 tiānhuābǎn 명 천장 | 有效 yǒuxiào 형 효과가 있다 | 赚取 zhuànqǔ 동 벌다 | ★空间 kōngjiān 명 공간 | 卧室 wòshì 명 침실 | 客厅 kètīng 명 거실 | 书房 shūfáng 명 서재 | 降落 jiàngluò 동 내려오다 | 地面 dìmiàn 명 바닥 | 夜晚 yèwǎn 명 밤 | 睡眠 shuìmián 명 수면 | 提供 tígōng 동 제공하다 | 放松 fàngsōng 동 긴장을 풀다 | 轨道 guǐdào 명 트랙, 궤도 | 柜子 guìzi 명 장롱 | 造成 zàochéng 동 야기하다, 초래하다 | 危险 wēixiǎn 명 위험 | 简约 jiǎnyuē 형 간단하다 | 优雅 yōuyǎ 형 우아하다 | 尤其 yóuqí 부 특히 | 适合 shìhé 동 적합하다 | 小户型 xiǎohùxíng 명 소형 | 木料 mùliào 명 목재 | 版本 bǎnběn 명 판 | 选择 xuǎnzé 동 선택하다

해설 및 정답 빈칸은 变成을 수식하는 부사 자리이고 글의 흐름상 '침실은 즉시 거실 혹은 서재로 바뀔 수 있다'는 의미가 되어야 하므로, A가 정답이다.

A 즉시	B 거듭, 재차
C 끊임없이	D 마치 ~인 것 같다

호응 구조

A 立即 lìjí 🖣 즉시 ▶ 立即行动 즉시 행동하다

B 再三 zàisān 🖣 거듭 ▶ 再三思考 거듭 사고하다

C 不断 búduàn 🖣 끊임없이 ▶ 不断进步 끊임없이 진보하다

D 似乎 sìhū 🖣 마치 ~인 것 같다 ▶ 似乎做梦 마치 꿈인 것 같다

58

해설 및 정답 빈칸에는 구조조사 的 앞에서 放松과 함께 地方을 수식하는 형용사가 와야 한다. 따라서 가장 적합한 형용사는 B이다.

A 열악하다	**B 편안하다**
C 단조롭다	D 민첩하다

호응 구조

A 恶劣 èliè 🈂 열악하다 ▶ 恶劣的环境 열악한 환경

B 舒适 shūshì 🈂 편안하다 ▶ 舒适的地方 편안한 장소

C 单调 dāndiào 🈂 단조롭다 ▶ 单调的生活 단조로운 생활

D 灵活 línghuó 🈂 민첩하다 ▶ 灵活的动作 민첩한 동작

59

해설 및 정답 빈칸 뒤에 了가 쓰였으므로 빈칸은 동사 자리이다. 뒤에 쓰인 房间内的空间을 목적어로 하는 동사가 쓰여야 하므로 가장 적당한 동사는 C의 节省이다.

A 완화시키다	B 도피하다
C 절약하다	D 결핍되다

호응 구조

A 缓解 huǎnjiě 🈂 완화시키다 ▶ 缓解压力 스트레스를 완화시키다

B 逃避 táobì 🈂 도피하다 ▶ 逃避问题 문제를 도피하다

C 节省 jiéshěng 🈂 절약하다 ▶ 节省空间 공간을 절약하다

D 缺乏 quēfá 🈂 결핍되다 ▶ 缺乏自信 자신감이 결핍되다

60

해설 및 정답 빈칸 앞 문장에 원인절을 이끄는 접속사 由于가 쓰였으므로, 빈칸에는 앞 문장의 결과가 와야 한다. 따라서 결과절을 이끄는 접속사 所以가 쓰인 C가 정답이다.

A 많은 시민들은 그것을 택하지 않았다

B 그렇게 함으로써 전체적인 균형을 파괴했다

C 그래서 다양한 분위기의 방에 어울린다

D 소비자들은 잇달아 불만을 나타낸다

단어 从而 cóng'ér 🈁 따라서, 그리하여 | 破坏 pòhuài 🈂 파괴하다 | 整体 zhěngtǐ 🈂 전체 | 平衡 pínghéng 🈂 균형 | 适合 shìhé 🈂 적합하다 | 风格 fēnggé 🈂 분위기 | 消费者 xiāofèizhě 🈂 소비자 | 纷纷 fēnfēn 🖣 잇달아 | 表达 biǎodá 🈂 나타내다 | 不满 bùmǎn 🈂 불만

61

해설 및 정답 본문의 致力于西湖的治理和杭州城市发展的调查研究(서호의 관리와 항주 도시 발전의 조사 연구에 힘썼다)를 근거로 소동파는 항주의 발전을 촉진했음을 알 수 있으므로 정답은 A이다.

중국 고대의 유명한 문학가 소동파는 시가 방면에서 훌륭한 업적을 남겼을 뿐만 아니라, 또한 좋은 관리이기도 했다. 그는 항주에서 두 차례 관리를 역임하며, 서호의 관리와 항주 도시 발전의 조사 연구에 힘썼다. 동시에 그는 또한 미식가였다. 국내외에서 유명한 '동파육'은 바로 그가 발명한 것이다.

A 소동파는 항주의 발전을 촉진하였다

B 소동파가 관리였을 때 결코 순조롭지 않았다

C 소동파의 작품은 영향력이 없다

D '동파육'은 소동파를 기념하는 맛 좋은 음식이다

단어 ★古代 gǔdài 🈂 고대 | 著名 zhùmíng 🈂 유명하다 |

文学家 wénxuéjiā 몡 문학가 | 苏东坡 Sū Dōngpō
고유 소동파[중국 북송 때의 제1의 시인] | 诗词 shīcí
몡 시사(시의 일종) | 方面 fāngmiàn 몡 방면 | ★成就
chéngjiù 몡 성과 | ★官 guān 몡 관료 | 度 dù 양 회 |
杭州 Hángzhōu 고유 항주 | 致力于 zhìlìyú (어떤 일을
하거나 이루기 위해) 애쓰다 | 西湖 Xīhú 고유 서호[호수
이름] | 治理 zhìlǐ 통 다스리다 | 城市 chéngshì 몡 도시 |
发展 fāzhǎn 명동 발전(하다) | 调查 diàochá 몡 조사 |
研究 yánjiū 몡 연구 | 同时 tóngshí 부 동시에 | 美食
家 měishíjiā 몡 미식가 | 闻名 wénmíng 혱 저명하다 | 东
坡肉 dōngpōròu 몡 동파육[중국 음식] | ★发明 fāmíng
몡 발명 | ★促进 cùjìn 통 촉진시키다 | 顺利 shùnlì 혱
순조롭다 | ★作品 zuòpǐn 몡 작품 | ★纪念 jìniàn 통
기념하다 | 美食 měishí 몡 맛있는 음식

62

해설 및 정답 본문의 目前还处于小范围使用에서 '작은 범
위의 사용에 그치고 있다'라고 한 것은 '아직 넓은 지역에 사
용하지는 않는다'와 같은 의미이므로, 小范围使用을 未大面
积使用으로 바꿔 표현한 B가 정답이다.

최근, 한 택배 업체가 '드론 택배'를 출시했다. 즉, 드
론을 통해 택배를 직접 고객에게 보내서, 더는 배달원
이 붐비는 거리에서 뛰어다닐 필요가 없어졌다. 비록
지금은 아직 작은 범위의 사용에 그치고 있지만, 드론
택배의 출현은 분명 우리의 생활에 큰 편리함을 가져다
줄 것이 틀림없다.

A 드론은 교통 안전에 영향을 미친다

B 드론 택배는 아직 넓은 지역에서 사용하지 않는다

C 무거운 소포도 드론을 통해 운송할 수 있다

D 택배 업체는 드론 택배를 대대적으로 발전시킨다

단어 近日 jìnrì 몡 최근 | 快递 kuàidì 몡 택배 | 推出 tuīchū
통 내놓다, 출시하다 | 无人机 wúrénjī 몡 무인기, 드론 |
★包裹 bāoguǒ 몡 소포 | 客户 kèhù 몡 고객 | 快递员
kuàidìyuán 몡 택배 배달원 | ★拥挤 yōngjǐ 혱 붐비다 |
马路 mǎlù 몡 큰길 | 奔波 bēnbō 통 분주히 뛰어다니다 |
★目前 mùqián 몡 현재 | 处于 chǔyú 통 (~상황에)
처하다 | ★范围 fànwéi 몡 범위 | 毫无疑问 háowú
yíwèn 조금도 의문이 없다 | ★巨大 jùdà 혱 아주 크다,
거대하다 | 方便 fāngbiàn 몡 편의 | 交通 jiāotōng 몡
교통 | 安全 ānquán 몡 안전 | 未 wèi 부 아직 ~하지 않다 |
★面积 miànjī 몡 면적 | 运送 yùnsòng 통 운송하다 | 大
力 dàlì 부 대대적으로

해설 및 정답 본문의 一个人的手指长短反映了大脑的结构
(사람의 손가락의 길이가 대뇌의 구조를 반영한다)에서 대뇌 구조
와 손가락 길이는 관계가 있다는 것을 알 수 있으므로, 정답은
B이다.

과학자가 연구를 통해 사람의 손가락 길이가 대뇌
구조를 반영한다는 사실을 발견했다. 그중 약지가 집게
손가락보다 긴 사람은 상상력이 보다 풍부하고 방향 식
별 능력이 강한 편이다. 반면, 집게손가락이 약지보다
긴 사람은 자연 과학 지식과 수학 지식을 흡수하는 능
력이 비교적 강하다.

A 손가락을 단련하는 것이 매우 중요하다

B 대뇌 구조와 손가락 길이는 관계가 있다

C 약지가 긴 사람이 과학자가 되기에 더 적합하다

D 방향 감각이 좋은 사람은 학습 능력이 떨어진다

단어 科学家 kēxuéjiā 몡 과학자 | 通过 tōngguò 전 ~을 통해 |
研究 yánjiū 몡 연구 | ★手指 shǒuzhǐ 몡 손가락 | 长
短 chángduǎn 몡 길이 | ★反映 fǎnyìng 통 반영하다 |
大脑 dànǎo 몡 대뇌 | ★结构 jiégòu 몡 조직 | 无名
指 wúmíngzhǐ 몡 무명지, 약지 | 食指 shízhǐ 몡 식지,
집게손가락 | 想象力 xiǎngxiànglì 몡 상상력 | 丰富 fēngfù
혱 풍부하다 | 方向 fāngxiàng 몡 방향 | 辨认 biànrèn
통 식별하다 | ★吸收 xīshōu 통 흡수하다 | 自然 zìrán
몡 자연 | 科学 kēxué 몡 과학 | 知识 zhīshi 몡 지식 |
数学 shùxué 몡 수학 | 锻炼 duànliàn 통 단련하다 | 关键
guānjiàn 혱 매우 중요한 | 方向感 fāngxiànggǎn 몡 방향
감각 | 差 chà 혱 좋지 않다 | 适合 shìhé 통 어울리다 |
有关 yǒuguān 통 관련이 있다

해설 및 정답 본문의 事物因为稀少而且有益, 从而显得十分珍贵(물건이 드물고 유익해서 매우 진귀해 보인다)라는 말에서 物以稀为贵의 의미는 '어떤 물건은 양이 적을수록 귀하다'는 것임을 유추할 수 있다. 또한 본문의 稀少와 D의 少, 본문의 珍贵와 D의 宝贵는 유의어이므로, D가 정답이다.

'물건은 적을수록 귀하다'는 말은 물건이 드물고 이로워서 매우 진귀해 보인다는 뜻이다. 경제학에서 '희소하다'는 것은 물품 수가 적은 것이 아니라, 공급이 수요보다 적다는 뜻이다. 수요가 있는 '희소함'이야말로 비로소 가치가 있다. 살면서 우리는 물건의 진귀함을 알아보지 못할 때가 있고, 항상 잃은 후에야 비로소 소중함을 깨닫는다.

A 생활에서 절약을 배워야 한다
B 경제학은 수요 공급 관계를 중시한다
C 공급이 수요보다 많으면 인기가 높은 것이다
D 어떤 물건은 적을수록 귀중하다

단어 物以稀为贵 wù yǐ xī wéi guì 셈 물건은 적을수록 귀하다 | ★事物 shìwù 몡 사물 | 稀少 xīshǎo 혱 희소하다 | 有益 yǒuyì 통 유익하다 | ★从而 cóng'ér 젭 그리하여 | ★显得 xiǎnde 통 ~인 것처럼 보이다 | 珍贵 zhēnguì 혱 진귀하다 | 经济学 jīngjìxué 몡 경제학 | 物品 wùpǐn 몡 물품 | 数量 shùliàng 몡 수량 | 指 zhǐ 통 가리키다 | 供 gōng 통 공급하다 | 求 qiú 몡 수요 | ★价值 jiàzhí 몡 가치 | ★失去 shīqù 통 잃다 | ★珍惜 zhēnxī 통 진귀하게 여겨 아끼다 | 节约 jiéyuē 통 절약하다 | 重视 zhòngshì 통 중요시하다 | 关系 guānxi 몡 관계 | 人气 rénqì 몡 인기 | ★宝贵 bǎoguì 혱 귀중하다, 소중하다

해설 및 정답 본문에서 《平凡的世界》에 대해 丰富的故事를 표현했다고 한 것에서 이 소설의 내용이 풍부함을 알 수 있으므로, 정답은 B이다. 茅盾文学奖이 최고 문학상이라는 내용은 본문에 언급되지 않았으므로 C는 오답이다.

《평범한 세계》는 중국 작가 루야오가 집필한 장편 소설이다. 이 소설은 수많은 보통 사람들의 이미지를 묘사하고, 노동과 사랑, 고통과 즐거움, 일상생활과 거대한 사회 갈등 등 복잡하고 풍부한 이야기를 표현했다. 1993년 《평범한 세계》는 중국 제3회 마오둔 문학상을 수상했다.

A 루야오의 일생은 매우 평범하다
B 《평범한 세계》의 내용은 풍부하다
C 마오둔 문학상은 최고 문학상이다
D 사랑은 《평범한 세계》의 유일한 주제이다

단어 平凡 píngfán 혱 평범하다 | 作家 zuòjiā 몡 작가 | 路遥 Lù Yáo 고유 루야오[중국 작가] | 创作 chuàngzuò 통 창작하다 | 长篇小说 chángpiān xiǎoshuō 몡 장편소설 | 刻画 kèhuà 통 그리다 | 众多 zhòngduō 혱 아주 많다 | ★形象 xíngxiàng 몡 이미지 | ★表现 biǎoxiàn 통 나타내다 | ★劳动 láodòng 몡 노동 | 爱情 àiqíng 몡 사랑 | ★痛苦 tòngkǔ 몡 고통 | 欢乐 huānlè 몡 즐거움 | ★巨大 jùdà 혱 아주 크다, 거대하다 | 社会 shèhuì 몡 사회 | 冲突 chōngtū 통 충돌하다 | 复杂 fùzá 혱 복잡하다 | 丰富 fēngfù 혱 풍부하다 | 获 huò 통 얻다 | ★届 jiè 양 회 | 茅盾文学奖 Máodùn Wénxuéjiǎng 마오둔 문학상 | 一生 yìshēng 몡 평생 | ★主题 zhǔtí 몡 주제

해설 및 정답 본문의 有六成司机认为自己有路怒症(운전자 중 60%가 본인에게 로드레이지 증상이 있다고 생각한다)을 통해 이런 증상이 드물지 않은 것을 알 수 있으므로 정답은 B이다.

'로드레이지'는 도로의 운전자가 감정을 통제하지 못하고, 적대적 혹은 분노적 행위를 보이는 것이다. 예를 들면 갑자기 욕을 퍼붓거나, 적의의 손짓을 하거나, 고의로 안전하지 않은 방식으로 운전하는 것으로 다른 사람과 자신의 안전에 위험을 초래할 수 있다. 한 조사에 따르면, 운전자 중 60%가 본인에게 로드레이지 증상이 있다고 생각한다.

A 운전자의 소양은 보편적으로 낮다

B 로드레이지 증상 환자는 드물지 않다

C 음주 운전은 로드레이지 증상 중 하나이다

D 교통사고는 로드레이지 증상이 초래한 것이 많다

[단어] 路怒 lùnù 로드레이지, 운전 시 화를 참지 못하고 표출하는 것 | 指 zhǐ 图 가리키다 | ★情绪 qíngxù 图 감정, 정서 | 失控 shīkòng 图 통제력을 잃다 | 对抗 duìkàng 图 대립하다 | 愤怒 fènnù 图 분노하다 | ★行为 xíngwéi 图 행동 | 比如 bǐrú 图 예를 들면 | 开口大骂 kāikǒu dàmà 크게 욕을 퍼붓다 | 打手势 dǎ shǒushì 손짓하다 | 敌意 díyì 图 적의 | 故意 gùyì 图 고의로 | 安全 ānquán 图 안전하다 | ★方式 fāngshì 图 방법 | ★驾驶 jiàshǐ 图 운전하다 | ★造成 zàochéng 图 야기하다, 초래하다 | ★威胁 wēixié 图 위협 | ★项 xiàng 图 항목, 프로젝트를 세는 단위 | 调查 diàochá 图 조사 | ★显示 xiǎnshì 图 드러내다 | 成 chéng 图 10분의 1(퍼센트) | 素养 sùyǎng 图 교양, 소양 | 普遍 pǔbiàn 图 보편적으로 | 患者 huànzhě 图 환자 | 酒驾 jiǔjià 图 음주 운전 | ★表现 biǎoxiàn 图 모습 | 交通事故 jiāotōng shìgù 图 교통사고

[해설 및 정답] 본문의 都有着非常明显的不同(모두 대단히 뚜렷한 차이를 보이고 있다)에서 이 '秦岭——淮河' 선을 기준으로 대단히 뚜렷한 차이를 보인다고 했으므로, 이 선의 남북 차이는 매우 크다는 것을 알 수 있다. 따라서 정답은 C이다.

'진령-회하' 선은 우리가 자주 말하는 중국 북쪽과 남쪽의 지리 분계선이다. 이 선의 남쪽과 북쪽은 자연 조건, 농업 생산 방식 또는 지리적 풍격과 면모 및 사람들의 생활 습관에서 <u>모두 대단히 뚜렷한 차이를 보이고 있다</u>. 이 선에 위치한 일부 도시들도 관광업을 발전시키기 위해서 잇달아 남북 분계선 표지를 세웠다.

A 중국 남북 분계선의 유래가 깊다

B 분계선에 위치한 도시는 인기가 많다

C '진령-회하'의 남북 차이는 매우 크다

D '진령-회하'는 각각 남북쪽에 위치한다

[단어] 秦岭 Qín lǐng 고유 진령[중국 중부를 가로지르는 큰 산맥] | 淮河 Huái Hé 고유 회하[강 이름] | ★地理 dìlǐ 图 지리 | 分界线 fēnjièxiàn 图 경계선 | 无论 wúlùn 图 ~에 상관없이 | ★农业 nóngyè 图 농업 | ★生产 shēngchǎn 图 생산 | ★方式 fāngshì 图 방식 | 风貌

fēngmào 图 풍격과 면모 | ★以及 yǐjí 图 및 | 习俗 xísú 图 풍속 | ★明显 míngxiǎn 图 뚜렷하다 | 位于 wèiyú 图 ~에 위치하다 | 城市 chéngshì 图 도시 | 发展 fāzhǎn 图 발전시키다 | ★纷纷 fēnfēn 图 잇달아 | ★建设 jiànshè 图 세우다, 건설하다 | ★标志 biāozhì 图 표지 | 由来 yóulái 图 유래 | 受欢迎 shòu huānyíng 인기가 많다 | 差异 chāyì 图 차이 | ★分别 fēnbié 图 각각

[해설 및 정답] 본문의 마지막에 大胆地去选择吧(대담하게 선택해라)와 不要害怕做选择는 같은 의미이므로, 정답은 A이다.

어떤 사람들은 늘 결정을 내리지 못한다. 그들은 후회할까 봐 두렵고, 일의 불리한 점을 감당하기 두렵기 때문이다. 그러나 일에는 항상 이로움과 폐단이 병존하기에, 우리는 불리한 면만 봐서는 안 된다. 이른바 '인간만사, 새옹지마'다. 한때 손실을 입더라도 이로써 이점을 얻을 수도 있다. 그러므로 <u>대담하게 선택해라</u>.

A 선택하는 것을 두려워하지 마라

B 매사에 신중하고 깊이 생각해야 한다

C 결과는 예측할 수 없는 것이다

D 후회는 결코 문제를 해결할 수 없다

[단어] 不敢 bùgǎn 감히 ~하지 못하다 | 决定 juédìng 图 결정 | 害怕 hàipà 图 두려워하다 | 将来 jiānglái 图 미래 | 后悔 hòuhuǐ 图 후회하다 | ★承担 chéngdān 图 감당하다 | 事件 shìjiàn 图 일 | 不利 búlì 图 불리하다 | ★因素 yīnsù 图 조건 | 利弊 lìbì 图 좋은 점과 나쁜 점 | 并存 bìngcún 图 공존하다 | 所谓 suǒwèi 图 이른바 | 塞翁失马, 安知非福 sài wēng shī mǎ, ān zhī fēi fú 슝 나쁜 일이 마냥 나쁜 일만은 아니라, 경우에 따라서 오히려 전화위복이 될 수 있다 | 一时 yìshí 图 잠시 | ★损失 sǔnshī 图 손해 | 好处 hǎochu 图 좋은 점 | 大胆 dàdǎn 图 대담하다 | 选择 xuǎnzé 图 선택하다 | 凡事 fánshì 图 매사 | ★谨慎 jǐnshèn 图 신중하다 | ★思考 sīkǎo 图 깊이 생각하다 | ★后果 hòuguǒ 图 (안 좋은) 결과 | 无法 wúfǎ 图 ~할 방법이 없다 | 预测 yùcè 图 예측하다

해설 및 정답 보기의 주어가 모두 일치하므로 술어 부분의 내용을 비교해야 한다. 본문에서 每当鸟儿飞来的时候, 听到阵阵笑声, 以为是人来了, 不敢降落(새들은 날아올 때마다 터져 나오는 웃음소리를 듣고 사람이 온 줄 알고 감히 내려앉지 못했다)라고 했으므로 B와 내용이 일치한다.

웃음 나무의 열매는 익어서 땅에 떨어질 때 열매 껍데기가 서로 부딪혀 사람의 웃음소리와 같은 '하! 하!' 소리를 낸다. 사람들은 웃음 나무의 이런 웃을 수 있는 기능을 절묘하게 이용해 웃음 나무를 밭 주변에 심는다. 새들은 날아올 때마다 터져 나오는 웃음소리를 듣고 사람이 온 줄 알고 감히 내려앉지 못했다. 이로써 농작물이 피해를 입지 않도록 보호했다.

A 웃음 나무는 과일 생산량에 영향을 미친다
B 웃음 나무는 작은 새를 놀라게 하는 데 이용된다
C 웃음 나무는 깊은 산에서 자란다
D 웃음 나무 열매는 냄새를 풍길 수 있다

단어 笑树 xiàoshù 몡 웃음 나무 | 果子 guǒzi 몡 열매 | ★成熟 chéngshú 혱 익다 | 落 luò 동 떨어지다 | 地上 dìshang 몡 땅 | 果壳 guǒké 몡 껍데기 | ★碰 pèng 동 부딪히다 | ★功能 gōngnéng 몡 기능 | ★巧妙 qiǎomiào 혱 절묘하다 | ★利用 lìyòng 동 이용하다 | 种植 zhòngzhí 동 재배하다 | 田 tián 몡 밭 | 阵阵 zhènzhèn 閉 간간이 | 敢 gǎn 동 감히 ~하다 | 降落 jiàngluò 동 내려오다, 착륙하다 | 保护 bǎohù 동 보호하다 | 农作物 nóngzuòwù 몡 농작물 | 损害 sǔnhài 동 손실을 입다 | 产量 chǎnliàng 몡 생산량 | 用于 yòngyú 동 ~에 쓰다 | ★吓 xià 동 놀라게 하다 | ★生长 shēngzhǎng 동 자라다 | 深山 shēnshān 몡 깊은 산 | 气味 qìwèi 몡 냄새

해설 및 정답 본문의 而是应该通过持续不断地观察, 只有这样, 才能正确评估出一个人的价值(계속해서 끊임없이 관찰해야만 한다. 이렇게 해야만 한 사람의 가치를 올바르게 평가해 낼 수 있다)에서 继续不断(계속해서 끊임없이)과 长时间(오랜 시간)이 유의어이므로, D가 정답이다.

속담에 '길이 멀어야 말의 힘을 알 수 있고, 세월이 흘러야 사람의 마음을 알 수 있다.'는 말이 있다. 회사에서 한 직원의 가치를 평가할 때 겉모습만 보거나 관리자의 일시적인 관찰에만 의지해서는 안 되며, 계속해서 끊임없이 관찰해야만 한다. 이렇게 해야만 한 사람의 가치를 올바르게 평가해 낼 수 있다.

A 첫인상은 매우 중요하다
B 직원의 가치는 평가하기 매우 쉽다
C 관리자는 견해를 바꾸기가 어렵다
D 정확한 평가는 긴 시간의 관찰이 필요하다

단어 俗话 súhuà 몡 옛말, 속담 | 遥 yáo 혱 (거리가) 멀다 | ★评价 píngjià 동 평가하다 | ★员工 yuángōng 몡 직원 | ★价值 jiàzhí 몡 가치 | ★表面 biǎomiàn 몡 표면, 외관 | 依靠 yīkào 동 의지하다 | 管理者 guǎnlǐzhě 몡 관리자 | 一时 yìshí 몡 짧은 시간 | ★观察 guānchá 동 관찰하다 | ★持续 chíxù 동 지속하다 | ★不断 búduàn 閉 부단히, 끊임없이 | 正确 zhèngquè 혱 올바르다 | 评估 pínggū 동 평가하다 | 第一印象 dì-yī yìnxiàng 첫인상 | 改变 gǎibiàn 동 바꾸다 | 看法 kànfǎ 몡 견해

[71-74]

도종화가 개업한 찻집은 장사가 괜찮았지만 그는 오히려 줄곧 신이 나지 않았다. 찻집이라는 업계는 무슨 특별한 비방이란 것이 없기 때문에 당신이 만들 수 있는 상품은 다른 사람도 종종 만들어 낼 수 있다. 그래서 만약 창의적인 생각이 없다면 고객은 금방 ⁷¹라이벌에게 넘어가 결국에는 자기 찻집의 밀크티의 판매량이 크게 줄어들 수 있다. 연이어 며칠 동안 도종화는 계속 이 까다로운 문제에 골몰했다.

어느 날, 마침 가게에서 분주하던 도종화는 무심코 자기 가게의 펀위안을 보게 되었다. 그는 온몸에 전기 충격을 받은 것처럼 갑자기 발걸음을 멈추고, 작고 표면이 매끄러운 펀위안을 응시했다. 펀위안은 현지의 디저트 중 하나로 ⁷²맛은 달지만 느끼하지 않아 아이부터 어른까지 모두 즐겨 먹었다. 도종화의 뇌리에 갑자기 한 가지 생각이 떠올랐다. 만약 이런 작은 디저트를 밀크티에 넣는다면 상상도 못할 효과가 나오지 않을까?

　　도종화는 대담하게 생각하고 행동하는 사람이었다. 이런 생각을 한 후 바로 시도에 들어갔고, 곧바로 이 밀크티를 시장에 내놓았다. 밀크티를 사러 온 손님들은 이런 보기에 좋고 맛도 특별한 밀크티를 경이롭게 바라보며 감탄을 금치 못했다. 손님들 사이에 입소문이 퍼지면서 <u>73이 밀크티는 금세 누구나 아는 음료가 되었다.</u> 이것이 바로 '진주 밀크티'다.

　　<u>74밀크티에 진주를 더한 것처럼</u> 인생에도 용기와 찬란함을 더하면 당신의 인생은 남달라질 것이다.

단어　涂宗和 Tú Zōnghé [고유] 도종화[인명] | 茶楼 chálóu [명] 찻집 | 生意 shēngyi [명] 장사 | ★行业 hángyè [명] 업종 | 独家 dújiā 자체의 독특한 것 | 秘方 mìfāng [명] 비방 | ★产品 chǎnpǐn [명] 상품 | 创意 chuàngyì [명] 창의적인 생각 | 顾客 gùkè [명] 고객 | 竞争 jìngzhēng [명] 경쟁 | ★对手 duìshǒu [명] 상대 | 分流 fēnliú [동] 갈라져 나뉘다 | 奶茶 nǎichá [명] 밀크티 | 销售量 xiāoshòuliàng [명] 판매량 | 大幅度 dàfúdù [형] 대폭적인 | 缩小 suōxiǎo [동] 축소하다 | 思索 sīsuǒ [동] 깊이 생각하다 | 棘手 jíshǒu [형] 골치 아프다, 까다롭다 | 无意间 wúyìjiān [부] 뜻밖에 | 粉圆 fěnyuán [명] 밀크티에 들어가는 알갱이 | 击 jī [동] 공격하다, 치다 | 猛 měng [부] 갑자기 | 脚步 jiǎobù [명] 발걸음 | 圆润 yuánrùn [형] 매끄럽다 | 甜品 tiánpǐn [명] 디저트 | 香甜 xiāngtián [형] 향기롭고 달다 | 腻人 nìrén [형] 느끼하다 | 脑海 nǎohǎi [명] 뇌리 | 猛然 měngrán [부] 문득 | 冒出 màochū [동] 생겨나다 | 念头 niàntou [명] 생각 | 意想不到 yìxiǎng búdào 예기치 못하다 | 效果 xiàoguǒ [명] 효과 | ★立刻 lìkè [부] 즉시, 바로 | 动手 dòngshǒu [동] 시작하다 | 尝试 chángshì [동] 시도해 보다 | 推向 tuīxiàng [동] 추진하다 | 前来 qiánlái [동] 다가오다 | ★消费 xiāofèi [동] 소비하다 | 惊奇 jīngqí [형] 놀라며 의아해하다 | 品尝 pǐncháng [동] 맛보다 | 外观 wàiguān [명] 겉모양 | 口感 kǒugǎn [명] 식감 | 惊叹 jīngtàn [동] 몹시 놀라며 감탄하다 | 口口相传 kǒu kǒu xiāng chuán [성] 소문이 점점 퍼지다 | 家喻户晓 jiā yù hù xiǎo [성] 모든 사람이 다 알다 | 饮品 yǐnpǐn [명] 음료 | ★勇气 yǒngqì [명] 용기 | 光辉 guānghuī [명] 찬란한 빛 | ★人生 rénshēng [명] 인생 | 与众不同 yǔ zhòng bù tóng [성] 남다르다

해설 및 정답　본문의 棘手的问题의 원래 의미는 '까다로운 문제'다. 앞뒤 문맥을 살펴보면 被竞争对手分流(라이벌에게 넘어간다)라고 했으므로 이 까다로운 문제가 竞争力에 관한 것임을 유추할 수 있다. 따라서 정답은 D이다.

첫 번째 단락에서 밑줄 친 '까다로운 문제'가 의미하는 것은?

A 일손이 부족하다

B 기술적 난제

C 어떻게 시장을 확대할 것인가

D 상품이 경쟁력을 잃는다

단어　画线 huàxiàn [명] 밑줄 | 缺少 quēshǎo [형] 부족하다 | 人手 rénshǒu [명] 일손 | 技术 jìshù [명] 기술 | ★如何 rúhé [대] 어떻게 | ★扩大 kuòdà [동] 넓히다 | ★失去 shīqù [동] 잃다 | 竞争力 jìngzhēnglì [명] 경쟁력

해설 및 정답　두 번째 단락에서 粉圆을 찾고 그 특징을 찾으면 味道香甜而又不腻人(맛은 달지만 느끼하지 않다)이라고 했으므로 香甜可口(달고 맛있다)라고 한 A가 정답이다.

두 번째 단락에 따르면, 펀위안은?

A 달고 맛있다

B 매끄럽고 느끼하다

C 부드럽고 신선하며 연하다

D 딱딱해서 깨물기 어렵다

단어　香甜可口 xiāngtián kěkǒu 맛있고 입에 맞다 | 柔软 róuruǎn [형] 부드럽고 연하다 | 鲜 xiān [형] 신선하다 | ★嫩 nèn [형] 연하다 | 坚硬 jiānyìng [형] 단단하다 | ★咬 yǎo [동] 깨물다

해설 및 정답 세 번째 단락의 这种奶茶很快就成了家喻户晓的饮品(이 밀크티는 금세 누구나 아는 음료가 되었다)에서 家喻户晓는 '모든 사람이 다 알다'는 뜻이므로 사람들이 좋아했음을 알 수 있다. 따라서 정답은 A이다.

도종화가 만든 진주 밀크티에 관해 알 수 있는 것은?

A 큰 인기를 끌었다
B 아직 출시되지 않았다
C 금세 베낌 당했다
D 기술을 획득했다

단어 ★制作 zhìzuò 통 만들다 | 尚未 shàngwèi 분 아직 ~하지 않다 | 推出 tuīchū 통 출시하다 | ★复制 fùzhì 통 복제하다 | 获得 huòdé 통 획득하다

해설 및 정답 이야기의 주제나 제목은 대부분 마지막 단락에 있다. 마지막 단락의 正如往奶茶里加点珍珠(밀크티에 진주를 더한 것처럼)에서 주제는 给奶茶加珍珠(밀크티에 진주를 첨가하다)임을 알 수 있으므로, 정답은 B이다.

윗글의 제목으로 알맞은 것은?

A 절약의 길
B 밀크티에 진주를 첨가하다
C 경쟁의 장단점
D 발명은 생활에서 나온다

단어 适合 shìhé 통 적합하다 | 标题 biāotí 명 제목 | 优缺点 yōuquēdiǎn 명 장단점 | ★发明 fāmíng 명 발명 | 源于 yuányú 통 ~에서 근원하다

[75-78]

샹그릴라 백지촌의 [78]나시족들은 여전히 원시적인 제지술인 동파지 제작 기술을 보유하고 있다.

동파지는 현존하는 가장 오래된 종이인데, 제지술 발명 시대의 가장 원시적인 공예로 만들어졌으며, 수작업으로 제작됐다. 사용했던 도구는 오래되고 단순하지만, 공예가 복잡하다. 그 신비로운 제작 공예는 선대조상들로부터 대대로 계속 전해져 내려온 것이다. [75]먼저

특정 나무의 껍데기를 채취하고, 기타 원료를 넣어 70~80시간을 끓인 후, 다시 침전시켰다가 조형하고, 햇볕에 말리는 등의 공예를 통해서 완성되는데, 3개월 정도가 걸린다.

동파지는 두꺼우며, 섬유(질)가 굵고, 벌레 먹지 않는 성질이 강해서 오래도록 쓸 수 있다. [76]자연환경 아래 천 년을 보관해도 영구적이고, 세상에서 가장 오래된 원시적인 수작업으로 만들어진 종이로, 인류의 수작업으로 만든 종이 "활화석"이라고도 불린다.

동파지의 신비함은 그 어떤 종이와 비교할 수 없다. 동파지로 책을 쓰면, 천 년 동안 부패하지 않고 글자도 처음처럼 선명하다. 이는 원료로 쓰이는 나무 껍데기에 맹독이 들어 있는데, 여러 제조 과정에서 대부분의 독성을 배제한 후, 사람에게는 해롭지 않지만 좀벌레와 곰팡이가 살 수 없게 되기 때문이다. 이것이 동파지의 신화를 만들어 낸 것이다.

동파지는 하성문 선생의 조상이 300년 전에 발명하여 만든 것인데, [77]10여 년 동안 전해져 내려오지 않다가 하 선생이 동파지의 생산을 다시 복구하고, 전통을 기초로 서예지, 고급 명함, 꽃을 눌러 붙인 책갈피 등 시리즈로 발전시켰다. 동파지의 아름다운 재질, 방충 특징은 국내외 사용자들에게 좋은 평판을 많이 받고 있다.

단어 香格里拉 Xiānggélǐlā 고유 샹그릴라 | 白地村 Báidìcūn 고유 백지촌 | 纳西族 Nàxīzú 명 나시족 | ★保留 bǎoliú 통 남아 있다 | 原始 yuánshǐ 형 원시의 | 造纸术 zàozhǐshù 명 제지술 | 东巴纸 dōngbāzhǐ 명 동파지 | 制作 zhìzuò 통 제작하다 | 技艺 jìyì 명 기예, 기술 | 现存 xiàncún 통 현존하다 | 古老 gǔlǎo 형 오래되다 | ★采用 cǎiyòng 통 채택하다 | 发明 fāmíng 통 발명하다 | 时代 shídài 명 시대, 시기 | 工艺 gōngyì 명 공예 | 手工 shǒugōng 명 수작업 | 使用 shǐyòng 통 사용하다 | 工具 gōngjù 명 도구 | 简单 jiǎndān 형 간단하다 | 复杂 fùzá 형 복잡하다 | 神秘 shénmì 형 신비하다 | ★靠 kào 통 의지하다, 기대다 | 先人 xiānrén 명 선조 | 代代 dàidài 명 대대 | 相传 xiāngchuán 통 전해 오다 | 延续 yánxù 통 계속하다 | 采 cǎi 통 채취하다 | 特定 tèdìng 형 특정한 | 植物 zhíwù 명 식물 | 树皮 shùpí 명 나무 껍질 | 然后 ránhòu 접 그다음에 | 加入 jiārù 통 더하다 | 原料 yuánliào 명 원료 | 熬煮 áozhǔ 통 푹 삶다 | 经过 jīngguò 통 거치다 | 沉淀 chéndiàn 통 가라앉다 | 制模 zhìmó 통 모양을 만들다 | 晾晒 liàngshài 통 햇볕에 널어 말리다 | 成品 chéngpǐn 명 완성품 | 历经 lìjīng 통 겪다

厚实 hòushi 형 두껍다 | 纤维 xiānwéi 명 섬유(질) | 粗 cū 형 굵다 | 抗蛀性 kàngzhùxìng 좀벌레 방지성 | 经久 jīngjiǔ 부 오랫동안 | 耐用 nàiyòng 형 오래 쓸 수 있다 | 自然 zìrán 형 자연의 | 条件 tiáojiàn 명 조건 | 保存 bǎocún 동 보존하다 | 不朽 bùxiǔ 형 영구하다 | 人类 rénlèi 명 인류 | 称 chēng 동 부르다, 칭하다 | 神奇 shénqí 형 신기하다 | 纸张 zhǐzhāng 명 종이 | 无法 wúfǎ 동 ~할 방법이 없다 | 书籍 shūjí 명 서적 | 腐朽 fǔ 동 썩다 | 字迹 zìjì 명 글자의 자취 | ★作为 zuòwéi 동 ~로 하다 | 含有 hányǒu 동 함유하다 | 剧毒 jùdú 명 맹독 | 工序 gōngxù 명 제조 공정 | 除 chú 동 제거하다 | 毒性 dúxìng 명 독성 | 伤害 shānghài 동 상하게 하다 | 蠹虫 dùchóng 명 좀(벌레) | 霉菌 méijūn 명 곰팡이 | 生存 shēngcún 동 생존하다 | 神话 shénhuà 명 신화 | 和圣文 Hé Shèngwén 고유 하성문[인명] | 祖先 zǔxiān 명 조상 | 自制 zìzhì 동 손수 만들다 | 失传 shīchuán 동 전해 내려오지 않다 | 重新 chóngxīn 부 다시 | ★恢复 huīfù 동 회복하다 | ★传统 chuántǒng 명 전통 | 基础上 jīchǔ shàng 기초로 | 书画纸 shūhuàzhǐ 서화지 | ★高档 gāodàng 형 고급의 | 名片 míngpiàn 명 명함 | 压花 yā huā 꽃을 압착하다 | 书签 shūqiān 명 책갈피 | 系列 xìliè 명 시리즈 | 精美 jīngměi 형 아름답다 | 质地 zhìdì 명 재질 | 防虫蛀 fángchóngzhù 방충 | 特点 tèdiǎn 명 특징 | 深受 shēnshòu 동 깊이 받다 | 用户 yònghù 명 사용자 | 好评 hǎopíng 명 좋은 평판

해설 및 정답 두 번째 단락의 先采来特定植物的树皮, 然后加入其他原料熬煮七八十个小时, 再经过沉淀, 制模, 晾晒等等工艺才能成为成品(먼저 특정 나무의 껍데기를 채취하고, 기타 원료를 넣어 70~80시간을 끓인 후, 다시 침전시켰다가 조형하고, 햇볕에 말리는 등의 공예를 통해서 완성된다)을 통해서, 이 문단에서 주요하게 말하고 있는 것이 동파지의 제작 과정임을 알 수 있으므로 정답은 D이다.

두 번째 단락에서 우리에게 주로 이야기하고자 하는 것은?

A 동파지의 가격
B 동파지의 유래
C 동파지의 장점
D 동파지의 제작 과정

단어 价格 jiàgé 명 가격 | 由来 yóulái 명 유래 | 优点 yōudiǎn 명 장점

해설 및 정답 세 번째 단락의 在自然条件下保存近千年而不朽(자연환경 아래 천 년을 보관해도 영구적이다)를 근거로 동파지가 '활화석'으로 불리는 이유가 오랫동안 보존이 가능하기 때문임을 알 수 있다. A, B, D의 내용은 지문에 언급되지 않았으므로 답이 될 수 없다.

동파지를 인류의 수작업으로 만든 종이 "활화석"으로 부르는 이유는?

A 돌로 만든 것이다
B 색채가 선명하고 다양하다
C 오랫동안 보존 가능하다
D 현존 수량이 매우 적다

단어 色彩 sècǎi 명 색채 | 鲜明 xiānmíng 형 선명하다 | 多样 duōyàng 형 다양하다 | 数量 shùliàng 명 수량

해설 및 정답 지문에서 作为原料的树皮含有剧毒(원료로 쓰이는 나무 껍데기에 맹독이 들어 있다)라고 했으므로 원료에 독이 없다고 한 A는 오답이다. 工艺复杂(공예가 복잡하다)라는 말을 근거로 C가 오답임을 알 수 있다. 마지막 단락의 失传10多年后, 又由和老师重新恢复了东巴纸的生产(10여 년 동안 전해져 내려오지 않다가 하 선생이 동파지의 생산을 다시 복구했다)을 통해서 B의 已恢复生产이 정답임을 알 수 있다.

동파지에 관해 알 수 있는 것은 무엇인가?

A 원료에 독이 없다
B 생산을 복구했다
C 제작 공예가 단순하다
D 양면으로 사용 가능하다

해설 및 정답 설명문에서 제목의 근거는 일반적으로 첫 단락에 있다. 지문의 첫 문장 纳西族人还保留着一种原始的造纸术(나시족들은 여전히 원시적인 제지술을 보유하고 있다)에서 이 글이 나시족의 종이 제조 기술을 설명하고 있음을 알 수 있으므로 정답은 B이다

이 글의 제목으로 가장 적합한 것은?

(단어) 标题 biāotí 몡 제목 | 苏州 Sūzhōu 고유 쑤저우 | 折扇 zhéshàn 몡 접이식 부채 | 分类 fēnlèi 동 분류하다 | 景德镇 Jǐngdézhèn 고유 징더전[지명] | 陶瓷 táocí 몡 도자기 | 山东 Shāndōng 고유 산둥성 | 剪纸 jiǎnzhǐ 몡 전지[중국의 민간 공예] | 商业化 shāngyèhuà 상업화

[79-82]

　　한 생물학자가 바다로 나가 바다 낚시를 할 때, 모양이 특이한 '신발 자국 물고기' 한 마리를 낚았다. 그는 처음에는 보통의 바닷물고기라고만 생각하고 주의 깊게 보지 않았다. 그러나 그가 이 물고기를 수면으로 끌어낸 후에는 괴이한 외모에 매우 호기심을 느껴, 얼른 사람을 불러와 함께 연구해 도대체 무슨 물고기인지 밝혀내고자 했다.

　　⁷⁹이 물고기의 몸통은 암갈색을 띠고, 등은 비교적 널찍하여 다른 어류와는 매우 달랐다. 가장 이상한 것은 머리 부위에 뜻밖에도 특이한 흔적이 있었는데, 사람의 신발 자국처럼 보였다. 설마 사람에게 힘껏 밟힌 적이 있는 걸까?

　　연구 결과, 그들은 이 물고기가 머리 부위의 '신발 자국'에 의존해 사람들의 몸에 흡착할 수 있고 바닥에 떨어지지 않는다는 사실을 발견했다. 게다가 그 흡착력이 매우 강했고, 정말 너무 놀라웠다. 여러 곳에 자문한 후에 이 물고기가 '점선어'라고 불리는 어류의 일종이라는 것을 알게 되었다.

　　점선어는 또한 ⁸⁰게으름뱅이 물고기라고도 불린다. 이런 호칭이 생긴 이유는 이 물고기는 수영 능력이 떨어지는 편이라 자주 머리 부위의 빨판으로 수영 능력이 강한 상어 혹은 다른 큰 물고기의 복부나 배 밑바닥에 붙어 ⁸⁰이런 큰 물고기나 배가 데려가는 대로 세계 각 대양을 주유하기 때문이다.

　　이런 물고기는 부유 생물과 큰 물고기가 먹고 남은 찌꺼기를 주로 먹는다. ⁸¹음식물이 풍부한 해역에 도착할 때마다 이 물고기들은 '하차'하고 음식물을 먹

으러 간다. 배불리 먹은 후에 다시 '신차'에 승차'하고 계속 다른 해역을 향해 옮겨간다. 머리 부위 빨판에 의존해 바다에서 '배'를 타고 여행하면 수월할 뿐만 아니라 적의 공격도 피할 수 있다.

(단어) 生物学家 shēngwùxuéjiā 몡 생물학자 | 出海 chūhǎi 동 바다로 나가다 | 海钓 hǎidiào 바다에서 낚시하다 | 造型 zàoxíng 몡 조형, 모양 | 奇特 qítè 형 이상하다 | 鞋印 xiéyìn 몡 신발 자국 | 拉 lā 동 끌다 | 怪异 guàiyì 형 기이하다 | 样貌 yàngmào 몡 생김새 | ★好奇 hàoqí 형 호기심을 갖다 | ★连忙 liánmáng 뷔 급히 | 研究 yánjiū 동 연구하다 | 呈 chéng 동 (어떤 색깔이나 상태를) 띠다 | ★暗 àn 형 어둡다 | 褐色 hèsè 몡 갈색 | ★背 bèi 몡 등 | 宽大 kuāndà 형 널찍하다 | 鱼类 yúlèi 몡 어류 | 头部 tóubù 몡 머리 부위 | 竟然 jìngrán 뷔 뜻밖에 | 印子 yìnzi 몡 자국 | 鞋底 xiédǐ 몡 신발 밑바닥 | 用力 yònglì 동 힘을 쓰다 | ★踩 cǎi 동 밟다 | 番 fān 양 차례 | 依靠 yīkào 동 의존하다 | 吸附 xīfù 동 흡착하다 | 惊奇 jīngqí 형 이상하여 놀라다 | ★询问 xúnwèn 동 알아보다 | 得知 dézhī 동 알게 되다 | 粘船鱼 zhānchuányú 몡 점선어 | 懒汉 lǎnhàn 몡 게으름뱅이 | 称号 chēnghào 몡 칭호, 호칭 | ★靠 kào 동 의지하다 | 吸盘 xīpán 몡 빨판 | 鲨鱼 shāyú 몡 상어 | 腹部 fùbù 몡 복부 | 船底 chuándǐ 몡 배의 아랫부분 | 周游 zhōuyóu 동 주유하다, 두루 돌아다니다 | 大洋 dàyáng 몡 큰 바다, 대양 | 浮游生物 fúyóushēngwù 몡 플랑크톤 | 剩下 shèngxià 동 남다 | 残渣 cánzhā 몡 남은 찌꺼기 | ★食物 shíwù 몡 음식물 | 丰富 fēngfù 형 풍족하다 | 海区 hǎiqū 몡 해구 | 摄取 shèqǔ 동 섭취하다 | 继续 jìxù 동 계속하다 | 转移 zhuǎnyí 동 옮기다 | 乘 chéng 동 타다 | 省力 shěnglì 동 힘을 덜다 | 免受 miǎnshòu 동 당하지 않다 | 敌害攻击 díhài gōngjī 적이 공격하다

79

(해설 및 정답) 두 번째 단락의 신발 자국 물고기의 모양을 묘사한 这条鱼的鱼体呈暗褐色, 鱼背比较宽大(이 물고기의 몸통은 암갈색을 띠고, 등은 비교적 넓다)에서 鱼背比较宽大는 背部宽大와 같은 의미이므로 정답은 C이다.

'신발 자국 물고기'에 관해 알 수 있는 것은?

A 가시가 많다

B 수명이 짧다

C 등이 넓다

D 신발에 밟혔다

단어 刺 cì 몡 가시 | ★寿命 shòumìng 몡 수명

해설 및 정답 네 번째 단락에서 먼저 懒汉鱼를 찾고 그 단락의 全靠这些大动物或船带着它去周游世界各大洋(이런 큰 물고기나 배가 데려가는 대로 세계 각 대양을 주유하기 때문이다)에서 鞋印鱼가 게으름뱅이 물고기라고 불리는 이유를 알 수 있으므로, 정답은 D이다.

'신발 자국 물고기'는 왜 또 '게으름뱅이 물고기'라고 불리는가?

A 많이 먹는다

B 고기가 비교적 많다

C 오래 잔다

D 큰 물고기에 의지해 헤엄친다

해설 및 정답 마지막 단락의 每当到食物丰富的海区, 它们便会 "下车", 去摄取食物(음식물이 풍부한 해역에 도착할 때마다 이 물고기들은 '하차'하고 음식물을 먹으러 간다)에서 下车는 붙어서 이동한 큰 물고기에게서 떨어지는 것임을 유추할 수 있으므로, 정답은 D이다.

마지막 단락의 '下车(하차)'는 무슨 의미인가?

A 천적에게 공격을 당한다

B 수영 능력을 상실한다

C 다른 어류에 따돌려진다

D 큰 물고기 또는 배 밑바닥을 떠난다

단어 天敌 tiāndí 몡 천적 | 甩开 shuǎikāi 동 떨쳐 버리다

해설 및 정답 본문은 鞋印鱼의 이름의 유래와 특징에 대해 주요하게 이야기하고 있으므로 정답은 A이다.

윗글에서 주요하게 말하는 것은 무엇인가?

A 신발 자국 물고기의 특징

B 물고기의 끊임없는 진화

C 해양에 대한 인류의 오염

D 신발 자국 물고기의 성장 법칙

단어 特点 tèdiǎn 몡 특징 | ★不断 búduàn 闬 끊임없이 | 进化 jìnhuà 동 진화하다 | 海洋 hǎiyáng 몡 바다 | 污染 wūrǎn 몡 오염 | ★成长 chéngzhǎng 동 성장하다 | ★规律 guīlǜ 몡 법칙

[83~86]

[83]충분한 수면, 균형 잡힌 식사, 적당한 운동은 건강한 생활의 세 가지 필요 조건이다. 적게 자는 것은 빚을 지는 것과 같아서 대가를 지불해야 한다.

수면에 대한 이전의 연구는 모두 수면 시간의 길이가 건강에 미치는 영향에 집중되어 있었다. 일반인이 만약 2~3일을 잘 자지 못하면 그들은 며칠 내에 보충해서 자면 정상으로 회복될 수 있다. 그러나 최근 연구에 따르면, 만약 [84]매일 1시간 혹은 30분을 적게 자면 장기간 축적된 '잠의 빚'이 사람에게 지대한 영향을 미칠 수 있다.

수면 부족은 사고 능력의 저하, 판단력 약화를 초래할 뿐만 아니라, 또한 피부가 건조해지고, 다크서클이 생기며, 노화를 촉진시킨다. 동시에 면역력의 저하는 각종 질병을 유발할 수도 있다.

연구에 따르면, 청소년의 성장 발육은 유전, 영양, 운동 등의 요인 이외에 성장 호르몬의 분비와도 일정한 관계가 있다. 성장 호르몬의 분비와 수면은 밀접하게 관련되어 있다. 즉, 깊이 잠든 후에 큰 분비가 최고조에 달하고, 뒤이어 몇 개의 작은 분비가 최고조에 달한다. 반면, 비수면 상태에서는 성장 호르몬 분비가 감소한다. 그래서 [85]청소년이 잘 발육하고 키가 크려면 충분한 수면은 필수이다.

　　대다수 사람들은 6~8시간의 수면을 취해야 충분한 운동 에너지를 얻고 올바른 식습관이 보장되며 날씬한 몸매를 유지할 수 있다. 매일 같은 시간대에 잠을 자야만 신진대사가 더욱 규칙적이 되고, 독소 배출 활동도 순조로워진다. [86]주말에도 너무 늦게 일어나거나 하루 종일 자서는 안 된다. 이렇게 하면 생체 시계가 교란되어 평소의 정상적인 수면에도 영향을 미칠 수 있다.

단어 充足 chōngzú 阌 충분하다 | 睡眠 shuìmián 阌 수면 | 均衡 jūnhéng 阌 균형이 고르다 | 饮食 yǐnshí 阌 음식을 먹고 마시다 | 适当 shìdàng 阌 적당하다 | ★必要 bìyào 阌 없어서는 안 되다 | 条件 tiáojiàn 阌 조건 | 欠了债 qiàn le zhài 빚을 지다 | 付出 fùchū 阌 (대가를) 지불하다 | 代价 dàijià 阌 대가 | 研究 yánjiū 阌 연구 | ★集中 jízhōng 阌 집중되다 | 长短 chángduǎn 阌 길이 | 补 bǔ 阌 보충하다 | ★恢复 huīfù 阌 회복하다 | 正常 zhèngcháng 阌 정상이다 | 长期 chángqī 阌 장시간 | 累积 lěijī 阌 누적되다 | ★不足 bùzú 阌 부족하다 | ★导致 dǎozhì 阌 야기하다 | ★思考 sīkǎo 阌 사고하다 | 下降 xiàjiàng 阌 떨어지다 | 判断力 pànduànlì 阌 판단력 | 减弱 jiǎnruò 阌 약해지다 | 引起 yǐnqǐ 阌 일으키다 | 皮肤 pífū 阌 피부 | ★干燥 gānzào 阌 건조하다 | 黑眼圈 hēiyǎnquān 阌 다크서클 | 加速 jiāsù 阌 가속시키다 | 老化 lǎohuà 阌 노화 | 免疫力 miǎnyìlì 阌 면역력 | 降低 jiàngdī 阌 하락 | 疾病 jíbìng 阌 질병 | 发生 fāshēng 阌 발생 | ★表明 biǎomíng 阌 분명하게 밝히다 | ★青少年 qīngshàonián 阌 청소년 | ★生长 shēngzhǎng 阌 성장하다 | 发育 fāyù 阌 발육하다 | 除了 chúle 阌 ~외에 ~도 | 遗传 yíchuán 阌 유전 | ★营养 yíngyǎng 阌 영양 | 锻炼 duànliàn 阌 단련하다 | 生长素 shēngzhǎngsù 阌 성장 호르몬 | 分泌 fēnmì 阌 분비 | 一定 yídìng 阌 어느 정도의 | ★密切 mìqiè 阌 밀접하다 | ★相关 xiāngguān 阌 관련이 있다 | 熟睡 shúshuì 阌 깊이 잠들다 | 高峰 gāofēng 阌 최고조 | 随后 suíhòu 阌 이어서 | ★状态 zhuàngtài 阌 상태 | 必须 bìxū 阌 반드시 ~해야 한다 | 获得 huòdé 阌 얻다 | 能量 néngliàng 阌 에너지 | 保证 bǎozhèng 阌 보증하다 | ★保持 bǎochí 阌 유지하다 | ★苗条 miáotiao 阌 늘씬하다 | ★身材 shēncái 阌 몸매 | 时间段 shíjiānduàn 阌 시간대 | 代谢 dàixiè 阌 신진 대사 | ★规律 guīlǜ 阌 규칙적이다 | 排毒 páidú 阌 독소를 배출하다 | 顺利 shùnlì 阌 순조롭다 | 甚至 shènzhì 阌 심지어 | ★造成 zàochéng 阌 야기하다 | 生物钟 shēngwùzhōng 阌 생체 시계 | 打乱 dǎluàn 阌 혼란시키다, 교란시키다

해설 및 정답 첫 번째 단락의 充足的睡眠、均衡饮食和适当的运动是健康生活的三个必要条件(충분한 수면, 균형 잡힌 식사, 적당한 운동은 건강한 생활의 세 가지 필요 조건이다)에서 건강한 생활의 필요 조건으로 언급되지 않은 것은 B이다.

윗글에 근거하여 건강한 생활의 필요 조건이 아닌 것은?

A 균형 잡힌 식사

B 안정적인 일

C 적당한 운동

D 충분한 수면

단어 ★稳定 wěndìng 阌 안정적이다

해설 및 정답 두 번째 단락에서 먼저 睡债를 찾은 다음, 그 앞뒤에서 정답의 힌트를 찾는다. 每天少睡一个或半个小时，那长期累积下来的(매일 1시간 혹은 30분을 적게 자면 장기간 축적된)라고 했으므로 睡债는 睡眠不足(수면 부족)임을 알 수 있다.

두 번째 단락의 '잠의 빚'이 의미하는 것은?

A 빚진 돈

B 늦게 자는 것

C 수면 부족

D 업무 시 수면

해설 및 정답 보기 중 네 번째 단락의 내용과 일치하는 것을 찾아야 한다. 青少年要发育好，长得高，睡眠必须充足(청소년이 잘 발육하고 키가 크려면 충분한 수면은 필수다)라고 했으므로 D가 정답임을 유추할 수 있다.

네 번째 단락에 근거하여 알 수 있는 것은 무엇인가?

A 청소년은 열심히 공부해야 한다

B 청소년의 여가 시간은 적다

C 청소년의 발육과 유전은 무관하다

D 청소년은 충분한 수면을 해야 한다

해설 및 정답 마지막 단락에서 먼저 周末也不要很晚起床 (주말에도 너무 늦게 일어나면 안 된다)을 찾고, 그 뒤의 造成生物钟被打乱(생체 시계가 교란된다)을 보면 C와 같은 의미임을 알 수 있다.

마지막 단락에 근거하면, 왜 주말에 늦게 일어나지 말라고 하는가?

A 일찍 일어나서 운동한다

B 나가서 논다

C 생체 시계가 교란된다

D 주말을 이용해 공부한다

[87-90]

옛날에 최동이라는 서생이 있었다. 한번은 그가 외출하고 집에 가는 길에 몸에 지닌 은자를 잃어버려 밥도 못 먹고 배를 주린 채 집으로 돌아갈 수밖에 없었다. 그러나 [87]이때는 집까지는 아직 하루의 여정이 남아 있었다. 그는 정말 배가 고파서 온몸에 힘이 하나도 없었다. 인가의 처마 밑에서 쉬고 있을 때, 그 집의 노인이 그를 보고 그에게 병이 났는지 물었다. 그는 자신의 상황을 솔직히 알려주었다. 노인은 방에 가서 약간의 식량과 물 한 그릇을 가져와 그에게 건넸다. 그는 한 끼를 배불리 먹자 기운이 생겼고, 노인에게 감사의 인사를 하고 작별을 고하고 떠났다.

3년 후, 최동은 진사에 합격했다. 그는 [88]부임 전, 직접 선물을 고르고 당시의 그 노인의 집에 가서, [88]그 노인에게 진심으로 감사를 표하고 말했다. "만약 당시 어르신께서 제게 은혜를 베풀지 않았더라면 오늘의 성공도 없었을 것입니다. 저는 영원히 어르신의 도움을 잊지 못할 겁니다." 후에 최동은 고향에 돌아갈 때마다 늘 선물을 가지고 노인을 찾아가는 것을 잊지 않았다.

여러 해가 지나 노인은 이미 세상을 떠났고, 최동도 이미 노인이 되었다. 하지만 그는 고향에 돌아갈 때마다 세심히 준비한 선물을 가지고 노인의 아들 집에 방문했다. [89]노인의 아들은 감격하며 말했다. "저의 아버지는 작은 일을 했을 뿐인데, 최 어르신은 이렇게 오랫동안 기억해 주시네요!"

[90]남이 나에게 잘한 것은 아무리 사소한 것일지라도 단단히 기억해야 하고, 여러 해가 지난 후에도 감사함을 잊으면 안 된다. 이런 처세법은 매우 어려운 경지이며, 우리가 동경해야 할 가치가 있다.

단어 崔桐 Cuī Tóng 고유 최동[인명] | 书生 shūshēng 명 서생 | 外出 wàichū 동 외출하다 | 途中 túzhōng 명 (길을 가는) 도중 | 银子 yínzi 명 은자[옛날 화폐로 쓰던 은 혹은 은화] | 以至于 yǐzhìyú ～에 이르기까지 | 此时 cǐshí 명 이때 | 路程 lùchéng 명 여정 | 实在 shízài 부 정말로 | 力气 lìqi 명 힘, 기운 | 屋檐 wūyán 명 처마 | 老汉 lǎohàn 명 노인 | 情况 qíngkuàng 명 상황 | 如实 rúshí 부 사실대로 | 干粮 gānliáng 명 비상 식량 | 饱餐 bǎocān 동 배불리 먹다 | ★顿 dùn 양 끼 | 告辞 gàocí 동 작별을 고하다 | 考中 kǎozhòng 동 시험에 합격하다 | 进士 jìnshì 명 진사[벼슬의 일종] | 上任 shàngrèn 동 부임하다 | ★亲自 qīnzì 명 직접 | 挑选 tiāoxuǎn 동 고르다 | 当初 dāngchū 명 당초 | 真挚 zhēnzhì 형 참되다 | 施舍 shīshě 동 베풀다 | ★去世 qùshì 동 세상을 뜨다 | 精心 jīngxīn 형 정성을 들이다 | ★看望 kànwàng 동 찾아가 보다 | ★哪怕 nǎpà 접 설령 ～라 해도 | 牢牢 láoláo 형 단단하다 | 记住 jìzhù 동 확실히 기억해 두다 | 处世 chǔshì 동 처세하다 | ★方式 fāngshì 명 방식 | 难得 nándé 형 얻기 어렵다 | 境界 jìngjiè 명 경지 | 值得 zhídé 동 ～할 만하다 | 心向往之 xīn xiàng wǎng zhī 성 동경하다

해설 및 정답 첫 번째 단락의 此时离家还有一天的路程(이때는 집까지는 아직 하루의 여정이 남아 있었다)에서 집에서 꽤 멀리 나왔음을 알 수 있으므로 정답은 B이다.

첫 번째 단락에 근거하여 최동에 대해 알 수 있는 것은?

A 상경해 시험을 치렀다

B 먼 길을 떠났다

C 병이 위급했다

D 돈을 가져가는 것을 잊었다

단어 上京 shàngjīng 동 상경하다 | 远门 yuǎnmén 명 먼 곳 | 严重 yánzhòng 형 위급하다

해설 및 정답 두 번째 단락에서 먼저 上任前을 찾은 뒤, 최동이 무엇을 했는지 찾는다. 向那个老汉一家表示了真挚的感谢(그 노인에게 진심으로 감사를 표했다)에서 정답은 A임을 알 수 있다.

부임 전에 최동은 무엇을 했는가?

A 노인에게 답례하다
B 가족들과 작별하다
C 세심하게 계획을 세우다
D 고향 특산물을 고르다

단어 答谢 dáxiè 통 감사를 표하다 | 拜别 bàibié 통 삼가 작별을 고하다 | ★制定 zhìdìng 통 만들다 | ★家乡 jiāxiāng 명 고향 | 特产 tèchǎn 명 특산물

해설 및 정답 세 번째 단락에서 老汉的儿子感动地说(노인의 아들은 감격하며 말했다)에서 노인의 아들은 최동에게 감동 받았음을 미루어 짐작할 수 있다. 感动과 打动은 유의어이므로 정답은 D이다.

노인의 아들은?

A 나이가 많다
B 아버지를 자랑스러워한다
C 계속 다른 사람을 돕다
D 최동에게 감동을 받았다

단어 ★自豪 zìháo 형 스스로 자랑스럽게 생각하다

해설 및 정답 이 글은 이야기 글이므로 먼저 마지막 문단에서 주제를 찾아본다. 别人对自己的好，哪怕只是一点点好，也要牢牢记住，而且在多年以后还不忘感激(남이 나에게 잘한 것은 아무리 사소한 것일지라도 단단히 기억해야 하고, 여러 해가 지난 후에도 감사함을 잊으면 안 된다)에서 이 글의 주제는 A임을 알 수 있다.

윗글이 우리에게 말하고자 하는 것은?

A 은혜에 감사할 줄 알아야 한다
B 끝까지 견지해야 한다
C 고통을 잊어버리면 안 된다
D 분발해 공부해야 한다

단어 感恩 gǎn'ēn 통 고맙게 여기다 | 坚持到底 jiānchí dàodǐ 끝까지 버티다 | ★痛苦 tòngkǔ 명 고통 | 奋斗 fèndòu 통 분투하다

해설 및 정답 술어는 独特고 관형어 这家店的의 수식을 받는 装修가 주어다.

Step 1. 술어 찾기
▶ 独特

Step 2. 관형어+주어
▶ 这家店的+装修

Step 3. 관형어+주어+부사어+술어
▶ 这家店的+装修+极其+独特

정답 这家店的装修极其独特。
이 가게의 인테리어가 매우 독특하다.

단어 ★极其 jíqí 부 아주 | ★独特 dútè 형 독특하다 | ★装修 zhuāngxiū 명 인테리어

해설 및 정답 술어는 克服이고 극복하는 대상은 困难이므로, 一定的困难을 목적어로 위치시킨 후, 주어 改革를 찾아 문장의 주어 자리에 놓는다.

Step 1. 술어 찾기

▶ 克服

Step 2. 술어+목적어

▶ 克服+一定+的困难

↳ 一定은 부사로 '반드시'라는 뜻과 형용사로 '어느 정도의'라는 뜻을 함께 가지고 있다.

Step 3. 주어+부사어+술어+목적어

▶ 改革必须+克服+一定的困难

정답 改革必须克服一定的困难。
개혁은 반드시 어느 정도의 어려움을 극복해야 한다.

단어 困难 kùnnan 몡 곤란, 어려움 | ★改革 gǎigé 몡 개혁 | ★必须 bìxū 뷔 반드시 | ★克服 kèfú 동 극복하다

해설 및 정답 网络转变了는 주어 网络와 술어 转变了로 이루어져 있다. 목적어는 '人们的+购物习惯'이므로 술어 转变了 뒤에 위치시킨다.

Step 1. 주어+술어

▶ 网络转变了

Step 2. 주어+술어+목적어

▶ 网络转变了+购物+习惯

↳ 购物习惯은 '구매 습관'의 뜻으로 함께 쓰여야 한다.

Step 3. 관형어 완성하기

▶ 网络转变了+人们的+购物习惯

↳ 人们的는 购物习惯을 수식하는 관형어로 쓰였다.

정답 网络转变了人们的购物习惯。
인터넷은 사람들의 구매 습관을 완전히 바꿨다.

단어 ★网络 wǎngluò 몡 인터넷 | ★转变 zhuǎnbiàn 동 완전히 바꾸다 | 购物 gòuwù 동 구매하다, 물건을 사다

해설 및 정답 술어는 高이고, 有는 '~만큼'의 뜻으로 '有자 비교문'의 有이다. 따라서 '有+비교 대상' 형태의 부사어로 써야 한다.

Step 1. 술어 찾기

▶ 高

Step 2. 주어+술어

▶ 那座楼+高

Step 3. 부사어 완성하기

▶ 那座楼+有+三百多米+高

↳ 有三百多米는 부사어로 술어 高 앞에서 술어를 수식한다.

정답 那座楼有三百多米高。
그 건물은 3백 여 미터만큼 높다.

단어 座 zuò 양 부피가 크거나 고정된 물체를 세는 단위 | 楼 lóu 몡 건물

해설 및 정답 문장의 술어는 是이므로 먼저 是와 함께 쓰인 一种 뒤를 是一种不文明的行为로 완전하게 만든다. 破坏公共设施는 '동사+명사'를 이루는 구로 주어로 쓰였다.

Step 1. 술어 찾기

▶ 是一种

Step 2. 관형어 완성하기

▶ 是一种+不文明的+行为

↳ 不文明的는 行为를 수식하는 관형어다. 一种不文明的는 시험에 자주 출제되는 관형어 어순인 '수사+양사+형용사' 구조이다.

Step 3. 주어+술어+관형어+목적어

▶ 破坏公共设施+是一种+不文明的+行为

정답 破坏公共设施是一种不文明的行为。
공공시설을 훼손하는 것은 일종의 비문화적 행위다.

단어 ★文明 wénmíng 몡 문명 | ★公共设施 gōnggòng shèshī 몡 공공시설 | ★破坏 pòhuài 동 훼손시키다 | ★行为 xíngwéi 몡 행위

해설 및 정답 연동문은 동작이 일어난 순서를 기준으로 배열하므로 '推荐…→去…→做…' 순서로 쓴다.

Step 1. 주어+술어1+목적어1

▶ 李老师+推荐她

Step 2. 술어2+목적어2

▶ 去博物馆

Step 3. 술어3+목적어3

▶ 做志愿者

Step 4. 문장 완성하기

▶ 李老师+推荐她+去博物馆+做志愿者

정답 **李老师推荐她去博物馆做志愿者。**
이 선생님이 그녀가 박물관에서 자원봉사 하는 것을 추천하였다.

단어 ★志愿者 zhìyuànzhě 명 자원봉사자 | ★推荐 tuījiàn 동 추천하다 | ★博物馆 bówùguǎn 명 박물관

해설 및 정답 술어는 像이고, 像 뒤의 一节는 명사 电池를 세는 양사다. 像一节电池를 만들고, 주어 形状을 찾아서 像 앞에 위치시킨다.

Step 1. 술어 찾기

▶ 像一节

Step 2. 술어+목적어

▶ 像一节+电池

Step 3. 주어+술어+목적어

▶ 这座大厦的+形状+像一节+电池

↳ 这座大厦的가 수식하는 명사는 形状이므로 这座大厦的形状을 만든다.

Step 4. 부사어 완성하기

▶ 这座大厦的形状+很+像一节+电池

정답 **这座大厦的形状很像一节电池。**
이 건물의 형상은 건전지와 매우 닮았다.

단어 像 xiàng 동 ～와 같다 | ★大厦 dàshà 명 빌딩 | 电池 diànchí 명 건전지 | ★形状 xíngzhuàng 명 형상, 이미지

해설 및 정답 进行了가 술어인데, 进行은 목적어로 2음절 동사가 자주 쓰이므로, 进行 뒤에 宣传을 목적어로 위치시킨다. 进行 앞에 쓰일 주어는 不少媒体다.

Step 1. 술어 찾기

▶ 进行了

Step 2. 술어+목적어

▶ 进行了+宣传

Step 3. 주어+술어+목적어

▶ 不少媒体+进行了+宣传

Step 4. 부사어 완성하기

▶ 不少媒体+都对+这个新产品+进行了+宣传

↳ 전치사 对는 '对+대상' 형태로 술어 앞에 놓여 부사어로 쓰인다. 따라서 对는 这个新产品과 붙여 전치사구를 만들어 동사 进行 앞에 위치시킨다.

정답 **不少媒体都对这个新产品进行了宣传。**
적지 않은 매체가 이 신상품에 대해 홍보를 진행했다.

단어 ★媒体 méitǐ 명 매체 | ★宣传 xuānchuán 동 선전하다, 홍보하다 | 新产品 xīnchǎnpǐn 명 신상품 | 进行 jìnxíng 동 진행하다

STEP 1 어휘 파악하기

竞争 jìngzhēng 동 경쟁하다

竞争激烈 치열한 경쟁
竞争对手 경쟁 상대

灰心 huīxīn 동 낙심하다

不要灰心 낙심하지 마라
非常灰心 매우 낙심하다

应聘 yìngpìn 동 (입사) 지원하다

去公司应聘 회사에 (입사) 지원하다
应聘编辑 편집자에 지원하다

改变 gǎibiàn 동 개선하다

改变自己 자신을 바꾸다
改变不足 부족한 점을 개선하다

差距 chājù 몡 차이

差距很大 차이가 크다
实力差距 실력 차이

주제어

应聘

서론

핵심어: 应聘

最近我去一家贸易公司应聘。
최근에 나는 한 무역 회사에 (입사) 지원했다.

본론

핵심어: 竞争/差距/灰心

来参加面试的人很多，竞争非常激烈。
면접 시험에 참가한 사람은 아주 많아서 경쟁이 매우 치열했다.

我发现我跟别人的差距很大。
나는 내가 다른 사람과의 차이가 크다는 것을 알게 되었다.

我既灰心又难过。
나는 낙심하고 슬펐다.

결론

핵심어: 改变

我要改变自己的不足。
나는 나 자신의 부족한 점을 바꿀 것이다.

		最	近	我	去	一	家	贸	易	公	司	应	聘	。	来
参	加	面	试	的	人	很	多	，	竞	争	非	常	激	烈	。
经	过	这	次	面	试	，	我	发	现	我	跟	别	人	的	差
距	很	大	。	因	此	我	既	灰	心	又	难	过	，	但	是
我	没	有	放	弃	，	我	要	改	变	自	己	的	不	足	，
不	断	地	学	习	，	提	高	自	信	心	。				

　　최근에 나는 한 무역 회사에 (입사) 지원했다. 면접 시험에 참가한 사람은 아주 많아서 경쟁이 매우 치열했다. 이번 면접을 통해, 나는 나와 다른 사람의 차이가 크다는 것을 알게 되었다. 그로 인해 나는 낙심하고 슬펐지만, 포기하지 않고 나 자신의 부족한 점을 바꾸고자 끊임없이 공부해서 자신감을 높일 것이다.

 贸易 màoyì 몡 무역 | 面试 miànshì 통 면접 시험을 보다 | 激烈 jīliè 혱 치열하다 | 发现 fāxiàn 통 알아차리다, 발견하다 | 难过 nánguò 혱 슬프다 | 放弃 fàngqì 통 포기하다 | 不足 bùzú 몡 부족 | 提高 tígāo 통 향상시키다 | 自信心 zìxìnxīn 몡 자신감

100

인물 | 老奶奶(나이 드신 할머니)

동작 | 下楼梯(계단을 내려가다)、扶(부축하다)

장소 | 楼梯上(계단 위)

주제어

下楼梯

서론

我看到一位老奶奶正在下楼梯。
나는 한 할머니가 계단을 내려가고 있는 것을 보았다.

본론

她走得很慢，可能腿脚不太方便。
그녀는 매우 천천히 걸었는데, 아마 다리가 불편한 것 같다.

我主动扶她下楼梯。
나는 자발적으로 그녀를 부축하고 계단을 내려갔다.

결론

能给别人带来帮助，我感到非常开心。
다른 사람에게 도움이 될 수 있다니 나는 매우 기뻤다.

		今	天	早	上	去	市	场	的	时	候	，	我	看	到
一	位	老	奶	奶	正	在	下	楼	梯	，	她	走	得	很	慢
可	能	腿	脚	不	太	方	便	，	所	以	我	主	动	扶	她
下	楼	梯	。	她	表	扬	了	我	，	说	我	很	善	良	。
能	给	别	人	带	来	帮	助	，	我	感	到	非	常	开	心

오늘 오전 시장에 갈 때, 나는 어떤 할머니가 계단을 내려가고 있는 것을 보았다. 할머니는 매우 천천히 걸었는데, 아마 다리가 불편한 것 같았다. 그래서 나는 자발적으로 할머니를 부축하여 계단을 내려갔다. 할머니는 나를 칭찬하셨고, 내가 매우 착하다고 하셨다. 다른 사람에게 도움이 될 수 있다니 나는 매우 기뻤다.

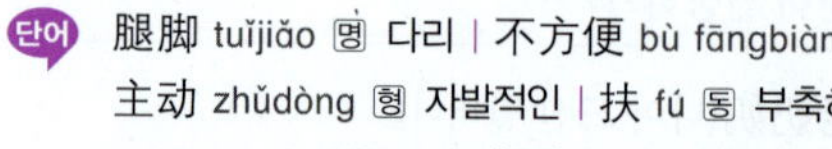 腿脚 tuǐjiǎo 몡 다리 | 不方便 bù fāngbiàn 불편하다 | 主动 zhǔdòng 혱 자발적인 | 扶 fú 툉 부축하다 | 表扬 biǎoyáng 툉 칭찬하다 | 帮助 bāngzhù 몡 도움

정답

듣기

1. C	2. B	3. D	4. C	5. D	6. B	7. C	8. B	9. D	10. B
11. C	12. B	13. B	14. A	15. C	16. C	17. D	18. B	19. A	20. D
21. D	22. A	23. B	24. D	25. D	26. B	27. D	28. D	29. B	30. D
31. A	32. D	33. C	34. A	35. C	36. C	37. C	38. D	39. C	40. D
41. B	42. A	43. D	44. C	45. C					

독해

46. A	47. C	48. D	49. B	50. A	51. B	52. A	53. C	54. D	55. D
56. B	57. A	58. C	59. B	60. B	61. A	62. B	63. B	64. B	65. C
66. D	67. D	68. B	69. A	70. C	71. A	72. D	73. A	74. D	75. A
76. D	77. B	78. D	79. A	80. A	81. B	82. B	83. A	84. C	85. A
86. A	87. C	88. C	89. D	90. B					

쓰기

91. 出版社新招聘了一名编辑。
92. 那个运动员的射击成绩被取消了。
93. 我要去找那位股票专家咨询一下。
94. 这是我第一次挑战这么难的任务。
95. 这座岛屿的面积不到50平方千米。
96. 好奇心促使人类不断地进步。
97. 姥姥把被子晒在了阳台上。
98. 我们非常期待与各位展开交流。

99.
　　我平时很喜欢读书，最近我最喜欢的作家有宣传活动。我一听到这个消息就非常激动，决定要去参加这次活动。在活动现场，我终于见到了那位作家，我买了他的新书，他面带微笑在我的书上签了名。

100.
　　我妈妈非常喜欢花，我家的阳台上摆满了漂亮的花。空闲的时候，妈妈经常一边听音乐，一边浇花。有时妈妈出差，会让我照顾花。受妈妈的影响，我也喜欢上了养花。我觉得漂亮的花会给人带来好心情。

해설 및 정답 남자의 今天经理临时安排我去接一个客户 (오늘 사장님이 갑자기 고객 한 분을 마중 가라고 하셨다)라는 말을 듣고 남자에게 갑자기 일이 있었음을 유추할 수 있으므로 정답은 C이다.

女 : 喂，今天的早会你怎么没参加？我给你 打电话也没接。

男 : 今天经理临时安排我去接一个客户，而 且手机一直静音，没听到。

问 : 男的是什么意思？

A 参加晚会   B 准备出差
C 临时有事   D 要见朋友

여: 여보세요. 오늘 아침 조회에 왜 안 오셨어요? 제가 전화했는데 받지도 않고요.

남: 오늘 사장님이 갑자기 고객 한 분을 마중 가라고 하셔서요. 휴대폰도 계속 무음으로 해놔서 못 들었어요.

질문: 남자는 무슨 의미인가?

A 저녁 모임에 참석한다   B 출장 준비를 한다
C 갑자기 일이 있다   D 친구를 만나야 한다

단어 参加 cānjiā 图 참석하다 | 接 jiē 图 (전화를) 받다, (사람을) 마중하다 | ★临时 línshí 图 잠시의, 임시의 | 安排 ānpái 图 안배하다 | 客户 kèhù 图 고객 | 静音 jìngyīn 图 음소거 | 晚会 wǎnhuì 图 저녁 파티 | 出差 chūchāi 图 출장 가다

해설 및 정답 여자의 말 打算送给学妹(후배에게 주려고 한다) 에서 책을 다른 사람에게 주려는 것을 알 수 있으므로 정답은 B이다.

男 : 你怎么拿了个这么大包裹？这里面是什 么？

女 : 都是我大学时买的参考书，我收拾了一 下，打算送给学妹。

问 : 女的打算怎么处理那些书？

A 卖出去   **B 送给别人**
C 留作纪念   D 去邮局寄

남: 이렇게 큰 소포를 왜 가져왔어? 여기에 든 게 뭐야?

여: 다 내가 대학 때 산 참고서야. 후배에게 주려고 정리했어.

질문: 여자는 그 책들을 어떻게 처리하려고 하는가?

A 팔다   **B 다른 사람에게 준다**
C 기념으로 남기다   D 우체국에 부치러 가다

단어 ★包裹 bāoguǒ 图 소포 | 参考书 cānkǎoshū 图 참고서 | 收拾 shōushi 图 정리하다 | 学妹 xuémèi 图 여자 후배 | ★处理 chǔlǐ 图 처리하다 | 留作 liúzuò ～로 남기다 | ★纪念 jìniàn 图 기념하다 | 寄 jì 图 부치다

해설 및 정답 녹음의 咱们家客厅面积小，这些花太大(우리 집 거실은 면적이 작은데 이 꽃들은 너무 크다)에서 客厅面积小와 客厅空间不够大(거실 공간이 그리 크지 않다)는 같은 뜻이므로 정답은 D이다.

女 : 咱们买盆花放在客厅，你觉得怎么样？

男 : 咱们家客厅面积小，这些花太大，会占 地方。

问 : 根据对话，可以知道什么？

A 房子没装修完
B 花盆十分漂亮
C 他们买了地毯
D 客厅空间不够大

여: 우리 화분을 사서 거실에 놓자, 어때?

남: 우리 집 거실은 면적이 작은데, 이 꽃들은 너무 커서 자리를 차지할 거야.

질문: 대화에 근거해 알 수 있는 것은?

A 집의 인테리어를 마치지 못했다

B 화분이 매우 예쁘다

C 그들은 카펫을 샀다

D 거실 공간이 그리 크지 않다

 ★盆 pén 양 개[화분 등을 세는 단위] | 客厅 kètīng 명 거실 | ★面积 miànjī 명 면적 | ★占 zhàn 동 차지하다 | ★装修 zhuāngxiū 동 인테리어를 하다 | 花盆 huāpén 명 화분 | ★地毯 dìtǎn 명 카펫 | ★空间 kōngjiān 명 공간 | 够 gòu 동 충분하다

해설 및 정답 여자의 你可以多看一些小说、杂志(소설, 잡지를 많이 보면 된다)라는 말에서 정답은 C임을 알 수 있다.

男: 我觉得我的口语水平提高了不少, 可是单词掌握得还不是太够。

女: 要想扩大词汇量, 你可以多看一些小说、杂志。

问: 女的有什么建议?

A 常查字典

B 复习课文

C 多读一读杂志

D 多跟中国人交流

남: 제 회화 수준은 많이 향상됐지만 단어는 아직도 많이 몰라요.

여: 단어량을 늘리고 싶으면 소설, 잡지를 많이 보면 돼요.

질문: 여자는 어떤 조언을 하는가?

A 자주 사전을 찾는다

B 본문을 복습한다

C 잡지를 많이 읽는다

D 중국인과 많이 교류한다

 口语 kǒuyǔ 명 구어 | 提高 tígāo 동 향상시키다 | 单词 dāncí 명 단어 | ★掌握 zhǎngwò 동 장악하다, 마스터하다 | ★扩大 kuòdà 동 넓히다 | ★词汇量 cíhuìliàng 명 어휘량 | 小说 xiǎoshuō 명 소설 | 杂志 zázhì 명 잡지 | 建议 jiànyì 명 건의, 조언 | 查 chá 동 찾아보다 | 交流 jiāoliú 동 교류하다

해설 및 정답 남자가 한 말 保证演讲时不出现失误(연설할 때 실수가 나오지 않도록 확실히 해주세요)에서 남자는 실수가 나올까 봐 걱정함을 유추할 수 있으므로 정답은 D이다.

女: 李主任, 演讲比赛要用的设备都在这儿了。

男: 好的, 你再检查一下麦克风, 保证演讲时不出现失误。

问: 男的为什么让女的检查麦克风?

A 质量不好

B 电池没电了

C 参赛人员多

D 怕出现失误

여: 이 주임님, 연설 대회에 필요한 장비는 다 여기 있어요.

남: 알겠습니다. 마이크를 다시 한번 체크해 주세요. 연설할 때 실수가 나오지 않도록 확실히 해주세요.

질문: 남자는 왜 여자에게 마이크를 점검하라고 하는가?

A 품질이 좋지 않다

B 배터리가 없다

C 참가자 수가 많다

D 실수가 나올까 걱정이 되다

 ★主任 zhǔrèn 명 주임 | ★演讲 yǎnjiǎng 명 연설 | ★设备 shèbèi 명 장비, 설비 | 检查 jiǎnchá 동 점검하다

★麦克风 màikèfēng 몡 마이크 | 保证 bǎozhèng 동
확실히 책임지다, 보증하다 | 失误 shīwù 몡 실수 | 质量
zhìliàng 몡 품질 | ★电池 diànchí 몡 배터리 | ★人员
rényuán 몡 인원

〈해설 및 정답〉 남자의 楼道里的感应灯坏了, 很黑(복도의 센
서등이 고장 나서 어둡다)라는 말에서 복도가 어둡다는 것을 알
수 있고, 很黑와 太暗(너무 어둡다)은 유의어이므로 정답은 B
이다.

男: 楼道里的感应灯坏了, 很黑, 下楼的时
候小心点。

女: 没关系, 我把手机的手电功能打开就行
了。

问: 根据对话, 可以知道什么?

A 电梯坏了
B 楼道太暗
C 电话占线
D 外边有垃圾

남: 복도의 센서등이 고장 나서 어두워요. 계단 내려갈
때 조심하세요.

여: 괜찮아요. 전 휴대폰의 플래시 기능을 켜면 돼요.

질문: 대화에 근거해 알 수 있는 것은?

A 엘리베이터가 고장 났다
B 복도가 너무 어둡다
C 전화가 통화 중이다
D 밖에 쓰레기가 있다

〈단어〉 楼道 lóudào 몡 복도 | 感应灯 gǎnyìngdēng 몡 센서등 |
坏 huài 동 고장 나다 | 下楼 xiàlóu 동 계단을 내려가다 |
手电 shǒudiàn 몡 손전등, 플래시 | ★功能 gōngnéng 몡
기능 | 电梯 diàntī 몡 엘리베이터 | ★暗 àn 형 어둡다 | 占
线 zhànxiàn 동 통화 중이다 | 垃圾 lājī 몡 쓰레기

〈해설 및 정답〉 남자가 한 말 你还差指导教授和辅导员的推
荐信(지도 교수와 지도원의 추천서가 빠졌다)에서 부족한 서류를
补交(보충해서 내다) 하라는 것을 알 수 있고, 推荐信(추천서)
이 그대로 들리므로 C가 정답이다.

女: 请问申请奖学金除了这些材料外, 还需
要什么吗?

男: 你还差指导教授和辅导员的推荐信, 办
好了一起交给我就行。

问: 男的建议怎么做?

A 打电话
B 查资料
C 补交推荐信
D 去办公室问

여: 실례지만 장학금을 신청하려면 이 자료 말고 뭐가
더 필요하죠?

남: 지도 교수와 지도원의 추천서가 빠졌어요. 다 처리
해서 같이 저에게 주시면 돼요.

질문: 남자는 어떻게 하라고 제안하는가?

A 전화한다
B 자료를 찾는다
C 추천서를 보충해서 낸다
D 사무실에 가서 묻는다

〈단어〉 申请 shēnqǐng 동 신청하다 | 奖学金 jiǎngxuéjīn 몡
장학금 | 除了 chúle 전 ~을 제외하고 | 材料 cáiliào 몡
자료 | 差 chà 동 부족하다 | 指导教授 zhǐdǎo jiàoshòu
지도 교수 | 辅导员 fǔdǎoyuán 몡 지도원 | ★推荐信
tuījiànxìn 몡 추천서

〈해설 및 정답〉 여자가 省时又方便(시간도 절약되고 편리해)이라
고 한 말에서 省时는 节省时间(시간을 절약하다)과 같은 의미
이므로 정답은 B이다.

男：听说最近很多人都用打车软件。

女：是啊，我就经常用打车软件叫出租车，随叫随到，<u>省时又方便</u>。

问：女的认为打车软件怎么样？

A 价格便宜

B 节省时间

C 货到付款

D 服务质量好

남: 요즘 많은 사람들이 다 택시 앱을 사용한다더라.

여: 맞아. 나도 자주 택시 앱으로 택시를 불러. 언제든 부르면 오니까, <u>시간도 절약되고 편리해</u>.

질문: 여자는 택시 앱이 어떻다고 생각하는가?

A 가격이 싸다

B 시간이 절약된다

C 물건을 받으면 결제한다

D 서비스 품질이 좋다

 打车 dǎchē 图 택시를 잡다 | ★软件 ruǎnjiàn 图 애플리케이션, 소프트웨어 | 叫 jiào 图 부르다 | 出租车 chūzūchē 图 택시 | 随 suí 图 ～하자마자 ～하다 | 省 shěng 图 아끼다, 절약하다 | ★节省 jiéshěng 图 절약하다 | 货 huò 图 물품 | 付款 fùkuǎn 图 돈을 지불하다 | 服务 fúwù 图 서비스 | 质量 zhìliàng 图 품질

---

9   Test **2-9**

 남자의 他正在跟产品开发部的同事开会(그는 지금 상품개발부서의 동료와 회의 중이다)라는 말에서 개발부서 동료와 함께 회의하고 있음을 알 수 있으므로 정답은 D이다.

女：小王，李总在办公室吗？ 我有事要找他。

男：<u>他正在跟产品开发部的同事开会</u>，估计5点能结束。

问：李总正在跟谁开会？

A 实习生

B 办公室秘书

C 各部门主任

D 开发部同事

여: 샤오왕, 이 대표님은 사무실에 계세요? 그에게 볼 일이 있어서 그를 찾는데요.

남: <u>그는 지금 상품개발부서의 동료와 회의 중이에요</u>, 5시에는 끝날 거예요.

질문: 이 대표는 누구와 회의 중인가?

A 실습생

B 사무실 비서

C 각 부서 주임

D 개발부서 동료

 ★产品 chǎnpǐn 图 제품 | ★开发 kāifā 图 개발하다 | 估计 gūjì 图 예상하다 | 结束 jiéshù 图 끝나다 | 实习生 shíxíshēng 图 실습생 | 秘书 mìshū 图 비서 | 部门 bùmén 图 부서 | 主任 zhǔrèn 图 주임

---

10   Test **2-10**

 녹음에서 你居然忘了这么重要的密码(이렇게 중요한 비밀번호를 잊어버리다니)라고 한 말에서 남자가 비밀번호를 잊어버렸음을 알 수 있으므로 정답은 B이다.

男：糟糕，我把保险箱的密码忘了。

女：<u>你居然忘了这么重要的密码</u>，不是我们的结婚纪念日吗？

问：男的怎么了？

A 丢了钥匙

B 忘了密码

C 打算离婚

D 年纪大了

남: 야단났네, 금고 비밀번호를 잊어버렸어.

여: 이렇게 중요한 비밀번호를 잊어버리다니, 우리 결혼기념일 아니야?

질문: 남자는 어떻게 된 것인가?

A 열쇠를 잃어버렸다

B 비밀번호를 잊었다

C 이혼할 계획이다

D 나이가 들었다

 ★糟糕 zāogāo 图 야단나다, 망치다 | 保险箱 bǎoxiǎnxiāng 图 금고 | 密码 mìmǎ 图 비밀번호 | ★居然 jūrán 图 놀랍게도 | 结婚 jiéhūn 图 결혼하다 | 纪念日 jìniànrì 图 기념일 | 丢 diū 图 잃어버리다 | 钥匙 yàoshi 图 열쇠 | ★离婚 líhūn 图 이혼하다 | ★年纪 niánjì 图 나이

11

<u>해설 및 정답</u> 남자가 全家一起去旅行(온 가족이 함께 여행 갈 거야)이라고 한 말에서 남자는 가족들과 여행 가서 설을 쇨 계획임을 알 수 있으므로 정답은 C이다.

女：小王，今年春节回老家的火车票买好了吗？

男：我们家今年不在家过年，<u>全家一起去旅行</u>，不过还没确定具体去哪儿。

问：关于男的，可以知道什么？

A 想环游世界
B 要参加婚礼
C 计划旅行过年
D 选好了旅行地点

여：샤오왕, 올해 설에 고향에 갈 기차표는 샀니?

남：우리 집은 올해 설은 집에서 쇠지 않고, <u>온 가족이 함께 여행 갈 거야</u>. 하지만 구체적으로 어디 갈지는 정하지 않았어.

질문: 남자에 관해 알 수 있는 것은?

A 세계 일주를 하고 싶다
B 결혼식에 참석하려고 한다
C 여행 가서 설을 쇨 계획이다
D 여행 장소를 골랐다

<u>단어</u> 春节 Chūnjié 명 음력설, 춘절 | 老家 lǎojiā 명 고향 | 过年 guònián 동 설을 쇠다, 설을 지내다 | ★确定 quèdìng 동 확정하다 | ★具体 jùtǐ 형 구체적이다 | 环游 huányóu 동 돌아다니며 구경하다 | 世界 shìjiè 명 세계 | ★婚礼 hūnlǐ 명 결혼식 | 地点 dìdiǎn 명 장소

12

<u>해설 및 정답</u> 녹음에서 他刚做完手术(그는 방금 수술을 마쳤다)라는 말을 듣고 남자의 아빠가 수술했다는 것을 알 수 있으므로 정답은 B이다.

男：护士，请问我父亲什么时候能出院？

女：<u>他刚做完手术</u>，需要住院观察几天才能知道。

问：关于那个病人，可以知道什么？

A 生病很久
B 做过手术
C 出去散步了
D 身体状况不好

남：간호사 선생님, 혹시 저희 아버지는 언제 퇴원할 수 있나요？

여：<u>그는 방금 수술을 마쳤으니</u> 며칠 입원하고 관찰해 봐야 알 수 있어요.

질문: 환자에 관해 알 수 있는 것은?

A 병이 난 지 오래되었다
B 수술을 했다
C 나가서 산보를 했다
D 몸 상태가 좋지 않다

<u>단어</u> 护士 hùshi 명 간호사 | 出院 chūyuàn 동 퇴원하다 | ★手术 shǒushù 명 수술 | 住院 zhùyuàn 동 입원하다 | ★观察 guānchá 동 살피다, 관찰하다 | 病人 bìngrén 명 환자 | 生病 shēngbìng 동 병이 나다 | 散步 sànbù 동 산책하다 | ★状况 zhuàngkuàng 명 상태

13

<u>해설 및 정답</u> 여자가 한 말 我在胡同转了好几圈，没找到你说的那家进口食品店(골목을 몇 바퀴나 돌았는데 당신이 말한 그 수입 식품점을 못 찾겠어요)에서 没找到는 找不到와 동의어이므로 정답은 B이다.

女：喂，<u>我在胡同转了好几圈，没找到你说的那家进口食品店</u>。

男：<u>不在胡同里，在马路边上</u>。

问：女的为什么打电话？

A 约会吃饭
B 找不到地方
C 想参加会议
D 忘了朋友地址

여: 여보세요, 골목을 몇 바퀴나 돌았는데 당신이 말한 그 수입 식품점을 못 찾겠어요.

남: 골목 안이 아니라 큰길가에 있어요.

질문: 여자는 왜 전화했는가?

A 식사 약속을 하다

B 장소를 찾지 못하다

C 회의에 참가하고 싶다

D 친구의 주소를 잊어버리다

단어 ★胡同 hútòng 몡 골목 | 转 zhuàn 됨 돌다 | ★圈 quān 얭 바퀴[둘레 한 바퀴를 세는 양사] | ★进口 jìnkǒu 됨 수입하다 | 食品店 shípǐndiàn 몡 식품점 | 马路 mǎlù 몡 대로 | 约会 yuēhuì 됨 약속을 하다 | 地址 dìzhǐ 몡 주소

14
Test 2-14

(해설 및 정답) 여자가 报纸的读者少了(신문의 독자는 줄었다)라고 했으므로, 같은 의미인 看报纸的人少了(신문을 보는 사람이 줄었다)가 정답이다.

男: 现在大家都用手机软件看新闻, 你怎么还买这种纸质的报纸啊?

女: 虽然报纸的读者少了, 不过我还是习惯喝着茶慢慢看报。

问: 根据对话, 可以知道什么?

A 看报纸的人少了

B 手机越来越便宜

C 上网购物很流行

D 纸质报纸更准确

남: 지금은 다들 휴대폰 앱으로 뉴스를 보는데, 넌 어째서 아직도 이런 종이 신문을 사니?

여: 신문의 독자는 줄었지만 난 아직도 차 마시며 천천히 신문을 보는 게 익숙해.

질문: 대화에 근거해 알 수 있는 것은?

A 신문을 보는 사람이 줄었다

B 휴대폰이 갈수록 싸진다

C 인터넷 쇼핑이 유행한다

D 종이 신문이 더 정확하다

단어 ★软件 ruǎnjiàn 몡 소프트웨어 | 新闻 xīnwén 몡 뉴스 | 纸质 zhǐzhì 몡 종이 | 报纸 bàozhǐ 몡 신문 | 读者 dúzhě 몡 독자 | 习惯 xíguàn 됨 습관이 되다 | 购物 gòuwù 됨 물건을 사다 | 流行 liúxíng 혱 유행하다 | 准确 zhǔnquè 혱 정확하다

15
Test 2-15

(해설 및 정답) 녹음에서 因为是室外音乐会, 不巧下了雨, 临时取消了(야외 콘서트였는데 유감스럽게도 비가 오는 바람에 임시로 취소되었다)에서 C의 音乐会(콘서트)가 직접적으로 들리므로 정답은 C이다.

女: 听说昨天你跟女朋友去看音乐会了, 好看不好看?

男: 别提了, 因为是室外音乐会, 不巧下了雨, 临时取消了。

问: 男的昨晚本来打算做什么?

A 看电影　　　　　　B 参加比赛

C 看音乐会　　　　D 买新产品

여: 어제 여자 친구랑 콘서트 보러 갔다며, 재미있었니?

남: 말도 마, 야외 콘서트였는데 공교롭게도 비가 오는 바람에 임시로 취소되었어.

질문: 남자는 어젯밤 원래 무엇을 하려고 했는가?

A 영화를 본다　　　　B 경기에 참가한다

C 콘서트를 본다　　D 신제품을 산다

단어 音乐会 yīnyuèhuì 몡 음악회 | 室外 shìwài 몡 실외 | 不巧 bùqiǎo 몜 유감스럽게도, 공교롭게도 | ★临时 línshí 몜 임시로 | ★取消 qǔxiāo 됨 취소하다 | 本来 běnlái 몜 본래 | 参加 cānjiā 됨 참가하다 | 比赛 bǐsài 몡 시합 | ★产品 chǎnpǐn 몡 상품

(해설 및 정답) 여자의 말 没找到昨天刚签的合同(어제 막 사인한 계약서를 못 찾겠어요)에서 정답은 C임을 알 수 있다.

男：你慌慌张张地干什么呢?

女：我翻遍了办公桌也没找到昨天刚签的合同，你看到了吗?

问：女的怎么了?

A 会议迟到了
B 马上要面试
C 找不到合同了
D 经理一直催她

남: 허둥지둥 뭐 하세요?
여: 사무실 책상을 다 뒤졌는데도 어제 막 사인한 계약서를 못 찾겠어요. 보셨어요?

질문: 여자는 어떻게 된 것인가?

A 회의에 늦었다
B 곧 면접시험을 본다
C 계약서를 못 찾았다
D 사장은 늘 그녀를 재촉한다

(단어) 慌慌张张 huānghuāng zhāngzhāng 허둥지둥 | 翻 fān 图 뒤집다 | ★签 qiān 图 사인하다 | ★合同 hétong 圐 계약서 | 迟到 chídào 图 지각하다 | 面试 miànshì 图 면접 시험을 보다 | 经理 jīnglǐ 圐 사장 | ★催 cuī 图 재촉하다

(해설 및 정답) 남자의 말에서 下一站(다음 정류장), 下车(하차하다)를 듣고 이곳이 地铁里(지하철 안)임을 유추할 수 있다.

女：爷爷，这儿有空座位，您坐这儿吧。
男：没关系，我下一站就下车，不坐了，谢谢你。

问：他们现在最可能在哪儿?

A 客厅   B 市场
C 电梯里   **D 地铁里**

여: 할아버지, 여기 빈 좌석이 있어요. 여기에 앉으세요.
남: 괜찮아요. 다음 정류장에서 내릴 거예요. 안 앉을게요, 고마워요.

질문: 그들은 지금 어디에 있을 가능성이 가장 큰가?

A 거실   B 시장
C 엘리베이터 안   **D 지하철 안**

(단어) 空 kōng 톙 비다 | 座位 zuòwèi 圐 자리, 좌석 | 客厅 kètīng 圐 거실 | ★市场 shìchǎng 圐 시장 | 电梯 diàntī 圐 엘리베이터

(해설 및 정답) 남자가 决赛的门票就卖光了, 真遗憾(결승전 입장권이 다 팔렸어. 정말 아쉬워)이라고 한 말에서 남자가 아쉬워하는 것은 입장권을 사지 못해서라고 유추할 수 있으므로 정답은 B이다.

男：今天早上一开票，决赛的门票就卖光了，真遗憾。
女：希望视频网站可以直播，到时候在网上看好了。

问：女的为什么感觉很遗憾?

A 电视坏了
B 没买到门票
C 没赶上火车
D 比赛失败了

남: 오늘 아침에 발매하자마자 결승전 입장권이 다 팔렸어. 정말 아쉬워.
여: 동영상 사이트가 생방송을 해주면 좋을 텐데. 그때 인터넷에서 보면 되잖아.

질문: 여자는 왜 아쉽다고 느끼는가?

A 텔레비전이 고장 나서

B 입장권을 못 사서

C 기차를 놓쳐서

D 경기에 져서

 开票 kāipiào 图 발행하다 | ★决赛 juésài 图 결승전 |
门票 ménpiào 图 입장권 | ★遗憾 yíhàn 图 유감이다 |
视频网站 shìpín wǎngzhàn 동영상 사이트 | 直播 zhíbō
图 생중계하다 | 坏 huài 图 고장 나다 | 没赶上 méi
gǎnshàng ～을 놓치다

해설 및 정답 남자의 我喜欢看轻松点儿的喜剧片(난 좀 가
벼운 코미디 영화를 보는 게 좋아)라는 말에서 喜剧片이 그대로
들리므로 정답은 A이다.

女：《长城》这部电影很不错，网上的评价很
　　高，一起去看吧。
男：我不去了，听说结局是有点悲，我喜欢
　　看轻松点儿的喜剧片。

问：男的喜欢看什么电影？

A 喜剧片　　　　　　B 恐怖片
C 纪录片　　　　　　　D 历史片

여：《만리장성》이라는 영화가 괜찮아, 인터넷에서 평도
　　높고. 같이 보러 가자.
남: 난 안 갈래. 결말이 좀 슬프대. 난 좀 가벼운 코미
　　디 영화를 보는 게 좋아.

질문: 남자는 무슨 영화를 좋아하는가?

A 코미디 영화　　　　B 공포 영화
C 다큐멘터리 영화　　　D 역사 영화

 长城 Chángchéng 고유 만리장성 | 网上 wǎngshàng 图
인터넷 | ★评价 píngjià 图 평가 | 结局 jiéjú 图 결말 | 悲
bēi 图 슬프다 | 轻松 qīngsōng 图 부담이 없다 | 喜剧片
xǐjùpiàn 图 코미디 영화 | 恐怖片 kǒngbùpiàn 图 공포
영화 | 纪录片 jìlùpiàn 图 다큐멘터리 영화

해설 및 정답 녹음에서 여자가 谢谢李总的肯定(이 대표님이
인정해 주셔서 감사합니다)이라고 했으므로 대표의 칭찬을 받았
음을 유추할 수 있다. 따라서 정답은 D이다.

男：小张，祝贺你升职，你的努力我们都看
　　在眼里。
女：谢谢李总的肯定，明年我还会继续努力
　　的。

问：关于女的，可以知道什么？

A 换工作了　　　　　B 钱花光了
C 觉得很委屈　　　　**D 得到领导表扬**

남: 샤오장, 승진 축하하네, 자네의 노력은 우리가 모
　　두 눈여겨보았네.
여: 이 대표님이 인정해 주셔서 감사합니다. 내년에도
　　계속 열심히 하겠습니다.

질문: 여자에 관해 무엇을 알 수 있는가?

A 직장을 옮겼다　　　B 돈을 다 써버렸다
C 억울하다고 느낀다　**D 대표의 칭찬을 받았다**

 祝贺 zhùhè 图 축하하다 | 升职 shēngzhí 图 승진하다 |
肯定 kěndìng 图 인정 | ★委屈 wěiqu 图 억울하다 |
★领导 lǐngdǎo 图 대표 | 表扬 biǎoyáng 图 칭찬하다

해설 및 정답 남자의 自从我爱人怀孕以后(아내가 임신한 후)
라는 말에서 我爱人은 男的妻子(그의 아내)와 동의어이고,
怀孕(임신하다)은 녹음에서 그대로 들리므로 정답은 D이다.

女：这只小猫真可爱，你养的吗？
男：对，但是现在我得把它送给朋友。
女：为什么？平常没时间照顾它吗？
男：也不是，自从我爱人怀孕以后，就对猫
　　毛过敏。

问：根据对话，可以知道什么？

A 猫生病了
B 女的不喜欢猫
C 男的带狗散步
D 男的妻子怀孕了

여: 이 새끼 고양이는 정말 귀엽네요. 당신이 키워요?
남: 네, 하지만 이제는 친구한테 줘야 해요.
여: 왜요? 평소에 돌볼 시간이 없어요?
남: 그건 아닌데요. 아내가 임신한 후로 고양이 털에 알
　　레르기가 있어서요.

질문: 대화에 근거해 무엇을 알 수 있는가?

A 고양이가 병에 걸렸다
B 여자는 고양이를 싫어한다
C 남자가 개를 데리고 산책한다
D 남자의 아내가 임신했다

단어　猫 māo 몡 고양이 | 养 yǎng 동 키우다 | ★自从 zìcóng
전 ~부터 | ★怀孕 huáiyùn 동 임신하다 | 毛 máo 몡
털 | ★过敏 guòmǐn 동 알레르기 반응을 보이다 | 生病
shēngbìng 동 병이 나다 | 散步 sànbù 동 산책하다

해설 및 정답　남자의 听老王说你以前做过翻译?(라오왕한테
들었는데 전에 통역 일을 했었다면서요?)라는 말에서 여자가 翻
译(통역)였다는 것을 바로 알 수 있으므로 정답은 A이다.

男: 听老王说你以前做过翻译?
女: 对，我在一家外贸公司做过三四年的翻
　　译。
男: 难怪你外语口语这么好，那你怎么转行
　　了?
女: 以前的工作要经常出差，压力太大，我
　　喜欢规律的生活状态。

问: 女的做过什么职业?

A 翻译　　　　　　　　　B 警察
C 教授　　　　　　　　　　D 主持人

남: 라오왕한테 들었는데 전에 통역 일을 했다면서요?
여: 네, 무역 회사에서 3~4년 동안 통역 일을 했어요.
남: 어쩐지 외국어 회화 실력이 이렇게 좋더라니. 그럼
　　왜 전업하셨어요?
여: 예전 직장에서는 자주 출장을 가야 해서 스트레스
　　가 너무 컸어요. 저는 규칙적인 생활을 좋아하거든
　　요.

질문: 여자는 무슨 일을 했었는가?

A 통역　　　　　　　　　B 경찰
C 교수　　　　　　　　　　D 사회자

단어　翻译 fānyì 몡 통역 | 外贸 wàimào 몡 대외 무역 | ★难怪
nánguài 뷔 어쩐지 | 外语 wàiyǔ 몡 외국어 | 口语 kǒuyǔ
몡 회화 | 转行 zhuǎnháng 동 직종을 바꾸다 | 出差
chūchāi 동 출장 가다 | 压力 yālì 몡 스트레스 | ★规律
guīlǜ 형 규칙적이다 | ★状态 zhuàngtài 몡 상태 | 职业
zhíyè 몡 직업 | 警察 jǐngchá 몡 경찰 | 教授 jiàoshòu 몡
교수 | 主持人 zhǔchírén 몡 사회자

해설 및 정답　여자가 你还得多补充营养(영양을 많이 보충해
야 된다)이라고 말한 부분에서 남자에게 영양을 중시하라고
했음을 유추할 수 있으므로 정답은 B이다.

女: 听说你的手术挺成功，现在身体怎么
　　样?
男: 医生说还需要在家里好好休息，不能做
　　剧烈运动。
女: 你还得多补充营养，多吃些蔬菜和水
　　果。
男: 嗯，我会的，等我恢复了就去上班。

问: 女的建议男的怎么做?

A 不要献血
B 注重营养
C 多喝热水
D 重视保暖

여: 수술이 꽤 성공적이라고 들었는데, 지금 몸은 어떠세요?

남: 의사 선생님이 집에서 푹 쉬고 격렬한 운동은 하지 말래요.

여: 영양을 많이 보충해야 돼요. 채소와 과일을 많이 드세요.

남: 네, 그럴게요. 회복하면 출근할게요.

질문: 여자는 남자에게 어떻게 하라고 조언하는가?

A 헌혈하지 마라

B 영양을 중시해라

C 뜨거운 물을 많이 마셔라

D 보온을 중시해라

단어 ★手术 shǒushù 圀 수술 | 剧烈 jùliè 휑 격렬하다 | ★补充 bǔchōng 튕 보충하다 | ★营养 yíngyǎng 圀 영양 | ★蔬菜 shūcài 圀 채소 | ★恢复 huīfù 튕 회복하다 | 献血 xiànxiě 튕 헌혈하다 | 注重 zhùzhòng 튕 중시하다 | 重视 zhòngshì 튕 중요시하다 | 保暖 bǎonuǎn 튕 보온하다

24   Test **2-24**

해설 및 정답 我奶奶不小心摔倒了，一直住院呢，我得在医院照顾她(저희 할머니가 실수로 넘어지셔서 계속 병원에 입원해 계세요. 제가 병원에서 돌봐드려야 해요)라고 한 말에서 奶奶와 照顾她를 듣고 남자가 출장 가지 못하는 이유가 할머니를 보살펴야 하기 때문임을 알 수 있다. 정답은 D이다.

男: 校长，这次北京的教师大会我恐怕去不了了。

女: 你怎么放弃这么好的机会，是有什么事吗？

男: 我奶奶不小心摔倒了，一直住院呢，我得在医院照顾她。

女: 那没办法，我安排别的老师去参加吧。

问: 男的为什么不能去出差?

A 生病了

B 腿受伤了

C 有重要任务

D 要照顾奶奶

남: 교장 선생님, 이번 베이징의 교사 총회에 전 못 갈 것 같습니다.

여: 왜 이렇게 좋은 기회를 포기하려고요, 무슨 일 있어요?

남: 저희 할머니가 실수로 넘어지셔서 계속 병원에 입원해 계세요. 제가 병원에서 돌봐드려야 해요.

여: 그럼 할 수 없죠, 제가 다른 선생님을 안배해서 참가하도록 할게요.

질문: 남자는 왜 출장을 가지 못하는가?

A 병이 났다

B 다리를 다쳤다

C 중요한 임무가 있다

D 할머니를 보살펴 드려야 한다

단어 校长 xiàozhǎng 圀 교장 | 恐怕 kǒngpà 휨 아마 ~일 것이다 | 放弃 fàngqì 튕 포기하다 | ★摔倒 shuāidǎo 튕 쓰러지다, 넘어지다 | 住院 zhùyuàn 튕 입원하다 | 安排 ānpái 튕 안배하다 | 出差 chūchāi 튕 출장 가다 | ★受伤 shòushāng 튕 부상을 입다 | 任务 rènwu 圀 임무

25   Test **2-25**

해설 및 정답 여자가 不过你等我一下，我把被子拿到阳台晒一晒(그런데 잠깐 기다려, 이불을 베란다에다 좀 말리게)라고 한 말을 듣고 그들이 이불을 햇볕에 말리고 배드민턴을 치러 갈 것임을 유추할 수 있다. 따라서 정답은 D이다.

女: 今天阳光真好，而且还没有风。

男: 难得有这么好的天气，咱们去打羽毛球吧。

女: 好的，不过你等我一下，我把被子拿到阳台晒一晒。

男: 你可真会利用天气啊。

问: 他们什么时候去打羽毛球?

A 今天晚上

B 雨停以后

C 午睡醒来后

D 晒完被子后

여: 오늘 햇빛이 참 좋네. 게다가 바람도 불지 않고.

남: 이렇게 좋은 날씨도 드문데, 우리 배드민턴 치러 가자.

여: 좋아. 그런데 잠깐 기다려, 이불을 베란다에다 좀 말리게.

남: 넌 정말 날씨를 이용할 줄 아는구나.

질문: 그들은 언제 배드민턴을 치러 가는가?

A 오늘 밤

B 비가 그친 후

C 낮잠에서 깨어난 후

D 이불을 햇볕에 말린 후

 阳光 yángguāng 몡 햇빛 | 难得 nándé 톙 얻기 어렵다, 드물다 | 羽毛球 yǔmáoqiú 몡 배드민턴 | ★被子 bèizi 몡 이불 | ★阳台 yángtái 몡 베란다 | ★晒 shài 통 햇볕을 쬐다 | ★利用 lìyòng 통 이용하다 | 停 tíng 통 멈추다 | 午睡 wǔshuì 몡 낮잠

---

26   Test **2- 26**

 남자가 처음 한 말 你今天去听李教授的讲座了吗?(너 오늘 이 교수님 강연을 들으러 갔어?)에서 李教授를 들을 수 있으므로 정답은 B이다.

男: 你今天去听李教授的讲座了吗?

女: 去了, 我去得很早, 占到一个很好的座位。

男: 讲座一定非常精彩吧? 可惜我有事没去。

女: 是啊, 不过没关系, 他下周还有一场关于法律的讲座。

问: 他们在讨论谁的讲座?

A 李律师　　　　　**B 李教授**
C 书法家　　　　　D 指挥家

- - -

남: 너 오늘 이 교수님 강연을 들으러 갔어?

여: 갔어. 아주 일찍 가서 좋은 자리를 맡았어.

남: 강연은 아주 훌륭했지? 일 때문에 못 가서 아쉽네.

여: 맞아, 하지만 괜찮아. 그는 다음 주에 또 법률 관련 강연이 있어.

질문: 그들은 누구의 강연에 대해 이야기하는가?

A 이 변호사　　　　**B 이 교수**
C 서예가　　　　　　D 지휘자

 教授 jiàoshòu 몡 교수 | ★讲座 jiǎngzuò 몡 강좌 | ★占 zhàn 통 차지하다 | 座位 zuòwèi 몡 자리 | 精彩 jīngcǎi 톙 훌륭하다 | 可惜 kěxī 톙 아쉽다 | 法律 fǎlǜ 몡 법률 | 律师 lǜshī 몡 변호사 | 书法家 shūfǎjiā 몡 서예가 | 指挥家 zhǐhuījiā 몡 지휘자

---

27   Test **2- 27**

 여자가 可是我的表姐也正好那天结婚, 我恐怕去不了了(그런데 우리 사촌 언니도 바로 그날 결혼해서 난 못 갈 것 같아)라고 한 말에서 여자가 결혼식에 참석할 수 없음을 알 수 있으므로 정답은 D이다.

女: 你收到通知了吗? 小云今年7月中旬结婚。

男: 收到了, 毕业后大家就没怎么见过面, 正好趁这次机会聚聚。

女: 可是我的表姐也正好那天结婚, 我恐怕去不了了。

男: 你要是不能出席, 咱们大学同学可以改天再聚。

问: 根据对话, 下列哪项正确?

A 他们常常约会
B 男的跟小云不熟
C 小云七月初结婚
D 女的无法参加婚礼

- - -

여: 통지 받았니? 샤오윈이 올해 7월 중순에 결혼한데.

남: 받았어. 졸업 후에 다들 별로 만나지 못했는데, 이번 기회에 다같이 모이면 되겠다.

여: 그런데 우리 사촌 언니도 바로 그날 결혼해서 난 못 갈 것 같아.

남: 네가 참석하지 못하면 우리 대학 동창은 다음에 다시 모이자.

질문: 대화에 근거해. 다음 중 옳은 것은?

A 그들은 자주 데이트를 한다

B 남자는 샤오윈과 잘 알지 못한다

C 샤오윈이 7월 초에 결혼한다

D 여자는 결혼식에 참석할 수 없다

收到 shōudào 屬 받다 | 通知 tōngzhī 몡 통지서 |
★中旬 zhōngxún 몡 중순 | 结婚 jiéhūn 屬 결혼하다 |
★趁 chèn 젠 ~을(를) 틈타 | 聚 jù 屬 모이다 | 表姐
biǎojiě 몡 사촌 언니 | 恐怕 kǒngpà 튄 아마 ~일 것이다 |
★出席 chūxí 참석하다 | 改天 gǎitiān 몡 다른 날 | 约
会 yuēhuì 屬 데이트를 하다 | 熟 shú 혱 잘 알다 | 无法
wúfǎ 屬 ~할 방법이 없다 | ★婚礼 hūnlǐ 몡 결혼식

28　Test 2-28

해설 및 정답　남자의 첫 마디 恭喜你夺得了今天女子单打
的冠军(오늘 여자 단식 경기에서 우승하신 것 축하합니다)에서 夺
得(얻다)는 D의 获得(얻다)와 동의어이고, 冠军(우승)은 D의
第一名(일등)과 동의어이므로 정답은 D이다.

男：恭喜你夺得了今天女子单打的冠军。
女：谢谢你。
男：你今天看起来打得十分轻松。
女：其实不是的，对方的实力很强，我一点
　　儿也不敢放松。

问：关于女的，可以知道什么？

A 很害羞　　　　　　B 身体不好
C 感觉很意外　　　　**D 获得第一名**

남: 오늘 여자 단식 경기에서 우승하신 것 축하합니다.
여: 고맙습니다.
남: 오늘 매우 수월하게 경기하신 것 같은데요.
여: 사실은 그렇지 않아요. 상대방의 실력이 강해서 조
　 금도 긴장을 놓지 못했어요.

질문: 여자에 관해 무엇을 알 수 있는가?

A 수줍어한다　　　　　B 몸이 안 좋다
C 뜻밖이라고 여긴다　　**D 일등을 했다**

★恭喜 gōngxǐ 屬 축하하다 | 夺得 duódé 屬 얻다,
달성하다, 차지하다 | 女子单打 nǚzǐ dāndǎ 여자 단식 |
★冠军 guànjūn 몡 우승, 챔피언 | 轻松 qīngsōng 혱

수월하다 | ★对方 duìfāng 몡 상대방 | 实力 shílì 몡 실력 |
敢 gǎn 屬 (감히) ~하다 | 放松 fàngsōng 屬 긴장을 풀다 |
害羞 hàixiū 屬 수줍어하다 | ★意外 yìwài 혱 뜻밖이다 |
获得 huòdé 屬 획득하다

29　Test 2-29

해설 및 정답　여자가 처음에 能采访您一下吗?(인터뷰 좀 할
수 있을까요?)라고 한 말에서 采访(인터뷰하다)을 하고 있음을
알 수 있고, 그다음에 我们调查市民们业余时间的运动状况
(저희가 시민들의 여가 시간의 운동 상황을 조사하는데)이라고 한
말에서 市民们(시민들)을 듣고 인터뷰 대상이 시민임을 알 수
있다. 따라서 정답은 B이다.

女：你好，我们是体育频道的，能采访您一
　　下吗？
男：您就是播体育新闻的那位主持人吧？我
　　经常关注你们的节目。
女：我们调查市民们业余时间的运动状况，
　　麻烦您，回答我几个问题好吗？
男：好的，你问吧。

问：女的正在做什么？

A 下载节目
B 采访市民
C 整理材料
D 搜索信号

여: 안녕하세요. 저희는 스포츠 채널인데요, 인터뷰 좀
　 할 수 있을까요?
남: 스포츠 뉴스를 방송하는 그 사회자이시군요. 저는
　 그 프로그램을 항상 관심 있게 보고 있어요.
여: 저희가 시민들의 여가 시간의 운동 상황을 조사하
　 는데, 번거로우시겠지만 몇 가지 질문에 대답해 주
　 시겠어요?
남: 네, 물어보세요.

질문: 여자는 무엇을 하고 있는가?

A 프로그램을 다운로드한다
B 시민을 인터뷰한다
C 자료를 정리한다
D 네트워크를 검색한다

 体育 tǐyù 뗑 스포츠 | ★频道 píndào 똉 채널 | ★采访 cǎifǎng 뚕 인터뷰하다 | 播 bō 뚕 방송하다 | 新闻 xīnwén 뗑 뉴스 | ★主持人 zhǔchírén 뗑 사회자 | 关注 guānzhù 뚕 주시하다 | 节目 jiémù 뗑 프로그램 | 调查 diàochá 뚕 조사하다 | 市民 shìmín 뗑 시민 | ★业余 yèyú 뗑 여가 | ★状况 zhuàngkuàng 뗑 상태 | 麻烦 máfan 뚕 폐를 끼치다, 귀찮게 하다 | 回答 huídá 뚕 대답하다 | ★下载 xiàzài 뚕 다운로드하다 | 材料 cáiliào 뗑 자료 | ★搜索 sōusuǒ 뚕 검색하다 | ★信号 xìnhào 뗑 신호

30

해설 및 정답 녹음에서 下次不能总对儿子发脾气(다음에는 아들한테 화내지 마요)라는 남자의 말에서 发脾气와 D의 生气는 같은 말이므로 여자가 아들에게 화를 냈음을 알 수 있다.

男: 青春期的孩子都挺敏感的, <u>下次不能总对儿子发脾气。</u>

女: 我知道, 我以后尽量控制自己的情绪。

男: 这个周末我们一家三口出去郊游吧。

女: 好主意, 趁这个机会多跟孩子交流交流。

问: 女的可能怎么了?

A 现在很饿

B 打算辞职

C 被老板骂了

D 跟儿子生气了

남: 사춘기 애들은 다 꽤 예민해요, <u>다음에는 아들한테 화내지 마요.</u>

여: 나도 알아요, 다음에는 감정을 최대한 억제하도록 할게요.

남: 이번 주말에 우리 세 식구 소풍 가요.

여: 좋은 생각이네요, 이번 기회에 아이와 많이 소통해야겠어요.

질문: 여자는 어떻게 된 것인가?

A 지금 배가 고프다

B 사직할 계획이다

C 사장에게 욕을 먹었다

D 아들에게 화를 냈다

 青春期 qīngchūnqī 뗑 사춘기 | ★敏感 mǐngǎn 휑 예민하다 | 发脾气 fā píqi 화내다 | ★尽量 jǐnliàng 뛩 최대한, 가능한 한 | ★控制 kòngzhì 뚕 통제하다, 조절하다 | ★情绪 qíngxù 뗑 감정 | 郊游 jiāoyóu 뚕 교외로 소풍 가다 | 主意 zhǔyi 뗑 생각, 아이디어 | ★趁 chèn 젠 ~을 틈타 | 交流 jiāoliú 뚕 소통하다, 교류하다 | ★辞职 cízhí 뚕 사직하다 | ★骂 mà 뚕 욕하다

[31-32]

第31到32题是根据下面一段话:

　　有一天, 有人问老子: "我一生虽没什么成就, 可我有房住, 有饭吃, 有钱花; 而我的邻居们他们一辈子在田里劳作, 可他们却住得不好, 而且都去世了, 你说人是不是应该像我这样呀?" ³¹<u>老子听后, 拿来一块石头和一块砖头说: "石头虽寿命长, ³²但砖头对我们更有用。人的价值也在于此,</u> 活的长短不是最重要的, 重要的是他对这个社会是否有价值, 对我们的社会有价值的, 永远不会被遗忘。"

31~32번 문제는 다음 내용에 근거한다.

어느 날, 누군가 노자에게 물었다. "저는 평생 아무것도 이루지 못했지만, 살 집이 있고, 먹을 밥이 있고, 쓸 돈이 있습니다. 그러나 제 이웃들은 한평생 밭에서 일했지만 잘 살지도 못하고 모두 세상을 떠났습니다. 사람은 저와 같아야 한다고 생각하십니까?" ³¹<u>노자가 듣고는 돌멩이 하나와 벽돌 하나를 가져와서 말했다. "돌멩이의 수명은 길지만 ³²벽돌이 우리에게 더 쓸모 있습니다. 사람의 가치도 여기에 있습니다.</u> 오래 살고 짧게 사는 것은 중요한 것이 아닙니다. 중요한 것은 이 사회에 가치가 있느냐는 것입니다. 우리 사회에 가치가 있다면 영원히 잊혀지지 않을 것입니다."

 ★成就 chéngjiù 뗑 업적 | 邻居 línjū 뗑 이웃 | ★一辈子 yíbèizi 뗑 한평생 | 田 tián 뗑 밭 | 劳作 láozuò 뚕 일하다, 노동하다 | ★去世 qùshì 뚕 세상을 뜨다 | ★石头 shítou 뗑 돌 | 砖头 zhuāntóu 뗑 벽돌 | ★寿命 shòumìng 뗑 수명 | 有用 yǒuyòng 뚕 유용하다 | ★价值 jiàzhí 뗑 가치 | ★在于 zàiyú 뚕 ~에 있다 | 活 huó 뚕 살다 | 是否 shìfǒu 뛩 ~인지 아닌지 | 遗忘

yíwàng 图 잊어버리다

31   Test **2-32**

해설 및 정답 녹음 중 老子听后, 拿来一块石头和一块砖头说(노자가 듣고는 돌멩이 하나와 벽돌 하나를 가져와서 말했다)에서 노자가 예로 든 것은 石头이므로 정답은 A이다.

为了回答那个人的问题, 老子举了什么例子?

A 石头   B 木头
C 钢铁   D 植物

그 사람의 질문에 대답하기 위해서, 노자는 어떤 예를 들었는가?

A 돌멩이   B 나무
C 강철   D 식물

단어 举例子 jǔ lìzi 예를 들다 | ★木头 mùtou 圆 나무 | ★钢铁 gāngtiě 圆 강철 | 植物 zhíwù 圆 식물

32   Test **2-33**

해설 및 정답 노자가 石头를 가지고 설명하는 부분에서 但砖头对我们更有用。人的价值也在于此(벽돌이 우리에게 더 쓸모 있습니다. 사람의 가치도 여기에 있습니다)를 듣고 인간의 가치는 쓸모 있는지에 달려 있음을 유추할 수 있으므로 정답은 D이다.

根据这段话, 下列哪项正确?

A 那个人很后悔
B 老子教训了那个人
C 社会价值易被忘记
D 人的价值在于是否有用

이 이야기에 근거해, 다음 중 옳은 것은?

A 그 사람은 매우 후회한다
B 노자는 그 사람을 훈계했다
C 사회적 가치는 쉽게 잊혀진다
D 사람의 가치는 쓸모 있는지에 달려 있다

단어 后悔 hòuhuǐ 图 후회하다 | ★教训 jiàoxùn 图 훈계하다 | 易 yì 图 쉽다 | 忘记 wàngjì 图 잊어버리다

第33到35题是根据下面一段话:

　　有甲和乙两个画家。一天，他们决定进行一场比赛，各自画一幅画，然后拿到路上，³³让路人投票决定哪个更好。到了比赛那天，甲画的是头戴花的小姑娘。当他把画上的布拿掉时，路人纷纷表示赞叹，³⁴他心想大家这么喜欢，肯定能赢。站在一旁的乙在画前一句话也没说。有路人说："你怎么不把画布拿下来？ 让我们看看你的画儿。"可乙却仍然一动不动。这时，有路人伸手去掀那块画布，突然呆住了，³⁵原来那块布竟是画上去的。

33~35번 문제는 다음 내용에 근거한다.

　　갑과 을이라는 두 화가가 있었다. 하루는 그들이 시합을 하기로 결정하고 각자 그림 한 폭을 그렸다. 그다음 길에 가져가 ³³행인에게 투표하게 해서 어느 그림이 더 좋은지 결정하기로 했다. 시합 날이 되어서, 갑이 그린 것은 머리에 꽃을 단 어린 소녀였다. 그가 그림의 천을 떼어냈을 때 행인들은 잇달아 감탄했다. ³⁴그는 모두 이렇게 좋아하니 틀림없이 이길 것이라고 생각했다. 옆에 서 있던 을은 그림 앞에서 한 마디 말도 하지 않았다. 어떤 행인이 그에게 "왜 그림의 천을 떼어내지 않나요? 우리에게 그림을 보여주세요."라고 말했다. 그러나 을은 여전히 꼼짝도 하지 않았다. 이때, 한 행인이 손을 뻗어 그 그림의 천을 들어 올리려고 하다가 갑자기 넋을 잃었다. ³⁵알고 보니 그 천은 그려진 것이었다.

단어 ★甲 jiǎ 圆 갑 | 乙 yǐ 圆 을 | 画家 huàjiā 圆 화가 | ★各自 gèzì 때 각자 | ★幅 fú 窗 폭 | 路人 lùrén 圆 행인 | 投票 tóupiào 图 투표하다 | 戴 dài 图 달다, 착용하다 | ★姑娘 gūniang 圆 아가씨 | ★布 bù 圆 천 | ★纷纷 fēnfēn 閨 잇달아 | 表示 biǎoshì 图 표시하다 | 赞叹 zàntàn 图 감탄하며 찬미하다 | 肯定 kěndìng 图 확신하다 | ★伸 shēn 图 내밀다 | 掀 xiān 图 들어 올리다 | ★呆住 dāizhù 图 멍해지다 | 竟 jìng 閨 뜻밖에

33   Test **2-35**

〔해설 및 정답〕 녹음에서 让路人投票决定哪个更好(행인에게 투표하게 해서 어느 그림이 더 좋은지 결정하기로 했다)라는 부분에서 路人이 行人(행인)과 동일한 의미이므로 정답은 C이다.

怎么决定画画比赛的胜者?

A 随机决定胜者
B 通过专家的评价
C 以行人投票决定
D 以价格的高低决定

어떻게 그림 그리기 승자를 결정하는가?

A 무작위로 승자를 결정한다
B 전문가의 평가를 통해서
C 행인들의 투표로 결정한다
D 가격의 높고 낮음으로 결정한다

〔단어〕 ★评价 píngjià 图 평가하다 | ★专家 zhuānjiā 图 전문가 | 胜者 shèngzhě 图 우승자

34   Test **2-36**

〔해설 및 정답〕 녹음 중간 부분의 他心想大家这么喜欢, 肯定能赢(그는 모두 이렇게 좋아하니 틀림없이 이길 것이라고 생각했다)에서 他는 甲이다. 따라서 甲는 乙를 이길 수 있다고 생각했음을 알 수 있으므로 정답은 A이다.

甲觉得自己的画怎么样?

A 能赢乙
B 进步很大
C 很有价值
D 路人不会欣赏

갑은 자신의 그림을 어떻게 생각하는가?

A 을을 이길 수 있다
B 많이 향상했다
C 매우 가치 있다
D 행인은 감상할 줄 모른다

〔단어〕 ★进步 jìnbù 图图 진보(하다), 향상(되다) | ★价值 jiàzhí

35   Test **2-37**

〔해설 및 정답〕 녹음 마지막 부분의 原来那块布竟是画上去的(알고 보니 그 천은 그려진 것이었다)에서 乙가 그린 것은 '천'임을 알 수 있다. 정답은 C이다.

乙为什么一动不动?

A 还没准备好
B 心里没有底
C 他画的是画布
D 觉得不如甲画得好

을은 왜 꼼짝도 하지 않았는가?

A 아직 준비되지 않았다
B 마음에 자신이 없다
C 그가 그린 것은 천이다
D 갑보다 잘 그리지 못했다고 생각한다

〔단어〕 没有底 méiyǒu dǐ 자신이 없다 | ★不如 bùrú 图 ~만 못하다

[36-38]   Test **2-38**

第36到38题是根据下面一段话:

电话在现代社会中几乎是不可缺少的通讯工具，可是却成了一些人的恐惧对象，[36]有的人一打电话就会紧张焦虑，说不出话。这是因为人在情况明朗的社交环境中，最容易做出正确决定，而打电话时，[37]电话的另一方对于我们来说，是一种"未知"的状态，人们很容易产生担忧和猜测。尤其当电话的另一方是重要客户或上司时，这种潜在的忧虑更让人犹豫不决，害怕说错话。针对这样的问题，[38]专家建议打电话时不妨一直面带微笑，让心情放松，并不断暗示自己，给自己信心。

36~38번 문제는 다음 내용에 근거한다.

전화는 현대 사회에서 거의 빼놓을 수 없는 통신 도구이지만 누군가에게는 오히려 공포의 대상이 되었다. ³⁶어떤 사람들은 전화 통화를 하면 긴장하고 초조해서 말을 하지 못한다. 이것은 상황이 분명한 사교 환경에서 사람은 올바른 결정을 내리기 가장 쉽기 때문인데, 전화 통화를 할 때는 ³⁷전화하는 상대방은 우리에게 일종의 '모르는' 상태가 되어, 우리는 쉽게 걱정하고 추측한다. 특히 전화하는 상대방이 중요한 고객 또는 상사일 때 이런 잠재적인 걱정은 더욱 사람을 주저하게 하고 말을 잘못할까 봐 두려워하게 한다. 이런 문제에 대해 ³⁸전문가들은 전화 통화를 할 때 계속 얼굴에 미소를 띠어 마음을 편하게 하고, 자신에게 끊임없이 암시하며 자신감을 주는 것이 좋다고 조언한다.

단어 社会 shèhuì 몡 사회 | 几乎 jīhū 틘 거의 | 不可缺少 bùkě quēshǎo 반드시 필요하다 | ★通讯 tōngxùn 몡 통신 | ★工具 gōngjù 몡 수단 | 恐惧 kǒngjù 튕 두려워하다 | ★对象 duìxiàng 몡 대상 | 焦虑 jiāolǜ 초조하다 | 情况 qíngkuàng 몡 상황 | 明朗 mínglǎng 혱 밝다, 분명하다 | 社交 shèjiāo 몡 사교 | 未知 wèizhī 혱 미지의, 아직 모르다 | ★状态 zhuàngtài 몡 상태 | 担忧 dānyōu 튕 근심하다 | 猜测 cāicè 튕 추측하다 | 尤其 yóuqí 틘 특히 | 客户 kèhù 몡 고객 | 上司 shàngsi 몡 상사 | 潜在 qiánzài 튕 잠재하다 | 忧虑 yōulǜ 몡 우려 | 犹豫不决 yóu yù bù jué 젱 결단을 내리지 못하고 망설이다 | 害怕 hàipà 튕 겁내다 | ★针对 zhēnduì 튕 겨누다 | ★专家 zhuānjiā 몡 전문가 | 建议 jiànyì 튕 건의하다 | 不妨 bùfáng 틘 (~하는 것도) 괜찮다 | 面带微笑 miàndài wēixiào 얼굴에 미소를 띠다 | 放松 fàngsōng 튕 긴장을 풀다 | ★不断 búduàn 틘 끊임없이 | 暗示 ànshì 튕 암시하다

36

Test **2-39**

해설 및 정답 녹음 앞부분의 有的人一打电话就会紧张焦虑(어떤 사람들은 전화 통화를 하면 긴장하고 초조해서)에서 紧张과 焦虑를 듣고, 紧张과 焦虑의 유의어 不安(불안하다)이 있는 C를 정답으로 고를 수 있다.

有的人一打电话就会怎么样?

A 忘记要说什么
B 精神非常集中
C 突然紧张不安
D 声音大影响别人

어떤 사람은 전화를 하면 어떻게 되는가?

A 무슨 말을 해야할지 잊어버린다
B 정신을 매우 집중한다
C 갑자기 긴장하고 불안해한다
D 목소리가 커서 다른 사람에게 영향을 준다

단어 ★精神 jīngshén 몡 정신 | ★集中 jízhōng 튕 집중하다 | ★不安 bù'ān 혱 불안하다

Test **2-40**

해설 및 정답 녹음에서 电话的另一方对于我们来说, 是一种"未知"的状态(전화하는 상대방은 우리에게 일종의 '모르는' 상태가 된다)의 未知는 '아직 모르다'는 뜻으로 不了解(잘 알지 못하다)와 같은 뜻이다. 따라서 어떤 사람은 통화하는 상대방을 잘 알지 못해서 전화하는 것을 두려워한다는 것을 유추할 수 있으므로 정답은 C이다.

有些人为什么害怕打电话?

A 觉得浪费电话费
B 喜欢当面说清楚
C 不了解通话对方
D 电话解释比较麻烦

어떤 사람은 왜 전화하는 것을 두려워하는가?

A 전화 요금을 낭비한다고 생각한다
B 직접 맞대고 분명히 말하는 것을 좋아한다
C 통화하는 상대방을 잘 알지 못한다
D 전화로 설명하기에 비교적 번거롭다

단어 浪费 làngfèi 튕 낭비하다 | 电话费 diànhuàfèi 몡 전화 요금 | 当面 dāngmiàn 튕 마주보다, 직접 맞대다 | 通话 tōnghuà 튕 통화하다 | ★对方 duìfāng 몡 상대방 | 解释 jiěshì 튕 설명하다 | 麻烦 máfan 혱 번거롭다

38

해설 및 정답 　녹음 뒷부분의 打电话时不妨一直面带微笑
(전화 통화를 할 때 계속 얼굴에 미소를 띠다)를 통해서 전문가는
전화할 때 미소를 유지하는 것을 건의했음을 알 수 있으므로
정답은 D이다.

专家建议怎么做?

A 深呼吸三秒钟
B 打电话前做草稿
C 找明自己害怕的原因
D 打电话时最好保持微笑

전문가는 어떻게 하라고 조언하는가?

A 3초 동안 심호흡한다
B 전화하기 전에 초고를 작성한다
C 자기가 무서워하는 원인을 찾아 분명히 한다
D 전화할 때 미소를 유지하는 것이 좋다

 단어 　深呼吸 shēnhūxī 통 심호흡하다 | 草稿 cǎogǎo 명 초고 |
★保持 bǎochí 통 유지하다

[39-41]

第39到41题是根据下面一段话:

　　狗知道自己的名字，也知道哪个人是自
己的主人，那么狗的这种记忆力可以持续多
长时间呢？研究发现，[39]狗虽然对有些事物
的记忆可能非常模糊，比如自己犯的一些小
错误，但是对于主人、住所、主人的声音等
都有着很强的记忆。近日有这样一个报道，
一只狗已经离开主人十年了，有一天，它从
广播里听到了它主人的声音后，马上站起来
专注地听着，直到长长的一段话结束后，才
[40]带着悲伤的神情走开了。由此可见，狗的
记忆力可以说是非常持久，[41]特别是对声音
的判断力非常强。

39~41번 문제는 다음 내용에 근거한다.

　개는 자기 이름을 알고, 또 누가 자기 주인인지도 안
다. 그럼 개의 이런 기억력은 얼마나 지속될 수 있을
까? 연구 결과, [39]개는 자기가 저지른 잘못과 같은 어
떤 사물에 대한 기억은 매우 흐릿할 수 있다. 하지만
주인, 거주지, 주인의 목소리 등에 대해서는 강한 기억
을 가지고 있다는 것을 발견했다. 최근 이런 보도가 있
었다. 어떤 개가 이미 주인을 떠난 지 10년이 되었다.
어느 날, 그 개는 라디오 방송에서 주인의 목소리를 듣
고 바로 일어나서 긴긴 이야기가 끝날 때까지 집중하
여 듣다가 [40]매우 슬픈 표정으로 떠났다. 이로부터 개
의 기억력이 아주 오래 지속되고, [41]특히 목소리에 대
한 판단력이 매우 강하다는 것을 알 수 있다.

단어 　狗 gǒu 명 개 | ★主人 zhǔrén 명 주인 | 记忆力 jìyìlì 명
기억력 | ★持续 chíxù 통 지속하다 | 研究 yánjiū 명 연구 |
★模糊 móhu 형 모호하다, 흐릿하다 | 比如 bǐrú 접 예를
들어 | 犯错误 fàn cuòwù 잘못을 저지르다, 실수하다 |
住所 zhùsuǒ 명 거주지 | 近日 jìnrì 명 최근 | ★报道
bàodào 명 보도 | 广播 guǎngbō 명 라디오 방송 |
专注 zhuānzhù 통 집중하다 | 悲伤 bēishāng 형 몹시
슬퍼하다 | 神情 shénqíng 명 기색 | 由此可见 yóucǐ
kějiàn 이로부터 알 수 있다 | 持久 chíjiǔ 통 오래 유지되다 |
判断力 pànduànlì 명 판단력

39

해설 및 정답 　녹음 중 狗虽然对有些事物的记忆可能非常
模糊(개는 자기가 저지른 잘못과 같은 어떤 사물에 대한 기억은 매우
흐릿할 수 있다)에서 模糊가 그대로 들리므로 정답은 C이다.

狗对自己犯错误的记忆怎么样?

A 极度怀疑
B 十分抱怨
C 模糊不清
D 印象深刻

개가 자신이 저지른 잘못에 대해 기억하는 것은 어떠한
가?

A 극도로 의심한다

B 매우 원망한다

C 흐릿하여 분명치 않다

D 인상이 깊다

단어 极度 jídù 튄 극히, 몹시 | 怀疑 huáiyí 튕 의심하다 | ★抱怨 bàoyuàn 튕 원망하다 | ★深刻 shēnkè 휑 (인상 등이) 깊다

---

40 ▶   Test **2-44**

해설 및 정답 녹음 중 带着悲伤的神情走开了(매우 슬픈 표정으로 떠났다)에서 悲伤이 그대로 들리고 走开는 离开(떠나다)의 동의어이므로 정답은 D이다.

广播里主人的声音结束后，那只狗怎么了？

A 继续躺下

B 走来走去

C 微笑地听着

D 悲伤地离开

라디오 방송에서 주인의 목소리가 끝난 후, 그 개는 어떠했는가?

A 계속 누워 있었다

B 왔다갔다하다

C 미소를 지으며 듣고 있다

D 슬퍼하며 떠났다

단어 躺 tǎng 튕 눕다 | ★微笑 wēixiào 튕 미소 짓다 | 离开 líkāi 튕 떠나다

---

41 ▶   Test **2-45**

해설 및 정답 녹음 마지막 부분의 特别是对声音的判断力非常强(특히 목소리에 대한 판단력이 매우 강하다)에서 개는 목소리에 매우 민감하다는 것을 유추할 수 있으므로 정답은 B이다.

根据这段话，可以知道什么？

A 狗的鼻子很灵

B 狗对声音很敏感

C 狗不喜欢被批评

D 狗的方向感很强

이 이야기에 근거해 알 수 있는 것은?

A 개의 코는 매우 예민하다

B 개는 목소리에 매우 민감하다

C 개는 혼나는 것을 싫어한다

D 개의 방향 감각은 아주 뛰어나다

단어 鼻子 bízi 튱 코 | 灵 líng 휑 예민하다 | ★敏感 mǐngǎn 휑 민감하다 | 批评 pīpíng 튕 꾸짖다, 비평하다 | 方向感 fāngxiànggǎn 튱 방향 감각

[42-43]   Test **2-46**

第42到43题是根据下面一段话：

    中国有句古话叫"十里不同风，百里不同俗"，也就是说[43]不同的地区风俗也各不相同。就拿各地的春节饮食来讲，也就是我们通常说的"年夜饭"，江南一带有喝"元宝茶"风俗，从字面意思来看，[42]"元宝"有"发财"、"富贵"之意。在四川人的年夜饭中，可以没有鸡鸭鱼，但是不可没有川味香肠。

42~43번 문제는 다음 내용에 근거한다.

    중국 옛말에 '십리 밖으로 나가면 풍속이 다르고, 백리 밖으로 나가면 관습이 다르다'는 말이 있다. 바꿔 말하면, [43]지역마다 풍속은 제각각 다르다는 말이다. 각 지역의 설날 음식, 바로 우리가 일반적으로 말하는 '제야 음식'을 예로 들어보자. 강남 일대에는 '원보차'를 마시는 풍습이 있다. 글자 그대로 보면 [42]'원보'에는 '부자가 되다', '부귀하다'는 의미가 있다. 쓰촨 사람의 녠예판에는 닭, 오리, 생선이 없을 수 있지만 쓰촨맛 소시지는 없어서는 안 된다.

단어 古话 gǔhuà 튱 옛말 | 里 lǐ 휑 리[거리의 단위] | 俗 sú 튱

풍속 | ★风俗 fēngsú 명 풍속 | 各地 gèdì 명 각지 | 春节 Chūnjié 명 음력설, 춘절 | 饮食 yǐnshí 명 음식 | ★通常 tōngcháng 형 일반적이다, 통상적이다 | 年夜饭 niányèfàn 명 제야 음식[섣달 그믐날 저녁에 먹는 음식] | 江南 Jiāngnán 고유 강남[장강 하류의 남쪽 지역] | 一带 yídài 명 일대 | 元宝 yuánbǎo 명 원보, 말굽은[옛날 중국에서 쓰이던 말굽 모양의 화폐] | 字面 zìmiàn 명 문자의 표면상의 뜻 | 发财 fācái 동 부자가 되다 | 富贵 fùguì 형 부귀하다 | 鸭 yā 명 오리 | ★香肠 xiāngcháng 명 소시지

A 강남의 풍경이 독특하다

B 쓰촨 사람은 매운 음식 먹는 것을 중시한다

C 남북의 음식 차이가 크다

D 지역마다 다른 풍속이 있다

단어 ★风景 fēngjǐng 명 풍경 | ★独特 dútè 형 독특하다 | ★讲究 jiǎngjiu 동 중시하다 | 差异 chāyì 명 차이

해설 및 정답   녹음 뒷부분에서 "元宝"有"发财"、"富贵"之意('원보'에는 '부자가 되다', '부귀하다'는 의미가 있다)라고 했으므로 비슷한 의미의 财富(부)가 있는 A가 정답이다.

江南一带的人用"元宝茶"比喻什么?

A 财富滚滚   B 健康长寿
C 永远快乐   D 梦想成真

강남 일대의 사람은 '원보차'로 무엇을 비유하는가?

A 돈을 많이 벌다   B 건강 장수하다
C 영원히 즐겁다   D 꿈이 이루어지다

단어 财富 cáifù 명 부, 재산 | 滚滚 gǔngǔn 형 급속도로 구르는 모양, 끊임없는 모양 | 长寿 chángshòu 형 장수하다 | 永远 yǒngyuǎn 부 영원히 | 梦想 mèngxiǎng 명 꿈, 바라는 일

해설 및 정답   이 글의 주제는 녹음 앞부분의 不同的地区风俗也各不相同(지역마다 풍속은 제각각 다르다)을 듣고 정답은 D임을 알 수 있다.

这段话主要谈的是什么?

A 江南风景独特

B 四川人讲究吃辣

C 南北方饮食差异大

D 不同地区有不同的风俗

이 이야기에서 주로 말하고자 하는 것은 무엇인가?

第44到45题是根据下面一段话:

目前人工智能技术渗透在人类的生活当中，大量的工作将由机器来完成，这是不是意味着失业率越来越高呢？ 显然不是。虽然人工智能技术取得了很多的进展，但是应用人工智能技术在未来很长的一段发展时间中，还是有很多问题需要解决的：例如 ⁴⁴如何更好地实现人工智能技术的实用化等。但是可以预测的是，⁴⁵未来很多体力劳动密集型产业，将升级为智力劳动密集型产业。

44~45번 문제는 다음 내용에 근거한다.

요즘 인공 지능 기술은 사람들 생활 속 깊숙이 스며들어 대량의 작업이 기계로 완성되고 있는데, 이것이 실업률이 점점 더 높아질 것을 의미하는 것은 아닌가? 분명 아니다. 비록 인공 지능 기술이 많이 발전했지만, 인공 지능 기술 응용은 미래의 장기간 발전에서 여전히 해결해야 할 문제가 많다. 예를 들면 [44]어떻게 더 잘 인공 지능 기술의 실용화를 실현시킬지 등이다. 그러나 [45]앞으로는 많은 노동집약형 산업이 지식집약형 산업으로 업그레이드될 것임은 예측 가능하다.

단어 目前 mùqián 명 지금, 현재 | 人工智能 réngōng zhìnéng 명 인공 지능 | 技术 jìshù 명 기술 | 渗透 shèntòu 동 스며들다 | 人类 rénlèi 명 인류 | 大量 dàliàng 형 대량의 | 机器 jīqì 명 기계 | 完成 wánchéng 동 완성하다 | 意味着 yìwèizhe 동 의미하다 | 失业率 shīyèlǜ 명 실업률 | 取得 qǔdé 동 얻다, 취득하다 | 进展 jìnzhǎn 동 발달하다 | 应用 yìngyòng 동 응용하다 | 未来

wèilái 몡 미래 ｜ 发展 fāzhǎn 됭 발전하다 ｜ 需要 xūyào
됭 필요하다 ｜ 解决 jiějué 됭 해결하다 ｜ 例如 lìrú 됭 예를
들면 ｜ 如何 rúhé 몡 어떻게 ｜ 实现 shíxiàn 됭 실현하다 ｜
实用化 shíyònghuà 몡 실용화 ｜ 预测 yùcè 됭 예측하다 ｜
体力劳动密集型产业 tǐlì láodòng mìjíxíng chǎnyè
노동집약형 산업 ｜ 升级 shēngjí 됭 업그레이드하다 ｜ 智
力劳动密集型产业 zhìlì láodòng mìjíxíng chǎnyè
지식집약형 산업

---

44   Test **2-50**

(해설 및 정답) 녹음에서 如何更好地实现人工智能技术的
实用化等(어떻게 더 잘 인공 지능 기술의 실용화를 실현시킬지 등)
을 근거로 인공 지능 기술이 해결할 문제가 C의 技术的实用
化(기술의 실용화)라는 것을 알 수 있다.

人工智能技术的发展还需要解决哪些问题?

A 普及率过低
B 应用领域过少
C 技术的实用化
D 技术的创新化

인공 지능 기술의 발전에서 또 어떤 문제를 해결해야 하
는가?

A 보급률이 너무 낮다
B 응용 영역이 너무 적다
C 기술의 실용화
D 기술의 혁신화

(단어) 普及率 pǔjílù 몡 보급률 ｜ 领域 lǐngyù 몡 분야, 영역 ｜ 创
新化 chuàngxīnhuà 혁신화

---

45   Test **2-51**

(해설 및 정답) 녹음의 마지막 부분에서 未来很多体力劳动
密集型产业, 将升级为智力劳动密集型产业(앞으로는 많은
노동집약형 산업이 지식집약형 산업으로 업그레이드될 것이다)라고
한 말을 통해 미래에 지식집약형 산업에 종사하는 사람이 증
가할 것임을 유추할 수 있으므로, 智力劳动을 脑力劳动으로
바꾸어 표현한 C가 정답이다.

未来从事哪类工作的人会增多?

A 农业生产
B 体育行业
C 脑力劳动
D 自由职业

미래에 어느 업종에 종사하는 사람이 증가할 것인가?

A 농업 생산
B 체육 업계
C 정신 노동
D 프리랜서

(단어) 从事 cóngshì 됭 종사하다 ｜ 农业 nóngyè 몡 농업 ｜ 生
产 shēngchǎn 몡 생산 ｜ 体育行业 tǐyù hángyè 체육
업계 ｜ 脑力劳动 nǎolì láodòng 정신 노동 ｜ 自由职业
zìyóu zhíyè 프리랜서

[46–48]

　　많은 사람들이 달리기를 할 때 이어폰을 끼고 달리면서 듣는다. 음악은 우리의 기분을 **46 개선시켜** 줄 수 있고, 단순한 달리기 운동을 지루하지 않게 해준다. 또 예를 들어 외국어 단어를 들으면 시간 이용률을 높일 수 있다. 하지만 들으며 달리는 것은 사실 잘못된 **47 행위**다. 왜냐하면 달리는 환경은 비교적 시끄럽기 때문에, 이때 우리는 자기도 모르게 음량을 높이게 되고, 이는 청력을 손상시킨다. 또한 우리의 외이도 피부는 무척 연해서 이어폰은 특히 쉽게 찰과상을 입히고 귀의 통증을 초래한다. 게다가 음악을 들으면 사람의 주의력을 분산시킬 수도 있기 때문에 운동에 온전히 **48 집중하지** 못하게 만들어 운동 효과에도 영향을 끼친다.

단어 跑步 pǎobù 통 달리다 | 戴 dài 통 착용하다 | 耳机 ěrjī 명 이어폰 | ★单纯 dānchún 형 단순하다 | 枯燥 kūzào 형 지루하다 | 利用率 lìyònglǜ 명 이용률 | 例如 lìrú 통 예를 들면 | 外语 wàiyǔ 명 외국어 | 单词 dāncí 명 단어 | 错误 cuòwù 형 잘못되다 | 吵闹 chǎonào 형 시끄럽다 | 不自觉 búzìjué 통 스스로 느끼지 못하다 | 音量 yīnliàng 명 음량 | 损伤 sǔnshāng 통 손상되다 | 听力 tīnglì 명 청력 | 外耳道 wài'ěrdào 명 외이도[귓바퀴에서 고막에 이르는 통로] | 皮肤 pífū 명 피부 | ★嫩 nèn 형 여리다 | ★造成 zàochéng 통 야기하다 | 擦伤 cāshāng 명 찰과상 | ★导致 dǎozhì 통 초래하다 | 疼痛 téngtòng 형 아프다 | 分散 fēnsàn 통 분산시키다 | 注意力 zhùyìlì 명 주의력 | 锻炼 duànliàn 통 단련하다 | 效果 xiàoguǒ 명 효과

46

해설 및 정답 보기가 모두 동사이므로 빈칸 뒤의 목적어를 찾는다. 목적어는 我们的心情이고 문맥상 '우리의 기분을 개선하다'가 되어야 하므로 정답은 A이다.

A 개선하다	B 바꾸다
C 돌리다	D 일깨우다

호응 구조

A ★改善 gǎishàn 통 개선하다 ▶ 改善心情 기분을 개선하다

B 改变 gǎibiàn 통 바꾸다 ▶ 改变自己 자신을 바꾸다

C 转动 zhuàndòng 통 돌리다, 굴리다 ▶ 转动大脑 머리를 굴리다

D ★启发 qǐfā 통 일깨우다 ▶ 启发孩子 아이를 일깨우다

47

해설 및 정답 빈칸은 동사 是와 호응하는 목적어 자리다. 是는 'A는 B이다'의 형식으로 쓰이므로 '边听边跑…是行为'의 형식을 찾고, 边听边跑의 의미를 포괄적으로 표현할 수 있는 단어인 行为를 찾는다.

A 표현	B 신호	**C 행위**	D 항목

호응 구조

A ★表达 biǎodá 명 표현 ▶ 口语表达 언어 표현

B ★信号 xìnhào 명 신호 ▶ 手机信号 휴대폰 신호

C ★行为 xíngwéi 명 행위 ▶ 个人行为 개인 행위

D ★项目 xiàngmù 명 항목 ▶ 投资项目 투자 항목

48

해설 및 정답 빈칸 앞 절의 分散人的注意力(사람의 주의력을 분산시킨다)를 근거로, 注意力와 연관되어 쓰일 수 있는 단어는 集中이 가장 적당하다. 따라서 정답은 D이다.

A (직책을) 맡다	B 전개하다
C 훈련하다	**D 집중하다**

호응 구조

A ★担任 dānrèn 통 (직책을) 맡다 ▶ 担任经理 사장을 맡다

B ★展开 zhǎnkāi 통 펼치다, 전개하다 ▶ 展开活动 행사를 전개하다

C ★训练 xùnliàn 통 훈련하다 ▶ 训练运动员 운동선수를 훈련시키다

D ★集中 jízhōng 통 집중하다 ▶ 集中精力 정신을 집중하다

[49-52]

어떤 변온 동물은 추운 겨울에 체온이 환경 온도와 **49 근접하게** 떨어질 수 있어서 전신에 마비 상태가 나타나는데, 이런 현상을 '동면'이라고 부른다. 동면할 때 동물의 신경은 이미 마비 상태가 된다. 어떤 사람이 예전에 꿀벌로 실험을 진행했는데, 기온이 7~9도일 때 꿀벌의 날개와 다리는 활동을 멈추었지만 **50 가볍게 건드리면** 날개와 다리가 조금씩 흔들렸고, 기온이 4~6도로 내려갔을 때 다시 건드리면 **51 조금의** 반응도 없어서 꿀벌이 분명히 이미 깊은 마비 상태가 되었다. 기온이 0.5도까지 떨어졌을 때 꿀벌은 더 깊은 수면 상태로 접어들었다. 이처럼 동면할 때 신경의 마비 정도와 온도는 **52 밀접한** 관계가 있다.

[단어] 变温动物 biànwēn dòngwù 몡 변온 동물 | 寒冷 hánlěng 톙 춥고 차다 | 冬季 dōngjì 몡 겨울철 | 体温 tǐwēn 몡 체온 | 降低 jiàngdī 통 내려가다 | 环境 huánjìng 몡 환경 | 全身 quánshēn 몡 전신 | 呈 chéng 통 ~한 양상을 띠다 | 麻痹 mábì 통 마비되다 | ★状态 zhuàngtài 몡 상태 | ★现象 xiànxiàng 몡 현상 | 冬眠 dōngmián 통 겨울잠을 자다 | 神经 shénjīng 몡 신경 | ★蜜蜂 mìfēng 몡 꿀벌 | 进行 jìnxíng 통 진행하다 | 试验 shìyàn 통 시험하다 | 气温 qìwēn 몡 기온 | 翅 chì 몡 날개 | 足 zú 몡 다리 | 停止 tíngzhǐ 통 멈추다 | 微微 wēiwēi 뭐 조금, 살짝 | 抖动 dǒudòng 통 흔들다 | 触动 chùdòng 통 건드리다 | ★反应 fǎnyìng 몡 반응 | ★显然 xiǎnrán 톙 분명하다 | 深沉 shēnchén 톙 깊다 | 睡眠 shuìmián 몡 잠, 수면

49

[해설 및 정답] 보기의 품사가 모두 형용사이고, 빈칸의 단어는 명사 环境温度를 수식한다. 또한 내용의 흐름상 '추운 겨울에 체온이 환경 온도와 근접하게 떨어질 수 있다'가 되어야 하므로 정답은 B이다.

A 비슷하다	**B 근접하다**
C 평균의	D 폭넓다

호응 구조

A ★相似 xiāngsì 톙 비슷하다 ▶ 相似的样子 비슷한 모양

B ★接近 jiējìn 톙 근접하다 ▶ 接近的温度 근접한 온도

C ★平均 píngjūn 톙 평균의 ▶ 平均年龄 평균 연령

D ★广泛 guǎngfàn 톙 폭넓다, 광범위하다 ▶ 广泛的意见 폭넓은 의견

50

[해설 및 정답] 빈칸을 중심으로 앞의 내용은 停止了活动(활동을 멈추다), 뒤의 내용은 微微抖动(조금씩 흔들린다)이다. 앞과 뒤의 내용이 상반되므로 전환 관계 접속사 但이 쓰인 A가 정답이다.

A 그러나 가볍게 건드릴 때
B 봄이 오기를 기다리다
C 끊임없이 날개를 나풀거리다
D 생명을 잃어버린 것 같다

[단어] 轻轻 qīngqīng 톙 가볍다 | ★等待 děngdài 통 기다리다 | ★不断 búduàn 뭐 끊임없이 | 拍动 pāidòng 나풀거리다 | ★翅膀 chìbǎng 몡 날개 | ★失去 shīqù 통 잃다 | 生命 shēngmìng 몡 생명

51

[해설 및 정답] 빈칸은 没有反应을 수식하는 부사 자리이고, 글의 흐름상 '조금의 반응도 없다'가 되어야 하므로 B가 정답이다.

A ~할 방법이 없다	**B 조금도**
C 차라리	D 우연히

호응 구조

A 无法 wúfǎ 통 ~할 방법이 없다 ▶ 无法理解 이해할 방법이 없다

B ★丝毫 sīháo 뭐 조금도 ▶ 丝毫没有 조금도 없다

C ★干脆 gāncuì 뭐 아예, 차라리 ▶ 干脆放弃 차라리 포기하다

D ★偶然 ǒurán 뭐 우연히 ▶ 偶然发生 우연히 발생하다

52

해설 및 정답 〉 빈칸은 关系를 수식하는 형용사 중에 동면 때 신경의 마비 정도와 온도와의 관계를 설명할 단어가 들어가야 하므로 A가 정답이다.

A 밀접한	B 의외의
C 신속한	D 무수한

호응 구조

A ★密切 mìqiè 혱 밀접하다 ▶ 密切的关系 밀접한 관계

B ★意外 yìwài 혱 의외의 ▶ 意外的情况 의외의 상황

C ★迅速 xùnsù 혱 신속하다 ▶ 迅速地解决 신속하게 해결하다

D ★无数 wúshù 혱 무수하다 ▶ 无数的星星 무수한 별

[53-56]

　　우리가 현재 신는 신발은 모두 왼발과 오른발을 구분하지만, 사실 중국의 신발은 좌우를 구분한 시간이 그리 길지 않다. 중국에서 처음으로 좌우를 구분한 가죽 신발은 1876년에 탄생했다. 몇 천 년 **53 이래로** 중국인은 신발을 신을 때 모두 '신골'이라고 불리는 도구를 이용하여 똑같은 두 짝의 신발을 만들었다. 이러한 발의 좌우 구분이 없는 신발은 '정각혜'라고 **54 불렸다.** 고대 사람들은 왜 좌우를 구분하지 않고 신발을 신었을까? 옛 사람들의 눈에는 **55 두 짝의 신발이 반드시 똑같아야 했기 때문이었다.** 좌우가 다른 '원앙혜'는 불결하고 단정하지 못하게 여겨졌다. 그런데 두 짝이 똑같은 이러한 신발은 불편하지 않았을까? 사실 불편하지 않았다. 왜냐하면 고대의 신발은 대부분 사이즈가 꽤 넉넉했을 뿐만 아니라, **56 재료**가 보통 풀이나 동물의 가죽이어서 부드럽게 처리할 수 있었기 때문에 (신발이) 발에 마찰되어 쓸리는 현상이 없었다.

단어 分 fēn 동 구분하다 | 脚 jiǎo 명 발 | 皮鞋 píxié 명 가죽신발 | 诞生 dànshēng 동 생기다 | 鞋楦 xiéxuàn 명 신골[도구 이름] | ★工具 gōngjù 명 도구 | 一模一样 yì mú yí yàng 성 모양이 완전히 같다 | 正脚鞋 zhèngjiǎoxié 정각혜[신발의 한 종류] | 古代人 gǔdàirén 명 고대인 | 为何 wèihé 부 어째서 | 鸳鸯鞋 yuānyāngxié 원앙혜[신발의 한 종류] | 被视为 bèi shìwéi ~으로 여기다 |

洁 jié 혱 깨끗하다 | ★整齐 zhěngqí 혱 단정하다 | 舒服 shūfu 혱 편안하다 | 宽松 kuānsōng 혱 여유가 있다 | 草 cǎo 명 풀 | 皮革 pígé 명 가죽 | 柔软 róuruǎn 혱 부드럽고 연하다 | 出现 chūxiàn 동 나타나다 | 磨脚 mójiǎo 발이 (신발 등에) 마찰되어 쓸리다 | ★现象 xiànxiàng 명 현상

53

해설 및 정답 〉 几千年과 같이 쓰일 단어는 '시간+以来' 형식의 '~한 이래로'라는 뜻의 C밖에 없으므로 정답은 C이다.

A 이외	B 이 밖에	**C 이래로**	D 근래

호응 구조

A 以外 yǐwài 명 이외 ▶ 除此以外 이것 이외에, 이것을 제외하고

B ★此外 cǐwài 명 이 밖에 ▶ 此外还有 이 밖에 또 있다

C ★以来 yǐlái 명 이래로 ▶ 多年以来 수년 이래로

D 近来 jìnlái 명 근래 ▶ 近来的消息 근래의 소식

54

해설 및 정답 〉 '被称为…'는 '~로 불리워지다'라는 의미의 고정 격식이므로, 정답은 D이다.

A 담다	B 잠그다
C 흔들다	**D 칭하다**

호응 구조

A ★装 zhuāng 동 담다, 싣다 ▶ 装货 화물을 싣다

B ★锁 suǒ 동 잠그다 ▶ 锁门 문을 잠그다

C ★甩 shuǎi 동 (앞뒤로 크게) 흔들다 ▶ 甩胳膊 팔을 흔들다

D ★称 chēng 동 칭하다 ▶ 被称为… ~로 불리워지다

55

해설 및 정답 〉 빈칸 뒤에서 不一样的 "鸳鸯鞋" 则被视为不洁、不整齐(좌우가 다른 '원앙혜'는 불결하고 단정하지 못하게 여겨졌다)라고 이야기한 것으로 보아, 빈칸에는 '두 짝의 신발이 반드시 똑같아야 한다'는 내용이 들어가는 것이 가장 자연스럽다. 따라서 정답은 D이다.

A 선물을 줄 때 한 쌍으로 준다

B 남녀의 신발이 서로 다르다

C 옷 입는 법을 매우 중요시하다

D 두 짝의 신발이 반드시 똑같아야 한다

[단어] 送礼 sònglǐ 통 선물하다 | 有别 yǒu bié 서로 다르다 | ★讲究 jiǎngjiu 통 중요시하다 | 必须 bìxū 뷔 반드시 ~해야 한다

56

[해설 및 정답] 빈칸이 是 앞에 위치하므로 빈칸은 주어로 쓰였다. 또한 빈칸 뒤의 草와 动物皮革는 신발을 만드는 주재료이므로 原料(원료)가 들어갈 것임을 유추할 수 있다.

A 색채	**B 원료, 재료**
C 내부	D 디자인

호응 구조

A ★色彩 sècǎi 명 색깔 ▶ 色彩鲜艳 색깔이 선명하다

B ★原料 yuánliào 명 원료, 재료 ▶ 原料丰富 원료가 풍부하다

C ★内部 nèibù 명 내부 ▶ 内部复杂 내부가 복잡하다

D ★设计 shèjì 명 디자인 ▶ 设计独特 디자인이 독특하다

[57-60]

고대에 특별히 꽃을 잘 재배하는 사람은 '종화사(화초 원예 전문가)'라 불렸는데, 현재 원예 업계의 '직업 원예사'라고 할 수 있다. 고대 종화사들의 기술은 <u>57 상당히</u> 앞서 나갔는데, 오늘날 우리의 많은 재배 기술들은 사실 고대에 이미 등장했다. 예를 들어 '촉성 재배 기술'은 식물이 제철이 아닐 때에도 꽃을 피우도록 하는 것인데, 관상 목적을 <u>58 이루기</u> 위한 것이다. 그중 모란의 촉성 재배 기술은 역사에 이미 기록되어 있다. 모란꽃을 땅굴에 두고 불을 지펴 주위 온도를 높이면, 원래 늦봄에 꽃이 피는 모란이 날씨가 무척 추운 겨울에도 활짝 핀다.

앞서 고대의 원예사를 '종화사'라고 불렀다고 했는데, 그럼 꽃을 파는 사람은 뭐라고 했을까? 그들은 '매화낭(꽃 파는 처녀)'이라 불렸다. 명청 시대에 산둥의 꽃 재배 농가는 매년 모란 묘목을 화난(华南)으로 <u>59 운송하여</u>, 따뜻한 자연 조건을 이용하여 꽃을 피우고 춘절 전날 밤에 판매했다. 당시 고대 사람들은 꽃 재배만 잘하는 것이 아니라, <u>60 꽃을 소비하는 데에 더 능통했다</u>는 것을 알 수 있다.

[단어] 种花 zhònghuā 통 재배하다 | 相当于 xiāngdāng yú ~와(과) 같다 | 园艺 yuányì 명 원예 | 业界 yèjiè 명 업계 | 职业 zhíyè 명 직업 | 园艺师 yuányìshī 명 원예사 | 技术 jìshù 명 기술 | 先进 xiānjìn 형 선진적이다 | 栽培 zāipéi 통 재배하다 | 出现 chūxiàn 통 나타나다 | ★催 cuī 통 촉진시키다, 재촉하다 | 反季 fǎnjì 제철이 아닌 | 观赏 guānshǎng 통 관상하다 | 目的 mùdì 명 목적 | 牡丹 mǔdān 명 모란(꽃) | 记载 jìzǎi 명통 기록(하다) | 土窖 tǔjiào 명 땅굴 | 烧火 shāohuǒ 통 불을 때다 | 增加 zēngjiā 통 늘리다 | 温度 wēndù 명 온도 | 原本 yuánběn 뷔 원래 | 春末 chūnmò 명 늦봄 | ★开放 kāifàng 통 피다 | 盛开 shèngkāi 통 활짝 피다 | 明清 Míng Qīng 중국 명나라, 청나라 | 苗 miáo 명 묘목 | 条件 tiáojiàn 명 조건 | 春节 Chūnjié 명 음력설, 춘절 | 前夕 qiánxī 명 전야, 전날 밤 | ★销售 xiāoshòu 통 판매하다 | ★善于 shànyú 통 ~하는 것을 잘하다

57

[해설 및 정답] 보기에 부사와 형용사가 제시되어 있으므로 빈칸 뒤에 동사 先进을 수식하는 단어를 찾으면 A가 가장 적당하다.

A 상당히	B 독특한
C 좋은	D 고급

호응 구조

A ★相当 xiāngdāng 뷔 상당히 ▶ 相当先进 상당히 선진적이다

B ★独特 dútè 형 독특하다 ▶ 独特的观点 독특한 관점

C ★良好 liánghǎo 형 양호하다 ▶ 良好的成绩 양호한 성적

D ★高级 gāojí 형 고급의 ▶ 高级餐厅 고급 식당

해설 및 정답 빈칸은 동사 자리이고 达到는 추상 명사가 주로 목적어가 되므로, 빈칸 뒤 目的와 호응하는 동사는 C이다.

A 야기하다	B 일으키다
C 달성하다	D 소홀히 하다

호응 구조

A ★造成 zàochéng 图 야기하다 ▶ 造成麻烦 골칫거리를 야기하다

B 引发 yǐnfā 图 일으키다 ▶ 引发疾病 질병을 일으키다

C ★达到 dádào 图 달성하다 ▶ 达到目的 목적을 달성하다

D ★忽视 hūshì 图 소홀히 하다 ▶ 忽视重点 중점을 소홀히 하다

해설 및 정답 '동사 到+장소명사'는 동작 후 도착한 장소를 나타내고, 문맥상 '화난으로 운송하다'가 되므로 빈칸에 가장 어울리는 동사는 B이다.

A 위반하다	**B 운송하다**
C 추구하다	D 제조하다

호응 구조

A ★违反 wéifǎn 图 위반하다 ▶ 违反规则 법칙을 위반하다

B ★运输 yùnshū 图 운송하다 ▶ 运输货物 화물을 운송하다

C ★追求 zhuīqiú 图 추구하다 ▶ 追求理想 이상을 추구하다

D ★制造 zhìzào 图 제조하다 ▶ 制造产品 상품을 제조하다

60

해설 및 정답 접속사 不仅과 호응하는 更이 쓰인 B가 정답이다.

A 꽃을 감상할 줄 모른다

B 꽃을 소비하는 데 더 능통하다

C 꽃이 만발하는 계절을 놓쳤다

D 많은 돈을 투자할 수 있었다

 赏花 shǎnghuā 图 꽃을 감상하다 | ★消费 xiāofèi 图 소비하다 | 错过 cuòguò 图 놓치다 | 花季 huājì 图 꽃이 만발하는 계절 | ★投入 tóurù 图 투입하다 | 大量 dàliàng 图 대량의 | 金钱 jīnqián 图 돈

해설 및 정답 본문의 不仅反映了谈氏高超的医学水平(담 씨의 뛰어난 의학 수준을 보여줄 뿐만 아니라)을 근거로 담윤현의 의술은 뛰어났음을 알 수 있으므로 정답은 A이다. 《女医杂言》은 명나라 사회 부녀 계층의 생활 모습도 반영했으나 명나라 때 부녀자들의 사회적 지위가 높지 않았다는 내용은 없으므로 C는 오답이다.

『여의잡언(女医杂言)』은 명나라 때의 전설적인 여의사로 중국 고대 4대 여의사 중 한 명인 담윤현(谈允贤)이 쓴 것으로, 명나라 무종 정덕 5년 때 책으로 만들어졌다. 회고의 방식을 채택해 담 씨의 31편 병부를 기록했다. 담 씨의 뛰어난 의학 수준을 보여줄 뿐만 아니라 명나라 사회 부녀 계층의 생활 모습도 반영했다.

A 담윤현의 의술은 뛰어나다

B 『여의잡언(女医杂言)』은 이미 전해오지 않는다

C 명나라 때 부녀자들의 사회적 지위는 높지 않았다

D 『여의잡언(女医杂言)』은 신문집이다

 《女医杂言》 Nǚyī Záyán 图 여의잡언[책명] | 明代 Míngdài 图 명나라 때 | 传奇 chuánqí 图 전기, 기담 | 谈允贤 Tán Yūnxián 고유 담윤현[중국 고대 4대 여의사 중 하나] | 成书 chéngshū 图 책이 되다 | 武宗 Wǔzōng 고유 당 무종[당나라 15대 황제] | 正德 Zhèngdé 图 명나라 때 무종의 연호 | 采用 cǎiyòng 图 채택하다 | 追忆 zhuīyì 图 회고하다 | ★方式 fāngshì 图 방식 | ★记录 jìlù 图 기록하다 | 氏 shì 图 씨 | 则 zé 图 편 | 医案 yī'àn 图 병부, 진료 카드 | ★反映 fǎnyìng 图 반영하다 | 高超 gāochāo 图 뛰어나다 | 水平 shuǐpíng 图 수준 | 阶层 jiēcéng 图 계급 | 场景 chǎngjǐng 图 정경, 모습 | ★突出 tūchū 图 뛰어나다 | 失传 shīchuán 图 전해오지 않다 | ★妇女 fùnǚ 图 부녀(자) | 社会地位 shèhuì dìwèi 사회적 지위 | 散文集 sǎnwénjí 图 산문집

해설 및 정답 본문의 后期彝汉混居, 结合了部分汉族民居的特点(훗날 이족과 한족이 함께 거주하면서 일부 한족 민가의 특징과 결합했다)에서 이족과 한족의 건축 특징이 결합되었음을 알 수 있으므로 정답은 B이다.

토장방(土掌房)은 이족(彝族) 선현의 전통 주거지로 이미 500여 년의 역사를 지녔다. 층층이 포개어지고 서로 연결되어 있어 멀리서 바라보면 무척 장관이다. 훗날 이족과 한족이 함께 거주하면서 일부 한족 민가의 특징과 결합하여 점점 선명한 지방 특색을 띤 민가 건축물을 형성하였고, 민가 건축 문화와 건축 기술 발전사의 '활화석'이라 할 만하다.

A 토장방은 오늘날 이미 더이상 존재하지 않는다

B 토장방은 이족과 한족의 건축 특징을 모두 가지고 있다

C 토장방은 건축물이 작고 아무런 특색이 없다

D 토장방은 중국 남부 지역에서 많이 보인다

단어 土掌房 tǔzhǎngfáng 명 토장방[이족의 전통 가옥] | 彝族 Yízú 명 이족[중국 소수 민족] | 先民 xiānmín 명 선현, 옛 사람 | ★传统 chuántǒng 명 전통 | 民居 mínjū 명 민가 | 层层 céngcéng 형 여러 층 | 叠落 diéluò 층층이 포개어지다 | 相互 xiānghù 명 상호, 서로 | 连通 liántōng 동 연결되다 | 壮观 zhuàngguān 형 장관이다 | 后期 hòuqī 명 후기 | 混 hùn 동 (뒤)섞이다 | ★结合 jiéhé 동 결합하다 | 汉族 Hànzú 명 한족 | 特点 tèdiǎn 명 특징 | ★逐步 zhúbù 부 점차 | ★形成 xíngchéng 동 이루다 | 具有 jùyǒu 동 가지다 | 鲜明 xiānmíng 형 선명하다 | ★特色 tèsè 명 특색 | ★建筑 jiànzhù 명 건축물 | 称得上 chēng de shàng ~라고 할 만하다 | 建造 jiànzào 동 건축하다 | 活化石 huóhuàshí 명 활화석(살아 있는 화석) | ★如今 rújīn 명 오늘날 | 不复 bú fù 더는 ~하지 않는다 | ★存在 cúnzài 동 존재하다 | 兼有 jiānyǒu 겸하다, 모두 있다 | 毫无 háowú 조금도 ~이 없다

해설 및 정답 본문에서 往往都不懂得珍惜(종종 소중함을 모른다)와 其实人生最宝贵的(사실 인생에서 가장 귀중한 것은), 所经历的事(겪는 일)를 근거로 이 글의 주제가 B임을 알 수 있다.

모든 사람은 일생에서 많은 즐거움을 얻을 수 있지만, 즐거울 때 종종 소중함을 모른다. 많은 사람들이 단지 최종 결과만 신경 쓸 뿐 그 여정에서의 풍경은 소중히 여기지 않는다. 하지만 사실 인생에서 가장 귀중한 것은 최종 목적지가 아니라 우리가 길을 걸어오며 겪는 일과 여러 가지 기분이다.

A 끊임없이 인생의 목표를 명확하게 해야 한다

B 인생의 경험을 소중히 여길 줄 알아야 한다

C 즐거운 사람은 인생 계획을 잘 세워야 한다

D 자신의 여유 시간을 충분히 이용해야 한다

단어 一生 yìshēng 명 한평생 | ★珍惜 zhēnxī 동 소중히 여기다 | ★在乎 zàihu 동 신경 쓰다 | 最终 zuìzhōng 형 최후의 | 结果 jiéguǒ 명 결과 | 沿途 yántú 명 길가 | ★风景 fēngjǐng 명 경치 | ★宝贵 bǎoguì 형 소중한 | 目的地 mùdìdì 명 목적지 | 经历 jīnglì 동 겪다 | ★情绪 qíngxù 명 기분, 정서 | ★不断 búduàn 부 끊임없이 | ★明确 míngquè 형 명확하게 하다 | ★人生 rénshēng 명 인생 | ★目标 mùbiāo 명 목표 | ★充分 chōngfèn 부 충분히 | ★利用 lìyòng 동 이용하다 | ★业余 yèyú 명 여가

해설 및 정답 본문의 收获时已值下雪季节(수확할 때는 이미 눈 내리는 계절이 된다)를 근거로 설도의 수확 시기가 下雪季节(눈 내리는 계절)임을 알 수 있고, 이를 冬季(겨울철)로 바꿔 표현한 B가 정답이다.

설도(雪桃)는 복숭아의 일종으로 그 열매는 매년 10월에서 11월 전후에 무르익는데, 수확할 때는 이미 눈 내리는 계절이 되기 때문에 '설도'라고 불린다. 열매가 크고 품질이 좋으며 수분이 충분하다. 설도는 태양과 마주보는 쪽은 선명한 자홍색이고 그 반대쪽은 황금색으로, 홍색과 금색의 어우러짐이 무척 아름답다.

A 설도 과일 껍질은 두껍고 딱딱하다

B 설도는 보통 겨울에 수확한다

C 설도는 약용 가치가 무척 높다

D 설도는 봄에 꽃이 피고 여름에 익는다

단어 雪桃 xuětáo 명 설도 | 桃子 táozi 명 복숭아 | ★成熟 chéngshú 형 익다 | ★收获 shōuhuò 동 수확하다 | 季

节 jiéjié 몡 계절 | ★果实 guǒshí 몡 과실 | 品质 pǐnzhì 몡
품질 | 水分 shuǐfèn 몡 수분 | 充足 chōngzú 혭 충분하다 |
向阳面 xiàng yángmiàn 햇빛을 받는 쪽 | ★鲜艳
xiānyàn 혭 선명하다 | 紫红色 zǐhóngsè 몡 자홍색 | 背
阳面 bèi yángmiàn 햇빛을 등진 쪽 | 金黄色 jīnhuángsè
몡 황금색 | 相间 xiāngjiàn 통 (물건과 물건이) 서로
뒤섞이다. 번갈다 | 美观 měiguān 혭 보기 좋다, 아름답다 |
果皮 guǒpí 몡 과일 껍질 | 厚 hòu 혭 두껍다 | ★硬 yìng
혭 단단하다 | 药用 yàoyòng 몡 약용 | ★价值 jiàzhí 몡
가치 | ★相当 xiāngdāng 뷔 상당히 | 夏季 xiàjì 몡 여름

(해설 및 정답) 본문의 后者带给消费者的幸福体验比前者
更强烈(후자가 소비자에게 주는 행복감이 전자보다 더 강렬하다)에
서 전자는 实物消费(실물 소비)이고 후자는 服务消费(서비스
소비)이므로 서비스 소비가 사람을 더 행복하게 만든다는 것
을 알 수 있다. 따라서 정답은 C이다.

경제학자는 구매한 상품에 따라 소비를 '실물 소비'
와 '서비스 소비'로 분류했다. '실물 소비'는 바로 우리
가 말하는 '물건 구매'로, 구매하는 것은 옷, 가구, 집
등 실물이다. 하지만 '서비스 소비'는 체험형 소비인데,
예를 들면 레스토랑에 가서 식사를 하거나, 여행을 가
거나, 헬스장에 가서 운동을 하는 것 등이다. 연구에 따
르면 후사가 소비사에게 주는 행복삼이 선자보다 더 강
렬하다.

A 서비스 소비는 실제가 아니다
B 물질 소비는 위험이 존재한다
C 서비스 소비는 사람을 더 행복하게 만든다
D 물질 소비에 필요한 비용이 더 높다

(단어) 经济学家 jīngjì xuéjiā 몡 경제학자 | 根据 gēnjù 젠 ~에
의거하여 | 购买 gòumǎi 통 구입하다 | ★产品 chǎnpǐn
몡 제품 | 实物消费 shíwù xiāofèi 실물 소비 | 服务消
费 fúwù xiāofèi 서비스 소비 | ★服装 fúzhuāng 몡 의류 |
家具 jiājù 몡 가구 | 体验型 tǐyànxíng 몡 체험식 | 比
如 bǐrú 젭 예를 들면 | 用餐 yòngcān 통 식사를 하다 |
健身房 jiànshēnfáng 몡 헬스클럽 | 锻炼 duànliàn
통 단련하다 | 研究 yánjiū 몡 연구 | ★表明 biǎomíng
통 분명하게 밝히다 | 后者 hòuzhě 몡 후자 | 消费者
xiāofèizhě 몡 소비자 | ★体验 tǐyàn 몡 체험 | 前者
qiánzhě 데 전자 | ★强烈 qiángliè 혭 강렬하다 | ★真实
zhēnshí 혭 진실하다, 실제이다 | ★存在 cúnzài 통
존재하다 | ★风险 fēngxiǎn 몡 위험 | 费用 fèiyòng 몡

비용

66

(해설 및 정답) 본문의 为了方便国际间的运输交流，制定了
联合国道路交通公约(국제간 운송 교류를 편리하게 하기 위해
'UN 도로교통공약'을 제정했다)에서 道路交通公约(도로교통공
약)는 운송에 유리함을 알 수 있으므로 정답은 D이다. 각국의
교통 규칙은 완전히 통일되지는 않았으므로 A는 오답이다.

나라마다 교통 규칙, 운전면허 관리에 대한 요구가
달라 국제간 운송 교류를 방해하고 있다. UN은 국제간
운송 교류를 편리하게 하기 위해 'UN 도로교통공약'을
제정했다. 교통 규칙, 교통 표지 및 운전자 관리 등에
대해 일련의 통일된 요구 사항을 제정하여, 운전자와
차량이 각 나라에서 통일된 규칙에 따라 편리하게 통행
할 수 있도록 했다.

A 각국의 교통 규칙은 완전히 통일되었다
B 도로교통공약은 아직 불완전하다
C 출국할 때 국제운전면허증을 등록해야만 한다
D 도로교통공약은 운송에 유리하다

(단어) 交通 jiāotōng 몡 교통 | ★规则 guīzé 몡 규칙 | 驾照
jiàzhào 몡 운전면허증 | 管理 guǎnlǐ 통 관리히디 | 要
求 yāoqiú 몡 요구 | ★妨碍 fáng'ài 통 지장을 주다 | 国
际 guójì 몡 국제 | ★运输 yùnshū 통 운수하다 | 交流
jiāoliú 통 교류하다 | 联合国 liánhéguó 몡 국제 연합, UN |
方便 fāngbiàn 통 편리하게 하다 | ★制定 zhìdìng 통
제정하다 | 道路 dàolù 몡 도로 | 公约 gōngyuē 몡 공약 |
★标志 biāozhì 몡 표지 | 驾驶员 jiàshǐyuán 몡 운전자 |
一系列 yíxìliè 몡 일련의 | ★统一 tǒngyī 혭 통일된 | 车
辆 chēliàng 몡 차량 | 通行 tōngxíng 통 통행되다 | 完
全 wánquán 뷔 완전히 | 尚 shàng 뷔 아직 | ★完善
wánshàn 혭 완벽하다 | ★办理 bànlǐ 통 (수속을) 밟다 |
有利于 yǒulì yú ~에 유리하다

(해설 및 정답) 본문의 兔子的短尾巴可以在紧急情况下帮助
兔子逃命(토끼의 짧은 꼬리는 긴급한 상황에서 토끼가 목숨을 건지
기 위해 도망칠 수 있도록 도와줄 수 있다)에서 帮助兔子逃命(도
망칠 수 있게 도와준다)을 起到关键作用(중요한 역할을 한다)으
로 바꿔 표현한 D가 정답이다.

사람들은 자주 '토끼 꼬리는 길 수가 없다'고 말한다. 사실 토끼의 짧은 꼬리는 긴급한 상황에서 토끼가 목숨을 건지기 위해 도망치도록 도와줄 수 있다. 토끼는 맹수에게 바짝 쫓길 때 즉시 '탈피계'를 사용하여 꼬리의 '가죽 커버'를 벗어 버리고, 이로써 목숨을 구할 수 있는 찰나의 순간을 얻는다. 그러므로 토끼의 꼬리는 '도주의 꼬리'라고도 불린다.

A 토끼는 귀에 의존하여 방향을 찾는다

B 토끼 꼬리의 길이는 10cm 정도밖에 안 된다

C 토끼 꼬리는 시합에 이길 수 있도록 도와준다

D 토끼 꼬리는 도망칠 때 중요한 역할을 한다

단어 ★兔子 tùzi 명 토끼 | ★尾巴 wěiba 명 꼬리 | ★紧急 jǐnjí 형 긴급하다 | 情况 qíngkuàng 명 상황 | 逃命 táomìng 동 생명의 위험에서 벗어나다 | 猛兽 měngshòu 명 짐승 | ★咬 yǎo 동 물다 | ★立刻 lìkè 부 바로 | 脱皮 tuōpí 동 가죽을 벗다 | 皮套 pítào 명 가죽 껍데기 | 赢得 yíngdé 동 얻다 | 刹那间 chànàjiān 명 한 순간 | ★寻找 xúnzhǎo 동 찾다 | 方向 fāngxiàng 명 방향 | ★厘米 límǐ 양 센티미터(cm) | 关键 guānjiàn 형 매우 중요한

해설 및 정답 본문의 晚上最好不要做决定(저녁에는 결정을 내리지 않는 것이 가장 좋다)이라는 말의 의미는 要避免晚上做决定과 같으므로 정답은 B이다. 저녁에 한 결정은 쉽게 후회할 수 있다는 것이지 결정을 쉽게 바꾸면 안 된다는 말이 아니므로 D는 오답이다.

"저녁에는 결정을 내리지 않는 것이 가장 좋습니다." 한 심리 전문가는 사람은 저녁에 종종 더 감성적이 된다고 밝혔다. 이것은 문학과 예술 종사자들이 밤에 일하는 것을 좋아하는 이유이기도 하지만 이때 결정을 내리는 것은 적합하지 않다. 또 사람은 낮에 일하느라 너무 피곤하여 저녁이 되면 대뇌의 회전이 느려지고 생각도 쉽게 소극적으로 변할 수 있어 후회할 결정을 내릴 수도 있다.

A 용기 있게 책임져야 한다

B 저녁에 결정하는 것을 피해야 한다

C 잘못된 선택을 고집해서는 안 된다

D 자신의 결정을 쉽게 바꾸면 안 된다

단어 ★心理 xīnlǐ 명 심리 | ★专家 zhuānjiā 명 전문가 | 指出 zhǐchū 동 지적하다, 밝히다 | 感性 gǎnxìng 형 감성적이다 | 文艺工作者 wényì gōngzuòzhě 명 문예가 | 此时 cǐshí 명 이때 | ★难免 nánmiǎn 형 피하기 어렵다 | 大脑 dànǎo 명 대뇌 | 转 zhuàn 동 회전하다 | ★观念 guānniàn 명 생각 | ★消极 xiāojí 형 소극적이다 | 后悔 hòuhuǐ 동 후회하다 | 勇于 yǒngyú 동 용감하게 ~하다 | ★承担 chéngdān 동 맡다, 담당하다 | 责任 zérèn 명 책임 | ★避免 bìmiǎn 동 피하다 | 错误 cuòwù 형 잘못되다 | 选择 xuǎnzé 명 선택 | ★轻易 qīngyì 형 쉽다 | 改变 gǎibiàn 동 바꾸다

해설 및 정답 본문 마지막의 也可以让运动者在足不出户的情况下, 全身得到锻炼(운동하는 사람들이 집 밖을 나가지 않은 상황에서도 전신을 단련시킬 수 있다)에서 足不出户는 '집에서 떠나지 않는다'는 뜻이므로, 틈새운동은 집에서 나가지 않고도 운동할 수 있다는 것을 알 수 있다. 따라서 정답은 A이다. 또한 全身得到锻炼이라는 말에서 전신운동을 할 수 있다고 했으므로 D는 오답이다.

현대인은 일이 바빠서 매일 일정한 시간을 내서 신체를 단련하는 것이 어렵다. 그래서 '틈새운동'이란 개념이 시대의 요구에 맞춰 생겨났다. '틈새운동'이란 동작의 폭이 크지 않지만 자투리 시간을 이용해 할 수 있는 운동이다. '흩어진 것을 한데 모으듯이' 틈틈이 운동함으로써 운동을 많이 할 때 생기는 효과를 똑같이 얻을 수 있다. 운동하는 사람들이 집 밖을 나가지 않은 상황에서도 전신을 단련시킬 수 있다.

A '틈새운동'은 집에서 할 수 있다

B '틈새운동'은 업무 스트레스를 완화시킬 수 있다

C '틈새운동'의 운동 효과는 뚜렷하지 않다

D '틈새운동'은 전신을 단련시킬 수 없다

단어 抽出 chōuchū 동 빼다 | ★固定 gùdìng 형 고정되다 | 锻炼 duànliàn 동 단련하다 | 微运动 wēiyùndòng 명 틈새운동 | 理念 lǐniàn 명 이념 | 应运而生 yìng yùn ér shēng 성 시대의 요구에 의해 나오다 | 所谓 suǒwèi 형 소위 ~라는 것은 | 动作 dòngzuò 명 동작 | 幅度 fúdù 명 폭 | 零碎 língsuì 형 자잘하다 | 开展 kāizhǎn 동 펼치다 | 化零为整 huà líng wéi zhěng 성 흩어진 것을 한데 모으다 | 效果 xiàoguǒ 명 효과 | ★一致 yízhì 형 일치하다 | 足不出户 zú bù chū hù 성 집에서 떠나지 않는다 | 全身 quánshēn 명 전신 | ★缓解 huǎnjiě 동

풀리다, 완화하다 | ★明显 míngxiǎn 혱 뚜렷하다

70

해설 및 정답 본문에서 各种民俗活动(각종 민속 활동), 新春佳节时, 在窗户上贴上各种剪纸窗花(신춘가절 때 창문에 각종 전지 장식을 붙인다) 등을 근거로 전지가 춘절의 전통 활동 중 하나임을 유추할 수 있으므로 정답은 C이다.

중국 전지는 가위로 종이에 무늬를 조각하는 일종의 민간 예술이다. 중국에서 전지는 대중적인 기반이 넓고 각종 민속 활동의 중요 구성 부분이다. <u>신춘가절 때 중국의 많은 지역의 사람들은 창문에 각종 전지 장식을 붙이는 것을 좋아한다.</u> 즐겁고 경사스러운 분위기를 돋보이게 할 뿐만 아니라 사람들이 아름다움을 향유할 수 있도록 한다.

A 전지 예술의 역사는 유구하다
B 전지 작품은 국내외로 광범위하게 퍼져 나갔다
C 전지는 춘절의 전통 활동 중 하나이다
D 전지는 현대인의 여가 생활을 풍부하게 했다

단어 剪纸 jiǎnzhǐ 몡 전지[중국 전통 종이공예] | ★剪刀 jiǎndāo 몡 가위 | 剪刻 jiǎnkè 동 자르고 조각하다 | 花纹 huāwén 몡 각종 무늬 도안 | 民间 mínjiān 몡 민간 | 艺术 yìshù 몡 예술 | 具有 jùyǒu 동 가지다 | ★广泛 guǎngfàn 혱 폭넓다 | 群众 qúnzhòng 몡 대중 | 基础 jīchǔ 몡 기초, 기반 | 民俗 mínsú 몡 민속 | 佳节 jiājié 몡 즐거운 명절 | 贴 tiē 동 붙이다 | 窗花 chuānghuā 몡 창문 종이 장식 | 烘托 hōngtuō 동 돋보이게 하다 | 喜庆 xǐqìng 혱 즐겁고 경사스럽다 | ★气氛 qìfēn 몡 분위기 | ★享受 xiǎngshòu 동 향유하다, 즐기다 | ★悠久 yōujiǔ 혱 유구하다 | ★作品 zuòpǐn 몡 작품 | ★流传 liúchuán 동 전해 내려오다 | 海内外 hǎinèiwài 몡 국내외 | ★传统 chuántǒng 몡 전통 | 丰富 fēngfù 동 풍부하게 하다 | ★业余 yèyú 몡 여가

[71–74]

유명한 문학가 량스추(梁实秋)는 당뇨병이 있어 <u>[71]단 음식을 많이 먹을 수 없었다.</u> 어느 날 그는 친구와 함께 식사를 하게 되었고 친구에게 설탕이 들어간 요리는 시키지 말자고 제안했다. 친구는 유머러스하고 장난치는 걸 좋아해서 일부러 자기가 좋아하는 '빙창저우즈(돼지 허벅지 살 요리)', '스진차오판(볶음밥)', '바바오판(중국식 약밥)'을 주문했다.

'빙창저우즈'가 나오자 친구는 친절하게 그에게 한 조각을 집어 주었다. 량스추는 고개를 저으며 말했다. "아니야. 빙창저우즈에는 얼음 설탕이 들어 있어서 난 못 먹네!" 친구는 일부러 빙창저우즈를 뒤적이며 웃으며 말했다. "설탕이 있구만! 못 먹는다고 하니 참 안타까워. 나 혼자만 먹으려니 자네한테 너무 미안하네만 아까우니까 내가 먹는 게 낫겠지." 친구는 말을 마치자마자 덥석 먹기 시작했지만 <u>[72]량스추는 조금도 먹고 싶어하지 않았다.</u>

잠시 후 '스진차오판'이 나왔다. 량스추는 또 고개를 저으며 말했다. "<u>[72]난 역시 먹을 수 없네.</u> 여기엔 전분이 들어 있어서 당으로 전환되거든." 친구는 놀라는 척 하며 "그렇게 가리지 말게. 자네가 또 안 먹겠다니! 설마 나 혼자 먹도록 할 셈인가? 이거 너무 미안한데."라고 하더니, 친구는 또 맛있게 먹었다.

친구는 지금까지 상황을 보고 량스추가 '바바오판'도 먹지 않을 것이라고 생각했다. 그런데 '바바오판'이 나오자 량스추가 맛있게 먹기 시작할 줄 누가 알겠는가? <u>[73]친구는 정말 놀라서</u> 다급히 말했다. "'바바오판'을 먹으면 안 되네! 당분이 많단 말일세." 량스추는 허허 웃으며 말했다. "<u>[74]내가 앞의 요리를 먹지 않고 스스로 절제한 것은 뒤에 먹기 위해서였네.</u> 가장 좋아하는 것에게 배를 남겨 주는 거지."

단어 著名 zhùmíng 혱 유명하다 | 文学家 wénxuéjiā 몡 문학가 | 梁实秋 Liáng Shíqiū 고유 량스추[인명] | 糖尿病 tángniàobìng 몡 당뇨병 | 共餐 gòngcān 동 함께 식사하다 | 建议 jiànyì 동 제안하다 | 点 diǎn 동 (음식 등을) 주문하다 | 饭菜 fàncài 몡 식사 | 幽默 yōumò 혱 유머러스하다 | 风趣 fēngqù 혱 재미있다 | ★搞 gǎo 동 하다 | 玩笑 wánxiào 몡 농담 | 故意 gùyì 閁 일부러 | 冰肠肘子 bīngcháng zhǒuzǐ 고유 빙창저우즈[돼지 허벅지 고기로 만든 요리] | 什锦炒饭 shíjǐn chǎofàn

[고유] 스진차오판[여러 가지 재료로 만든 볶음밥] | 八宝饭 bābǎofàn [고유] 바바오판[찹쌀, 과일 가공 재료, 연밥, 용안 등 다양한 재료를 넣어 찐 약밥] | 热情 rèqíng [형] 친절하다 | 夹 jiā [동] 집다 | 连连 liánlián [부] 계속해서 | 摇头 yáotóu [동] 고개를 가로젓다 | 含有 hányǒu [동] 포함하다 | 冰糖 bīngtáng [명] 얼음 설탕 | 翻弄 fānnòng [동] 뒤적이다 | 可惜 kěxī [형] 아깝다 | 浪费 làngfèi [동] 낭비하다 | ★丝毫 sīháo [부] 조금도 | 嘴馋 zuǐchán [형] 식탐하다, 먹고 싶어하다 | 端 duān [형] 받들다, 받쳐 들다 | 淀粉 diànfěn [명] 전분 | 转化 zhuǎnhuà [동] 전환하다, 바꾸다 | 惊讶 jīngyà [형] 놀랍다 | 挑 tiāo [동] 가려 내다 | 难道 nándào [부] 설마 ~란 말인가? | 如此 rúcǐ [대] 이러하다 | ★吓 xià [동] 놀라다 | ★连忙 liánmáng [부] 재빨리 | 大量 dàliàng [형] 다량의 | 呵呵 hēhē [의성] 하하, 허허[웃음소리] | 节制 jiézhì [동] 절제하다 | 肚子 dùzi [명] 복부, 배

71

 첫 번째 단락에서 不能多吃甜的食物(단 음식을 많이 먹을 수 없었다)라고 한 말을 근거로 A가 정답임을 알 수 있다.

량스추에 관해, 다음 중 옳은 것은?

A 단 음식은 적게 먹는다
B 생활이 규칙적이다
C 자주 점심을 거른다
D 밤에 일하는 습관이 있다

단어 ★规律 guīlǜ [형] 규칙적이다

72

 두 번째 단락 마지막 문장의 梁实秋并没有丝毫嘴馋的意思(량스추는 조금도 먹고 싶어하지 않았다)와 세 번째 단락의 我还是不能吃(나는 역시 먹을 수 없네)라는 말에서 정답은 D라는 것을 알 수 있다.

앞의 두 요리가 나왔을 때 량스추는?

A 배고프다고 느끼지 않았다
B 침을 흘렸다
C 젓가락으로 휘적거렸다
D 하나도 먹지 않았다

단어 流口水 liú kǒushuǐ 침을 흘리다 | 筷子 kuàizi [명] 젓가락

73

 마지막 단락에서 八宝饭을 찾고, 그다음에 朋友这回可被他吓住(친구는 정말 놀라서)에서 吓(놀라다)는 大吃一惊(매우 놀랐다)과 의미가 같으므로 정답은 A이다.

량스추가 '바바오판'을 크게 한 입 먹으려 할 때 친구는?

A 매우 놀랐다
B 그와 앞다투며 먹었다
C 갑자기 분노를 느꼈다
D 몹시 부끄러웠다

단어 大吃一惊 dà chī yì jīng [성] 무척 놀라다 | ★抢 qiǎng [동] 빼앗다 | 愤怒 fènnù [형] 분노하다 | 害羞 hàixiū [동] 부끄러워하다, 수줍어하다

74

 마지막 단락의 我前面不吃, 节制自己, 是为了后面吃啊, 把肚子留给我最爱的(내가 앞의 요리를 먹지 않고 스스로 절제한 것은 뒤에 먹기 위해서였네. 가장 좋아하는 것에게 배를 남겨 주는 거지)를 근거로 량스추가 '바바오판' 먹는 것을 가장 좋아함을 유추할 수 있으므로 정답은 D이다.

윗글에 근거해 알 수 있는 것은?

A 량스추는 매우 진실한 사람이다
B 량스추는 친구에게 화를 냈다
C 량스추의 병세가 매우 심각해졌다
D 량스추는 '바바오판' 먹는 것을 가장 좋아한다

단어 诚实 chéngshí [형] 진실하다 | 发脾气 fā píqi [동] 화내다 | 病情 bìngqíng [명] 병세 | 严重 yánzhòng [형] 심각하다

[75-78]

최근 '조용한 카페'가 유행하기 시작했다. 조용한 환경에서 책을 읽고 차를 마시며 편안한 시간을 즐기는 것이 많은 사람들이 몰리는 이유가 되었다. 한 카페의 점장은 개업할 때부터 손님을 위해 서로 존중할 수 있는 시간과 공간을 만들고 싶었다고 말했다. 하지만 75손님의 수가 늘어나면서 큰소리로 떠드는 손님도 점점 많아졌고, 조용히 자신의 시간을 즐기고 싶었던 단골 손님들은 점점 있을 곳이 없어지게 되었다.

이 카페는 손님이 조용하게 자신만의 시간을 보낼 수 있도록 하기 위해, ⁷⁶특정 시간 동안 '조용한 카페'를 실시하기로 했다. 카페의 규정은 매주 금요일, 토요일 오후 6시 30분부터 밤 10시까지 ⁷⁶손님들 간에 대화를 금지하는 것이다. 이러한 소식이 전해지자 오히려 많은 손님들이 방문했다.

조사에 따르면 이 가게의 약 70%의 고객은 젊은 여성이었고, 그녀들이 평균적으로 머무는 시간은 대략 1시간 30분 정도였다. 대부분의 고객들이 '조용한 시간'을 선택해 카페로 와서 책을 읽으며 ⁷⁷자신의 시간을 즐겼다.

친구와 같이 오는 손님도 있었는데, 그들은 서로 대화하지 않고 각자 자신의 시간을 보냈다. 하지만 ⁷⁸손님의 90% 정도가 모두 혼자 왔다. 그리고 책을 읽는 것 외에 개점 시간부터 폐점 시간까지 쭉 가게 안에서 멍하니 있는 손님들도 적지 않았다. 매주 한 번은 온다는 한 손님은 "체인점 가게에는 사람이 너무 많은데, 여기는 도서관보다 조용해서 한가롭고 편안하게 책 읽는 재미를 누릴 수 있어요."라고 했다. '조용한 카페'에서 사람들은 마음을 자유롭게 하고 스스로를 편안하게 둘 수 있다.

단어 静音 jìngyīn 명 음소거 | 流行 liúxíng 동 성행하다 | ★享受 xiǎngshòu 동 즐기다, 향유하다 | 轻松 qīngsōng 동 편안하다, 부담이 없다 | 时光 shíguāng 명 시간 | 趋之若鹜 qū zhī ruò wù 성 우르르 몰려가다 | 开店 kāidiàn 동 가게를 열다 | ★创造 chuàngzào 동 만들다, 창조하다 | 尊重 zūnzhòng 동 존중하다 | ★空间 kōngjiān 명 공간 | 数量 shùliàng 명 수량 | 喧哗 xuānhuá 형 떠들다 | 客户 kèhù 명 고객 | 容身之处 róngshēn zhī chù 몸을 의탁할 곳 | ★度过 dùguò 동 (시간을) 보내다 | ★属于 shǔyú ~에 속하다 | 该 gāi 대 이 | 限定 xiàndìng 동 제한하다 | 时间段 shíjiānduàn 시간대 | 实施 shíshī 동 실행하다 | 规定 guīdìng 동 규정하다 | 禁止 jìnzhǐ 동 금지하다 | 交谈 jiāotán 동 이야기를 나누다 | 传出 chuánchū ~이 흘러나오다 | ★反而 fǎn'ér 접 오히려 | 吸引 xīyǐn 동 이끌다, 매료시키다 | 众多 zhòngduō 형 아주 많다 | 前来 qiánlái 동 이쪽으로 오다 | 光顾 guānggù 동 찾아주시다 | 调查 diàochá 동 조사하다 | 女性 nǚxìng 명 여성 | ★平均 píngjūn 형 평균적이다 | 逗留 dòuliú (잠시) 머물다 | 闭门 bìmén 동 문을 닫다 | 发呆 fādāi 동 멍하다 | 连锁店 liánsuǒdiàn 명 체인점 | 清闲 qīngxián 형 한가롭다 | ★舒适 shūshì 형 쾌적하다 | 乐趣 lèqù 명

즐거움 | 解放 jiěfàng 동 해방하다, 자유롭게 하다 | 心灵 xīnlíng 명 마음 | 放松 fàngsōng 동 긴장을 풀다 | 自我 zìwǒ 대 자기 자신

75

해설 및 정답 질문의 客人越来越多后가 본문 첫 번째 단락 마지막의 客人数量的增加(손님의 수가 늘어나면서)로 바꾸어 표현되어 있으므로, 그 뒤의 내용에서 정답을 찾으면 된다. 大声喧哗的客人也渐渐变多(큰소리로 떠드는 손님도 점점 많아졌다)를 근거로 变得吵起来(시끄러워진다)가 정답임을 알 수 있다.

손님이 많아질수록 카페는?

A 시끄러워진다
B 수입이 계속 늘어난다
C 폐점 시간이 늦어진다
D 상품 수량이 부족하다

단어 收入 shōurù 명 수입 | 推迟 tuīchí 동 늦추다 | 数量 shùliàng 명 수량 | ★不足 bùzú 형 부족하다

76

해설 및 정답 두 번째 단락의 该店决定在限定时间段内实施"静音咖啡馆"(특정 시간 동안 '조용한 카페'를 실시하기로 했다)과 禁止客人之间交谈(손님들 간에 대화를 금지한다)에서 정해진 시간 동안 말하는 것을 금지했다는 것을 알 수 있으므로 정답은 D이다.

그 카페는 어떤 조치를 취했는가?

A 소란을 피우는 손님을 쫓아내다
B 주말 영업 시간을 늘린다
C 고객을 위해 특별한 서비스를 제공한다
D 정해진 시간 동안 말하는 것을 금지한다

단어 ★采取 cǎiqǔ 동 취하다 | ★措施 cuòshī 명 조치, 대책 | 赶走 gǎnzǒu 동 쫓아내다 | 吵闹 chǎonào 동 소란을 피우다 | ★延长 yáncháng 동 늘리다, 연장하다 | ★营业 yíngyè 동 영업하다 | 提供 tígōng 동 제공하다 | ★固定 gùdìng 형 고정되다

해설 및 정답 세 번째 단락의 享受自己的时光(자신의 시간을 즐긴다)은 享受个人时间과 동의어이므로 B가 정답이다.

왜 손님은 '조용한 카페'에 오는 것을 좋아하는가?

A 혼자는 외롭다

B 개인 시간을 즐긴다

C 사람과 대화하는 것이 싫다

D 책을 읽으면서 식사를 할 수 있다

단어 孤独 gūdú 형 외롭다

78

해설 및 정답 마지막 단락의 90%左右的客人都是一个人 (손님의 90% 정도가 모두 혼자 왔다)에서 90%左右는 占大多数 (대다수를 차지하다)와 같은 의미이므로 조용한 카페는 혼자 오는 손님이 대부분임을 알 수 있다. 정답은 D이다.

'조용한 카페'에 관해, 다음 중 옳은 것은?

A 노인에게는 맞지 않다

B 커플 입장을 허용하지 않는다

C 현재 이미 많은 체인점이 있다

D 혼자 오는 손님이 대부분이다

단어 适合 shìhé 동 적합하다 | 老年人 lǎoniánrén 명 노인 | 允许 yǔnxǔ 동 허락하다 | 情侣 qínglǚ 명 연인 | ★目前 mùqián 명 현재 | ★占 zhàn 동 차지하다

[79~82]

　　현재 한 도시의 공원에는 '스마트 팜(디지털 야자수)' 이 등장하기 시작했다. 이 '야자수'는 시민과 여행객에게 휴식을 제공할 뿐만 아니라, 사람들에게 79도시 정보 조회, 무선 인터넷과 휴대폰 충전 등 다양한 서비스도 제공할 수 있다. 게다가 이 모든 서비스들은 전부 무료이며 시민들이 돈을 한 푼도 낼 필요가 없다.

　　보도에 따르면 이런 '스마트 팜'은 키가 6미터에 이르고 9개의 태양전지판이 장착되어 있다. 날씨가 맑을 때 그들은 낮 동안 태양광을 충분히 흡수할 수 있고, 저녁이 되면 다시 저장한 에너지를 방출하여 자급자족할

수 있기 때문에 80완전히 별도의 에너지 공급이 필요 없다. 나무마다 무선 인터넷 핫스폿과 8개의 휴대폰 및 태블릿 PC 충전 콘센트가 있으며, 날씨와 교통 등 현지 정보를 제공할 수 있는 터치스크린 한 대가 있다.

　　이런 기능 외에도 81스마트 팜은 내부에 감시카메라가 설치되어 있으며 야간에는 빛도 밝힐 수 있어 감시와 가로등 역할도 할 수 있다. 일거양득이고, 다양한 용도로 사용 가능한 나무라고 말할 수 있고, 이런 신형 '스마트 팜'을 생산하는 제조업체는 무선 인터넷, 충전 및 정보 조회 기능은 단지 '스마트 팜'의 잠재적 용도의 시작일 뿐이며, 앞으로의 '스마트 팜'에는 자동 현금지급기와 공과금 명세서 납부기도 설치하여 이 '나무'를 충분히 이용할 수 있게 할 것이라고 밝혔다.

　　하지만 현재 '스마트 팜'은 82제조 비용이 꽤 높아서 대규모 생산을 하지 않는다. 관련 연구개발자는 그들이 지금 3D 프린팅 등의 방식으로 제작 원가를 줄이는 것을 고려 중이라고 말했다.

단어 ★某 mǒu 대 아무, 어느, 모 | 智能 zhìnéng 명 지능 | 棕榈树 zōnglǘshù 명 야자수 | 供 gōng 동 제공하다 | 市民 shìmín 명 시민 | 游客 yóukè 명 관광객 | 信息 xìnxī 명 정보 | 查询 cháxún 동 알아보다 | 无线网络 wúxiàn wǎngluò 무선 네트워크 | 充电 chōngdiàn 동 충전하다 | 免费 miǎnfèi 동 무료로 하다 | 花费 huāfèi 동 (비용을) 쓰다 | ★报道 bàodào 명 보도 | ★安装 ānzhuāng 동 장착하다, 설치하다 | 太阳能 tàiyángnéng 명 태양 에너지 | 电池板 diànchíbǎn 명 배터리 보드 | 晴朗 qínglǎng 형 구름 한 점 없이 맑다 | ★充分 chōngfèn 부 충분히 | ★吸收 xīshōu 동 흡수하다 | 太阳光 tàiyángguāng 명 태양광 | 储存 chǔcún 동 모아두다, 저장하다 | 能量 néngliàng 명 에너지 | 释放 shìfàng 동 내보내다 | 足以 zúyǐ 부 ~하기에 족하다 | 自给自足 zì jǐ zì zú 성 자급자족 | ★格外 géwài 부 각별히 | 供应 gōngyìng 동 공급하다 | 拥有 yōngyǒu 동 지니다, 가지다 | 热点 rèdiǎn 핫스폿(hot spot) | 平板电脑 píngbǎn diànnǎo 명 태블릿 PC | 插口 chākǒu 명 콘센트 | 以及 yǐjí 접 및 | 触摸屏幕 chùmō píngmù 터치스크린 | ★功能 gōngnéng 명 기능 | 款 kuǎn 양 기계 모델을 세는 단위 | ★内部 nèibù 명 내부 | 监控 jiānkòng 동 감시하다 | 摄像头 shèxiàngtóu 명 카메라 | 夜间 yèjiān 명 야간 | 发光 fāguāng 동 빛을 내다 | 用作 yòngzuò 동 ~(으)로 쓰이다 | 路灯 lùdēng 명 가로등 | 一举多得 yì jǔ duō dé 성 일거양득, 여러 가지를 한번에 얻다 | 新型 xīnxíng 명 신형 | 厂商 chǎngshāng 명 제조상 | ★称 chēng 동

말하다 | 潜在 qiánzài 图 잠재하다 | 开端 kāiduān 图 시작 | 后续 hòuxù 图 후속의 | 配备 pèibèi 图 갖추다 | 自动取款机 zìdòng qǔkuǎnjī 图 자동 현금지급기 | 公用事业费 gōngyòng shìyèfèi 图 공과금 | 账单 zhàngdān 图 명세서 | 缴费 jiǎofèi 图 비용을 납부하다 | ★规模 guīmó 图 규모 | ★生产 shēngchǎn 图 생산하다 | ★在于 zàiyú 图 ~에 있다 | 制造成本 zhìzào chéngběn 图 제조 원가 | ★相关 xiāngguān 图 서로 관련되다 | 研发者 yánfāzhě 图 연구개발자 | 表示 biǎoshì 图 (언행으로 생각 등을) 나타내다 | 考虑 kǎolǜ 图 고려하다 | 打印 dǎyìn 图 인쇄하다 | ★方式 fāngshì 图 방식 | 降低 jiàngdī 图 줄이다 | 制作成本 zhìzuò chéngběn 图 제작 원가

79

(해설 및 정답) 본문 첫 번째 단락의 提供城市信息查询(도시 정보 조회 제공)라는 말에서 棕榈树가 제공하는 기능 중 有查询功能(조회 기능이 있다)을 알 수 있으므로 정답은 A이다.

이러한 '스마트 팜'은?

A 조회 기능이 있다

B 도시의 수요량이 많다

C 향기를 내뿜는다

D 녹색 식물이다

(단어) 需求量 xūqiúliàng 图 수요량 | 散发 sànfā 图 발산하다 | 一股 yì gǔ 한 줄기 | 香气 xiāngqì 图 향기

80

(해설 및 정답) 두 번째 단락에서 먼저 自给自足를 찾고 그 앞뒤에서 정답의 힌트를 찾는다. 完全不需要格外的能量供应(완전히 별도의 에너지 공급이 필요 없다)라고 했으므로 自给自足와 비슷한 의미는 A이다.

두 번째 문단의 밑줄 친 단어 '自给自足'는 무슨 뜻인가?

A 완전히 스스로 해결한다

B 수량이 계속 증가한다

C 자체가 충분히 강하다

D 각종 요구를 만족한다

(단어) ★靠 kào 图 의지하다 | ★持续 chíxù 图 지속하다 | 增加 zēngjiā 图 증가하다 | 本身 běnshēn 图 그 자체 | 足够 zúgòu 图 충분하다 | 强大 qiángdà 图 강대하다 | ★满足

---

mănzú 图 만족시키다

81

(해설 및 정답) 세 번째 단락에서 智能棕榈树(스마트 팜)를 찾고, 그다음의 在夜间能发光(야간에는 빛도 밝힐 수 있다)을 통해 '저녁에도 불을 밝힐 수 있다'고 한 B가 정답이라는 것을 알 수 있다.

세 번째 문단을 통해 알 수 있는 '스마트 팜'은?

A 전기 자원을 낭비한다

B 야간에 불을 밝힐 수 있다

C 충전하려면 줄을 서야 한다

D 기능이 무척 제한적이다

(단어) ★资源 zīyuán 图 자원 | 排队 páiduì 图 줄을 서다 | 有限 yǒuxiàn 图 한계가 있다

82

(해설 및 정답) 마지막 단락에서 没有大规模生产(대규모 생산을 하지 않는다)을 찾으면 그 뒤의 制造成本比较高(제조 비용이 꽤 높다)를 통해 '스마트 팜'의 제조 원가가 꽤 높아서 대규모 생산이 되지 않음을 알 수 있다. 따라서 制造成本比较高와 같은 의미인 B가 정답이다.

왜 대규모 생산을 하지 않는가?

A 기술이 무척 뒤처져 있다

B 투입 비용이 꽤 높다

C 정부 정책 원인

D 제작 과정이 매우 복잡하다

(단어) ★落后 luòhòu 图 뒤떨어지다 | 投入费用 tóurù fèiyòng 图 투입 비용 | ★政府 zhèngfǔ 图 정부 | 政策 zhèngcè 图 정책

[83-86]

[83]그는 이 도시에 와서 46번 거리에 정착하여, 학교 식당의 남은 잔반을 모아 사료와 비료로 가공하는 일로 집안을 일으킨 후, 부동산 시장에 뛰어들어 [83]가족 기업을 창립했다. 창립 초기에 그는 신문에 광고 한 줄을 실었는데, 손가락 하나 너비의 공간에는 한 문장만 있었다. "이 거리는 반드시 번성한다."

대부분의 사람들이 이 광고의 의미를 이해하지 못했다. '이 거리'는 어느 거리지? 친구들은 그에게 물었다. "왜 '46번 거리는 반드시 번성한다'라고 적지 않았어? [84]이런 이해할 수 없는 광고로 헛수고하는 거 아니야? 게다가 46번 거리처럼 허름한 곳을 무슨 신통력으로 번성시킨다는 말이야?" 그는 따로 설명하지 않고 말했다. "나 자신만 이해하면 되는 거야. 난 이 거리가 반드시 번성할 거라고 굳게 믿어." 친구는 어깨를 들먹이고 고개를 절레절레 저으며 그가 이상하다고 생각했다.

그때부터 그는 신문을 구독하고 매일 반드시 읽었는데, 그가 올린 '이 거리는 반드시 번성한다'는 광고를 보는 데 족히 1분을 썼다. [85]이 광고는 30년간 실렸다. 30년 동안 그는 계속 이 거리를 떠나지 않았고, 쭉 이 거리에 대한 문장을 썼다. 나이가 많이 들었을 때 가족이 물었다. "그 광고를 여전히 계속 실을 건가요?"

그가 대답했다. "하고 안 하고는 중요하지 않아. 중요한 것은 꿋꿋하게 해나갈 의지가 있어야 한다는 거지. 내 광고는 다른 사람에게 보여 주려는 것이 아니라 나 자신에게 보여 주는 거야. [86]내가 매일 꾸준히 보면 광고가 매일 나를 격려해 주고 힘을 주고 계속 나아가게 만들어주지!" 그와 가족의 끊임없는 노력으로 46번 거리는 정말로 번성하게 되었다. 현재 거리 전체의 재산권이 그의 집안 소유가 되었고, 도시 전체의 부동산에서 그의 집이 절반을 차지하고 있다.

단어　座 zuò 영 도시나 산처럼 크고 움직이지 않는 것을 세는 단위 | 定居 dìngjū 통 한곳에 자리잡고 살다 | 街 jiē 명 거리 | ★靠 kào 통 기대다, 의지하다 | 收集 shōují 통 모으다 | 剩饭剩菜 shèngfàn shèngcài 남은 밥과 음식 | 加工 jiāgōng 통 가공하다 | 饲料 sìliào 명 사료 | 肥料 féiliào 명 비료 | 起家 qǐjiā 통 (가세나 사업을) 일으켜 세우다 | 进军 jìnjūn 통 나아가다 | 房地产 fángdìchǎn 명 부동산 | 创建 chuàngjiàn 통 창설하다 | 家族 jiāzú 명 가족 | ★企业 qǐyè 명 기업 | 广告 guǎnggào 명 광고 | ★占 zhàn 통 (공간을) 차지하다 | 手指宽 shǒuzhǐ kuān 손가락 너비 | 版面 bǎnmiàn 명 지면 | 必 bì 부 반드시 | 火 huǒ 형 번창하다 | 绝大多数 juédà duōshù 절대 다수 | 搞不懂 gǎobudǒng 통 잘 알지 못하다 | 何 hé 대 어떤 | 用意 yòngyì 명 의도 | 白费劲儿 báifèi jìnr 공연히 힘만 쓰다, 헛수고하다 | 破烂 pòlàn 형 낡다 | 样儿 yàngr 명 모습 | 神力 shénlì 명 신기한 힘 | 解释 jiěshì 통 설명하다 | 坚信 jiānxìn 통 굳게 믿다 | 耸肩 sǒngjiān 통 어깨를

으쓱하다 | 摇头 yáotóu 통 고개를 가로젓다 | 怪 guài 형 이상하다 | ★从此 cóngcǐ 부 이후로 | 订 dìng 통 주문하다 | 足足 zúzú 부 족히 | ★围绕 wéirào 통 (문제나 일을) 둘러싸다 | 做文章 zuò wénzhāng 글을 짓다 | 年事 niánshì 명 나이 | 关键 guānjiàn 명 관건 | 毅力 yìlì 명 굳센 의지 | 激励 jīlì 통 북돋워주다, 격려하다 | ★鼓舞 gǔwǔ 통 격려하다 | 由于 yóuyú 접 ~로 인하여 | 不懈 búxiè 형 꾸준하다, 쉬지 않다 | ★奋斗 fèndòu 통 분투하다 | 果真 guǒzhēn 부 정말 | 产权 chǎnquán 명 재산권 | 整个 zhěnggè 형 모든

해설 및 정답　첫 번째 단락의 创建了家族企业(가족 기업을 창립했다)에서 그가 이 도시에 온 후 회사를 세웠음을 알 수 있으므로, A가 정답이다.

그는 이 도시에 온 후?

A 회사를 세웠다
B 고정된 거주지가 없다
C 광고 회사에 채용되었다
D 의류 가공으로 생활했다

단어　★成立 chénglì 통 창립하다 | ★固定 gùdìng 통 고정하다 | 住所 zhùsuǒ 명 거주지 | ★录取 lùqǔ 통 채용하다 | ★服装 fúzhuāng 명 의류

해설 및 정답　두 번째 단락에서 친구가 你这样的广告不明不白, 不是白费劲儿吗?(이런 이해할 수 없는 광고로 헛수고하는 거 아니야?)라고 한 말에서 不明不白는 不懂과 같은 뜻이므로 친구가 그의 광고를 이해하지 못했음을 알 수 있다. 따라서 정답은 C이다.

두 번째 문단을 통해 알 수 있는 것은?

A 광고는 무료이다
B 그 거리는 좋게 발전했다
C 친구는 그의 뜻을 이해하지 못했다
D 그 광고는 많은 사람들의 눈길을 끌었다

해설 및 정답 세 번째 단락의 这条广告一做就是30年(이 광고는 30년간 실렸다)에서 이 광고가 긴 시간 실렸음을 알 수 있으므로, 정답은 A이다.

그 광고에 관해 알 수 있는 것은?

A 긴 시간 동안 광고했다

B 가격이 계속 오르지 않았다

C 많은 투자자들이 관심을 가졌다

D 회사에 막대한 이윤을 가져왔다

단어 价格 jiàgé 몡 가격 | 上涨 shàngzhǎng 동 오르다 | 投资商 tóuzīshāng 몡 투자자 | ★巨大 jùdà 혱 아주 많다(크다) | ★利润 lìrùn 몡 이윤

해설 및 정답 이야기의 주제는 먼저 마지막 문단에서 찾아본다. 마지막 문단의 我坚持每天都看, 就是让它每天都激励我, 鼓舞我, 坚持下去(내가 매일 꾸준히 보면 광고가 매일 나를 격려해 주고 힘을 주고 계속 나아가게 만들어 준다)라는 말에서 이 글의 주제는 '성공은 꾸준히 지속하는 것에 달려있다'는 것임을 유추할 수 있다.

이 이야기가 알리고자 하는 것은?

A 성공은 꾸준히 지속하는 것에 달렸다

B 일은 중요한 정도와 급한 정도를 구분해서 해야 한다

C 다른 사람의 의견을 많이 들어야 한다

D 작은 일을 잘 해 놓는 것이 큰일을 이루는 데 기초가 된다

단어 ★成就 chéngjiù 동 성취하다, 이루다 | 轻重缓急 qīng zhòng huǎn jí 셍 중요한 것과 중요하지 않은 것, 급한 것과 급하지 않은 것

[87–90]

우주볼펜은 우주 비행사를 위해 디자인된 전용 필기 도구이다. 초기의 우주 비행사들은 모두 연필을 썼다. 만년필과 볼펜은 무중력 조건에서 사용할 수 없었기 때문에 연필이 유일한 선택이었다. 하지만 연필의 연필심

은 부러지는 경우가 있었고 ⁸⁹무중력 환경에서는 귀나 눈 속, 혹은 전기 기기 안으로 날아들어 갈 수 있었기 때문에 위험 물품이 되었다. 또 ⁸⁷연필의 연필심과 나무는 순 산소 환경에서 빠른 속도로 연소될 수도 있다.

⁸⁸사람들은 우주 비행사가 안전하게 쓸 만한 필기도구를 사용해야 한다는 절박성을 깨달았다. 그래서 역대 볼펜 발명가가 2년의 시간과 2백만 위안의 비용을 들여 연구하여 1965년에 우주 환경에서 사용할 수 있는 볼펜인 '우주볼펜'을 제작했다. 그 원리는 간단했는데, 밀폐형 기체로 볼펜심에 압력을 가하는 방법으로, 상부에 질소가 충분히 있으면 기체의 압력으로 잉크를 펜촉으로 밀어내는 것이었다. 엄격한 테스트를 거친 후 우주볼펜은 항공우주국으로부터 채택되었다.

우주 환경 외에 우주볼펜은 매우 열악한 다른 각종 환경에서도 사용할 수 있다. 예를 들어 추운 ⁸⁹고산 위에서나 심해 밑에서, 그리고 기름 때가 있거나 습하고, 거칠고, 매끄러운 표면에서도 쉽게 글을 쓸 수 있다. 사용 수명이 길게는 수십 년이기 때문에 등산가, 야외 활동가, 기술자, 병사, 경찰들의 사랑을 받았다. 또한 이 발명 자체가 우주 사업과 과학에 대한 인류의 끊임없는 추구를 드러내고, 인류의 끊임없는 발전을 보여주기에 매우 의미가 있다. 그래서 ⁹⁰많은 사람들이 우주볼펜을 품질을 추구하는 개성화된 소비품으로 여겨서, 손윗사람은 손아랫사람에게 선물하여 열심히 공부하도록 격려할 수 있고, 중대형 기업도 이를 선물 및 기념품으로 삼을 수 있다.

단어 太空笔 tàikōngbǐ 몡 우주볼펜 | 宇航员 yǔhángyuán 몡 우주 비행사 | ★设计 shèjì 동 디자인하다 | 专用 zhuānyòng 동 전용하다 | 铅笔 qiānbǐ 몡 연필 | 钢笔 gāngbǐ 몡 만년필 | 圆珠笔 yuánzhūbǐ 몡 볼펜 | 失重 shīzhòng 동 무중력 상태가 되다 | 无法 wúfǎ 동 ~할 방법이 없다 | ★唯一 wéiyī 혱 유일한 | 选择 xuǎnzé 몡 선택 | 笔芯 bǐxīn 몡 연필심 | ★断 duàn 동 부러지다 | ★飘 piāo 동 휘날리다 | 鼻子 bízi 몡 코 | 眼睛 yǎnjing 몡 눈 | 电器 diànqì 몡 전기 기구 | 危险品 wēixiǎnpǐn 몡 위험물 | 纯氧 chúnyǎng 몡 순 산소 | 快速 kuàisù 혱 신속하다, 빠르다 | ★燃烧 ránshāo 동 연소하다 | 意识 yìshí 동 깨닫다 | 安全 ānquán 혱 안전하다 | ★可靠 kěkào 혱 믿음직하다 | 书写 shūxiě 동 쓰다 | ★工具 gōngjù 몡 도구 | 迫切性 pòqièxìng 몡 절박성 | 发明者 fāmíngzhě 몡 발명가 | 费用 fèiyòng 몡 비용 | 研制

yánzhì 图 연구 제작하다 | 环境 huánjìng 圆 환경 | 使用 shǐyòng 图 사용하다 | 原理 yuánlǐ 圆 원리 | 采用 cǎiyòng 图 채택하다 | 密封式 mìfēngshì 圆 밀폐식 | 气压 qìyā 圆 대기압 | 氮气 dànqì 圆 질소 | 油墨 yóumò 圆 인쇄 잉크 | 推 tuī 图 밀다 | 笔尖 bǐjiān 圆 펜촉 | 严格 yángé 图 엄격하다 | 测试 cèshì 图 실험하다 | 极端 jíduān 图 몹시 | ★恶劣 èliè 图 열악하다 | 条件 tiáojiàn 圆 조건 | 寒冷 hánlěng 图 춥고 차다 | 高山 gāoshān 圆 높은 산 | 海底 hǎidǐ 圆 바다의 밑바닥 | 油污 yóuwū 圆 기름 때 | ★潮湿 cháoshī 图 습하다 | ★粗糙 cūcāo 图 거칠다 | ★光滑 guānghuá 图 매끌매끌하다 | ★表面 biǎomiàn 圆 표면 | 轻松 qīngsōng 图 수월하다 | ★寿命 shòumìng 圆 사용 수명 | 登山 dēngshān 圆 등산 | 户外活动 hùwài huódòng 圆 야외 활동 | 技工 jìgōng 圆 기술자 | ★士兵 shìbīng 圆 병사 | 警察 jǐngchá 圆 경찰 | 喜爱 xǐ'ài 图 좋아하다, 사랑하다 | 发明 fāmíng 图 발명하다 | 本身 běnshēn 圆 그 자체 | ★体现 tǐxiàn 图 구현하다 | 事业 shìyè 圆 사업 | 科学 kēxué 圆 과학 | 不断 búduàn 图 끊임없이 | ★追求 zhuīqiú 图 추구하다 | 内涵 nèihán 圆 의미, 내포 | 人士 rénshì 圆 인사 | 品质 pǐnzhì 圆 품질 | 个性化 gèxìnghuà 圆 개성화 | 消费品 xiāofèipǐn 圆 소비품 | ★长辈 zhǎngbèi 圆 손윗사람 | 晚辈 wǎnbèi 圆 손아랫사람 | 鼓励 gǔlì 图 격려하다 | 大中型 dàzhōngxíng 대·중형의 | 企业 qǐyè 圆 기업 | 礼品 lǐpǐn 圆 선물 | 及 jí 圙 및 | 纪念品 jìniànpǐn 圆 기념품

해설 및 정답 첫 번째 단락의 铅笔的笔芯和木头在纯氧的环境中还会快速燃烧(연필의 연필심과 나무는 순 산소 환경에서 빠른 속도로 연소될 수도 있다)를 근거로 우주에서 연필은 빠른 속도로 연소될 수 있어 위험함을 알 수 있으므로, 정답은 C이다.

왜 우주에서 연필이 위험물이 된다고 했는가?

A 길이가 너무 길다

B 매우 쉽게 부서진다

C 연소할 수 있다

D 재료에 독이 있다

단어 破碎 pòsuì 잘게 부서지다 | 材料 cáiliào 圆 재료 | 含有 hányǒu 图 (사물의) 안에 들어 있다 | 毒 dú 圆 독

해설 및 정답 두 번째 단락의 人们意识到宇航员使用安全、可靠的书写工具的迫切性(사람들이 우주 비행사가 안전하게 쓸 만한 필기도구를 사용해야 한다는 절박성을 깨달았다)에서 사람들이 우주 비행사들이 사용하기에 안전하고 쓸 만한 도구의 필요에 의해 太空笔를 만들었음을 알 수 있다.

우주볼펜은 어떤 특징이 있는가?

A 생산 역사가 길다

B 원료 비용이 매우 비싸다

C 쓸 만하고 안전하다

D 제작 주기가 짧다

단어 特点 tèdiǎn 圆 특징 | ★产生 chǎnshēng 图 생기다, 나타나다 | ★悠久 yōujiǔ 图 유구하다, 매우 오래되다 | 成本 chéngběn 圆 원가 | ★制作 zhìzuò 图 제작하다 | 周期 zhōuqī 圆 주기

해설 및 정답 본문에서 在失重的环境中(무중력 환경에서), 高山上(고산 위), 深海底(심해 밑) 등에서 우주볼펜을 사용할 수 있다고 했으므로, 본문에 언급되지 않은 D가 정답이다.

다음 중 어떤 조건에서 우주볼펜을 사용할 수 없는가?

A 고산 위

B 해양 속

C 무중력 상태

D 고온 환경

단어 高温 gāowēn 圆 고온

해설 및 정답 마지막 단락의 不少人士将它看作追求品质的个性化消费品(많은 사람들이 우주볼펜을 품질을 추구하는 개성화된 소비품으로 여긴다)을 근거로 우주볼펜은 인기가 많음을 유추할 수 있으므로, 정답은 B이다.

윗글에 근거해, 다음 중 옳은 것은?

A 우주볼펜은 아직 개선이 필요하다

B 우주볼펜은 인기가 많다

C 회사가 직원에게 우주볼펜을 나눠준다

D 우주볼펜의 발전은 무척 빠르다

단어 仍 réng 凰 아직도 | ★改进 gǎijìn 图 개선하다 | ★员工 yuángōng 凰 직원 | ★迅速 xùnsù 凰 재빠르다

쓰기

91

해설 및 정답 술어는 招聘이고, 新招聘了 뒤에 一名编辑를 목적어로 놓은 뒤, 주어 出版社를 찾아서 招聘 앞에 위치시킨다.

Step 1. 술어 찾기

▶ 新招聘了

Step 2. 술어+목적어

▶ 新招聘了+一名+编辑

↳ 名은 사람을 세는 양사이므로 一名 뒤에 编辑를 붙여야 한다.

Step 3. 주어+술어+목적어

▶ 出版社+新招聘了+一名编辑

정답 **出版社新招聘了一名编辑。**
출판사에서 편집자 한 명을 새로 모집했다.

단어 招聘 zhāopìn 图 모집하다 | ★出版社 chūbǎnshè 凰 출판사 | ★编辑 biānjí 凰 편집자

92

해설 및 정답 술어 取消了 앞에 술어 동작을 받는 대상 射击成绩를 被 앞에 주어로 놓는다.

Step 1. 술어 찾기

▶ 取消了

Step 2. 주어+술어

▶ 射击成绩+被+取消了

↳ 被자문에서는 술어 동작을 받은 대상이 주어가 된다.

Step 3. 관형어 완성하기

▶ 那个运动员的+射击成绩+被+取消了

↳ 那个运动员的는 射击成绩를 수식하는 관형어로 쓰였다.

정답 **那个运动员的射击成绩被取消了。**
그 운동선수의 사격 성적이 취소되었다.

단어 ★取消 qǔxiāo 图 취소하다 | ★射击 shèjī 凰 사격 | 成绩 chéngjì 凰 성적

93

해설 및 정답 연동문은 동작이 일어난 순서를 기준으로 배열하므로 '去找…→咨询…'의 순서를 정하고, 각 동사의 목적어를 찾아 위치시킨다.

Step 1. 술어1+목적어1

▶ 去找+那位股票专家

Step 2. 술어2

▶ 咨询一下

Step 3. 문장 완성하기

▶ 我要+去找+那位股票专家+咨询一下

정답 **我要去找那位股票专家咨询一下。**
나는 그 주식 전문가를 찾아가서 자문을 구하려고 한다.

단어 ★咨询 zīxún 图 자문을 구하다 | ★股票 gǔpiào 凰 주식 | ★专家 zhuānjiā 凰 전문가

94

(해설 및 정답) 술어 是는 'A+是+B(A는 B이다)' 형식으로 쓰이므로, 这是 주어, 我第一次挑战这么难的任务는 목적어 자리에 위치시킨다.

Step 1. 술어 찾기

▶ 这是

Step 2. 관형어 완성하기

▶ 我第一次+挑战这么+难的

↳ 这么는 형용사나 심리 동사를 앞에서 수식하므로 '挑战这么+难的'를 만들고, 문맥상 我第一次를 挑战这么 앞에 놓아 관형어를 완성한다.

Step 3. 문장 완성하기

▶ 这是+我第一次挑战这么难的+任务

↳ 'A+是+B(A는 B이다)' 형식에 맞게 주어와 목적어를 찾는다.

(정답) **这是我第一次挑战这么难的任务。**
이것은 내가 첫 번째로 이렇게 어려운 임무에 도전하는 것이다.

(단어) ★挑战 tiǎozhàn 통 도전하다 | 任务 rènwu 몡 임무

95

(해설 및 정답) 술어는 到이고 술어 뒤에 목적어 50平方千米가 함께 쓰였다. 面积를 주어로 찾는다.

Step 1. 술어 찾기

▶ 不到50平方千米

Step 2. 주어 완성하기

▶ 面积+不到50平方千米

Step 3. 관형어 완성하기

▶ 这座+岛屿+的+面积

↳ 的 뒤에 명사가 와야 하므로 的面积를 먼저 만들고, 수식할 관형어 这座岛屿를 的面积 앞에 놓는다.

Step 4. 문장 완성하기

▶ 这座岛屿的+面积+不到50平方千米

(정답) **这座岛屿的面积不到50平方千米。**
이 섬의 면적은 50제곱킬로미터를 넘지 않는다.

(단어) 座 zuò 앵 도시나 건물 등 크고 움직이지 않는 것을 세는

96

(해설 및 정답) 술어 促使는 대부분 문장 목적어를 갖는다. '人类+不断地+进步'를 促使의 목적어로 만들고, 주어 好奇心을 促使 앞에 위치시킨다.

Step 1. 술어 찾기

▶ 促使

Step 2. 술어+목적어

▶ 促使+人类+不断地+进步

Step 3. 주어+술어+목적어

▶ 好奇心+促使+人类不断地进步

(정답) **好奇心促使人类不断地进步。**
호기심은 인류가 끊임없이 진보하도록 했다.

(단어) ★进步 jìnbù 통 진보하다 | ★不断 búduàn 뿐 끊임없이 | ★好奇心 hàoqíxīn 몡 호기심 | ★促使 cùshǐ 통 ~하도록 (재촉)하다

97

(해설 및 정답) 在는 '在+장소/시간' 형태로 쓰이는 전치사이므로, 在 뒤에 장소명사 阳台上을 붙여 전치사구를 만든다. 이 문장에서 在阳台上은 동사 晒 뒤에서 결과보어로 쓰였다.

Step 1. 술어+결과보어

▶ 晒在了+阳台上

Step 2. 부사어 완성하기

▶ 把+被子+晒在了阳台上

↳ '把+목적어'는 부사어이므로 '把+被子'를 수식하는 동사 晒 앞에 놓는다.

Step 3. 문장 완성하기

▶ 姥姥+把被子+晒在了阳台上

(정답) **姥姥把被子晒在了阳台上。**
외할머니는 이불을 베란다에 말리셨다.

(단어) ★阳台 yángtái 몡 베란다 | ★姥姥 lǎolao 몡 외할머니 | ★晒 shài 통 햇볕에 말리다 | ★被子 bèizi 몡 이불

해설 및 정답 술어는 期待이고 期待 뒤에 목적어의 일부인 与各位가 쓰였다. 목적어가 완전하지 않은 형태이므로 먼저 期待 뒤에 목적어를 완성시킨다. 또한 期待의 주어는 我们이다.

Step 1. 술어 찾기

▶ 期待与各位

↳ 술어 期待 뒤에 전치사구 与各位가 있으므로, 与各位가 수식하는 동사를 찾는다.

Step 2. 술어+목적어

▶ 期待与各位+展开+交流

↳ 与各位展开交流가 期待의 목적어로 쓰였다.

Step 3. 문장 완성하기

▶ 我们+非常+期待与各位+展开+交流

정답 我们非常期待与各位展开交流。
우리는 여러분과 교류를 나누기를 매우 고대합니다.

단어 ★期待 qīdài 동 기대하다 | ★各位 gèwèi 대 여러분 | ★展开 zhǎnkāi 동 펼치다 | 交流 jiāoliú 명 교류

STEP 1 어휘 파악하기

作家 zuòjiā 명 작가

小说作家 소설 작가
一位作家 한 명의 작가

微笑 wēixiào 동 미소를 짓다

微笑地握手 웃으며 악수하다
面带微笑 얼굴에 미소를 짓다

签名 qiānmíng 명동 사인(하다), 서명(하다)

作者的签名 작가의 사인
在合同上签名 계약서에 서명하다

激动 jīdòng 동 감격하다

非常激动 매우 흥분하다
激动地哭了 감격하여 울다

宣传 xuānchuán 동 홍보하다

宣传活动 홍보 활동
宣传作品 홍보 작품

STEP 2 글의 흐름 구성하기

주제어
作家

서론
핵심어: 作家/宣传

最近我最喜欢的作家有宣传活动。
요즘 내가 가장 좋아하는 작가가 홍보 활동을 한다.

본론
핵심어: 激动

我一听到这个消息就非常激动。
나는 이 소식을 듣자마자 매우 흥분했다.

我终于见到了那位作家。
나는 드디어 그 작가를 만났다.

결론
핵심어: 微笑/签名

他面带微笑在我的书上签了名。
그는 얼굴에 미소를 지으며 내 책에 사인해 주었다.

STEP 3 작문 완성하기 

	我	平	时	很	喜	欢	读	书	,	最	近	我	最	喜
欢	的	作	家	有	宣	传	活	动	。	我	一	听	到	这	个
消	息	就	非	常	激	动	,	决	定	要	去	参	加	这	次
活	动	。	在	活	动	现	场	,	我	终	于	见	到	了	那
位	作	家	,	我	买	了	他	的	新	书	,	他	面	带	微
笑	在	我	的	书	上	签	了	名	。						

나는 평소에 독서를 좋아하는데, 요즘 내가 가장 좋아하는 작가의 홍보 행사가 있다. 나는 이 소식을 듣자마자 매우 흥분했고 이번 행사에 참여하기로 결정했다. 행사 현장에서 나는 드디어 그 작가를 만났다. 나는 그의 새 책을 구입했고, 그는 얼굴에 미소를 지으며 내 책에 사인해 주었다.

단어 平时 píngshí 명 평소 | 活动 huódòng 명 활동 | 消息 xiāoxi 명 소식 | 决定 juédìng 동 결정하다 | 参加 cānjiā 동 참여하다 | 现场 xiànchǎng 명 현장

꽃에 물을 주다 | 出差 chūchāi 통 출장 가다 | 养花 yǎng huā 꽃을 가꾸다

STEP 1 단어 연상하기

인물 | 妈妈(엄마)

동작 | 浇花(꽃에 물을 주다)、养花(꽃을 기르다)

장소 | 家(집)

STEP 2 글의 흐름 구성하기

주제어

浇花

서론

我家的阳台上摆满了漂亮的花。
우리 집 베란다에는 예쁜 꽃이 가득 놓여 있다.

본론

妈妈经常一边听音乐，一边浇花。
엄마는 자주 음악을 들으며 꽃에 물을 주신다.

受妈妈的影响，我也很喜欢养花。
엄마의 영향을 받아 나도 꽃 가꾸는 것을 매우 좋아한다.

결론

漂亮的花会给人带来好心情。
예쁜 꽃은 우리를 기분 좋게 한다.

STEP 3 작문 완성하기 (모범답안)

	我	妈	妈	非	常	喜	欢	花	，		我	家	的	阳	台
上	摆	满	了	漂	亮	的	花	。	空	闲	的	时	候	，	妈
妈	经	常	一	边	听	音	乐	，	一	边	浇	花	。	有	时
妈	妈	出	差	，	会	让	我	照	顾	花	。	受	妈	妈	的
影	响	，	我	也	喜	欢	上	了	养	花	。	我	觉	得	漂
亮	的	花	会	给	人	带	来	好	心	情	。				

우리 엄마는 꽃을 매우 좋아해서 우리 집 베란다에는 예쁜 꽃이 가득 놓여 있다. 한가할 때 엄마는 자주 음악을 들으며 꽃에 물을 주신다. 가끔 엄마가 출장 가시면, 나에게 꽃을 돌보게 하신다. 엄마의 영향을 받아 나도 꽃 가꾸는 것을 매우 좋아한다. 나는 예쁜 꽃은 우리를 기분 좋게 한다고 생각한다.

단어 ★阳台 yángtái 명 베란다 | ★摆满 bǎimǎn 통 가득 놓여 있다 | ★空闲 kòngxián 통 한가하다 | ★浇花 jiāohuā 통